WYRAZY UZNANIA DLA *TAPPINGU*

„Sądząc po skromnym tytule, nikt by się nie spodziewał, że może to być jedna z najbardziej znaczących książek naszej ery! Jest to głośne wezwanie do działania w obliczu rozpaczliwej osobistej i zbiorowej potrzeby".

dr Jean Houston,
historyk kultury, autor przedmowy do *Tappingu*

„Opierając się na zmianie wewnętrznego doświadczenia cielesnego, *Tapping* stanowi przejrzysty przewodnik po psychologii energetycznej, prezentujący skuteczne techniki i procedury, które mogą przynieść niezwykle szybkie zmiany sposobu, w jaki ludzie czują się i działają w świecie".

lek. med. Bessel van der Kolk,
autor bestsellera z listy „New York Timesa" *Strach ucieleśniony. Mózg, umysł i ciało w terapii traumy*

„David Feinstein i Donna Eden po mistrzowsku łączą niezwykłą moc psychologii energetycznej z najnowocześniejszymi dostępnymi obecnie technikami zdrowia psychicznego. Dzięki skrupulatnym badaniom i praktycznym metodom stworzyli rewolucyjne ramy, które są zarówno przełomowe, jak i transformujące. Książka ta, będąca źródłem nadziei i uzdrowienia, jest niezbędnym przewodnikiem dla każdego, kto pragnie głębokiej osobistej transformacji".

Tony Robbins,
autor bestsellera z listy „New York Timesa" *Obudź w sobie olbrzyma*

„*Tapping* stanowi potężne narzędzie do manifestowania zdrowia i życia, którego pragniesz. Jest to praktyczny i naukowo uzasadniony przewodnik po psychologicznej transformacji. Dzięki prostym instrukcjom podanym krok po kroku umożliwia ludziom wyjście poza osobiste ograniczenia i napisanie nowych, wzmacniających historii nie tylko dla siebie, lecz także dla następnych pokoleń, wywierając w ten sposób pozytywny wpływ na społeczność globalną".

dr Bruce H. Lipton,
autor bestsellera *The Biology of Belief*, współautor *Spontaneous Evolution*

„Psychologia energetyczna jest potężnym narzędziem do przeprogramowania podświadomego umysłu, co pomaga przezwyciężyć ograniczające przekonania. *Tapping*, po mistrzowsku napisana książka, służy jako plan działania w kierunku osobistej transformacji, wyposażając czytelników w praktyczne i przydatne techniki poprawiające ich życie".

dr Joe Dispenza,
autor bestsellera z listy „New York Timesa"
You Are the Placebo and Becoming Supernatural

„W książce *Tapping* David Feinstein i Donna Eden skrupulatnie łączą starożytną mądrość ze współczesną nauką, tworząc nieocenione źródło zarówno dla nowicjuszy, jak i doświadczonych profesjonalistów. Ich szeroko zakrojone badania, włączenie najskuteczniejszych technik zdrowia psychicznego i nacisk na informację zwrotną sprawiają, że jest to mistrzowski przewodnik po psychologii energetycznej. Przygotuj się na transformację, ponieważ ta książka to nie tylko podręcznik, ale prawdziwa rewolucja. Jest to lektura obowiązkowa dla każdego, kto szuka dobrego samopoczucia emocjonalnego i duchowego".

Nick Ortner,
autor bestsellera z listy „New York Timesa" *The Tapping Solution*

„*Tapping* to kompleksowy przewodnik, który bada korzyści płynące z psychologii energetycznej i jej zastosowania w różnych aspektach życia. Nie sposób przecenić głębokiego zrozumienia, jakie czytelnicy zyskają dzięki tej książce w zakresie zmieniającego życie potencjału tappingu i jego zdolności do pokonywania codziennych przeszkód i poprawy ogólnego samopoczucia. David i Donna nie tylko wnoszą do tej książki swoje wieloletnie umiejętności kliniczne i doświadczenie badawcze, ale także dzielą się przykładami z życia, dzięki czemu jest to książka zarówno dla nowicjuszy, jak i doświadczonych praktyków tej przemieniającej praktyki".

dr Peta Stapleton,
australijski psycholog roku 2019, autorka przełomowej książki
The Science Behind Tapping

„Praca Eden i Feinsteina w dziedzinie psychologii jest naprawdę niezwykła. Ich autentyczne, pragmatyczne i naukowo ugruntowane spojrzenie na psychologię energetyczną nie tylko objaśnia, ale także celebruje głęboki związek między duchowością, poznaniem, energią i dobrostanem fizycznym w celu uzdrowienia, z korzyścią dla wszystkich zaangażowanych. Książka ta oferuje bezcenną mądrość i wskazówki dotyczące praktyki samouzdrawiania, budząc nadzieję zarówno wśród lekarzy, pacjentów, jak i badaczy. To naprawdę przyjemna i motywująca lektura".

dr Shamini Jain,
autorka książki *Healing Ourselves: Biofield Science and the Future of Health* oraz *CEO Consciousness and Healing Initiative*

dr David **Feinstein** Donna **Eden**

TAPPING

TERAPIA PRZEZ OPUKIWANIE

Pokonaj lęk, stres i traumę
dzięki mocy psychologii energetycznej

Przełożyła
Renata Czernik

TYTUŁ ORYGINAŁU:
Tapping: Self-Healing with the Transformative Power of Energy Psychology

Redaktorka prowadząca: Ewelina Czajkowska
Wydawczyni: Katarzyna Masłowska
Redakcja: Rafał Sarna
Korekta: Kinga Dąbrowicz
Projekt okładki: Łukasz Werpachowski
Ilustracje na okładce: © Chorna_L; © evachristl / Stock.Adobe.com:
DTP: MELES-DESIGN

Wydanie I
Białystok 2025
ISBN 978-83-8417-251-3

Książkę wydrukowano na papierze Libro Book Cream 60g vol. 2.0
dostarczonym przez ZING S.A.
www.zing.com.pl

Grupa Wydawnictwo Kobiece | www.WydawnictwoKobiece.pl

Dla naszych wnuków, Tiernana Raya Devenynsa i Sequoi Rayne Richards Dahlin, aby oni i ich pokolenie mogli się rozwijać, wkraczając w niepisaną przyszłość

SPIS TREŚCI

LISTA ILUSTRACJI

WYRAZY WDZIĘCZNOŚCI

KIEDY PATRZYMY wstecz na niezwykłą podróż naszego życia, uświadamiamy sobie, że ludzie, którzy przyczynili się do naszego rozwoju i osiągnięcia dobrobytu, tworzą długą linię rozciągającą się od naszego niemowlęctwa aż do chwili obecnej. Te niezwykłe osoby na swój niepowtarzalny sposób wpłynęły na nasze podejście nie tylko do życia, ale także do tworzenia tej książki. Chcemy więc skorzystać z okazji, aby wyrazić naszą głęboką wdzięczność za ich nieoceniony wkład.

Praca z naszą wizjonerską wydawczynią i drogą przyjaciółką Tami Simon, a także z naszym wyjątkowym zespołem redakcyjnym, w skład którego wchodzą Jaime Schwalb, Jessica Carew Kraft, Angela Wix i Emily Wichland, była prawdziwą przyjemnością. Ponadto niesamowity personel Innersource, nieocenieni „testerzy" poszczególnych rozdziałów oraz liczni koledzy, którzy łaskawie przejrzeli fragmenty książki zgodne z ich specjalizacją, wszyscy oni postarali się, aby ta publikacja była jeszcze solidniejsza.

Szczególne wyrazy uznania należą się naszym bliskim, w tym rodzinom, przyjaciołom, nauczycielom, uczniom, klientom i bliskim współpracownikom. Gdybyśmy jednak próbowali odpowiednio docenić każdy z ich wkładów (już zaczęliśmy), bylibyśmy na drodze do kolejnej książki. Dlatego wybieramy bardziej bezpośrednią drogę i skupiamy się na *Tappingu*. Niemniej jeśli jesteś jedną z wyżej wymienionych cenionych osób, wiedz, że masz dla nas ogromną wartość. Przyjmij naszą serdeczną wdzięczność wyrażaną z największą szczerością.

David Feinstein
Donna Eden

PRZEDMOWA

SĄDZĄC PO SKROMNYM TYTULE, nikt by się nie spodziewał, że może to być jedna z najbardziej znaczących książek naszej ery! *Tapping* stanowi ramę pozwalającą na wypełnienie luki między starożytną mądrością ludzkości a jej zbiorowymi nadziejami na przyszłość. Wzywa do głębokiego zanurzenia się w bezkresną przestrzeń osobistej świadomości i przywołania ogromnego potencjału, który w niej drzemie. Jest to oszałamiające wezwanie do działania w czasach rozpaczliwej osobistej i zbiorowej potrzeby. Wraz z pojawieniem się tych pilnych potrzeb rozwija się również świat możliwości, zapraszając nas do odkrywania i przyjmowania nowych sposobów rozumienia. Z tych możliwości wyłoniła się niezwykła synteza, łącząca ponadczasowe praktyki starożytnych tradycji uzdrawiania z najnowocześniejszymi spostrzeżeniami i metodami współczesnej psychoterapii. W szybko rozwijającej się dziedzinie psychologii energetycznej, na której skupia się ten majstersztyk, kryje się potężna technologia, synergia, która przewyższa indywidualne mocne strony poprzedników, uwalniając nowe siły transformacyjne.

Sercem psychologii energetycznej jest prosta, ale głęboka technika – taka, która odzwierciedla mądrość pokoleń. Obejmuje ona stymulowanie określonych punktów energetycznych na skórze, praktykę powszechnie znaną jako tapping. Ta starożytna sztuka, wykorzystana i udoskonalona przez współczesną naukę psychologiczną, służy jako brama do odblokowania ukrytego w nas potencjału. W wyniku delikatnego stukania w te punkty energetyczne, przy jednoczesnym zaangażowaniu we wspomnienia, lęki lub aspiracje, następuje szereg subtelnych, ale istotnych zmian pozwalających na uwolnienie energetycznych przeszkód i przywrócenie równowagi w ludzkiej psychice.

Psychologia energetyczna wykracza poza bariery, które kiedyś ograniczały nasze rozumienie uzdrawiania i rozwoju osobistego. Jej techniki zapraszają nas do zbadania głębi naszej istoty, do odkrycia ukrytych warstw psychiki i do przyjęcia wrodzonej mocy, którą posiadamy, aby dokonać gruntownej transformacji. Jest to modalność, która pozwala nam aktywnie uczestniczyć we własnej podróży ku zmianom, wykorzystując połączoną moc starożytnej i nowoczesnej mądrości, aby w pełni odblokować nasz potencjał.

Przygotuj się na to, że na kolejnych stronach będziesz świadkiem niezwykłej transformacji, w której małżeńska niezgoda ustępuje miejsca harmonii dzięki wdrożeniu odpowiednich technik. Poznasz zdumiewającą relację kobiety, która przeciwstawiła się wszelkim przeciwnościom losu, odwracając rozwój raka gardła, co wprawiło jej onkologa w pełne zachwytu zdumienie, a wszystko to dzięki serii sesji tappingu. Zanurzysz się w inspirującą opowieść o człowieku, którego serce stało się zgorzkniałe i okrutne po tym, jak jego wioska została zniszczona podczas wojny domowej, a sąsiedzi brutalnie zamordowani na jego oczach, i który potem dał się poznać jako oaza „pokoju i miłosierdzia". Przeczytasz o drużynach sportowych, które po wprowadzeniu tappingu zdobyły krajowe tytuły mistrzowskie. Autorzy podzielą się także z tobą historią o głębokiej transformacji funkcjonariusza policji – człowieka, który był alkoholikiem, a stał się wsparciem dla innych policjantów zmagających się z uzależnieniem od alkoholu. Przygotuj się na zajrzenie za zamknięte drzwi, gdzie rozgrywały się następstwa tragicznej masakry dwudzieściorga dzieci w wieku sześciu i siedmiu lat, które zostały zastrzelone w szkole Sandy Hook. Zobaczysz, jak sesje tappingu przyniosły ukojenie i uzdrowienie pogrążonym w żałobie członkom rodzin i osobom udzielającym ofiarom pierwszej pomocy, dając poczucie spokoju, którego nie mogła zapewnić żadna inna metoda. Poznasz życie młodej dziewczyny, która przez dekadę była emocjonalnie sparaliżowana po tym, jak była świadkiem brutalnej śmierci swojego ojca podczas ludobójstwa w Rwandzie. Doświadczyła ona transformacyjnej mocy tappingu, dzięki czemu trwale uwolniła się od wszystkich objawów zespołu stresu pourazowego. Te poruszające historie zawarte w książce z pewnością mogą cię zainspirować.

Angażowanie się w praktykę tappingu aktywuje i dezaktywuje skomplikowane obszary ludzkiego mózgu. Podczas opukiwania określonych punktów energetycznych wysyłane są sygnały dezaktywujące do obszarów mózgu, które mają tendencję do budzenia się w chwilach gniewu, strachu, niebezpieczeństwa i niepokoju. Te instynktowne reakcje, głęboko zakorzenione w naszych ścieżkach neuronowych przez wieki ewolucji, są chwilowo łagodzone i wyciszane. Uspokajające efekty tappingu sprawiają, że te sygnały niepokoju ustępują, pozwalając na poluzowanie gorsetu negatywnych emocji i uzyskanie dostępu do ekspansywnych sfer możliwości, które tkwią w człowieku.

Jednocześnie stymulujące efekty tappingu wysyłają sygnały aktywujące do wykonawczych obszarów mózgu – regionów odpowiedzialnych za rozwiązywanie problemów, zarządzanie stresem i kreatywność. Ożywają one, gotowe do zaangażowania się w dany temat, rozpalając ogień zdolności poznawczych i pomysłowych rozwiązań.

W tej wyjątkowej grze aktywacji i dezaktywacji tapping akupunkturowy wprowadza cię w stan równowagi i przepływu. Pozwala przekroczyć ograniczenia związane z przeszłymi ranami i narracjami, prowadząc w przestrzeń, w której możliwe staje się głębokie uzdrowienie. Gdy sygnały dezaktywujące uciszają burze niepokoju, a sygnały aktywujące włączają ewolucyjnie wyostrzone zdolności rozwiązywania problemów i kreatywnego myślenia, okazuje się, że jesteś wyposażony w narzędzia do poruszania się po złożoności życia z większą odpornością i jasnością.

Zagłębiając się w sferę psychologii energetycznej, wyruszasz również w podróż, która zaciera granice między tym, co namacalne i niematerialne. Jest to podróż, która zabiera cię poza obszar spektrum elektromagnetycznego i zaprasza do zbadania domeny subtelnych energii, która niesie ze sobą głębokie implikacje dla współczesnej fizyki i naszego zrozumienia wszechświata.

Te subtelne energie, choć nie zostały jeszcze w pełni uwzględnione przez konwencjonalną naukę, stanowią klucz do odblokowania ukrytych wymiarów naszej egzystencji. Są zatem wolne od ograniczeń narzuconych przez granice ludzkich sfer poznawczych, ponieważ niosą informacje i wykazują pewien poziom inteligencji w sposób, który nieustannie poszerza horyzonty naszej wiedzy.

Rozważając tajemnice subtelnych energii, odkrywamy ścieżkę, która prowadzi nas do kolejnego etapu naszej ewolucji. Jest to czas głębokich możliwości – szansa na połączenie mądrości przodków z innowacyjnym duchem teraźniejszości i spojrzeniem na aspiracje pokoleń, które dopiero nadejdą. Odnajdując naszą drogę przez ten wir, musimy przywołać wewnętrzną odporność, ponieważ to właśnie w czasach wyzwań często ujawnia się nasz największy potencjał.

Za indywidualnymi bitwami kryje się jednak jeszcze szersza i głębsza kwestia: zmieniające się fale pływowe na świecie zagrażają przyszłości naszego istnienia. Wyzwania, przed którymi dziś stoimy – kryzysy ekologiczne, wstrząsy społeczne i niepewność egzystencjalna – wymagają fundamentalnych przemian w naszej zbiorowej świadomości. Ludzkość stoi nad przepaścią, gotowa dokonać ewolucyjnego skoku, który jest nie tylko konieczny, ale wręcz niezbędny dla naszego przetrwania i rozwoju. Pracując z tymi energiami i rozwijając naszą zdolność do angażowania się w nie, wykorzystujemy głębokie potencjały, które drzemią w nas i czekają na urzeczywistnienie. Jest to zachęta do działania, wyzwanie typu „zrób coś albo zgiń", przed którym stoi ludzkość w nadchodzących krytycznych dekadach.

To właśnie w pojedynczej osobie, jednostce naszej zbiorowej świadomości, muszą zakorzenić się nasiona tej kulturowej przemiany. Aby podążać wraz z nurtem zmian, musimy mieć głębokie poczucie samoświadomości – dogłębne zrozumienie naszych wyjątkowych darów, talentów i celu. Zanurzając się w głębinach własnej świadomości, uzyskujemy dostęp do źródła kreatywności, odporności i wizji, które mogą nas napędzać. Poprzez tę wewnętrzną podróż odkrywamy wzajemne powiązania wszystkich istot, uznając, że nasz indywidualny rozwój jest misternie wpleciony w tkankę zbiorowego ludzkiego doświadczenia.

Gdy angażujemy się w niewidzialne moce subtelnych energii, napotykamy fascynujące właściwości, które przeczą konwencjonalnym pojęciom przestrzeni i odległości. Energie te posiadają niezwykłą zdolność do przekraczania ograniczeń fizycznej bliskości, otwierając nas na nasz potencjał, aby stać się katalizatorami globalnych zmian. To właśnie z tej perspektywy zdajemy sobie sprawę z naszej zdolności do wpływania na wibracje – nawet w miejscach dotkniętych przestępczością. Możemy przekształcić środowiska nękane przemocą i rozpaczą w przystanie większego pokoju i harmonii. Poprzez skupienie uwagi i intencji możemy wykorzystać moc tych subtelnych energii, aby wzmocnić wspólne dobro, wspierając zbiorową zmianę w kierunku bardziej przebudzonej i współczującej ludzkości. Nadszedł czas, aby zapoczątkować nową erę rozszerzonej świadomości, wzajemnych powiązań i harmonijnego współistnienia.

Wejdźmy więc na tę niezwykłą ścieżkę psychologii energetycznej, gdzie starożytne echa szamanów i kapłanów mieszają się z mądrością współczesnej nauki. Sięgnijmy do źródła uzdrawiania i rozwoju, uzyskując dostęp do nieograniczonego rezerwuaru naszych własnych wewnętrznych zasobów. Dzięki tej fuzji tradycji jesteśmy gotowi wyruszyć w ewolucyjną podróż rozwoju osobistego, kierowani przez wskazówki płynące ze światła odwiecznej mądrości, a także przez pionierskiego ducha, bo zbliżamy się do niezbadanej przyszłości.

dr Jean Houston

WSTĘP

Możemy ukoić i wyeliminować cierpienie tak wielu ludzi[1].

dr Roger Callahan,
twórca terapii polem myślowym

WYOBRAŹ SOBIE: Śpisz spokojnie w zaciszu swojego domu, gdy nagle ze snu wyrywa cię naglący krzyk wołającego przez megafon strażaka: „Ewakuacja! Natychmiast!". Oszołomiony przetwarzasz usłyszane słowa i wyglądasz przez okno. Przechodzisz w stan pełnej gotowości, gdy widzisz poświatę szybko postępującego pożaru lasu. Płomienie pochłaniają wszystko, co napotykają na swojej drodze, i zbliżają się do twojej dzielnicy. Bez namysłu się ubierasz i wybiegasz na zewnątrz, by ocenić sytuację. Widzisz pospiesznie ewakuujących się sąsiadów, którzy uciekają jak najdalej od płomieni. Wpadasz w panikę, gdy zdajesz sobie sprawę, że nie możesz nigdzie znaleźć swojego ukochanego kota, potrzeba ucieczki przeważa jednak nad desperackimi poszukiwaniami. W mgnieniu oka wskakujesz do samochodu i pędzisz, umykając przed płomieniami, które bezlitośnie próbują cię dosięgnąć.

Udaje ci się uciec i znaleźć w bezpiecznym miejscu. Następnego ranka dowiadujesz się jednak, że wielu twoich sąsiadów nie miało tyle szczęścia. Twój dom doszczętnie spłonął, a ukochany kot zniknął bez śladu. Dramatyczne wspomnienia nie pozwalają ci zasnąć nie tylko pierwszej nocy, ale i kolejnych. Nawet po upływie miesiąca spokojny sen pozostaje nieosiągalny. W mózgu utworzyły się nowe ścieżki neuronowe. Prosta czynność leżenia w łóżku wywołuje teraz uczucie przerażenia, przypomina traumatyczny moment wyrwania ze snu i ucieczki przed pożarem. Powstały również inne ścieżki neuronowe, które aktywowały w tobie ogromne poczucie winy za pozostawienie kota, cierpienie związane ze straszną śmiercią sąsiadów i rozżalenie z powodu utraty rodzinnych zdjęć, cennych dzieł sztuki i całego życiowego dobytku. Aktywowane są również centra zmartwień, które generują pytania:

„Gdzie będę mieszkać? Jak poradzę sobie finansowo?".

Jak przetrwać takie traumatyczne doświadczenie, które może spotkać każdego z nas bez uprzedzenia? Ludzki mózg jest w stanie sprostać tragicznym okolicznościom, ale może zostać też przytłoczony. W takich przypadkach będzie potrzebować wsparcia. Wyobraź sobie, że masz moc komunikowania się ze swoim mózgiem i możesz zmienić intensywne emocjonalne następstwa traumatycznego wydarzenia. Nadal odczuwałbyś skutki pożaru, ale znalazłbyś ukojenie w spokojnym śnie. Wspomnienia ukochanego kota pozwoliłyby ci na żałobę bez pogrążania się w irracjonalnym poczuciu winy. Wyzwania mieszkaniowe i finansowe nadal wymagałyby uwagi, ale nadmierne zmartwienia zostałyby złagodzone. A co by było, gdybyś mógł również wysyłać sygnały do swojego mózgu, które pomogłyby ci zwiększyć twoje zdolności poznawcze, umożliwiając jaśniejsze i bardziej kreatywne myślenie w obliczu przeszkód? Właśnie tego doświadczyli nasi drodzy przyjaciele, którzy zwrócili się do nas o pomoc po niszczycielskim pożarze w północnej Kalifornii, który prawie odebrał im życie.

Psychologia energetyczna to stosunkowo nowy kierunek w obrębie psychologii, który oferuje kompleksowe podejście do osobistego sukcesu. Poprzez bezpośredni wpływ na reakcje mózgu na trudne sytuacje i nierozwiązane doświadczenia z przeszłości ta innowacyjna technika umożliwia skuteczne radzenie sobie z różnymi wyzwaniami, które nie zostały odpowiednio przetworzone. Skuteczność psychologii energetycznej nie ogranicza się do stawiania czoła traumatycznym wydarzeniom, takim jak ucieczka przed pożarem. Stymulując określone punkty akupunkturowe poprzez opukiwanie ich, przy jednoczesnym zaangażowaniu się w odpowiednie myśli i emocje, można przeprogramowywać ścieżki neuronowe, dzięki czemu uzyskujemy moc kontroli nad swoim życiem i możliwość uwolnienia jego pełnego potencjału.

Stosując technikę opukiwania akupunkturowego w połączeniu ze starannie dobranymi słowami i obrazami, można wyeliminować bezpodstawne lęki, zmniejszyć irracjonalny gniew i stawić czoła zazdrości. Ta potężna kombinacja może służyć jako katalizator wywołujący pozytywne zmiany w głęboko zakorzenionych przekonaniach, które kształtują twoje zachowanie. Technika ta może również pomóc zmienić autodestrukcyjne wzorce zachowań, zapewniając spokój w obliczu czynników wywołujących wcześniejszy niepokój. Co więcej, może odegrać znaczącą rolę w leczeniu różnych dolegliwości. Dodatkowo może służyć jako narzędzie do pokonywania barier emocjonalnych uniemożliwiających osiągnięcie pożądanego celu i zapewnić jasność w chwilach przytłoczenia lub niepewności. Ponadto może działać jako siła wspierająca, prowadząc nas w kierunku nowych ścieżek, jednocześnie łącząc nas z intuicyjnymi źródłami mądrości, które wykraczają poza naszą codzienną świadomość.

NOWE METODY, NOWE MOŻLIWOŚCI

Tapping. Terapia przez opukiwanie. Pokonaj lęk, stres i traumę dzięki mocy psychologii energetycznej stanowi kompleksowy przegląd jednej z najbardziej skutecznych i dogłębnie zbadanych metod wspierania rozwoju osobistego[2]. Łącząc w sobie nowoczesne praktyki terapeutyczne ze starożytnymi tradycjami uzdrawiania, takimi jak akupresura, a także włączając uważność i wizualizację kierowaną, podejście to stało się powszechnie dostępne i wysoce skuteczne we wszystkich aspektach życia. Dzięki tej metodzie możesz delikatnie zrestrukturyzować swoje mentalne i emocjonalne ramy, odblokowując swój prawdziwy potencjał. Zastosowania tej techniki są różnorodne, co pozwala na wykorzystanie jej między innymi do:

- radzenia sobie z emocjonalnymi ranami z przeszłości,
- zmiany wzorców zachowań, które utrudniają życie,
- swobodniejszego pokonywania wyzwań, jakie stawia przed nami życie,
- stawiania czoła codziennym zmartwieniom, złości, zazdrości, stracie i irytacji dzięki większemu opanowaniu i odporności,
- wzmacniania relacji z przyjaciółmi, współpracownikami i bliskimi osobami,
- rozwijania cennych umiejętności, które zwiększą twój sukces we wszystkim, co jest dla ciebie ważne.

Obietnice te mogą wydawać się zuchwałe, ale nie my je składamy. My jesteśmy jedynie emisariuszami najnowszych osiągnięć w dziedzinie nauk behawioralnych, które pokazują, w jaki sposób każdy może wykorzystać swój pełny potencjał poprzez samopomoc. Transformacje te są szczególnie istotne obecnie, w świecie coraz bardziej wymagających i niebezpiecznych wyzwań.

CZY ZA POMOCĄ TAPPINGU MOŻNA TO WSZYSTKO OSIĄGNĄĆ?

Akt delikatnego opukiwania określonych punktów akupunkturowych może wydawać się bagatelny, przekazuje jednak do mózgu maleńkie, aczkolwiek silne sygnały elektryczne, które ostatecznie wpływają na myśli, emocje i zachowania danej osoby. W ciągu ostatniego stulecia psychoanaliza poczyniła niezwykłe postępy, umożliwiając jednostkom przejęcie kontroli nad ich wewnętrznym życiem, co doprowadziło do głęboko wzbogacającego doświadczenia. Niniejsza książka stanowi kolejny krok w kierunku bardziej satysfakcjonującej przyszłości, łącząc te postępy ze starożytnymi praktykami uzdrawiania i rozwojem duchowym, wspierając silniejsze połączenie z naszymi historycznymi korzeniami.

DLACZEGO NAPISALIŚMY *TAPPING*

Psychologia energetyczna doświadczyła w ostatnich latach niezwykłego wzrostu popularności ze względu na jej skuteczność w różnych kontekstach. Nie tylko zwiększyło się wykorzystanie tej metody w głównych nurtach leczenia[3], ale renomowany artykuł opublikowany w czasopiśmie „Frontiers in Psychology" ujawnił, że tapping jest „obecnie stosowany przez miliony osób jako narzędzie samopomocy". W artykule tym zwrócono również uwagę na zdumiewającą liczbę subskrybentów pewnej aplikacji przeznaczonej do stosowania tej praktyki, przekraczającą dwa miliony[4].

Chociaż opukiwanie punktów akupunkturowych w celu złagodzenia negatywnych emocji, takich jak lęk i smutek, może dać pewien poziom ulgi, oczywiste jest, że większość osób angażujących się w tę praktykę posiada jedynie powierzchowne jej zrozumienie. Prawdopodobnie nie są oni świadomi ogromnych korzyści, jakie można osiągnąć dzięki bardziej wszechstronnemu zastosowaniu tej techniki samopomocy. Niniejsza książka ma na celu zapewnienie kompleksowego i aktualnego źródła dla osób poszukujących głębszego zrozumienia i większych umiejętności w zakresie tego przełomowego podejścia.

Tapping może posłużyć jako samouczek dla osób pragnących poznać lub poszerzyć swoją wiedzę z zakresu psychologii energetycznej, zarówno tych początkujących, jak i doświadczonych praktyków. Choć nie obiecuje przekształcenia osób niebędących terapeutami w profesjonalistów, wyposaża czytelników w potężne narzędzia samopomocy. W przypadku terapeutów książka ta może zwiększyć skuteczność ich praktyki. *Tapping* łączy w całość podstawowe zasady, jasne instrukcje i cenne spostrzeżenia naukowe, oferując praktyczne zastosowania psychologii energetycznej w rozwiązywaniu różnych problemów, takich jak zmartwienia, smutek, lęk, depresja, stres, trauma, nawyki, uzależnienia i trudne relacje.

Psychoterapeuci wskazali „najlepsze praktyki" pomagania ludziom w każdym z tych obszarów, a naszym celem przy pisaniu tego podręcznika było pokazanie, w jaki sposób protokoły tappingu można zintegrować z tymi praktykami. Książka porusza szeroki zakres problemów, począwszy od codziennych trosk, takich jak zmartwienie i smutek, po schorzenia kliniczne, takie jak lęk, depresja i uzależnienia. Omawiamy w niej także wykorzystanie tappingu do osiągania wymarzonych celów, zwiększania wydajności w różnych obszarach i uwalniania pełnego potencjału, dzięki czemu *Tapping* jest kompleksowym przewodnikiem dotyczącym rozwoju osobistego i dobrego samopoczucia.

PRZEDSTAWMY SIĘ

Jako duet mamy to niezwykłe szczęście, że nasze indywidualne aspiracje zawodowe pokrywają się we wspólnym, pełnym pasji dążeniu. Ostatecznym celem zarówno Davida jako psychologa, jak i Donny jako praktyczki medycyny energetycznej jest złagodzenie cierpienia i wzmocnienie każdej osoby, z którą pracujemy, aby jej życie stało się szczęśliwsze i bardziej satysfakcjonujące. Drogi czytelniku, wiedz, że nasze intencje koncentrują się wyłącznie na tobie i twoim dobrym samopoczuciu.

Zrozumienie ludzkiej psychiki cechujące Davida zostało wzbogacone o typowe dla Donny spojrzenie na energię. W zamian system uzdrawiania energią Donny został udoskonalony dzięki podstawom naukowym wprowadzonym przez Davida. Rezultatem tej współpracy jest nasz głęboki entuzjazm dla tematu poruszanego w tej książce: szybko rozwijającej się dziedziny psychologii energetycznej.

Obejmuje ona wykorzystanie technik uzdrawiania energią w celu leczenia traum emocjonalnych i wspierania rozwoju osobistego na poziomie psychologicznym i duchowym. Ten postęp otworzył przed nami niezwykłe możliwości poszerzenia perspektyw innych ludzi i jesteśmy głęboko przekonani, że stanowi on ekscytujący i doniosły przełom w sztuce prowadzenia jednostek w stronę bardziej satysfakcjonującego życia.

Refleksje Davida

Uzyskałem doktorat z psychologii klinicznej w 1972 roku i przez pięć dekad pracowałem jako licencjonowany psycholog w różnych środowiskach. Kiedy po raz pierwszy pod koniec lat 90. zetknąłem się z koncepcją tappingu, byłem bardzo sceptyczny. Jeden z terapeutów klinicznej grupy konsultacyjnej, którą prowadziłem, natknął się na tę technikę i zaczął ją zgłębiać, dzieląc się swoimi odkryciami z grupą. Muszę przyznać, że na początku miałem dość lekceważące, a nawet szydercze nastawienie do tej metody.

Jak coś tak prostego jak opukiwanie skóry może mieć jakikolwiek wpływ na poważne stany psychiczne? Co więcej, język używany w tej praktyce, taki jak fraza: „Nawet jeśli wściekam się na mojego syna bez powodu, głęboko kocham i akceptuję siebie", wydawał się raczej wzmacniać reakcje i zachowania osoby, która starała się je przezwyciężyć, aniżeli rzucać im wyzwanie. Nie mogłem oprzeć się wrażeniu, że terapia ta opierała się na niepoważnych procedurach i była mało wiarygodna. W rzeczywistości miałem prawdopodobnie jeszcze bardziej lekceważące do niej podejście i w wyższym stopniu byłem zamknięty na tę nową metodę niż na jakąkolwiek inną innowację kliniczną. Nie wiedziałem, że za kilka lat stanę się jej orędownikiem! Życie ma zabawny sposób upokarzania nas i zmuszania do konfrontacji z własną arogancją.

W tamtym czasie nie było żadnych opublikowanych renomowanych badań na temat terapii tappingiem. Jedynym dostępnym dowodem były żarliwe twierdzenia małej grupy terapeutów, którzy gorąco głosili jej skuteczność. Zastanawiałem się, w jaki sposób ta technika opukiwania może przyczynić się do rozwoju osobistego i dlaczego była reklamowana jako bardziej skuteczna niż uznane terapie, które pomimo swoich ograniczeń były powszechnie akceptowane i poparte dowodami empirycznymi.

Nie spodziewałem się, że ciąg wydarzeń skieruje mnie w stronę programu szkoleniowego dla lekarzy i terapeutów koncentrującego się na integracji psychologii energetycznej z ich podejściem terapeutycznym. Pomimo moich początkowych wątpliwości wielokrotnie napotykałem wzmianki o psychologii energetycznej podczas warsztatów, które współprowadziłem dla terapeutów i uzdrowicieli. To właśnie podczas jednego z tych warsztatów otrzymałem nieoczekiwane zaproszenie do udziału w spotkaniu psychologów w mieście, w którym prowadziłem szkolenia. Program wieczoru obracał się wokół demonstracji tappingu akupunkturowego, praktyki, która wzbudzała spore zainteresowanie. Zaintrygowany, ale sceptyczny zdecydowałem się ostatecznie wziąć w nim udział.

Na wczesnych etapach mojej kariery, podczas badań nad „nowymi psychoterapiami" na Wydziale Psychiatrii i Nauk Behawioralnych Uniwersytetu Johnsa Hopkinsa, doskonale zdawałem sobie sprawę z różnych czynników, które mogą wpływać na wyniki terapeutyczne niezależnie od zastosowania konkretnych technik. Są one znane jako „niespecyficzne czynniki terapeutyczne" i obejmują takie elementy, jak przewidywanie efektów placebo, sugestia i terapeutyczny wpływ współczucia terapeuty. Kiedy obserwowałem demonstrację psychologii energetycznej przeprowadzoną przez psychologa, który niedawno włączył ją do swojej praktyki, moje podejrzenia dotyczące tych czynników tylko się nasiliły. W demonstracji uczestniczyła kobieta, która była leczona z powodu ciężkiej klaustrofobii przez innego terapeutę z tej samej grupy.

Początkowe etapy sesji były dla mnie znajome i zwyczajne, ponieważ pacjentka przedstawiła krótką historię problemu, który okazał się oporny na leczenie prowadzone przez wielu terapeutów. Aby ocenić poziom swojego niepokoju, wyobraziła sobie siebie w windzie i oceniła swój dyskomfort w skali od 0 do 10 jednostek subiektywnego dyskomfortu (ang. *Subjective Units of Distress* – SUD), przy czym jej ocena wyniosła 10. Jednak to, co nastąpiło później, wydawało się nieprawdopodobne. Pacjentka naśladowała działania terapeuty, opukując różne punkty na swojej skórze i jednocześnie werbalnie potwierdzając swój „strach przed windami". Następnie nastąpiła krótka „procedura integracji", która obejmowała serię osobliwych gestów fizycznych, po czym rozpoczęła się kolejna runda opukiwania. Następnie pacjentka ponownie oceniła poziom swojego dyskomfortu w windzie i stwierdziła, że jej SUD spadł z 10 do 7. Powiedziała również, że jej tętno zauważalnie zwolniło.

Ku mojemu zdziwieniu wydawało się, że jej niepokój osłabł. Ponieważ sam wykorzystywałem wówczas systematyczną desensytyzację, technikę terapii behawioralnej mającą na celu uspokojenie układu nerwowego, nie spodziewałem się tak szybkich rezultatów. Zazwyczaj ta metoda wymaga znacznie więcej czasu, aby wykazać skuteczność. O dziwo w ciągu kilku minut nastąpiła zauważalna poprawa. Nie mogłem powstrzymać się od przemyśleń, czy kobieta nie rozwinęła w sobie jakiegoś przywiązania lub lojalności wobec terapeuty i teraz stara się nie zawstydzić go przed kolegami. Po kolejnej rundzie procedury wynik w subiektywnych jednostkach dyskomfortu (SUD) spadł do 5. Po kolejnej rundzie wzrósł jednak do 7. W tym momencie pomyślałem sobie: „Ach, to tylko tymczasowe wahania spowodowane czynnikami zewnętrznymi. Wiedziałem, że to podejście nie będzie skuteczne!".

Zapytana przez terapeutę o wzrost poziomu lęku, kobieta opowiedziała powracające wspomnienie z dzieciństwa. Doskonale pamiętała ten incydent z przeszłości, kiedy w wieku ośmiu lat pewnego dnia była pochłonięta zabawą z bratem i jego kolegami. Razem zbudowali prowizoryczny fort z kartonowego pudła. Ich niewinna zabawa przybrała mroczny obrót, gdy chłopcy postanowili uwięzić ją wewnątrz fortu, przyciskając otwarty bok pudła z nią w środku do ściany. Pozostawiona sama pośród ich drwin i śmiechu poczuła, jak zalewa ją fala bezradności. Nie wiedziała, ile czasu minęło, zanim została znaleziona i uwolniona, ale wydawało jej się, że bardzo długo krzyczała aż do utraty tchu. To wspomnienie, które było pogrzebane przez lata, nagle powróciło, powodując, że jej niepokój wzrósł do tego stopnia, że oceniła swój obecny dyskomfort związany z tym wspomnieniem na 10.

Po zastanowieniu się przyznałem, że poczyniono postępy. Identyfikacja znaczącego doświadczenia z dzieciństwa daje możliwość skutecznej terapii rozmową, aby zająć się i rozwiązać tę kwestię w ciągu następnego miesiąca. Bez względu na to, jak dziwna była to metoda, doprowadziła ona do ważnego odkrycia, które dało terapeucie nową perspektywę i cenne spostrzeżenia do dalszych konsultacji. Zastanawiałem się, dlaczego poprzedni terapeuci nie zbadali tego konkretnego wspomnienia. Dopiero po przestudiowaniu tej metody zrozumiałem koncepcję tappingu jako sposobu na zmniejszenie intensywności emocjonalnej, która może wydobyć głęboko zakopane wspomnienia do świadomości, czego właśnie byłem świadkiem.

Tak czy inaczej, odzyskanie tego wspomnienia to nie koniec. Terapeuta prowadzący demonstrację poinstruował kobietę, aby opukiwała określone punkty na ciele podczas wypowiadania zdań związanych z traumatycznym wydarzeniem z dzieciństwa, które koncentrowało się na jej szoku, przerażeniu, poczuciu zdrady i urazie. Co ciekawe, w ciągu zaledwie 15 minut kobieta była w stanie wspomnieć ten incydent bez odczuwania subiektywnego niepokoju (SUD na poziomie 0). Następnie terapeuta i pacjentka wrócili do strachu przed windą i szybko sprowadzili również go do poziomu 0. Obserwowałem to z powątpiewaniem, zmagając się ze sprzecznymi informacjami, które otrzymywały moje zmysły. Członek grupy zaproponował przeprowadzenie eksperymentu (co często robią psychologowie), a kobieta zgodziła się wejść do szafy i zamknąć drzwi.

Terapeuta zapewnił kobietę, że może otworzyć drzwi w każdym momencie, gdy poczuje choćby najmniejszy dyskomfort. Po zamknięciu drzwi cierpliwie czekaliśmy na reakcję kobiety. Czas zdawał się dłużyć, a trzy minuty wydawały się wiecznością. Wyobraź sobie grupę psychologów z oczami utkwionymi w zamkniętych drzwiach szafy. Wreszcie ciszę przerwało delikatne pukanie terapeuty pytającego o samopoczucie pacjentki. Ta otworzyła drzwi i triumfalnie ogłosiła, że po raz pierwszy, odkąd pamięta, czuje się komfortowo w małej, zamkniętej przestrzeni. W tamtej chwili nie mogłem powstrzymać się od spekulacji: „Ach, to musi być skomplikowany eksperyment z zakresu psychologii społecznej. Jesteśmy nieświadomymi uczestnikami badania sprawdzającego naiwność terapeutów!". Nic takiego jednak nie nastąpiło, a moja droga zawodowa miała przybrać nieoczekiwany obrót.

Nawet po tej demonstracji nadal wątpiłem w skuteczność tej techniki w mojej praktyce. Opukiwanie ciała podczas powtarzania krótkich zdań wydawało mi się dziwne i sprzeczne z moją intuicją dotyczącą metod terapeutycznych. Trudno jest naprawdę uwierzyć w moc opukiwania, dopóki osobiście jej się nie doświadczy. Jednakże demonstracja była na tyle przekonująca, że zapisałem się na czteroweekendowy program szkoleniowy prowadzony przez psychologa Freda Gallo, przeznaczony dla specjalistów zajmujących się zdrowiem psychicznym, którzy chcą nauczyć się tego podejścia. Podczas szkolenia poinstruowano nas, abyśmy zastosowali tę metodę do własnych problemów osobistych. Przekonałem się wówczas – i przez kolejnych dwadzieścia lat przekonywałem się na nowo – że niezależnie od stojącego przed nami wyzwania emocjonalnego, czy to mojego własnego, czy klienta, jego intensywność zmniejsza się w wyniku praktyki tappingu, a ta nowo odkryta ulga toruje drogę do szybkiego postępu w rozwiązywaniu problemów.

Do roku 2023 liczba opublikowanych badań klinicznych, które wykazały skuteczność tappingu, wzrosła z zera do około 250, z czego 90 opublikowano w czasopismach nieanglojęzycznych. Jako osoba pasjonująca się technologią bardzo lubię demonstrować uczestnikom konferencji wpływ skupiania się na stresujących myślach na wzorce fal mózgowych. Czasami współpracuję z ekspertami od EEG Garym Groesbeckiem i Donną Bach, którzy potrafią fachowo wyjaśnić przebieg sesji i to, w jaki sposób zmiany wyświetlane na ekranie odzwierciedlają obniżony poziom stresu, lepszą synchronizację między półkulami mózgu i ogólną optymalizację częstotliwości fal mózgowych (patrz ilustracja I.1).

Chociaż obecnie poświęcam większość mojego czasu zawodowego na nauczanie, badania i pomoc w prowadzeniu organizacji Donny i mojej, nadal pracuję z ograniczoną liczbą pacjentów. Jeden z niedawnych przypadków dotyczył kobiety, u której zdiagnozowano raka. Poprosiła mnie o udział w serii sesji psychologii energetycznej, które zbiegły się z zaplanowaną przez nią radioterapią złośliwych guzów zlokalizowanych w węzłach chłonnych oraz u nasady języka, tuż nad strunami głosowymi. Diagnoza była szokiem, ponieważ w przeszłości kobieta nie paliła tytoniu ani nie była narażona na żadne znane czynniki ryzyka powiązane z tym konkretnym typem nowotworu.

Choć początkowo pacjentka skupiała się na swoich obawach i fizycznym dyskomforcie spowodowanym radioterapią, wkrótce się okazało, że obwinia siebie za zachorowanie na raka. Choć uznawała irracjonalność tego przekonania, jego intensywność nie słabła. Kiedy zapytałem, czy pamięta inne sytuacje, w których czuła się niesprawiedliwie obwiniana, natychmiast powróciła do przejmującego doświadczenia z dzieciństwa. W wieku dziesięciu lat została obarczona odpowiedzialnością za coś

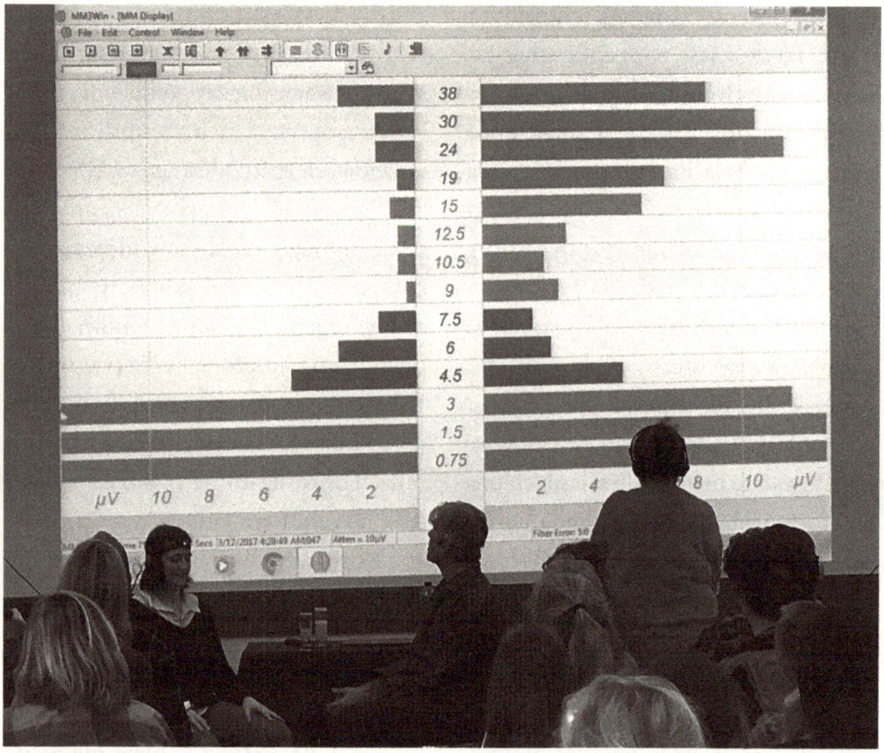

Ilustracja I.1. Po lewej stronie możemy zaobserwować demonstratorkę z założonymi czujnikami EEG, podczas gdy David (po prawej stronie) wykonuje sesję tappingu. Wszelkie zmiany EEG są prezentowane uczestnikom konferencji na bieżąco

strasznego, ale nie była w stanie się bronić, ponieważ wplątałaby w to innych członków swojej rodziny. Przez lata była aktywnym celem tego bezpodstawnego obwiniania i czuła, że musi przełknąć prawdę, aby nigdy nie wyszła na jaw.

Po tym, jak tapping wyeliminował ładunek emocjonalny związany z tymi doświadczeniami, zagłębiliśmy się w powtarzający się przez całe jej życie wzorzec niezdolności do mówienia prawdy i staraliśmy się powiązać go z tymi wczesnymi doświadczeniami. Następnie podczas sesji zbadaliśmy możliwe powiązania między jej stłumioną ekspresją werbalną („tłumienie tego, co muszę przekazać", „niezdradzanie prawdy") a późniejszym rozwojem raka w okolicy gardła, języka i strun głosowych.

Po każdej rundzie tappingu prosiłem ją, aby wyobraziła sobie, co dzieje się w jej gardle, jako szybki miernik efektów tej rundy. Następnie wykonywała kolejną rundę tappingu, koncentrując się na obrazach, które widziała w gardle w tym momencie. Ten proces opukiwania i wizualizacji stał się jej zadaniem domowym. Początkowo dostrzegała gęstą, atramentowoczarną smołę i splątane pajęczyny. W trakcie sesji zaobserwowałem niezwykłą zmianę w jej obwinianiu się, które przekształciło się we współczucie dla siebie, gdy uświadomiła sobie potencjalne powiązania między sytuacją z dzieciństwa a obecną chorobą.

W trakcie dwóch kolejnych sesji terapeutycznych uwolnienie się od obciążeń emocjonalnych związanych z różnymi aspektami powiązanych problemów spowodowało transformację w wizualizacjach, których doświadczała, co ostatecznie doprowadziło do poczucia otwartości i iluminacji przenikającej dotknięty obszar. Dotychczasowe smoła i pajęczyny zniknęły całkowicie. Wyniki tomografii komputerowej znacznie przekroczyły przewidywania jej onkologa i wykazały znaczną poprawę pomimo decyzji o zaprzestaniu radioterapii ze względu na wyniszczające skutki uboczne napotkane podczas pierwszych sesji, a także odmowy poddania się zalecanemu schematowi chemioterapii. Zamiast powiększać się, wszystkie guzy nowotworowe wykazywały zmniejszenie, a niektóre skurczyły się nawet o pięćdziesiąt procent.

Trzy miesiące później kobieta udała się na kolejną serię tomografii komputerowej. Kiedy jej onkolog poinformował ją, że jest całkowicie wolna od raka, entuzjastycznie przybiła mu piątkę, ale on niezręcznie odpowiedział: „To nie moja zasługa. Nie wiem, co się stało!". Ona jednak czuła, że wie. Wierzyła, że tapping odegrał kluczową rolę. Wraz z jej zwiększoną zdolnością do wyrażania trudnych prawd jej biochemia znacząco się zmieniła, co znalazło odzwierciedlenie w diagnozie całkowitego pozbycia się raka z organizmu. Jej ostatnie badanie tomograficzne, wykonane w chwili pisania tego tekstu, dwa lata później, nadal wykazało, że jest wolna od raka[5]. Należy zauważyć, że choć technika tappingu nie powinna być traktowana jako jedyny sposób na poważną dolegliwość fizyczną, często okazuje się ona cennym uzupełnieniem innych metod leczenia.

Nawet po ponad dwudziestu latach stosowania tappingu akupunkturowego nadal jestem zdumiony, choć nie zaskoczony, wynikami, jakie można osiągnąć. Chociaż zawsze uważałem, że oferowanie usług psychoterapeutycznych wiąże się z ogromną satysfakcją, tapping daje temu procesowi dodatkowy zastrzyk energii. Zwiększa zdolność do zmniejszania intensywności emocjonalnej, leczenia traum z dzieciństwa i przekształcania podstawowych struktur, które utrwalają autodestrukcyjne cykle zachowań. Co więcej, odsłania niezbadane możliwości twórczego podejmowania decyzji i duchowego dostrojenia.

Refleksje Donny

Przez lata mojego doświadczenia miałam zaszczyt współpracować z ponad dziesięcioma tysiącami osób nad ich osobistymi problemami i emocjonalnymi wyzwaniami. Choć nie identyfikuję się jako psychoterapeutka, brałam udział w 90-minutowych sesjach, podczas których zagłębiałam się w ich problemy. Chociaż zawsze chętnie dzielę się przemyśleniami na temat ich sytuacji, odkryłam, że najbardziej pomocne jest dotarcie do ich energii, aby ujawnić narrację, które często przewyższają znaczenie wypowiadanych przez nich słów.

Zawsze byłam w stanie zobaczyć energie ciała. Dla mnie i mojej matki, brata i siostry było to tak normalne, jak widzenie koloru nieba. Energie otaczające człowieka – w wielu tradycjach nazywane „aurą" – mogą przybierać wiele barw i odcieni. Poprzez otwarte dyskusje na temat własnych obserwacji moja matka umocniła w nas tę wrodzoną zdolność.

Kolory te mogą być względnie stałe lub szybko się zmieniać, a ja widzę je nie tylko w energiach otaczających ludzi, ale także w tych płynących w każdym z nas. Energie przepływające przez wątrobę wyglądają inaczej niż przepływające przez nerki. Nierzadko pojawiają się rozbieżności, gdy energia danej osoby jest sprzeczna z wypowiadanymi przez nią słowami lub gdy jej energia ujawnia ukryte, nieznane jej informacje. Dzięki różnorodnym technikom mogę zaangażować się w te energie, aby złagodzić wewnętrzne zamieszanie, które może zagrażać ich dobremu samopoczuciu i siać spustoszenie w ich stanie emocjonalnym.

Poprzez wywieranie nacisku na określone punkty na czole, znane jako „naczynia neurowaskularne", osoby doświadczające niepokoju mogą doświadczyć poprawy funkcji poznawczych, ponieważ przepływ krwi powraca do ich mózgu, przerywając reakcję walki lub ucieczki. Nierzadko zdarza się, że ludzie żyją w ciągłym stanie walki lub ucieczki nawet przy braku fizycznych zagrożeń. Poprzez naciskanie na te punkty mogę złagodzić niepokój w ich systemach energetycznych. Ta fizyczna interwencja ostatecznie zmienia ich reakcję emocjonalną, pozwalając na większą jasność myśli.

Wszystkie emocje są połączone z różnymi ścieżkami energetycznymi zwanymi meridianami. Praca z klientem może przenieść się na inne meridiany, aurę lub czakry. Czakry są zbiornikami energii, które przechowują informacje o przeszłości danej osoby, a także o tematach, które kształtują ich postrzeganie i wybory. Każda czakra opowiada swoją historię. Usunięcie blokad w tych zbiornikach i przepływach energii oraz doprowadzenie ich do lepszej harmonii nie tylko korzystnie wpływa na daną osobę na poziomie fizycznym, także zapewnia większą jasność i równowagę w jej myślach i emocjach. Często prowadzi to do nowych spostrzeżeń, transformacji nawyków i zachowań oraz ogólnej poprawy nastroju i zdrowia fizycznego.

Nie wszyscy są zaznajomieni z terminami takimi jak meridiany i czakry, a nawet przekonani o ich istnieniu. Ale podobnie jak ciało fizyczne ma wiele złożonych układów, jak na przykład krążenia, oddechowy, odpornościowy, rozrodczy i inne, energie, które nimi rządzą i które wspierają te układy, są bardzo realne i tak samo złożone jak anatomia ciała. W mojej specjalności – w medycynie energetycznej – skupiamy się na dziewięciu odrębnych, ale wzajemnie powiązanych systemach energetycznych, które regulują fizyczne funkcje organizmu. Obszerne badania, obejmujące ponad 1000 analiz, wykazały skuteczność uzdrawiania energią w leczeniu różnych schorzeń[6].

Kiedy ponad dwie dekady temu David zaczął studiować psychologię energetyczną, byłam jedną z jego pierwszych klientek. Jako osoba przyzwyczajona do pracy z wieloma systemami energetycznymi jednocześnie byłam zaskoczona, że szkolenie Davida koncentrowało się wyłącznie na meridianach. Jego podejście obejmowało aktywację meridianów poprzez stymulację określonych punktów akupunkturowych, głównie poprzez opukiwanie ich. Należy jednak zauważyć, że istnieją różne metody stymulowania punktów akupunkturowych,

Ilustracja I.2. Donna przeprowadzająca sesję demonstracyjną

w tym delikatny nacisk, głęboki masaż, igły akupunkturowe, a nawet stymulacja elektryczna. Po zaangażowaniu się w sesje z Davidem i zapoznaniu się z dość ograniczonym wachlarzem technik, byłam mile zaskoczona szybkimi i korzystnymi zmianami w kwestiach, którymi się zajmowałam.

Poprzez osobistą eksplorację dokonałam niezwykłego odkrycia: niektóre słowa w połączeniu z tappingiem miały głęboki i kojący efekt. Niektóre słowa napełniły mnie energią, podczas gdy inne zwiększyły moje zdolności poznawcze i rzuciły światło na związek między przeszłymi wyzwaniami a obecnymi problemami. Niezależnie od konkretnego wyniku połączenie prostych fraz i opukiwania stworzyło znaczące doświadczenie, które głęboko we mnie rezonowało. Odczuwałam to jako falę przemierzającą wzdłuż moich meridianów i pulsującą w moim mózgu. To uczucie było dla mnie nowością, ponieważ zazwyczaj doświadczałam energii jako przypływu lub spiralnego ruchu. Tapping powodował jednak pulsujące uczucie. Chociaż wcześniej używałam tappingu do radzenia sobie z bólem i samosabotującymi zachowaniami, sposób, w jaki te impulsy przemieszczały się do mojego mózgu i wpływały na moje myśli i emocje, był zupełnie nowy. Całe moje ciało było połączone w energetycznym przepływie z moją świadomością. Doświadczenie energii nabrało ekscytującego wymiaru, odbiegającego od mojego typowego jej postrzegania.

Obserwując rosnące zaangażowanie Davida w praktykę tappingu, z wielką satysfakcją odebrałam jego pojawienie się jako wybitnej postaci w profesjonalnej społeczności psychologii energetycznej. Ponieważ wcześniej David skupiał się na umyśle, a ja na ciele, nasze profesje w pewnym stopniu wydawały się od siebie zupełnie odrębne, ale koncepcja „energii" posłużyła teraz jako siła jednocząca. Ze względu na to, że psychologia energetyczna czerpie z szerszej dziedziny medycyny energetycznej, otrzymałam zaproszenie do przemawiania na różnych konferencjach dotyczących psychologii energetycznej, na których David również prezentował swoją wiedzę.

Czerpiąc z mojego doświadczenia w medycynie energetycznej, holistycznego podejścia, które obejmuje wszystkie aspekty energii ciała, odkryłam, że mogę poszerzyć horyzonty innych psychoterapeutów. Odnosząc się do konkretnych wzorców energetycznych poprzez unikalne ruchy fizyczne różniące się od tradycyjnych metod tappingu, możliwe jest skuteczniejsze łagodzenie depresji. Jeśli wdroży się tę korektę przed tappingiem, wyniki pojawią się szybciej i będą bardziej kompleksowe. Terapeuci, głęboko zaangażowani w łagodzenie cierpienia swoich klientów, chętnie przyjęli tę cenną wiedzę.

Pomimo niezaprzeczalnej mocy i skuteczności protokołów tappingu dowiedziałam się, że wielu terapeutów zgłębiało szerszą sferę medycyny energetycznej. W 2012 roku Stowarzyszenie Kompleksowej Psychologii Energetycznej (ang. Association for Comprehensive Energy Psychology – ACEP) przeprowadziło wewnętrzną ankietę wśród 115 praktyków tej dziedziny. Wyniki ujawniły, że siedemdziesiąt sześć procent respondentów zapytanych o najczęściej stosowane przez nich metody energetyczne umieściło Eden Energy Medicine – system opracowany przeze mnie – wśród swoich trzech ulubionych technik. Odkrycie to było zaskoczeniem dla wszystkich z wyjątkiem mnie, ponieważ moje podejście jest powszechnie znane ze względu na skupienie się na uzdrawianiu fizycznym, a nie na psychologicznym. Przyznaję, że interakcja między umysłem a ciałem jest delikatna i skomplikowana i mocno wierzę, że medycyna energetyczna ma ogromny potencjał dla osób zajmujących się leczeniem, w tym tych specjalizujących się w zdrowiu psychicznym.

To, co wniosłam w konferencje dotyczące psychologii energetycznej, odzwierciedla mój wkład w tę książkę. David jest jej głównym autorem, a ja zaoferowałam swoje kompleksowe spojrzenie na systemy energetyczne ciała, wiedzę kliniczną i moje wyjątkowe zdolności do obserwowania przepływu energii w związku z różnymi tematami poruszanymi w książce.

NARZĘDZIE NA MIARĘ CZASÓW

Wszyscy doświadczamy bezprecedensowych zmian w otaczającym nas świecie. Dotyczy to między innymi naszej kariery zawodowej, sposobów spędzania wolnego czasu, podejścia do rodzicielstwa, wpływu technologii na nasze myśli i relacje, a nawet jesteśmy świadkami kryzysów wpływających na środowisko, relacji między rasami i płciami, przy czym nawet samo pojęcie płci również podlega znaczącym zmianom. Na przestrzeni dziejów nowe potrzeby i możliwości dały początek innowacyjnym narzędziom. W obliczu przytłaczającego wachlarza zmian i wyzwań, przed którymi stoi współczesny świat, nasza kultura opracowała różnorodne strategie pomagające jednostkom w radzeniu sobie z tymi transformacjami. Ta książka koncentruje się na jednej konkretnej metodzie: technikach opartych na energii, które ułatwiają uzdrawianie emocjonalne i rozwój psychiczny. Naszym głównym celem jest przedstawienie tego podejścia w praktyczny i przekonujący sposób, oferując czytelnikom możliwość wykorzystania tych procedur dla osiągnięcia dobrego samopoczucia i rozwoju osobistego.

Interwencje psychologii energetycznej w swej istocie harmonizują ciało fizyczne z wrodzonym popędem umysłu w kierunku osiągnięcia największego potencjału. W psychice zakodowany jest nie tylko projekt najwyższych możliwości, ale także głęboka motywacja, wezwanie do ich urzeczywistnienia. Protokoły tappingu służą jako środek do zamanifestowania tego potencjału. Składają się one z dwóch elementów:

1. Opukiwanie określonych punktów akupunkturowych, aby osiągnąć w ten sposób ich stymulację.
2. Jednoczesne wykorzystanie zarówno słów, jak i obrazów.

Mów, patrz, opukuj

Poprzez używanie słów, reprezentacji wizualnych i tappingu możesz wytyczyć nowe ścieżki w kierunku zbudowania podstawowych ram, które kształtują twoje istnienie. Połączenie języka, wyobraźni i zaangażowania dotykowego tworzy potężną triadę, która stanowi wyjątkową okazję do stworzenia nowych ścieżek rozwoju osobistego. Dzięki potędze słów możesz wyrazić i zagłębić się w każdy aspekt swojego życia, podczas gdy wyobraźnia daje ci możliwość swobodnego przemierzania i poznawania przeszłości, teraźniejszości i przyszłości. Moc wyobraźni służy jako narzędzie łagodzenia stresu, zmniejszania lęku, zwiększania pewności siebie i optymalizacji wydajności. Włączenie tappingu akupunkturowego angażuje układ nerwowy, wzmacniając w ten sposób korzystny wpływ starannie dobranych słów i obrazów.

Czy to fikcja, czy fakt?

Psychologia energetyczna – dziedzina, która integruje techniki starożytnego uzdrawiania i praktyk duchowych z nowoczesnymi metodami psychologicznymi – zyskała uznanie za swoje transformujące efekty. Peta Stapleton, ceniona psycholożka z Universytetu Bond i laureatka prestiżowego tytułu australijskiego psychologa roku 2019, jest liderem badań w dziedzinie psychologii energii. Stapleton początkowo koncentrowała się na energiach ciała, ale późniejsze badania ujawniły jej głęboki wpływ na układ nerwowy, funkcjonowanie mózgu, regulację DNA i produkcję hormonów stresu[7].

W kompleksowej analizie ponad 100 opublikowanych badań dotyczących leczenia tappingiem akupunkturowym odkryto, że prawie każde badanie wykazało korzystne wyniki przy użyciu ustalonych protokołów badawczych. Zaobserwowano, że te pozytywne efekty pojawiają się szybko i są obserwowane także podczas kolejnych ocen[8]. Według tego przeglądu terapie wykorzystujące opukiwanie punktów akupunkturowych okazały się skuteczniejsze w leczeniu lęku i zespołu stresu pourazowego (PTSD) niż metody oparte na rozmowie. Podejście to konsekwentnie wykazało już po jednej sesji znaczną poprawę fizjologiczną, taką jak obniżony poziom kortyzolu, zmienioną ekspresję genów, lepsze parametry sercowo-naczyniowe i zmodyfikowane wzorce fal mózgowych[9].

Rosnąca popularność

Popularność protokołów tappingu wykroczyła poza progi gabinetu terapeutów i coraz więcej osób stosuje te techniki samodzielnie w celach samopomocy. Aby zmierzyć tę rosnącą tendencję za pomocą narzędzia statystycznego, monitorowano ruch na pięciu najpopularniejszych witrynach poświęconych psychologii energetycznej, które wykazały zdumiewającą liczbę sześciu milionów odwiedzin w losowo wybranym miesiącu[10]. Ponadto Światowy Szczyt Tappingu, który odbywa się od 15 lat, każdego roku regularnie przyciąga ponad pół miliona uczestników. W szeroko zakrojonym badaniu z udziałem 270 461 użytkowników przeanalizowano zaawansowaną aplikację na smartfony, zaprojektowaną, aby pomóc osobom w stosowaniu protokołów tappingu[11]. Redukcja objawów po zastosowaniu aplikacji była wystarczająco znacząca, aby osiągnąć naukowy wskaźnik „silnej istotności statystycznej dla lęku i subiektywnego niepokoju"[12].

Unikatową cechą metody psychologii energetycznej omawianej w tej książce jest stymulacja punktów akupunkturowych poprzez ich opukiwanie. Podczas gdy inne odmiany psychologii energetycznej koncentrują się na systemach energetycznych rozpoznawanych w starożytnych praktykach leczniczych jako c h i, q i i c z a k r y lub określanych w kontekście naukowym jako b i o p o l e, które jest nowoczesnym terminem dla aury, stukanie w punkty akupunkturowe pozostaje najczęściej stosowaną metodą w psychologii energetycznej. W związku z tym terminy „tapping" i „psychologia energetyczna" są często używane zamiennie. Podejście to opiera się na naukowo uzasadnionych ramach neurologicznych[13], a rosnąca liczba badań potwierdza szybkość i skuteczność tej metody.

Do najlepiej zbadanych i szeroko stosowanych odmian psychologii energetycznej, które zostały wprowadzone w latach 80. XX wieku, należą techniki emocjonalnej wolności (ang. *Emotional Freedom Techniques* – EFT) i terapia pola myśli (ang. *Thought Field Therapy* – TFT). Obie te metody instruują pacjentów, jak stymulować punkty akupunkturowe poprzez ich opukiwanie. Podejście to jest określane po prostu jako „tapping" – tytuł, który wybraliśmy dla tej książki. Pierwszy podręcznik EFT, napisany przez Gary'ego Craiga w 1995 roku, doczekał się ponad miliona pobrań. Od tego czasu pojawiło się ponad 100 książek na temat psychologii energetycznej lub jednej z jej odmian. Odkrycie ogromu tej płodnej produkcji było inspirujące, bo dzięki temu wiedzieliśmy, że książka, którą piszemy, m u s i b y ć d o b r a!

Zgodnie z danymi zebranymi przez psychiatrę z Harvardu Erica Leskowitza, opublikowanymi w „Medical Acupuncture", „dziesiątki tysięcy" psychoterapeutów z różnych środowisk teoretycznych włączyło tapping akupunkturowy do swoich praktyk[14]. Trend ten rozwinął się głównie w ciągu ostatnich dziesięciu lat, gdy popularność tej metody rozprzestrzeniła się w społeczności klinicznej.

W JAKI SPOSÓB *ENERGIA* JEST POWIĄZANA Z PSYCHOLOGIĄ ENERGETYCZNĄ

Psychologia energetyczna to ogólny termin określający podejście do rozwoju osobistego, które łączy współczesne praktyki psychoterapeutyczne z technikami, które zapewniają wyjątkową możliwość pracy z energiami ciała. U podstaw reakcji chemicznych w każdej komórce ciała leżą cząsteczki atomowe, które posiadają stale zmieniającą się energię. Dziennikarka naukowa Sally Adee tak podsumowuje ugruntowaną wiedzę na temat elektrycznych właściwości komórki:

> Każda z 40 bilionów komórek w twoim ciele działa jak maleńka bateria, wraz z własnym, unikalnym napięciem... Gdy impuls nerwowy biegnie wzdłuż włókna nerwowego, kanały w neuronie otwierają się, pozwalając milionom jonów na szybki przepływ... Ten znaczący ruch ładunku tworzy pole elektryczne o natężeniu około miliona woltów na metr[15].

Każdy organ jest otoczony polem elektromagnetycznym. Sygnały elektryczne wykorzystywane przez układ nerwowy nie tylko zarządzają funkcjami ciała, takimi jak oddychanie, chodzenie, mówienie, połykanie, trawienie i spanie, ale także regulują myślenie i uczenie się. Składający się z około 86 miliardów neuronów ludzki mózg, którego każdy neuron jest połączony z aż 10 tysiącami innych neuronów, tworzy zadziwiająco skomplikowaną sieć interakcji elektromagnetycznych i elektrochemicznych. Nowoczesne medyczne techniki diagnostyczne, w tym rezonans magnetyczny, EKG, EEG i PET, opierają się na ocenie zmiennej aktywności elektromagnetycznej organizmu. Na przodujących uniwersytetach naukowcy badają metody operowania polami energetycznymi ciała w celu leczenia różnych schorzeń medycznych i psychologicznych[16].

W rzeczywistości wykorzystywanie impulsów elektrycznych w celu poprawy zdrowia organizmu nie jest niczym nowym. Przykładem może chociażby być znany rozrusznik serca, a chirurgicznie wszczepione urządzenie, które wysyła sygnały elektryczne do mózgu, pomogło ponad 160 tysiącom pacjentów z zaawansowaną chorobą Parkinsona, prowadząc do poprawy funkcji motorycznych, jednocześnie łagodząc objawy, takie jak drżenie, ospałość i sztywność[17]. Technika ta jest obecnie badana pod kątem takich schorzeń, jak epilepsja, stany lękowe, zaburzenia obsesyjno-kompulsyjne i otyłość. Implanty chirurgiczne, porównywalne wielkością do ziarenka ryżu, emitują niewielkie sygnały elektryczne i są umieszczane wokół określonych nerwów, umożliwiając ludziom sparaliżowanym ponowne chodzenie i pomagając osobom z ciężką depresją wstać z łóżka[18]. Przezczaszkowa stymulacja prądem stałym, która wysyła kilka miliamperów prądu elektrycznego przez mózg, przyniosła szereg korzyści, od zmniejszenia depresji lekoopornej po zwiększenie koncentracji i poprawę umiejętności matematycznych. Ta ostatnia metoda wykorzystuje elektrody umieszczane na skórze głowy zamiast implantów chirurgicznych[19].

W każdej z tych interwencji lecznicze sygnały elektryczne generowane przez te urządzenia w celu poprawy funkcji mózgu są niewielkie w porównaniu choćby z mocą wyjściową pilota do telewizora. Czy możliwe jest, aby te niewielkie sygnały były generowane przez własną aktywność elektryczną organizmu?

To jest dokładnie to, co robi tapping akupunkturowy! Badania obrazowe wykazały, że tapping może wytwarzać sygnały, które na przykład natychmiast zmniejszają pobudzenie w ośrodkach emocjonalnych mózgu i zwiększają pobudzenie w obszarach związanych z planowaniem i regulacją emocjonalną[20].

Wszystkie zabiegi psychologiczne, celowo lub nie, wpływają na energie elektromagnetyczne, które zasadniczo energetyzują ciało fizyczne. W przeciwieństwie do tego psychologia energetyczna wykorzystuje określone techniki skierowane bezpośrednio na te energie, umyślnie je zmieniając w celu zwiększenia stabilności emocjonalnej i ogólnego samopoczucia. Tapping generuje ładunek elektryczny, który może zmniejszyć aktywność w obszarach mózgu związanych z podwyższonym lękiem, złością, zazdrością lub innymi trudnymi emocjami, jednocześnie zwiększając aktywność w regionach związanych z rozumowaniem i kreatywnością.

Psychologia energetyczna zajmuje się tak zwanymi „subtelnymi energiami"[21], które, choć nie są mierzalne za pomocą obecnych narzędzi naukowych, można zidentyfikować poprzez ich efekty. Energie te są znane w praktykach leczniczych wielu kultur na całym świecie, to *chi* w Chinach, *prana* w Indiach i *Wakan Tanka* Indian Lakota (Siuksów) żyjących na Wielkich Równinach Stanów Zjednoczonych[22]. Węgierski lekarz Albert Szent-Györgyi, który w 1937 r. został laureatem Nagrody Nobla w dziedzinie medycyny, zauważył, że „w każdej kulturze i w każdej tradycji medycznej przed naszą uzdrawianie odbywało się poprzez poruszanie energią"[23].

CZY TO DUCHOWOŚĆ?

Angażowanie się w subtelne energie ciała może służyć jako ścieżka do duchowości, wspierając połączenie z większymi siłami ponad nami. Niniejsza książka kładzie jednak nacisk na opanowanie psychologicznych aspektów swojego istnienia: myśli, emocji i zachowań. Chociaż nierzadko się zdarza, że sesje tappingu spontanicznie dają ludziom głębszy wgląd i szersze perspektywy, naszym głównym celem jest wyposażenie cię w praktyczne narzędzia pozwalające prosperować w codziennym, namacalnym świecie.

Jednocześnie wiele osób odkrywa metody łączenia akupunktury z wyraźnie duchowymi praktykami, takimi jak medytacja, modlitwa lub święte rytuały. Mogą one się pięknie uzupełniać, jak wykazano w naukowej książce Dawsona Churcha *Bliss Brain*[24]. Nawet niedawny wzrost wykorzystania psychodelików do duchowej eksploracji może łączyć się z tappingiem w celu przyswojenia zmiany w percepcji i oświecających spostrzeżeń po powrocie jednostki do rzeczywistości.

OPINIE TESTERÓW

Chociaż metody przedstawione w tej książce były przez nas intensywnie wykorzystywane w pracy z pacjentami oraz podczas naszych zajęć i warsztatów, przedstawienie niektórych z nich w formie książki, która nie pozwala na interakcję, było dla nas czymś nowym. Zatem, opracowując program, zaangażowaliśmy około tuzina „testerów", którzy recenzowali każdy rozdział, gdy finalizowaliśmy jego wstępną wersję. Ludzie ci dostarczyli nam informacji zwrotnych na temat przejrzystości rozdziałów i wskazali, jakie dodatkowe elementy były niezbędne, aby skuteczniej przejść przez proces tappingu, korzystając wyłącznie ze wskazówek płynących z książki. Ich doświadczenia posłużyły również jako dopełniający materiał do kolejnego szkicu danego rozdziału. Większość testerów była nowicjuszami w dziedzinie psychologii energetycznej, co upewniło nas w przekonaniu, że nie jest potrzebna wcześniejsza wiedza na temat tego podejścia, aby efektywnie korzystać z tej książki i naszych wskazówek. Zaangażowaliśmy jednak także kilku praktyków, aby ich opinie odzwierciedlały perspektywę osób bardziej doświadczonych. Aby zachować prywatność, nazwiska i dane identyfikacyjne testerów i osób wspomnianych w opisach przypadków zostały zmienione.

Godnym uwagi spostrzeżeniem wielu naszych testerów było to, że doświadczyli oni korzyści nie tylko w tematach poruszanych w poszczególnych rozdziałach, ale także w szerszych obszarach ich życia. Jedna z osób zakomunikowała nam:

Z powodzeniem zintegrowałem liczne techniki tappingu i protokoły z książki z moją codzienną rutyną, skutecznie pokonując wiele lęków i fobii, które dręczyły mnie od dziesięcioleci.

Na przykład kiedyś doświadczyłem intensywnego strachu przed lataniem, który wymagał uspokojenia przed wejściem na pokład samolotu, aby udać się w jakąkolwiek podróż. Jednak podczas niedawnej podróży do Argentyny, która obejmowała trzy loty w jedną stronę i trzy loty z powrotem, nie odczuwałem żadnego niepokoju, nie potrzebowałem środków uspokajających, a nawet nie stosowałem ziołowych suplementów, aby poradzić sobie z lękiem przed lataniem. Chociaż mogłem sobie wyobrazić potencjalne problemy wynikające z lotu, nie wywołały one u mnie przytłaczającego strachu, z jakim miałem do czynienia wcześniej. Protokoły, na które zwróciliście uwagę w programie, przyczyniły się również do rozwiązania lub złagodzenia wielu innych problemów.

Inna osoba napisała:

Po ukończeniu rozdziału 3 jechałem zatłoczoną autostradą, spiesząc się na spotkanie, kiedy nagle zdałem sobie sprawę, że nie odczuwam stresu związanego z dużym natężeniem ruchu ulicznego, czasem ani samym spotkaniem! Takie doświadczenie było naprawdę bezprecedensowe.

W kolejnych dniach, gdy przygotowywałem się na przyjęcie moich gości, ze zdumieniem odkryłem, że nie czułem się ani zestresowany, ani zaniepokojony tym faktem! Wcześniej uważałem, że wszystko w domu musi być idealne. Przez całe życie walczyłem z tym perfekcjonizmem, ale bez większego powodzenia. Ale teraz (!!!) Stres całkowicie zniknął!

To tak, jakby ktoś wziął skalpel laserowy i wyciął wpływ mojej matki z głębokiej warstwy mojej osobowości, z miejsca, w którym jej styl stresu i jej obawy zostały osadzone i wzmocnione. Jestem zdumiony!

W dalszej części książki dowiesz się o innych spostrzeżeniach i doświadczeniach kolejnych testerów.

JAK KORZYSTAĆ Z TEJ KSIĄŻKI

Tapping jest napisany dla każdego, zaspokajając potrzeby nas wszystkich, gdy poruszamy się po złożoności ludzkiego doświadczenia w tych trudnych czasach. Przekazuje techniki psychologii energetycznej i pokazuje, jak je wykorzystać w szerokim zakresie problemów i przeszkód. Opierając się na współczesnym naukowym zrozumieniu jej mechanizmów[25], książka ta odnosi się do różnych problemów emocjonalnych – czy to wynikających ze stresu, niepokoju, problemów ze zdrowiem fizycznym, skutków starzenia się, presji rodzicielskiej, wymagań w miejscu pracy, czy też walki o zachowanie koncentracji i równowagi w dzisiejszym świecie. Zapewniamy w tej książce ustrukturyzowane podejście i zbiór narzędzi, które pozwolą ci zaprezentować się z jak najlepszej strony. Ponadto kluczowym celem tej książki jest dostarczenie eksperckich spostrzeżeń i wsparcia dla psychoterapeutów, którzy obecnie wykorzystują lub rozważają zastosowanie psychologii energetycznej.

Indywidualne podejście

Skrypty „uniwersalne" – główny styl spotykany w wielu książkach, artykułach i stronach internetowych prezentujących samopomocowe podejście do tappingu – są dalekie od tego, co uważamy za możliwe. Podczas korzystania ze „skryptu tappingu", opukujesz wybrane miejsca w rytm słów, które wypowiadasz lub które odtwarzasz z nagrania audio albo wideo. Na przykład: „Przyciągam wszystko, czego potrzebuję, aby odnieść sukces"; „Mój lęk wysokości łagodnieje i uwalniam się od niego"; „Zauważam piękne chwile, które oferuje ten dzień". Skrypty tappingowe mogą dotyczyć niemal każdej możliwej kwestii, od barier na drodze do sukcesu i dobrobytu finansowego, po lęk, depresję lub PTSD.

Chociaż to uniwersalne podejście wykorzystuje skuteczność tappingu do rozwiązywania konkretnych problemów, brakuje mu dostosowania do konkretnej tożsamości, osobistej historii lub odrębnego sposobu, w jaki dana kwestia się przejawia. Kiedy wszyscy otrzymują to samo sformułowanie, indywidualne różnice nie są uwzględniane w procedurze. Skrypty tappingowe nie są w stanie wykonać pracy badawczej, która zapewni, że procedura będzie dostosowana do twojego charakteru, stylu uczenia się i głębszych potrzeb. W związku z tym rzadko rozwiązują długotrwałe problemy leżące u ich podstaw. Niemniej korzyści, jakie zapewniają, mogą być dość niezwykłe. Już po kilku minutach tappingu możesz doświadczyć lepszego snu, zwiększonej pewności siebie przed wystąpieniami publicznymi, zmniejszonego niepokoju lub odcięcia się od niewygodnej interakcji. Nie sprzeciwiamy się stosowaniu skryptów tappingowych, jak można zauważyć w sekcjach „Szybkie rozwiązanie" w części II tej książki. Naszym celem jest jednak wyposażenie cię w dodatkowe narzędzia, które wykraczają poza te skrypty, umożliwiając ci przyjęcie sposobu myślenia praktyka podczas stosowania tych technik dopasowanych do siebie.

Nie powinno to oznaczać, że ta książka eliminuje konieczność korzystania z usług wykwalifikowanych specjalistów. Tak nie jest. Obok braku zaawansowanych umiejętności biegłych praktyków wszyscy posiadamy własne martwe punkty. Doświadczeni terapeuci, którzy używają akupunktury, mogą poprowadzić cię do obszarów, o których istnieniu być może nie miałeś pojęcia. Mogą zapewnić wsparcie podczas zmagania się z trudnymi kwestiami i są dobrze zaznajomieni z narzędziami, których być może dopiero się uczysz.

Ale zarówno z profesjonalnym przewodnictwem, jak i bez niego można wiele osiągnąć za pomocą samodzielnego tappingu, jeśli tylko włożysz wysiłek w naukę tej metody. Oczywiście obowiązują również rozsądne środki ostrożności. Jeśli potrzebujesz psychoterapii, należy skorzystać z pomocy wykwalifikowanego terapeuty. Dostosuj metody w sposób odpowiedni dla siebie. Każdy z nas znajduje się na drodze osobistego rozwoju, a niniejsza książka stanowi najskuteczniejszy zasób, jaki stworzyliśmy, aby wesprzeć cię w tej podróży.

Technika i jej zastosowania

Tapping zachęca cię do rozpoczęcia transformacyjnej podróży, która zmieni twoje relacje z wewnętrznym krajobrazem mentalnym i emocjonalnym, a także twoje zaangażowanie w świat zewnętrzny. Narzędzia, które oferuje, mogą pomóc w leczeniu ran emocjonalnych lub przestarzałych przekonań, które ograniczają postęp i powstrzymują cię przed pójściem naprzód, ku życiu, które jest zdrowsze i szczęśliwsze.

Część I zatytułowana „Jak to działa" przedstawia podstawowy protokół tappingu, który można zastosować do dowolnej kwestii. W części II „Sposoby zastosowania" dowiesz się, jak ukierunkować te techniki na dominujące problemy, takie jak lęk, smutek, nawyki, osiąganie szczytowych wyników, relacje i radzenie sobie z wyzwaniami. Ponadto część ta zawiera wskazówki dla terapeutów i ich pacjentów dotyczące wdrażania protokołów tappingu akupunkturowego w stanach klinicznych, w tym lęku, depresji, uzależnień i PTSD.

Poruszając się po programie, należy pamiętać, że chociaż chęć szybkiego skonfrontowania się z tematami trudnymi emocjonalnie może być silna, konieczne jest podejście do nich ze spokojem i delikatnością. Co więcej, zauważysz, że instrukcje pomogą ci, jeśli poczujesz się przytłoczony.

Praca z partnerem

Chociaż program opisany w tej książce jest przeznaczony przede wszystkim do użytku indywidualnego, może okazać się korzystna wymiana doświadczeń i rozmowa o nim z bliskim przyjacielem lub w małej grupie. Podobnie jak w przypadku dzielenia się swoimi marzeniami możesz zdecydować się na przeczytanie fragmentu z dziennika, który zasugerujemy ci prowadzić, lub na wyartykułowanie swojego osobistego doświadczenia z konkretną techniką.

Dodatkowo ty i twój partner możecie zaangażować się w ten proces jednocześnie, siedząc obok siebie. Dwóch testerów, którzy byli przyjaciółmi, zsynchronizowało swoje działania z programem, aby wymieniać się spostrzeżeniami po zakończeniu każdego rozdziału. Odkryli oni, że te refleksje wzbogaciły ich doświadczenia. Co więcej, tworząc regularny harmonogram programu i poświęcając się wspólnemu wykonywaniu ćwiczeń, udało im się zachować koncentrację i systematyczne podejście.

Jeśli znasz już inne podejście związane z psychologią energetyczną

Jeśli korzystasz już z alternatywnego zestawu punktów akupunkturowych, możesz nadal używać ich zamiast tych opisanych w rozdziale 1 i w całej tej książce. Każdy zestaw będzie skutecznie wysyłał potrzebne sygnały do mózgu. Liczne punkty akupunktury na ciele mogą przynieść podobne korzyści. Różni praktycy i instruktorzy przetestowali i zidentyfikowali kombinację punktów, które uważają za najbardziej skuteczne. Jeśli jesteś doświadczonym praktykiem EFT lub TFT, możesz pominąć rozdziały 2 i 3 i przejść bezpośrednio do rozdziałów poświęconych zastosowaniu tappingu w części II. Niemniej przejrzenie rozdziałów 2 i 3 jest korzystne, ponieważ oferują one cenne spostrzeżenia i wskazówki dotyczące podstawowych procedur związanych z podejściem do tappingu akupunkturowego i zawsze można się do nich odwołać w miarę czytania książki.

Krótkie podsumowanie

Do tego rodzaju książki można podejść na różne sposoby. Możesz od razu przejść do części I i rozpocząć czytanie lub wybrać rozdział, który szczególnie cię interesuje. Niektórzy czytelnicy lubią jednak zaczynać od przeglądu tego, co ma nadejść. Zapoznając się z cytatami znajdującymi się pod tytułami poszczególnych rozdziałów, możesz uzyskać zwięzły, ale pouczający wgląd. Pragniemy wyrazić nasze uznanie dla autorów tych cytatów, ponieważ pochodzą one od wielu najważniejszych pionierów psychologii energetycznej. Mamy ogromny szacunek i wdzięczność za ich wkład w tę dziedzinę i cieszymy się, że możemy wyróżnić ich w tej książce!

OSOBISTA CHWILA

Pisząc książkę, którą wciąż mamy przed sobą, poświęcamy chwilę, aby się połączyć – nasze oczy się spotykają, nasze dłonie się łączą, a nasze serca się otwierają – w pełni realizując nasz cel, pozwalając naszym głębokim spostrzeżeniom wypłynąć na powierzchnię, tworząc zasób, który jest zgodny z twoim największym potencjałem.

CZĘŚĆ I

JAK TO DZIAŁA

Główne tematy tej książki koncentrują się wokół WEWNĘTRZNYCH MODELI PRZEWODNICH, które wpływają na emocje, motywacje i decyzje, a także skupiają się na tym, jak psychologia energetyczna może je zmienić, aby działały na twoją korzyść. Rozdział 1 jest w całości poświęcony tym koncepcjom.

W rozdziale 2 znajdziesz samouczek, który przedstawia podstawowy protokół wykorzystania tappingu do przeprogramowania nieprzydatnych modeli przewodnich i opracowania nowych, które pozwolą ci stać się najlepszą wersją siebie.

W rozdziale 3 poznasz techniki badawcze niezbędne do dostosowania metody do swoich konkretnych potrzeb i sytuacji, jeśli standardowy protokół nie przynosi pożądanych rezultatów.

ROZDZIAŁ 1

MODELE PRZEWODNIE, KTÓRE POPYCHAJĄ CIĘ DO PRZODU LUB HAMUJĄ TWÓJ POSTĘP

> Psychologia energetyczna jest przełomowym podejściem wzmacniającym modele przewodnie, pomagając przekroczyć ograniczenia i w pełni wykorzystać swój potencjał[1].
>
> **dr David Gruder,**
> prezes i założyciel Stowarzyszenia
> Kompleksowej Psychologii Energetycznej

MOŻLIWOŚCI ludzkiego umysłu są naprawdę zdumiewające. Z niego wyłoniły się logika Arystotelesa, sztuki Szekspira, muzyka Mozarta, rzeźby Michała Anioła i pokojowe działania rewolucyjne Mahatmy Gandhiego i Martina Luthera Kinga Jr. Te niezwykłe osiągnięcia są możliwe dzięki naszej zdolności do tworzenia imponująco skomplikowanych wewnętrznych modeli rzeczywistości, polegania na nich jako mapach wskazującym nam drogę w przemierzaniu świata, wykorzystywania ich jako trampoliny dla naszej kreatywności i konsekwentnego ich udoskonalania.

Być może zauważyłeś, że powyższe przykłady służące jako kulturowa ilustracja tego, jak działają modele przewodnie, dotyczyły tylko mężczyzn. Prawda jest jednak inna. Przedstawiono przekonujący argument, że Emilia Bassano, pionierska poetka z epoki elżbietańskiej, w rzeczywistości napisała sztuki przypisywane Szekspirowi, ale odmówiono jej uznania z powodu niemożności respektowania kobiet jako dramatopisarki w Anglii w 1600 roku[2]. Pozostaje pytanie, jak wiele niezwykłych osiągnięć dokonanych przez pominięte kobiety pozostaje dla nas nieznanych? W świetle tego intrygującego eksperymentu myślowego przechodzimy do eksploracji modeli rzeczywistości, które często uważamy za dokładne i godne zaufania, a także do wiedzy, jak je modyfikować, gdy okazują się przestarzałe lub wadliwe.

Modele przewodnie, którymi się kierujesz, obejmują lekcje z przeszłości, taktyki dotyczące teraźniejszości i oczekiwania dotyczące przyszłości. Kształtują one sposób, w jaki postrzegasz swoje życie, w jaki czujesz się z tym, co widzisz i co z tym robisz. Wykorzystując twoją zdolność do tworzenia abstrakcji, symboli i wewnętrznej wizualizacji, modele te pozwalają ci na dynamiczne rozumienie twojej sytuacji i nowe wyrażanie tego, kim jesteś. Są one niezwykle elastyczne, przez co podkreślają jedną z najważniejszych zalet twojego umysłu: jego zdolność do autorefleksji i adaptacji na podstawie nowych danych i błędów, które możesz zidentyfikować[3].

Zdolność człowieka do zmiany modeli przewodnich przewyższa skuteczność czynienia tego przez psa czy kota. Nie chodzi o to, że Felixowi i Fido brakuje modeli przewodnich lub wewnętrznej logiki ukształtowanej przez ich odziedziczone struktury mózgu i doświadczenia życiowe; z pewnością posiadają te atrybuty. Aby zilustrować to nieco żartobliwym przykładem, brytyjski dziennikarz Christopher Hitchens, zastanawiając się nad odwieczną debatą na temat kotów i psów, zauważył, że:

> Właściciele psów często zauważają, że kiedy dostarczają swoim zwierzętom jedzenie, wodę, schronienie i uczucia, psy postrzegają ich jako bóstwo. Z kolei właściciele kotów twierdzą, że gdy oferuje się im jedzenie, wodę, schronienie i uczucia, koty dochodzą do wniosku, że same są bogami[4].

Fido i Felix trzymają się swoich modeli przewodnich, nie wdając się w wewnętrzne dyskusje. Nie zastanawiają się, czy to, co robią, ma sens i czy można to zrobić lepiej. Nie rozmyślają nad swoimi słabymi stronami. Zamiast tego dostosowują swoją wewnętrzną rzeczywistość w odpowiedzi na wzmocnienie lub karę, którą otrzymują od świata, opierając się na zachowaniach wynikających z ich istniejących wewnętrznych ram. My, w przeciwieństwie do nich, nie tylko reagujemy na środowiskowe i społeczne informacje zwrotne, ale także angażujemy nasze krytyczne zdolności do celowego udoskonalania modeli przewodnich, które kształtują nasze decyzje i postrzeganie świata. Jak zauważył węgiersko-kanadyjski lekarz Gabor Maté: „Możemy nie być odpowiedzialni za świat, który stworzył nasze umysły, ale możemy wziąć odpowiedzialność za umysł, za pomocą którego tworzymy nasz świat"[5].

JEDNA KONCEPCJA O WIELU ZNACZENIACH

Badanie rozwoju i funkcjonowania tych niewidzialnych modeli przewodnich wzbudziło duże zainteresowanie wśród psychologów, co nie jest zaskakujące[6]. Te modele przewodnie są określane różnymi terminami, w tym strukturami poznawczymi, schematami poznawczymi, mapami poznawczymi, wewnętrznymi reprezentacjami, osobistymi konstruktami, strukturami wiedzy, skryptami życiowymi, osobistymi mitologiami, ramami interpretacyjnymi, nastawieniami lub wewnętrznymi teoriami rzeczywistości. Chociaż różni psychologowie mogą mieć różne spojrzenia na te modele i ich mechanizmy, mają one pewne wspólne cechy.

- Modele przewodnie służą jako wewnętrzne konstrukty rzeczywistości, oferując zarówno zrozumienie, jak i wskazówki.
- Twoja psychika formułuje te konstrukty poprzez połączenie twojego temperamentu, pochodzenia kulturowego i indywidualnych doświadczeń życiowych, często działających poza twoją świadomością.
- Kierują one myślami, emocjami i działaniami.
- Zapewniają mechanizm, za pomocą którego filtrujemy i przechowujemy nowe informacje.
- Chociaż są względnie stabilne, mogą podlegać rewizji lub aktualizacji w ciągu życia, co dzieje się spontanicznie lub w wyniku celowego rozważania[7].

W całej tej książce będziesz angażować się w swoje modele przewodnie. Modele te funkcjonują przede wszystkim poniżej poziomu świadomej świadomości, przez co są trudne do zidentyfikowania. W rzeczywistości możesz nie być w stanie nazwać nawet jednego modelu przewodniego, nawet takiego, który odgrywa kluczową rolę w twoim życiu. Poświęć teraz chwilę, aby spróbować. Na podstawie tego, co do tej pory przeczytałeś, wymień trzy modele przewodnie, które kształtują twoje myśli, uczucia i działania. Poniżej znajduje się sześć przykładów, w tym trzy, które zapewniają wzmacniające wskazówki i trzy, które oferują odpowiadające im, ale osłabiające wskazówki:

> „Doskonale radzę sobie w krytycznych sytuacjach".
> „Uginam się pod presją".
>
> „Moje dzieci darzą mnie dużym szacunkiem ze względu na konsekwentne i sprawiedliwe zasady, których przestrzegam".
>
> „Moje dzieci często wykorzystują moją pobłażliwość".
>
> „Ludzie z natury darzą mnie zaufaniem".
> „Ludzie są wobec mnie podejrzliwi".

Uświadomienie sobie, że te fundamentalne modele często wywierają wpływ na nasze decyzje, nawet jeśli uważamy, że działamy autonomicznie, może być naprawdę pouczające.

ROLA PSYCHOLOGII ENERGETYCZNEJ W UŁATWIANIU TRANSFORMACJI MODELI PRZEWODNICH, KTÓRE UTRUDNIAJĄ POSTĘP

Samodzielna podróż w kierunku rozwoju osobistego rozpoczyna się od położenia nacisku na wewnętrzny potencjał akupunkturowego tappingu w celu zmiany przestarzałych lub szkodliwych modeli przewodnich, aby mogły ci służyć lepiej. Te modele przewodnie służą jako podstawowe narzędzia do zrozumienia zmian, do których dążą protokoły tappingu akupunkturowego, a także wszelkie metodologie terapeutyczne lub rozwoju osobistego.

Modele, które zapewniają wskazówki, określają zawiłe realia składające się na ludzkie doświadczenie. Podobnie jak w przypadku systemu GPS, jeśli dana osoba skręci nieprawidłowo i zboczy z zaplanowanego kursu, modele przewodnie pomagają w ponownym określeniu kierunku, aby osiągnąć zamierzony cel, nawet na nieprzewidzianej trasie. Czasem jednak, gdy stajemy w obliczu znajomego otoczenia, może to wymagać ponownej oceny modeli przewodnich i wymagać przeprogramowania wewnętrznego systemu GPS. Taki jest właśnie cel tej książki.

W trakcie trwania programu uzyskasz głębszy wgląd w swoje modele przewodnie, które mają fundamentalne znaczenie dla twoich najbardziej osobistych doświadczeń. Protokoły tappingu akupunkturowego, które będziesz stosować, mają na celu ułatwienie ich ewolucji. Zostanie to zilustrowane za pomocą dwóch scenariuszy. Ci, którzy szukają bardziej teoretycznej eksploracji modeli przewodnich, znajdą dodatkowe informacje na stronie models.energytapping.com.

PRZEKSZTAŁCANIE MODELU PRZEWODNIEGO

Zaczniemy od zilustrowania, w jaki sposób ta koncepcja może przejawiać się w twoim własnym życiu poprzez hipotetyczny scenariusz (choć jest on oparty na rzeczywistym przypadku). Wyobraź sobie, że jesteś Paulem. Pracujesz w średniej wielkości firmie i zarządzasz zespołem ośmiu pracowników. Twoje problemy i modele przewodnie będą oczywiście inne niż Paula, ale proces zmiany modelu przewodniego ma wspólne elementy. Ostatnio (jako Paul) zauważyłeś, że nie masz ochoty iść do pracy i czujesz się szczególnie zaniepokojony przed spotkaniami zespołu, którym zarządzasz. W związku z tym decydujesz się na sesję tappingu, aby zagłębić się w ten dyskomfort.

Proces rozpoczyna się od uznania i zaakceptowania istnienia problemu nawet przy braku jasnego zrozumienia jego pochodzenia. Stymulując określone punkty energetyczne, potwierdzasz swoją świadomość obecnych okoliczności:

„Nawet jeśli odczuwam niepokój, rozpoznaję i akceptuję ten dyskomfort". Następnie skupiasz się na swoim niepokoju i zauważasz, że emocje te wydają się związane z uczuciem ucisku w gardle. Oceniasz ten ucisk na 6 w skali od 0 do 10 SUD (punktów na subiektywnej skali dyskomfortu). Po rundzie akupunkturowego tappingu ocena zmniejsza się do 4. Po kolejnej rundzie spada do 1. Jednakże gdy napięcie prawie zanika, zdajesz sobie sprawę, że ten ucisk tłumił uczucie smutku, które jest związane z sytuacją dotyczącą jednego z członków twojego zespołu – Johanny.

Johanna jest wyjątkowo kompetentną pracownicą, charakteryzującą się entuzjazmem i pozytywną postawą, zdobywającą podziw swoich kolegów. Zaczynasz jednak dostrzegać, że podważa ona twój autorytet. Zamykając oczy, zagłębiasz się w sobie, zachowując świadomość uczucia bycia kwestionowanym. Chociaż ucisk w gardle zmniejszył się, teraz odczuwasz pustkę w klatce piersiowej. Zadajesz sobie pytanie: „Kiedy w przeszłości spotkałem się z podobną emocją?". Natychmiast wracasz myślami do swojej pierwszej pracy, w której dawałeś z siebie wszystko i byłeś o krok od znaczącego awansu. To jednak pracownik, który nie był w firmie tak długo jak ty, niespodziewanie otrzymał upragniony awans, którego sam się spodziewałeś, co było dla ciebie bolesnym i upokarzającym doświadczeniem. Kontynuujesz tapping, koncentrując się na doznaniach fizycznych, które odzwierciedlają tę samą pustkę w klatce piersiowej, którą wywołała Johanna.

Gdy uczucie pustki zaczyna zanikać wraz z kolejnymi rundami tappingu, zastanawiasz się nad brakiem zrozumienia decyzji firmy o pominięciu cię w awansie, co sprawiło, że poczułeś się zniechęcony i rozczarowany. To doświadczenie przywodzi na myśl fundamentalną, ale często nieuchwytną prawdę: chociaż emocje mogą przez ciebie przepływać, są one przemijające i nie definiują twojej tożsamości. Kontynuujesz opukiwanie smutku. Tapping przesyła sygnały dezaktywujące do emocjonalnych ośrodków mózgu, dzięki czemu smutek również się zmniejsza. Następnie uświadamiasz sobie, że żywiłeś gniew wobec swojego poprzedniego przełożonego.

Nie chodzi o to, że uczucia są z natury złe i należy je wyeliminować. Emocje działają raczej jak system radarowy, oferując ważne spostrzeżenia podczas poruszania się po doświadczeniach. Ale już po przyjęciu tych spostrzeżeń do wiadomości pozostawanie w pułapce przestarzałych reakcji emocjonalnych wynikających z niepokojących doświadczeń może powstrzymać cię przed pójściem naprzód, bo życie stawia przed tobą nowe wyzwania. Rozpoznając emocjonalne bodźce z przeszłości i neutralizując je poprzez tapping, zapobiegasz ich przenikaniu do teraźniejszości. W tym przypadku ty (jako Paul) odkryłeś model przewodni, który wskazuje, że nawet pośród sukcesów może pojawić się nieprzewidziana okoliczność związana z koleżanką z pracy, która niesprawiedliwie zakłóci twój postęp. Przerzuciłeś ten przewidywany scenariusz na Johannę. Ta świadomość toruje drogę do rozwoju nowego modelu, który pozostaje niezagrożony przez osiągnięcia innych.

Teraz (jako Paul) odkrywasz, że nie ma żadnych utrzymujących się konfliktów emocjonalnych związanych z utratą awansu. Aby wzmocnić te zmiany, rozważ potwierdzenie stwierdzenia takiego jak: „Ta przeszła sytuacja nie determinuje przyszłości". Po zaledwie pół godziny sesji twoja uwaga powraca do Johanny. Chociaż poczucie zagrożenia się utrzymuje, jego intensywność zmalała. Zaczynasz skupiać się na tym uczuciu, początkowo koncentrując się na wciąż istniejących odczuciach fizycznych w gardle i klatce piersiowej, a następnie na myślach dotyczących Johanny. Ostatecznie wyobrażasz sobie, jak świetnie radzi sobie na spotkaniu, podczas którego już nie doświadczasz ani zagrożenia, ani dyskomfortu, ale raczej odczuwasz poczucie uznania dla jej wkładu w zespół. Wykorzystujesz tę reakcję, aby wzmocnić ją w swoim układzie nerwowym poprzez kolejną rundę tappingu.

Zdekonstruowałeś model przewodni, który przewidywał sabotaż w twoim środowisku zawodowym. Następnego ranka zauważasz, że powrócił twój entuzjazm do pracy. Zamiast mieć wszechobecne poczucie zdrady czającej się w biurze, która mogłaby zniweczyć twoje wysiłki, doświadczasz teraz pewności siebie w odniesieniu do swojej pozycji lidera i nadchodzącego spotkania zespołu.

Powyższy przykład dokładnie ilustruje, jak transformacyjna może być ta praktyka w codziennych sprawach. Można ją również zastosować do przekształcania długotrwałych, autodestrukcyjnych wzorców. Ta książka dostarczy ci szczegółowych instrukcji, jak wprowadzić zmiany w swoich modelach przewodnich, które mogą rozwiązać problemy zarówno bieżące, jak i te, które towarzyszą ci od wielu lat.

PRZEZWYCIĘŻANIE AUTOMATYCZNEJ REAKCJI ZAKORZENIONEJ W DYSFUNKCJONALNYM MODELU PRZEWODNIM

W przypadku Paula pierwszym sygnałem, że coś jest nie tak, był narastający lęk przed pójściem do pracy. Liczne problemy emocjonalne często ujawniają się fizycznie, objawiając się jako uczucie niepokoju na długo przedtem, zanim dana osoba jest w stanie racjonalnie o nich pomyśleć. Na przykład, gdy ktoś ma fobię, jest ona odczuwana jako automatyczna reakcja, która wykracza poza świadomą kontrolę. Te doświadczenia są tak namacalne, że trudno sobie wyobrazić, że mają cokolwiek wspólnego z czymś tak abstrakcyjnym jak wewnętrzny model przewodni. Niemniej istnieje znacząca korelacja między przestarzałymi modelami a automatycznymi reakcjami. Przykładem to ilustrującym jest zastosowanie technik tappingu, aby pomóc kobiecie przezwyciężyć długotrwały lęk wysokości.

Nancy jest pielęgniarką odnoszącą sukcesy w swojej pracy i szczęśliwą mężatką. Każdy, kto ją zna, uznałby ją za osobę niezwykle otwartą, silną i radosną, ona sama zmagała się jednak z lękiem wysokości, który czasami był dla niej wyniszczający. Sama myśl o tym, że będzie musiała wspiąć się po schodach lub wyjść na balkon, wzbudzała w niej niesamowity lęk. Co więcej, nie mogła czerpać radości z wędrówek z przyjaciółmi po pobliskich wzgórzach. Po sesji tappingu trwającej około pół godziny była jednak w stanie oprzeć się o balustradę balkonu znajdującego się na najwyższym piętrze wieżowca hotelowego, nie odczuwając lęku.

Na przewodni model, który rządził lękiem wysokości Nancy, składało się kilka części składowych, które przede wszystkim dotyczyły jej stanu świadomości. Ilekroć napotykała miejsca związane z wysokością lub nawet o nich pomyślała, ogarniało ją intensywne poczucie paniki, która wiązała się z przekonaniem, że kobieta jest lub będzie w poważnym niebezpieczeństwie. Temu doświadczeniu towarzyszyły objawy fizyczne, takie jak pocenie się, zawroty głowy, kołatanie serca, a czasem drżenie całego ciała. Jej wewnętrzny model dotyczący wysokości nie tylko wyzwalał te reakcje fizjologiczne, ale także utrzymywał ją w przekonaniu, że będą się one utrzymywać tak długo, jak długo będzie znajdować się w sytuacjach związanych z wysokością lub nawet o nich pomyśli.

Przewodni model Nancy dotyczący wysokości obejmował strategie mające na celu unikanie okoliczności związanych z ekspozycją. Ponadto podważał również jej samoocenę jako silnej kobiety. Ten pozornie irracjonalny model został zbudowany wokół bardzo realnego doświadczenia, które miało miejsce, gdy była nastolatką. Gdy stała wtedy na skraju klifu, znajomy, który był z nią, podszedł od tyłu i złapał ją za ramiona i żartobliwie pchnął do przodu. Chociaż oczywiście trzymał ją, żeby nie spadła, incydent ten zapoczątkował u niej lęk wysokości, który do czasu sesji tappingu dręczył ją przez ponad dwie dekady.

Po pierwszej rundzie tappingu Nancy zauważyła zmianę w swoich odczuciach fizycznych, gdy wyobrażała sobie konfrontację z ekspozycją. Często w ten sposób zaczyna się zmieniać model przewodni, który ukształtował się przez traumatyczne wydarzenie. Po kilku kolejnych rundach tappingu, podczas których Nancy skupiała się na różnych aspektach swojego lęku wysokości, takich jak zawroty głowy i zakłopotanie, nastąpiła zauważalna zmiana w jej stanie emocjonalnym. Początkowo oceniła swój wewnętrzny niepokój i złość z powodu bycia popchniętą na 11 w skali SUD od 0 do 10.

Pod koniec sesji tappingu, gdy zastanowiła się nad swoim strachem, kiedy powróciła pamięcią do momentu, w którym została popchnięta, zauważyła bez jakichkolwiek niepokojących reakcji emocjonalnych lub fizycznych: „To było dawno temu". Nancy potrafiła sobie wyobrazić sytuację, w której znajdowała się na eksponowanym miejscu, bez towarzyszącego jej przy tym poczucia paniki. Na jej twarzy odmalowało się widoczne zdumienie, połączone ze łzami ulgi, gdy połączyła się ze swoimi emocjami i wykrzyknęła z zaskoczeniem: „To minęło!". Następnie zademonstrowała tę zmianę, spokojnie i pewnie pochylając się nad poręczą balkonu 17-piętrowego pokoju hotelowego.

Podczas wywiadu kontrolnego przeprowadzonego dwa i pół roku po pierwszej sesji Nancy oświadczyła, że nie tylko jej lęk wysokości nie powrócił, lecz także w wyniku przezwyciężenia tej fobii zyskała większą pewność siebie w różnych aspektach życia. Aktywnie poszukiwała doświadczeń, które przetestowałyby jej nowo odkryty związek z wysokością, czego przykładem była jej decyzja o wspięciu się na ścianę w zamku Blarney podczas wakacji w Irlandii. Według legendy magiczny kamień osadzony w tej ścianie daje dar elokwencji tym, którzy są wystarczająco odważni, aby go pocałować. Aby dokonać tego wyczynu, Nancy musiała pokonać strome podejście obejmujące 127 stopni spiralnych schodów, położyć się na plecach, chwycić żelaznej poręczy, aby zapobiec upadkowi, i odchylić się znacznie do tyłu, aby pocałować kamień, a wszystko to przy zapierającym dech w piersiach widoku ziemi z wysokości 26 metrów. Zadanie to stanowi spore wyzwanie nawet dla osób, które nie zmagają się z lekiem wysokości. Z triumfem oświadczyła: „Pochyliłam się i pocałowałam ten kamień", co oznacza głęboką transformację w jej wewnętrznym postrzeganiu wysokości. Dwunastominutowy film zawierający fragmenty jej leczenia i późniejszego wywiadu jest dostępny na stronie phobiacase1.energytapping.com.

KORZENIE W STAROŻYTNYCH PRAKTYKACH UZDRAWIANIA

Psychologia energetyczna jest stosunkowo nową praktyką w dziedzinie psychoterapii, chociaż stymulowanie punktów akupunkturowych w celu uzyskania korzyści zdrowotnych ma historię sięgającą tysięcy lat. Teksty oparte na założeniach klasycznej medycyny chińskiej zapewniają wgląd w efekty związane z każdym punktem akupunkturowym wykorzystywanym w protokole

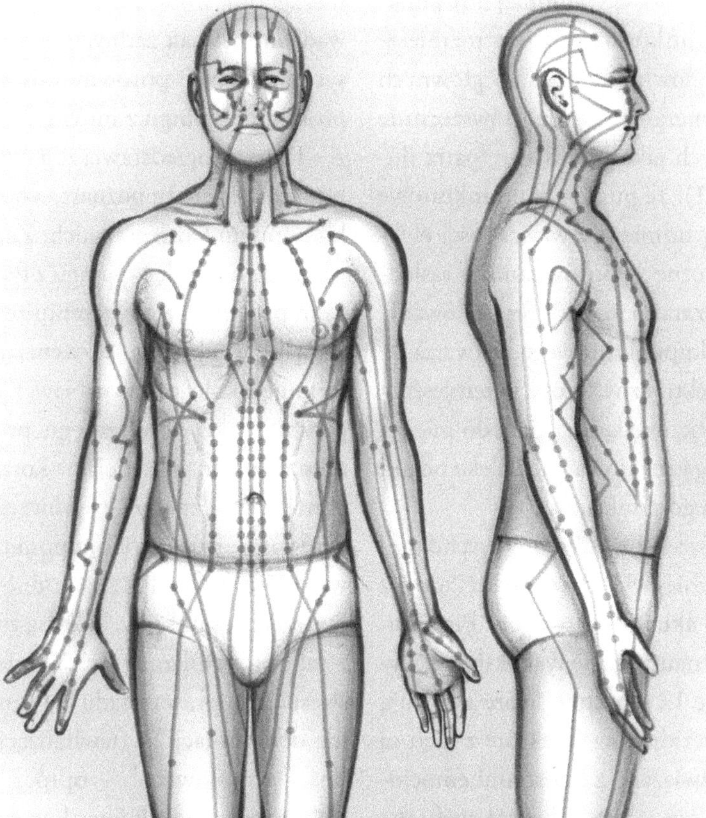

Ilustracja 1.1. Linie meridianów reprezentujące główne szlaki energetyczne organizmu

tappingu, który zostanie dokładnie zaprezentowany[8]. Co najmniej 361 punktów akupunkturowych jest rozmieszczonych głównie wzdłuż 14 głównych ścieżek energetycznych, powszechnie określanych jako meridiany (patrz ilustracja 1.1). Te punkty akupunkturowe wykazują odmienne właściwości elektrochemiczne w porównaniu z sąsiednimi obszarami skóry[9]. Stymulowanie punktu akupunkturowego wytwarza ładunek elektryczny, który przemieszcza się przez tkankę łączną ciała do miejsc, które mogą znajdować się daleko od aktywowanego punktu[10].

Większość protokołów psychologii energetycznej wykorzystuje od 7 do 12 punktów akupunkturowych. Procedura, której nauczysz się w tej książce, wykorzystuje 12 punktów, które aktywują 9 z 14 meridianów (niektóre z nich są bardziej związane z kwestiami emocjonalnymi niż inne). Chociaż wybrane przez nas punkty są podobne do tych opisanych w *Podręczniku EFT* – który stał się standardem w tej dziedzinie – nie są one identyczne[11]. Wielu praktyków, opierając się na własnych doświadczeniach i obserwacjach, ma tendencję do przyjmowania nieco innego zestawu punktów niż te, które zostały im pokazane podczas pierwszego szkolenia. Naszym zdaniem ogólne podejście pozwala uzyskać w przybliżeniu równoważne wyniki przy różnych kombinacjach punktów akupunkturowych. Ta obserwacja jest godna uwagi sama w sobie, zgodnie z naszą wiedzą nie przeprowadzono jednak żadnych badań, które systematycznie porównywałyby jeden protokół tappingu z innym.

Tabela 1 przedstawia zestawienie 12 punktów, które tu poznasz, wraz z krótkim opisem każdego z nich. Zaangażowanie się w rundę tappingu z tym zestawem punktów, w połączeniu ze zwięzłą frazą lub wyobrażoną sekwencją, zwykle zajmuje około minuty. Nawet w przypadku braku konkretnego problemu do rozwiązania potencjalne korzyści dla zdrowia fizycznego i psychicznego sugerowane przez teorię akupunktury, jak wskazano w tabeli 1, są godne uwagi. Stymulacja punktów, które są związane z takimi wynikami, jak „zmniejszenie stresu", „poprawa osądu", „wzmocnienie determinacji" i „rewitalizacja zdolności umysłowych" – oprócz innych efektów wyszczególnionych w tabeli 1 – może przynieść znaczne korzyści nawet bez włączenia słów lub obrazów.

Korzyści te jednak zazwyczaj pozostają drugorzędne, a nie służą jako główny cel protokołów psychologii energetycznej. W rzeczywistości praktycy tappingu nie muszą posiadać wiedzy na temat konkretnych funkcji, które starożytni chińscy lekarze przypisywali poszczególnym punktom. Zamiast tego to skumulowany efekt punktów aktywowanych podczas sesji tappingu, potencjalnie poprzez jakąś formę rezonansu z ciałem,

Tabela 1. Punkty tappingu

MERIDIAN & PUNKT#	POŁOŻENIE	TŁUMACZENIE CHIŃSKIEJ NAZWY	ZASTOSOWANIE
Zarządzający 20 (GV20)	czubek głowy	spotkanie stu duchów	wzbogaca umysł i służy do łagodzenia uczucia frustracji i depresji
Pęcherza 2 (G1)	wewnętrzny początek łuku brwiowego	zbieranie bambusa	rewitalizuje zarówno ciało, jak i umysł, koi układ nerwowy, łagodzi traumę, sprzyja wyciszeniu i łagodzi strach
Pęcherzyka żółciowego 1 (GB1)	zewnętrzna część oka	szczelina źrenicy	zwiększa klarowność, wizję, wyostrza wzrok i ułatwia podejmowanie decyzji; łagodzi urazę; wzmacnia determinację
Żołądka 1 (ST1)	pod okiem	wsparcie płaczu	zapewnia uziemienie; pomaga w przetwarzaniu emocji; łagodzi strach; sprzyja wyciszeniu i ułatwia postęp, gdy czujemy, że utknęliśmy
Zarządzający 26 (GV26)	pod nosem	pałac duchów	uspokaja ducha, przywraca równowagę yin i yang oraz łagodzi wahania emocjonalne
Centralny 24 (CV24)	pod wargą	niebiański staw	harmonizuje wszystkie części ciała i umysłu; oczyszcza
Nerek 27 (K27)	obojczyki	skarbiec	uzupełnia zasoby fizyczne, umysłowe i duchowe; ułatwia postęp i rozwój
Centralny 17 (CV17)	środek klatki piersiowej (czakra serca)	główna sala	dodaje energii i wigoru układowi sercowo-naczyniowemu i oddechowemu, jednocześnie wspierając klarowność i samoakceptację
Śledziony 21 (SP 21)	pod pachą	wielkie okrążenie	wspomaga równowagę i dobre samopoczucie energii ciała, sprzyjając poczuciu relaksu i pielęgnując współczucie
Pęcherzyka żółciowego 32 (GB32)	bok nogi	centralna rzeka	zachęca do zdecydowania, zwiększa zdolność podejmowania decyzji i łagodzi uczucie złości
Jelita cienkiego 3 (SI3)	bok dłoni	strumień wsteczny	stymuluje zdolności poznawcze, usprawnia procesy decyzyjne i ułatwia rezygnację; służy do łagodzenia niestabilności emocjonalnej
Potrójnego ogrzewacza 3 (TW3)	na grzbiecie dłoni pod serdecznym i małym palcem	centralna wysepka	zwalcza szkodliwe wpływy; łagodzi stres; zachowuje równowagę i harmonię; rozwiewa obawy

przyciąga uwagę podczas obserwacji sesji[12]. Przemiany w emocjach i spostrzeżeniach zachodzą w sposób widoczny, często w tempie znacznie szybszym niż obserwowanym w terapiach zorientowanych na rozmowę. Nie jest przypadkiem, że użycie tappingu jest podstawową różnicą między konwencjonalną psychoterapią a większością protokołów psychologii energetycznej.

ZDOBYWANIE WIEDZY NA TEMAT PUNKTÓW TAPPINGU POPRZEZ EKSPERYMENTOWANIE Z WŁASNYMI TECHNIKAMI ODDECHOWYMI

Naszym celem jest zapoznanie cię z punktami tappingu, które będą wykorzystywane w tej książce, za pomocą techniki mającej na celu ułatwienie swobodniejszego i efektywniejszego oddychania[13]. W rozwiniętych społeczeństwach przemysłowych powszechne jest, że ludzie nie angażują się w pełne oddychanie, a w okresach stresu lub trudnych emocji często ograniczamy nasz oddech. Gdy to ograniczone oddychanie zamienia się w nawykowy wzorzec, możemy nie zapewnić sobie niezbędnego tlenu wymaganego do działania na optymalnym poziomie fizycznym i emocjonalnym.

Eksperyment

Wykonaj trzy powolne, głębokie wdechy, pozwalając płucom w pełni się rozszerzyć bez wywierania nadmiernej siły. (Jeśli cierpisz na astmę lub masz inne problemy z oddychaniem, zachowaj ostrożność przed kontynuowaniem tej techniki). Przy trzecim oddechu oceń jego głębokość w procentach, gdzie 100 procent to szacunkowa maksymalna pojemność. Zazwyczaj wartość ta dla większości osób waha się od 30 do 90 procent. Jeśli określisz swój oddech na 100 procent, zaleca się kontynuowanie ćwiczenia, aby sprawdzić, czy jego głębokość wykracza poza twoje szacunki. Z naszego doświadczenia wynika, że często tak właśnie się dzieje.

Punkty tappingu

Będziesz teraz stymulować 12 punktów akupunkturowych (lub par punktów akupunkturowych po lewej i prawej stronie ciała), mówiąc: „Nawet jeśli możliwe jest pełniejsze oddychanie, akceptuję siebie takiego, jaki jestem". Opukuj każdy punkt lub parę punktów przez czas potrzebny do wypowiedzenia tego stwierdzenia świadomie i na głos. Większość osób używa do tego opuszków palców wskazującego i środkowego (patrz ilustracja 1.2). Zaleca się opukiwanie z mocnym, ale delikatnym naciskiem, utrzymując rytm około trzech uderzeń na sekundę i kontynuując, aż wypowiedź zostanie w pełni wyartykułowana.

Chociaż opukiwanie jest preferowaną i nauczaną techniką stymulacji punktów akupunkturowych, niewielki procent ludzi może odczuwać dyskomfort związany z tą metodą lub może w ogóle nie reagować na opukiwanie. Jeśli tak jest w twoim przypadku, rozważ próbę masażu lub lekkiego dotknięcia każdego akupunktu. Ta alternatywna metoda, znana jako „dotknij i oddychaj”[14], jest preferowana przez niektórych praktyków ze względu na jej walory medytacyjne. W tym podejściu wypowiada się zdanie, a następnie bierze powolny, zrelaksowany, umiarkowanie głęboki oddech przed przejściem do kolejnego akupunktu.

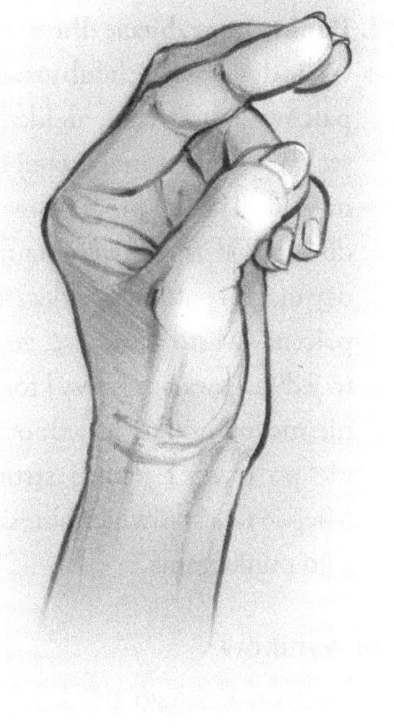

Ilustracja 1.2. Opukuj mocno, ale nie na tyle, aby narobić sobie siniaków

Niezależnie od wybranej metody poniżej prezentujemy 12 punktów używanych w stosowanym przez nas protokole. Nie ma potrzeby martwić się teraz, by je zapamiętać. Przed zakończeniem części I książki będziesz używać ich bez zastanowienia. Wyposażymy cię w technikę do wykorzystania za każdym razem, gdy napotkasz stres lub doświadczysz trudnych reakcji emocjonalnych. Na potrzeby tego eksperymentu, opukując każdy punkt, powiedz na głos: „Nawet jeśli możliwe jest pełniejsze oddychanie, akceptuję siebie takiego, jaki jestem”. Opisy tych punktów przedstawiono na ilustracji 1.3.

1. **Punkt na czubku głowy (czakra korony).** Dotknij górnej środkowej części głowy dowolną ręką. Aby zapewnić dokładne umieszczenie, zaleca się użycie

wszystkich pięciu palców do stymulacji tego punktu.

2. **Wewnętrzny początek łuku brwiowego.** Punkty, w których kończą się brwi, w pobliżu grzbietu nosa.
3. **Bok oka.** Najbardziej zewnętrzne granice oczodołów.
4. **Punkty pod oczami.** Grzbiet kostny znajdujący się pod oczami, tworzący strukturę oczodołów.
5. **Punkt pod nosem.** Ten punkt znajduje się nieco bliżej nasady nosa niż górnej wargi.
6. **Punkt pod wargą.** Znajduje się centralnie w rowku pod dolną wargą.
7. **Punkty na obojczykach.** Zlokalizuj wewnętrzne krawędzie obojczyka i delikatnie zejdź do zagłębień znajdujących się bezpośrednio pod nimi.
8. **Punkt grasicy.** Znajduje się na środku klatki piersiowej i jest również określany jako czakra serca.
9. **Punkty po bokach klatki piersiowej.** Znajdują się około czterech centymetrów pod pachami i są określane jako punkty „naśladowania małpy".
10. **Punkty na zewnątrz nóg.** Odnosi się to do obszaru znajdującego się między biodrami i kolanami, odpowiadającego pozycji szwu spodni. Delikatnie stuknij w miejscu, w którym naturalnie układa się środkowy palec.
11. **Punkty po bokach dłoni.** Zbliż do siebie zewnętrzne krawędzie dłoni, w szczególności boki małych palców; technika ta jest również określana jako punkt karate.
12. **Punkty na grzbiecie dłoni.** Używając dwóch, trzech lub czterech palców jednej ręki, delikatnie stukaj w grzbiet przeciwnej dłoni w d o l i n i e, która prowadzi do litery V znajdującej się między małym palcem a serdecznym palcem. Warto zauważyć, że jest to jedyna para punktów, których nie można opukiwać jednocześnie po lewej i prawej stronie. Miejsce to jest również określane jako punkt gama.

Ocena wyników

Po opukiwaniu każdego punktu, powtarzając „Nawet jeśli nie oddycham pełną piersią, akceptuję siebie takiego, jaki jestem", weź kolejny głęboki oddech. Powtórz sekwencję. Następnie ponownie oceń głębokość swojego oddechu w procentach, gdzie 100 procent to szacunkowa maksymalna pojemność.

Możesz zauważyć znaczną poprawę, niewielką poprawę lub brak jakiejkolwiek poprawy. Często zdarza się, że osoby są zaskoczone zauważalną poprawą,

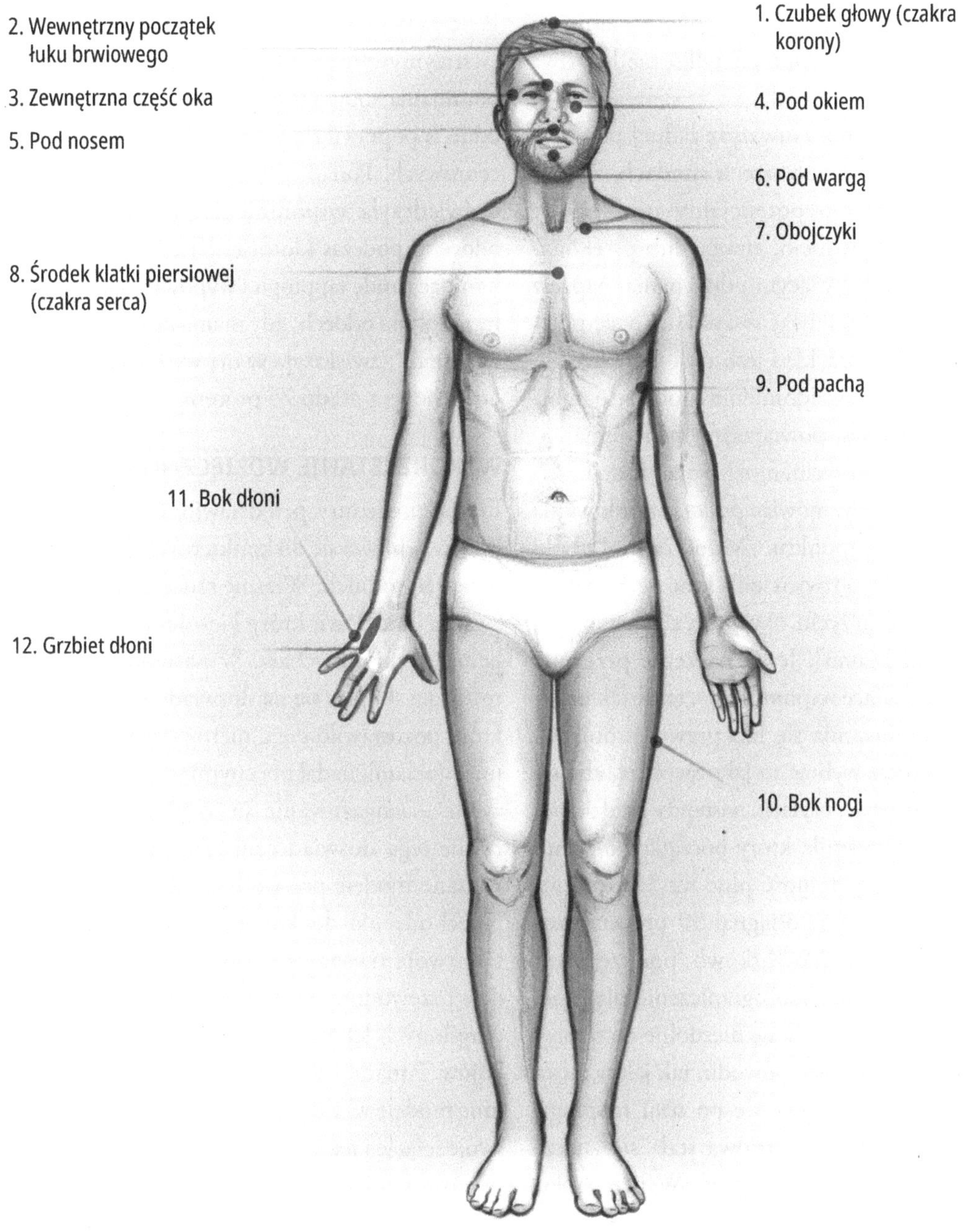

Ilustracja 1.3. Numery wskazują kolejność, w jakiej punkty są zwykle dotykane. W przypadku punktów, które nie znajdują się na środku ciała (numery 2, 3, 4, 7, 9, 10, 11 i 12), opukuj pary punktów po obu stronach ciała

która może wystąpić po wykonaniu tej sekwencji tappingu tylko raz lub dwa razy.

Jeśli nie zauważysz żadnej poprawy po dwóch lub trzech rundach, zwykle oznacza to potencjalny problem ze wspomnieniem, emocją lub przekonaniem dotyczącym oddychania. Możesz wtedy opukiwać wszystko, co się pojawi. Na przykład jeśli ćwiczenie prowadzi do uświadomienia sobie, że ograniczenie jest powtarzającym się tematem w twoim życiu, możesz przejść do kolejnej rundy, mówiąc podczas opukiwania każdego punktu: „Mimo że mój płytki oddech odzwierciedla inne ograniczenia w moim życiu, akceptuję siebie takiego, jaki jestem". Jeśli ćwiczenie przywoła stresujące wspomnienie, takie jak uczucie duszenia się lub prawie utonięcia, możesz wybrać to jako swój cel, aby się nim zająć, czytając następny rozdział.

Uczestnik, który początkowo ocenił swoją wydolność płuc na 30 procent, a ostatecznie osiągnął 99 procent, powiedział: „Początkowo postrzegałem moje żebra jako ograniczenie dla płuc, które wydawały się niezdolne do rozszerzenia się z ich powodu, tak jakby żebra były barierami. Ale po sesji tappingu moja klatka piersiowa stała się znacznie bardziej elastyczna". W przypadku innej osoby ćwiczenie to przywołało wspomnienia z dzieciństwa, kiedy wstrzymywała oddech, próbując stać się „niewidzialną" w sytuacjach zagrożenia. Podczas tappingu i wypowiadania frazy: „wstrzymywanie oddechu", oraz przypominania sobie tamtego zdarzenia, jej oddech poprawił się o 30 punktów procentowych. Ponadto inna uczestniczka doświadczyła wspomnienia spłycenia oddechu podczas kłótni rodziców. Wykonując rundę tappingu i wypowiadając frazę „płytki oddech, gdy mama krzyczała na tatę", zwiększyła swoją wydolność oddechową z 40 do 75 procent.

WYKORZYSTANIE WDZIĘCZNOŚCI

Liczne procedury przedstawione w tej książce odnoszą się do konkretnych modeli przewodnich. Właśnie rzuciłeś wyzwanie modelowi, który kieruje sposobem, w jaki oddychasz. W następnym rozdziale skupisz się na doświadczeniu, które pozostawiło cię z nierozwiązanymi emocjami, nadal obecnymi w twoim życiu. Zaangażowanie się w przetwarzanie tego doświadczenia zmieni powiązane modele przewodnie. W miarę przechodzenia do kolejnych rozdziałów twoja uwaga skieruje się na modele przewodnie, które leżą u podstaw określonych lęków, zmartwień i niepokojów. Ponadto będziesz modyfikować inne modele wewnętrzne, aby poprawić swoje relacje i realizować określone cele.

Poza tymi szczegółami uwagę można skierować na wzorce myślowe, które wywierają uniwersalny wpływ na wszystkie modele przewodnie. Jednym z takich wzorców myślowych jest stopień, w jakim podchodzisz do nowych doświadczeń z poczuciem wdzięczności. Chcemy pokazać ci, jak „rozwijać wdzięczność" jako sposób na wprowadzenie cię do korzystania z tappingu w celu zmiany modelu przewodniego, który znacząco wpłynie na różne aspekty twojego życia.

Konsekwentne skupianie się na aspektach, za które można odczuwać wdzięczność, należy do najważniejszych działań, które poprawiają perspektywę i zwiększają ogólne poczucie szczęścia i dobre samopoczucie[15]. Nasze procesy poznawcze są z natury zaprojektowane do rozwiązywania problemów, a nie do refleksji nad pozytywnymi elementami naszego życia. Chociaż liczne metodologie samopomocy i literatura na temat związków zalecają kultywowanie wdzięczności, niewiele z nich skutecznie pomaga w zmianie długotrwałego uwarunkowania psychicznego, które nadaje priorytet temu, co wymaga naprawy. Zaangażowanie się w głębokie doświadczanie wdzięczności inicjuje transformację tego zakorzenionego wzorca myślowego.

Im częściej będziesz angażować się w poniższą procedurę, aby uznawać swoje błogosławieństwa i zanurzać się w ich emocjonalnym blasku, tym częściej będziesz warunkować swój umysł, aby instynktownie tam podążał. Aby przejść przez kolejne dziesięć kroków, postępuj zgodnie z poniższymi wskazówkami: Zacznij od przeczytania instrukcji. Następnie zamknij oczy i wykonaj polecenie. Potem otwórz oczy i przejdź do czytania kolejnej instrukcji. Kontynuuj ten proces, aż ukończysz wszystkie dziesięć kroków. Ćwiczenie to prawdopodobnie zajmie ci nie więcej niż pięć do dziesięciu minut.

1. Sporządź mentalną listę kilku rzeczy, które doceniasz.
2. Wybierz jedną z nich.
3. Skup się na tym aspekcie swojego życia. Opisz go w kilku słowach, które możesz łatwo zapamiętać podczas wykonywania tappingu, np. „wygodne łóżko", „uśmiech mojego męża", „praca, którą kocham", „zdrowie mojej rodziny". To będzie twoja „fraza wdzięczności".
4. Gdy jesteś już w frazie wdzięczności, zanurz się w tym uczuciu i oceń w skali od 0 do 100 procent, jak bardzo wszedłeś w ten stan. W jakim stopniu przepełnia cię wdzięczność?
5. Teraz zwizualizuj jedną małą komórkę w swoim sercu. Wyobraź sobie, że czujesz się szczęśliwy, jesteś radosny z powodu źródła swojej wdzięczności.
6. Szczęście zaczyna rozprzestrzeniać się na sąsiednie komórki, które z kolei zaczynają wibrować i świecić. Wkrótce całe serce pulsuje szczęściem i wdzięcznością.

7. Oddychając do serca, wypowiedz swoją frazę wdzięczności.
8. Stuknij w punkt na czubku głowy, ponownie wypowiadając frazę wdzięczności.
9. Przejdź przez wszystkie 12 punktów sesji tappingu, wypowiadając frazę wdzięczności podczas stukania w każdy punkt. Cała runda zajmie tylko około minuty.
10. Powtórz tę samą sesję, wypowiadając frazę wdzięczności jeden lub więcej razy, a na koniec połóż ręce na sercu, ponownie dostrajając się do swojej wdzięczności. Kiedy skończysz, weź głęboki oddech, skup się na swojej wdzięczności i ponownie oceń w skali od 0 do 100 procent, jak bardzo wszedłeś w ten stan.

Większość ludzi odkrywa, że ich wdzięczność staje się bardziej namacalna dzięki wykorzystaniu frazy wdzięczności połączonej z tappingiem i powtarzaniem. Niektórzy uważają, że obrazy są wówczas szczególnie żywe. Na przykład, jeden z naszych testerów widział swoją pierwszą komórkę serca jako Pączusia Pillsbury'ego* wyciągającego rękę do innych komórek serca z zaraźliwym uśmiechem. Inna osoba widziała niebieskie światło emanujące z tej komórki, wypełniające jej serce. Inna wykonywała tapping w rytm znanej jej melodii, powtarzając: „Każda mała komórka w moim ciele jest szczęśliwa; każda mała komórka w moim ciele ma się dobrze".

Ta procedura jest zawsze dostępna, gdy chcesz się skupić i w pełni uświadomić sobie to, co jest właściwe w twoim świecie. Pokazuje ona również, w jaki sposób słowa, wizualizacja i tapping będą łączone w całej książce.

CO DZIEJE SIĘ W MÓZGU

Połączenie stymulacji akupunkturowej z procedurami konwencjonalnej psychologii wzmacnia oba podejścia. Oto pięć zasad, które naszym zdaniem leżą u podstaw zmian zachodzących w mózgu po sesjach akupunktury[16]:

1. **Akupunkty mają mniejszy opór elektryczny.** Każde miejsce na skórze może przewodzić prąd, ale punkty akupunkturowe (akupunkty) są lepszymi przewodnikami w porównaniu z otaczającą ją skórą, ponieważ mają mniejszy opór elektryczny[17]. Większość tych punktów znajduje się w obszarach o dużej gęstości wolnych zakończeń nerwowych[18].
2. **Stukanie w punkt akupunkturowy generuje elektryczność.**

* Pllsbury Doughboy – maskotka firmy Pillsbury Company, wykonany z ciasta ludzik w czapce kucharskiej, który pojawiał się w reklamach gotowego ciasta na wypieki (przyp. red.).

Niektóre duże białka w błonach komórkowych przekształcają ciśnienie mechaniczne w impulsy elektryczne w wyniku zjawiska zwanego piezoelektrycznością (dosłownie „elektryczność spowodowana ciśnieniem"). Proces ten jest udowodniony naukowo[19] i może być wytwarzany przez opukiwanie, masowanie lub wprowadzanie igły do punktu akupunkturowego.

3. **Sygnały elektryczne mogą niemal natychmiast dotrzeć do dowolnego miejsca w ciele.** Droga, którą pokonują impulsy elektryczne wytwarzane przez stukanie w skórę, jest osadzona w tkance łącznej ciała[20]. Większość punktów akupunkturowych znajduje się nad skupiskami tkanki łącznej, która składa się głównie z kolagenu. Ponieważ kolagen jest dobrym przewodnikiem prądu, impulsy mogą docierać do określonych części ciała natychmiast przy minimalnych zniekształceniach w porównaniu z długą podróżą od neuronu do neuronu przez układ nerwowy[21].
4. **Słowa i obrazy towarzyszące tappingowi informują sygnały, dokąd mają dotrzeć.** Na przykład jeśli przypomnisz sobie o zagrażającej sytuacji, która aktywuje ciało migdałowate i korę przedczołową, sygnały elektryczne generowane przez tapping zostaną przyciągnięte do tych obszarów mózgu. W badaniu obrazowym dotyczącym leczenia akupunkturą lęku przed lataniem myślenie o tym, jak można się było spodziewać, początkowo wywoływało pobudzenie w obszarach mózgu związanych ze strachem. Po leczeniu tappingiem myślenie o lataniu nie aktywowało już obszarów strachu, ale aktywowało „obszary wykonawcze" mózgu, które są zaangażowane w zarządzanie strachem[22].
5. **Sygnały są ukierunkowane na przywrócenie równowagi.** Punkty akupunkturowe mogą zwiększać lub zmniejszać aktywację określonych obszarów mózgu lub ciała, z natury dążąc do stworzenia stanu równowagi lub homeostazy[23].

Krótko mówiąc, poprzez to, co przywołujesz w myślach podczas tappingu, jesteś w stanie decydować, które obszary mózgu będą przyciągać impulsy elektryczne generowane przez opukiwanie. Niektóre z tych sygnałów zmniejszą problematyczne emocje, inne zwiększą adaptacyjne myśli i zachowania. Proces ten zdaje się podążać za wewnętrzną logiką, która jest zorientowana na dobre samopoczucie. Jak wyjaśnia akupunkturzystka Beth Kearns, praca z punktem akupunkturowym w kontekście leczenia „ma wbudowany mechanizm bezpieczeństwa; tapping zrobi to, co jest potrzebne”[24].

WPROWADZENIE DO ROZDZIAŁU 2

Modele przewodnie, które powodują, że ludzie wielokrotnie myślą, czują i działają w sposób autodestrukcyjny, są często zakorzenione w doświadczeniach z dzieciństwa, które były szkodliwe z psychologicznego punktu widzenia. Możesz użyć protokołów tappingu akupunkturowego, aby przekształcić swoje modele przewodnie. Kolejny rozdział przeprowadzi cię przez etapy stosowania podstawowego protokołu psychologii energetycznej w celu uzdrowienia emocjonalnego urazu z przeszłości.

ROZDZIAŁ 2

PODSTAWOWY PROTOKÓŁ TAPPINGU

> Nie ma nic bardziej satysfakcjonującego niż pomoc nastolatce o skłonnościach samobójczych w pozbyciu się nienawiści do siebie i zagubienia – i słuchanie, jak szepcze przez łzy: „kocham i akceptuję siebie".
>
> Nie ma nic bardziej satysfakcjonującego niż sesja tappingu z weteranem wojny, gdy uwalnia się od retrospekcji PTSD – i patrzenie, jak jego oczy błyszczą spokojem.
>
> Nie ma nic bardziej satysfakcjonującego niż pomoc pogrążonej w żałobie wdowie w przezwyciężeniu jej ogromnego smutku – i obserwowanie, jak znów się uśmiecha[1].
>
> **dr Dawson Church,**
> trener i badacz EFT

CHOCIAŻ PROTOKOŁY TAPPINGU, TAKIE JAK EFT, mogą wydawać się proste, mają imponującą skuteczność. Techniki te wykorzystują skomplikowane mechanizmy, za pomocą których mózg przetwarza emocje i aktualizuje wewnętrzne modele przewodnie, które wpływają na podejmowane decyzje. W tym rozdziale zapoznasz się z podstawowymi umiejętnościami, które posłużą ci podczas zdobywania wiedzy z tej książki. Poprowadzą cię one systematycznie przez dwanaście kroków podzielonych na cztery etapy sesji tappingu.

Etap 1: Przygotowanie.
Etap 2: Cykl tappingu.
Etap 3: Modyfikacja protokołu.
Etap 4: Testowanie wyników.

Sugerujemy, aby podejść do tego rozdziału jak do ambitnego, samodzielnego programu szkoleniowego, a nie tylko jak do książki do czytania. Odniesiesz większe korzyści, jeśli zaangażujesz się w poszczególne kroki i zastosujesz je do odpowiedniej kwestii w miarę zagłębiania się w treść tego rozdziału. Jak wszystko, czego warto się nauczyć, będzie to wymagało poświęcenia czasu i włożenia wysiłku potrzebnego do wewnętrznej transformacji. Jeśli ten proces podniesie twoją zdolność do radzenia sobie z trudnymi emocjami i zwiększy twój sukces i poczucie szczęścia, w co wierzymy, to okaże się cenną inwestycją. Zanim przeprowadzimy cię przez te cztery fazy, chcielibyśmy przedstawić kilka dodatkowych informacji.

PIERWSZE LECZENIE TAPPINGIEM

W 1980 roku psycholog kliniczny Roger Callahan był rozczarowany po ponad roku bezskutecznego stosowania różnych metod psychoterapeutycznych w leczeniu „Mary" z powodu ciężkiej fobii[2]. Mary, kobieta po trzydziestce i matka dwójki dzieci, nie była w stanie wykonywać nawet najbardziej podstawowych czynności związanych z wodą lub przebywaniem w jej pobliżu. Podczas deszczu odczuwała przemożną potrzebę schowania się w ustronnym miejscu w swoim domu z dala od wody. Widok oceanu uniemożliwiał jej nawet jazdę wzdłuż plaży, ponieważ wzbudzał w niej wielkie poczucie strachu. Co więcej, nie potrafiła zmusić się do kąpieli w wodzie o głębokości większej niż kilka centymetrów. Pomimo poddania się terapii poznawczej i behawioralnej jej silny strach pozostał niezmieniony. Nadal miała też przerażające koszmary senne, w których „zalewała ją woda".

Mary doświadczała mdłości jako fizycznej reakcji na samą myśl o wodzie. Doktor Callahan, chcąc za wszelką cenę pomóc swojej pacjentce, pewnego dnia przekroczył granice konwencjonalnej psychoterapii. Zaciekawiony tematem, zdobywał wtedy wiedzę na temat układu energetycznego ciała ludzkiego i po poznaniu korzystnych efektów stymulacji określonych punktów akupunkturowych, uznał, że nie ma nic do stracenia. Podczas jednej z sesji, gdy Mary odczuwała mdłości podczas rozmowy o jej strachu przed wodą, Callahan poprosił ją, aby opukała miejsce bezpośrednio pod okiem, który jest punktem akupunkturowym na meridianie żołądka. Miał nadzieję, że to przynajmniej zmniejszy jej mdłości. Chociaż w tym momencie nie było to jego celem, ten konkretny punkt jest również powiązany z obsesyjnym strachem i niepokojem. Po dotknięciu tego punktu Mary wykrzyknęła ze zdumieniem: „Zniknęło... To okropne uczucie było w dole mojego brzucha. Całkowicie zniknęło".

Zabieg odbył się w gabinecie Callahana w jego domu, w którym znajdował się basen. Terapeuta wspomina, jak Mary „poderwała się z krzesła i zaczęła biec w kierunku basenu... spojrzała krótko na swoje odbicie, a następnie pochyliła się i ochlapała twarz wodą". Ku jego zdumieniu nie czuła strachu. Tego wieczoru Mary postanowiła jeszcze bardziej przetestować swoje nowo odkryte wyzwolenie, jadąc nad ocean podczas ulewy i brodząc w nim po pas. Była całkowicie wolna od strachu. Stan ten utrzymywał się podczas kolejnych sesji i trwał do ostatniego raportu sporządzonego ponad dekadę później. Długotrwały, głęboko zakorzeniony, samoograniczający się model przewodni w odniesieniu do wody przeszedł w jednej chwili radykalną transformację, wpływając na jej myśli i lęki, a także na jej reakcje fizyczne.

Powstanie terapii pola myśli (TFT) zapoczątkowało rozwój psychologii energetycznej. Próbując zrozumieć wydarzenia, które miały wówczas miejsce, Callahan zaczął instruować swoich pacjentów, aby podczas sesji terapeutycznych dotykali różnych kombinacji punktów akupunkturowych. Okazało się, że takie podejście znacznie zwiększyło ich postępy. Opracował więc zestaw formuł leczenia, które okazały się skuteczne w przypadku różnego rodzaju dolegliwości. W ciągu kilku lat zaczął nauczać swojej nowej metody innych psychoterapeutów.

DYNAMICZNY ROZWÓJ TERAPII TAPPINGU

P i e r w s z ą falą nowoczesnej psychoterapii była psychoanaliza Zygmunta Freuda powstała na początku XX wieku. D r u g ą falą była terapia behawioralna, która narodziła się w latach 40. XX wieku i wprowadziła innowacyjne metody reorganizacji „warunków" (nagród i kar) w celu zachęcania do preferowanych zachowań przy jednoczesnym zniechęcaniu do tych, które są niepożądane. T r z e c i a fala, która pojawiła się w latach 60. XX wieku, zintegrowała aspekt poznawczy z terapią behawioralną. Podejście to, znane jako terapia poznawczo-behawioralna (ang. *Cognitive Behavioral Therapy* – CBT), opierało się na uznaniu, że zmiana wzorców myślowych, oprócz modyfikacji wzmocnień środowiskowych, może skutecznie wpływać na zachowanie. C z w a r t a fala psychoterapii obejmuje elementy somatyczne, takie jak ruch, stymulacja sensoryczna lub aktywacja obszarów skóry, jak ma to miejsce w przypadku tappingu. W swojej książce *The Science Behind Tapping* dr Peta Stapleton pisze, że protokoły tappingu akupunkturowego stanowią „najbardziej obiecującą z badanych przeze mnie psychoterapii czwartej fali"[3].

Do roku 2000 pojawiło się ponad 30 odmian TFT lub pokrewnych podejść do psychoterapii energetycznej, z których każda miała własną nazwę, procedury i ramy teoretyczne. Jeden z pierwszych studentów Callahana, Gary Craig, absolwent Uniwersytetu Stanforda z dyplomem inżyniera, od dawna interesował się technikami rozwoju osobistego, takimi jak autohipnoza. Wierząc, że metoda Callahana może być prostsza i bardziej dostępna dla wszystkich, nie tylko terapeutów, Craig nazwał swoje podejście technikami emocjonalnej wolności (EFT).

Do czasu, gdy Craig ogłosił swoje przejście na emeryturę w styczniu 2010 roku, ponad 1,2 miliona osób pobrało jego darmowy podręcznik EFT, a kolejne 30 000 do 40 000 osób pobierało go od tego momentu każdego miesiąca. W rezultacie EFT stało się nie tylko najpopularniejszą formą psychologii energetycznej, ale prawdopodobnie najczęściej stosowaną techniką samopomocy w historii psychologii.

Jako że tapping jest dość potężny, aby zmienić głęboko zakorzenione modele przewodnie, może początkowo wydawać się zbyt prosty. Steve Wells i David Lake, dwaj uznani pionierzy w dziedzinie psychologii energetycznej, opisują EFT jako „prosty proces stukania w punkty akupresurowe na ciele podczas skupiania się na swoim problemie"[4]. Przyznają oni, że praktyka ta obejmuje znacznie więcej niż tylko tę podstawową technikę. Jeden z najbardziej cenionych programów certyfikacji tappingu (EFTUniverse.com) uczy łącznie 48 „podstawowych technik". Oprócz fizycznego aktu tappingu techniki te obejmują:

- dostrajanie się do podstawowych kwestii,
- badanie konkretnych wydarzeń związanych z pochodzeniem trudności psychologicznych,
- radzenie sobie z nadmierną intensywnością emocjonalną,
- różnicę między pracą z objawami fizycznymi i psychologicznymi[5].

Praktycy EFT często modyfikują protokół, bazując na swoich osobistych i zawodowych preferencjach. Dwa podstawowe elementy podkreślane przez Wellsa i Lake'a pozostają jednak niezmienne.

1. Podczas sesji aktywnie przypominane są różne aspekty problemów psychologicznych.
2. Stymulowana jest grupa punktów akupunkturowych, zwykle poprzez opukiwanie ich.

Protokół tappingu, przedstawiony w tej książce, pochodzi z publikacji *The Promise of Energy Psychology*, której współautorem był Gary Craig w 2005 roku[6]. Ta książka stanowi dalszą ewolucję naszego rozumowania i obejmuje znacznie więcej niż to, co zostało przedstawione w publikacji z 2005 roku. Ponadto *Tapping* jest poparty znaczącymi badaniami nad terapiami tappingowymi, które zostały przeprowadzone w ciągu ostatnich dwudziestu lat.

JAK WYGLĄDA SESJA TAPPINGU Z TERAPEUTĄ

Ta książka zawiera wskazówki dotyczące s a m o d z i e l n e g o stosowania protokołu tappingu. Zanim jednak zaczniemy, chcielibyśmy dać ci przegląd tego, co obejmuje sesja prowadzona przez terapeutę, ponieważ kroki, które będziesz realizował samodzielnie, są dość podobne.

Rosa miała trudności z rodzicielstwem, odkąd jej nastoletnia córka Carmen weszła w okres dojrzewania. W bardziej introspektywnych momentach Rosa zdawała sobie sprawę, że jej frustracja i niecierpliwość wobec Carmen były chyba przesadne, ale jej reakcje zdawały się pozostawać poza jej kontrolą. Podczas gdy Rosa nie myślała w kategoriach modeli przewodnich, zobaczysz, że jej podejście do rodzicielstwa zostanie poddane dokładnej analizie.

Po nawiązaniu kontaktu i omówieniu powodów, dla których szuka pomocy, terapeuta poprosił Rosę, by przypomniała sobie jeden z wielu trudnych incydentów z udziałem Carmen i oceniła poziom gniewu, jaki w niej wzbudził. Początkowa ocena SUD wynosiła 8 na 10.

Następnie Rosa sformułowała frazę przypominającą, która zwięźle odnosiła się do sedna sprawy. Jej fraza brzmiała po prostu: „moja złość wobec Carmen". Dzięki temu Rosa była emocjonalnie zaangażowana w tę kwestię, powtarzając te słowa podczas opukiwania.

Następnie pacjentka sformułowała deklarację akceptacji. Oświadczenia akceptacji są zbudowane na frazie przypominającej. Są one jednak skonstruowane w sposób, który wspiera samoakceptację i współczucie, potwierdzające zrozumienie sytuacji danej osoby. Początkowe stwierdzenie akceptacji Rosy brzmiało:

> „Nawet jeśli z trudem radzę sobie ze złością wobec Carmen, nadal niezależnie od tego kocham i akceptuję siebie".

Następnie Rosa została poinstruowana, jak opukiwać określone punkty energetyczne na jej ciele, które wzmacniają sugestywne efekty wypowiadanej frazy. Robiąc to, wielokrotnie powtarzała swoją deklarację akceptacji.

Wkrótce rozpoczęło się opukiwanie, podczas którego Rosa powtarzała frazę przypominającą: „moja złość wobec Carmen", opukując przez kilka sekund każdy z dwunastu akupunktów. Sekwencja ta zajęła mniej niż minutę. Następnie wykonano krótką serię fizycznych i mentalnych kroków znanych jako procedura integracji, po czym odbyła się kolejna runda tappingu, której ponownie towarzyszyła fraza przypominająca.

Po skończonej rundzie Rosa ponownie oceniła wcześniejszą scenę incydentu z udziałem Carmen, który wzbudził w niej gniew, w skali od 0 do 10. Ocena spadła do 6. Doprowadziło to do dyskusji, która ujawniła, że gniew Rosy miał kilka warstw sięgających wstecz do sposobu wyrażania gniewu przez jej własną matkę. Można było zobaczyć, jak model przewodni dotyczący rodzicielstwa, który Rosa nieświadomie rozwinęła, powoli się ujawnia. W tym momencie deklaracja akceptacji Rosy ewoluowała do wypowiedzenia bardziej wnikliwej frazy:

„Nawet jeśli mam trudności z kontrolowaniem złości wobec Carmen, zdaję sobie sprawę, że radzę sobie z tym lepiej niż moja matka".

Frazy towarzyszące opukiwaniu również zostały rozszerzone. Wraz z frazą „moja złość wobec Carmen", terapeuta poinstruował Rose, aby wyraziła dodatkowe stwierdzenia, które brzmiały w następujący sposób:

„Mama nie pozwoliłaby Carmen, żeby jej zachowanie uszło jej na sucho".

„Ilekroć mi pyskuje, czuję na twarzy żar złości".

„Mama uderzyła mnie za to, że płakałam po śmierci babci".
„Oczekuję, że Carmen będzie mnie szanować".

„Wstydzę się, że pozwoliłam Carmen mi pyskować".

„Nie jestem matką!"

„Czuję się bezsilna wobec Carmen".

Każde z tych stwierdzeń odnosi się do jakiegoś aspektu reakcji Rosy na złość wobec Carmen i łączy się z modelem przewodnim Rosy dotyczącym radzenia sobie ze złością dziecka i sposobu reagowania na nią. Chociaż psychologia energetyczna nie jest jedynym podejściem zdolnym do rozpoznania wielu aspektów osobistego wyzwania, szczególną siłą tej techniki jest jej zdolność do szybkiego obniżania ładunku emocjonalnego każdego z tych aspektów. Tapping wraz z każdą z wypowiadanych fraz obniża niepokój związany z kwestią, która jest przywoływana. Proces ten pozwala na naturalne zmiany w postrzeganiu i rozumieniu sytuacji, prowadząc do transformacji modelu przewodniego.

Podczas całej sesji tappingu zwracano uwagę na każdy aspekt gniewu Rosy, aż intensywność jej złości i zdenerwowania wywołanego przez dany aspekt spadła do 0 lub prawie 0. Po około dwunastu rundach tappingu dotyczących różnych aspektów złości Rosa była w stanie wyraźnie przypomnieć sobie każdy incydent związany z Carmen bez negatywnego ładunku emocjonalnego. W trakcie tego procesu aspekty modelu przewodniego Rosy dotyczące tego, jak radzić sobie z zachowaniem Carmen, które powodowały problemy, były jeden po drugim systematycznie dekonstruowane.

Stworzyło to okazję do opracowania bardziej innowacyjnych i skutecznych podejść do reagowania na pyskowanie

Carmen, co doprowadziło do zmiany modelu przewodniego. Rosa wykorzystała te wyobrażone scenariusze, aby wzmocnić i zintegrować je ze swoim modelem przewodnim dotyczącym rodzicielstwa. Po tej jednej sesji Rosa nie była już podatna na złość z powodu tego, co teraz rozumiała jako typowe zachowanie nastolatków, a nawet ich bunt. Jednocześnie rozwiązała utrzymujące się emocje związane z własną matką, co doprowadziło do znaczącej transformacji jej modelu rodzicielskiego.

ZANIM ZACZNIESZ

Podstawowy protokół tappingu, którego nauczysz się w tym rozdziale, jest dość prosty, ale jego skuteczność może być zaskakująca. Może pomóc w osiągnięciu nieuchwytnych celów, radzeniu sobie z przytłaczającymi reakcjami emocjonalnymi, uwolnieniu się od uporczywych wzorców, które opierają się zmianom, a także w przezwyciężeniu określonego problemu lub wyzwania.

Wszyscy posiadamy obszary, w których nieświadomie funkcjonujemy, bazując na przestarzałym oprogramowaniu, co uniemożliwia nam dostęp do większego poziomu radości, miłości, spokoju lub sukcesu. Zmiana postrzegania siebie, swoich relacji i poglądów na temat tego, jak działa świat, może być zarówno trudnym, jak i wzmacniającym procesem. Pierwszym krokiem jest rozpoznanie modeli przewodnich, które już ci nie służą. Podstawowy protokół tappingu jest skuteczny w zawracaniu uwagi na te przestarzałe modele. Wszelkie znaczące zmiany w modelach przewodnich mogą jednak tymczasowo zakłócić równowagę, dlatego chcielibyśmy omówić kilka istotnych kwestii związanych z przejściem przez program.

Czy tapping zastępuje terapię?

Każda metoda samopomocy ma swoje ograniczenia. Chociaż wykazano, że tapping okazał się skutecznym narzędziem do łagodzenia niepokojących emocji, takich jak niepokój, złość i nadmierny strach[7], a także do zmiany samosabotujących wzorców zachowań[8], nie eliminuje on konieczności terapii, zwłaszcza jeśli:

- doświadczasz poważnych problemów ze zdrowiem psychicznym lub uporczywych reakcji na traumę,
- zmagasz się z uzależnieniem od alkoholu, narkotyków lub destrukcyjnych zachowań,
- jesteś obecnie w związku, w którym dochodzi do przemocy emocjonalnej lub fizycznej.

Jeśli którakolwiek z powyższych sytuacji dotyczy ciebie, zdecydowanie zalecamy skorzystanie z profesjonalnej pomocy i wsparcia. Przedstawione tutaj techniki mogą jedynie służyć jako skuteczne uzupełnienie psychoterapii.

Wrażliwe terytorium

Podstawowy protokół tappingu może wpływać na różne kwestie niezależnie od tego, czy jest używany pod kierunkiem profesjonalisty, czy – co jest bardziej prawdopodobne w przypadku większości czytelników – na zasadzie samopomocy. Ma on również na celu konfrontację z trudnymi tematami, w tym nierozwiązanymi traumami z przeszłości, ranami emocjonalnymi, które wymagają uzdrowienia, ograniczającymi przekonaniami lub niewykorzystanymi potencjałami.

Tapping jest uważany za jedną z najbezpieczniejszych dostępnych technik samopomocy[9], chociaż zajęcie się trudną kwestią może czasami zwiększyć związane z nią emocje, z a n i m zaczną się one zmniejszać. Ten wzrost intensywności nie wskazuje, że metoda jest nieskuteczna lub pogarsza sytuację, oznacza natomiast, że to podejście rzeczywiście wywiera wpływ i działa. Tapping zapewnia sposób na pełniejsze połączenie się z wewnętrznymi procesami na poziomie emocjonalnym, pozwalając na pojawienie się i uznanie stłumionych uczuć.

Krótko mówiąc, doświadczanie negatywnych emocji nie jest z natury negatywne. Zamiast tego często wskazuje, że ujawniłeś ważne treści emocjonalne, które mogą podtrzymywać przestarzałe modele przewodnie, dając ci możliwość przetworzenia ich w nowy i bardziej efektywny sposób. Jak wynika z naszego doświadczenia, gdy tapping powoduje, że wcześniej zapomniane bolesne wspomnienia pojawiają się w świadomości, często są to nieprzetworzone doświadczenia, które domagają się uzdrowienia w momencie, gdy jesteś w stanie tego dokonać.

Kiedy pojawiają się one w twojej świadomości, nie musisz ich odrzucać. Podejdź do nich z ciekawością. Zrozum, że samo ich pojawienie się jest zaproszeniem do ich uzdrowienia, i otocz je tą intencją. Praca ze wspomnieniami, które wciąż wymagają emocjonalnego przetworzenia, jest często niezbędnym krokiem w transformacji ograniczających cię modeli przewodnich.

Jeśli wspomnienia staną się przytłaczające

Podstawowy protokół tappingu został zaprojektowany tak, że nawet jeśli podczas sesji napotkasz trudne chwile, przejdziesz przez nie świadomie i produktywnie, po prostu kontynuując opisane kroki. Każda czynność, która wpycha cię głęboko w twój wewnętrzny świat, może jednak ujawnić bolesne doświadczenie. Ponownie powtórzymy, że nie jest to nic złego. Zazwyczaj rezultatem pracy z takimi wspomnieniami jest większe współczucie dla swojego wcześniejszego ja, a w trakcie tego procesu zmienia się relacja z tym aspektem twojej historii. Angażując się w tapping podczas tej podróży, możesz ułatwić gojenie starych ran emocjonalnych i odświeżyć przestarzałe modele przewodnie. Jeśli jednak w którymkolwiek momencie wspomniane doświadczenie stanie się zbyt niepokojące (osąd możesz podjąć tylko ty), zrób sobie przerwę. Nie ma w tym nic złego; podejmujesz istotną autorefleksję. Może to nastąpić później w dowolnym momencie.

Jeśli dojdziesz do takiego punktu, ważniejsze jest przywrócenie równowagi energii twojego ciała niż kontynuowanie programu. Pokażemy ci, jak to zrobić za pomocą kilku prostych ćwiczeń w dodatku do książki: „Jeśli program staje się niepokojący". Warto przejrzeć tę sekcję teraz, aby mieć świadomość jej dostępności w razie potrzeby.

Czy możesz lub powinieneś pozbyć się emocji?

Poprosiliśmy Mai, wykształconą kobietę, która w młodości doświadczyła ogromnych traum, aby przeszła przez program jako jedna z naszych testerek. Postawiła ona kluczowe pytanie, które jest istotne dla każdego: „Czy wskazane jest »wyciszyć« swoje emocje?". Oto, co napisała:

> Czułam duży opór przed ideą tappingu jako sposobu na usunięcie ładunku emocjonalnego stojącego za niepokojącymi wspomnieniami. Przez całe swoje burzliwe dzieciństwo i wczesną dorosłość nauczyłam się przywoływać bolesne i niepokojące wspomnienia. Przypomina mi to o mojej sile i odporności. Odczuwałam sceptycyzm i opór wobec pomysłu usuwania swoich uczuć. Myślę, że ważne jest, aby uznać emocje za niezbędną część uzdrawiającego doświadczenia, a nie coś, co należy wykryć, a następnie usunąć.

Wyjaśniliśmy Mai, że tapping nie eliminuje *pamięci* o wydarzeniu, która wywołała daną emocję. Możesz „usunąć" reaktywację emocjonalnej reakcji na przeszłą traumę, *nie zapominając* o tym, co się stało, co czułaś i jak sobie z tym poradziłaś. Nie oznacza to, że początkowa reakcja była w jakiś sposób błędna lub że przywoływanie tej emocji jest teraz niewłaściwe. Wskazuje to raczej, że jeśli powracanie do wspomnień utrzymuje cię w cyklu doświadczania pierwotnego bólu i strachu, twoje systemy mentalne i energetyczne są obciążone, utrudniając ci wyleczenie się z traumy i pójścia naprzód bez ograniczeń, które na ciebie nałożyły. W psychologii energetycznej skuteczne usuwanie zakorzenionych reakcji emocjonalnych wymaga najpierw ich rozpoznania, zaangażowania i zaakceptowania.

Monitorowanie postępów

Podczas czytania tej książki sugerujemy trzymanie pod ręką długopisu i zeszytu (lub korzystanie z laptopa lub innego urządzenia cyfrowego), aby notować swoje spostrzeżenia i doświadczenia. Pomoże ci to zachować koncentrację podczas wykonywania procedur i rejestrowania wyników. Ponadto może to służyć do zapisywania modeli przewodnich, które będziesz analizować podczas pracy z tą książką. Dziennik pozwala wzmocnić głęboko zakorzeniony zasób, który tradycje duchowe nazywają wewnętrznym świadkiem. Co więcej, twój dziennik może również stać się swego rodzaju zastępczym terapeutą podczas przechodzenia przez program – takim, który może być niezwykle cierpliwym i przyjaznym słuchaczem twoich przeżyć, myśli i uczuć. Opisywanie swoich doświadczeń z technikami pomoże również zakotwiczyć je w pamięci.

Poprzez analizowanie wydarzeń ze swojego życia w bezpiecznej przestrzeni dziennika lub laptopa możesz odkryć wszystko to, co zostało głęboko schowane w podświadomości. Rozpoznanie tej dynamiki pomaga zmniejszyć siłę wzorców, które cię powstrzymywały.

Wadą prowadzenia dziennika jest to, że może on powodować nadmierne myślenie lub ciągłe skupianie się na negatywnych i bolesnych doświadczeniach. Tapping może jednak pomóc nawet w tym przypadku. Zamiast wpadać w pułapkę pętli myślowych, możesz po prostu zidentyfikować powodujący je wzorzec i wykonać rundę tappingu skupiając się na emocjach, które go napędzają.

Wygospodarowanie czasu

Jeden z naszych testerów, który w przeszłości korzystał z psychoterapii, opisał swój dylemat związany z programem:

> Przy wymagającej pracy i ograniczonym czasie osobistym trudno mi było zaangażować się w pełni w program. Zdałem sobie sprawę, że potrzebuję około dwóch godzin, aby zanurzyć się w dany rozdział i poczynić znaczne postępy. Ostatecznie zacząłem planować spotkania w kalendarzu i traktować je jako ważne zobowiązania, podobnie jak podchodziłem do sesji terapeutycznych. Teraz, gdy ukończyłem już program, mogę śmiało powiedzieć, że rezultaty znacznie przewyższyły włożony wysiłek, choć zajęło mi dłuższą chwilę, zanim się zorientowałem, ile czasu trzeba poświęcić i jak można go wygospodarować.

Zmiana trwających całe życie wzorców psychologicznych i behawioralnych, które psują samopoczucie i uniemożliwiają spełnienie, wymaga czegoś więcej niż tylko przeczytania książki. Taka jest brutalna prawda!

Angażowanie innych do współpracy

Chociaż instrukcje zostały napisane z myślą o samodzielnym przejściu przez program, można je również – jak wspomniano we wstępie – zastosować do pracy z partnerem lub w grupie. Jedną z zalet takiego podejścia jest to, że może ono pomóc w monitorowaniu postępów. Każdego tygodnia możesz zdecydować się na przeczytanie wyznaczonej części książki w domu, wykonanie procedur, a następnie omówienie swoich doświadczeń z partnerem lub grupą. Alternatywnie możesz przeczytać cały materiał z wyjątkiem instrukcji „Twoja kolej" przed nadchodzącym spotkaniem, a następnie pracować razem z innymi.

Liczne grupy wsparcia, w tym dla mężczyzn, kobiet, ludzi uzależnionych, osób w żałobie i innych, pomagają w skuteczniejszym radzeniu sobie z wyzwaniami życiowymi. Takie grupy mogłyby poświęcić określoną liczbę tygodni na program opisany w tej książce. Dodatkowo metoda ta może być dostosowana do współpracy z partnerem lub dostosowana do grup online. Współpraca z partnerem lub uczestnictwo w grupie może być okazją do dzielenia się doświadczeniami, korzystania ze wspólnego wsparcia i wzajemnego motywowania się.

Dodatkowe źródła

Książka mogłaby oferować więcej źródeł pozwalających na znalezienie praktyka tappingu lub programu szkoleniowego, ale z uwagi na szybki przyrost informacji na temat psychologii energetycznej zdecydowaliśmy się stworzyć stale aktualizowaną listę, do której można zajrzeć w razie potrzeby. Aby uzyskać dostęp do zasobów, poznać programy szkoleniowe lub znaleźć praktyka tappingu, odwiedź stronę resources.energytapping.com.

PODSTAWOWY PROTOKÓŁ TAPPINGU

Podstawowy protokół tappingu składa się z dwunastu kroków. Podczas nauki sugerujemy, aby postępować zgodnie z sekwencją przedstawioną w tym rozdziale. Po zapoznaniu się z protokołem możesz dostosować go do swojego tempa, preferencji i sytuacji, w której się znajdujesz. W tym rozdziale skupimy się na przetwarzaniu pojedynczego nieprzyjemnego wspomnienia. Po nauczeniu się protokołu podczas pracy z tym wspomnieniem będziesz w stanie zastosować go do szerokiego zakresu kwestii – każdego rodzaju problemu lub sytuacji, która wiąże się z niechcianymi reakcjami emocjonalnymi, wzorcami zachowań lub niezrealizowanymi celami.

Dwanaście kroków podzielonych jest na cztery etapy. Jak już wspomniano wcześniej, będziesz poruszać się między nimi:

Etap 1: Przygotowanie – cztery kroki.

Etap 2: Cykl tappingu – pięć kroków.

Etap 3: Modyfikacja protokołu – dwa kroki.

Etap 4: Ocena wyników – jeden krok.

ETAP 1: PRZYGOTOWANIE

Protokół zazwyczaj rozpoczyna się od fazy przygotowawczej. W tym rozdziale twoim zadaniem jest wybranie niewygodnego wspomnienia, które posłuży ci jako punkt wyjścia.

W tej początkowej fazie przejdziesz przez cztery kroki, z których każdy pomoże ci rozwinąć podstawową umiejętność:

Przygotowanie, krok 1: Wybór początkowego tematu.

Przygotowanie, krok 2: Ocena poziomu dyskomfortu związanego z tym wspomnieniem.

Przygotowanie, krok 3: Utworzenie frazy przypominającej, aby utrzymać jej aktywność psychologiczną.

Przygotowanie, krok 4: Sformułowanie deklaracji akceptacji na temat danej kwestii i uczuć, które wywołuje.

Przygotowanie, krok 1: Wybór początkowego zagadnienia

Możesz użyć sesji tappingu, aby zająć się:

- wyzwaniem, przed którym stoisz w momencie, gdy wykonujesz sesję tappingu,
- długotrwałym problemem w relacjach, pracy lub innym obszarze,
- wzorcem emocjonalnym lub behawioralnym, który utrudnia ci postęp,
- pożądanym celem, takim jak osiągnięcie doskonałości w nadchodzących zawodach lub występie.

Początkowy cel jest zwykle definiowany na podstawie własnych potrzeb:

„Jestem wściekły na mojego sąsiada".

„Muszę przestać spóźniać się do pracy".

„Ciągła krytyka ze strony mojej teściowej naprawdę mi przeszkadza".

„Chcę poprawić swój osobisty rekord w maratonie bostońskim".

Często dalsza część pracy szybko przenosi cię do wcześniejszych doświadczeń, które ukształtowały modele przewodnie leżące u podstaw obecnego problemu. Dlatego w tej początkowej sesji zaczniemy od wydarzenia z twojej przeszłości.

Każdy przeżył jakieś trudne doświadczenia, a twoim pierwszym zadaniem będzie wybranie niewygodnego wspomnienia. Na przykład, możesz przypomnieć sobie, kiedy:

- straciłeś ukochanego zwierzaka,
- twoja rodzina przeprowadziła się do innego miasta i zgubiłeś się, wracając do domu po pierwszym dniu w szkole,
- dostałeś główną rolę w szkolnym przedstawieniu i zapomniałeś swojej kwestii podczas premiery,
- twój najlepszy przyjaciel ujawnił jeden z twoich najbardziej

osobistych sekretów w mediach społecznościowych,
- zabrałeś szefową i jej męża na kolację, ale zapomniałeś portfela.

Wspomnienie może pochodzić z dzieciństwa lub z niedawnego okresu życia. Wybrane wspomnienie może wywoływać intensywne emocje, ale w tym pierwszym cyklu prosimy o powstrzymanie się od wybierania wspomnień związanych z obrażeniami fizycznymi lub jakąkolwiek formą nadużycia – fizycznego, seksualnego lub emocjonalnego. Chociaż tapping jest jedną z najpotężniejszych technik radzenia sobie z taką traumą, obecnie należy skupić się na opanowaniu metody przy użyciu wspomnienia, które nie jest zbyt przytłaczające.

Po co powracać do niepokojących wspomnień? Wspomnienia, które wywołują negatywne uczucia w teraźniejszości, to zazwyczaj te, które nie zostały w pełni przetworzone. Każdy posiada takie wspomnienia. Dla niektórych pozostają ukryte, dopóki dana osoba nie będzie gotowa stawić im czoła. Radzenie sobie z kłopotliwymi wspomnieniami obejmuje następujące kroki:

rozwijanie uważnej świadomości, która umożliwia rozpoznanie trudnych aspektów sensorycznych i emocjonalnych i ich stopniowe uspokojenie, dzięki czemu nie wywołują one już reakcji, gdy wspomnienie jest przywoływane.

Przekonasz się, że podstawowy protokół tappingu może niezwykle skutecznie pomóc ci w osiągnięciu tego celu.

Praca z traumatycznym wspomnieniem za pomocą protokołu nie wymaże go, ale może zmodyfikować ścieżki neuronowe, które sprawiają, że powracanie do incydentu jest ponownie traumatyzujące i może podtrzymywać samoograniczające się modele przewodnie, które sięgają do pierwotnego wydarzenia. Proces ten umożliwia ponowną integrację pamięci, przekształcając ją w coś, co nie powoduje już bólu. Psychologicznie przetworzone wspomnienia stają się źródłem odporności i zwiększonej wolności emocjonalnej. Na tym potencjale skupił się Gary Craig, gdy nazwał metodę tappingu, która zyskała największą popularność, technikami emocjonalnej wolności.

Niektóre wspomnienia, które przychodzą na myśl, gdy zastanawiasz się, na czym skoncentrować swoją uwagę, mogą wydawać się nieodpowiednie do tego ćwiczenia, ponieważ nie myślisz o nich zbyt często. Możesz mieć wręcz skłonność do ich pomijania. Nierozwiązane bolesne doświadczenia nadal mogą jednak wpływać na równowagę emocjonalną, a także powodować stopniową utratę energii, nawet jeśli wspomnienia te nie są aktywnie obecne w umyśle. Możesz również nieświadomie kształtować swoje codzienne wybory, działania i zachowania, aby uniknąć okoliczności, które mogłyby odtworzyć pierwotne uczucie. Na przykład jeśli przeżyłeś upokarzające doświadczenie związane z zapomnieniem swojej kwestii podczas szkolnego przedstawienia, może to być ukryty powód (świadomy lub nie), dla którego odrzucasz szansę na wygłoszenie toastu na dorocznej kolacji firmowej.

Skupienie się na konkretnej scenie. Po wybraniu wspomnienia wybierz konkretną scenę w ramach tego wspomnienia. Jeśli zdecydujesz się skupić na dniu, w którym straciłeś ukochanego zwierzaka, zidentyfikujesz konkretny moment (np. kiedy dowiedziałeś się o stracie lub płakałeś przed snem tej nocy), a nie ogólne myśli lub tematy (takie jak seria wspomnień o swoim zwierzaku lub temat utraty tego, co kochasz). Jeśli twoje wspomnienie dotyczyło rozpoczęcia szkoły w połowie roku z powodu przeprowadzki do nowego miasta, konkretnym wydarzeniem może być moment, w którym wszedłeś do klasy i ktoś wygłosił komentarz, który spowodował, że cała klasa się z ciebie śmiała.

Przedstawiamy Emmę

Większość testerów, których zrekrutowaliśmy, aby przeszli przez instrukcje przedstawione w tym i kolejnych rozdziałach, nie miała doświadczenia w tappingu. Jedną z nich była Emma, nauczycielka ze szkoły średniej w wiejskiej części Teksasu. W pierwszym ćwiczeniu Emma powróciła do sceny z czasów, gdy miała siedem lat. Została obsadzona jako modelka w porannym programie telewizyjnym na żywo. Miała na sobie kostium Kopciuszka i musiała trzymać się za ręce z chłopcem, który był przebrany za księcia z bajki. Musieli stanąć przed kamerami telewizyjnymi, które wyglądały gigantycznie. Reżyser powtarzał jej, by patrzyła w górę na kamerę. Emma powiedziała: „Nie mogłam. Czułam się przerażona, upokorzona, odsłonięta, nieprzygotowana i zamarłam, wpatrując się w podłogę".

Twoja kolej, by zdecydować, na czym się skupisz

Zapisz w swoim dzienniku wybrane wspomnienie i konkretną scenę, na której się skupisz. Jeśli chcesz, opisz swoje uczucia i myśli związane z tym wspomnieniem.

Przygotowanie, krok 2: Ocena poziomu dyskomfortu związanego z tym wspomnieniem

Nadszedł czas, aby ocenić swoje wspomnienie, przypisując mu wynik w skali SUD. Jak już zauważyłeś, wyniki te wahają się od 0, co oznacza całkowity brak dyskomfortu, do 10, co oznacza poważny dyskomfort. Twoja ocena powinna odzwierciedlać odczucia doświadczane w umyśle i/lub ciele podczas przywoływania wspomnienia, a nie to, co możesz sądzić, że czułeś w tym czasie. Przed kontynuowaniem należy wziąć pod uwagę poniższe niuanse dotyczące procesu oceny SUD.

Zmniejszanie napięcia w razie potrzeby. Ważną zasadą, o której należy pamiętać podczas lektury całej książki, jest to, że wszystko, co musisz zrobić, to „lekko wejść" w pamięć, aby uczynić ją neurologicznie aktywną. To wystarczy, aby nadać wspomnieniu ocenę SUD i stworzyć pozytywny wynik podczas sesji tappingu. Nie jest konieczne ani nawet wskazane odtwarzanie traumatycznego doświadczenia z przeszłości z tak żywymi szczegółami, że zostaniesz przez nie zalany emocjonalnie. W rzeczywistości jedną z mocnych stron psychologii energetycznej jest jej zdolność do pracy z traumatycznymi doświadczeniami bez ponownego traumatyzowania danej osoby. Jeśli emocje stają się zbyt intensywne, przekieruj swoją uwagę na przytłaczające uczucie obecne w danej chwili, zamiast skupiać się na wspomnieniu lub sytuacji, która wywołała to uczucie. Takie podejście szybko przekazuje uspokajające sygnały do układu limbicznego.

W przypadku przytłaczających doświadczeń lub wspomnień. W początkowej fazie, gdy określasz wstępną ocenę SUD, możesz złagodzić pojawienie się intensywnych emocji, zmieniając swoje skupienie na wspomnieniu. Na przykład, jeśli obawiasz się, że uczucia wywołane przez wspomnienie będą zbyt bolesne lub intensywne, możesz zobrazować to doświadczenie jako oglądane przez długi tunel lub odwrotny koniec lornetki, tworząc w ten sposób poczucie dystansu. W przypadku szczególnie trudnych wspomnień nie jest nawet konieczne przywoływanie ich szczegółów. Zamiast tego możesz zadać sobie pytanie: „Gdybym miał skupić się na przywołanym zdarzeniu i przypisać mu ocenę SUD, jaka byłaby to liczba?". W technikach emocjonalnej wolności (EFT) koncepcja określana jako „trauma bez łez" stanowi przydatną podstawę dla osób poruszających się po protokole. Zasada ta, polegająca na dostosowywaniu intensywności własnego doświadczenia, ma zastosowanie w każdym punkcie protokołu, w którym zostanie uznana za konieczną. Ponadto aby podstawowy protokół tappingu przyniósł rezultaty, całkowite zanurzenie się w głęboko niepokojącym wspomnieniu nie jest niezbędne; należy raczej po prostu zachować delikatną świadomość wspomnienia w swoim umyśle.

Kiedy trudno jest uzyskać dostęp do emocji. Czasami wybrane wspomnienie może wydawać się zbyt odległe, co utrudnia przypomnienie sobie jakichkolwiek szczegółów tego doświadczenia. Alternatywnie, możesz pamiętać samo wydarzenie, ale mieć trudności z uzyskaniem dostępu do emocji, które w tobie wzbudziło. Mogą również wystąpić przypadki, w których przypominasz sobie zdarzenie, ale nie identyfikujesz się z nim, tak jakby przytrafiło się ono komuś innemu. Jeśli masz trudności z dotarciem do swoich uczuć lub pełnym zagłębieniem się w pamięć, możesz użyć wyobraźni, aby żywo zanurzyć się w scenę. Wyobraź sobie, co mogłeś zaobserwować, usłyszeć, powąchać, posmakować, poczuć lub pomyśleć podczas wydarzenia, i staraj się zbudować jak najbogatsze wspomnienie, aby ponownie doświadczyć tego wspomnienia. To połączenie osobistej historii i eksploracji wyobraźni ułatwi wejście w sferę emocjonalną niezbędną do tego, aby tapping przyniósł zamierzone rezultaty.

Jeśli dyskomfort lub niepokój nie pasują do sytuacji. Zazwyczaj istotna jest ocena poziomu dyskomfortu lub niepokoju odczuwanego w umyśle i/lub ciele. Inne sformułowania mogą być jednak bardziej odpowiednie. To, czego szukasz, to problematyczne uczucie. Na przykład opór przed wykonaniem zadania może być mierzony za pomocą niechęci do niego, a nie terminu takiego jak niepokój. Trudności związane z osobą lub sytuacją mogą być mierzone poziomem niechęci, jaką odczuwasz, gdy przywołujesz tę osobę lub sytuację na myśl. Wszystkie te uczucia można złagodzić poprzez tapping. W każdym momencie książki, w którym dyskomfort lub cierpienie nie są właściwymi słowami, znajdź takie, które będą odpowiednie.

Alternatywy dla oceny numerycznej. Ocena SUD od 0 do 10 jest praktycznym narzędziem do porównywania stanów emocjonalnych na różnych etapach protokołu, ale nie jest to jedyny sposób oceny trudności emocjonalnej związanej ze wspomnieniem. Nasze obserwacje wskazują, że stosunkowo niewielki odsetek osób może czuć się nieswojo z ocenami liczbowymi lub napotykać trudności w określeniu wyniku SUD z innych powodów. Jeśli jesteś jedną z tych osób, każdy inny sposób rejestrowania poczucia niepokoju związanego z daną kwestią, który można porównać z poczuciem niepokoju po każdej rundzie tappingu, będzie odpowiedni. Niektórzy ludzie używają słów opisowych, takich jak intensywny, duży lub mały. Podczas korzystania z podstawowego protokołu tappingu z dziećmi zamiast oceny liczbowej mogą one zostać poproszone o wskazanie wielkości odczuwanego dyskomfortu poprzez pokazanie odległości między dłońmi, z rękoma skierowanymi do siebie i wyciągniętymi ramionami (wskazując „tyle").

Ocena Emmy

„Moje wspomnienie ze studia telewizyjnego znajduje się na poziomie sześć. Oczywiście jestem pewna, że kiedy to się działo, przypisałabym temu doświadczeniu pełną dziesiątkę. Nie mogłam się zmusić do zrobienia tego, o co prosił mnie reżyser, i doznałam głębokiego poczucia zażenowania".

Twoja kolej

Przywołaj swoje wspomnienie zgodnie z powyższymi instrukcjami i przypisz mu ocenę w skali SUD od 0 do 10. Zapisz tę liczbę w swoim dzienniku obok opisu wspomnienia. Jeśli chcesz, zastanów się również nad doświadczeniem skupienia się na wspomnieniu i wszelkimi spostrzeżeniami na jego temat lub nad modelami przewodnimi, które mogą być na nim oparte.

Przygotowanie, krok 3: Utworzenie wstępnej frazy przypominającej

Fraza przypominająca to słowo lub krótki opis wspomnienia lub sytuacji zidentyfikowanej w kroku 1. Chociaż będzie się ona zmieniać w miarę przechodzenia przez protokół, fraza przypominająca stanowi punkt odniesienia. Zapewnia również początkowe sformułowanie, gdy zaczynasz tapping. Celem frazy przypominającej jest utrzymanie sytuacji, na której się koncentrujesz, w stanie aktywności psychologicznej i neurologicznej. Fraza przypominająca nie musi być pełnym opisem, a jedynie krótkim stwierdzeniem, którego znaczenie jest dla ciebie jasne. To wystarczy, aby aktywować ścieżki neuronowe, na które wpłynie tapping. Przykładowo jeśli przypominasz sobie moment, w którym zapomniałeś swoich kwestii podczas premiery szkolnego przedstawienia, twoją frazą przypominającą może być: „szkolne przedstawienie", „zapomniałem swoich kwestii" lub „panika na twarzy głównego odtwórcy roli". Inne przykłady fraz związane z przykładami z poprzednich kroków mogą brzmieć następująco:

„Fido zdechł".

„Mój pierwszy dzień w szkole w Chicago".

„Zostałam upokorzona na Facebooku".

„Mąż mojej szefowej naśmiewał się ze mnie".

Fraza przypominająca Emmy

„Moja fraza przypominająca to „Zamarłam w bezruchu przed kamerą telewizyjną". Dalsze refleksje: Miałam tylko siedem lat. Nie miałam pojęcia, jak przerażające mogą być ogromne kamery telewizyjne. Moja matka powinna była zapewnić mi poczucie bezpieczeństwa. Niedawno przeprowadziliśmy się z najbliższą rodziną z Oregonu do Atlanty, zostawiając wszystkich krewnych. Żałuję, że nie otrzymałam większego wsparcia, by lepiej poradzić sobie z sytuacją, cieszyć się tym doświadczeniem, a może nawet sprawić, by moja matka była ze mnie dumna.

Twoja kolej

Zapisz swoją frazę przypominającą w dzienniku. Dodatkowo możesz zanotować wszelkie przemyślenia, spostrzeżenia lub pytania, które pojawiają się w związku z pierwotnym doświadczeniem.

Przygotowanie, krok 4: Sformułowanie wstępnej deklaracji akceptacji

Jednym z najbardziej paradoksalnych aspektów inicjowania zmian osobistych jest kluczowa rola samoakceptacji – uznanie aspektów siebie, które chcesz przekształcić. Mówiąc szerzej, brak akceptacji rzeczywistości, z którą masz do czynienia, może być jedną z największych przeszkód w skutecznym radzeniu sobie.

Carl Rogers, jeden z najbardziej cenionych psychologów XX wieku, zauważył: „ciekawy paradoks, [że] kiedy mogę zaakceptować siebie takiego, jaki jestem, wtedy mogę się zmienić"[10]. Jest to zasada, która jest podkreślana w psychologii energetycznej i postawa, którą będziemy przypominać w całej książce. Nie ma potrzeby postrzegania „problemu" jako przeciwnika. Zamiast tego, akceptując i rozumiejąc czynniki, które doprowadziły do trudnego doświadczenia, można podejść do niego ze współczuciem dla samego siebie.

Podstawowy protokół tappingu obejmuje stworzenie deklaracji akceptacji, która wzmacnia akceptujący i współczujący sposób myślenia. Twoja pierwsza deklaracja akceptacji powinna być prostą formułą, która rozszerza frazę przypominającą (na przykład: „Mimo że zgubiłam się w drodze ze szkoły do domu, a moi rodzice wezwali policję, akceptuję tę małą dziewczynkę, która w tym czasie robiła wszystko, co w jej mocy").

Deklaracja akceptacji łączy bolesną emocję, wspomnienie, problem lub niezrealizowany cel, który jest zawarty we frazie przypominającej, z frazą, która otacza ją samoakceptacją lub innym pozytywnym uczuciem. Na przykład często używaną frazą jest „Kocham i całkowicie akceptuję siebie". Fraza użyta podczas ćwiczenia oddechowego w rozdziale 1 brzmiała: „Akceptuję siebie takiego, jaki jestem". Nie trzeba w pełni wierzyć w to stwierdzenie, aby utworzyło ono istotne połączenie z frazą przypominającą. Gdy już to skojarzenie zostanie utworzone, przypomnienie sobie problemu spowoduje również jego akceptację.

Jeśli wyrażanie miłości lub akceptacji dla siebie wydaje ci się zbyt trudne i wywołuje opór, możesz zająć się tymi kwestiami później i zmodyfikować na razie swoje sformułowanie. Wiele osób może przy minimalnym konflikcie wewnętrznym powiedzieć coś w stylu: „Uczę się kochać/akceptować siebie"; „Robię wszystko, co w mojej mocy" lub „Wiem, że w głębi duszy jestem dobrym i wartościowym człowiekiem".

Aby sformułować deklarację akceptacji, połącz frazę przypominającą z potwierdzającą frazą akceptacji. Zacznij od słów „Nawet jeśli..." lub „Chociaż...".

> „Nawet jeśli [fraza przypominająca], w pełni i z całego serca akceptuję to, kim jestem".

Być może będziesz musiał wprowadzić drobne poprawki do frazy przypominającej, aby dostosować ją do tego formatu. Oto kilka przykładów z poprzednich scenariuszy:

> „Nawet jeśli mój oddech jest płytki, akceptuję siebie dokładnie taką, jaką jestem".

> „Nawet jeśli mój pierwszy dzień w nowej szkole był przerażający, w pełni i z całego serca akceptuję to, kim jestem".

> „Nawet jeśli mąż mojej szefowej wyśmiewał się ze mnie, uczę się kochać siebie".

> „Nawet jeśli nadal czuję złość do Carmen, to i tak kocham i akceptuję siebie".

Jeśli masz doświadczenie z pozytywnymi afirmacjami jako środkiem rozwoju osobistego lub masz wiedzę na temat autohipnozy, może ci się wydawać mylące, że deklaracja akceptacji koncentruje się na tym, co jest złe. Pierwsza część oświadczenia zazwyczaj wywołuje niechciane lub negatywne uczucia. „Co to za afirmacja!" pytają nas koledzy. „Czy nie wzmacniasz tego, co próbujesz zmienić?". Nie! Deklaracja akceptacji łączy pozytywną afirmację z trudnym wspomnieniem za każdym razem, gdy się ono pojawia.

Deklaracja akceptacji Emmy

„Nawet jeśli zamarłam przed kamerami telewizyjnymi, kocham i w pełni akceptuję siebie". Refleksja: „To trochę dziwne uczucie. Doświadczenie paraliżującego strachu przed tymi wszystkimi dorosłymi jest mrocznym wspomnieniem, więc zdanie »kocham i w pełni akceptuję siebie« wydaje się sprzeczne z tym, co wtedy czułam. Ale przynosi też poczucie ukojenia".

Twoja kolej

Stwórz teraz własną deklarację akceptacji, jak opisano powyżej, opierając się na frazie przypominającej. Zapisz ją w swoim dzienniku wraz z wszelkimi refleksjami. Kolejny krok będzie polegał na wypowiedzeniu jej na głos, z uczuciem i naciskiem, jednocześnie stymulując punkty energetyczne, które pomogą wzmocnić oświadczenie w umyśle i układzie nerwowym.

ETAP 2: CYKL TAPPINGU

Drugi etap jest rdzeniem podstawowego protokołu tappingu. Nazywany „cyklem opukiwania" i składa się z pięciu kroków:

Cykl tappingu, krok 1: Zakotwiczenie deklaracji akceptacji.

Cykl tappingu, krok 2: Opukanie 12 punktów akupunkturowych podczas wypowiadania frazy przypominającej w każdym punkcie (zwane „rundą opukiwania").

Cykl tappingu, krok 3: Proces integracji.

Cykl tappingu, krok 4: Kolejna runda opukiwania podczas wypowiadania frazy przypominającej.

Cykl tappingu, krok 5: Ponowna ocena w skali SUD.

Poniżej omówimy szczegółowo każdy z tych kroków.

Cykl tappingu, krok 1: Energetyczne zakotwiczenie deklaracji akceptacji

Najbardziej znana metoda akupresury polega na lekkim umieszczaniu palców na punktach akupunkturowych, często określanych jako „lekki dotyk". Technika, którą przedstawiamy tutaj, polegająca na stukaniu w te punkty, jest odmianą, którą uważamy za jeszcze bardziej skuteczną w osiąganiu określonych rezultatów, szczególnie w odniesieniu do kwestii psychologicznych. Inne podejście spotykane w akupresurze polega na stosowaniu mocnego nacisku poprzez masaż tych punktów, znany jako „mocne pocieranie".

Podczas zakotwiczenia deklaracji akceptacji stosuje się zarówno techniki lekkiego dotyku, jak i mocnego pocierania. Ponadto wykorzystywane są dwa systemy energetyczne, które różnią się od systemu akupunkturowego. Jeden z nich odnosi się do czakr – centrów energetycznych znajdujących się w różnych częściach ciała, które przechowują emocje i zawierają informacje o osobistej historii. Skupimy się na czakrze serca. Drugi system, określany jako „odruchy neurolimfatyczne", jest powiązany z układem limfatycznym ciała i może poprawić jego działanie, gdy jest pocierany ze znacznym naciskiem[11].

Znajdowanie „czułych miejsc" na klatce piersiowej. Podczas codziennych czynności nasze ciała mogą doświadczać zastoju energii i podobnie jak w przypadku konieczności ponownego uruchomienia komputera co jakiś czas, aby wyeliminować pozostałości poprzedniego użytkowania, nasz organizm również potrzebuje takiego resetu. Masowanie zatkanych neurolimfatycznych punktów odruchowych jest jak ponowne uruchomienie przepływu układu limfatycznego i związanych z nim energii.

Każdy neurolimfatyczny punkt odruchowy jest połączony z określonym meridianem. Masując punkt, który jest zatkany, nie tylko ożywiasz f i z y c z n y p r z e p ł y w w układzie limfatycznym, ale także harmonizujesz e n e r g i e powiązanego meridianu. Będzie to miało wpływ na całe ciało. Robienie tego podczas wypowiadania deklaracji akceptacji daje jej energetyczny impuls, osadzając ją głębiej w układzie nerwowym.

Zestaw neurolimfatycznych punktów odruchowych, które gromadzą znaczny nadmiar energii u większości ludzi, znajduje się po bokach klatki piersiowej, w pobliżu miejsca, w którym odchodzą ramiona. Sprawdź, czy masz czułe miejsce, które znajduje się wzdłuż tej zakrzywionej linii po każdej stronie ciała (patrz ilustracja 2.1). Używając palca środkowego lub drugiego,

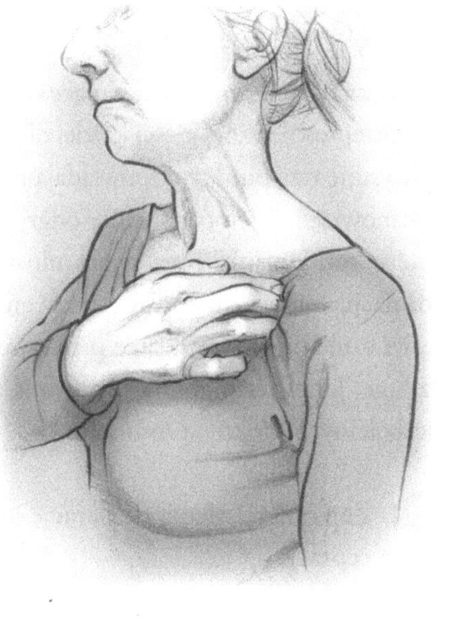

Ilustracja 2.1. Używając palca środkowego lub alternatywnie drugiego, trzeciego i czwartego palca, wykonaj mocny nacisk wzdłuż miejsca, w którym ramiona stykają się z klatką piersiową, lub zlokalizuj inne obszary na klatce piersiowej, które są nieco obolałe po naciśnięciu

trzeciego i czwartego palca, naciśnij mocno te punkty, jednocześnie je pocierając (ale nie naciskaj zbyt mocno, aby nie spowodować siniaków). Może to być uczucie przyjemne, a nawet pobudzające, ale może się też okazać, że miejsce to jest nieprzyjemnie obolałe. Jeśli bolesność nie jest spowodowana urazem fizycznym, prawdopodobnie zlokalizowałeś zatkany punkt odruchu neurolimfatycznego.

Jeśli „czułe miejsca" nie są tkliwe. Jeśli nie możesz zidentyfikować żadnych czułych obszarów, spróbuj uderzać bokami dłoni o siebie, celując w ich punkty boczne. Ta czynność aktywuje trzy punkty akupunkturowe znajdujące się na mięsistej zewnętrznej części każdej dłoni. Wszystkie trzy punkty odpowiadają meridianowi jelita cienkiego, który odgrywa rolę w rozróżnianiu i przetwarzaniu informacji. Niezależnie od tego, czy znalazłeś czułe miejsca na klatce piersiowej, czy nie, jesteś teraz gotowy do przejścia do kolejnych kroków protokołu:

Ilustracja 2.2. Uderzanie o siebie bokami dłoni

1. Zapamiętaj swoją deklarację akceptacji.
2. Sprawdź, czy w miejscu połączenia ramion z klatką piersiową nie występuje bolesność (patrz ilustracja 2.1). Obszary te są neurolimfatycznymi punktami odruchowymi zlokalizowanymi na meridianie centralnym, które często gromadzą nadmiar energii. Masowanie tych punktów pomaga uwolnić nadmiar energii i aktywuje jedną z kluczowych ścieżek energetycznych.
3. Mocno pocieraj te punkty (ale staraj się nie wywierać zbyt dużego nacisku, aby uniknąć siniaków), wypowiadając na głos pierwszą połowę swojej deklaracji akceptacji: „Mimo że [wstaw odmianę frazy przypominającej]". Na przykład: „Mimo że zapomniałem swoich kwestii podczas przedstawienia...". Jeśli te punkty nie są

wrażliwe lub są obolałe z powodu urazu lub nadmiernego wysiłku, rozważ zlokalizowanie innych czułych obszarów na klatce piersiowej lub alternatywnie uderz o siebie bokami dłoni (patrz ilustracja 2.2) podczas wygłaszania pierwszej połowy deklaracji akceptacji.

4. Następnie umieść obie dłonie nad środkiem klatki piersiowej (czakra serca) i wypowiedz pozytywną afirmację: „Kocham i w pełni akceptuję siebie"; „Kocham siebie i akceptuję swoje uczucia"; „Akceptuję siebie takiego, jaki jestem"; „Uczę się kochać siebie"; „Wiem, że w głębi duszy jestem dobrą i wartościową osobą" lub jakąkolwiek inną afirmację, która z tobą rezonuje.
5. Powtórz deklarację akceptacji trzy razy, jednocześnie masując czułe obszary na klatce piersiowej lub uderzając o siebie bokami dłoni podczas części „Mimo że..." oraz kładąc dłonie na czakrze serca podczas pozytywnej części afirmacji. Podczas drugiego lub trzeciego cyklu opukiwania możesz dostosować deklarację akceptacji, aby lepiej ją do siebie dopasować lub uczynić ją bardziej kompletną.

Ilustracja 2.3. Umieszczenie obu dłoni nad środkiem klatki piersiowej podczas wypowiadania afirmacji

Zakotwiczenie deklaracji akceptacji Emmy

„Nie chciałam wywierać zbyt dużego nacisku, ale na poziomie, z którym czułam się swobodnie, nie mogłam zidentyfikować żadnych obszarów, które byłyby szczególnie obolałe, więc postanowiłam skupić się na punktach bocznych dłoni".

Twoja kolej

Po wykonaniu pięciu kroków, aby zakotwiczyć deklarację akceptacji poświęć chwilę na zapisanie wszelkich myśli, spostrzeżeń lub pytań w swoim dzienniku.

Cykl tappingu, krok 2: Pierwsza runda opukiwania

Teraz jesteś gotowy, aby rozpocząć tapping. Nie jest to zupełnie nowa umiejętność, ponieważ używałeś jej w ćwiczeniu oddechowym. Będziesz stukać w te same 12 punktów akupunkturowych (lub par punktów po lewej i prawej stronie ciała) pokazanych na rysunku 1.3. Opukuj każdy punkt lub parę punktów przez czas potrzebny do głośnego i świadomego wypowiedzenia frazy przypominającej. Postępuj zgodnie z instrukcjami podanymi podczas ćwiczenia oddechowego w rozdziale 1, dotyczącymi szybkości i siły opukiwania oraz palców, których należy użyć, a także alternatyw dla stukania. Przekonasz się, że przechodzenie przez punkty akupunkturowe stanie się automatyczne i będziesz w stanie wykonać rundę opukiwania (zakładając, że używasz tej samej krótkiej frazy przypominającej w każdym punkcie) w ciągu minuty.

Twoja kolej: Pierwsza runda opukiwania

Stukając w każdy punkt, wypowiedz swoją frazę przypominającą. Nie musisz jej wykrzykiwać, ale wymawiaj ją z pewnym uczuciem, zamiast popadać w mechaniczne powtarzanie. Oto przykłady z wcześniejszych rund:

„Zapomniałem swoich kwestii podczas szkolnego przedstawienia".

„Ten przerażający pierwszy dzień w szkole".

„Mąż mojej szefowej śmiał się ze mnie".

Po wypowiedzeniu na głos frazy przypominającej podczas stukania w każdy z punktów następnym krokiem w protokole jest krótka sekwencja, którą nazywamy procedurą integracji.

Cykl tappingu, krok 3: Procedura integracji

Procedura integracji została po raz pierwszy wprowadzona przez twórcę terapii pola myśli Rogera Callahana. Określił ją mianem „procedury dziewięciu gam", którego uzasadnienie pozostaje niewyjaśnione. Niezależnie od tego, jak ją nazwiemy, jest to szybka, prosta i skuteczna sekwencja czynności fizycznych służących zrównoważeniu energii w mózgu. Może być wykonywana niezależnie od sesji tappingu i jest niezwykle przydatnym narzędziem. Zauważyliśmy, że wykonywanie jej w trakcie sesji tappingu pomaga zaktualizować i ponownie zintegrować myśli i uczucia wywołane przez frazę przypominającą.

Jak większość ludzi możesz początkowo uznać procedurę integracji za dość dziwną. Chociaż się z tym zgadzamy, zachęcamy również do odłożenia na bok wszelkich początkowych wątpliwości lub negatywnych pierwszych wrażeń. Uważamy, że jest to skuteczna procedura aktywacji określonych obszarów mózgu poprzez połączenie tappingu, ruchów gałek ocznych, nucenia i liczenia.

Ostatnim punktem akupunkturowym, w który stukałeś podczas pierwszej sekwencji tappingu, był punkt grzbietu dłoni, znajdujący się we wgłębieniu pomiędzy palcem serdecznym i małym (patrz ilustracja 2.4). Kontynuuj opukiwanie z tą samą prędkością i naciskiem, których używałeś – mocne stukanie z prędkością około trzech uderzeń na sekundę. Zmieniaj ręce tak często, jak chcesz.

Następnie zamknij oczy i otwórz je. Skieruj wzrok w dół w prawo, a następnie w lewo. Następnie obróć oczy ruchem okrężnym, najpierw o 360 stopni w jednym kierunku, a następnie w przeciwnym. Zanuć kilka pierwszych taktów znanej piosenki, takiej jak *Twinkle Twinkle Little Star* lub *Row Row Your Boat*. Powoli policz od jednego do pięciu. Następnie zanuć jeszcze raz. Stukaj wzdłuż całego wgłębienia pomiędzy palcem serdecznym i małym na grzbiecie dłoni, wykonując każdy element sekwencji (jak opisano w poniższym ćwiczeniu „Procedura integracji”).

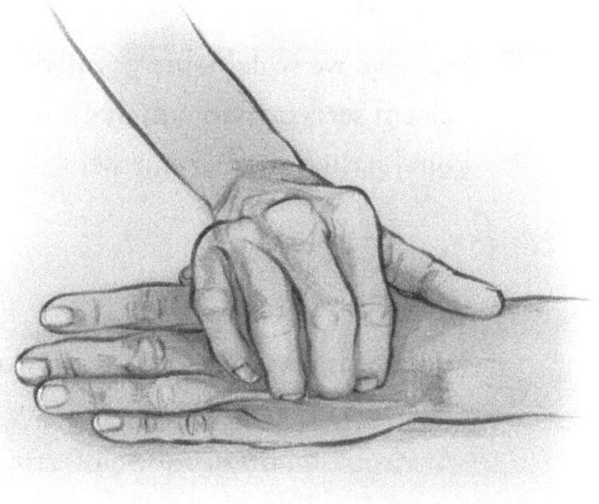

Ilustracja 2.4. Używając dwóch, trzech lub czterech palców, stukaj wzdłuż całego wgłębienia pomiędzy palcem serdecznym i małym na grzbiecie dłoni

Sekwencja kończy się tak zwanym omiataniem oczami. Zacznij od patrzenia przed siebie z oczami skierowanymi w dół. Świadomie wyślij energię związaną z twoim problemem przez oczy do ziemi. Następnie, utrzymując wzrok skierowany do przodu, stopniowo przesuwaj wzrok po podłodze kierując go w górę do sufitu, nieustannie wysyłając oczami energię związaną z twoim problemem. Po panowaniu poszczególnych kroków całą sekwencję można wykonać w ciągu pół minuty. Wypróbuj procedurę integracji już teraz.

Twoja kolej: Procedura integracji

Stukając we wgłębienie pomiędzy palcem serdecznym a małym, wykonaj następujące czynności:

1. Zamknij oczy.
2. Otwórz oczy.
3. Przesuń wzrok w dół w prawo.
4. Przesuń wzrok w dół w lewo.
5. Zrób oczami obrót o 360 stopni w jednym kierunku.
6. Zrób oczami obrót o 360 stopni w przeciwnym kierunku.
7. Zacznij nucić pierwsze takty znanej piosenki.
8. Licz powoli i świadomie od jednego do pięciu.
9. Ponów nucenie (zakończenie konwencjonalnej procedury „dziewięć gam").

Na zakończenie wykonaj „omiatanie oczami".

Cykl tappingu, krok 4: Druga runda tappingu

Kolejna runda jest niezwykle prosta. Postępuj zgodnie z krótkimi instrukcjami poniżej.

Twoja kolej: Druga runda tappingu

Po zakończeniu procedury integracji wykonaj kolejną rundę opukiwania. Będzie ona przebiegać według tego samego schematu co pierwsza runda z kroku 2. Te same punkty. Ta sama fraza przypominająca. To samo tempo.

Cykl tappingu, krok 5: Ponowna ocena w skali SUD

Teraz oceń ponownie swoje pierwotne wspomnienie w skali SUD. Przypomnij sobie scenę ze wspomnienia, na którym skupiłeś się wcześniej, i poczuj, jak duży niepokój, w skali SUD od 0 do 10, wywołuje ona teraz w twoim umyśle i/lub ciele. Zwykle taka ocena zostaje przypisana towarzyszącym uczuciom bez większego zastanowienia.

Jeśli jednak nie masz pewności co do ponownej oceny, zadaj sobie pytanie, czy czujesz się lepiej, przywołując tę scenę teraz niż przed sekwencją opukiwania, którą właśnie ukończyłeś, czy mniej więcej tak samo lub gorzej. Wynik w skali SUD wskaże stopień każdej zmiany. Nawet jeśli nadal nie jesteś pewien, pracuj z dowolną liczbą, która przyjdzie ci do głowy. Jeśli liczba się nie pojawia, nie martw się. Po prostu zauważ, czy czujesz się lepiej, gorzej, czy mniej więcej tak samo.

Ponowna ocena Emmy w skali SUD

Ocena Emmy spadła z pierwotnych 6 do 4. Napisała: „Nadal byłam zakłopotana i zdezorientowana, ale nie odczuwałam już takiego sparaliżowania".

Twoja kolej

Nawet jeśli postępowałeś zgodnie z każdą instrukcją, ponownie zastosuj na sobie krok po kroku podstawową procedurę:

1. Deklaracja akceptacji, wypowiedziana podczas pocierania czułych miejsc na klatce piersiowej i przykładania dłoni do czakry serca.
2. Pierwsza runda opukiwania.
3. Procedura integracji.
4. Druga runda opukiwania.
5. Ponowna ocena w skali SUD.

Jeśli pojawiły się inne wspomnienia, myśli lub uczucia, zanotuj je, ale na razie skup się na scenie wybranej z pierwotnego wspomnienia. Następnie zastanów się nad tym doświadczeniem i przeanalizuj powody, dla których ocena SUD zmieniła się lub nie.

ETAP 3: MODYFIKACJA PROTOKOŁU

Praktycy EFT traktują powyższą sekwencję jako „podstawową receptę". Jest to formuła, którą można wykonać poprzez przestrzeganie podanych kroków przy minimalnej potrzebie podejmowania decyzji, a nawet wglądu, niemniej jest ona skuteczna. Wielu czytelników po zastosowaniu tej formuły mogło zauważyć spadek oceny SUD.

Jeśli ocena SUD spadła do 0, a wspomnienie nie wywołuje już uczucia niepokoju, oznacza to, że wspomnienie to zostało przetworzone emocjonalnie. Ścieżki neuronowe, które wcześniej wywoływały nieprzyjemne emocje, zostały zmienione. Możesz zidentyfikować uraz, niesprawiedliwość lub niebezpieczną sytuację z przeszłości, ale reakcja na stres w autonomicznym układzie nerwowym, która kiedyś była związana z tym wspomnieniem, nie jest już wyzwalana.

Skuteczne zneutralizowanie problematycznego wspomnienia zazwyczaj wymaga wielu cykli opukiwania. Jeśli ocena SUD dla tego wspomnienia spadnie do 0, to znakomicie! Aby kontynuować, poszukaj innego wspomnienia, może tym razem z silniejszym ładunkiem emocjonalnym, i wykonaj kolejne kroki. Jeśli poziom SUD nie spadł do 0, a nawet wzrósł (co zazwyczaj oznacza, że pojawił się wcześniej ukryty emocjonalny składnik sytuacji, podobny do doświadczenia klaustrofobii wspomnianego we wstępie), następny etap podstawowego protokołu tappingu obejmuje dostosowanie, aby uwzględnić indywidualne doświadczenie i sposób przechowywania wspomnień. Może to obejmować model przewodni, który wyłonił się z tego doświadczenia i innych, jemu podobnych, uczucia, które wywołuje, oraz zasady życiowe osadzone w tym wzorcu. Etap ten składa się z dwóch podstawowych kroków, które można powtarzać tyle razy, ile jest to konieczne, wprowadzając za każdym razem dodatkowe modyfikacje.

Modyfikacja protokołu, krok 1: Modyfikowanie deklaracji akceptacji.

Modyfikacja protokołu, krok 2: Odniesienie się do konkretnych aspektów sytuacji poprzez rozszerzenie frazy przypominającej.

Modyfikacja protokołu, krok 1: Modyfikowanie deklaracji akceptacji

Pierwszym krokiem w modyfikacji podstawowego protokołu tappingu jest deklaracja akceptacji. To jak wysyłanie listu do nieświadomego umysłu, który przechowuje emocje, myśli, pragnienia i wspomnienia, pozostające poza naszą świadomością, ale mające znaczący wpływ na nasze uczucia i działania. Wiele naszych modeli przewodnich znajduje się w tej tajemniczej części psychiki, w której również powstają nasze sny. Termin *nieświadomość* odnosi się zarówno do podświadomego umysłu (dostępnego dla naszej świadomości poprzez skierowanie uwagi), jak i do obszarów pozostających zazwyczaj poza naszym zasięgiem.

Kluczowym celem każdego zaawansowanego programu rozwoju osobistego jest stworzenie połączenia między świadomymi intencjami a tym ogromnym, aczkolwiek ukrytym zbiorem wspomnień, emocji i motywacji. Sesje tappingu stale balansują na granicy między świadomością a procesami wyobraźni ukrytymi w głębszych warstwach psychiki.

Deklaracja akceptacji ma na celu wykorzystanie skupionej świadomości *do wpływania na* nieświadomy umysł. Dotyczy ona konkretnego problemu, emocjonalnej reakcji lub niespełnionego celu, który chcesz przekształcić w atmosferze akceptacji i autoafirmacji. To tak, jakby mądra osoba powiedziała: „Nie ma nic złego w *posiadaniu* głęboko zakorzenionego wzorca wymagającego uwagi", gdy starasz się ten wzorzec *przekształcić*. Taki sposób myślenia nadaje twoim wysiłkom pozytywny charakter, ułatwiając osiągnięcie zamierzonych rezultatów.

Twoja deklaracja akceptacji początkowo opierała się na frazie przypominającej, która utrzymywała emocjonalne zaangażowanie twojej niekomfortowej pamięci, jednocześnie zawierając pozytywną afirmację. Ponieważ nieświadomy umysł interpretuje informacje bardzo dosłownie, jeśli twoja ocena SUD spadła, nawet nieznacznie, ważne jest, aby deklaracja pozostała zgodna z tą zmianą.

Można to osiągnąć w bardzo prosty sposób, łącząc słowa wciąż lub nadal i trochę/pewien, na przykład: „Nawet jeśli **wciąż** odczuwam **trochę** tego upokorzenia...". Jeśli poczyniłeś pewne postępy, ale nadal doświadczasz utrzymujących się uczuć, twoja zmodyfikowana deklaracja akceptacji potwierdza to poprzez twoje sformułowanie. Dodatkowo, jeśli to możliwe, uwzględnij w zmodyfikowanej deklaracji konkretne emocje związane ze wspomnieniem. Nie tylko: „Nawet jeśli **wciąż** odczuwam trochę...", ale również „... **tego upokorzenia** od czasu incydentu oszustwa". Oto zmodyfikowane poprzednie przykłady:

> „Nawet jeśli **nadal** odczuwam **pewien wstyd** z powodu zapomnienia swoich kwestii podczas szkolnego przedstawienia, to...".

> „Nawet jeśli **wciąż** czuję **pewne przerażenie**, gdy myślę o pierwszym dniu w szkole, to...".

> „Nawet jeśli **wciąż** czuję się **trochę upokorzony** z powodu tego, że mąż mojej szefowej śmiał się ze mnie, to...".

Słowa następujące po „to" mogą zawierać dowolne z wcześniej wymienionych opcji:

> „Kocham i w pełni akceptuję siebie".

> „Kocham siebie i akceptuję swoje uczucia".

> „Akceptuję siebie takiego, jaki jestem".

> „Uczę się kochać siebie".

> „Akceptuję siebie bez względu na wszystko".

> „Robię wszystko, co w mojej mocy".

> „W głębi duszy wiem, że jestem dobrym i wartościowym człowiekiem".

Alternatywnie mogą one przybrać dowolną formę, która wyraża samoakceptację i obejmuje cechy lub reakcje, które chcesz zmienić.

Zmodyfikowana deklaracja akceptacji Emmy

Początkowa deklaracja Emmy zaczynała się od słów: „Nawet jeśli zamarłam przed kamerami telewizyjnymi", po których dodała emocje i zmodyfikowała je na: „Nawet jeśli **nadal** odczuwam **pewien** wstyd z powodu zamarcia przed kamerami telewizyjnymi w pełni kocham i akceptuję siebie". Zastanowiła się: „Uznanie tego postępu jest satysfakcjonujące. Wspomnienia nabierają innej jakości, gdy nie czuję się już tak sparaliżowana strachem. Chociaż nie było to wcale przyjemne, najgorszym aspektem było uczucie niemożności poruszania się".

Twoja kolej

Teraz nadszedł czas, abyś zmodyfikował swoją początkową deklarację akceptacji poprzez włączenie do niej emocji i dodania słów wciąż/nadal i trochę/pewien. Zapisz je w swoim dzienniku. Powtórz ją trzy razy, pocierając czułe miejsca na klatce piersiowej przy pierwszej frazie i przykładając dłonie do czakry serca przy drugiej frazie. Dodatkowo poświęć chwilę na zastanowienie się nad wszelkimi spostrzeżeniami, które pojawiły się podczas modyfikacji deklaracji i angażowania się w praktykę.

Modyfikacja protokołu, krok 2: Rozszerzenie frazy przypominającej

Większość transformacyjnej pracy podczas sesji tappingu ma miejsce, gdy identyfikujesz i zajmujesz się innymi elementami swojego problemu. Ponieważ wymagane umiejętności są dość podstawowe i wymagają elastyczności, zbadamy ten krok bardziej szczegółowo.

Przypomnijmy, że model przewodni składa się ze zbioru różnych komponentów. Twoje biologiczne tendencje wchodzą w interakcję z głębokimi emocjonalnymi spostrzeżeniami, tworząc wewnętrzne modele, które obejmują przekonania, wspomnienia, obrazy, doznania, emocje, wartości, intencje, programy behawioralne i filtry, które wpływają na twoje postrzeganie. Każdy z tych „komponentów" może służyć jako cel dla tappingu.

Na przykład to, co zaczyna się od trudności w zarządzaniu finansami, może przywołać wspomnienie kłótni rodziców o to, czy stać ich na zakup saksofonu, abyś mógł spróbować swoich sił w zespole szkolnym. To wspomnienie może następnie przenieść cię do sceny rok później, gdzie twoi rodzice z dumą oglądają twój pierwszy solowy występ na imprezie z okazji ich dwudziestej rocznicy ślubu. Wykosztowali się, aby spełnić twoje marzenie, ty poświęciłeś niezliczone godziny na ćwiczenie gry na tym instrumencie, a mimo to podczas występu pomyliłeś kilka nut, speszyłeś się i nie byłeś w stanie skończyć koncertu. Gdy te wspomnienia powracają, czujesz ucisk w gardle, a w twoich oczach pojawiają się łzy zażenowania.

Kiedy skupiasz się na tych uczuciach, zaczynają one stopniowo zanikać i nagle wraca wspomnienie z kilku lat po tym żenującym rocznicowym występie. Przypominasz sobie wyraz rozczarowania na twarzy ojca, gdy informujesz go o swojej decyzji o zmianie kierunku studiów z biznesu na historię sztuki. Twoi rodzice opłacali twoje czesne i wyczuwasz, że ojciec wątpi w to, że kiedykolwiek znajdziesz dochodową pracę jako historyk sztuki. Po raz kolejny zainwestowali w ciebie dużo środków finansowych a ty, przynajmniej w jego oczach, zawiodłeś go. I po raz kolejny czujesz napływające do oczu łzy. Powracając do tych wspomnień, uświadamiasz sobie przekonanie, którego nigdy wcześniej nie wyraziłeś słowami: że nie zasługujesz na posiadanie dużych pieniędzy, ponieważ zobacz, co się stało, gdy twoi rodzice w ciebie uwierzyli.

To przekonanie wpłynęło na kilka znaczących decyzji w twoim dorosłym życiu. Świadomie zmarnowałeś szanse na zainwestowanie w swoją przyszłość, wybierając zamiast tego nierozsądne wybory, które sprawiły, że zmagasz się z trudną sytuacją finansową. Gdybyś tylko skupił się na „zarządzaniu finansami", te zakorzenione przekonania prawdopodobnie nadal wywierałyby na ciebie wpływ. Po zmniejszeniu intensywności tych wspomnień wraz z przekonaniami wynikającymi z tych doświadczeń, przestarzałe modele, które utrzymywały cię w finansowym chaosie, zaczynają się jednak rozpadać. Teraz przyjrzyjmy się, jak ten proces może przebiegać w sesji tappingu dotyczącej innej kwestii.

Przykładowy przypadek: Tapping dotyczący ukrytych aspektów

„Aspekt" w EFT oznacza składnik szerszego problemu, który może wymagać szczególnej uwagi. Przedstawiony poniżej przypadek pochodzi od doktora Dawsona Churcha, naszego bliskiego przyjaciela i jednego z najwybitniejszych nauczycieli i badaczy w dziedzinie psychologii energetycznej. Opisuje on sesję demonstracyjną, którą przeprowadził podczas jednego ze swoich warsztatów szkoleniowych:

> Na ochotnika zgłosiła się kobieta po trzydziestce. Doświadczała bólu szyi i ograniczonego zakresu ruchu od czasu wypadku samochodowego sześć lat wcześniej. Podczas gdy zwykle była w stanie obrócić głowę w prawo, jej zdolność do poruszania nią w lewo była ograniczona do zaledwie kilku centymetrów. Fakt, że nadal cierpiała ten dyskomfort po niegroźnym wypadku, pozostawał dla niej tajemnicą.

Zapytałem o obszar w jej ciele, w którym doświadczyła największej intensywności. Wracając wspomnieniami do wypadku, odpowiedziała, że w górnej części klatki piersiowej. Następnie poprosiłem ją o przypomnienie sobie pierwszego przypadku, w którym poczuła się w ten sposób, a ona wyznała, że miało to miejsce podczas poważniejszego wypadku samochodowego, gdy miała osiem lat. Pojazdem kierowała jej starsza siostra. Skupiliśmy się na każdym szczególe tego wcześniejszego incydentu, w którym dwie dziewczynki zderzyły się z innym samochodem podczas pokonywania zakrętu na wiejskiej drodze.

Jednym z emocjonalnie wyzwalających aspektów był moment, w którym kobieta zdała sobie sprawę, że kolizja była nieunikniona. Kolejnym aspektem był dźwięk zderzenia. Została zabrana do domu sąsiada z krwawieniem z rozciętej głowy, co opukaliśmy. Dotykaliśmy aspektu po aspekcie. Mimo to poziom bólu się nie zmniejszał, a zakres ruchu nie poprawiał.

Po chwili wykrzyknęła: „Właśnie sobie przypomniałam. Moja siostra miała tylko 15 lat. Była niepełnoletnia. Tamtego dnia namówiłam ją, żeby przejechać się rodzinnym samochodem, i rozbiłyśmy go". Jej poczucie winy okazało się aspektem, który miał największy ładunek emocjonalny. Gdy się tym zajęliśmy, jej ból zniknął i znów mogła swobodnie poruszać szyją[12].

Aspekty większych problemów

Gdyby dr Church skupił się wyłącznie na ostatnim wypadku lub pominął elementy związane z poprzednim incydentem, jest mało prawdopodobne, że sesja przyniosłaby znaczące rezultaty.
W twoim przypadku tym razem skupiasz się na pamięci. Opierając się na wcześniejszych przykładach związanych ze wspomnieniami, aspekty, które mogłyby wymagać uwagi, obejmują:

Na przykładzie scenariusza, w którym zapomniałeś swoich kwestii podczas szkolnego przedstawienia:

- uczucie paniki,
- niemożność złapania oddechu,
- pustkę w umyśle,
- brak pomysłu, co zrobić.

Na przykładzie scenariusza, w którym zgubiłeś się w drodze do domu po pierwszym dniu szkoły:

- zakłopotanie na skrzyżowaniu i niewiedza, w którą stronę skręcić,
- bezskuteczne wołanie mamy na ratunek,
- bieg i upadek,
- matka i policjant wyglądający na złych na ciebie, gdy w końcu cię znajdują.

Na przykładzie scenariusza, w którym mąż szefowej naśmiewał się z ciebie:

- uczucie paniki, gdy zdajesz sobie sprawę, że nie masz portfela,
- zażenowania na twarzy,
- moment, w którym mąż szefowej mówi: „Cóż, to wiele wyjaśnia!",
- ucisk w żołądku.

Aspekty mogą być fizyczne lub psychologiczne. Aspekty fizyczne we wcześniejszych scenariuszach obejmują świadomość, że kolizja była nieunikniona, dźwięk zderzenia, rozcięcie głowy, niemożność złapania oddechu, upadek, posiniaczone kolano, uczucie zażenowania na twarzy, ukłucie w sercu, obserwowanie reakcji innych. Aspekty psychologiczne obejmują poczucie winy, pustkę w głowie, niewiedzę, co robić dalej, panikę, gniewne spojrzenie matki. Kiedy aspekty fizyczne są neutralizowane, często prowadzi to do pojawienia się nieuświadomionych elementów psychologicznych, a sytuacja odwrotna również jest możliwa, co zostanie zilustrowane poniżej.

Aspekty fizyczne. Czynniki związane ze sferą fizyczną, które przyczyniają się do powstania problemu, mogą nie być od razu zauważalne, zwłaszcza gdy zaczynasz tapping. Elementy te mogą stać się jednak bardziej widoczne, gdy opukiwanie zaczyna zmniejszać intensywność reakcji emocjonalnej.

Na przykład kobieta leczona z powodu klaustrofobii (wspomniana we wstępie) przypominała sobie podczas sesji tappingu doświadczenie bycia w windzie. Gdy jej niepokój związany z przebywaniem w windzie spadł do 0, wynik został przetestowany poprzez wejście do szafy na ubrania w korytarzu i zamknięcie drzwi. Była w stanie zachować spokój. Jednakże gdyby c i e m n o ś ć była aspektem jej fobii i gdyby jedyną sytuacją, którą przywołała podczas tappingu, była dobrze oświetlona winda, ciemność nie zostałaby zidentyfikowana jako istotna, a tym samym jej problemy nie zostałyby rozwiązane. W tym przypadku początkowe wspomnienie uczucia uwięzienia w pudełku kartonowym zawierało element ciemności. W rzeczywistości podczas sesji tappingu kobieta ta celowo skupiła się na całkowitej ciemności, co oznaczało, że zanim weszła do szafy, ciemność nie była już głównym zmartwieniem.

Klasycznym przykładem aspektu fizycznego, po raz pierwszy opisanym przez Gary'ego Craiga i często powtarzanym, jest strach przed myszami, które pewna kobieta często widywała w swoim miejscu pracy. Chociaż dzięki tappingowi jej strach zmniejszył się do zera, poczuła silne przerażenie, gdy ponownie napotkała mysz. Po zbadaniu, dlaczego leczenie było nieskuteczne, terapeuci odkryli, że obraz mentalny, na którym kobieta skupiła się podczas stukania, przedstawiał nieruchomą mysz. Prawdziwa mysz, którą później napotkała, poruszała się szybko. Przeoczono ruch jako aspekt fizyczny. Po stworzeniu i opukiwaniu obrazu myszy w ruchu i zredukowaniu tego strachu do zera widok myszy nie wywoływał już w kobiecie lęku.

Liczne wydarzenia, które budzą silne emocje, często mają znaczące elementy fizyczne. Na przykład wypadek samochodowy może wiązać się z różnymi odgłosami, takimi jak pisk hamulców, krzyki współpasażerów lub huk zderzenia. Podobnie trudna interakcja z kimś bliskim może obejmować m i m i k ę twarzy, d ź w i ę k i głosu, z a p a c h alkoholu w oddechu lub b ó l spowodowany atakiem fizycznym.

Podczas sesji tappingu ludzie często mają doznania cielesne, takie jak duszność, ucisk w określonych obszarach ciała i inne rodzaje dyskomfortu. Chociaż wiele osób może przeoczyć te odczucia i kontynuować sesję, zalecamy zwracanie na nie uwagi i przekierowanie działania, aby skupić się na tych doznaniach poprzez stukanie: „mdłości w żołądku", „mrowienie w dłoniach", „ciężkość w klatce piersiowej". Te odczucia są fizycznymi przejawami emocji. Zajęcie się nimi na poziomie cielesnym może być skutecznym sposobem na rozpoczęcie przekształcania reakcji emocjonalnej.

Aspekty psychologiczne. Aspekty psychologiczne często wiążą się z wydarzeniami, które są prekursorami obecnego problemu. Mogą to być wspomnienia, które często przychodzą na myśl, lub te, które zostały stłumione. Mogą one również obejmować reakcje emocjonalne, myśli i impulsy do działania, które są związane z sygnałami lub wyzwalaczami, a nie konkretnymi wspomnieniami.

Wiele bolesnych doświadczeń i problemów wiąże się z nierozwiązanymi aspektami psychologicznymi, które sięgają znacznie głębiej niż bezpośredni problem. Na przykład kobieta cierpiąca na klaustrofobię powiązała swoje irracjonalne lęki z uwięzieniem w kartonowym pudle. Lęk wysokości Nancy wynikał z incydentu, w którym prawie została zepchnięta z krawędzi klifu. Samo zajęcie się „lękiem przed zamkniętymi przestrzeniami" lub „lękiem wysokości" raczej nie złagodzi fobii, z którymi boryka się którakolwiek z tych kobiet.

Nierozwiązane aspekty psychologiczne często ujawniają się wtedy, gdy leczenie tappingiem zmniejszyło już intensywność problemu, ale go w pełni nie rozwiązało. Było to widoczne, gdy kobieta uświadomiła sobie problem z zamknięciem w pudle, gdy opukiwała swój strach przed jazdą windami. Często nieodległe w czasie wydarzenie – wypadek, strata, intensywna kłótnia, krępująca sytuacja – może wywołać reakcję, która wydaje się nieproporcjonalna do sytuacji, jak w przypadku kobiety, której niedawny wypadek samochodowy przywołał nierozwiązane uczucia i wspomnienia cielesne z innego wypadku, gdy miała osiem lat. Dodatkowo może to prowadzić do obsesyjnych myśli charakteryzujących się niekończącym rozmyślaniem lub natrętnymi uczuciami, takimi jak nieuzasadniony strach, złość, zazdrość, smutek, a nawet objawy fizyczne. Zazwyczaj szczegółowa eksploracja ujawnia, że wcześniejsze doświadczenie, które nie zostało przetworzone, wpływa na te reakcje. Takie aspekty często pojawiają się podczas pracy nad zneutralizowaniem negatywnego ładunku związanego z pierwotnym incydentem.

Wraz z reakcjami emocjonalnymi, które nie do końca odnoszą się do tappingu, przeszłe doświadczenia, które zostały przeoczone, mogą być przyczyną nagłego strachu przed lataniem, który pojawia się na przykład w wieku 45 lat. Po obejrzeniu w telewizji obrazów ludzi wypadających z samolotu podczas ewakuacji z Afganistanu w sierpniu 2021 r. pewną kobietę ogarnął niesamowity strach, gdy myślała o wejściu do samolotu. Do tej pory zawsze czuła się komfortowo podczas latania. Opukiwanie „strachu przed lataniem" nieco zmniejszyło jej niepokój, ale całkowicie go nie wyeliminowało. Niemniej proces ten pozwolił na pojawienie się wspomnienia dotyczącego incydentu z dzieciństwa, kiedy spadła z ganku i doznała obrażeń ciała. Przetworzenie tego wspomnienia za pomocą tappingu było niezbędne, aby mogła przezwyciężyć nowo powstały strach przed lataniem. Choć może to być kłopotliwe, pojawienie się przesadnych reakcji na niedawne wydarzenie jest jednym z mechanizmów umysłu służących do jego „sprzątania".

Praca z aspektami

W początkowym cyklu tappingu wskazówką było jedynie powtarzanie frazy przypominającej w każdym punkcie opukiwania. To ograniczenie zostało usunięte podczas fazy dostosowywania. Chociaż możesz nadal używać swojej frazy przypominającej, a okazjonalne jej powtarzanie pomoże ci powrócić do pierwotnego skupienia na problemie, swobodna zmiana słów umożliwia zbadanie tematu pod różnymi kątami. Oto kilka pytań, które mogą pojawić się w trakcie sesji:

Jak mogę ustalić, czy nierozwiązany aspekt wymaga mojej uwagi? Możesz mieć pewność, że nierozwiązana kwestia ma na ciebie wpływ, jeśli poziom twojego dyskomfortu nie spada do 0 lub nie jest do niego zbliżony, nasila się lub pojawia ponownie w miarę upływu czasu lub gdy zmieniasz temat. Zazwyczaj po zajęciu się intensywnością jednego aspektu, który powodował dyskomfort, staje się widoczna kolejna nierozwiązana kwestia. Praca nad tymi aspektami przypomina obieranie warstw cebuli; gdy rozwiążesz obawy związane z jedną warstwą, straci ona na znaczeniu, ale kolejna warstwa czeka tuż pod spodem. Ale w przeciwieństwie do warstw cebuli nie ma określonej kolejności, której należy przestrzegać. Skoncentruj się na wszelkich myślach, które nadal przyczyniają się do dyskomfortu związanego z daną sytuacją – czy to na przekonaniach, odczuciach, emocjach, zachowaniach, wartościach, czy też intencjach.

Kiedy powinienem szukać aspektów? Aspekty wymagające uwagi mogą pojawić się w świadomości w dowolnym momencie sesji tappingu, ale najprawdopodobniej zauważysz je za każdym razem, gdy dokonasz oceny SUD. W rzeczywistości jedną z metod określania następnego aspektu, którym należy się zająć, jest rozważenie, w jaki sposób doszedłeś do obecnego poziomu SUD. Na przykład, jeśli próbujesz zająć się uczuciem zazdrości wobec siostry, a twoja ocena spadła z 8 do 3, możesz zastanowić się nad pytaniem: „Skąd wiem, że nadal jest na poziomie 3? Co jest nadal obecne?". Poszukaj wrażeń, emocji, przekonań lub obrazów, które pomogą ci skupić się na kolejnych aspektach.

Czy powinienem zacząć od aspektów fizycznych, czy psychologicznych? Kolejność nie ma znaczenia; wybierz to, co najsilniej dociera do twojej świadomości. Jeśli nie masz pewności, gdzie skierować swoją uwagę, skłaniaj się ku bardziej namacalnym aspektom, czyli fizycznym. Poświęć chwilę na zbadanie swojego ciała pod kątem wszelkich fizycznych doznań. Alternatywnie możesz zadać sobie pytanie: „Czego doświadczyłem poprzez wzrok, słuch, dotyk, powonienie lub smak podczas poprzedniego wydarzenia?". Często fizyczne odczucia służą jako podstawa dla emocji związanych z daną sytuacją, a zajęcie się nimi może pomóc złagodzić znaczną ich ilość.

Czy moje sformułowanie powinno być bardziej ogólne, czy bardziej szczegółowe? Zazwyczaj najlepiej jest używać jak najbardziej precyzyjnych sformułowań. Na przykład sprzedawca w domu towarowym, który czuje się nadmiernie wrażliwy na krytykę, może powiedzieć: „Moja wrażliwość na krytykę". Technika tappingu przyniesie jednak lepsze rezultaty, jeśli przytoczy konkretne przykłady: „Czułem się skrytykowany, gdy mój szef nie zdecydował się zrealizować pomysłu, który zasugerowałem", „Czułem się skrytykowany, gdy para wybrała inny telewizor niż ten, który poleciłem", „Czułem się skrytykowany, gdy nikt nie odpowiedział na mój post na Facebooku". Co więcej, nawet odczucia fizyczne można podzielić na różne komponenty. Gary Craig podkreśla, że termin ból głowy może obejmować szereg odczuć, takich jak ostry ból za jednym okiem, pulsowanie w skroni i ucisk w czole. Skup się na odczuciu, które jest najsilniejsze. W miarę zmniejszania się jego intensywności następna kwestia wymagająca uwagi stanie się jasna.

Czy są momenty, w których można być mniej konkretnym? Wyjątkiem od rady, by być tak szczegółowym, jak to tylko możliwe, jest praca z poważną traumą. W przypadku wspomnień, które mogą być „zbyt intensywne, aby sobie z nimi poradzić", możesz zdecydować się na bardzo ogólne sformułowania, takie jak „to straszne wydarzenie, które miało miejsce", aby uniknąć ryzyka ponownego traumatyzowania siebie.

Nie musisz określać wydarzeń ani osób w nie zaangażowanych. Unikaj określania lokalizacji, np. „piwnica" lub tematu, np. „sam" lub „ranny". Nie jest konieczne głębokie angażowanie się w niepokojące wspomnienie, aby tapping miał znaczący wpływ psychologiczny i fizjologiczny.

Czy muszę zająć się każdym aspektem danej sytuacji? Możesz być zaskoczony liczbą elementów zaangażowanych w intensywne doświadczenie. Może się jednak okazać, że da się je szybko zneutralizować, zajmując się każdym z nich z osobna. W miarę pracy nad niektórymi z tych elementów intensywność innych, którymi jeszcze się nie zająłeś, może również ulec zmniejszeniu. Co więcej, jeśli wiele incydentów ma wspólny temat, taki jak znęcanie się lub porzucenie, dokładne przetworzenie kilku z tych wspomnień może prowadzić do „efektu uogólnienia", powodując zmniejszenie emocjonalnej wagi innych. Twoje oceny SUD wskażą, co nadal wymaga uwagi.

Czy konieczne jest ukończenie całego cyklu tappingu dla każdego aspektu? Na tym etapie zalecamy wykonanie pełnego cyklu tappingu, koncentrując się tylko na jednym aspekcie naraz. Należy dążyć do zmniejszenia oceny SUD dla danego aspektu do 0 lub jak najbliżej 0, nawet jeśli wymaga to kilku rund tappingu. Jeśli jednak pojawi się inny aspekt, może być konieczne przekierowanie uwagi na niego, a później powrót do tego aspektu, z którym pierwotnie pracowałeś. Obserwując wykwalifikowanego praktyka tappingu, możesz zauważyć, że sformułowania zmieniają się w każdym akupunkcie podczas jednej rundy tappingu. Sformułowania mogą dotyczyć tego samego aspektu ujmowanego pod różnymi kątami lub mogą dotyczyć wielu aspektów. W miarę jak będziesz bardziej biegły w używaniu słów, twoje sformułowania staną się bardziej płynne, niemniej podczas opanowywania protokołu zalecamy, aby cykle tappingu koncentrowały się na jednym aspekcie naraz.

Jaki jest najbardziej oczywisty aspekt, który można przeoczyć? Utrzymujący się problem często wynika z wcześniejszych doświadczeń, nawet jeśli to połączenie nie przychodzi na myśl od razu. Nierozwiązane doświadczenia z przeszłości mogą utrudniać postęp, dopóki nie zostaną skonfrontowane. Aby odkryć te wcześniejsze wspomnienia, poświęć chwilę na refleksję i zadaj sobie pytanie: „Co przypomina mi ta sytuacja [obraz, uczucie, myśl lub wspomnienie]?". Fizyczne odczucia, takie jak ucisk w klatce piersiowej lub uczucie złości, mogą poprowadzić cię z powrotem do ważnego wspomnienia. Jeśli subiektywne jednostki stresu (SUD) pozostają podwyższone, możesz prześledzić najbardziej intensywne uczucie lub doznanie w jednym z najwcześniejszych przypadków, kiedy doświadczyłeś tej emocji. Technika ta, znana jako „most afektywny", zostanie dokładniej omówiona w następnym rozdziale.

Aspekty pamięci Emmy

Gdy Emma zagłębiła się w swoją pamięć, rozpoznała poniższe aspekty i opukała każdy z nich. Na tym etapie ich wartości wahały się od 2 do 4, a następnie spadły do 0.

„Duże kamery telewizyjne".

„Przymus trzymania się za ręce z chłopcem przebranym za księcia z bajki".

„Doświadczenie upokorzenia i wstydu".

„Frustracja reżysera".

„Wzór na dywanie, gdy patrzyłam w dół na ziemię".

„Poczucie bycia ocenianą i niepewności".

„Poczucie bycia nieodpowiednią".

Podczas pracy z wydarzeniem w studiu telewizyjnym Emma przywołała dwa dodatkowe wspomnienia. Pierwsza sytuacja miała miejsce, gdy dziewczynka miała siedem lat i przygotowywała się do występu baletowego, chociaż cierpiała na zapalenie oskrzeli i opuściła większość prób. W tym czasie nie była wystarczająco zdrowa, by wystąpić, ale jej matka nalegała, by wzięła udział w przedstawieniu. Emma czuła się przestraszona i nieprzygotowana, martwiła się, że popełni błędy, ponieważ nie znała układu tanecznego. Druga sytuacja miała miejsce, gdy dziewczynka miała dziewięć lat i pomyliła tekst podczas nagrania wideo, co wywołało śmiech w klasie. Następnego dnia klasa miała obejrzeć film, a ona była tak zawstydzona i zaniepokojona dokuczaniem, że nie chciała iść do szkoły. Powiedziała, że jest chora, i choć matka nie była szczególnie wyrozumiała, pozwoliła Emmie zostać w domu. Gdy pojawiało się każde wspomnienie, Emma przekierowywała tapping, by skupić się na tych incydentach. Takie podejście było kluczem do zredukowania emocji ze studia telewizyjnego do zera, eliminując wszelkie nieprzyjemne mentalne, emocjonalne lub fizyczne ładunki z nim związane.

Twoja kolej

Poświęć chwilę, aby ponownie przywołać swoje wspomnienie i przypisać mu kolejną ocenę SUD. Jeśli nadal występuje pewna intensywność emocjonalna, skoncentruj się na wszelkich elementach, które pojawiają się w związku z tym, że SUD nie wynosi 0. Jeśli nie masz pewności, sprawdź swoje ciało pod kątem wszelkich odczuć, które mogą być związane z tym wspomnieniem. Alternatywnie możesz zagłębić się w samo wspomnienie i zadać sobie pytanie: „Co widziałem, słyszałem, dotykałem, wąchałem lub smakowałem?". Oprócz tych fizycznych aspektów mogą pojawić się powiązane wspomnienia lub emocje, przekonania lub obrazy, które niekoniecznie wydają się bezpośrednio z nim związane. Opukaj wszystko, co się pojawi. Bądź cierpliwy, zwracając uwagę na każdy aspekt, który możesz zidentyfikować. Pamiętaj, że każdą rundę tappingu można zwykle wykonać w ciągu minuty.

Sprawdź, czy możesz obniżyć ocenę SUD dla początkowego wspomnienia do 0, odnosząc się do wszystkich jego aspektów. Jeśli nie możesz, pomiń następną fazę „Ocena wyników", przejdź do następnego rozdziału na temat wykonywania „pracy detektywistycznej", a następnie wróć do pozostałej części tego rozdziału, gdy SUD spadnie już do 0.

ETAP 4: OCENA WYNIKÓW

Jeśli ocena SUD twojego wspomnienia spadła do 0, to wspaniale. Ostatnim krokiem jest potwierdzenie, że problem został w pełni rozwiązany. Osiągamy to poprzez mentalne wzmocnienie sceny lub problemu.

Podczas ponownego przywoływania wspomnienia w myślach spraw, by kolory wydawały się bardziej żywe, dźwięki ostrzejsze, interakcje bardziej autentyczne – zrób wszystko, co sprawi, że doświadczenie będzie bardziej żywe. Jeśli się okaże, że nie jesteś w stanie wywołać żadnej pierwotnej reakcji emocjonalnej, jest wysoce prawdopodobne, że udało ci się dezaktywować automatyczną reakcję układu nerwowego na to wspomnienie. Jeśli jednak nie spełniasz tego kryterium, po prostu zajmij się wszelkimi pojawiającymi się uczuciami. Możesz doświadczyć pewnych zwrotów między tym etapem a angażowaniem się w elementy z wcześniejszego etapu.

Inną metodą oceny wyników jest obserwacja tego, co się dzieje po sesji tappingu, gdy stajesz przed rzeczywistymi wyzwaniami, którymi się zajmowałeś w jej trakcie, zamiast teraz tylko je sobie wyobrażać. Ponieważ skupiałeś się na emocjonalnej reakcji związanej z konkretnym wspomnieniem, ta sytuacja nie ma zastosowania w tym momencie. Nie możesz odtworzyć tej sceny. Jeśli jednak dalej okazuje się, że odczuwasz niepokój podczas rozmowy z szefem lub doświadczasz przytłaczającego gniewu, gdy twój współmałżonek robi bałagan po tym, jak właśnie posprzątałeś, rzeczywiste scenariusze pojawią się same. Nie trzeba ich sztucznie tworzyć. Jeśli nie odniesiesz sukcesu w tych sytuacjach, nie jest to porażka, ale raczej odkrycie innych aspektów, które wymagają poprawy.

JEŚLI OCENA WEDŁUG SKALI SUD NIE SPADA DO 0

W niektórych sytuacjach osiągnięcie oceny SUD równej 0 może nie być możliwe. Na przykład jeśli jesteś sportowcem lub artystą, doświadczanie pewnego niepokoju przed występem może w rzeczywistości zwiększyć twoje umiejętności. Podobnie jeśli odczuwasz niepokój w pobliżu kogoś, kto wcześniej cię źle potraktował, ten dyskomfort może służyć jako przypomnienie, aby zachować czujność. Ponadto może się okazać, że niewielki niepokój związany z konkretną kwestią jest akceptowalny. Niekiedy obszar znacznego niepokoju utrzymuje się tak długo, że zmniejszenie go do poziomu 2 lub 3 może wydawać się znaczną ulgą i jest przez pewien czas akceptowalne. To, co tapping może dać w tym przypadku, to złagodzić reakcję na stres, pozwalając stawić czoła wyzwaniom z pełnym skupieniem emocjonalnym i kreatywnością. W większości przypadków doprowadzenie oceny SUD do 0 lub blisko niego jest osiągalne, nawet jeśli wymaga to wielu rund tappingu.

Ocena Emmy

„Gdy przypominałam sobie scenę ze studia telewizyjnego ze wszystkimi szczegółami, nie odczuwałam żadnego napięcia ani w ciele, ani w umyśle, w wyniku czego ocena SUD wyniosła 0. Upewnię się co do tego następnym razem, gdy będę musiała występować lub przemawiać publicznie, ponieważ zazwyczaj wywołuje to uczucia podobne do ataku paniki. Jeśli zachowam spokój, będzie to oznaczać, że zneutralizowanie tych wspomnień z dzieciństwa naprawdę przyniosło efekty! Ale nawet jeśli pojawi się niepokój, pocieszające jest uświadomienie sobie, że mogę wykorzystać tapping, aby go zniwelować".

Twoja kolej

Sprawdź swoje wyniki, czyniąc wspomnienie tak żywym, jak to tylko możliwe, w pełni wchodząc w scenę za pomocą wyobraźni. Nadaj swojemu doświadczeniu ocenę SUD. Jeśli przypiszesz wspomnieniom 0, możesz zakończyć proces. Zastanów się nad wszelkimi modelami przewodnimi związanymi z tym wspomnieniem: czy ewoluują one wraz z twoją reakcją na to wspomnienie? Jeśli ocena SUD pozostaje powyżej 0 po tej ocenie, zwróć uwagę na to, co się pojawia, i zajmij się tym aspektem wspomnienia poprzez tapping. Następnie przeprowadź ponowny test. Jeśli nie jesteś w stanie obniżyć oceny, w następnym rozdziale znajdziesz bardziej zaawansowane techniki.

SKRACANIE PODSTAWOWEGO PROTOKOŁU TAPPINGU

Możesz kwestionować potrzebę skracania ze względu na to, że każda runda tappingu trwa tylko minutę lub mniej. W końcu o ile szybciej możemy to zrobić? Jednakże, aby całkowicie zająć się problemem, może być konieczne wykonanie kilku rund opukiwania, zajmując się różnymi aspektami problemu.

Do tej pory zachęcaliśmy cię do przestrzegania każdego kroku w podstawowym protokole tappingu. Takie podejście pomaga w zrozumieniu metod i stanowi podstawę wszelkich potencjalnych skrótów. Jednakże gdy mamy do czynienia ze skomplikowanymi problemami, które wymagają wielu iteracji protokołu, uproszczenie procesu oferuje wyraźne korzyści. Doświadczeni praktycy tappingu mogą płynnie poruszać się po protokole, pomijając niektóre kroki lub skupiając się bardziej na konkretnych kwestiach w zależności od potrzeb. Umiejętność ta rozwija się z czasem i jest istotnym aspektem psychologii energetycznej. Niemniej warto poznać pięć praktycznych skrótów, które możesz zacząć wykorzystywać w zależności od okoliczności.

1. Pomijanie deklaracji akceptacji

Deklaracja akceptacji służy jako przypomnienie, że pomimo wszelkich wyzwań wynikających z przestarzałego modelu przewodniego, który próbujesz zmienić, robiłeś wszystko, co w twojej mocy, jeśli wziąć pod uwagę okoliczności i zasoby wewnętrzne dostępne w danym momencie. Uznanie tego wzmacnia twoją zdolność do pójścia naprzód. Zazwyczaj każdy cykl tappingu rozpoczynamy od deklaracji akceptacji, ponieważ zajmuje tylko kilka sekund i spełnia ważne funkcje. Jednakże czasem, zwłaszcza gdy robimy znaczne postępy w danej kwestii, możemy ukończyć kilka sekwencji opukiwania przed ponownym wypowiedzeniem deklaracji akceptacji.

2. Skrócenie sekwencji opukiwania

Podstawowy protokół tappingu polega głównie na opukiwaniu określonych punktów akupunkturowych wyznaczonych na „rundę" tappingu. Ta sekwencja służy jako wygodny skrót, wykorzystujący zaledwie dwanaście z setek punktów akupunkturowych znajdujących się w całym ciele. Badania wskazują, że liczba ta jest zazwyczaj wystarczająca do skutecznego tappingu. Minimalna liczba wymaganych punktów lub dokładne punkty tappingu, które byłyby najbardziej korzystne, pozostają jednak obszarami do dalszych badań. Zazwyczaj wykorzystujemy wszystkie dwanaście punktów, choć zdarzają się podczas sesji sytuacje, kiedy możemy skupić się tylko na kilku punktach, aby zająć się konkretną kwestią lub aspektem, szybko przechodząc przez punkty wiele razy podczas wypowiadania fraz przypominających. Cztery punkty, które są szczególnie pomocne w tym kontekście, są zawarte w codziennej rutynie energetycznej opisanej w załączniku. Oto te punkty:

1. Pod oczami.
2. Na obojczykach.
3. Nad czakrą serca.
4. Po bokach klatki piersiowej, około czterech do sześciu centymetrów pod pachami.

3. Pominięcie procesu integracji

Procedura integracji pozwala mózgowi odetchnąć od emocjonalnego skupienia w celu jego przetworzenia. Uważamy ją za niezwykle przydatną, zazwyczaj stosujemy ją podczas początkowego cyklu tappingu i rzadko zdarza nam się ukończyć trzy cykle bez jej wykorzystania. Niemniej mogą pojawić się sytuacje, gdy poczujesz, że nabrałeś rozpędu w odniesieniu do konkretnego problemu i wolisz nie zakłócać tego przepływu. Zaufaj swojej intuicji, kiedy zrezygnować z procedury integracji, o ile używasz jej okresowo.

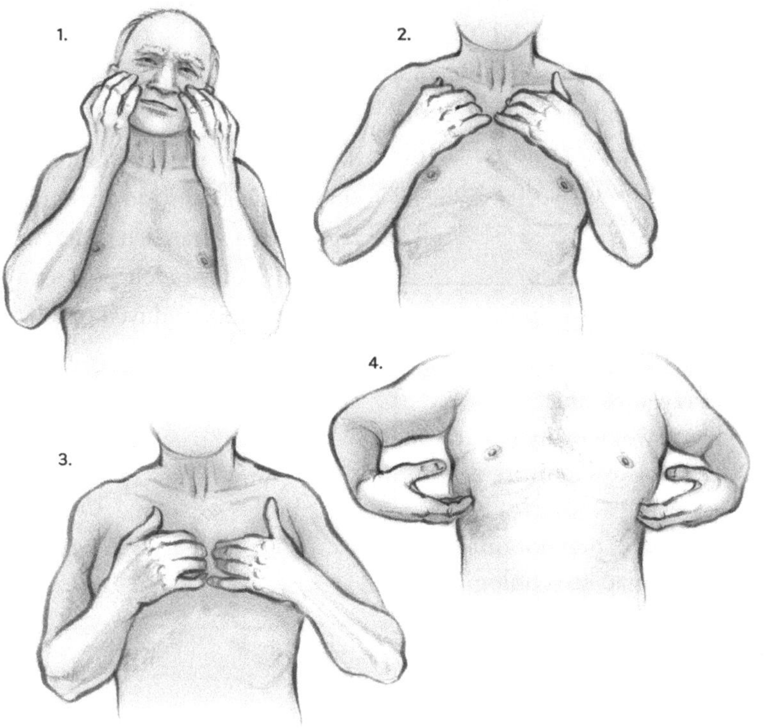

Ilustracja 2.5. Szybkie przechodzenie przez wskazane punkty kilka razy, koncentrując się na konkretnej kwestii, odczuciu lub innym aspekcie

4. Pomijanie oceny SUD

Regularna ocena swoich reakcji na tapping i używanych sformułowań zapewnia natychmiastową informację zwrotną, która często skutkuje zmianami w koncentracji. Nie jest jednak konieczne stosowanie tej metody za każdym razem. W rzeczywistości wiele osób odkrywa, że przyjęcie analitycznej perspektywy potrzebnej do tej oceny zakłóca bardziej instynktowny przepływ, którego doświadczają podczas tappingu. Chociaż ocena SUD ma kluczowe znaczenie dla pomiaru postępów i określania kolejnych działań, należy dojść do własnej równowagi w tym zakresie.

5. Zastosowanie omiatania oczami

Ostatnim krokiem w procedurze integracji jest omiatanie oczami. Technika ta może być również stosowana samodzielnie i może służyć jako pomocny skrót, gdy intensywność oceny SUD spadnie do 2 lub poniżej. Jej wykonanie zajmuje około sześciu sekund. Odkryliśmy, że podczas ruchu oczami w górę świadomie wyzwala się zaburzone energie, dzięki czemu samo omiatanie oczami może prowadzić do szybkiego spadku oceny SUD.

> Podstawowy 12-stopniowy protokół tappingu
>
> **Etap 1: Przygotowanie**
> - Wybierz swój główny temat.
> - Oceń swój dyskomfort z tym związany.
> - Stwórz frazę przypominającą, aby utrzymać psychologiczne zaangażowanie.
> - Sformułuj deklarację akceptacji dotyczącą tej kwestii i uczuć, które wywołuje.
>
> **Etap 2: Cykl tappingu**
> - Zakotwicz deklarację akceptacji.
> - Ukończ pierwszą rundę opukiwania (wypowiadając frazę przypominającą).
> - Przećwicz procedurę integracji.
> - Ukończ drugą rundę opukiwania (ponownie z frazą przypominającą).
> - Dokonaj nowej oceny SUD.
>
> **Etap 3: Modyfikacja protokołu**
> - Zmodyfikuj deklarację akceptacji.
> - Zajmij się aspektami sytuacji, wykraczając poza frazę przypominającą.
>
> **Etap 4: Ocena wyników**

WPROWADZENIE DO ROZDZIAŁU 3

Jeśli twoje wspomnienie nadal wywołuje reakcję emocjonalną, przejdź do rozdziału 3. Jeśli nie budzi ono już takich emocji, zachęcamy do wybrania innego zagadnienia w ramach ćwiczenia umiejętności badawczych potrzebnych do rozwiązywania trudnych problemów.

ROZDZIAŁ 3

PRACA BADAWCZA

Rozbicie problemu na mniejsze części i opukiwanie każdej z nich osobno jest największym kluczem do sukcesu EFT[1].

Gary Craig,
twórca EFT

JEŚLI STOSOWAŁEŚ podstawowy protokół tappingu, ale twój problem nie został rozwiązany, mogą istnieć czynniki, których nie jesteś świadomy. Ten rozdział pokazuje, jak przeprowadzić pracę badawczą, która może pomóc rozwiązać lub przynajmniej poczynić znaczne postępy w większości kwestii. Metoda opisana w poprzednim rozdziale jest prosta, szybka i łatwa do wdrożenia po zrozumieniu jej kolejnych kroków, co zazwyczaj prowadzi do pożądanych rezultatów. Jeśli jednak okaże się ona niewystarczająca, bardziej skomplikowany proces opisany w tym rozdziale prawdopodobnie dostarczy odpowiedzi, których szukasz.

Możesz skoncentrować się na wszelkich nierozwiązanych kwestiach z poprzedniego rozdziału lub wybrać inny temat. Pod koniec tego rozdziału uzyskasz wgląd w niektóre z najbardziej wpływowych narzędzi dostępnych w psychologii energetycznej. Istnieją trzy różne podejścia, które można przyjąć, aby przejść przez ten rozdział:

- Jeśli twoja ocena SUD dotycząca wspomnienia, z którym pracowałeś w poprzednim rozdziale, nie zmniejszyła się do poziomu, który uważasz za satysfakcjonujący, ten rozdział poprowadzi cię przez kolejne kroki.
- Jeśli istnieje konkretna kwestia, którą chcesz się zająć za pomocą tej książki, możesz skorzystać z podstawowego protokołu tappingu, powracając do poprzedniego rozdziału, ale tym razem koncentrując się na wybranej kwestii, a nie na wspomnieniu.
- Możesz na razie pominąć ten rozdział i przejść do części II, powracając do niego za każdym razem, gdy poczujesz, że utknąłeś w martwym punkcie.

WYBIERZ SWÓJ TEMAT

Zacznij od ustalenia, czy chcesz kontynuować wspomnienia z ostatniego rozdziału, ustalić nowy obszar badania, czy przejść do części II

Leah, nasza testerka z tego rozdziału, jest nowojorską agentką talentów w wieku około 40 lat. Przeszła osobisty coaching u praktyka tappingu, aby zwiększyć swoją pewność siebie podczas pracy z celebrytami, dzięki czemu zapoznała się z metodą.

Temat Leah

Leah nie była w stanie obniżyć oceny SUD związanej z jej niepokojącym wspomnieniem do zera przed zakończeniem rozdziału 2, więc kontynuowała pracę. Wspomnienie pochodziło z czasów, gdy miała siedem lat i chodziła do szkoły. Czuła się zbyt zawstydzona, by poprosić o skorzystanie z toalety podczas lekcji, a po próbie „wypuszczenia odrobiny moczu" stało się to, co nieuniknione. W swoim dzienniku wyraziła swoje upokorzenie: „Wspomnienie obsikanych spodni i skarpet nadal wywołuje ciarki na moich plecach. Wraz z tym uczuciem pojawiły się myśli, że jestem obrzydliwa, niepożądana i że rozczarowuję innych. Początkowo poziom niepokoju związany z tym doświadczeniem wynosił 10, ale pod koniec drugiego rozdziału spadł do 3".

Twoja kolej

Wybierz obszar, na którym chcesz się skupić i który może wymagać pewnego wysiłku badawczego. Jeśli przechodzisz do nowego tematu, możesz wybrać inne niepokojące wspomnienie; coś co wywołuje niepożądaną reakcję emocjonalną, taką jak złość, zazdrość lub strach; sytuację, w której czujesz się uwięziony w swoim życiu; trudny związek… cokolwiek, co ma dla ciebie znaczenie. W swoim dzienniku doprecyzuj, na czym chcesz się skupić w tym rozdziale, i przypisz temu ocenę SUD, aby wskazać poziom dyskomfortu lub niepokoju, jaki rozważanie tej kwestii wywołuje w twoim umyśle i/lub ciele w tym momencie.

Jeśli zajmujesz się nową kwestią, początkowym działaniem jest wdrożenie pełnego podstawowego protokołu tappingu opisanego w poprzednim rozdziale przed przejściem do tego rozdziału. Nie ma jednak konieczności ponownego czytania poprzedniego rozdziału w celu wykorzystania podstawowego protokołu tappingu. Listę kroków można znaleźć na s. 108, a jeśli potrzebujesz dalszych wyjaśnień, przejrzyj rozdział w poszukiwaniu nagłówków „Twoja kolej", które zawierają szczegółowe instrukcje dla każdego kroku. Na tym etapie proces powinien być już coraz łatwiejszy, w miarę jak internalizujesz kroki przedstawione w książce.

POWODY, DLA KTÓRYCH PODSTAWOWY PROTOKÓŁ TAPPINGU OKAZAŁ SIĘ NIEWYSTARCZAJĄCY

Podstawowy protokół tappingu służy jako punkt wyjścia do rozwiązania każdego problemu, w którym stosuje się tapping, ale w przypadku złożonych i głęboko zakorzenionych problemów często konieczne są pewne wysiłki badawcze. W psychologii energetycznej praca badawcza jest zorientowana na znalezienie i rozwiązanie wszystkiego, co stoi na drodze do pomyślnego osiągnięcia celu tappingu. Proces ten obejmuje rozpoznawanie i eliminowanie psychologicznych blokad utrudniających postęp. Mogą pojawić się różne rodzaje przeszkód. a my udzielimy ci wskazówek, jak poruszać się po każdej z nich. Tematy, które omówimy, obejmują:

1. Brak równowagi w energiach ciała.
2. Nierozpoznane wewnętrzne przeszkody w osiągnięciu celu.
3. Inne powody, aby nie wprowadzać zmian.
4. Samoograniczające przekonania i zniekształcenia poznawcze.
5. Badanie przyczyn leżących u podstaw problemu.
6. Rozwiązywanie konfliktów, które utrudniają postęp.

I ostatecznie, gdy przeszkody zostały już usunięte:

7. Wdrożenie nowego modelu przewodniego.

Zajmiemy się każdą z tych kwestii z osobna i zaoferujemy wskazówki, jak zastosować zasady związane z wybranym celem. Nie jest jednak konieczne przechodzenie przez każdy etap tego obszernego przewodnika, chociaż każdy z nich może okazać się interesujący. Ponadto jeśli twoja ocena SUD dotycząca początkowego problemu po którymkolwiek z kroków osiągnie 0, możesz przejść bezpośrednio do siódmego kroku (s. 151), aby wzmocnić swoje postępy i powrócić do pozostałych kroków, gdy twoja uwaga przeniesie się na inny temat.

1. BRAK RÓWNOWAGI W ENERGIACH CIAŁA

Angażowanie się w zdrową aktywność fizyczną może znacząco wpłynąć na samopoczucie psychiczne. Codzienne ćwiczenia, które podnoszą tętno, odpowiednia ilość snu i zdrowa dieta pozytywnie wpływają na zdolność myślenia, uczenia się i adaptacji. Podczas gdy protokoły tappingu mogą być korzystne niezależnie od fizycznej samoopieki, skupienie się na podstawowych aspektach zdrowia fizycznego przyniesie korzyści na wiele sposobów. Chociaż zachęcamy cię do rozwijania zdrowych nawyków fizycznych, nie jest to celem tej książki. Jednakże jest jeden obszar, w którym twój stan fizyczny może znacząco zakłócać korzystny potencjał tappingu akupunkturowego – dysharmonia w energiach ciała.

Ta dysharmonia może objawiać się nadmiernym pobudzeniem, blokadami lub wyczerpaniem energii. Możesz odczuwać nadmierne pobudzenie poprzez uczucie niepokoju lub wzburzenia. Ból lub dezorientacja zazwyczaj wskazują na obecność blokad. Zmęczenie psychiczne lub depresja mogą oznaczać wyczerpanie energii. Chociaż regenerujący sen może pomóc w radzeniu sobie z wyczerpaniem energii, uczucie zmęczenia nie jest wyłącznie wynikiem niewystarczającego odpoczynku; może również wynikać z braku równowagi w systemie energetycznym.

Techniki energetyczne mogą pomóc w każdym z tych fizycznych przejawów braku równowagi energetycznej. W przeciwieństwie do wielu leków, które po prostu maskują objawy, techniki te są ukierunkowane na problemy fizyczne, korygując je u ich energetycznych korzeni. Podobnie gdy dysharmonie w energiach ciała uniemożliwiają uzyskanie zamierzonych efektów psychologicznych, zastosowanie interwencji energetycznej nie ukrywa problemu emocjonalnego. Zamiast tego pomaga oczyścić umysł, umożliwiając skuteczniejsze radzenie sobie z problemem. Ponadto przywraca aktywność elektromagnetyczną mózgu do poziomu, w którym opukiwanie problemów emocjonalnych staje się ponownie skuteczne. Samo stukanie w dwanaście punktów akupunkturowych bez wypowiadania żadnych słów lub skupiania się na problemie jest szybkim sposobem na zrównoważenie energii. Innym sposobem jest technika oddychania, której nauczyłeś się w rozdziale 1.

Wiele lat temu opracowaliśmy zestaw ćwiczeń, który nazywamy codzienną rutyną energetyczną. Zestaw ten zajmuje od około pięciu do siedmiu minut i ma na celu ustanowienie korzystnych nawyków energetycznych w organizmie, wzmacniając układ odpornościowy i pomagając w radzeniu sobie z typowymi codziennymi stresorami. W rzeczywistości wielu praktyków psychologii energetycznej zleca swoim klientom wykonanie codziennej rutyny energetycznej przed każdą sesją tappingu. Jeśli chcesz dowiedzieć się więcej o tej praktyce i jej korzyściach, odwiedź stronę internetową der.energytapping.com. Więcej informacji można również znaleźć w załączniku.

Codzienna rutyna energetyczna Leah

Leah eksperymentowała z najlepszymi momentami na korzystanie z tej rutyny. Odkryła, że wykonanie jej przed treningiem na siłowni było doskonałą rozgrzewką, która sprawiała, że trening przebiegał płynniej. Najbardziej korzystnym czasem, jaki znalazła, było jednak poświęcenie kilku minut na zaangażowanie się w rutynę przed spotkaniami z klientami, a praktyka pozwoliła jej rozpoczynać te spotkania z czystym umysłem, pozytywnym nastrojem i dużą pewnością siebie.

Twoja kolej

Ilekroć tapping nie przynosi zamierzonych rezultatów, dobrym lekarstwem jest przekierowanie energii. Możesz użyć dowolnego z ćwiczeń równoważących energię opisanych w załączniku. Na przykład jeśli zauważysz, że twoja ocena SUD nie ulega zmniejszeniu, spróbuj położyć jedną rękę na czole, a drugą z tyłu głowy, biorąc pięć głębokich oddechów – wdech przez nos i wydech przez usta. Następnie wykonaj kolejny cykl stukania i sprawdź, czy ocena SUD spadła. Ta technika lub jakakolwiek inna metoda równoważenia energii przedstawiona w załączniku może być wykorzystana za każdym razem, gdy poczujesz się rozproszony lub zniechęcony podczas pracy z tą książką.

2. NIEROZPOZNANE WEWNĘTRZNE PRZESZKODY W OSIĄGNIĘCIU CELU

Podczas gdy podstawowy protokół tappingu może szybko złagodzić lub nawet wyeliminować strach, niepokój lub złość, niektóre kwestie mogą wymagać dalszych działań, w tym zajęcia się potencjalnymi przeszkodami, o których możesz nie wiedzieć, że utrudniają ci postęp. Prowadząc cię w tej dodatkowej pracy, staramy się, aby nasze sugestie były zgodne z najlepszymi koncepcjami i praktykami z dziedziny zdrowia psychicznego. Mając to na uwadze, pokrótce omówimy terapię poznawczo-behawioralną (ang. *Cognitive Behavioral*

Therapy – CBT), która w wielu środowiskach klinicznych jest uważana za preferowaną metodę leczenia różnych schorzeń psychicznych[2]. W rozdziale 2 zidentyfikowaliśmy CBT jako trzecią falę psychoterapii, podczas gdy somatyczny aspekt psychologii energii pozycjonuje ją jako podejście czwartej fali.

Terapia poznawczo-behawioralna i psychologia energetyczna: Podobieństwa i różnice

CBT koncentruje się na założeniu, że nasze myśli wpływają na nasze emocje i kształtują nasze zachowanie. Ta forma terapii ma na celu zmianę narracji, którą prowadzimy sami z sobą. Może to pomóc w przezwyciężeniu wielu trudności, takich jak lęk i depresja, oraz przynieść większy sukces i szczęście w życiu. Protokoły CBT i akupunktury mają ważne wspólne cechy. Oba podkreślają znaczenie przekonań i emocji, obejmują metody leczenia szkód psychologicznych spowodowanych traumą lub negatywnymi doświadczeniami, a także początkowo spotkały się ze znacznym sceptycyzmem ze strony społeczności klinicznej, kiedy po raz pierwszy zostały zaprezentowane.

David Burns, psychiatra związany z Wydziałem Medycyny Uniwersytetu Stanforda i wysoko ceniony orędownik, edukator i praktyk CBT, wskazuje, że kiedy terapia ta została wprowadzona, „większość psychiatrów i psychologów uważała CBT za formę znachorstwa”[3]. Ta opinia została jednak podważona przez tysiące badań klinicznych, które potwierdziły jej skuteczność. Chociaż CBT jest nadal uważana za złoty standard w rozwiązywaniu szerokiej gamy problemów psychologicznych, ponad 170 recenzowanych badań klinicznych opublikowanych w anglojęzycznych czasopismach (wraz z ponad 90 dodatkowymi badaniami z czasopism nieanglojęzycznych, przeprowadzonymi głównie w szpitalach, klinikach i na uniwersytetach) wykazało, że protokoły tappingu są skuteczne, trwałe i niezwykle szybkie[4]. Jeśli chodzi o CBT, przeprowadzono 10 badań, w których porównano ją z protokołami obejmującymi stukanie w punkty akupunkturowe[5]. W każdym z tych badań wyniki protokołów stukania były co najmniej na tym samym poziomie co wyniki CBT. Co więcej, kilka badań wykazało, że tapping zapewnia przewagę nad CBT pod względem szybkości i trwałości zmian.

W tym i w kolejnych rozdziałach przekonasz się o skuteczności włączenia tappingu akupunkturowego do podstawowej koncepcji terapii poznawczo-behawioralnej (CBT), która koncentruje się na zmianie wewnętrznego dialogu. Proces ten obejmuje zarówno świadomy dialog, który rozpoznajesz, jak i podświadomą rozmowę, która pozostaje poza twoją świadomością. Te dwa rodzaje mówienia o sobie są głęboko powiązane z wewnętrznymi modelami przewodnimi, które wpływają na twoje życie.

Kiedy CBT okazuje się skuteczna, może mieć niezwykły wpływ nawet bez użycia tappingu. Książka doktora Burnsa *Radość życia*[6], która pokazuje, jak stosować CBT w kwestiach takich jak lęk, depresja i różne wyzwania związane ze zdrowiem psychicznym, sprzedała się w ponad pięciu milionach egzemplarzy. Badania przeprowadzone poza studiami Burnsa wskazują, że około dwóch trzecich osób, które przeczytały *Radość życia* podczas oczekiwania na psychoterapię, doświadczyło znacznej poprawy emocjonalnej wyłącznie dzięki książce do tego stopnia, że „nie wymagały już leczenia"[7].

Doktor Burns, zastanawiając się nad jedną trzecią osób, które nie odniosły korzyści, opracował strategie ukierunkowane konkretnie na motywację danej osoby. W pewnym sensie chęć przezwyciężenia wyzwań psychologicznych i behawioralnych nie jest problemem; każdy dąży do poprawy swojego samopoczucia i osiągnięcia sukcesu w tym, co jest dla niego ważne, co jest faktem uznawanym przez wszystkich terapeutów. Ale terapeuci przyznają również, że opór – zarówno świadomy, jak i nieświadomy – przed wprowadzeniem niezbędnych zmian i osiągnięciem swoich celów jest podstawową dynamiką w wielu kwestiach, które skłaniają ludzi do szukania pomocy. Opór ten działa wbrew naszym intencjom. Aby zająć się motywacją i oporem, dr Burns włączył do CBT istotny element: samoakceptację i uznanie własnego oporu. Podczas gdy zarówno zrewidowane podejście CBT, jak i tradycyjne metody psychologii energetycznej bezpośrednio mierzą się z tym oporem, tapping wprowadza dodatkowy wymiar do tego procesu.

Akceptacja rzeczywistości w celu przezwyciężenia oporu

Akceptacja obecnej sytuacji i napotykanych wyzwań może, nieco paradoksalnie, zmniejszyć opór przed stawieniem czoła tym wyzwaniom. Ta zmiana akcentów na wczesnym etapie terapii poznawczo-behawioralnej znacznie poprawia wyniki leczenia i przyspiesza postępy[8]. Metoda doktora Burnsa rozpoznaje, rozumie i akceptuje obecny stan pacjenta wraz z jego niechęcią do zmian. Koncepcja ta jest podobna do kluczowego spostrzeżenia Carla Rogersa, wspomnianego w rozdziale 2, który stwierdza, że uznanie tego, co chcesz zmienić w sobie, jest często niezbędne do skutecznego i celowego wprowadzania tych zmian[9].

Podstawowy protokół tappingu odnosi się do motywacji i oporu za pomocą różnych metod. Kluczowym elementem tego protokołu jest deklaracja akceptacji, na przykład: „Nawet jeśli [zidentyfikuj reakcję emocjonalną, automatyczną myśl lub niepożądane zachowanie, które chcesz zmienić], akceptuję siebie dokładnie takiego, jaki jestem". Zamiast kierować swoją energię przeciwko sobie, wspierasz połączenie między zmianą, której szukasz, a samoakceptacją. Następnie używasz technik energetycznych, aby wszczepić to skojarzenie do swojego układu nerwowego. Kwestie motywacji i oporu można dalej rozwiązywać, badając i dotykając aspektów troski związanych z motywacją lub oporem.

Odwrócenie psychologiczne

Gdy podstawowy protokół tappingu nie jest już skuteczny w obniżaniu subiektywnych jednostek niepokoju (SUD), warto rozważyć inne czynniki, takie jak zaakceptowanie problemu i zwiększenie harmonii i równowagi energii ciała poprzez takie techniki jak codzienna rutyna energetyczna. Innym aspektem, który należy zbadać, jest to, czy istnieje wewnętrzny opór, który wymaga większej uwagi w celu rozwiązania problemu. W psychologii energetycznej do opisania tego zjawiska wykorzystuje się koncepcję psychologicznego odwrócenia.

W tym obszarze odwrócenie psychologiczne występuje, gdy nieświadomy opór zakłóca osiągnięcie pożądanego rezultatu. To tak, jakby część ciebie pragnęła czegoś wręcz przeciwnego do tego, czego świadomie chcesz, co prowadzi cię do działania wbrew twoim intencjom. Każdy rodzaj terapii musi uwzględniać dynamikę odwrócenia psychologicznego, ponieważ wybór zmiany wzorca myślenia, zachowania lub emocji często koliduje z aspektem jednostki, który pierwotnie stworzył ten wzorzec.

Odwrócenia psychologiczne zazwyczaj występują poniżej poziomu świadomej percepcji i często pozostają nierozwiązane. Jest coś, co powstrzymuje cię przed pójściem naprzód, ale natura tego czegoś wymyka ci się spod kontroli. Na przykład nie chcesz wściekać się na partnera, ale okazuje się, że im bardziej jesteś zdeterminowany, tym bardziej nasilają się twoje reakcje. Jest to charakterystyczne dla odwrócenia psychologicznego – im bardziej się starasz, tym silniejszy jest opór.

Odwrócenie psychologiczne może być tylko częściowo związane z celem twojego życia, na przykład myśl: „Jeśli nauczę się szyć, będę musiał naprawiać ubrania dzieci", lub może być z nim ściśle powiązane, na przykład przekonanie: „Jeśli wyrażę swoje potrzeby partnerowi, nie będę kochany". Zidentyfikowanie ukrytego odwrócenia psychologicznego może być kluczowym krokiem w rozwiązaniu danej kwestii. Chociaż niektóre odwrócenia psychologiczne mogą być już w twojej świadomości, szczególnie gdy wewnętrzna walka wiąże się z dodatkowym zyskiem. Na przykład ktoś może pomyśleć: „Jeśli nie będę już tak przygnębiony, że ledwo będę mógł funkcjonować, będę musiał wrócić do pracy", co odnosi się do potrzeby utrzymania objawu ze względu na ubezpieczenie rentowe lub uniknięcie pewnych zobowiązań. Nie zamierzamy sugerować, że większość osób trzyma się niepełnosprawności dla drugorzędnych korzyści, ale raczej, że jest to dynamika warta zbadania, gdy interwencje, które powinny być skuteczne, nie przynoszą rezultatów. Inne tematy związane z psychologicznymi odwróceniami mogą świadomie lub nieświadomie obejmować myśli takie jak: „Jeśli nauczę się, jak się zrelaksować, i przestanę wywierać na siebie presję, nie osiągnę wiele"; „Jeśli dobrze wypadnę na rozmowie kwalifikacyjnej i zdobędę tę ważną pracę, będę musiał przenieść się z dala od rodziny"; lub „Jeśli zdobędę umiejętności gotowania, zostanę poproszony o zrobienie obiadu".

Odwrócenia psychologiczne często pojawiają się w praktyce klinicznej. W jednym przypadku kolega zastosował technikę tappingu wobec kobiety, która próbowała przezwyciężyć strach przed lataniem. Choć jej subiektywna ocena (SUD) spadła początkowo z 10 do 5, pacjentka utknęła w martwym punkcie, dopóki nie została poproszona o zastanowienie się, jak zmieniłoby się jej życie, gdyby pokonała swój strach. Ujawniła, że przezwyciężenie fobii oznaczałoby, że „musiałaby jeździć z mężem w te okropne podróże służbowe". Chociaż zmniejszenie emocjonalnego ciężaru tej obawy poprzez tapping nie doprowadziło jej do nagłego polubienia podróży służbowych, pozwoliło jej to skonfrontować się z sytuacją, zamiast zasłaniać się strachem. W rezultacie jej następna sesja terapeutyczna skupiła się na byciu bardziej asertywną wobec męża i badaniu wczesnych doświadczeń, które to utrudniały. Po poczynieniu znaczących postępów w tym zakresie pozostały niepokój związany z jej strachem przed lataniem szybko zareagował na tapping.

Rozpoznawanie psychologicznych odwróceń, które mogą być związane z danym problemem

Siedem najczęstszych rodzajów psychologicznych odwróceń, o których mowa w programach szkoleniowych z zakresu psychologii energetycznej, ma związek z następującymi kwestiami:

- **Pożądanie:** konflikt dotyczący chęci rozwiązania problemu.
- **Prawdopodobieństwo:** przekonanie, że przezwyciężenie problemu jest niemożliwe.
- **Bezpieczeństwo:** przekonanie, że pokonanie problemu jest niebezpieczne.

- **Godność**: przekonanie, że nie jest się godnym przezwyciężenia problemu.
- **Poświęcenie:** niechęć do rezygnacji z czegoś, co byłoby konieczne do przezwyciężenia problemu.
- **Odwaga i determinacja:** brak chęci zrobienia tego, co jest konieczne do przezwyciężenia problemu.
- **Tożsamość:** poczucie, że przezwyciężenie problemu nie jest zgodne z tym, kim jesteś.

Poniżej znajduje się zestaw pytań, które możesz sobie zadać w celu zidentyfikowania psychologicznych odwróceń mogących hamować twój postęp z podstawowym protokołem tappingu:

- **Pragnienie**: Czy naprawdę chcę w pełni rozwiązać ten problem [lub osiągnąć ten cel]?
- **Prawdopodobieństwo:** Czy wierzę, że możliwe jest pełne rozwiązanie tego problemu [lub osiągnięcie tego celu]?
- **Bezpieczeństwo:** Czy uważam, że pełne rozwiązanie tego problemu [lub osiągnięcie tego celu] jest bezpieczne?
- **Godność:** Czy zasługuję na to, by w pełni rozwiązać ten problem [lub osiągnąć ten cel]?
- **Poświęcenie:** Z czego musiałbym zrezygnować, aby w pełni rozwiązać ten problem [lub osiągnąć ten cel]?
- **Odwaga i determinacja:** Czy jestem gotów zrobić to, co konieczne, aby w pełni rozwiązać ten problem [lub osiągnąć ten cel]?
- **Tożsamość:** Czy nadal czułbym się sobą, gdybym w pełni rozwiązał ten problem [lub osiągnął ten cel]?

Psychologiczne odwrócenie Leah

(Pamiętaj, że Leah odnosiła się do niepokojącego wspomnienia związanego z popuszczeniem w szkole).

- **Czy naprawdę chcę w pełni rozwiązać ten problem?** „Tak, w rzeczy samej".
- **Czy wierzę, że całkowite rozwiązanie tego problemu jest możliwe?** „Prawdopodobnie nie. Przekonania, że jestem niegodna, odrażająca i niechciana oraz że zawodzę innych, są mocno zakorzenione w mojej historii".
- **Czy pełne rozwiązanie tego problemu jest bezpieczne?** „Tak".
- **Czy zasługuję na to, by w pełni rozwiązać ten problem?**

„Hmm. W sześćdziesięciu procentach tak".

- **Z czego musiałbym zrezygnować, by w pełni rozwiązać ten problem?** „Musiałabym zrezygnować z dręczącego przekonania, że coś jest ze mną nie tak i że nie zasługuję na uzdrowienie".
- **Czy jestem gotowa zrobić wszystko, co konieczne, by w pełni rozwiązać ten problem?** „Tak. Jest to jednak nieco frustrujące, że muszę wracać do incydentu, który wydarzył się tak dawno temu".
- **Czy nadal czułabym się sobą, gdybym w pełni rozwiązała ten problem?** „Tak, nadal czułabym się sobą, tylko z większym poczuciem wewnętrznej czystości".

Twoja kolej

Zapisz w dzienniku odpowiedzi na każde z tych pytań, które dotyczą wewnętrznego konfliktu związanego z rozwiązaniem twojego problemu. Samo nazwanie psychologicznego odwrócenia jest krokiem w kierunku jego przezwyciężenia. Poprzez włączenie krótkich technik energetycznych związanych z tym, co rozpoznałeś, często możesz zrobić postępy wystarczające do tego, aby wykorzystać podstawowy protokół tappingu bez psychologicznego odwrócenia zakłócającego postęp. Zwodniczo prosta, ale skuteczna formuła została już wprowadzona w rozdziale 2 („Nawet jeśli...", s. 83) i możesz nadal stosować ją w tej książce. W następnej części dowiesz się, jak zastosować tę formułę w odniesieniu do psychologicznego odwrócenia.

Radzenie sobie z psychologicznymi odwróceniami za pomocą pierwszej części deklaracji akceptacji

Z doświadczeń naszych i innych praktyków tappingu, z którymi się konsultowaliśmy, wynika, że zajęcie się psychologicznym odwróceniem na poziomie energetycznym często może wyeliminować konieczność szczegółowej i nierzadko przedłużającej się analizy danej kwestii. Nadal możesz mieć trudności z konfrontacją ze swoim lękiem wysokości lub nie do końca wierzyć, że jesteś godny sukcesu finansowego, ale technika ta działa na poziomie energetycznym na tyle dobrze, aby opukiwanie uprzednio zidentyfikowanych problemów stało się ponownie skuteczne. W rozdziale 2 dowiedziałeś się, jak zmodyfikować swoją deklarację akceptacji podczas przechodzenia przez różne cykle tappingu, głównie poprzez włączenie słów takich jak „nadal" i „wciąż": „Nawet jeśli nadal mam jakiś problem...".

Na każdym etapie procesu tappingu początkowa deklaracja akceptacji może zostać całkowicie zmodyfikowana, aby skoncentrować się na konkretnym aspekcie problemu, który wymaga uwagi, co może obejmować wszelkie psychologiczne odwrócenia uniemożliwiające zmniejszenie oceny SUD. Podczas gdy podstawowa struktura deklaracji pozostaje taka sama, treść początkowej części będzie teraz koncentrować się wokół psychologicznego odwrócenia.

Na przykład, odnosząc się do wcześniej wspomnianych pytań, jeśli zidentyfikowałeś odwrócenie w oparciu o którekolwiek z nich, sformułowanie może wyglądać następująco:

> „Nawet jeśli tak naprawdę nie chcę w pełni rozwiązać tego problemu [lub osiągnąć tego celu]..."
>
> „Nawet jeśli nie wierzę, że możliwe jest pełne rozwiązanie tego problemu [lub osiągnięcie tego celu]..."
>
> „Nawet jeśli pełne rozwiązanie tego problemu [lub osiągnięcie tego celu] nie jest dla mnie bezpieczne..."
>
> „Nawet jeśli nie zasługuję na to, aby w pełni rozwiązać ten problem [lub osiągnąć ten cel]..."
>
> „Nawet jeśli nie chcę rezygnować [z czasu, wysiłku, czyjejś przyjaźni itp.], aby w pełni rozwiązać ten problem [lub osiągnąć ten cel]..."
>
> „Nawet jeśli nie mam odwagi lub determinacji, by zrobić to, co konieczne, by w pełni rozwiązać ten problem [lub osiągnąć ten cel]..."
>
> „Nawet jeśli nie czułbym się sobą, gdybym w pełni rozwiązał ten problem [lub osiągnął ten cel]..."

Sformułowania „Nawet jeśli..." Leah

Odnosząc się do psychologicznych odwróceń, które zidentyfikowała Leah, stwierdziła ona:

> „Nawet jeśli nie wierzę, że możliwe jest uwolnienie się w stu procentach od tych uczuć upokorzenia i obrzydzenia..."
>
> „Nawet jeśli część mnie wierzy, że zasługuję na cierpienie i trzymanie się tych uczuć..."
>
> „Nawet jeśli nie zasługuję na uzdrowienie lub przebaczenie..."
>
> „Nawet jeśli praca nad tym jest naprawdę trudna i są dni, kiedy nie chce mi się tego robić..."

Twoja kolej

Stwórz frazę, która oddaje istotę każdego ze zidentyfikowanych przez ciebie psychologicznych odwróceń, zaczynając ją od słów „Nawet jeśli…" i zapisz ją w swoim dzienniku.

Radzenie sobie z psychologicznymi odwróceniami za pomocą drugiej części deklaracji

Druga część zmodyfikowanej deklaracji może pozostać dowolną wersją „akceptuję siebie takiego, jaki jestem" lub może zostać całkowicie przekształcona, aby podkreślić wybór i możliwości. W dowolnym momencie deklaracja akceptacji może zostać przekształcona w „deklarację postanowienia". Na przykład:

> „Nawet jeśli mogę nie chcieć konfrontować się z buntowniczością mojego syna, **postanawiam skupić się na mojej miłości do niego w tej chwili**".
>
> „Nawet jeśli mogę nie być w stanie zrzucić wagi, **postanawiam objąć i docenić siebie dokładnie taką, jaka jestem**".
>
> „Nawet jeśli pokonanie lęku wysokości może nie być bezpieczne, **postanawiam uświadomić sobie, że będę unikać podejmowania niepotrzebnego ryzyka, nawet jeśli uda mi się pokonać ten strach**".
>
> „Nawet jeśli nie zasługuję na to, by być szczęśliwym, gdy inni cierpią, **postanawiam uznać, że utrzymanie własnego dobrego samopoczucia jest niezbędne dla mnie i tych, na których mi zależy**".
>
> „Nawet jeśli waham się narazić na szwank moją przyjaźń z Jakiem, **postanawiam mieć świadomość, że już nigdy nie będzie dobrze, jeśli nie powiem mu, jak mnie zranił**".
>
> „Nawet jeśli wydaje mi się, że akceptowanie złych decyzji mojego szefa bez wyrażenia mojego sprzeciwu nie leży w moim charakterze, **postanawiam selektywnie podchodzić do zadań, w które się angażuję**".

Zauważ, że chociaż sformułowanie to nadal zachęca do zaakceptowania zmian, które chcesz wprowadzić, to jednocześnie nakreśla bardziej wzmacniający sposób myślenia o sytuacji. Ułatwia to przejście od negatywnej myśli do pozytywnej decyzji, ustanawiając głęboki związek między rozpoznaniem problemu a znalezieniem konstruktywnego sposobu na jego rozwiązanie. Strategia ta, zwana metodą wyborów (postanowień), ma zastosowanie do wszelkich trudności emocjonalnych lub celów osobistych, nie ograniczając się jedynie do psychologicznych odwróceń.

„Nawet jeśli moja praca tak mnie napędza, że moje życie straciło równowagę, **postanawiam ponownie rozpoznać, że moja wartość jako osoby nie zależy od moich osiągnięć**".

„Nawet jeśli czuję się uwięziona w tym toksycznym związku, **postanawiam wiedzieć, że zasługuję na kochającego, wspierającego partnera**".

„Nawet jeśli czuję się pozbawiona tej dodatkowej pomocy, **postanawiam mieć świadomość, że moje ciało jest w pełni odżywione**".

„Nawet jeśli mam opory przed wejściem do zatłoczonego samolotu, **postanawiam mieć spokojny i przyjemny lot**".

Oczywiście pewien stopień kreatywności jest niezbędny do stworzenia wzmacniającej opcji, która skutecznie odnosi się do części stwierdzenia „Nawet jeśli..." w deklaracji. Poniżej znajduje się kilka wskazówek dotyczących tworzenia takich sformułowań.

Początki metody postanowień

Metoda postanowień została stworzona przez psycholożkę i pionierkę EFT Patricię Carrington[10]. Można ją dostosować do różnych okoliczności, niezależnie od tego, czy chodzi o przygnębienie, ponieważ twoja córka woli spędzać czas z przyjaciółmi, zamiast oglądać z tobą film, czy też o stawienie czoła wyzwaniom, które wydają się przytłaczające i beznadziejne. Podczas początkowej sesji psychoterapeutycznej mężczyzna zmagający się z depresją został poprowadzony do sformułowania następującego stwierdzenia: „Nawet jeśli moje życie wydaje się beznadziejne, postanawiam szukać nieoczekiwanego wsparcia poprzez tę terapię".

Metoda postanowień może być również stosowana, gdy dana osoba zmaga się z traumatyczną sytuacją lub doświadczeniem. Na przykład młody mężczyzna doświadczył utraty dwóch bliskich przyjaciół po tym, jak pijany kierowca zderzył się z pojazdem, który prowadził, pozostawiając go jako jedynego ocalałego. W odpowiedzi na tę tragedię stworzył następującą deklarację postanowienia: „Nawet jeśli zmagam się z silnym poczuciem winy za to, że żyję, postanawiam uznać, że Sid i Raul chcieliby, bym w pełni żył życiem, którego zostali pozbawieni".

W wiadomości do swoich kolegów dzień po atakach z 11 września dr Carrington zaleciła używanie pewnych sformułowań, aby pomóc osobom radzącym sobie z psychologicznymi skutkami tragedii.

„Nawet jeśli jestem oszołomiony i zdezorientowany, postanawiam pozostać spokojnym pośród tego zamieszania".

„Nawet jeśli jestem oszołomiony i zdezorientowany, postanawiam wyciągnąć cenną lekcję z tego wydarzenia i nauczyć się czegoś absolutnie istotnego dla mojego życia".

„Nawet jeśli jestem oszołomiony i zdezorientowany, postanawiam, aby to straszne wydarzenie otworzyło moje serce".

Znalezienie frazy, która rozpozna wzmacniające postanowienie lub możliwość, wymaga oczywiście pewnej pomysłowości, ale jest to łatwiejsze, niż mogłoby się wydawać. Na początek dr Carrington ma uniwersalną domyślną frazę, której można używać w każdych okolicznościach:

„Postanawiam być spokojny i pewny siebie".

Sformułowanie to może się znaleźć po każdej początkowej frazie deklaracji akceptacji:

„Nawet jeśli denerwuję się przed testem, **postanawiam być spokojny i pewny siebie**".

„Nawet jeśli jestem wściekła na mojego męża, **postanawiam być spokojna i pewna siebie**".

„Nawet jeśli nie wiem, jak pomóc mojej córce w jej zawodzie miłosnym, **postanawiam być spokojna i pewna siebie**".

„Nawet jeśli czuję się osądzana, **postanawiam być spokojna i pewna siebie**".

„Nawet jeśli boję się dzisiejszego występu, **postanawiam być spokojna i pewna siebie**".

„Nawet jeśli wszystko zależy od tej rozmowy, **postanawiam być spokojny i pewny siebie**".

Oprócz domyślnego stwierdzenia „postanawiam być spokojny i pewny siebie" dr Carrington sugeruje wiele innych zwrotów, które również mogą pomóc ci zacząć:

„Nawet jeśli... **postanawiam znaleźć kreatywny sposób na**..."

„Nawet jeśli... **postanawiam znaleźć zabawę w tym, że**..."

„Nawet jeśli... **postanawiam wymyślać nowe pomysły**..."

„Nawet jeśli... **postanawiam pozwolić sobie na łatwość**..."

„Nawet jeśli... **postanawiam zaskakiwać samego siebie**..."

Oto deklaracja postanowienia od przyjaciela, który miał tendencję do przyjmowania wojowniczej postawy podczas sporów: „Nawet jeśli obawiam się, że przegram kłótnię, postanawiam zadziwić samego siebie, odkrywając proste i przyjemne sposoby na wyrażenie mojego punktu widzenia". Połączenie skuteczności przemyślanych autosugestii z technikami energetycznymi tworzy skuteczną strategię. Doktor Carrington radzi również, by włączyć słowa, które zwiększają atrakcyjność wypowiedzi, czyniąc ją bardziej wpływową, takie jak: wygodna, satysfakcjonująca, zachwycająca, pomysłowa, bezpieczna lub nieoczekiwana.

Deklaracje Leah

Deklaracje postanowień Leah zawierały metodę wyborów wraz z jej psychologicznymi odwróceniami, łącząc początkowe frazy z każdego zdania z kolejnymi deklaracjami postanowienia.

„Nawet jeśli nie sądzę, aby możliwe było całkowite uwolnienie się od wspomnień upokorzenia i uczucia obrzydzenia, **postanawiam pozostać ciekawa i otwarta na zmianę perspektywy**".

„Nawet jeśli czasami myślę, że zasługuję na znoszenie bólu i trzymanie się tych emocji, **postanawiam uznać, że to samokaranie nikomu nie służy**".

„Nawet jeśli czuję się niegodna uzdrowienia lub przebaczenia, **postanawiam pamiętać, że byłam tylko małą dziewczynką**".

„Nawet jeśli radzenie sobie z tym jest dość trudne i są chwile, kiedy czuję się pozbawiona motywacji, **postanawiam wytrwale opukiwać to, co do mnie przychodzi**".

Twoja kolej

Uzupełnij każde ze swoich psychologicznych odwróceń, dodając deklarację postanowienia. Wykorzystaj metodę wyborów, aby stworzyć wzmacniającą perspektywę lub możliwość dotyczącą danej sytuacji. W przypadku każdego stwierdzenia wypowiedz je na głos, delikatnie pocierając czułe miejsca na klatce piersiowej przy pierwszej frazie i trzymając ręce na czakrze serca przy drugiej. Nawet jeśli masz wiele stwierdzeń, oprzyj się pokusie pośpiechu; zamiast tego podejdź do każdego stwierdzenia z intencją. Powtórz ten proces dwa lub trzy razy dla każdego psychologicznego odwrócenia. Następnie oceń poziom niepokoju w swoim umyśle i/lub ciele związany z pierwotnym problemem, używając skali SUD.

Refleksje

Angażując się w tę pracę poszukiwawczą, możesz napotkać nowe spostrzeżenia, które nie pasują do ram książki. Przyjmij je z zadowoleniem, ponieważ w miarę postępów mogą one zmienić twój kierunek. Na przykład Leah udokumentowała w swoim dzienniku:

Potarłam i opukałam każde ze stwierdzeń odwrócenia psychologicznego i ponownie oceniłam SUD. Ku mojemu rozczarowaniu po tych wszystkich wysiłkach pozostał on na poziomie 3. Zdałam sobie jednak sprawę, że zawsze odczuwałam niepokój związany z uczuciem wilgoci między nogami, co wiąże się z uczuciem obrzydzenia wynikającym z niektórych z moich najwcześniejszych doświadczeń seksualnych. Ta kwestia jest znacznie głębsza niż tylko to, co wydarzyło się w klasie, gdy miałam siedem lat. Zdałam sobie sprawę, że wilgoć między nogami wywołuje u mnie emocje samopotępienia i wstrętu. W odpowiedzi sformułowałam szerszą deklarację postanowienia „Nawet jeśli czuję obrzydzenie z powodu wilgoci między nogami, postanawiam uznać, że jest to naturalne i zdrowe". To potwierdzenie przywołało wszystkie emocje związane z przeszłymi doświadczeniami seksualnymi. Wyrażając to uczucie i pocierając czułe miejsca na klatce piersiowej, trzymając ręce na czakrze serca, stukałam we wszystkie 12 punktów, powtarzając frazy takie jak „wilgoć między nogami", „to naturalne" i „jestem zdrową kobietą".

Zazwyczaj w ten sposób rozwija się praca badawcza podczas formułowania deklaracji postanowienia. Po uświadomieniu sobie związku między jej doznaniami cielesnymi a inną kwestią Leah twórczo wykorzystała podstawowy protokół tappingu, aby złagodzić nadmierne emocje związane z jej wspomnieniami. Następnie przystąpiła do radzenia sobie z niepokojem związanym z wilgocią między nogami, rozszerzając swoją uwagę poza incydenty, które miały miejsce w klasie. Ta zmiana ostatecznie miała znaczący wpływ na jej docenianie swojej seksualności – nieoczekiwany, ale radośnie przyjęty rezultat.

3. KOLEJNE POWODY, ABY NIE WPROWADZAĆ ZMIAN

Wszystkie złożone systemy w naturalny sposób opierają się zmianom. W ten sposób pozostają nienaruszone. Opór ten jest zarówno nieunikniony, jak i z natury ma charakter samoobrony. Dotyczy to również wszelkich ugruntowanych struktur psychologicznych, w tym wewnętrznych modeli przewodnich. Odwrócenie psychologiczne stanowi formę oporu przed modyfikacją modeli przewodnich. Chociaż być może już rozpoznałeś powody, dla których unikasz zmian, ta część może ujawnić dodatkowe czynniki, które również należy wziąć pod uwagę.

Odnosząc się do oporu, dr Burns sugeruje swoim kolegom, że terapeuci często przeoczają *odporność* obecną u ich klientów, która *prowadzi* do oporu. Pyta:

A co, jeśli negatywne wzorce myślowe, emocje i działania, które ich powstrzymują, w rzeczywistości dają znaczące nieświadome korzyści, które pełnią ważne, a nawet ratujące życie funkcje? […] Co jeśli ich opór przed zmianą ujawnia coś pozytywnego, pięknego, a nawet zdrowego w nich samych?[11]

Dr Burns sugeruje, że przed podjęciem próby zainicjowania zmiany ważne jest „zbadanie wielu dobrych powodów, dla których pacjent może się nie zmieniać"[12]. Odkrył, że poprzez skupienie się na nieświadomym oporze przed zmianą można go przekształcić w rodzaj samozrozumienia, które ułatwia zmianę bez przeszkód. Zamiast przeciwstawiać się oporowi, podstawową zasadą jest podejście do niego z ciekawością i odkrycie pozytywnej intencji, która kryje się w oporze.

Zajmując się oporem, dr Burns koncentruje się na nieuświadomionych przeszkodach, które mogą utrudniać postęp w osiąganiu celu[13]. Na przykład może on reinterpretować poczucie winy i wstydu jako wskaźniki silnego kompasu moralnego, mimo że istnieją bardziej skuteczne metody utrzymywania standardów etycznych. Poczucie nieadekwatności może być postrzegane jako wynikające z pokory i wysokich oczekiwań. Gniew może odzwierciedlać gotowość do zaangażowania się z pasją w szczytny cel. Tymczasem poczucie beznadziejności może chronić cię przed potencjalnie rozczarowującymi oczekiwaniami, jednocześnie powstrzymując cię przed aktywną poprawą swojej sytuacji. Gdy zbadamy zastosowanie tappingu do tych spostrzeżeń, zrozumiemy, dlaczego zmiana może nie być konieczna.

Tworzenie listy powodów, dla których nie warto się zmieniać

Jeśli twoja ocena SUD pozostaje niezmieniona pomimo przywrócenia równowagi energii twojego ciała i zajęcia się wszelkimi zidentyfikowanymi psychologicznymi odwróceniami, następnym krokiem jest zbadanie, czy masz przekonujące i uzasadnione powody, aby się nie zmieniać. Nie oznacza to, że ostatecznie nie będziesz dążyć do zmiany, którą sobie wyobrażasz; wskazuje to raczej, że starannie rozważyłeś powody przeciwko zmianie, upewniając się, że nie przejawiają się one jako nieświadomy opór, który podważa twoje wysiłki.

Prostym, ale skutecznym sposobem na odniesienie się do powodów przeciwko wprowadzeniu pożądanej zmiany jest użycie formatu „*Jeśli… , to…*". Poniżej znajduje się kilka przykładów:

„Jeśli nadal będę się rozwodzić nad tymi negatywnymi myślami, **to** będę przygotowany na wszelkie niefortunne wydarzenia, które mogą się wydarzyć".

„Jeśli będę egzekwować surową dyscyplinę wobec mojego syna, **to** jest mniej prawdopodobne, że stanie się młodocianym przestępcą, tak jak zrobił to mój brat".

„Jeśli utrzymam tę dodatkową wagę, **to** mężczyźni zostawią mnie w spokoju".

„Jeśli będę zdenerwowana na mojego męża, **to** będzie to dla niego sygnał, że nigdy więcej nie powinien zdradzać mojego zaufania".

„Jeśli będę bagatelizować swoje osiągnięcia, **to** moja siostra nie poczuje się zazdrosna i nie skieruje swojej frustracji na mnie".

„Jeśli pozostanę niespokojny i przestraszony, **to** poczuję się bezpieczniej, ponieważ będę bardziej czujny".

„Jeśli pozwolę sobie na wyrażanie swojego szczęścia, **to** inni mogą postrzegać mnie jako powierzchownego i obojętnego na cierpienie innych wokół mnie".

„Jeśli nadal będę krytyczny wobec siebie, **to** będę nadal robić postępy".

„Jeśli nadal będę czuć się przygnębiona, **to** inni będą musieli uznać wszystkie negatywne aspekty mojego życia".

Powody Leah, aby nie wprowadzać zmian

Leah odwróciła swoje myśli od upokorzenia, które odczuwała w klasie, i zamiast tego skoncentrowała się na dyskomforcie i uczuciu obrzydzenia związanego z wilgocią między nogami. Następnie stworzyła listę powodów, dla których chciała uniknąć zmiany.

„Jeśli utrzymam przekonanie, że wilgoć między nogami jest obrzydliwa, ..."

„...**to** nigdy nie będę musiała zgadzać się na seks".

„...**to** pozostanę na właściwej drodze".

„...**to** stanę się bardziej czysta, święta i miła Bogu".

Teraz twoja kolej

Sporządź listę swoich przeszkód dotyczących rozwiązania danej kwestii lub osiągnięcia celu. Użyj sformułowania „Jeśli... , to...". Jeśli trudno ci zidentyfikować jakiekolwiek przeszkody, zalecamy dalsze badanie. Wiele kwestii nadal utrzymuje się częściowo z powodu świadomych lub nieświadomych powodów ich utrzymania, niezależnie od tego, czy powody te są logiczne.

Praca z powodami, dla których nie chcesz się zmieniać

Po zidentyfikowaniu powodów, dla których nie chcesz się zmieniać, możesz podjąć dwa kroki, które pomogą ci osiągnąć postęp.

1. Zaakceptuj te powody, zamiast nieświadomie w nich tkwić.
2. Wykorzystaj tapping, aby zmniejszyć intensywność po obu stronach sformułowania „Jeśli…, to…".

Uznając istnienie tych powodów, możesz podjąć bardziej świadomą decyzję o tym, czy chcesz kontynuować wysiłki zmierzające do dokonania tej zmiany. Jeśli po rozważeniu każdego z powodów w ten sposób nadal zdecydujesz się wprowadzać zmianę, twoje dalsze działania będą miały większe szanse na osiągnięcie pożądanego rezultatu.

Leah zastanawia się nad tym, dlaczego zdecydowała się nie wprowadzać zmian

Leah stworzyła wykres, aby monitorować swoje postępy w technice tappingu. Ocena SUD wskazuje subiektywną intensywność powodu, dla którego nie chce dokonać zmiany.

OCENA SUD PRZED SESJĄ TAPPINGU	JEŚLI	TO	OCENA SUD PO SESJI TAPPINGU
8	...utrzymam przekonanie, że wilgoć między nogami jest obrzydliwa	...nigdy nie będę musiała zgadzać się na seks.	0
6	...utrzymam przekonanie, że wilgoć między nogami jest obrzydliwa	...pozostanę na właściwej drodze.	3
6	...utrzymam przekonanie, że wilgoć między nogami jest obrzydliwa	...stanę się bardziej czysta, święta i miła Bogu.	3

Leah prowadziła obszerny dziennik po opukaniu każdej kwestii:

Kiedy opukałam pierwszy powód: „Nigdy nie będę musiała zgadzać się na seks", pojawiło się długo skrywane wspomnienie. Miało to miejsce na imprezie, gdzie chłopak, którego niespecjalnie lubiłam, uwięził mnie w ciemnym pokoju. Zaczął mnie dotykać w sposób, który sprawiał mi przyjemność, a ja pozwoliłam mu na to. Nagle ktoś wszedł i zapalił światło, gwałtownie przerywając to, co się działo, pozostawiając mnie z przytłaczającym poczuciem winy.

Podczas tappingu skupiłam się na tym poczuciu winy i z łatwością wybaczyłam sobie, że byłam młoda i zdezorientowana, a po kilku rundach poczucie winy zmalało do zera. Następnie przeniosłam swoją uwagę na frazę: „Jeśli utrzymam przekonanie, że wilgoć między nogami jest obrzydliwa, to nigdy nie będę musiała zgadzać się na seks". Pojawiła się nie tylko akceptacja tego, że przekonanie to służyło mi w pewien sposób, ale także potwierdzenie, że nie ma nic złego w odmowie seksu i że nigdy nie muszę wyrażać na niego zgody. Zdałam sobie sprawę, że nie muszę czuć obrzydzenia, by odmówić.

Poczułam wolność, gdy uznałam, że mogę zdecydować się na intymność seksualną lub nie. Mój niepokój związany z tym uświadomieniem sobie całkowicie zmalał, gdy rozważyłam wpływ wczesnych nauk religijnych, z którymi się zetknęłam, na temat seksu i związanej z nim grzeszności. Pastor z kościoła, do którego chodziłam w dzieciństwie, podkreślał, że grzech jest niezwykle podły, odrażający i tak obrzydliwy, że dosłownie przyprawia Boga o mdłości. To przesłanie wywarło na mnie głęboki i trwały wpływ, prowadząc mnie do przekonania, że jestem skazana na wieczne potępienie.

Z biegiem czasu głęboko zakorzeniło się we mnie przekonanie, że nie jestem czysta, święta ani sprawiedliwa, a także że odpycham Boga. Chociaż moje duchowe zrozumienie uległo zmianie, wczesne uwarunkowania, które przeszłam, często powracają, gdy badam obecny wzorzec emocjonalny. Moja dorosła perspektywa uznaje, że seks za obopólną zgodą jest wyborem, którego mogę dokonać. Stare uwarunkowania nie powinny już wpływać na moje obecne życie, ale nadal działają w tle. Chociaż mój dyskomfort po sesji tappingu pozostaje, zmniejszył się do poziomu 3.

Twoja kolej

Celem jest zwiększenie świadomości, że każdy powód, dla którego się nie zmieniasz, zawiera jakąś prawdę. Nawet jeśli zdecydujesz się go odrzucić, nadal rozpoznajesz jego obecność. Przeanalizuj powody, dla których opierasz się zmianom, i przypisz ocenę SUD do każdego z nich, bazując na tym, jak silnie odczuwasz opór. Zacznij od powodu, który najbardziej do ciebie przemawia. Używając frazy „Jeśli… , to…”, przejdź przez sesję z dwunastoma punktami akupunkturowymi, opukując frazę „Jeśli…” w jednym punkcie i frazę „to…” w następnym. Kontynuuj naprzemienne stosowanie tych zwrotów podczas stukania. W miarę pojawiania się nowych myśli możesz dodawać kolejne frazy. Proces ten może być dość elastyczny lub możesz zdecydować się pozostać przy oryginalnych frazach. Gdy uznasz, że poczyniłeś znaczne postępy, dokonaj kolejnej oceny SUD, aby ocenić wpływ tego powodu, dla którego się nie zmieniasz. Jeśli nadal jest on istotny, zidentyfikuj elementy, które wymagają dalszej uwagi, i zajmij się nimi.

Gdy zmniejszysz ocenę SUD tak bardzo, jak to możliwe, skup się na innych głównych powodach braku zmiany, które mogą być nadal ważne. Powtórz ten proces dla każdego z tych powodów. Od czasu do czasu wykonaj procedurę integracji. Po ukończeniu wszystkiego, co jesteś w stanie lub chcesz zrobić na tym etapie, ponownie dokonaj oceny w skali SUD pierwotnego problemu.

Jak można było zobaczyć w przypadku Leah, zajęcie się powodami, dla których nie chcesz się zmieniać, może prowadzić do podróży, która pozytywnie wpłynie na obszary wykraczające poza początkowe obawy. Ponadto, jak również zauważyłeś, kroki podjęte do tej pory przez Leah mogły nie w pełni odnosić się do wszystkich aspektów pierwotnego problemu. W takim przypadku zniekształcenia poznawcze mogą uniemożliwiać rozwiązanie problemu.

4. SAMOOGRANICZAJĄCE PRZEKONANIA I ZNIEKSZTAŁCENIA POZNAWCZE

Caitlin miała długą listę powodów, by nie konfrontować się ze swoim synem Colmem na temat błędów, które jej zdaniem popełniał w wychowywaniu swojej córki Mony. Jednym z głównych powodów milczenia było przekonanie, że konfrontacja z nim doprowadziłaby do uczucia złości i zdrady, przez co pomyślałby, że nie wspiera jego wysiłków jako ojca. Im bardziej opukiwała frazę: „Jeśli powiem Colmowi prawdę, poczuje się przeze mnie zdradzony", tym bardziej rozsądne wydawało się jej zachowanie swojej opinii dla siebie. Ale nie tego wymagała sytuacja. Chociaż Caitlin poczuła ulgę w perspektywie uniknięcia trudnej rozmowy z synem, chciała również pomóc mu stać się lepszym rodzicem.

Punkt zwrotny nastąpił, gdy uświadomiła sobie, że jej główną rolą jako matki Colma było zapewnienie mu szczęścia. Chociaż z powodzeniem ustanowiła odpowiednie granice w dzieciństwie, myśl o zrobieniu czegokolwiek, co mogłoby go naprawdę zaniepokoić teraz, gdy był dorosły, wydawała się jej niewyobrażalna. Już i tak miał wystarczająco dużo wyzwań, a troskliwa babcia nie powinna ich więcej dostarczać. Ale po dostrzeżeniu negatywnego wpływu na wnuczkę, zrozumiała, że jej niechęć do sprawiania Colmowi jakiegokolwiek bólu spowodowała, że stała się nieskuteczna jako seniorka rodziny i babcia.

Aby poradzić sobie z tym dylematem, wymyśliła następującą deklarację postanowienia „Nawet jeśli czuję, że moim obowiązkiem jest zapewnienie szczęścia Colmowi, **postanawiam uznać, że to uniemożliwia mi bycie uczciwą lub skuteczną w stosunku do Mony**". Kiedy zastanawiała się nad tą świadomością, zaczęła dostrzegać błędną perspektywę dotyczącą jej roli jako matki Colma, co w terapii poznawczo-behawioralnej określane jest jako „kwestionowanie zniekształconych myśli".

W jaki sposób terapia poznawczo-behawioralna przeciwdziała zniekształconym myślom i przekonaniom

Terapia poznawczo-behawioralna uznaje, że wiele problemów, z którymi ludzie zgłaszają się na psychoterapię, wynika z błędnych sposobów myślenia, a podejście to ma na celu ich zakwestionowanie[14]. Poniższa tabela przedstawia różne zniekształcenia poznawcze powszechnie zwalczane w terapii poznawczo-behawioralnej, a także w psychologii energetycznej.

U podstaw różnych poważnych wyzwań życiowych, takich jak zaburzenia lękowe, depresja, problemy małżeńskie i zawodowe oraz trudności rodzicielskie, często leżą zniekształcenia. Aby pomóc osobom w identyfikacji i zmianie tych błędnych wzorców myślowych, praktycy terapii poznawczo-behawioralnej stworzyli metodę terapeutyczną znaną jako restrukturyzacja poznawcza. Podejście to ma na celu przerwanie szkodliwych lub autosabotujących procesów myślowych w momencie ich pojawienia się i zastąpienie ich bardziej pozytywnymi i afirmującymi myślami.

Restrukturyzacja poznawcza wykorzystuje analizę logiczną do przeciw-

Tabela zniekształceń poznawczych

ZNIEKSZTAŁCENIE POZNAWCZE	DYNAMIKA	PRZYKŁADY
Myślenie typu „wszystko albo nic”	Brak odcieni szarości	„Jestem złym człowiekiem”. „Sytuacja jest beznadziejna”.
Nadmierne uogólnianie	Kilka doświadczeń staje się regułą lub oczekiwaniem	„Związki są niebezpieczne”. „Terapia nie działa”.
Negatywne poglądy	Odrzucanie pozytywów i skupianie się na negatywach	„Zawiodłem jako rodzic”. „Życie to tylko smutek”.
Nierealistyczne oczekiwania	Niedostrzeganie trudności w danej sytuacji	„Zrobię to do jutra”. „Małżeństwo będzie łatwe”.
Irracjonalne wnioski	Osądy oparte na emocjach lub niewystarczających faktach	„Nikt nigdy mnie nie zrozumie”. „Wybory zostały sfałszowane”.
Katastrofizowanie	Rozpamiętywanie najgorszych możliwych wyników	„Samolot spadnie”. „Wtedy spadochron się nie otworzy”.
Obwinianie	Skupianie się na szukaniu winy w sobie lub innych	„To moja wina, że ona umarła”. „Przez niego zawiodłem”.
Wyolbrzymianie	Wyolbrzymianie znaczenia nieistotnych wydarzeń	„Moje przemówienie było katastrofą, trzy osoby wyszły wcześniej”.
Bagatelizowanie	Odrzucanie dowodów niebezpieczeństwa lub sukcesu	„Nie odważyłby się skrzywdzić mnie ponownie”. „Miałem szczęście”.

działania irracjonalnym myślom. Proces ten obejmuje kwestionowanie podstawowych założeń i przekonań, gromadzenie dowodów w celu określenia ich adekwatności, ocenę strat i korzyści wynikających z utrzymywania określonych wzorców myślowych oraz wprowadzanie alternatyw dla autodestrukcyjnego myślenia. Techniki aktywnie wykorzystywane w restrukturyzacji poznawczej polegają na prowadzeniu dziennika negatywnych myśli, szukaniu informacji poprzez pytanie innych o ich postrzeganie, tworzeniu pozytywnych alternatyw dla negatywnych myśli i konsekwentnym stosowaniu ich, aż staną się drugą naturą. Chociaż proces ten może być wymagający, okazuje się skuteczny dla wielu osób.

W jaki sposób protokoły tappingu zajmują się zniekształconymi myślami i przekonaniami

Wprowadzenie podstawowego protokołu tappingu do restrukturyzacji poznawczej oferuje usprawnioną i bardziej skuteczną metodę. Na przykład można utworzyć deklarację postanowienia, która jest ukierunkowana na konkretne zniekształcenie poznawcze:

> „Nawet jeśli wierzę, że zawsze zostanę zraniony, gdy zbliżę się do innych, **postanawiam uznać, że jestem coraz lepszy w ocenianiu ludzi**".

Druga część nie tylko stanowi logiczne przeciwieństwo przewidywań zawartych w pierwszej części, ale jednoczesna stymulacja akupunktów wysyła również sygnały do układu nerwowego, które – choć nie są do końca zrozumiałe – mogą zmniejszyć efekt negatywnego stwierdzenia, jednocześnie wzmacniając efekt pozytywnego.

Stukanie w akupunkty związane ze zniekształceniami poznawczymi ma zwykle większy wpływ na przezwyciężenie negatywnych przekonań niż poleganie wyłącznie na logice. Podczas opukiwania możesz wyrazić stare przekonanie, takie jak: „Część mnie myśli, że zawsze będę zraniony, gdy zbliżę się do kogoś". Technika ta pomaga zmniejszyć emocjonalną siłę tego przekonania. Identyfikacja wydarzeń, które przyczyniły się do powstania przekonania, i opukiwanie ich, w połączeniu z wcześniej wspomnianymi krokami, może często usprawnić ten proces i wyeliminować moc przekonania przy mniejszym wysiłku niż poleganie wyłącznie na metodzie poznawczej.

Pozytywne przeformułowanie

Technika znana jako przeformułowanie służy jako metoda ujednolicenia pojęć i stanowi podstawowe podejście w terapii poznawczo-behawioralnej mające na celu stworzenie stwierdzenia, które oferuje świeże spojrzenie na problem[15]. Skuteczne przeformułowanie zmienia sposób postrzegania własnej narracji. Zaangażowanie się w ten proces poprzez tapping powoduje osadzenie jej w nowych ścieżkach neuronowych. Przykładowo osoby, które w dzieciństwie doświadczyły trudnych, a nawet traumatycznych przeżyć, często postrzegają siebie jako „wybrakowane". Osoby te jednak również przetrwały i zdobyły znaczące spostrzeżenia na temat życia, których ludzie wychowani w bardziej sprzyjających środowiskach mogą nigdy nie zdobyć. Wykorzystanie przeformułowania, takiego jak „Przeżyłem ciężkie doświadczenie i dzięki temu posiadam wiedzę na temat pokonywania trudnych wyzwań, których wielu innych nie ma", będzie zarówno prawdziwe, jak i wzmacniające.

Moment zmiany nastawienia jest ważny, jeśli ma przynieść pożądany efekt. W miarę postępu tappingu przeformułowania często pojawiają się naturalnie, a tapping znacznie poprawia sposób ich integracji. Oprócz tych samoistnych przeformułowań możesz również chcieć je aktywnie tworzyć. Zazwyczaj należy powstrzymać się od wprowadzania przeformułowania, które nie pojawiło się samoistnie, dopóki ocena SUD emocjonalnej intensywności podstawowego przekonania nie spadnie do 3 lub niżej. W przeciwnym razie umysł może mieć trudności z zaakceptowaniem go jako realnej opcji. Powrócimy do przeformułowań, które w połączeniu z modelami przewodnimi mogą skutkować całkowitą metamorfozą, w dalszej części tego rozdziału zatytułowanej „Wdrożenie nowego modelu przewodniego".

Podstawowe przekonania i modele przewodnie

Wiele z twoich modeli przewodnich towarzyszy ci od dłuższego czasu, instruując cię na niezliczone sposoby i dobrze ci służąc. Problemy mogą się jednak pojawić, gdy model przewodni opiera się na zniekształceniu poznawczym lub podstawowym przekonaniu, które nie jest już istotne. Jest to powód, dla którego zniekształcenia poznawcze są przedmiotem szczególnej uwagi zarówno w terapii poznawczo-behawioralnej, jak i psychologii energetycznej. Jak wcześniej podkreślono, podstawowy protokół tappingu w naturalny sposób zmienia podstawowe przekonania. Gdy problem nie daje się łatwo rozwiązać, niezbędna może być ocena podstawowych przekonań.

W książce *The Energy of Belief* zajmujące się tappingiem terapeutki Mary Sise i dr Sheila Sidney Bender pokazują, w jaki sposób głęboko zakorzenione podstawowe przekonania mogą być przekazywane z pokolenia na pokolenie. Dzielą się historią Jacksona, ojca z trójką małych dzieci, którego zmagania z rodzicielstwem były związane z fundamentalnym przekonaniem zaszczepionym mu przez jego własnego ojca.

Ojciec Jacksona był weteranem wojny w Wietnamie i podobnie jak wielu innych żołnierzy był świadkiem śmierci przyjaciół w zasadzkach i przerażających bitwach. Po powrocie z wojny ożenił się i wraz z żoną doczekał się sześciorga dzieci, w tym Jacksona. Ojciec Jacksona nie mógł znieść w domu hałasu i chaosu, ponieważ nieświadomie przypominało mu to o wojnie. Ilekroć Jackson i jego rodzeństwo byli podekscytowani i głośno się śmiali, ich ojciec reagował wzburzeniem i przemocą. Nieuchronnie ktoś obrywał, czasami bardzo mocno. Mama Jacksona zawsze starała się utrzymać dzieci w ciszy, a dom w czystości, aby jej mąż się nie denerwował. Nikt nie rozumiał koncepcji emocjonalnych wyzwalaczy i tego, że zamieszanie i chaos wywoływały wzburzenie i złość u ojca Jacksona, ponieważ nieświadomie przypominały mu o przerażających doświadczeniach wojennych. Jackson i jego rodzeństwo dorastali w przekonaniu, że jest coś złego w byciu podekscytowanym i głośnym oraz że coś złego się stanie, jeśli będą się dobrze bawić.

Jackson jest obecnie żonaty, ma troje małych dzieci i sam doświadcza silnego pobudzenia, gdy są one hałaśliwe lub podekscytowane zabawą. Myśli wtedy: „Wygląda na to, że coś jest nie tak, muszę je uciszyć". Dla Jacksona hałas służy jako przypomnienie jego własnych doświadczeń z dzieciństwa. Ilekroć próbuje się zrelaksować i dobrze bawić, obawia się, że wydarzy się coś negatywnego, tak jak to miało miejsce, gdy był małym chłopcem[16].

Kiedy na rozwój dziecka wpływają dysfunkcyjne podstawowe przekonania rodzica, może ono przyjąć podobne przekonania, co ilustruje doświadczenie Jacksona. Z drugiej strony dziecko może przeciwdziałać błędnym przekonaniom rodzica, przekształcając je w swoje mocne strony; na przykład dziecko wychowywane przez przygnębionego, pesymistycznego rodzica może kultywować wyraźnie pozytywne i pełne nadziei spojrzenie na życie. Reakcja ta jednak może być również nadmierna, prowadząc dziecko do nabrania umiejętności zaprzeczania i rozwinięcia zbyt optymistycznej, a nawet nierealnej perspektywy. Zbadanie podstawowych przekonań rodziców lub innych znaczących osób z okresu dzieciństwa może dostarczyć cennych informacji na temat fundamentalnych przekonań, które mogły zostać nieświadomie zaakceptowane.

Analiza zniekształceń poznawczych i ograniczających przekonań

Podstawowe przekonania zakorzenione w zniekształceniach poznawczych nie noszą etykiety ostrzegawczej z napisem „Uwaga: błędne przekonanie, nie ufaj mi". Są one określane jako przekonania, ponieważ akceptujemy je jako prawdziwe. Jednakże gdy wyrządzają one znaczną krzywdę w twoim życiu, prowadząc cię do podjęcia wyzwania takiego jak przedstawione powyżej, nadszedł czas, aby je ujawnić, skonfrontować się z nimi i je zmienić.

Aby rozpoznać zniekształcenie lub błędne przekonanie, przeprowadź kolejną ocenę SUD początkowego problemu. Zwróć uwagę na to, co powoduje, że ocena pozostaje wyższa, niżbyś chciał. Jeśli wiąże się to z doznaniem lub emocją, zajmij się tym – albo nazywając emocję lub doznanie, albo koncentrując się na nim fizycznie – aż zmniejszysz je tak bardzo, jak to możliwe. Następnie przeprowadź kolejną ocenę.

Jeśli jakaś myśl lub przekonanie przyczyniają się do podwyższonej oceny SUD, rozważ przejrzenie wcześniej wspomnianych przykładów zniekształceń poznawczych, aby ustalić, czy są one istotne. Zidentyfikowanie zniekształceń poznawczych w swojej strukturze umysłowej stanowi znaczący postęp w procesie ich korygowania.

Ograniczające przekonania Leah

Leah zidentyfikowała trzy przekonania wynikające ze zniekształceń poznawczych, które utrudniały jej rozwiązanie problemu. Pierwsze przekonanie było zakorzenione w myśleniu typu „wszystko albo nic": „Jestem złym człowiekiem, który nie zasługuje na przebaczenie", co oceniła w skali SUD na 4. Drugie przekonanie odzwierciedlało negatywną perspektywę: „Jestem niegodna i odrażająca w oczach Boga", to przekonanie zyskało ocenę 6. Trzecie przekonanie było przykładem katastrofizowania: „Moja natura jest z natury grzeszna i mogę zostać skazana na wieczne potępienie", które oceniła na 2.

Teraz twoja kolej

W swoim dzienniku zanotuj wszelkie zniekształcenia poznawcze lub błędne przekonania, które rozpoznałeś u siebie. Wybierz jedno z nich i przypisz mu ocenę w skali SUD na podstawie tego, jak wiarygodne ci się ono wydaje. Ocena 10 wskazuje, że zniekształcenie wydaje się całkowicie wiarygodne i niezaprzeczalne, tak jakby było faktem, a nie zniekształceniem. I odwrotnie: ocena 0 oznacza, że w ogóle nie wierzysz w to zniekształcenie poznawcze, nawet jeśli pozostaje ono w twoim umyśle.

Tworzenie kontrargumentów

Następnie sformułujesz kontrargument, które odnosi się do zniekształcenia poznawczego lub nierealistycznego przekonania, używając ustalonej frazy: „Nawet jeśli część mnie myśli [podaj przekonanie lub zniekształcenie tak, jakby było prawdziwe]", a następnie „...postanawiam [przedstaw oświadczenie, które kwestionuje przekonanie]". Na przykład:

> „Nawet jeśli część mnie myśli, że moja wartość jako jednostki jest określana przez moje osiągnięcia, **postanawiam odkryć, że to tylko niewielka część mojej historii**".
>
> „Nawet jeśli część mnie myśli, że mężczyźni nadal będą mnie ranić, **postanawiam uznać siłę, którą zyskałam**".
>
> „Nawet jeśli część mnie myśli, że zawsze będę się borykać z trudnościami finansowymi**, postanawiam pozostać otwarta na szanse, które mogą mnie doprowadzić do sukcesu**".

Poniższa tabela jest uporządkowana według najbardziej rozpowszechnionych typów zniekształceń poznawczych.

Tabela zniekształceń poznawczych i przykładowe korekty

ZNIEKSZTAŁCENIE POZNAWCZE	„NAWET JEŚLI CZĘŚĆ MNIE MYŚLI, ŻE	POSTANAWIAM
Myślenie typu „wszystko albo nic"	jestem złym człowiekiem,	dostrzec dobroć w moich intencjach".
Nadmierne uogólnianie	wszystkie związki są niebezpieczne,	rozpoznać, że moje porażki uczą mnie, jak tworzyć zdrowe partnerstwo".
Negatywne poglądy	zawiodłem jako rodzic,	pamiętać wszystkie sposoby, w jakie zapewniłam Noah to, czego potrzebuje".
Nierealistyczne oczekiwania	małżeństwo będzie łatwe,	oczekiwać wyzwań i być na nie gotowym".
Irracjonalne wnioski	na pewno poniosę porażkę,	odkryć w sobie zdolności, o których istnieniu nie mam pojęcia".
Katastrofizowanie	samolot spadnie,	skupić się na czterech miliardach pasażerów, którzy każdego roku dolatują bezpiecznie".
Obwinianie	przez niego zawiodłem,	uczyć się na błędach i nie powtarzać ich".
Wyolbrzymianie	moje przemówienie było katastrofą, bo trzy osoby wyszły wcześniej,	dostrzec pochwały, które otrzymałem od większości, którym się ono podobało".
Bagatelizowanie	nie odważyłby się skrzywdzić mnie ponownie,	zachować czujność w oparciu o przeszłe wzorce".

Kontrargumenty nie muszą przeciwdziałać zniekształceniom poznawczym z nadmierną logiką, po prostu muszą być postrzegane jako ważne. Jeśli trudno ci sformułować silny kontrargument, zawsze możesz użyć tego domyślnego: „Nawet jeśli część mnie myśli, że [podaj przekonanie], postanawiam wierzyć, że to przekonanie nie jest dla mnie korzystne".

Zamiast polegać na tradycyjnych sformułowaniach, możesz włączyć humor do swojego oświadczenia, podobnie jak w tym przykładzie pochodzącym od naszych koleżanek Ann Adams i Karin Davidson:

> „Nawet jeśli w pierwszej klasie odkryłam, że związki często się nie udają, ważne jest, abym nadal ufała wskazówkom sześciolatki dotyczącym relacji, ponieważ wszyscy wiemy, że dzieci w tym wieku są autorytetami w dziedzinie związków międzyludzkich"[17].

Odpowiedzi Leah na jej ograniczające przekonania

Ze względu na swoje wcześniej wspomniane ograniczające przekonania Leah opracowała następujące stwierdzenia dotyczące wyborów:

„Nawet jeśli część mnie myśli, że jestem złym człowiekiem, który nie zasługuje na przebaczenie, **postanawiam wybaczyć sobie, że bezkrytycznie przyjęłam przekonania i uwarunkowania z mojego wychowania**".

„Nawet jeśli część mnie myśli, że jestem niegodna i odrażająca w oczach Boga, **postanawiam poświęcić chwilę, aby docenić piękno natury i uznać, że jestem jej częścią**".

„Nawet jeśli część mnie myśli, że moja natura jest z natury grzeszna i że mogę zostać skazana na wieczne potępienie, **postanawiam skupić się na uczuciu bycia otoczoną miłością, którą postrzegam jako prawdziwą naturę Boga**".

Twoja kolej

Przypisz ocenę SUD wpływowi, jaki ma na ciebie każde rozpoznane zniekształcenie poznawcze. Odnieś się do nich indywidualnie, tworząc deklarację postanowienia i wypowiadając frazę: „Nawet jeśli część mnie myśli, że... postanawiam...". Zapisz ją w swoim dzienniku. Czytając każde oświadczenie, delikatnie pocieraj czułe miejsca na klatce piersiowej, gdy wyrażasz pierwszą część frazy, i połóż dłonie na czakrze serca, aby wyrazić drugą część. Powtórz ten proces trzy razy dla każdego zniekształcenia poznawczego. Kolejna procedura pomoże ci jeszcze bardziej pozbyć się tych zniekształceń.

Sesja tappingu Leah związana z jej zniekształceniami poznawczymi i ograniczającymi przekonaniami

Leah stworzyła wykres przedstawiający cały proces.

ZNIEKSZTAŁCENIE POZNAWCZE	„NAWET JEŚLI CZĘŚĆ MNIE MYŚLI, ŻE...	POSTANAWIAM...	OCENA SUD PRZED TAPPINGIEM	OCENA SUD PO TAPPINGU
Myślenie typu „wszystko albo nic”	jestem złym człowiekiem, który nie zasługuje na przebaczenie,	wybaczyć sobie, że bezkrytycznie przyjęłam przekonania i uwarunkowania z mojego wychowania”.	4	0
Negatywne poglądy	jestem niegodna i odrażająca w oczach Boga,	postanawiam poświęcić chwilę, aby docenić piękno natury i uznać, że jestem jej częścią”.	6	2
Katastrofizowanie	moja natura jest z natury grzeszna i mogę zostać skazana na wieczne potępienie,	skupić się na uczuciu bycia otoczoną miłością, którą postrzegam jako prawdziwą naturę Boga”.	2	0

Twoja kolej: Eliminacja zniekształceń poznawczych

Dla każdego rodzaju zniekształcenia poznawczego:

- Wykonaj kolejny cykl tappingu, przechodząc przez następujące kroki: 1) wypowiedz deklarację postanowienia, 2) w każdym z 12 akupunktów wyraź zniekształcenie poznawcze („Część mnie myśli…”), 3) wykonaj procedurę integracji 4) przejdź ponownie cykl tappingu przez 12 punktów.
- Podaj nową ocenę SUD, aby ocenić, jak przekonujące wydaje się w tej chwili zniekształcenie poznawcze.
- Możesz się zastanawiać, czy artykułowanie zniekształcenia, które chcesz zmienić, przypadkiem go nie wzmacnia. Jak jednak wykazano, jest wręcz przeciwnie. Tapping przesyła sygnały do mózgu, które zmniejszają władzę, jaką przekonanie ma nad tobą.
- Zwróć uwagę na wszelkie emocje lub doznania, które mogą

uniemożliwiać obniżenie oceny SUD, i poświęć chwilę na zajęcie się tym, co obserwujesz. Następnie wróć do błędnego przekonania lub zniekształcenia poznawczego.

- Kontynuuj procedurę, aż zauważysz spadek oceny SUD dla swojego zniekształcenia poznawczego.
- Gdy ocena SUD zacznie się zmniejszać, naprzemiennie wypowiadaj zniekształcenie poznawcze i kontrargument (frazę „postanawiam…"), tak by w jednym punkcie stukania wyrażać jedno, a w kolejnym punkcie wyrażać drugie.

Po trzech rundach tappingu z naprzemiennymi stwierdzeniami oceń w skali SUD pierwotny problem. Jeśli pojawi się negatywnie naładowane wspomnienie związane z wydarzeniem, które przyczyniło się do zniekształcenia poznawczego lub ograniczającego przekonania, po prostu zanotuj je. Zostanie ono omówione w kolejnych częściach.

Podsumowanie rozdziału do tego momentu

Ten rozdział jest z pewnością wymagający, ale warto pamiętać, że nie musisz angażować się w każdą przedstawioną tu technikę. Naszym celem jest zajęcie się wszystkimi obszarami, w których wysiłki badawcze mogą być konieczne, aby posunąć się naprzód w trudnej kwestii. Takie podejście pomaga w osiągnięciu głębokiej i trwałej zmiany dotyczącej długotrwałego problemu. Chociaż wierzymy, że każdy temat jest wart rozważenia, masz swobodę wyboru tego, co rezonuje z tobą. Jeśli kiedykolwiek poczujesz się przytłoczony, nie wahaj się przejść do technik energetycznych (takich jak codzienna rutyna energetyczna) lub nawet zrób sobie przerwę od książki na dzień lub dwa, pozwalając swojej podświadomości na przetworzenie niektórych informacji. Często po powrocie do materiału może się okazać, że pewne przeszkody się zmniejszyły lub pojawiły się nowe spostrzeżenia. Przeanalizujmy teraz, gdzie jesteśmy w tym procesie:

1. Skoncentrowałeś się na istotnej kwestii lub

nierozwiązanym doświadczeniu, które jest dla ciebie ważne.

2. Podjąłeś działania w celu:
   a) zrównoważenia swojej energii,
   b) przezwyciężenia odwrócenia psychologicznego,
   c) rozwiązania wszelkich wewnętrznych obaw dotyczących zmiany sytuacji,
   d) zastąpienia zniekształcenia poznawczego i błędnego przekonania deklaracją postanowienia.
3. Jeśli okaże się, że początkowy problem został całkowicie rozwiązany (ocena SUD równa 0), to wspaniale! Przejdź do części zatytułowanej „Wdrożenie nowego modelu przewodniego" na s. 151. Jeśli jednak nadal nie jesteś usatysfakcjonowany rozwiązaniem swojego problemu, pozostań w tym miejscu, aby bardziej się w niego zagłębić.

5. BADANIE PRZYCZYN LEŻĄCYCH U PODSTAW PROBLEMU

Jeśli ocena w skali SUD twojego pierwotnego problemu jest nadal wyższa niż 0 lub przekracza poziom, który uważasz za akceptowalny, może być konieczne zbadanie głębszych doświadczeń formacyjnych, które przyczyniły się do obecnego problemu. Często trudne wydarzenia z dzieciństwa leżą u podstaw samoograniczających podstawowych przekonań i modeli przewodnich. Doświadczenia te mogą wyzwalać niekorzystne autodestrukcyjne wzorce zachowań, które pojawiają się niemal automatycznie. Niektóre z nich mogły zostać omówione we wcześniejszych sekcjach, jak to miało miejsce w przypadku Leah, niektóre aspekty mogą jednak wymagać bardziej ukierunkowanej uwagi. Na przykład nierozwiązane doświadczenia z przeszłości mogą prowadzić osobę, która doznała przemocy, albo do utrwalenia tej przemocy wobec innych, jak pokazał przykład Jacksona, albo do rozwinięcia tendencji do nadmiernego strachu i wycofania.

Podczas zastanawiania się nad tym, jak przeszłość może wpływać na teraźniejszość, korzystna może być bardziej ustrukturyzowana metoda znana jako most afektywny[18]. W kontekście psychologii energetycznej podejście to polega na skoncentrowaniu się na uczuciu lub doznaniu, które pojawia się podczas oceny SUD, a następnie „cofnięciu się" do wcześniejszego doświadczenia. Możesz zapytać siebie o powrót do:

> ...jednego z pierwszych przypadków, w których doświadczyłem strachu przed inną osobą.

...jednego z pierwszych przypadków, kiedy zostałem odrzucony.

...jednego z pierwszych przypadków, w którym po raz pierwszy wybuchnąłem gniewem.

...jednego z pierwszych przypadków, w których doświadczyłem uczucia ciężaru na sercu.

...jednego z pierwszych przypadków, kiedy nie mogłem złapać tchu.

Zadziwiające jest to, jak szybko podobne doświadczenie z przeszłości może się pojawić i jak wyraźnie łączy się ono z obecnymi okolicznościami, zwłaszcza gdy połączenie to opiera się na uczuciu lub doznaniu fizycznym. Niektóre osoby stosujące tę metodę miały wrażenie, jakby podróżowały w czasie przez dosłowny most. Inni opisywali doświadczenie płynięcia z powrotem wzdłuż strumienia do swoich wspomnień. Wielu po prostu wizualizuje lub postrzega obraz, który wiąże ich ze wspomnieniem.

Kiedy rozpoznasz wspomnienie, które znacząco przyczynia się do obecnego problemu, zajmij się nim jako indywidualną kwestią w ramach podstawowego protokołu tappingu. Przypisz mu oddzielną ocenę SUD, stwórz własną frazę przypominającą, deklarację akceptacji i postanowienia, a następnie kontynuuj pozostałą część protokołu.

Afektywny most Leah

Podczas kolejnej oceny stwierdzenia „Część mnie myśli, że jestem niegodna i odrażająca w oczach Boga" intensywność wzrosła ponownie – z 3 do 5 w skali SUD. Takie wahania są powszechne, gdy mamy do czynienia z głęboko zakorzenioną i złożoną kwestią tożsamości. Wspominając kazanie usłyszane w dzieciństwie, Leah stwierdziła, że doświadczyła „poczucia beznadziejności, które mnie ogarnęło". Wykorzystała to poczucie jako afektywny most, aby cofnąć się w czasie. W swoim dzienniku zapisała:

Tej emocji towarzyszyły różne odczucia, takie jak ciężar w klatce piersiowej, ucisk w gardle, ucisk za oczami, gdy zaczęły napływać mi łzy, oraz ściskanie w żołądku. Mimo że strach przed spędzeniem wieczności w piekle został mi wpojony już wcześniej, był to pierwszy przypadek, w którym poczułam, że nie mam szans trafić do nieba. Chociaż dowiedziałam się, że Bóg mnie kocha i pragnie dzielić ze mną wieczność w niebie („Tak bowiem Bóg umiłował świat..." J 3,16), w tamtej chwili zdałam sobie sprawę, że niezależnie od moich wysiłków i wszelkich starań nigdy nie dostanę się do nieba. Byłam „plugawym grzesznikiem", czymś odrażającym dla Boga.

Przypomniałam sobie słowa kaznodziei: „Jesteś plugawa!" i „Jesteś dla Boga odrażająca!", które wywołały we mnie falę paniki i głębokiego wstydu. Mój poziom SUD wzrósł do 9. Uznając, że czuję się przytłoczona i zalana emocjami, przekierowałam swoją uwagę na uziemienie się i pozostanie obecną. Poświęciłam chwilę na wykonanie rutyny energetycznej przed kontynuowaniem opukiwania. Mając otwarte oczy, skupiłam się na stwierdzeniu: „Nawet jeśli kaznodzieja powiedział: »Jesteś plugawa i odrażająca dla Boga«, w tej chwili jesteś bezpieczna". Mówienie do siebie w trzeciej osobie okazało się bardziej kojące, jakbym zwracała się do tej części mnie, która wierzyła, że jestem odrażająca w oczach Boga. Po kilku rundach opukiwania poziom SUD spadł do 2, chociaż nadal zachowywał pewną intensywność.

Pojawiło się kolejne zniekształcenie poznawcze, wraz z powiązanymi wspomnieniami uczucia beznadziejności i rozpaczy. Na pierwszy plan wysunęła się myśl: „To wszystko moja wina, mogłam temu zapobiec". Myśl ta była związana z kilkoma wspomnieniami i wydarzeniami, i oceniałam ją w skali SUD na 6. Dodałam deklarację postanowienia: „Postanawiam uznać, że zareagowałam najlepiej, jak potrafiłam w tamtym czasie".

Opukałam poczucie beznadziejności, które było związane z myślą, że „to wszystko moja wina", wraz z uczuciem ciężkości w żołądku oraz emocjami winy i wstydu. Ilekroć wracałam do deklaracji postanowień, którą skróciłam do frazy „zareagowałam najlepiej, jak potrafiłam w tamtym czasie", doświadczałam uwolnienia emocji, które doprowadzały mnie do łez. Myśl: „To wszystko moja wina, mogłam temu zapobiec", spadła w skali SUD do 3.

Spośród wszystkich naszych testerów Leah doświadczyła jednej z najbardziej skomplikowanych podróży. Zaczęła od upokarzającego wydarzenia z trzeciej klasy, a ostatecznie zajęła się fundamentalnymi kwestiami związanymi z jej tożsamością, bezpieczeństwem, seksualnością i relacją z Bogiem. Była skrupulatna w poruszaniu i zapisywaniu każdego aspektu, który się pojawił. Twoja praca badawcza może nie odbiegać tak daleko od pierwotnego problemu, ale jeśli tak się stanie, relacja Leah powinna stanowić dla ciebie pouczający model.

Twoja kolej: most afektywny

Oto kroki na drodze do wyrażenia swoich emocji za pomocą techniki mostu afektywnego:

- Ponownie oceń w skali SUD obecny stan problemu, nad którym pracowałeś w tym rozdziale.
- Zidentyfikuj emocję, uczucia lub myśli, które przyczyniają się do wyniku SUD.
- Wróć wspomnieniami do jednego z najwcześniejszych momentów, kiedy doświadczyłeś tego uczucia lub doznania.
- Zastosuj na tym wspomnieniu podstawowy protokół tappingu, tak jak robiłeś to we wcześniejszym rozdziale.
- Po tym, jak uda ci się zredukować to i wszelkie inne wspomnienia, które wymagają jak największego skupienia, oceń w skali SUD główny problem, nad którym pracowałeś w tym rozdziale.

Należy pamiętać, że runda tappingu trwa tylko około minuty, więc po przećwiczeniu początkowych pięciu technik zmniejszania opornej oceny SUD może się okazać, że faktyczne kroki można często ukończyć w krótszym czasie, niż zajęło przeczytanie instrukcji.

Podsumowanie rozdziału 3: Pięć kluczowych aspektów pracy badawczej omówionych do tej pory

Krótkie podsumowanie:

1. Postępuj zgodnie z krokami opisanymi w codziennej rutynie energetycznej (s. 112) i ponownie dokonaj oceny w skali SUD.
2. Użyj metody postanowień, aby zidentyfikować wszelkie psychologiczne odwrócenia (s. 122), a następnie ponownie dokonaj oceny w skali SUD.
3. Rozpoznaj wszelkie dodatkowe przeszkody na drodze do rozwiązania problemu i odpowiednio je skategoryzuj. Używając frazy: „Jeśli… , to…” (s. 126), zaangażuj się w każdy element i ponownie dokonaj oceny w skali SUD.

4. Rozpoznaj wszelkie zniekształcenia poznawcze lub narzucone sobie ograniczenia (s. 130), zajmij się każdym z nich zgodnie z opisem, a następnie ponownie dokonaj oceny w skali SUD.
5. Użyj metodę mostu afektywnego (s. 141), aby zbadać wszelkie nierozwiązane doświadczenia z przeszłości, które mogą wpływać na obecną sytuację, wykorzystaj podstawowy protokół tappingu, aby je przepracować, a następnie ponownie dokonaj oceny w skali SUD.

6. ROZWIĄZYWANIE KONFLIKTÓW, KTÓRE UTRUDNIAJĄ POSTĘP

Doktor Burns zauważył, że „nawet jeśli odczuwamy ból i pragniemy zmian, mogą istnieć silne przeciwstawne siły, które powstrzymują nas przed pójściem naprzód"[19]. Jeśli ocena w skali SUD po wdrożeniu wszystkich tych strategii pozostaje powyżej 0, może to oznaczać, że nierozwiązany konflikt wewnętrzny wymaga dalszej uwagi, zanim kwestia ta zostanie całkowicie rozwiązana. Doświadczanie wewnętrznych konfliktów jest normalnym i naturalnym aspektem życia. Tak jak model przewodni składa się z różnych elementów, tak psychika obejmuje wiele modeli przewodnich. Elementy te nieustannie wchodzą ze sobą w interakcje, zawierają kompromisy, a czasami ścierają się ze sobą. Na przykład część ciebie, która obawia się odrzucenia, może być w sprzeczności z częścią, która tęskni za głęboko zaangażowanym związkiem. Podobnie aspekt ciebie, który szuka relaksu i opieki, może być w konflikcie z częścią, która skłania cię do radzenia sobie z wymagającymi zadaniami i dawania z siebie wszystkiego.

Większość z tych wewnętrznych negocjacji odbywa się bez udziału naszej świadomości. Chociaż konflikty z pewnością się pojawią, psychice zazwyczaj udaje się utrzymać równowagę. Zdarzają się jednak sytuacje, w których te wewnętrzne zmagania zaburzają tę równowagę, wpływając na nasz stan psychiczny, zdolność w dążeniu do tego, co jest dla nas ważne i ogólne poczucie dobrostanu. Różne rodzaje psychoterapii oferują metody radzenia sobie z tymi sprzecznymi aspektami. Na przykład:

- Carl Jung (1875–1961), słynny szwajcarski psychiatra, wprowadził około 1915 roku termin „aktywna imaginacja" na określenie techniki, w której zawartość nieświadomego umysłu jest przekształcana w obrazy i przedstawiana jako odrębne istoty, które wchodzą w interakcje i komunikują się ze sobą.

- W tym czasie rumuńsko-amerykański psychiatra Jacob Moreno (1889–1974) przedstawił „psychodramę" – technikę, w której jednostki wykorzystują elementy teatru i dramy do odgrywania wewnętrznych aspektów lub nierozwiązanych doświadczeń.
- Fritz Perls (1893–1970), psychiatra urodzony w Niemczech i twórca terapii Gestalt, zaadaptował metody psychodramatyczne w swojej „technice dwóch krzeseł", zwanej także „pracą z częściami", w której jedna część otrzymuje głos i postawę w dialogu z inną częścią. (Dla Perlsa było to często między tym, co nazywał *topdog* i *underdog* – gdzie *topdog* próbuje wpłynąć na (zmienić, zmodyfikować) część określaną jako *underdog*).
- Eric Bern (1910–1970), psychiatra urodzony w Kanadzie i twórca analizy transakcyjnej, koncentrował się na trzech wewnętrznych komponentach lub „stanach ego": rodzicu, dziecku i dorosłym.
- Richard Schwartz, terapeuta rodzinny ze Stanów Zjednoczonych, postrzega i pracuje z wewnętrznymi aspektami jednostek jako „rodziny" w ramach swojego popularnego modelu wewnętrznych systemów rodzinnych.
- Dialog jest również elementem terapii poznawczo-behawioralnej. David Burns określił technikę znaną jako „eksternalizacja głosów", która obejmuje rozmowę między negatywnymi i pozytywnymi myślami jednostki, jako prawdopodobnie „najpotężniejszą ze wszystkich technik CBT"[20].

Każda z tych metod oferuje kreatywne sposoby radzenia sobie z tym samym problemem: wszyscy posiadamy fragmentaryczne aspekty, które muszą być zharmonizowane i skutecznie komunikowane, jeśli chcemy działać zgodnie z naszym najwyższym potencjałem. Na przykład twoje wewnętrzne dziecko może wyrażać pragnienie zabawy, podczas gdy twój wewnętrzny rodzic nalega na konieczność pracy, a twój wewnętrzny dorosły próbuje pośredniczyć między tymi dwoma głosami. Ułatwianie dialogu i interakcji między tymi wewnętrznymi komponentami służy jako skuteczna metoda wspierania ich współpracy. Nic dziwnego, że psychologia energetyczna włącza akupunkturę do tej formy wewnętrznej rozmowy. Maggie Adkins, ceniona praktyczka i nauczycielka EFT z Australii, zauważa, że celem wewnętrznych dialogów wykorzystujących tapping jest „nawiązanie przyjaźni – rozwinięcie nowych i lepszych relacji – z każdą częścią nas samych, co stanowi wyzwanie”[21]. Oprócz tych dialogów między wewnętrznymi częściami identyfikuje ona kilka innych kategorii takich interakcji:

- dialog z wewnętrznym dzieckiem,
- dialog z fizycznym uczuciem lub określoną częścią ciała,
- dialog między sobą a całym ciałem.

Prowadząc dialog, angażujesz się w stukanie. Podczas gdy jedna część mówi, ty opukujesz akupunkt. Kiedy druga część zaczyna mówić, przechodzisz do następnego miejsca w 12-punktowej sekwencji. Kontynuuj przechodzenie do kolejnych punktów, gdy zmienia się głos danej części ciebie. Niektóre osoby mogą nawet zmieniać krzesła lub przynajmniej zmieniać swoją postawę i mimikę twarzy podczas odgrywania każdej postaci.

Proces ten może być wyjątkowo kreatywny, ale różni się znacznie w zależności od osoby i sytuacji, dlatego brakuje nam ostatecznych wytycznych dotyczących prowadzenia dialogu, istnieją jednak pewne podstawowe zasady: każda ze stron powinna wyrazić swoje potrzeby, z szacunkiem wysłuchać potrzeb drugiej strony i zgodzić się na spełnienie tego, co jest w stanie i chce zrobić, aby zaspokoić te potrzeby.

Można sobie wyobrazić, jak mógłby się potoczyć wewnętrzny dialog Jacksona po tym, jak podczas techniki afektywnego mostu wrócił wspomnieniami do chwili, gdy miał 10 lat.

10-letni Jackson: *Świetnie się bawiliśmy, a potem wrócił do domu i na nas nakrzyczał. Tym razem to ja zostałem spoliczkowany. Czuję ból na twarzy. Nie wiem, co zrobiłem źle. Wiem tylko, że jestem niegrzecznym chłopcem.* [Podczas opukiwania].

Głos Jacksona jako osoby dorosłej: *To musi być dość mylące, a także bardzo bolesne.* [Podczas opukiwania].

10-letni Jackson: [Zaczynają pojawiać się łzy]. *Naprawdę tak jest! Naprawdę staram się być dobrym chłopcem. Staram się być cicho. Staram się nie robić bałaganu. Są jednak chwile, kiedy się zapominam.* [Podczas opukiwania].

Dorosły: *Rozumiem to, jak bardzo się starasz. Twoje łzy pokazują mi, jak niesprawiedliwa wydaje ci się ta sytuacja. Widzę, że naprawdę chcesz spełnić oczekiwania taty.* [Podczas opukiwania].

10-letni Jackson: *Naprawdę chcę. Ciągle jednak popełniam błędy. Naprawdę jestem złym chłopcem!* [Podczas opukiwania].

Dorosły: *Wiem, że w to wierzysz. Jest jednak coś, czym chcę się z tobą podzielić, Jackson. Twój ojciec nie jest taki jak inni ojcowie. Czy zdajesz sobie z tego sprawę?* [Podczas opukiwania].

10-letni Jackson: *Nie jestem pewien, o czym mówisz. To jedyny tata, jakiego mam.* [Podczas opukiwania].

Dorosły: *Rzeczywiście, skąd możesz wiedzieć? Ale prawdą jest, że większość ojców lubi patrzeć, jak ich dzieci się bawią. Wielu ojców docenia widok bawiących się dzieci.* [Podczas opukiwania].

10-letni Jackson: *Nie mój tata. On ma zasady, a jeśli ich nie przestrzegamy, jesteśmy uważani za złych.* [Podczas opukiwania].

Dorosły: *Chcę, żebyś zrozumiał, że to zasady są złe, a nie ty.* [Podczas opukiwania].

10-letni Jackson: *Nie wiem, co masz na myśli.* [Podczas opukiwania].

Dorosły: *Wiesz, jak bolała cię twarz, kiedy cię uderzył?* [Podczas opukiwania].

10-letni Jackson: *Tak, bardzo bolała. Nadal boli.* [Podczas opukiwania].

Dorosły: *Twój tata doznał krzywdy dawno temu, więc kiedy robi się głośno lub w pokoju panuje bałagan, sprawia mu to ból. Tak jak boli cię twarz. To inny rodzaj bólu, ale jest prawdziwy.* [Podczas opukiwania].

10-letni Jackson: *Nie rozumiem.* [Podczas opukiwania].

Dorosły: *Twarz nadal boli, mimo że nikt cię teraz nie bije. Gdybym nie wiedział, że cię uderzył, nie wiedziałbym, że boli cię twarz. Podobnie jest z twoim ojcem. Nie widzisz jego bólu i nie wiesz, co go spowodowało. Ale on ma w sobie wiele bólu. A kiedy jesteś głośny, jego ból się nasila, dlatego się złości.* [Podczas opukiwania].

10-letni Jackson: *Ponieważ byłem zły.* [Podczas opukiwania].

Dorosły: *Próbuję ci pokazać, że nie jesteś zły. Twojemu tacie coś dolega. Coś jest w nim zepsute.* [Podczas opukiwania].

10-letni Jackson: *Dlaczego nie może tego naprawić?* [Podczas opukiwania].

Dorosły: *Nie może.* [Podczas opukiwania].

10-letni Jackson: *Czy ja mogę to dla niego naprawić?* [Podczas opukiwania].

Dorosły: *Nie, ty też nie możesz tego naprawić.* [Podczas opukiwania].

10-letni Jackson: *Więc co powinienem zrobić?* [Podczas opukiwania].

Dorosły: *To trudne. Jesteś w trudnej sytuacji. Jeśli narobisz hałasu lub bałaganu, on cię ukarze. Musisz więc starać się przestrzegać jego zasad, gdy jest w pobliżu.* [Podczas opukiwania].

10-letni Jackson: *Już to wiem!* [Podczas opukiwania].

Dorosły: *Ale wiedz, że kiedy cię karze, to nie dlatego, że jesteś złym chłopcem. Tak, musisz przestrzegać jego zasad najlepiej, jak potrafisz. Ale powinieneś też umieć się bawić i być głośnym, gdy nie ma go w pobliżu.* [Podczas opukiwania].

10-letni Jackson: *Ale zawsze boję się być głośny lub dobrze się bawić, niezależnie od tego, czy jest w pobliżu, czy nie.* [Podczas opukiwania].

Dorosły: *Wiem. Widzę, co się z tobą dzieje, kiedy dorastasz. Nauczyłeś się, że nie jest bezpiecznie być głośnym lub niechlujnym, więc hałas i bałagan przeszkadzają ci tak jak twojemu tacie.* [Podczas opukiwania].

10-letni Jackson: *Skąd to wiesz?* [Podczas opukiwania].

Dorosły: *Jestem z twojej przyszłości, wracam, by cię odwiedzić. Chcę, żebyś wiedział, że jesteś dobrym chłopcem. Chcę, żebyś wiedział, że jesteś w trudnej i nienaturalnej sytuacji. Widzę to i bardzo mi z tego powodu przykro!* [Podczas opukiwania].

10-letni Jackson: *Dziękuję.* [Podczas opukiwania].

Dorosły: *Ale powiem coś, co cię zaskoczy. W tej chwili masz 10 lat. Ale ja jestem tobą z twojej przyszłości. Nie jestem już w sytuacji, kiedy miałem 10 lat.* [Podczas opukiwania].

10-letni Jackson: *To jest dziwne!* [Podczas opukiwania].

Dorosły: *Tak. A oto trudna część. Jesteś teraz ze mną w przyszłości. I chociaż po tych wszystkich latach wciąż masz 10 lat, jestem teraz dorosły. I mogę pomóc ci zrozumieć, że zasady twojego taty nie są zasadami świata. Ta część ciebie, która wierzy, że jesteś zły i że hałas oraz bałagan są niebezpieczne, może zacząć to uzdrawiać.* [Podczas opukiwania].

10-letni Jackson: *Czuję się bezpiecznie, rozmawiając z tobą. Czy naprawdę mogę przestać się bać?* [Podczas opukiwania].

Dorosły: *Właśnie to mam na myśli w przypadku nas obojga. Widzisz, jestem już dorosły. Mam własne dzieci. I wściekam się na nie z tych samych powodów, dla których twój tata wściekał się na ciebie. Jeśli poczujesz się przy mnie bezpiecznie, oboje wyleczymy się z czasów, gdy bycie naturalnym było dla ciebie jako małego chłopca tak niebezpieczne.* [Podczas opukiwania].

Wewnętrzny dialog Leah

Leah również przeprowadziła długi wewnętrzny dialog, chociaż w naszym przykładzie pozostaniemy przy Jacksonie. Po refleksji Leah powróciła do zniekształcenia poznawczego, które wcześniej zostało ocenione na 2: „Jestem odrażająca w oczach Boga". Zniekształcenie to zmniejszyło się do 0, odzwierciedlając zmianę w jej oryginalnym wspomnieniu z trzeciej klasy.

Twoja kolej

Twój wewnętrzny dialog może przejawiać się na różne sposoby. Na przykład zamiast angażować się w rozmowy ze swoim wewnętrznym dzieckiem, tak jak zrobił to Jackson, możesz zainicjować dialog, który wyraża fizyczne uczucie, takie jak ciężar w sercu, z określoną częścią ciała, taką jak serce lub płuca, a nawet z całym ciałem. Poprzez wytwarzanie sygnałów, które pomagają regulować system energetyczny w ciele, tapping zachęca dialog do wejścia w przestrzeń uzdrawiania.

Zaangażuj się w rozmowę, która zajmuje się wewnętrzną walką uniemożliwiającą ci pójście naprzód niezależnie od tego, czy dotyczy to uczucia, określonej części ciała, całego ciała, czy podwójnych aspektów twojej osobowości. Jeśli podczas ćwiczenia techniki mostu afektywnego powróciłeś do wspomnienia z przeszłości, dialog może toczyć się z tobą samym w wieku, w którym byłeś podczas tego wspomnienia. Jakie były twoje potrzeby? W jaki sposób zostałeś zraniony? Podaj szczegółowy opis tych doświadczeń. Mów szczerze ze swojego serca. Nie musi to odpowiadać intensywności dialogu Jacksona, powinno po prostu rezonować z twoją własną prawdą. Zidentyfikuj to, co pozostaje do uzdrowienia, i słuchaj uważnie.

Jaką radę możesz zaoferować temu dziecku ze swojego stanu dorosłego ego? Skorzystaj z możliwości podróżowania w czasie lub wcielania się w różne aspekty, na co pozwala ten format. Przekaż swoje uczucia, wsparcie i zachętę. Kontynuuj rozmowę, posuwając się naprzód, aż obie strony osiągną wysoki poziom wzajemnego zrozumienia i współpracy. Na koniec dokonaj oceny w skali SUD początkowego problemu.

Czy to się kiedyś skończy?

Dopóki żyjemy na Ziemi, nieustannie napotykamy nowe wyzwania: od więzi, które tworzymy jako niemowlęta, po adaptacje wymagane w późniejszych latach. Aby skutecznie sobie z nimi radzić, regularnie weryfikujemy i odświeżamy nasze ramy przewodnie, niezależnie od tego, czy jesteśmy tego świadomi, czy też nie. Korzystne jest przepracowywanie myśli i emocji, które utrudniają dobre samopoczucie, radość i produktywność; odradzamy jednak nadmierne skupianie się na idei „sprzątania" wszystkiego. Bądź dla siebie łagodny, podobnie jak współczujący i wykwalifikowany terapeuta. Dawson Church ujął tę sytuację w następujący sposób:

> Często pojawia się pytanie: „Czy kiedykolwiek dojdę do końca mojego przetwarzania emocjonalnego?". Przypomina to pytanie zadane słynnej francuskiej kurtyzanie: „Czy twoje pragnienie intymności zmniejsza się wraz z wiekiem?". Jej odpowiedź brzmiała: „Skąd mam to wiedzieć? Mam dopiero 85 lat"[22].

7. WDROŻENIE NOWEGO MODELU PRZEWODNIEGO

Przeanalizowaliśmy sześć różnych form pracy badawczej mających na celu rozpoznanie i usunięcie przeszkód w osiągnięciu początkowego celu. W pewnym momencie ocena wewnętrznego niepokoju związanego z przypomnieniem sobie pierwotnego niepokoju mogła spaść do 0. Ale nawet jeśli pozostaje ona na poziomie 3 lub niższym, masz możliwość przeformułowania modelu przewodniego utrudniającego zmiany, które chcesz wdrożyć. Dodatkowo możesz wykorzystać tapping, aby „osadzić" ten zaktualizowany model przewodni w swoim układzie nerwowym.

Jeśli ocena SUD pozostaje w średnim zakresie (od 4 do 6), możesz powtórzyć niektóre techniki opisane w tym rozdziale lub poszukać innych aspektów problemu, aby obniżyć go do 3 lub poniżej. Jeśli po przejściu wszystkich tych procedur twoja ocena SUD nadal wynosi 7 lub więcej, istnieje jeszcze inna skuteczna opcja. Każdy napotyka wyzwania, kiedy to przydałaby się pomoc z zewnątrz, a ty stanąłeś w obliczu sytuacji, która może uzasadniać zajęcie się nią przy wsparciu doświadczonego praktyka tappingu lub innego profesjonalnego źródła. Co więcej, nawet jeśli nie osiągnąłeś znaczącego przełomu, doskonaliłeś umiejętności, które można wykorzystać w innych kwestiach.

Jeśli twoja ocena SUD jest na poziomie 3 lub niższym, twój umysł już zaczyna zmieniać obraz sytuacji i możesz ułatwić sobie ten proces, wykonując ostatni krok, który aktywnie przekształci te zmiany mentalne w zmiany rzeczywiste. Zacznij od wizualizacji tego, jak będzie wyglądało twoje życie po usunięciu tej przeszkody. Następnie przekształć tę wizję w deklarację. Jeśli problemem była przesadna nieufność wobec innych, deklaracja może brzmieć następująco: „Uczę się dostrzegać dobro w ludziach i ich intencjach". Jeśli problemem był strach przed tłumem, deklaracja może brzmieć: „Zaczynam znajdować przyjemność w przebywaniu w dużych grupach ludzi". Jeśli problemem było to, że nigdy nie znajdujesz czasu na docenienie swojej rodziny, stwierdzenie może brzmieć: „Lubię spędzać czas z moją rodziną".

Tworzenie afirmacji

Możesz zauważyć, że powyższe zwroty są afirmacjami – stwierdzeniami, które chcesz, aby były prawdziwe, nawet jeśli rzeczywistość jest inna. Afirmacje są przydatnym narzędziem do wdrożenia nowego modelu przewodniego. Aby afirmacja była skuteczna:

- Zapisz ją w pierwszej osobie, w czasie teraźniejszym.
- Powinna być krótka, prosta i bezpośrednia.
- Afirmuj raczej „chcę", niż „nie chcę".
- Afirmuj raczej „chcę", niż „powinienem".
- Afirmuj cel, który uważasz za realny do osiągnięcia.
- Zidentyfikuj cel, który stanowi dla ciebie wyzwanie, taki, który jest wystarczająco ważny, aby wzbudzić entuzjazm.

Aby stworzyć skuteczną afirmację, powinna ona być złotym środkiem między realistycznym celem, który możesz osiągnąć, a takim, który stanowi dla ciebie wyzwanie. Taki cel może rozpalić entuzjazm i motywację. Na przykład zwiększenie rocznego dochodu z 50 tysięcy dolarów do 51 tysięcy dolarów raczej nie wzbudzi w tobie większej ekscytacji. Ale już perspektywa zarabiania 80 lub 100 tysięcy dolarów może to sprawić, a zasada ta obowiązuje niezależnie od tego, czy cel ma związek z większą ilością pieniędzy, mniejszą wagą ciała, lepszymi relacjami, poprawą zdrowia, czy osiągnięciem większego sukcesu. I odwrotnie, afirmacje mogą nie być skuteczne, jeśli:

- Odzwierciedlają to, co myślisz, że powinieneś chcieć, a nie to, czego naprawdę chcesz.
- Wymagają zbyt dużych kroków lub zmian, które znacznie wykraczają poza to, co uważasz za możliwe.

- Są sformułowane w sposób, który nie wzbudza twojego entuzjazmu.
- Są powtarzane bezmyślnie.

Oto kilka przykładów dobrze sformułowanych afirmacji:

„Dostrzegam szansę w każdym wyzwaniu, jakie stawia przede mną mój syn".

„Czuję się swobodnie wśród nowych ludzi i nie mogę się doczekać spotkania z nimi".

„Pozostaję w ugruntowanej, skoncentrowanej na sercu przestrzeni w obliczu krytyki mojego męża".

„Kończę moją książkę z łatwością, radością i błyskotliwością".

„Cieszę się moim programem ćwiczeń i czuję, że przyciąga mnie on każdego dnia".

„Pociąga mnie zdrowa żywność i nawyki żywieniowe".

„Znajduję sposoby, by wprowadzać coraz więcej zabawy do mojego dnia".

„Szybko, łatwo i z radością wracam do zdrowia".

„Jestem zamożny" (lub dla większej wiarygodności „staję się zamożny") lub „zdrowy", „szczęśliwy w małżeństwie" itp.

„Doceniam każdą chwilę" (lub „Uczę się doceniać każdą chwilę").

Afirmacja Leah

„Konsekwentnie podchodzę do siebie ze współczuciem i przebaczeniem".

Twoja kolej

Wyobraź sobie, że udało ci się dokonać zmiany, którą sobie wyobrażałeś. Stwórz afirmację, wzorowaną na powyższych przykładach, która krótko opisuje, co się wydarzyło, aby ta zmiana została dokonana, i zapisz ją w swoim dzienniku. Wypowiedz ją, opukując każdy z dwunastu punktów energetycznych.

Chociaż liczne programy samopomocy, które zawierają afirmacje, kończą się po prostu po ich wypowiedzeniu, kolejne kroki – zajęcie się niewypowiedzianymi zaprzeczeniami, konkretyzacja afirmacji i aktywacja punktów energetycznych – zwiększą ich skuteczność.

Identyfikacja niewypowiedzianych zaprzeczeń

Niewypowiedziane zaprzeczenie reprezentuje szczególny rodzaj psychologicznego odwrócenia. Takie odwrócenie może wynikać z wewnętrznego oporu przed osiągnięciem celów. Opór ten może dotyczyć ostatecznej atrakcyjności celu, poświęceń niezbędnych do jego osiągnięcia, wykonalności osiągnięcia celu, obaw o bezpieczeństwo jego osiągnięcia oraz kwestii związanych z poczuciem własnej wartości lub tożsamości. W szczególności niewypowiedziane zaprzeczenie jest psychologicznym odwróceniem zakorzenionym w wewnętrznym przekonaniu, że cel jest nieosiągalny lub niepożądany. Gary Craig określił ten rodzaj psychologicznego odwrócenia jako niewypowiedziane zaprzeczenie, ponieważ jest ono subtelnie (i nieświadomie) dołączane do zakończenia afirmacji. Na przykład afirmacja „Utrzymuję równowagę i harmonię między moją karierą a życiem osobistym..." może zawierać niewypowiedziane zaprzeczenie:

„ale oczywiście, moje obowiązki zawodowe mają pierwszeństwo przed wszystkim innym".

Gdyby afirmacja brzmiała: „Odżywiam się i ćwiczę, aby utrzymać idealną wagę", to potencjalne niewypowiedziane zaprzeczenie mogłoby brzmieć: *„ale jeśli osiągnę idealną wagę...*

...mężczyźni będą mnie podrywać i oczekiwać seksu".

....będę ważyć mniej od mamy, co sprawi, że ona poczuje się zazdrosna i zła".

...doświadczę emocjonalnej wrażliwości".

...będę musiała zrezygnować z przyjemności i łatwości konsumowania tego, na co mam ochotę".

...nie będę pewna, czy mężczyzna kocha mnie za to, kim jestem, czy za mój wygląd fizyczny".

Niewypowiedziane zaprzeczenia Leah

Deklaracja Leah wydawała się prosta: „Konsekwentnie podchodzę do siebie ze współczuciem i przebaczeniem". Niewypowiedzianymi zaprzeczeniami w jej umyśle były jednak zdania: „chyba że ma to coś wspólnego z przyjemnością" i „chyba że kogoś rozczaruję".

Twoja kolej

Aby odkryć wszelkie ukryte zaprzeczenia, które twój umysł mógł nieświadomie zawrzeć w afirmacji, spróbuj dokończyć te stwierdzenia w swoim dzienniku i obserwuj wyniki.

- Co powstrzymuje mnie przed osiągnięciem tego celu?
- Gdyby istniał czynnik emocjonalny uniemożliwiający mi osiągnięcie tego celu, byłby to...
- Aby osiągnąć ten cel, muszę...
- To, czego naprawdę pragnę poza samym tym celem, to...

- Refleksja nad tym celem przywodzi mi na myśl…
- Byłbym bardziej skłonny osiągnąć ten cel, gdybym zaczął od…
- Jeśli którekolwiek z powyższych stwierdzeń wywołuje niewypowiedziane zaprzeczenie, zanotuj to w swoim dzienniku.

NEUTRALIZOWANIE NIEWYPOWIEDZIANYCH ZAPRZECZEŃ

Niewypowiedziane zaprzeczenia można zneutralizować za pomocą podstawowego protokołu tappingu. Wystarczy tylko przestrzegać tych kroków:

1. Skróć niewypowiedziany zaprzeczenie do około dwunastu słów, aby mogło służyć jako fraza przypominająca.
2. Podaj ocenę w skali SUD tego, jak istotną przeszkodą wydaje się niewypowiedziane zaprzeczenie.
3. Stwórz deklarację akceptacji lub postanowienia na przykład „Nawet jeśli utrata wagi może sprawić, że poczuję się emocjonalnie bezbronny, w pełni przyjmuję i akceptuję siebie" lub „postanawiam nadal ustanawiać zdrowsze granice".
4. Przejdź przez kolejną rundę, powracając do niewypowiedzianego zaprzeczenia we wszystkich 12 punktach akupunkturowych, wykonując procedurę integracji, a następnie ponownie przechodząc przez punkty opukiwania.
5. Ponownie użyj skali SUD, aby ocenić, jak istotną barierą wydaje się niewypowiedziane zaprzeczenie.
6. Kontynuuj wykorzystywanie metod i elementów omówionych w tym rozdziale, aby zminimalizować wpływ każdego niewypowiedzianego zaprzeczenia tak skutecznie, jak to tylko możliwe.

Jak Leah pokonała swoje niewypowiedziane zaprzeczenie

„Moje pierwsze niewypowiedziane zaprzeczenie otrzymało wynik zaledwie 3, ale po szybkim ukończeniu rundy tappingu udało mi się zmniejszyć go do 0. Następnie skupiłam się na frazie „przyjmowanie przyjemności". Podoba mi się to nowe podejście do przyjemności, szczególnie doceniam większe poczucie wolności wokół mojej seksualności! Moje drugie niewypowiedziane zaprzeczenie, które dotyczyło rozczarowania innych swoją osobą, zaczynało się od poziomu 7 i musiałam wrócić do tego momentu z mojego dzieciństwa, aby dokładnie go zbadać. Po tej eksploracji zmniejszenie oceny SUD do 0 było już dość proste. Powiedziałam: „Postanawiam wiedzieć, że robię wszystko, co w mojej mocy, a to w zupełności wystarczy".

Twoja kolej

Postępuj zgodnie z sześcioetapowym procesem w celu neutralizacji wszelkich niewypowiedzianych zaprzeczeń, które mogły przyczepić się do twojej afirmacji. Gdy już usuniesz lub zneutralizujesz je, możesz przejść do opukiwania swojej afirmacji. Na tym etapie nie ma potrzeby przypisywania oceny SUD ani wykonywania procedury integracji. Po prostu stukaj podczas wyrażania afirmacji w każdy akupunkt.

Jeśli podczas opukiwanie pojawią się jakiekolwiek negatywne emocje, odczucia lub obawy, skieruj na nie swoją uwagę. Gdy ich intensywność się zmniejszy, wróć do afirmacji. Wykonaj co najmniej trzy rundy opukiwania afirmacji, zanim przejdziesz do następnego kroku. Jeśli chcesz, możesz udokumentować to doświadczenie w swoim dzienniku.

Konkretyzacja afirmacji

Do tej pory twoja afirmacja była prawdopodobnie stosunkowo ogólnym stwierdzeniem. Teraz należy ją uszczegółowić, wyobrażając sobie scenariusz związany z początkowym problemem, w którym zastosowanie afirmacji mogłoby okazać się trudne. Proces ten był wcześniej określany jako testowanie wyników, ale teraz pójdziemy o krok dalej. Zamiast po prostu sprawdzać, czy ocena SUD zmniejszyła się do 0, ocenisz również, jak wiarygodne wydaje ci się to, że możesz zareagować w nowy sposób.

Gdy ocena SUD Rosy dotycząca jej złości na córkę spadła do 0 (rozdział 2), została ona poproszona o wyobrażenie sobie scenariusza, w którym trudno byłoby zachować spokój. Rosa musiała zastanowić się nad poprzednią nocą, kiedy poinstruowała Carmen, aby wróciła do domu przed dwudziestą pierwszą. W odpowiedzi Carmen zareagowała agresywnym sprzeciwem, zbliżając się do Rosy i krzycząc jej w twarz. Nie chciała ustąpić.

Terapeuta zachęcił Rosę do wizualizacji jej idealnej reakcji w tej sytuacji. Rosa wyobraziła sobie, że asertywnie prosi Carmen, by się odsunęła, a kiedy córka odmawia, spokojnie określa konsekwencję, która by do niej przemówiła. W tym przypadku Carmen gromadziła punkty za wykonywanie obowiązków, które można było wymienić na przedmioty takie jak ubrania i kosmetyki. Rosa wyobraziła sobie, jak wprost informuje córkę, że mogą albo kontynuować dyskusję z szacunkiem, albo Carmen straci 20 punktów. Rosa oceniła w i a r y g o d n o ś ć tego, że byłaby w stanie to zrobić, jako stosunkowo wysoką.

W tej metodzie miarą nie jest SUD (subiektywne jednostki niepokoju), ale raczej SUB (ang. *Subjective Units of Believability* – subiektywne jednostki wiarygodności). Podczas gdy w przypadku SUD celem jest spadek do 0 lub blisko tej liczby, w przypadku SUB celem jest zwiększenie ich do 10. Rosa początkowo miała ocenę SUB równą 6, wskazującą na umiarkowany poziom pewności siebie, ale udało się podnieść ją do 8 po ukończeniu kolejnego cyklu tappingu.

Trudna scena Leah

Aby wzmocnić swoją afirmację, Leah wyobraziła sobie, że kogoś rozczarowuje. W jej scenariuszu przybyła na spotkanie z klientem bez poświęcenia wystarczającej ilości czasu na przygotowanie portfolio. Rozczarowanie klienta było oczywiste. Jej pewność siebie w radzeniu sobie z tą sytuacją – z miłością do siebie, współczuciem dla siebie, wybaczaniem sobie i umiejętnościami – została oceniona w skali SUB na 5, która to wartość – jak wkrótce się dowiesz – Leah wzmocniła za pomocą opisanej poniżej techniki.

Twoja kolej

Stworzyłeś afirmację, która nakreśla pozytywną transformację, i odniosłeś się do niewypowiedzianych zaprzeczeń. Następnym krokiem jest test. Wyobraź sobie scenariusz podobny do tego, którego doświadczyły Rosa i Leah, w którym trudno byłoby wykazać reakcje emocjonalne i behawioralne, które chcesz osiągnąć. Wyobraź sobie ten scenariusz jako film. W tym filmie twoja reakcja na wyzwanie jest tym, co uważasz za idealne. Przypisz tej scenie ocenę w skali SUB od 0 (zupełnie niewiarygodna) do 10 (całkowicie wiarygodna).

Osadzanie afirmacji w układzie nerwowym

Po (1) stworzeniu dobrze sformułowanej afirmacji dla celu, który uważasz za osiągalny i wartościowy, (2) odniesieniu się do niewypowiedzianych zaprzeczeń i (3) powiązaniu ich z żywym obrazem mentalnym osiągnięcia pożądanego rezultatu w trudnym scenariuszu ostatni krok obejmuje wykorzystanie podstawowego protokołu tappingu. Metoda ta okazała się bardzo skuteczną strategią zmiany ścieżek neuronowych w celu dostosowania ich do celu. Aby ją wdrożyć, konieczne są tylko dwie modyfikacje protokołu. Oprócz wypowiadania afirmacji w każdym punkcie stukania, powinieneś także wizualizować swój sukces w tej trudnej sytuacji. Ponadto należy sformułować początkową część deklaracji akceptacji lub postanowienia w następujący sposób:

> „Nawet jeśli myślę, że [podaj swoją afirmację] jest na poziomie [ocena SUB], w pełni kocham i akceptuję siebie takiego, jaki jestem".

Po kilku cyklach tappingu, w których Rosa potwierdzała swoje intencje i wyobrażała sobie, że pozostanie opanowana pomimo prowokacji Carmen, osiągnęła poziom SUB równy 9. Zazwyczaj osiągnięcie SUB na poziomie 8 lub wyższym jest pozytywnym wskaźnikiem prawdopodobieństwa pomyślnego wdrożenia afirmacji do swojego życia. Często zdarza się, że wiarygodność nie osiąga 10, dopóki ktoś nie spotka się z nową reakcją w prawdziwej sytuacji.

Wzmacniająca wizja Leah

Leah zmieniła swoją deklarację, mówiąc: „Nawet jeśli jestem tylko w pięćdziesięciu procentach pewna siebie, podejdę do siebie ze współczuciem i przebaczeniem; kocham i akceptuję siebie taką, jaką jestem". Ponownie sobie przypomniała scenę z klientem, gdy stukała, wyobrażając sobie, jak wyjaśnia mu z pełną akceptacją siebie, że portfolio nie spełnia jego standardów, gdyż zabrakło jej czasu, i mówi z pełnym przekonaniem, że do następnego spotkania portfolio będzie co najmniej tak imponujące jak próbki, które początkowo skłoniły klienta do wybrania jej oferty. Ćwiczenie to odbywało się w jej umyśle, z zamkniętymi oczami, gdy opukiwała i wyobrażała sobie, że pozostaje w stanie miłości do siebie, współczucia i przebaczenia. Wiarygodność jej wizji wzrosła do 8.

Twoja kolej

Aktywuj swoją afirmację, wyobrażając sobie, że z powodzeniem wdrażasz ją w trudnej dla ciebie sytuacji.

1. Zacznij od oceny w skali SUB prawdopodobieństwa, że zareagujesz na trudną sytuację zgodnie z oczekiwaniami.
2. Delikatnie stukaj w 12 punktów akupunkturowych, wizualizując, wyrażając lub czując, że reagujesz w pożądany sposób.
3. Wykonaj procedurę integracji.
4. Ponownie opukaj wszystkie punkty akupunkturowe.
5. Dokonaj oceny w skali SUB.

6. Podczas oceny rozpoznaj aspekty lub niewypowiedziane zaprzeczenia.
7. Opukaj je.
8. Kontynuuj proces, aż SUB osiągnie poziom 8 lub więcej.

Podczas wykonywania tych kroków może się okazać konieczne dostosowanie oświadczenia afirmacyjnego. Dokonaj tych modyfikacji w razie potrzeby. Poświęć trochę czasu na zastanowienie się nad ogólnym procesem wdrażania nowego modelu przewodniego i zapisz swoje przemyślenia w dzienniku.

ZREALIZUJ SWOJE WYMARZONE ŻYCIE

Nawet jeśli świadomie podejmujesz kroki opisane w tym rozdziale, aby dokonać ulepszeń w określonym obszarze swojego życia, także podświadoma część ciebie aktywnie pracuje nad twoim osobistym rozwojem. Twoje sny zapewniają wgląd w te ukryte procesy i umożliwiają interakcję z nimi. Psycholog Steven Ungerleider zauważył, że „wynalazcy, naukowcy i pisarze przypisywali główne osiągnięcia pomysłom, które pojawiły się w ich snach"[23].

Doktor Robert Hoss, badacz snów i dyrektor Międzynarodowego Stowarzyszenia Badań nad Snami, wraz ze swoją żoną, psychoterapeutką Lynne Hoss był liderem w wykorzystywaniu akupunktury w pracy ze snami[24]. Ich wpływowe podejście, określane jako „sen do wolności", może być stosowane w dwóch scenariuszach: (1) gdy śnisz podczas poruszania dowolnego tematu omówionego w tej książce lub (2) jeśli czujesz się zablokowany i chcesz inkubować sen, aby uzyskać wskazówki od nieświadomego umysłu dotyczące tej kwestii. Przewodnik po tym, jak wdrożyć tę technikę w tych kontekstach, można znaleźć na stronie dreams.energytapping.com.

NA ZAKOŃCZENIE

Formułowanie słów towarzyszących opukiwaniu obejmuje wykorzystanie metody psychologii energetycznej przy jednoczesnym przestrzeganiu wytycznych wskazanych w tym i w poprzednim rozdziale. Zazwyczaj sesja przebiega w następujący sposób: zaczyna się od zidentyfikowania, uznania i zaakceptowania danego problemu lub kwestii; następnie uwaga przenosi się na rozpoznanie przeszkód na drodze do zmiany i zmniejszenie emocjonalnych aspektów związanych z tymi barierami, a kończy się na deklaracji postanowienia, która wzmacnia i wszczepia pożądany rezultat.

Chociaż rozdział ten jest bardziej złożony niż jakikolwiek inny w całej książce, uczy wielu najważniejszych umiejętności i procedur, jakie ma do zaoferowania psychologia energetyczna. Kluczową zasadą jest to, że jeśli przestaniesz robić postępy w kwestii, która jest dla ciebie ważna, możesz podjąć dobrze zdefiniowane kroki, aby odkryć, co należy rozwiązać w następnej kolejności, i użyć procedur nauczanych w tym rozdziale, aby dokonać zmian. Możesz wrócić do tego rozdziału w dowolnym momencie książki, w którym potrzebujesz wsparcia.

Artykuł napisany przez Davida, zatytułowany *Words to Tap By* (Słowa do opukania), choć nie jest konieczny, może służyć jako pomocne uzupełnienie metod omówionych w tym rozdziale i jest dostępny pod adresem tapping-words.energytapping.com. Inny artykuł, dostępny na stronie energytapping.com, oferuje spostrzeżenia oparte na ponad 800 wywiadach i odpowiedziach ankietowych zarówno praktyków, jak i pacjentów. Artykuł ten pokazuje daje wgląd w percepcję osób wykorzystujących psychologię energetyczną i zawiera wytyczne dotyczące wdrażania tego podejścia (800surveys.energytapping.com).

Podsumowanie rozdziału 3

Oto podstawowe kroki:

1. Zharmonizuj swoje poziomy energii.
2. Rozpoznaj, zaakceptuj i zneutralizuj wszelkie psychologiczne odwrócenia.
3. Rozpoznaj, zaakceptuj i zajmij się wszelkimi dodatkowymi przyczynami oporu przed zmianą.
4. Rozpoznaj i przekształć negatywne wzorce myślowe i samoograniczające przekonania, zastępując je pozytywnym wewnętrznym dialogiem.
5. Zidentyfikuj źródło problemu w swojej przeszłości i zajmij się wszelkimi nierozwiązanymi sprawami.
6. Zajmij się wszelkimi innymi kwestiami, które utrudniają postęp.
7. Świadomie wdrażaj nowy model przewodni.

CZĘŚĆ II

SPOSOBY ZASTOSOWANIA

Pierwsze sześć rozdziałów w części II OBEJMUJE NAJCZĘSTSZE POWODY, dla których osoby zwracają się o pomoc do terapeuty. Tematy te obejmują:

Rozdział 4: Zmartwienia, niepokój i zespół stresu pourazowego
Rozdział 5: Uczucie smutku i depresji
Rozdział 6: Nawyki i uzależnienia
Rozdział 7: Najwyższa wydajność
Rozdział 8: Związki
Rozdział 9: Kiedy nadchodzi katastrofa

Na pewnym etapie życia każdy doświadcza uczucia zmartwienia, smutku, zachowań samosabotujących, problemów w związkach i dążenia do doskonałości. W rozdziałach od 4 do 8 znajdziesz wskazówki dotyczące korzystania z podstawowego protokołu tappingu dla każdej z tych kwestii. Rozdział 9 koncentruje się na zastosowaniu psychologii energetycznej w grupach społecznych po doświadczeniu katastrofy. Wreszcie rozdział 10 poszerza zakres rozważań o społeczne skutki psychologii energetycznej.

Rozdziały od 4 do 8 rozpoczynają się od części „Szybka pomoc", która następnie prowadzi do bardziej dogłębnej eksploracji istotnych kwestii związanych z tematem. Dodatkowo rozdziały 4, 5 i 6 odnoszą się do swoich tytułowych tematów, przedstawiając:

- Przykłady ilustrujące skuteczne leczenie PTSD, depresji i uzależnień za pomocą metody tappingu akupunkturowego.
- Podsumowanie najskuteczniejszych strategii w zakresie zdrowia psychicznego w odniesieniu do tych schorzeń.
- Rozważania, w jaki sposób terapeuci lub pacjenci mogą dostosować metodę tappingu w celu zwiększenia skuteczności praktyk.

Każdy rozdział w tej części zakłada podstawowe zrozumienie treści z rozdziałów 2 i 3. Dlatego możesz swobodnie poruszać się po tych rozdziałach w dowolnej kolejności, zgodnie z tym, co rezonuje z tobą, ponieważ ich tematy zachęcają do eksploracji.

Zagłębiając się w którykolwiek z tych rozdziałów, możesz wyruszyć w głęboką i złożoną podróż, ponieważ każdy z nich jest zarówno znaczący, jak i ambitny. Dlatego ważne jest, aby podejść do nich z cierpliwością i współczuciem.

ROZDZIAŁ 4

ZMARTWIENIA, NIEPOKÓJ I ZESPÓŁ STRESU POURAZOWEGO (PTSD)

Tapping jest bardzo skuteczny w rozwiązywaniu problemów takich jak fobie, lęk, PTSD i im podobne, ponieważ nie tylko przerywa reakcję na stres, ale także usprawnia układ limbiczny[1].

Nick Ortner,
założyciel The Tapping Solution

NIEKORZYSTNE DOŚWIADCZENIA mogą przejąć kontrolę nad twoim układem nerwowym, powodując, że będzie działał przeciwko tobie[2]. Przejmującym tego przykładem jest doświadczenie pięćdziesięciorga dzieci przebywających w sierocińcu El Shaddai w Kigali, które były świadkiem ludobójstwa w Rwandzie w 1994 roku i które nawet kilkanaście lat po tej tragedii cierpiały z powodu poważnych objawów PTSD, takich jak lęk, depresja, retrospekcje, koszmary senne i bezsenność. Wiele z tych dzieci, obecnie w wieku nastoletnim, było świadkami brutalnych zabójstw swoich rodziców. Nasi bliscy współpracownicy wprowadzili terapię pola myśli w sierocińcu, a skuteczność tego leczenia została oceniona za pomocą uznanej listy kontrolnej objawów PTSD, którą opiekunowie dzieci wypełniali zarówno przed pojedynczymi sesjami terapeutycznymi, jak i po nich.

Wyniki znacznie przewyższyły te zaobserwowane w jakichkolwiek wcześniejszych recenzowanych badaniach dotyczących leczenia PTSD pod względem szybkości, skuteczności i odsetka uczestników, którym udzielono pomocy[3]. Po zaledwie jednej sesji tappingu (z pomocą tłumaczy) 47 z 50 sierot nie odczuwało już objawów PTSD w standardowej ocenie. Jeszcze większe wrażenie robi to, że korzyści te zostały potwierdzone podczas przeprowadzonej rok później obserwacji dokonanej przy użyciu tej samej oceny, bez dalszego leczenia. Psycholog Caroline Sakai, jedna z badaczy, opowiedziała historię 15-letniej dziewczynki, która podczas ludobójstwa w 1994 roku miała zaledwie trzy lata.

Ukrywała się wraz z rodziną i innymi mieszkańcami wioski w miejscowym kościele, w którym doszło do masakry. Wtargnęli tam mężczyźni z maczetami i zaczęli zabijać każdego, kto był wewnątrz. Ojciec dziewczynki kazał jej i innym dzieciom uciekać, nie oglądając się za siebie. Dziewczynka była posłuszna i biegła tak szybko, jak tylko mogła, ale wtedy usłyszała przeraźliwy krzyk ojca. Wiedziała, że kazał jej uciekać, ale jego krzyki były tak nieludzkie, że zawróciła i z przerażeniem patrzyła, jak grupa mężczyzn z maczetami go morduje.

Przez kolejne 12 lat nie było dnia, by nie doświadczyła retrospekcji tej sceny. Jej sen był nękany przez koszmary związane z tym wspomnieniem. Podczas sesji terapeutycznej poprosiłam ją, aby przypomniała sobie tamto wydarzenie i naśladowała mnie, gdy stukałam w wybrany zestaw punktów akupunkturowych, kiedy ona opowiadała historię retrospekcji. Po kilku minutach jej rozdzierający serce szloch i przygnębienie nagle zmieniły się w uśmiech. Kiedy ją zapytałam, co się stało, powiedziała, że uzyskała dostęp do miłych wspomnień. Po raz pierwszy przypomniała sobie ojca i rodzinę bawiących się razem. Powiedziała, że do tego czasu nie miała żadnych wspomnień z dzieciństwa sprzed ludobójstwa.

Mogłyśmy na tym poprzestać, ale zamiast tego skierowałam ją z powrotem do tego, co wydarzyło się w kościele. Tłumaczka spojrzała na mnie, jakby chciała zapytać: „Dlaczego znowu o tym wspominasz, skoro wszystko już jest w porządku?". Ale ja chciałam ją całkowicie wyleczyć. Dziewczynka znów zaczęła płakać. Opowiadała, że widziała, jak zabijano innych ludzi. Przypomniała sobie, że żyje dzięki szybkiej reakcji jej ojca, który odwrócił uwagę mężczyzn i kazał dzieciom uciekać.

Dziewczynka rozpłakała się ponownie, gdy po raz kolejny doświadczyła okropności, których była świadkiem, ukrywając się na zewnątrz wraz z innym małym dzieckiem. Oboje byli jedynymi ocalałymi z całej wioski. Ponowna runda tappingu pozwoliła jej zachować wspomnienie bez przeżywania grozy tego doświadczenia.

Po około 15–20 minutach omawiania jednego scenariusza po drugim dziewczynka zaczęła się uśmiechać i opowiadać historie o swojej rodzinie. Jej matka zabroniła dzieciom jedzenia słodkich owoców z obawy o zdrowie ich zębów. Ale jej ojciec potajemnie przynosił je do domu w kieszeniach, a kiedy jej matka nie widziała, rozdawał je dzieciom. Gdy o tym opowiadała, emanowało z niej szczęście i radość, zarówno tłumaczka, jak i ja śmiałyśmy się razem z nią.

Ilustracja 4.1. Osierocone dzieci i młodzież z Rwandy, które były uczone podstawowego protokołu tappingu przez dr Caroline Sakai i jej zespół

W kolejnych dniach wyznała, że po raz pierwszy nie doświadczyła ani retrospekcji, ani koszmarów i była w stanie spać spokojnie. Wydawała się radosna i wyrażała podekscytowanie pozytywnymi wspomnieniami o swojej rodzinie. Po zaledwie jednej sesji terapeutycznej wyniki jej testów spadły z wartości znacznie przekraczającej próg PTSD do poziomu znacznie poniżej niego, a poprawa ta została utrzymana podczas oceny kontrolnej przeprowadzonej rok później[4].

Znaczący wpływ pojedynczej sesji tappingu na 47 z 50 nastolatków zadziwił wszystkich, w tym badaczy. Byli ostrożni, aby nie sugerować w swoich dyskusjach, że jedna sesja jest wystarczająca do leczenia PTSD. Niektóre osoby na przykład mogą być neurologicznie predysponowane do doświadczenia znaczącego przełomu, ale liczba sesji potrzebnych do skutecznego leczenia za pomocą protokołów akupunktury była znacznie niższa niż w przypadku innych technik[5]. W szeroko zakrojonym badaniu z udziałem

1722 uczestników leczonych przez 287 praktyków nawet jedna sesja tappingu zmniejszyła subiektywny stres i niepokój ze średniej oceny w skali SUD wynoszącej 7,7 do 2,5[6].

WSPÓLNY ZWIĄZEK MIĘDZY ZMARTWIENIAMI, NIEPOKOJEM I PTSD

Zmartwienie, niepokój i PTSD występują w spektrum od łagodnego dyskomfortu do poważnego cierpienia, a wszystkie łączy wspólny wątek strachu. William James, który w latach 1875–1907 pełnił funkcję kierownika Katedry Psychologii na Uniwersytecie Harvarda, zauważył, że istotnym wyzwaniem w edukacji psychologicznej jest „uczynienie naszego układu nerwowego naszym sprzymierzeńcem, a nie wrogiem"[7]. Idea ta służy jako główny temat tego rozdziału.

Strach pojawia się na początku łańcucha ewolucyjnego. Nawet myszy, nasi dalecy krewni, posiadają wyspecjalizowane obwody mózgowe reagujące na strach, podobnie jak ludzie[8]. Obwody te aktywują instynktowne strategie przetrwania – walkę, ucieczkę lub zamrożenie – w obliczu *bezpośredniego zagrożenia*. Są to automatyczne reakcje na poczucie niebezpieczeństwa. Natomiast lęk obejmuje ciało i umysł *przygotowujące* się na możliwość wystąpienia czegoś strasznego. W przeciwieństwie do strachu lęk może utrzymywać się przez długi czas i nie zawsze musi być związany z wyraźnym i obecnym zagrożeniem.

Ostatnie badania nad mózgiem ujawniły zaskakujące odkrycie dotyczące związku między strachem a lękiem. Chociaż te dwa stany emocjonalne są wyraźnie różne, oba angażują te same szlaki neuronalne[9]. PTSD jest klasyfikowane jako zaburzenie lękowe, ponieważ jego objawy pojawiają się nawet przy braku bezpośredniego zagrożenia, podobnie jak w przypadku innych zaburzeń lękowych. PTSD podnosi jednak lęk na inny poziom, powodując znaczne (choć odwracalne) uszkodzenie układu nerwowego. Zarówno lęk, jak i PTSD mają aspekty fizjologiczne i subiektywne. Objawy fizjologiczne mogą obejmować kołatanie serca, hiperwentylację, pocenie się, drżenie, ucisk w żołądku lub nudności. Subiektywne doświadczenia mogą obejmować uczucie strachu, nerwowość, panikę lub poczucie zbliżającego się niebezpieczeństwa i zagłady. Ponadto w obu stanach dominują problemy związane ze snem i koncentracją.

Zmartwienie to stan psychiczny, który przede wszystkim aktywuje obszary mózgu odpowiedzialne za rozwiązywanie problemów. Podczas gdy lęk może rozwinąć się ze zmartwienia, obejmuje on dalsze elementy fizjologiczne i subiektywne. W dzisiejszym złożonym świecie, w którym główne czynniki stresogenne są często społeczne lub psychologiczne, nasze zmartwienia i lęki wiążą się z rzeczywistymi lub wyobrażonymi scenariuszami, które nie stanowią żadnego fizycznego zagrożenia. Niemniej wyzwalana jest ta sama reakcja walki lub ucieczki, a negatywny wpływ na zdrowie i wewnętrzny spokój z powodu ciągłego niepokoju jest dokładnie znany[10].

Oprócz reakcji walki-ucieczki-zamrożenia inną reakcją na traumę z dzieciństwa może być tendencja do zadowalania innych. Może to powodować problemy w przyszłych związkach i jest jednym z powodów, dla których niektóre osoby pozostają z agresywnym partnerem.

Korzystanie z metody tappingu może pomóc w zmniejszeniu nadmiernego zmartwienia, radzeniu sobie z niepotrzebnym strachem i niepokojem, przezwyciężaniu tendencji do zadowalania oraz leczeniu poważnych skutków traumy, w tym PTSD lub innych zmian w układzie nerwowym wynikających z intensywnego stresu. Zacznijmy od zmartwień.

CODZIENNE ZMARTWIENIA

Martwienie się jest powszechnym doświadczeniem każdego człowieka i nie brakuje powodów, które zaprzątają nasze umysły: zdrowie, finanse, rodzicielstwo, dobre samopoczucie bliskich, stres związany z pracą, wygląd fizyczny, status społeczny, zbliżające się wystąpienia publiczne i upływ czasu. Na bardziej globalnym poziomie mamy do czynienia z alarmującymi kwestiami, takimi jak podnoszący się poziom mórz, szalejące pożary i niszczycielskie burze. Wielu z nas zadaje sobie pytanie, czy te wydarzenia wpłyną na nas lub nasze rodziny. Czy gospodarka się załamie? Czy grozi nam przestępczość, terroryzm, zagrożenie wojną nuklearną lub biologiczną? Czy nasze wolności i styl życia są zagrożone?

Zmartwienia ukierunkowują naszą uwagę, wpływając na nią zarówno w pozytywny, jak i negatywny sposób. Pozwalają przewidzieć potencjalne problemy i przygotowują do radzenia sobie z nimi, jeśli się pojawią. Ten stan umysłu wyostrza umiejętność rozwiązywania problemów, umożliwiając zapobieganie tym, którym można zapobiec. Ale to samo zmartwienie, które może prowadzić do opracowania innowacyjnych strategii radzenia sobie z trudnościami lub ich unikania, może również przekształcić się w nieustępliwy stan, eskalując niepokój i obsesyjny strach. Może działać jako psychologiczny kaftan bezpieczeństwa, ograniczając perspektywę i tłumiąc najbardziej pomysłowe reakcje na napotykane przeszkody.

Podczas gdy niepokój przenika ciało, zamartwianie się zaczyna się głównie w umyśle. Obrazowa metafora z chińskiego przysłowia ilustruje, w jaki sposób zmartwienie może przekształcić się w niepokój: „Nie możesz uniknąć tego, że ptaki trosk i zmartwień fruwają nad twoją głową, ale możesz nie pozwolić im zbudować gniazd w twoich włosach".

PRZEZWYCIĘŻANIE NADMIERNEGO ZAMARTWIANIA SIĘ

Martwienie się może przejść od sposobu, w jaki umysł skupia się na tym, co wymaga twojej uwagi, do skupiania się na potencjalnych problemach lub obsesyjnego rozmyślania o rzeczach, nad którymi nie masz kontroli. Wchodzenie w te mentalne przestrzenie marnuje kreatywną energię i wyczerpuje siły witalne. Strony internetowe, które oferują wskazówki dotyczące przezwyciężania zmartwień lub obsesyjnych lęków, zalecają trenowanie umysłu w celu powstrzymania reakcji strachu (jedna z witryn, którą odkryliśmy, radzi: „Po prostu powiedz »nie« strachowi"), ale ich wskazówki dotyczące osiągnięcia tego celu są ograniczone. Niemniej włączenie tappingu do praktycznych strategii może stworzyć potężną metodę.

Tapping może wzmocnić strategie, takie jak „zaakceptuj to, czego nie możesz zmienić" i „trenuj swój mózg, aby wyłączyć irracjonalne lęki", dostarczając sygnały dezaktywujące do regionów mózgu związanych z lękiem i strachem, jednocześnie wysyłając sygnały aktywujące do obszarów odpowiedzialnych za zarządzanie strachem. Chociaż dokładny mechanizm, za pomocą którego ciało kieruje te aktywujące i dezaktywujące sygnały do odpowiednich miejsc, pozostaje niejasny, zarówno obserwacje kliniczne, jak i różne badania obrazowe wskazują, że tak właśnie jest[11].

JAK ZACZĄĆ

Przed zapoznaniem się z metodami wykorzystania podstawowego protokołu tappingu do radzenia sobie z niepokojem, przygotowaliśmy część „Szybka pomoc" wspomnianą we wprowadzeniu. Na następnej stronie znajdziesz wszechstronny skrypt, który ilustruje, w jaki sposób tapping może być stosowany w celu złagodzenia nadmiernych zmartwień. Chociaż nie dostosowuje on metody tak jak szczegółowe instrukcje przedstawione w dalszej części rozdziału, może dać pewne korzyści i przygotuje grunt pod bardziej kompleksowe podejście.

Szybka pomoc: Niepokój

Ten skrypt może być wykorzystany w przypadku zmartwień, które wydają się przesadne. Skoncentruj się na swoim zmartwieniu i przypisz mu ocenę w skali SUD od 0 do 10. Rozpocznij od wypowiedzenia pierwszej frazy podczas stukania w punkt na czubku głowy. Przejdź do następnej frazy, opukując kolejny punkt. Kontynuuj ten proces, przechodząc przez każdą frazę i stukając w dwanaście punktów. Możesz pominąć wszelkie frazy, które nie rezonują z tobą[12].

„Nawet jeśli martwię się o [podaj zmartwienie],
kocham siebie i całkowicie akceptuję to, że mam to zmartwienie.
Nawet jeśli to zmartwienie mnie wyczerpuje i jest intensywne,
postanawiam wiedzieć, że mogę je uwolnić.
Nawet jeśli nie wiem, jak pozbyć się tego zmartwienia,
jestem otwarty na pójście naprzód.
Czuję to zmartwienie w mojej [wymień część ciała].
Wiem, że to mnie wyczerpuje.
Stukam, aby zmniejszyć to uczucie.
Decyduję się zacząć odpuszczać i znaleźć większy spokój.
Chociaż czasami wydaje się, że bezpieczniej jest się martwić, niż odpuścić,
jestem gotów rozważyć poczucie bezpieczeństwa bez tego zmartwienia.
Nie muszę już dłużej nosić tego ciężkiego uczucia.
Postanawiam uwolnić to zmartwienie i poczuć się lżej.
Wdycham relaks i wydycham zmartwienie.
Nawet jeśli czułem się przytłoczony tym zmartwieniem,
postanawiam pozwolić mu zniknąć i iść naprzód z pewnością siebie.
Postanawiam skupić się na tym, co mogę kontrolować.
Postanawiam zrobić wszystko, co w mojej mocy, by uwolnić się od tego zmartwienia.
Postanawiam pozwolić wszechświatowi poprowadzić mnie właściwą ścieżką.
Znajdę źródła wsparcia, które pomogą mi przez to przejść.
Jestem spokojny i pewny siebie, pozwalając temu zmartwieniu zniknąć”.

Powtarzając tę sekwencję dwa lub trzy razy, prawdopodobnie zauważysz złagodzenie odczuwania zmartwienia. Aby ocenić tę zmianę, oceń swoje zmartwienie w skali SUD. Nawet jeśli zmartwienie nadal wydaje się przytłaczające, będziesz w stanie sobie z nim poradzić, korzystając z podstawowego protokołu tappingu opisanego w tym rozdziale.

MARTWIENIE SIĘ JEST ZARÓWNO STANEM FIZJOLOGICZNYM, JAK I PSYCHOLOGICZNYM

Podczas gdy lęk intensywniej angażuje ośrodki strachu w mózgu, zwykłe zmartwienie wpływa na twoje ciało. Fizjologiczna reakcja na zmartwienie wskazuje, w jaki sposób prymitywny mózg lub wczesne uwarunkowania interpretują sytuację. Stłumienie tej reakcji za pomocą technik energetycznych pozwala zaangażować zaawansowane zdolności rozwiązywania problemów, nieskrępowane przez ewolucyjne instynkty, które były bardziej przydatne w środowisku odległych przodków, lub przez trudności z wcześniejszych etapów życia, które nie zostały w pełni przetworzone.

Stan psychologiczny charakteryzujący się nadmiernym zamartwianiem się często wynika z pesymistycznego modelu myślenia. Na przykład możesz przeceniać prawdopodobieństwo wystąpienia negatywnych skutków, szybko przeskakiwać do najgorszych scenariuszy lub interpretować każdą niespokojną myśl jako pewnik. Chociaż może to wynikać z twoich wczesnych doświadczeń, jest to również tendencja, którą wszyscy odziedziczyliśmy. Nasi przodkowie musieli być wyczuleni na potencjalny głód, drapieżniki, najeźdźców i inne sytuacje zagrażające życiu. Świadomość czającego się lwa była o wiele bardziej korzystna dla przetrwania niż znajdowanie najdojrzalszych owoców, więc ludzie pozostawali wyczuleni na różne fizyczne niebezpieczeństwa obecne w ich środowisku.

Jako daleki potomek tych, którzy przeżyli, jesteś z natury skłonny do przedkładania problemów nad radości. Ta tendencja do negatywnego nastawienia w ludzkiej psychologii jest często określana jako „nastawienie negatywne"[13]. Neuropsycholog Rick Hanson zwięźle opisał to zjawisko: „Twój mózg jest jak rzep dla negatywnych doświadczeń i jak teflon dla pozytywnych"[14]. Niestety reakcje, które mają kluczowe znaczenie w obliczu zagrożeń fizycznych, często mogą być nieprzydatne, gdy są prowokowane przez presję psychologiczną, z którą mamy dziś do czynienia.

UŻYWANIE PODSTAWOWEGO PROTOKOŁU TAPPINGU W PRZYPADKU NADMIERNEGO MARTWIENIA SIĘ

Zamierzamy przeprowadzić cię przez podstawowy protokół tappingu specjalnie zaprojektowany, aby pomóc w martwieniu się, które możesz uznać za nadmierne. Zmniejszenie emocjonalnego uścisku takiego zamartwiania się nie oznacza ignorowania podstawowych kwestii. Oznacza to raczej zmniejszenie emocjonalnego wpływu zmartwienia na ciebie. Przedstawimy krótki przegląd każdego z 12 kroków protokołu, które można znaleźć w rozdziale 2, wraz z odpowiednimi numerami stron zawierającymi bardziej szczegółowe opisy, a także podzielimy się spostrzeżeniami na temat tego, jak zastosować każdy krok do swojego martwienia się. Chociaż 12 kroków może wydawać się zniechęcające, prawdopodobnie się przekonasz, że możesz przejść przez nie w ciągu około 20 do 30 minut, chyba że ujawnią one głębsze obawy, którymi zdecydujesz się zająć w tym czasie.

1. FAZA PRZYGOTOWANIA

Wiele obaw skutecznie funkcjonuje w „konstruktywnej strefie", kierując uwagę na kwestie, które wymagają rozwiązania. Niektóre zmartwienia mogą jednak przyczynić się do pogłębienia problemu lub wprowadzić dodatkowe komplikacje. Kiedy zmartwienie zniekształca rzeczywistość danej sytuacji, staje się ona trudniejsza do rozwiązania. Na przykład możesz się martwić, jak poinformować swoją dorosłą córkę, że nie chcesz spędzić z jej rodziną Święta Dziękczynienia. Nie możesz zmusić się do przekazania tej wiadomości i chorujesz na dzień przed planowanym spotkaniem.

Przygotowanie, krok 1: Wybierz swój temat (s. 76)

Rozpoznaj zmartwienie, które wydaje się przytłaczające, lub takie, które wyczerpuje twoją energię. Wiele osób zmaga się z licznymi obawami. Jeśli znajdziesz się w takiej sytuacji, skup się na jednej z nich. W razie potrzeby możesz później zastosować tę metodę do innych zmartwień. Jeśli nie pojawi się nic konkretnego, pomyśl o negatywnym wydarzeniu, które może się wydarzyć. Nie ma potrzeby straszyć się najbardziej ekstremalnymi scenariuszami. Po prostu pomyśl o czymś, co możesz potencjalnie stracić, lub o sytuacji, która może się pogorszyć.

Podobnie jak w rozdziałach 2 i 3 nasi testerzy podzielili się swoimi wpisami do dziennika podczas przechodzenia przez ten rozdział. Przedstawimy relacje dwóch z tych osób. Robert jest szczęśliwie żonatym dyrektorem banku i ojcem dwóch synów, którzy urodzili się po tym, jak jego pierwszy syn zmarł na guza mózgu w wieku trzech lat. Wcześniej mężczyzna nie miał żadnego doświadczenia z tappingiem. Ava jest 49-letnią terapeutką, doświadczoną w tappingu, która świadczy usługi kliniczne w klinice zdrowia psychicznego i jest tam również administratorem.

Zmartwienie Roberta

„Każdego dnia obawiam się, że któryś z naszych synów może poważnie zachorować".

Zmartwienie Avy

„Mam obawy związane z potencjalnym awansem, który

zwiększyłby moje obowiązki przy jednoczesnym braku uprawnień do podejmowania decyzji lub wdrażania zmian. Mój przełożony ma tendencję do mikrozarządzania, zachowywania informacji o planach i inicjatywach dla siebie i nieoczekiwanych zmian kierunku. Kiedy przejmuję inicjatywę w podejmowaniu decyzji, obawiam się krytyki, obwiniania, nagan i braku wsparcia. Martwię się, że stanę się kozłem ofiarnym obarczonym winą za wszelkie pojawiające się problemy i zostanę niesprawiedliwie oceniona.

Twoja kolej

Poświęć chwilę, aby krótko opisać w swoim dzienniku zmartwienie, które wybrałeś. Nie musi być ono tak przygnębiające jak w przypadku Roberta ani tak kluczowe dla twojego codziennego życia jak w przypadku Avy, ale upewnij się, że jest to dla ciebie coś ważnego. Jeśli twoje obawy bardziej przypominają powracające myśli, możesz wyrazić je za pomocą wyrażeń takich jak „Część mnie martwi się, że…".

Przygotowanie, krok 2: Ocena poziomu dyskomfortu związanego ze zmartwieniem (s. 79)

Skoncentruj się na uczuciu niepokoju i przypisz mu ocenę w skali SUD od 0 do 10. Ocena ta odzwierciedla dyskomfort obecny w umyśle i/lub ciele, gdy koncentrujesz się na zmartwieniu. Kluczową kwestią jest tutaj rozważenie, w jaki sposób wpływa ono na twoje samopoczucie. Zapisz liczbę w swoim dzienniku wraz z opisem zmartwienia.

Początkowa ocena SUD Roberta

Uczucia, które Robert rozpoznał, obejmowały silny ucisk w klatce piersiowej, przemieszczający się przez gardło i osadzający się za oczami, jakby próbował wypchnąć łzy. Strach przed utratą synów mocno ciążył na mężczyźnie. Ocena w skali SUD wyniosła 10.

Początkowa ocena SUD Avy

Gdy Ava skupiła się na swoim niepokoju, w jej umyśle wielokrotnie pojawiały się myśli o niesprawiedliwości jej przełożonego. Dodatkowo zdała sobie sprawę z niepokojącego odczucia pod żebrami po prawej stronie. Oceniła swój poziom zmartwienia na 8.

Twoja kolej

Zwróć uwagę na uczucia i myśli, które się pojawiają, gdy skupiasz się na swoim zmartwieniu. Oceń intensywność swoich zmartwień w skali od 0 do 10, biorąc pod uwagę te odczucia i swój poziom niepokoju.

Przygotowanie, krok 3: Utworzenie wstępnej frazy przypominającej (s. 81)

Twoja fraza przypominająca utrzymuje psychologiczne zaangażowanie w zmartwienie podczas tappingu. Nie musisz dokładnie opisywać sytuacji, wystarczy, że wiesz, co ona oznacza.

Fraza przypominająca Roberta:

„Rak może powrócić".

Fraza przypominająca Avy:

„Zostanę niesprawiedliwie oceniona".

Twoja kolej

Zanotuj kilka fraz, które utrzymają twój niepokój podczas tappingu.

Przygotowanie, krok 4: Sformułowanie deklaracji akceptacji (s. 82)

Deklaracja akceptacji to po prostu opis problemu, po którym następuje akceptacja siebie i/lub akceptacja tego, że masz ten problem.

Deklaracja akceptacji Roberta

„Nawet jeśli bardzo się boję, że Mason lub Oliver mogą zachorować na raka, akceptuję ten strach".

Deklaracja akceptacji Avy

„Nawet jeśli się martwię, że gdy przyjmę ten awans, będę odpowiedzialna za wszelkie błędy w pracy, w pełni i z całego serca akceptuję to, kim jestem".

Twoja kolej

Używając frazy przypominającej jako podstawy, stwórz deklarację akceptacji w swoim dzienniku.

2. CYKL TAPPINGU

Istota sesji w psychologii energetycznej polega na zakotwiczeniu deklaracji akceptacji, powtarzaniu frazy przypominającej podczas stukania, ćwiczeniu procedury integracji, ponownym stukaniu, a następnie nadaniu nowej oceny SUD. Każdy krok zostanie poniżej wyjaśniony.

Cykl tappingu, krok 1: Zakotwiczenie deklaracji akceptacji (s. 84)

Rozpocznij od zlokalizowania wrażliwych obszarów w klatce piersiowej i delikatnie masuj je podczas wypowiadania pierwszej części deklaracji akceptacji. Następnie umieść dłonie na czakrze serca, znajdującej się w centrum klatki piersiowej, podczas artykułowania drugiej części deklaracji. Powtórz ten proces dwa razy. Zrób to teraz

Kroki 2–4 cyklu tappingu: opukaj, zintegruj, opukaj (s. 88–90)

Rozpocznij rundę tappingu podczas wypowiadania frazy przypominającej w każdym akupunkcie (krok 2). Po wykonaniu tej czynności przejdź do procedury integracji (krok 3) i wykonaj kolejną rundę tappingu, ponownie używając frazy przypominającej (krok 4). Pamiętaj, aby wypowiadać frazę przypominającą z wystarczającym naciskiem i uczuciem, a nie jak formułkę wyuczoną na pamięć.

Te trzy kroki powinny zająć mniej niż trzy minuty. Chcemy ponownie podkreślić, że nie osadzasz zmartwienia głębiej w swojej psychice, choć na początku może się tak wydawać. Stukanie wysyła sygnały dezaktywujące do ośrodków strachu i zagrożenia w mózgu, wyzwalanych przez zmartwienie.

Cykl tappingu, krok 5: Ponowna ocena w skali SUD (s. 90)

Po zakończeniu początkowej rundy tappingu, procedury integracji i kolejnej sesji tappingu (jak opisano wcześniej), ponownie oceń swoje zmartwienie za pomocą nowej oceny SUD. Kontynuuj ten cykl, aż poziom SUD przestanie się zmniejszać.

Ponowna ocena SUD Roberta

Robert z pewnością miał do czynienia z bardzo trudnym i intensywnym problemem. Po tym, jak zauważył: „Nie mam już tego uczucia duszenia się”, ocena w skali SUD spadła do 8, pozostała jednak na tym poziomie nawet po dwóch dodatkowych rundach tappingu.

Ponowna ocena SUD Avy

Ava zapisała w swoim dzienniku następujące słowa:

Po trzech rundach tappingu „nieprzyjemne uczucie pod żebrami” zniknęło (ocena SUD zmniejszyła się do 0). Stałam się jednak świadoma ucisku w gardle, który oceniłam na 8. Kiedy skupiłam się na tym odczuciu, połączyłam je z niemożnością wypowiedzenia się lub bycia wysłuchaną. Myśląc o tym, że nie jestem słyszana, zaczęłam opukiwać to uczucie. Po dwóch rundach stukania zaczęłam ziewać. Ucisk w gardle się zmniejszył, a moje obawy związane z przyjmowaniem większej liczby obowiązków bez posiadania autorytetu spadły do poziomu 4.

Twoja kolej

Zastanawiając się nad swoimi początkowymi obawami, oceń je w skali od 0 do 10 w oparciu o to, ile niepokoju wywołują one obecnie w twoim umyśle i/lub ciele. Zapisz tę liczbę w swoim dzienniku. Powtórz cykl tappingu (kroki 2–5), używając tej samej frazy przypominającej. Jeśli ocena SUD pozostaje taka sama po dwukrotnym wykonaniu kroków 2–5, przejdź do następnej sekcji zatytułowanej „Modyfikacja protokołu". Jeśli jednak ocena SUD się zmniejszyła, powtarzaj kroki 2–5, aż przestanie spadać. Jeśli w tym momencie lub w dowolnym momencie liczba ta wzrośnie (co zwykle wskazuje, że pojawił się inny aspekt zmartwienia), również należy przejść do następnej sekcji.

3. MODYFIKACJA PROTOKOŁU

Po ukończeniu pierwszego cyklu protokołu możesz zmodyfikować jego brzmienie, aby lepiej odzwierciedlał twoją tożsamość i obecny moment rozwoju.

Modyfikacja protokołu, krok 1: Przekształcenie deklaracji akceptacji w deklarację postanowienia (s. 92)

Przyjrzyj się swojej deklaracji akceptacji. Dokonaj niewielkiej zmiany jej początku, uznając, że część ładunku mogła pozostać nawet po tappingu. Zrób tak, ponieważ nieświadomy umysł bierze rzeczy bardzo dosłownie, więc małe zmiany pomogą ci pozostać w zgodzie z tym, co się wydarzyło. Na przykład frazę: „Nawet jeśli część mnie martwi się, że skończy się to porażką..." można zmienić na „Nawet jeśli część mnie **nadal** odczuwa **pewien** niepokój, że skończy się to porażką...".

Możesz kontynuować używanie tej nieznacznie zmodyfikowanej deklaracji akceptacji przed kolejnymi rundami tappingu. W miarę zmniejszania się oceny SUD korzystne staje się jednak przekształcenie deklaracji akceptacji w deklarację postanowienia (s. 122). Powodem, dla którego zwykle nie wprowadzamy deklaracji postanowienia, dopóki ocena SUD znacznie się nie zmniejszy, jest to, że deklaracja postanowienia może wprowadzić rozwiązanie, zanim będziesz gotowy na jego przyjęcie. Gdy poczujesz się gotowy, druga część deklaracji (następująca po części „Nawet jeśli...") może przykładowo się przekształcić we frazy:

„Postanawiam pozostać opanowany i pewny siebie".

„Postanawiam wyciągnąć z tego doświadczenia ważną lekcję, która ma kluczowe znaczenie dla mojego życia".

„Postanawiam pozwolić, by ta troska uczyniła moje serce bardziej otwartym".

„Postanawiam pozwolić, by to trudne wyzwanie mnie wzmocniło".

„Postanawiam odkryć w sobie niewykorzystany potencjał".

„Postanawiam zaakceptować fakt, że są rzeczy, poza moją kontrolą".

Jesteś już teraz przyzwyczajony do wypowiadania frazy deklaracji postanowienia: „Nawet jeśli martwię się o [opisz swoje obawy], postanawiam [opisz decyzję]". Jeśli nie możesz wymyślić wiarygodnej deklaracji postanowienia, aby zrównoważyć początkową część, pozostań na razie przy deklaracji akceptacji.

Deklaracja postanowienia Roberta

„Nawet jeśli nadal odczuwam głęboki strach, że Mason lub Oliver mogą zachorować na raka, postanawiam skupić się na pozytywnych wspomnieniach związanych z życiem Bobby'ego".

Oraz:

„Postanawiam skupić się na byciu wdzięcznym za moich dwóch zdrowych synów, zamiast martwić się o coś, co jest bardzo mało prawdopodobne".

Deklaracja postanowienia Avy

„Nawet jeśli nadal odczuwam pewien niepokój, że gdy przyjmę ten awans, będę odpowiedzialna za wszelkie błędy w pracy, postanawiam przyjąć to, co się stanie, i iść naprzód z pewnością siebie".

Twoja kolej

Stwórz w swoim dzienniku deklarację postanowienia opartą na powyższych instrukcjach, włączając w to wstawienie słów „nadal" i „pewien" do pierwszej frazy. Tak jak poprzednio zakotwicz ją, wypowiadając ją trzy razy, pocierając czułe miejsca w klatce piersiowej podczas pierwszej frazy i trzymając ręce na czakrze serca podczas drugiej.

Modyfikacja protokołu, krok 2: Odniesienie się do konkretnych aspektów sytuacji, wykraczając poza frazę przypominającą (s. 94)

Monitorowanie zarówno fizycznych i psychologicznych aspektów zmartwień jest wewnętrzną podróżą, która może prowadzić w różnych kierunkach. W przypadku wielu osób i wielu zmartwień kroki, które zostały podjęte do tego momentu, znacznie zmniejszą intensywność i uporczywość zmartwień. Możesz jednak nadal znaleźć pewne aspekty, które – jeśli tylko się nimi zajmiesz – mogą je jeszcze bardziej zmniejszyć. Wprowadzenie tych elementów może również odkryć nowe wyzwania, z którymi można sobie poradzić indywidualnie, korzystając z podstawowego protokołu tappingu. Jedną z mocnych stron akupunktury jest szybkość, z jaką można rozwiązać jeden problem i przejść do następnego.

Podczas odkrywania elementów swojego zmartwienia możesz zauważyć, że jeden element może wydawać się sprzeczny z innym. Na przykład możesz doświadczać emocji związanych z trudnym wydarzeniem, takich jak uczucie smutku i zranienia. I odwrotnie, inna część ciebie może próbować chronić się przed doświadczaniem tych negatywnych emocji, na przykład poprzez unikanie sytuacji, które mogłyby je wywołać. Po prostu pracuj z tym, co pojawia się w twojej świadomości, i podążaj za tym; jeśli uznasz jeden aspekt (np. „pozwalam sobie na moje uczucia"), a pojawi się inny (np. smutek i ból, przed którymi chronił cię pierwszy aspekt), to nie ma w tym nic złego. Podobnie usunięcie jednego zmartwienia może ujawnić inne, które czaiło się w pobliżu. Ogromną siłą tappingu jest to, że możesz przynieść akceptującą świadomość do każdego aspektu, który pojawia się w chwili obecnej, i rozwiązać każdy z nich. Zilustrujemy to, dzieląc się doświadczeniami zarówno Roberta, jak i Avy, gdy koncentrowali się oni na aspektach, które się pojawiły.

Dodatkowe aspekty zmartwienia Roberta

Dla Roberta istotnym źródłem jego niepokoju był utrzymujący się wpływ bolesnej choroby i późniejszej śmierci Bobby'ego. Gdy zagłębił się w powody, dla których jego ocena SUD się nie zmieniała, wspomnienia z tego okresu przytłoczyły go. To, co zaczęło się od protokołu, który jest skuteczny w zmniejszaniu większości zmartwień, przekształciło się w pomoc w leczeniu najtragiczniejszego wydarzenia w jego życiu.

Robert i jego żona konsultowali się z doradcą do spraw żałoby w miesiącach po śmierci

Bobby'ego, a także uczestniczyli w ośmiotygodniowej grupie wsparcia przeznaczonej dla rodziców, którzy stracili dziecko. Okazało się to pomocne, ale głębia smutku utrzymywała się nadal. Robertowi udało się stłumić większość tego żalu, gdy wrócił do swoich codziennych zadań i obowiązków. Niemniej ciągła obawa, że jeden z jego pozostałych synów może zachorować, sprawiała, że smutek nie dawał o sobie zapomnieć.

Ciągłe przypominanie sobie, że choroba uderzyła nagle, niczym grom z jasnego nieba, wisiało nad życiem Roberta jak ciemna chmura. Przeszkadzało mu to w pełni cieszyć się tym, co według prawie wszystkich standardów było bardzo szczęśliwymi okolicznościami: kochające się małżeństwo, dwaj uroczy i zdrowi synowie, praca, którą lubił, i wygodny styl życia. Podczas kolejnej wizyty u doradcy do spraw żałoby, rok po śmierci Bobby'ego, Robert wyraził swój nieustający smutek. Przypadkowo wspomniał o możliwości zostania testerem techniki tappingu w książce, którą teraz czytasz. Chociaż doradczyni nie była przeszkolona w psychologii energetycznej, znała tę metodę i zachęciła Roberta do zastosowania jej do swoich wspomnień z okresu od diagnozy Bobby'ego do jego śmierci. Robert podszedł do tego systematycznie, przechodząc przez kolejne etapy podstawowego protokołu tappingu.

Potrafił dokładnie odtworzyć każde wspomnienie. Przypomniał sobie moment, w którym uświadomił sobie, że objawy Bobby'ego są niepokojące; wizytę u lekarza, podczas której okazało się, że bóle głowy syna były spowodowane guzem mózgu; początkową próbę wyjaśnienia chłopcu sytuacji medycznej; różne sytuacje, w których ból Bobby'ego spowodowany uciskiem guza okazał się trudny do złagodzenia; uczucia rozpaczy i bezsilności, których doświadczył, omawiając z żoną strategie radzenia sobie z chorobą syna; momenty pogarszającego się stanu zdrowia Bobby'ego; chwilę jego śmierci i widok dziecka w trumnie. Zajmował się tymi wspomnieniami po jednym lub dwóch naraz, zazwyczaj podczas sesji trwających około 15 do 20 minut każda. Niektóre wspomnienia wymagały więcej niż jednej sesji. Podążał za wszystkimi krokami w podstawowym protokole tappingu, w tym opukując elementy, które pojawiły się, gdy rejestrował kolejne oceny SUD.

Każde wspomnienie Roberta zaczęło się od wysokiej oceny SUD, wskazując na znaczny poziom niepokoju zarówno w jego umyśle, jak i ciele, kiedy myślał o tym wydarzeniu. Podczas gdy tapping nie zmniejszył bólu tych wspomnień, umożliwił on Robertowi przypomnienie sobie tego doświadczenia bez konieczności ponownego przeżywania cierpienia. Doszedł do etapu, w którym wspomniany wcześniej efekt uogólnienia, omówiony w poprzednich rozdziałach (s. 101), został uruchomiony, powodując, że inne wspomnienia, które początkowo mężczyzna zidentyfikował, nie wymagały już większej uwagi.

Chociaż powrót do tych wspomnień z tak wyraźnymi szczegółami był trudny, poczucie ulgi, którego Robert doświadczył, było wystarczająco silne, aby zachęcić go do kontynuowania procesu i zajęcia się kolejnym wspomnieniem. W ciągu około tygodnia skupił się na każdym wspomnieniu, które pierwotnie rozeznał lub które pojawiło się podczas opukiwania, uczestnicząc w jednej lub dwóch sesjach prawie każdego dnia.

Po tym trudnym procesie ponownie ocenił swoje obawy dotyczące zdrowia pozostałych synów i przypisał im nową ocenę. Wynik obniżył się z 8 do 4. Następnie Robert przeszedł do rozdziału 3, który ma na celu przyspieszenie procesu, jeśli podstawowy protokół tappingu nie przyniesie pełnych rezultatów, których się szuka. Za każdym razem, gdy skupiał się na tym zmartwieniu, jego poziom energii spadał, dzięki czemu użycie prostej techniki energetycznej natychmiast zadziałało niezwykle kojąco.

Robert z łatwością rozpoznał swoje psychologiczne odwrócenie: „Jeśli przestanę się martwić, stanie się to, czego się boję". W głębi duszy wierzył, że zaprzestanie zamartwiania się jest niebezpieczne. Uświadomienie sobie tego było zgodne z metodami radzenia sobie z odwróceniem psychologicznym i zniekształceniami poznawczymi. Najskuteczniejszym podejściem było zaangażowanie się w wewnętrzny dialog. Robert zrozumiał, że chciałby przekazać zmarłemu synowi kilka informacji, które nosił w sercu, i wyobraził sobie stojącego przed nim Bobby'ego, któremu ze łzami w oczach mówi, jak bardzo go kocha, jak bardzo za nim tęskni i że już nadszedł czas, aby Robert uwolnił się od intensywnego żalu, który nosił w sobie od jego śmierci.

Po wykonaniu tych kroków mężczyzna odkrył, że jego ocena SUD dotycząca tych zmartwień spadła do 2, poziomu, który uznał za akceptowalny. Było to świadectwem głębokiej miłości, jaką darzył swoje pierwsze dziecko, i potwierdzeniem, że niektóre czynniki są poza jego kontrolą. Chociaż ocena SUD wynosząca 0 jest celem idealnym, osiągnięcie poziomu 1 lub 2 może być całkowicie wystarczające w różnych okolicznościach, takich jak sytuacja Roberta, gdy stary, uporczywy model jest powoli demontowany albo gdy sportowiec lub artysta zdaje sobie sprawę, że odrobina niepokoju może pozytywnie wpłynąć na jego występ. Działania, które Robert musiał podjąć, aby poradzić sobie ze zmartwieniem, wymagały od niego konfrontacji i przetworzenia niezwykle bolesnej rany emocjonalnej, co stanowiło znaczący krok w kierunku uzdrowienia.

Wybraliśmy historię Roberta, ponieważ chcieliśmy zilustrować złożoną sieć problemów, które mogą być związane z pojedynczym zmartwieniem, i pokazać, że tapping może skutecznie rozwiązać każdy problem powiązany z niepokojem wynikającym z istotnego doświadczenia. Niemniej wiele obaw zmniejszy swoją intensywność po zajęciu się fizycznymi odczuciami, które wywołują. Po wykonaniu podstawowych kroków opisanych wcześniej większość zmartwień można przekształcić w bardziej stabilne ramy przewodnie. Choć niepokój Avy nie był tak poważny jak Roberta, to jednak również dostarczył jej trudnych chwil.

Inne aspekty przyczyniające się do niepokoju Avy

Ava zaczęła od zmodyfikowanej deklaracji akceptacji i frazy przypominającej: „Zostanę niesprawiedliwie oceniona".

Podczas sesji tappingu usłyszała w umyśle głos: „Nie zrobiłaś tego dobrze. Nie tak tutaj postępujemy". Poniższy fragment pochodzi z jej dziennika:

> Kontynuowałam opukiwanie, podążając za moim wewnętrznym głosem. Zdałam sobie sprawę, że głos ten przypominał zarówno mojego przełożonego, jak i moją matkę. Wróciłam myślami do

wcześniejszych doświadczeń, kiedy usłyszałam, jak ktoś mówi: „Nie zrobiłaś tego dobrze", i przypomniałam sobie incydent z mojego dzieciństwa, kiedy miałam 8 lat i zostałam upomniana za nieodpowiednie posprzątanie swojego pokoju.

Czułam się dumna z tego, jak pięknie posprzątałam swój pokój, i zawołałam mamę, by pokazać jej efekty mojej pracy. Zamiast pochwały przeciągnęła palcem po górnej części ościeżnicy, pokazała kurz i powiedziała: „Wygląda na to, że niedokładnie posprzątałaś". Poczułam się zdruzgotana, zawstydzona i zła. Zaczęłam opukiwać to wspomnienia: „Nawet jeśli moja mama znalazła kurz na ościeżnicy i czułam się, jakbym dostała cios w brzuch, postanawiam uznać, że to nie moja wina, a mojej mamy". Niestety wynik SUD nadal pozostał na poziomie 9.

Aspekty:

- Zauważyłam mamę przy framudze drzwi, podnoszącą palec, by pokazać mi kurz.
- Usłyszałam, jak mama mówi: „Wygląda na to, że niedokładnie posprzątałaś".
- To było jak cios w brzuch.
- Poczułam wstyd z powodu niewystarczająco dokładnego posprzątania.
- Byłam przekonana, że: „Nie spisałam się dobrze".

Wierzyłam, że niezależnie od moich wysiłków nigdy nie będą one wystarczające.

Fraza przypominająca: „Wygląda na to, że niedokładnie posprzątałaś".

Podczas opukiwania frazy: „Wygląda na to, że niedokładnie posprzątałaś" zaczęłam płakać. Kontynuowałam tapping i dodałam technikę integracji (oczy, nucenie, liczenie). Po trzech rundach mój wynik SUD spadł do 7.

Kontynuowałam opukiwanie kolejnych wspomnień z czasu dzieciństwa, kiedy bałam się płakać z obawy przed karą. Kołysałam się w przód i w tył, stukając w energetyczne punkty relaksacyjne. Wyobraziłam sobie moją obecną jaźń obejmującą moją młodszą jaźń, która płakała, mówiąc: „To było naprawdę niemiłe". Gdy się wydawało, że się uspokoiła, wymieniłam rzeczy, które wykonała bardzo dobrze, jak uporządkowanie półki z książkami, posprzątanie szafy, posprzątanie pod łóżkiem i odkurzenie.

Chociaż nie odpowiedziała, pozwoliła mi podejść bliżej i zaoferować jej pocieszenie, podczas gdy ona nadal płakała.

Mój poziom SUD związany ze stwierdzeniem: „Wygląda na to, że niedokładnie posprzątałaś" pozostał na poziomie 7.

Poczułam, jakby mnie coś uciskało w przeponie, coś, co przypominało supeł, więc poświęciłam chwilę na zbadanie jego cech. Był gęsty, ciemny i mocno zwinięty, podobny do rdzenia piłki baseballowej. Skupiałam się na tych doznaniach, aby poczuć ich energię. Supeł nieco się rozluźnił, a następnie przesunął w górę, do klatki piersiowej i gardła. Wzięłam kilka razy głęboki wdech i wydech, po czym kontynuowałam opukiwanie. Intensywność odczuwania węzła, mierzona w skali SUD, zmniejszyła się do 5. Ponownie oceniałam stwierdzenie: „Wygląda na to, że niedokładnie posprzątałaś" i stwierdziłam, że poziom SUD spadł z 7 do 3.

Gdy wróciłam pamięcią do pierwotnego wspomnienia, usłyszałam w umyśle głos mojej mamy, której ton wydawał się wesoły, jakby mama żartowała, mówiąc: „Wygląda na to, że niedokładnie posprzątałaś".

(Ze względu na to, jak dokładnie był posprzątany mój pokój, mama musiała znaleźć miejsce, które było poza moim zasięgiem. Nie było możliwości, żebym mogła dosięgnąć górnej części ościeżnicy).

Zamknęłam oczy i przeniosłam się myślami do momentu, w którym mama wyszła z pokoju. Zamiast denerwować się jak moja ośmioletnia jaźń, sięgnęłam po stołeczek, by dosięgnąć górnej części ościeżnicy i ją odkurzyć. Gdy wytarłam kurz, zaprosiłam moją młodszą jaźń do wspólnego czytania. Zostałam z nią, a ona pokazywała mi swoje książki i opowiadała o rzeczach, które lubi robić. Zdecydowałyśmy, że pójdziemy razem popływać.

Poziom SUD związany ze stwierdzeniem: „Wygląda na to, że niedokładnie posprzątałaś" spadł do 0.

Powróciłam do mojej deklaracji postanowienia: „Nawet jeśli nadal odczuwam pewien niepokój, że gdy przyjmę ten awans, będę odpowiedzialna za wszelkie błędy w pracy, postanawiam przyjąć to, co się stanie, i iść naprzód z pewnością siebie".

Ocena SUD zmniejszyła się do 0. Zdałam sobie sprawę, że nie

są to „moje rzeczy do przepracowania", kiedy wyobraziłam sobie mojego przełożonego obwiniającego mnie za wszelkie powstałe problemy.

Twoja kolej

Podstawowy protokół tappingu może bardzo pozytywnie zadziałać na wiele zmartwień bez potrzeby wykonywania szczegółowych kroków zilustrowanych doświadczeniami Roberta i Avy. Angażując się w pracę ze swoimi zmartwieniami, zwracaj uwagę na wszelkie pojawiające się możliwości, aby skupić się na jego aspektach lub zastanowić się nad swoją przeszłością.

4. OCENA WYNIKÓW (S. 104)

Ocena wyników jest ostatnim krokiem w podstawowym protokole tappingu i jest wykonywana po zakończeniu wszystkich poprzednich prac nad danym zagadnieniem. W tym kroku będziesz wizualizować scenariusz, który oceni, czy nowa ocena SUD pozostaje spójna. Ważne jest, aby zrozumieć, że wyobrażony scenariusz nie reprezentuje rzeczywistego wystąpienia zmartwienia; jest to raczej sytuacja, która wywołuje niepokój o jego potencjalne wystąpienie. Jeśli taka sytuacja pojawi się w prawdziwym życiu, będziesz lepiej przygotowany do radzenia sobie z nią psychicznie, jeśli udało ci się oddzielić zmartwienie od nieprawdziwych reakcji emocjonalnych i fizjologicznych, dzięki czemu twoje reakcje będą tak konstruktywne, jak to tylko możliwe. W przypadku Roberta ocena wyników, gdy jego poziom SUD nadal wynosił 8, nie miałaby sensu. Gdy jednak ocena ta spadła do 2, co Robert uznał za akceptowalne z uwagi na jego historię, był on przygotowany na wyobrażenie sobie scenariusza, który oceniłby stabilność jego postępów.

Wyzwanie Roberta

Robert wyobraził sobie bliskiego przyjaciela, który właśnie otrzymał wiadomość, że u jego córki zdiagnozowano cukrzycę. Przekonał się, że jest w stanie zaofiarować pocieszenie i wskazówki temu przyjacielowi, nie będąc przytłoczonym strachem o własnych synów. To uświadomienie przyniosło mu ulgę i nieco go zaskoczyło, pokazując, że postępy, jakie poczynił w związku ze swoim przerażającym zmartwieniem, były znaczne i stabilne.

Wyzwanie Avy

„Wyobraziłam sobie scenariusz, w którym byłam na nowym

stanowisku nadzorczym. Mój przełożony wszedł do mojego biura i zaczął omawiać podjętą przeze mnie decyzję. Podczas gdy słuchałam i przedstawiałam swoje przemyślenia, zauważyłam, że nie obawiam się jego krytyki. Moja ocena SUD pozostała na zerowym poziomie.

Twoja kolej

Wyobraź sobie sytuację, która mogłaby sprawdzić twoje postępy. Zwizualizuj tę scenę bardzo wyraźnie w swoim umyśle. Jeśli twoje postępy pozostaną niezmienne, skutecznie udało ci się utrzymać ten niepokój w odpowiednich ramach. Jeśli jednak poziom SUD znacznie się zwiększy, zwróć uwagę na myśli lub uczucia, które przyczyniły się do wzrostu wyniku. Możesz rozważyć powrót do niektórych z poprzednich kroków lub użycie technik tappingu, aby przepracować te odczucia. Jeśli jest to znaczące źródło niezadowolenia, które nie zostało rozwiązane metodami opisanymi w tym rozdziale, i jesteś zdeterminowany, aby natychmiast się nim zająć, pomoże ci rozdział 3, który zawiera cenne wskazówki.

POKONYWANIE LĘKU

Przechodząc od zmartwień do lęku, zauważamy, że lęk osiągnął poziom epidemii na całym świecie, dotykając ponad 40 milionów osób w samych Stanach Zjednoczonych, w tym znaczną liczbę dzieci i młodych dorosłych. Chociaż niektóre rodzaje lęku, takie jak zaburzenie obsesyjno-kompulsyjne (ang. *Obsessive-Compulsive Disorder* – OCD), mogą być szczególnie trudne do leczenia, istnieją dostępne metody, aby go zniwelować. Ale tylko około jedna trzecia osób cierpiących na poważny zaburzenia lękowe w Stanach Zjednoczonych faktycznie otrzymuje pomoc, a konsekwencje braku wystarczającego wsparcia w przypadku przewlekłego lęku mogą być znaczące. Nieleczony lęk jest uważany za zaburzenie „przejściowe", które często prowadzi do problemów ze zdrowiem fizycznym, depresji lub nadużywania substancji psychoaktywnych[15]. Nawet łagodny lęk może skutkować poważnymi długoterminowymi konsekwencjami. Badania z udziałem 68 222 osób dorosłych wykazały, że samo doświadczanie chronicznego lęku na niskim poziomie wiązało się z 20-procentowym wzrostem ryzyka zgonu w ośmioletnim okresie, wraz z różnymi komplikacjami fizycznymi i emocjonalnymi[16].

Badania nad tappingiem w celu złagodzenia lęku

Badania kliniczne wskazują, że protokoły obejmujące opukiwanie akupunkturowe są bardzo skuteczne w radzeniu sobie z lękiem. W analizie statystycznej przeprowadzonej w 2016 roku oceniono 14 recenzowanych badań klinicznych[17]. Analiza opublikowana w cenionym czasopiśmie „Journal of Nervous and Mental Disease" wykazała skuteczność tappingu akupunkturowego w zmniejszeniu zaburzeń lękowych u łącznie 658 osób poddanych leczeniu. Poniżej znajduje się kilka przykładów poszczególnych badań, o których mowa w tej analizie:

- Po zaledwie jednej sesji tappingu poziom lęku u kobiet przygotowujących się do operacji spadł o 74 procent.
- Po ukończeniu sześciu sesji EFT poziom lęku wśród weteranów wojennych spadł o 42 procent.
- Osoby, które doświadczają lęku przed publicznym przemawianiem, osiągnęły statystycznie znaczącą poprawę po 45-minutowej sesji tappingu.
- Uczniowie szkół średnich, którzy doświadczali lęku przed egzaminami wstępnymi na uniwersytet, zauważyli 37-procentowe obniżenie poziomu lęku po krótkiej sesji tappingowej.

Zaobserwowane zmiany nie były jedynie subiektywne. Ciało produkuje kortyzol, hormon związany ze stresem. Chociaż odgrywa on istotną rolę w zarządzaniu stresem, nadmiar kortyzolu może prowadzić do niepokoju i wywoływać reakcję walki lub ucieczki nawet przy braku bodźców zewnętrznych[18]. Badania wskazują, że tylko jedna sesja tappingu może znacznie obniżyć poziom kortyzolu[19] i wspierać korzystne zmiany w ekspresji genów[20]. Wpływ tappingu na hormony, ekspresję genów i różne warunki fizjologiczne[21] jest podstawowym czynnikiem przyczyniającym się do jego skuteczności w leczeniu zaburzeń psychicznych.

Opis przypadku: Leczenie zaburzeń lękowych

Dwudziestokilkuletnia Emily umówiła się na sesję z Davidem, aby poradzić sobie z lękami, które przez wiele lat znacząco wpływały na jej życie. Uczucia te były szczególnie intensywne w sytuacjach, gdy musiała przebywać z innymi ludźmi lub gdy tylko pomyślała o jakiejkolwiek interakcji z innymi. Obawiała się, że popełni błąd lub powie coś, co doprowadzi do jej ośmieszenia. Praca jako sprzedawca w domu towarowym stała się codzienną walką, w której ograniczała mówienie, aby pozostać uprzejmą dla klientów. Ponadto skrupulatnie unikała nawiązywania przyjaźni i odrzucała oferty randek od zainteresowanych nią mężczyzn. Zapytana o pochodzenie tych emocji, Emily opowiedziała o wydarzeniu, które miało miejsce wkrótce po rozpoczęciu studiów w college'u. Podczas lunchu z nowymi znajomymi przyznała, że bardzo podoba jej się pewien piłkarz na kampusie. Jedna z dziewcząt odpowiedziała: „Raczej piekło zamarznie, niż się z tobą umówi!", co wywołało salwy śmiechu reszty znajomych. Ten incydent sprawił, że Emily nigdy nie wróciła do college'u.

David poczuł emocjonalny ciężar tej historii, ale zdał sobie również sprawę, że strach Emily przed byciem ocenianą sięgał głębiej. Podczas przeprowadzania techniki mostu afektywnego (s. 141) Emily przypomniała sobie długo skrywane wydarzenie z czasów przedszkolnych. Był wietrzny dzień na placu zabaw, a ona ścigała dziewczynkę, która zabrała jej lalkę. Wiatr uniósł spódnicę Emily, a tego szczególnego dnia Emily nie założyła żadnej bielizny. Jak to przedszkolaki mają w zwyczaju, dzieci rozmawiały o tym przez resztę dnia.

Emily poczuła przytłaczające poczucie upokorzenia, gdy skonfrontowała się z różnymi elementami incydentu podczas procesu tappingu. Przypomniała sobie moment, w którym uświadomiła sobie, że inni na nią patrzą, i zrozumiała, czego są świadkami, ciepło zażenowania zalewające jej klatkę piersiową i twarz, drwiny innych dzieci wyśmiewających ją i jej frustrację na siebie, że zapomniała założyć majtki. Doświadczyła również silnego pragnienia, by po prostu zniknąć. Po zajęciu się każdym możliwym do zidentyfikowania aspektem i zredukowaniu jego poziomu SUD do zera udało jej się również sprowadzić do zera incydent w college'u. Wszystko to miało miejsce podczas pierwszej sesji.

Podczas kolejnej sesji skupiono się na okolicznościach, które wywołały niepokój Emily. Zajęto się w szczególności jej strachem przed pójściem do pracy, a także konkretnymi wydarzeniami, które miały miejsce w pracy, takie jak sytuacja z ostatniego tygodnia, gdy musiała pomóc grupie głośnych kobiet, które weszły do sklepu. Tapping dotyczył zarówno niedawnych, jak i odległych wspomnień, a także związanych z nimi doznań fizycznych, które obejmowały takie objawy, jak przyspieszone bicie serca, pocenie się i dyskomfort w żołądku. Ostatecznie, gdy wspomnienia, wyzwalacze i doznania fizyczne zostały w dużej mierze zneutralizowane, trzecia sesja dotyczyła jej modelu przewodniego, że przebywanie w pobliżu innych nieuchronnie prowadzi do ośmieszenia. Pozwoliło to Emily wyobrazić sobie przyszłe scenariusze z udziałem innych ludzi bez odczuwania niepokoju.

Podczas ostatniej sesji skupionej na jej lęku Emily podzieliła się informacją, że przyjęła zaproszenie na kolację od jednego ze swoich klientów i spędziła wspaniały wieczór. Kilka lat później zaplanowała kolejną sesję, aby omówić kwestie związane z nowym chłopakiem. Sesja rozpoczęła się od przypomnienia sobie, jak po krótkim czasie terapii przestała unikać sytuacji społecznych, a wraz z tym stary model przewodni, który obejmował przerażenie, że zrobi coś zawstydzającego, stał się odległym wspomnieniem.

Stosowanie tappingu do radzenia sobie z lękiem

Liczne kroki stosowane do radzenia sobie z martwieniem się są również istotne dla radzenia sobie z lękiem, więc nie poprowadzimy cię przez oddzielny proces, tak jak zrobiliśmy to w przypadku zmartwień. Zamiast tego omówimy kilka dodatkowych aspektów, na których należy się skupić, jeśli używasz tej książki do radzenia sobie z lękiem. Punkty te są krótkie, ale przekazują podstawowe zasady.

- Ważne jest, aby podczas radzenia sobie z lękiem priorytetowo traktować swoje dobre samopoczucie fizyczne. Zadbaj o odpowiednie odżywienie i nawodnienie. W razie potrzeby skorzystaj z metod medycyny energetycznej, takich jak codzienna rutyna energetyczna (der. energytapping.com), aby się uspokoić i utrzymać stały stan spokoju poprzez regularną praktykę.
- Kiedy pojawia się lęk, poświęć chwilę na zidentyfikowanie odczuć, które mu towarzyszą. Okresowo skupiaj się na tych doznaniach i opukuj je, korzystając z podstawowego protokołu tappingu.
- Rozpoznaj, zbadaj i zastanów się nad wczesnymi doświadczeniami, które odegrały znaczącą rolę w rozwoju twojego lęku. Wykorzystaj technikę mostu afektywnego (s. 141), aby odkryć zdarzenia, które mogą nie zostać od razu rozpoznane.
- W swoim dzienniku opisz model przewodni, który napędza twój lęk, i nadal go monitoruj. Zwróć uwagę na to, jak zmienia się on w miarę pracy nad nierozwiązanymi emocjami z poprzednich doświadczeń. Skonfrontuj się z wszelkimi zniekształceniami poznawczymi lub samosabotującymi przekonaniami, tak jak nauczyłeś się to robić w rozdziale 3.
- Rozpoznaj czynniki wyzwalające, które powodują twój lęk, i zastosuj techniki tappingu, aby zająć się każdym z nich osobno.
- Zwróć szczególną uwagę na fazę „Ocena wyników" (s. 104), wyobrażając sobie scenariusze, które wcześniej budziły lęk przed procesem tappingu.
- Jeśli poziom SUD wzrośnie podczas fazy „Oceny wyników",

potraktuj to jako przydatną informację. Oczywistym następnym krokiem jest opukanie scenariusza, który sobie wyobrażasz. Ponadto możesz chcieć zidentyfikować inne czynniki, które uniemożliwiają zmniejszenie poziomu SUD. Jeśli czujesz się niepewnie i chcesz to dalej zgłębiać, kontynuuj kroki badawcze opisane w rozdziale 3.

Jak to często bywa, jeśli czujesz, że wyczerpałeś narzędzia samopomocy, i szukasz bardziej szczegółowego rozwiązania zamartwiania się, lęku, niepokoju lub podobnych kwestii, zawsze możesz zwrócić się do kogoś o pomoc. W prawie każdym większym mieście można znaleźć licencjonowanych specjalistów zdrowia psychicznego przeszkolonych w zakresie tappingu, a także trenerów życiowych specjalizujących się w tym podejściu[22]. Co więcej, zdalne sesje wideo również okazują się skutecznym sposobem korzystania z sesji tappingu.

ATAKI PANIKI

Atak paniki charakteryzuje się intensywnym lękiem, który jest skompresowany do kilku minut, ale może się wydawać, że ciągną się one w nieskończoność. Objawy fizyczne mogą obejmować przyspieszony oddech lub trudności ze złapaniem oddechu, ból w klatce piersiowej lub brzuchu, pocenie się, drżenie i/lub szybkie bicie serca, jego trzepotanie lub walenie. W tym czasie umysł może być przytłoczony silnym uczuciem strachu, lęku lub żywym poczuciem zbliżającej się zagłady lub śmierci. Chociaż nie jest możliwe wyjście z ataku paniki, istnieją proste strategie fizyczne i energetyczne, które mogą pomóc w jego złagodzeniu. Oto przejmujący przykład.

Techniki tappingu w radzeniu sobie z atakiem paniki

Profesor historii w college'u i nasz przyjaciel, który wykorzystuje techniki EFT, opowiedział o doświadczeniu, w którym wykorzystał tapping, aby poradzić sobie z atakiem paniki. Ta relacja pochodzi z jego refleksji w dzienniku:

Pewnej nocy, gdy mojej żony nie było w domu, zacząłem rozmyślać o wszystkich okropnych rzeczach, które mogą się wydarzyć: od utraty bliskich po pożar, od terroru uwięzienia podczas trzęsienia ziemi po cierpienie z powodu wyniszczającej choroby, a nawet tortur. Często wchodzę w te przerażające przestrzenie mentalne, a moje doświadczenie i wiedza sprawiają, że nie mogę zaprzeczyć, że takie wydarzenia mogą mieć i mają miejsce. Kiedy wchodzę w te stany umysłu, przerażające obrazy zalewają moje myśli. Nie jestem pewien, dlaczego tak się dzieje. Być może jest we mnie jakaś pokrętna logika, która wierzy, że wyobrażanie sobie tych scenariuszy może w jakiś sposób przygotować mnie na to, kiedy się wydarzą, a może jest to sposób na zapobieganie ich wystąpieniu. Zdaję sobie sprawę, że rzeczywistość nie funkcjonuje w ten sposób, a mimo to nieustannie wślizguję się w te mroczne zakamarki.

Tym razem jednak przerażające sny przerodziły się w coś więcej niż zwykła obawa o to, co może pójść nie tak. Zacząłem doświadczać fizycznej reakcji, która była poza moją kontrolą: moje serce przyspieszyło, oddech stał się płytki, drżałem i poczułem chęć ucieczki bez wyraźnego celu lub planu. Zdałem sobie sprawę: „Doświadczam ataku paniki!".

Nigdy wcześniej nie miałem ataku paniki, ale teraz rozumiem, jak każdy, kto go doświadczył, że jest to straszne uczucie. Brak jakiegokolwiek przewidywalnego zakończenia tylko pogarsza sytuację. Identyfikując to doświadczenie jako atak paniki, mogłem zdystansować się na tyle od przytłaczającego lęku, by zrozumieć, że jest to jedynie stan tymczasowy. Jednakże gdy ta świadomość zaczęła przynosić ukojenie, pojawiła się kolejna myśl: „Każda straszna rzecz, której się obawiasz, jest możliwa. Widzisz rzeczy takimi, jakimi są naprawdę. Twoje zwykłe zaprzeczanie nie wyciągnie cię z tego. Atak paniki, który teraz przeżywasz, będzie trwał wiecznie!".

Czułem się uwięziony, a poczucie paniki nie ustępowało. Chociaż nie myślałem zbyt jasno, nazwanie tego atakiem paniki natychmiast przypomniało mi, że tapping może złagodzić ten stan. Zacząłem więc opukiwać punkty akupunkturowe. Moje pierwsze słowa brzmiały: „Nawet jeśli mam atak paniki, akceptuję to, co się dzieje". Nie mając pewności, czy będzie to skuteczne, zauważyłem, że po powtórzeniu tego zdania po raz pierwszy wziąłem głęboki oddech. Przy trzecim powtórzeniu uspokoiłem się na tyle, by zastanowić się nad sytuacją; nie miałem już ataku paniki, moje tętno i oddech wróciły do normy, ale mój umysł był przepełniony niepokojem.

Pochłonęła mnie niezaprzeczalna prawda, że my, istoty ludzkie, jesteśmy całkowicie bezbronni. Życie nasze i naszych bliskich może zgasnąć w mgnieniu oka. Ból i cierpienie to niemal pewne elementy naszej przyszłości. Zazwyczaj radzimy sobie z tymi prawdami, spychając je głęboko w zakamarki naszych umysłów, co pozwala nam kontynuować nasze życie. Ja jednak zostałem zniewolony przez żywe obrazy tego, jak te straszne wydarzenia mogą się rozwinąć, umieszczając je na pierwszym planie, bez możliwości ich wyłączenia.

Po rozważeniu każdej możliwej opcji ucieczki od tego koszmaru z niechęcią doszedłem do wniosku, że poddanie się jest jedynym skutecznym rozwiązaniem. Niezależnie od tego, czy się z tym zgadzam, czy nie, strata i śmierć są nieuniknione. Zaakceptowanie tej rzeczywistości poprzez tapping, zamiast skupiać się na chęci zmiany tego, co nieuchronne, przyniosło mi poczucie spokoju. Nie mam możliwości powstrzymania śmierci, klęsk żywiołowych czy rozpadu społeczeństwa. Skupiłem się na myśli: „To nie moja odpowiedzialność, by powstrzymać to, czego nie mogę kontrolować". Z takim nastawieniem udało mi się w końcu zasnąć zeszłej nocy.

Dziś, gdy zastanawiam się nad wczorajszym doświadczeniem, czuję spokój. Potrafię docenić to, że moje życie jest pozytywne, i pozwalam, by to mnie wzmocniło. Zamiast martwić się potencjalnymi scenariuszami, mogę poradzić sobie z tym, co mnie spotka.

Cztery kroki do powstrzymania ataku paniki

Pierwszym krokiem w celu odzyskania kontroli podczas ataku paniki, na przykładzie naszego przyjaciela, jest przyznanie, że ma on miejsce. W przeciwieństwie do płaczu, który może sprawić, że poczujesz się oczyszczony, ataki paniki wzbudzają strach, podważają pewność siebie i wywołują niepokój o możliwość wystąpienia w przyszłości, co prowadzi do chęci unikania podobnych sytuacji.

Jeśli doświadczyłeś ataku paniki, który może być dość niepokojący, przywołaj wspomnienie swojego pierwszego lub najcięższego epizodu, podobnie jak w przypadku trudnych wspomnień opisanych w rozdziale 2. Ćwiczenie to ma na celu złagodzenie emocjonalnych pozostałości poprzednich doświadczeń. Następnie wykonaj te cztery proste kroki, aby zakorzenić je w sobie i korzystać w razie potrzeby.

1. Uświadom sobie, co się dzieje, i **przypomnij sobie, że niezależnie od tego, jak intensywne jest to uczucie, ono w końcu minie**, nie powodując żadnych szkód fizycznych. Jeśli często doświadczasz ataków paniki, przećwicz te afirmacje, aby były łatwo dostępne w razie potrzeby: „Doświadczam teraz ataku paniki i mogę przywrócić spokój mojemu ciału". Ponadto ważne jest, aby nauczyć się odróżniać atak serca od ataku paniki, ponieważ wiedza ta może być kluczowa w tym momencie[23]. Osoby przechodzące atak paniki często błędnie myślą, że mają atak serca, z powodu nakładających się objawów, takich jak dyskomfort w klatce piersiowej i zmiany w sposobie oddychania.
2. Następnie **skup się na chwili obecnej**. Obserwuj swoje stopy i dłonie. Jedną ręką chwyć podstawę palca serdecznego za

pomocą kciuka i palca wskazującego drugiej ręki. Ta czynność nie tylko pomaga ci pozostać uziemionym w chwili obecnej, ale także stymuluje obszary na palcu serdecznym, które mogą pomóc uspokoić reakcję walki lub ucieczki. Możesz zauważyć, że twój oddech zaczyna się stabilizować.

3. Utrzymuj uwagę na kontrolowaniu oddechu, jednocześnie **kładąc jedną otwartą dłoń na czole, a drugą z tyłu głowy**, tuż nad szyją. Technika ta, nazywana przez naszą koleżankę, psycholog Tarę Cousineau „uściskiem mózgu", stymuluje obszary, które pomagają uspokoić ciało i złagodzić dyskomfort.
4. Gdy poczujesz, że panika ustępuje, kontynuuj ten sam wzorzec oddychania, kładąc jedną dłoń na klatce piersiowej, a czterema palcami drugiej ręki delikatnie dotykając wgłębienia pomiędzy palcem serdecznym i małym na grzbiecie tej dłoni (patrz ilustracja 2.4 na s. 89). Są to punkty znane z podstawowego protokołu tappingu, które pomagają dezaktywować reakcję walki lub ucieczki. Jeśli ci to pomoże, wyobraź sobie, że jesteś w komfortowym dla siebie otoczeniu. Warto w wolnej chwili stworzyć sobie w myślach obraz „bezpiecznego miejsca", do którego możesz wrócić w razie potrzeby.

Jeśli doświadczysz ataku paniki i skorzystasz z tej procedury, prawdopodobnie uda ci się wprowadzić siebie w znacznie spokojniejszą przestrzeń. Po zakończeniu ataku możesz jednak nadal odczuwać napięcie w ciele. Aby je złagodzić, skuteczna może być metoda znana jako „progresywna relaksacja mięśni" (podobnie jak szybki marsz, bieganie, pływanie, kąpiel lub inna forma relaksu, która działa na ciebie kojąco). Polega ona na systematycznym napinaniu kolejnych grup mięśni w różnych częściach ciała – takich jak dłonie, ramiona, stopy, nogi, brzuch, klatka piersiowa, pachwina, szyja i twarz. Napnij mięśnie w tym obszarze przez sześć sekund, wstrzymując jednocześnie oddech. Następnie powiedz lub pomyśl „Rozluźnij się", rozluźniając mięśnie i powoli wydychając powietrze przez usta. Potem przejdź do kolejnej grupy mięśni.

Po złagodzeniu fizycznych napięć możesz skupić się na wszelkich niepokojących myślach związanych z atakiem paniki lub wyzwalaczach, które mogły go zainicjować. Można sobie z nimi poradzić za pomocą podstawowego protokołu tappingu.

RADZENIE SOBIE ZE STRESEM POURAZOWYM

Jeśli doświadczasz umiarkowanych lub ciężkich objawów psychologicznych wynikających z traumy, wykorzystania lub obrażeń fizycznych, możesz zmagać się z różnymi objawami, takich jak retrospekcje, koszmary senne, trudności ze snem, trudności z koncentracją, wzmożone reakcje przestrachu i zachowania autodestrukcyjne (na przykład nadużywanie substancji psychoaktywnych) lub angażowanie się w niepotrzebne ryzyko. Ponadto mogą wystąpić wybuchy złości, przytłaczające poczucie winy, wstyd, smutek, bezradność lub zaprzeczanie traumatycznemu incydentowi. Możliwe jest również, że zdecydujesz się unikać miejsc, działań lub osób, które wyzwalają wspomnienia traumatycznego doświadczenia.

Chcemy podkreślić, że żadna książka nie może w sposób odpowiedzialny zagwarantować zakresu uzdrowienia, które można osiągnąć. Chociaż możliwe jest radzenie sobie z PTSD za pomocą metod samopomocy, zdecydowanie zalecamy skorzystanie z pomocy wykwalifikowanego specjalisty i korzystania z tego rozdziału wraz z jego wskazówkami.

Ta część jest przeznaczona dla praktyków zajmujących się zdrowiem psychicznym, którzy chcą włączyć techniki tappingu do pracy z pacjentami doświadczającymi poważnych zaburzeń związanych z traumą. Nie zamierzamy jednak ukrywać żadnych informacji przed osobami, które doświadczyły traumy. W rzeczywistości te rozważania mogą być bardzo istotne dla osób poddawanych leczeniu z powodu tych schorzeń, a także dla członków ich rodzin i przyjaciół.

Chociaż poprzednie zalecenia w tym rozdziale, dotyczące radzenia sobie z zamartwianiem się, nadmiernym strachem, lękiem i paniką mogą być ważne, wsparcie współczującego, kompetentnego i wykwalifikowanego przewodnika jest niezastąpione w radzeniu sobie z głębokimi ranami emocjonalnymi podczas podróży uzdrawiającej. Naszym celem jest wskazanie ustalonych „najlepszych praktyk", zwłaszcza z badań klinicznych nad PTSD[24], i przedstawienie sposobów, jak zintegrować je z metodą tappingu akupunkturowego wspomaganego przez terapeutę.

Czym jest zespół stresu pourazowego (PTSD)?

PTSD (ang. *Post-Traumatic Stress Disorder* – zespół stresu pourazowego) jest uważane za zaburzenie lękowe charakteryzujące się poważnymi objawami i znaczącym wpływem na codzienne życie, co plasuje je na skraju spektrum lęku, które obejmuje również fobie, uogólnione zaburzenia lękowe, ataki paniki i zaburzenia obsesyjno-kompulsyjne. Powszechne czynniki wywołujące PTSD obejmują doświadczanie lub bycie świadkiem aktów przemocy, bycie ofiarą wykorzystywania seksualnego lub fizycznego w dzieciństwie lub w wieku dorosłym, a także udział w poważnych wypadkach lub klęskach żywiołowych, takich jak huragany, powodzie, tornada, tsunami i pożary. Traumatyczny stres pojawia się, gdy ktoś znajduje się w niekontrolowanej niebezpiecznej sytuacji, co prowadzi do przytłoczenia jego strategii radzenia sobie.

Strach ucieleśniony. Książka *Strach ucieleśniony*[25], której autorem jest Bessel van der Kolk, stanowi znaczącą zmianę w rozumieniu traumy i jej leczenia w sektorze zdrowia psychicznego. Książka ta, wraz z wcześniejszym artykułem o tym samym tytule, zdominowała listę bestsellerów z dziedziny literatury faktu „New York Timesa", utrzymując najwyższą pozycję przez imponujące 27 z 232 tygodni, kiedy się na niej znajdowała. Mieliśmy zaszczyt zaprezentować podejście energetyczne do leczenia traumy na prestiżowej Międzynarodowej Konferencji Traumy w 2015 roku, którego gospodarzem każdego roku był dr van der Kolk, którego uważamy za cenionego przyjaciela i kolegę. Zidentyfikował on trzy kluczowe sposoby, w jakie PTSD zmienia mózg:

1. Ciało migdałowate, prymitywna część mózgu zaangażowana w identyfikację zagrożenia, wzmacnia wszelkie oznaki niebezpieczeństwa.
2. Wzgórze, które jest zaangażowane w organizowanie informacji sensorycznych, traci zdolność filtrowania nieistotnych informacji, co prowadzi do przytłoczenia i dezorientacji nawet w zwykłych sytuacjach.
3. System neurologiczny zaangażowany w tworzenie poczucia własnego „ja", który przebiega przez struktury linii środkowej mózgu, zostaje stępiony, co skutkuje stłumionymi reakcjami na przyjemność, podniecenie, doznania i połączenia.

Lekarz Abram Kardiner, jedna z ważniejszych postaci zajmujących się rozumieniem i leczeniem PTSD, podkreślił fizjologiczną istotę PTSD[26]. Ośrodki mózgu odpowiedzialne za wykrywanie zagrożeń mogą albo ponownie przeżywać przeszłe doświadczenia, albo postrzegać codzienne sytuacje jako niebezpieczne. Dzięki skutecznej psychoterapii można zmienić ten wzorzec neurologiczny, odwracając w ten sposób trzy zmiany w mózgu zidentyfikowane przez doktora van der Kolka.

Układ nerwowy i PTSD. W obliczu zagrożenia układ nerwowy aktywuje reakcję walki-ucieczki-zamrożenia. Strategia ta powstała już u najwcześniejszych organizmów wielokomórkowych i nadal służy jako kluczowy mechanizm obronny u wszystkich ssaków. Ciało migdałowate jest odpowiedzialne za inicjowanie reakcji „walcz lub uciekaj". Gdy ta reakcja się rozpoczyna, tętno i oddech przyspieszają, a glukoza jest rozprowadzana po całym organizmie, aby przygotować go do walki lub ucieczki. Reakcja zamrożenia reprezentuje jeszcze bardziej podstawową reakcję stosowaną w królestwie zwierząt, gdy strategie takie jak udawanie martwego lub pozostawanie niezauważonym są jedyną realną obroną. Na przykład dziecko może doświadczyć tej reakcji, jeśli znajdzie się w pułapce i będzie molestowane przez dorosłego. Zarządzana przez nerw błędny (najdłuższy w ciele) reakcja zamrożenia rozciąga się od pnia mózgu do brzucha, wpływając na wiele narządów po drodze.

Podobnie jak ciało migdałowate, a często działając wraz z nim, nerw błędny ocenia bezpieczeństwo lub zagrożenie, rozróżniając między przyjacielem a wrogiem, nawet zanim staniesz się świadomy tych ocen[27]. W przypadku wykrycia zagrożenia uruchamiane są podstawowe reakcje walki-ucieczki-zamrożenia. Po minięciu niebezpieczeństwa nerw błędny dezaktywuje te reakcje i jak sugeruje psycholog Stephen Porges w swojej intrygującej teorii poliwagalnej, angażuje „system zaangażowania społecznego", bardziej zaawansowany ewolucyjnie[28]. Ponieważ PTSD utrzymuje osoby w stanie reakcji na zagrożenie pomimo jego realnego braku, terapie, które mogą aktywować system zaangażowania społecznego nerwu błędnego, służą jako antidotum na PTSD.

Psycholog Robert Schwarz wyjaśnił, w jaki sposób terapie obejmujące stukanie w akupunkty mogą utrzymać system zaangażowania społecznego nerwu błędnego jako podstawową reakcję, zamiast powracać do bardziej prymitywnej odpowiedzi na zagrożenie[29]. Kiedy osoba z PTSD przypomina sobie znaczące traumatyczne wydarzenie lub cokolwiek z nim związanego emocjonalnie, nerw błędny wyzwala automatyczną reakcję w ciele, która sugeruje, że dana osoba jest w niebezpieczeństwie. Zracjonalizowanie tej instynktownej reakcji może być niezwykle trudne. Wydaje się, że opukiwanie akupunktów przekazuje sygnały, które dezaktywują nerw błędny, nawet jeśli uruchamia on alarm. To przerwanie alarmu prowadzi do znaczącej zmiany w doświadczeniu. W rezultacie ciało pozostaje spokojne, podczas gdy osoba przypomina sobie wydarzenie, umożliwiając aktywację systemu zaangażowania społecznego.

Prawdopodobnie działa to równolegle z sygnałami dezaktywującymi, które stukanie w akupunkty przekazuje do ciała migdałowatego. Ponieważ zmiany te zachodzą dzięki tappingowi, osoby, które doświadczyły PTSD, mogą bardziej twórczo zrekonstruować swoje życie, wolne od ciężaru wielokrotnego przeżywania najbardziej traumatycznych doświadczeń. Mimo to PTSD pozostaje niezwykle trudne do skutecznego leczenia. W wielu tradycyjnych środowiskach terapeutycznych CBT i odmiany tej metody są nadal uważane za standard w leczeniu PTSD[30]. Tymczasem recenzowane badania przeprowadzone w ciągu 35 lat (od 1980 do 2015 roku) wykazały, że dwie trzecie członków służb i weteranów, którzy ukończyli kurs terapii poznawczej, nadal spełniało kryteria diagnostyczne PTSD po zakończeniu leczenia[31]. Wysoki odsetek osób porzucających terapię był również problemem w leczeniu PTSD za pomocą CBT[32]. Z drugiej strony protokoły akupunktury wykazują się wysoką skutecznością.

Badania nad wykorzystaniem tappingu w leczeniu PTSD

Pierwsze wysokiej jakości kontrolowane badanie psychologii energetycznej dla weteranów z PTSD wykazało niski odsetek osób przerywających leczenie, a także że 86 procent z 49 leczonych weteranów nie miało objawów PTSD już po sześciu jednogodzinnych sesjach tappingu (patrz ilustracja 4.2)[33]. Badanie

Objawy PTSD po 6 sesjach tappingowych

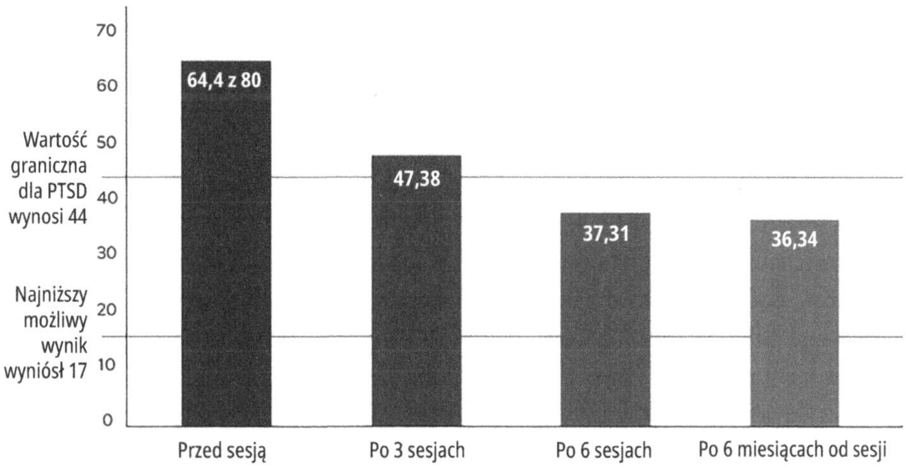

Ilustracja 4.2. Badacze wykorzystali wojskową wersję standaryzowanej listy kontrolnej PTSD (PCL-M) przed zabiegami tappingu i po nich

zostało powtórzone[34], a późniejsze badania dostarczyły mocnych dowodów potwierdzających te ustalenia[35].

W przeglądzie danych z siedmiu oddzielnych badań oceniono wyniki 247 pacjentów poddawanych terapii tappingowej w leczeniu PTSD. Badania wykazały znaczące „rozmiary efektu" – statystyczny wskaźnik wpływu sugerujący znaczną poprawę[36]. Jedno z tych badań koncentrowało się na zastosowaniu tappingu w leczeniu PTSD w publicznym ośrodku zdrowia w Szkocji[37]. Pacjenci mieli możliwość uczestniczenia w aż ośmiu sesjach terapeutycznych, ale leczenie zostało dobrowolnie przerwane po średnio 3,8 sesji ze względu na znaczną poprawę.

Badanie obejmujące 218 weteranów i ich małżonków wykazało, że 83 procent weteranów i 29 procent małżonków początkowo wykazało pozytywne wyniki w zakresie PTSD, przy czym ci ostatni doświadczali zjawiska określanego jako „zastępcze PTSD"[38]. Po tygodniowym odosobnieniu, które obejmowało cztery dni technik emocjonalnej wolności (EFT) i różnych metod psychologii energetycznej, nastąpiło znaczne zmniejszenie objawów. Podczas sześciotygodniowej obserwacji tylko 28 procent weteranów (spadek z 83 procent) i 4 procent małżonków (spadek z 29 procent) uzyskało wynik testów wskazujący na PTSD.

Analiza 36 badań koncentrujących się na różnych metodach leczenia dzieci, które doznały traumy w wyniku katastrof spowodowanych przez człowieka lub klęsk żywiołowych, wykazała, że tylko w jednym badaniu zastosowano metodę psychologii energetycznej[39]. Pozostałe metody wykorzystywały bardziej tradycyjne podejścia, takie jak CBT i terapia narracyjnej ekspozycji. Spośród wszystkich 36 metod terapia tappingowa wykazała największą skuteczność. Ponieważ jednak porównanie to obejmowało tylko jedno zastosowanie tappingu, może ono nie odzwierciedlać dokładnie jego ogólnej skuteczności. Późniejsza analiza przeprowadzona przez innych badaczy, w której oceniano 17 różnych interwencji w leczeniu młodzieży z traumą, potwierdziła ten wynik[40]. W analizie tej EFT uplasowała się jako jedna z dwóch najskuteczniejszych terapii łagodzących objawy PTSD po zakończeniu leczenia i okazała się najskuteczniejsza spośród 17 interwencji w utrzymywaniu poprawy objawów PTSD podczas obserwacji. Jeśli chodzi o potencjalną stronniczość, żadna z grup nie była powiązana z podejściem tappingowym, a ich raporty jedynie odnotowały wysoką skuteczność terapii tappingowych.

Na stronie vetcases.com można obejrzeć 10-minutowy film przedstawiający fragmenty demonstrujące metodę tappingu akupunkturowego stosowaną do szybkiego leczenia czterech weteranów cierpiących na PTSD[41].

Wykorzystanie tappingu w leczeniu PTSD

Po zapoznaniu się z badaniem, które wykazało 86-procentowy wskaźnik sukcesu wśród 49 weteranów po sześciu sesjach tappingu[42], David skontaktował się z głównym autorem badania, aby poprosić o możliwość rozmowy z niektórymi zaangażowanymi terapeutami. Jedna z takich terapeutek, Ingrid Dinter, podzieliła się swoimi doświadczeniami w pracy z Keithem, żołnierzem piechoty, który służył w delcie Mekongu podczas wojny w Wietnamie. Podczas pierwszej sesji opowiedział, że był świadkiem „wielu ofiar po obu stronach". Nawet ponad trzydzieści lat później nadal dręczyły go koszmary i powracające retrospekcje. „Czasami wydaje mi się, że widzę żołnierzy za krzakami i drzewami" – stwierdził. Jego uciążliwa bezsenność, zaostrzona przez koszmary, sprawiała, że był zmęczony i miał trudności z funkcjonowaniem przez cały dzień. Chociaż zdiagnozowano u niego PTSD, poinformował, że ani terapia grupowa, ani indywidualna prowadzona przez Departament Spraw Weteranów Stanów Zjednoczonych nie złagodziła jego objawów.

Podczas sześciu sesji z Ingrid Keith zaangażował się w stukanie w punkty akupunkturowe, koncentrując się na traumatycznych wspomnieniach z wojny i różnych stresorach psychologicznych. Podczas pierwszej sesji wspomniał, że od zakończenia wojny zazwyczaj udawało mu się spać tylko od jednej do dwóch godzin i doświadczał około dwóch koszmarów każdej nocy. Po zakończeniu sześciu sesji zgłosił, że osiągnął od siedmiu do ośmiu godzin ciągłego snu bez żadnych koszmarów. Zauważył on również zmniejszenie nasilenia innych objawów, w tym natrętnych wspomnień, reakcji przestrachu i intensywnego poczucia winy. Rozmowa kontrolna po sześciu miesiącach, wraz z dodatkowymi testami, potwierdziła, że poprawa została utrzymana. Krótko mówiąc, głównym celem jego podejścia było zajęcie się traumatycznymi wspomnieniami i bieżącymi wyzwalaczami, które wywołały objawy PTSD.

Wykorzystanie tappingu do osiągnięcia celów skutecznych praktyk w leczeniu PTSD. Broszura z jednej z sesji szkoleniowych doktora van der Kolka zapewnia terapeutów, że po ukończeniu programu będą posiadać „wiedzę, której potrzebujesz, aby zapewnić swoim pacjentom":

- metodę identyfikacji słów, które oddają głęboki i niepokojący wpływ traumy,
- narzędzia do zarządzania swoimi emocjami, nawet gdy są one nieoczekiwanie wyzwalane,
- zdolność do pokładania zaufania w innych po bolesnych

i niepokojących doświadczeniach związanych z traumą,
- możliwość bycia w pełni obecnym i ugruntowanym w teraźniejszości zamiast utknięcia w przeszłych doświadczeniach.

Chociaż niniejsza książka nie jest w stanie zastąpić kompleksowego profesjonalnego programu szkoleniowego, takiego jak prowadzony przez doktora van der Kolka, podstawowy protokół tappingu może w zaskakującym stopniu pomóc pacjentom osiągnąć każdy z tych celów. Zastanów się nad narzędziami, które zdobyłeś w rozdziałach 2 i 3, ponieważ każdy punkt jest zgodny z jednym z celów nakreślonych w programach szkoleniowych doktora van der Kolka.

- Zdobyłeś umiejętność poruszania się między obecnymi sytuacjami a przeszłymi traumami, jednocześnie minimalizując ból emocjonalny związany z każdą z nich. Proces ten obejmował stopniowe kroki, mierzone od jednego odczytu SUD do następnego, dzięki którym jesteś w stanie „znaleźć słowa, które opisują głębokie i bolesne skutki traumy".
- Otrzymałeś potężne narzędzia do wysyłania sygnałów, które dezaktywują ośrodki emocjonalne w mózgu, pozwalając ci szybko „zarządzać emocjami, nawet gdy są one nieoczekiwanie wyzwalane".
- Poprzez przeformułowanie traumatycznych doświadczeń z przeszłości, możesz zmniejszyć ich emocjonalny wpływ, otwierając drogę do „pokładania zaufania w innych" po bolesnych i niepokojących doświadczeniach związanych z traumą.
- Możesz przezwyciężyć emocjonalne skutki traumatycznych lub niepokojących doświadczeń, co pozwala „w pełni być obecnym i ugruntowanym w teraźniejszości zamiast utknięcia w przeszłych doświadczeniach".

Rozważania dotyczące stosowania tappingu w leczeniu PTSD

Chociaż zapewnienie kompletnego podręcznika instruktażowego dla profesjonalistów stosujących tapping akupunkturowy w PTSD i innych kwestiach związanych z traumą wykracza poza zakres tej książki, oto, co możemy zaoferować. Kolejne części są uporządkowane wokół typowych kwestii, które często pojawiają się nawet wtedy, gdy w leczeniu traumy stosowane są najlepsze techniki terapeutyczne, podkreślając, w jaki sposób można zintegrować tapping. Tematy, które omówimy, obejmują:

1. Budowanie zaufania.
2. Zapobieganie retraumatyzacji, retrospekcjom i koszmarom sennym.
3. Brak nadziei.
4. Dysocjację.
5. Poczucie winy i wstydu.
6. Gniew i przebaczenie.
7. Zamrożenie.
8. Depresję.
9. Rozwój pourazowy.

Zbadamy podstawową dynamikę każdego z wymienionych tematów i zademonstrujemy, jak wdrożyć podstawowy protokół tappingu, tworząc deklarację akceptacji i/lub postanowienia, które dotyczą najistotniejszych kwestii. Dobrym punktem wyjścia w każdym obszarze będzie werbalizacja tych stwierdzeń przy użyciu techniki „czułe punkty / czakra serca" i tappingu. Następnie, w stosownych przypadkach, w miarę postępu leczenia należy zastosować podstawowy protokół tappingu (rozdział 2), a także zająć się aspektami, wewnętrznymi konfliktami, psychologicznymi odwróceniami i zniekształceniami poznawczymi (rozdział 3). Ważne jest, aby pamiętać, że nie każda kwestia pojawi się u każdej osoby, kolejność, w jakiej się pojawią, będzie się różnić, a wiele kwestii może być naglących w tym samym czasie. Niemniej wykwalifikowany terapeuta zajmujący się leczeniem traumy będzie gotowy do zidentyfikowania i rozwiązania tych kwestii w miarę ich pojawiania się.

1. Budowanie zaufania. Osoby, które doświadczyły traumy, często noszą głębokie rany w najbardziej wrażliwych częściach umysłu. Jeśli ich traumatyczne doświadczenia nie zostały odpowiednio przetworzone i wyleczone, prośby o szczegółowe opisy tych wydarzeń przed rozwinięciem znacznego poziomu relacji i zaufania mogą być interpretowane jako brak zrozumienia ze strony osoby pytającej o wewnętrzny świat osoby, która doświadczyła traumy. Straumatyzowane umysły często starają się, choć nie zawsze skutecznie, unikać ponownego przeżywania traumy.

Po wykonaniu wstępnych kroków możesz wprowadzić tapping, aby zająć się problemem, który nie jest bezpośrednio związany z traumatycznym doświadczeniem, ale przykładowo w celu złagodzenia niewielkiego uczucia niepokoju lub dyskomfortu, aby przynieść ulgę w fizycznym objawie lub po prostu zmniejszyć dyskomfort związany z rozpoczęciem terapii. Doświadczenie korzyści płynących z akupunktury jest jedną z najszybszych metod budowania zaufania zarówno do procesu terapeutycznego, jak i samego terapeuty. Gdy to nastąpi, ty i twój pacjent możecie zacząć bardziej bezpośrednio angażować się w traumatyczne tło.

Praktycy EFT opracowali technikę, którą nazywają „łagodnymi podejściami", wraz z metodami takimi jak „trauma bez łez" i „podkradanie się do problemu"[43]. Umiejętne przeformułowanie (s. 133) może szybko zbudować mosty. Na przykład gdy zaczynamy zagłębiać się w traumatyczne doświadczenia z weteranem wojennym, możemy rozpocząć proces od deklaracji akceptacji, która służy jako podstawa dla trwającej terapii.

> „Nawet jeśli doświadczyłem więcej, aniżeli ktokolwiek mógłby sobie wyobrazić, akceptuję to, kim jestem, i przyznaję, że moje doświadczenia przekraczają to, z czym większość ludzi mogłaby sobie poradzić"[44].

Dzięki wykorzystaniu techniki „czułe punkty / czakra serca" wraz z tappingiem w celu złagodzenia uczucia nieufności, złości lub urazy ta ostatnia część może zostać przekształcona w pozytywną deklarację postanowienia.

> „Nawet jeśli doświadczyłem więcej, aniżeli ktokolwiek mógłby sobie wyobrazić, postanawiam to zaakceptować i zachować całkowity spokój".

Kiedy jest odpowiedni czas, aby przejść od deklaracji akceptacji do deklaracji postanowienia? Nie wcześniej, niż dana osoba jest na to gotowa. Deklaracja postanowienia może być oświadczeniem terapeuty, zanim stanie się oświadczeniem pacjenta, więc wymaga to od terapeuty czułego dostrojenia, aby nie prowadził on osoby w kierunku, w którym ta nie jest gotowa podążać. W przypadku każdego z poniższych zagadnień należałoby rozpocząć od techniki „czułe punkty / czakra serca", która polega na pocieraniu czułych miejsc na klatce piersiowej podczas wygłaszania pierwszej frazy i poproszeniu klienta o umieszczenie rąk na czakrze serca przy wypowiadaniu drugiej frazy. Następnie można przejść do podstawowego protokołu tappingu, po którym następuje praca badawcza.

2. Zapobieganie retraumatyzacji, retrospekcjom i koszmarom sennym. Jednym z najbardziej delikatnych kwestii w leczeniu osób, które doświadczyły traumy, jest zapewnienie, że terapia nie doprowadzi ich do ponownego przeżywania traumatycznych wydarzeń. Osoby te już same w wystarczającym stopniu przeżywają te wspomnienia, a każde ich wystąpienie dodatkowo utrwala dysfunkcyjne wzorce mózgowe związane z PTSD, co z kolei wzmacnia poczucie bezradności i beznadziejności. Kluczowe dla terapeuty jest stworzenie bezpiecznego środowiska, które pozwoli jednostce odkrywać swoją przeszłość bez ponownej reaktywacji emocjonalnej traumy związanej z początkowym doświadczeniem. W tym miejscu ma zastosowanie kliniczna koncepcja „okna tolerancji", w której emocje muszą być wystarczająco aktywne, aby je przetworzyć, ale nie tak intensywne, aby przytłoczyć jednostkę.

Kiedy wydaje się, że pacjent doświadcza znacznego strachu, bólu lub gniewu związanego ze zdarzeniem wyzwalającym, podczas opukiwania dobrze jest skupić się na emocjach lub doznaniach fizycznych, które odczuwa w tym czasie. Dzięki szybkiej redukcji objawów trenujesz układ limbiczny, aby zachował spokój nawet w obliczu trudnych wspomnień lub myśli. Gdy zarówno emocje, jak i doznania fizyczne są łagodzone, można podczas tappingu przejść do zajęcia się zasadniczą kwestią bezpieczeństwa, zaczynając od deklaracji akceptacji „akceptuję siebie", która ewoluuje w potężną deklarację postanowienia, taką jak:

> „Nawet jeśli wierzyłem, że stoję w obliczu śmierci, przyznaję, że stało się to dawno temu i jestem teraz bezpieczny".

Traumatyczne doświadczenia mogą być przechowywane w mózgu i ponownie przeżywane w niekończących się pętlach podczas czuwania (retrospekcje) lub snu (koszmary). Istnieją dwa rodzaje natrętnych retrospekcji, które znacząco nasilają emocjonalne szkody wyrządzone przez traumę. W łagodniejszej formie osoba jest świadoma tego, kim jest i gdzie się znajduje. Chociaż może odczuwać strach związany z pierwotnym wydarzeniem, pozostaje świadoma chwili obecnej. W bardziej intensywnej formie osoba odczuwa emocje tak, jakby wydarzenie działo się w czasie rzeczywistym. Może nie pamiętać początkowego zdarzenia – ponieważ znaczna część mózgu wyłącza się podczas takich epizodów – ale uczucia i reakcje fizyczne pozostają intensywne i często obezwładniające.

Retrospekcje odgrywają również pewną istotną rolę. Zmuszają jednostkę do konfrontacji z nierozwiązanymi ranami, działając jako przypomnienie o obszarach wymagających uzdrowienia. Po ustanowieniu zaufania i bezpieczeństwa można wykorzystać tapping, aby pomóc przypomnieć sobie wydarzenia, nawet w najdrobniejszych szczegółach, bez konieczności ich ponownego przeżywania. Proces ten oznacza postęp w przezwyciężaniu traumy związanej z PTSD. W miarę rozwoju tego procesu natrętne wspomnienia zwykle zanikają, umożliwiając powrót spokojnego snu. Zwracanie szczególnej uwagi na relacje osoby, która doznała traumy, dotyczące retrospekcji i koszmarów sennych może pomóc w kształtowaniu celu sesji tappingu. Ponieważ tapping redukuje liczbę subiektywnych jednostek niepokoju (SUD), początkowa afirmacja „akceptuję siebie" może przekształcić się w bardziej wzmacniającą deklarację postanowienia, taką jak:

„Nawet jeśli to wspomnienie pozostaje w moim umyśle od lat, postanawiam przyznać, że robię postępy w jego przezwyciężaniu".

3. Brak nadziei. Osoba borykająca się z PTSD przez dłuższy czas – być może po wielu próbach złagodzenia objawów poprzez terapię, medytację lub metody alternatywne – może nie spodziewać się znaczących rezultatów tego nowego wysiłku w poszukiwaniu ulgi. W takim przypadku należy zająć się oporem na stosunkowo wczesnym etapie leczenia. W miarę jak tapping obniża skalę SUD, deklaracja akceptacji „akceptuję siebie" może ewoluować w bardziej wzmacniającą deklarację postanowienia, taką jak:

> „Nawet jeśli wydaje mi się, że mogę już nigdy nie doświadczyć sukcesu, radości lub miłości, postanawiam pozostać otwarty na formę uzdrowienia, której się nie spodziewam".

4. Dysocjacja odnosi się do stanu, w którym myśli, emocje, wspomnienia, otoczenie i tożsamość zostają oddzielone, co prowadzi do zakłócenia zwykłej ciągłości między tymi elementami. Osoby mogą doświadczać poczucia oderwania od swojego ciała fizycznego lub czuć się odłączone od otoczenia. Zjawisko to często pojawia się jako strategia ochronna, szczególnie w psychice dziecka, które doświadczyło przemocy lub poważnego zaniedbania, tworząc alternatywną rzeczywistość pozwalającą uniknąć konfrontacji z niepokojącymi doświadczeniami. Specyficzny rodzaj retrospekcji charakteryzujący się brakiem świadomości własnej lokalizacji lub bieżącej sytuacji związany jest właśnie z dysocjacją. Inne objawy mogą obejmować depersonalizację, w której osoby czują się odłączone od swojego ciała lub postrzegają siebie jako nierealne, oraz derealizację, która wiąże się z poczuciem, że świat jest odległy lub nierealny.

Gdy pacjent doświadcza dysocjacji podczas sesji – tracąc poczucie czasu i orientację co do miejsca – początkowym krokiem jest przywrócenie połączenia zarówno z terapeutą, jak i otaczającym środowiskiem. Proces ten może obejmować prowadzenie osoby do skoncentrowania się na różnych przedmiotach w pokoju, słuchanie głosu terapeuty lub zwracanie uwagi na własny oddech. Ponadto korzystne może być powtarzanie afirmacji, takich jak „Jestem teraz bezpieczny"; „Jestem tutaj z [imię terapeuty]" i „Moje ciało staje się spokojne i skoncentrowane". W miarę kontynuowania terapii kluczowym celem, który odnosi się do dysocjacji, jest zintegrowanie traumatycznej historii w spójną opowieść o życiu danej osoby. Metody służące do tego celu obejmują dialogi między wewnętrznymi

„częściami", jak te przedstawione w rozdziale 3. Ponieważ technika tappingu redukuje subiektywne jednostki niepokoju (SUD), deklaracja akceptacji „akceptuję siebie" może przekształcić się we wzmacniającą deklarację postanowienia, która koncentruje się na konfliktach między dwiema wewnętrznymi częściami lub na działaniach jednej z tych części, na przykład:

> „Nawet jeśli czasami się wyłączam, gdy myślę o tym, co się wydarzyło, postanawiam wykorzystywać tapping, dopóki nie będę w stanie bezpośrednio skonfrontować się z tym wspomnieniem".

5. Poczucie winy i wstydu. Poczucie winy wynika z negatywnej oceny swoich działań, podczas gdy wstyd jest zakorzeniony w negatywnej ocenie swojej tożsamości, sugerując, że coś jest z daną osobą nie tak. Oba rodzaje samooceny często odgrywają znaczącą rolę w PTSD. Osoby cierpiące na ten zespół mogą doświadczać poczucia winy za to, że przeżyły katastrofę, podczas gdy innym się to nie udało, lub mogą czuć się winne tego, że nie zapobiegły wypadkowi lub tragedii, albo też za działania podjęte podczas wojny. Uczucia te mogą prześladować daną osobę w nieskończoność. Doświadczenie wykorzystywania lub gwałtu w dzieciństwie już w wieku dorosłym może skutkować poczuciem wstydu i przekonaniem, że takie traktowanie było zasłużone.

Poczucie winy może wpływać na nasz nastrój, ale odgrywa ono też korzystną rolę, pozwalając nam zastanowić się nad przeszłymi błędami, aby zapobiec ich ponownemu wystąpieniu. Z kolei wstyd, który również obciąża nasz nastrój, nie przynosi żadnych zauważalnych konstruktywnych korzyści psychologicznych. Radzenie sobie z poczuciem winy lub wstydu jest często kluczowym aspektem leczenia PTSD. Obie emocje pozytywnie reagują na podstawowy protokół tappingu ze szczególnym naciskiem na samoakceptację. Aby zainicjować ten proces, można użyć deklaracji akceptacji, takiej jak: „Nawet jeśli wypadek wydarzył się z mojej winy, w pełni akceptuję mój smutek z powodu tego, co się stało". Deklaracja postanowienia może skupiać się na ścieżkach postępu: „Nawet jeśli wypadek wydarzył się z mojej winy, postanawiam wyciągnąć wnioski z tego doświadczenia, naprawić to, co jest możliwe, i iść naprzód jako mądrzejsza osoba".

6. Gniew i przebaczenie. Doświadczanie gniewu i obwinianie sprawcy lub innego źródła krzywdy jest całkowicie naturalną reakcją. Neurologicznie gniew jest zakorzeniony w aspekcie „walki" reakcji układu limbicznego na niebezpieczeństwo, znanej jako reakcja „walcz lub uciekaj". Kiedy gniew utrzymuje się po traumatycznym doświadczeniu, działa jako mechanizm ochronny przed ponownym złym traktowaniem przez ten sam czynnik. Ponadto wyrażanie gniewu może przypominać jednostkom o konieczności uwolnienia nagromadzonej energii, która nie pełni już użytecznej funkcji. Ale pomysł wybaczenia komuś, kto dopuścił się okrucieństwa, może wydawać się niepojęty. Może to oznaczać akceptację zachowania, a nawet współpracę ze sprawcą w celu umożliwienia przyszłych aktów przemocy.

Z drugiej strony emocje takie jak gniew, poczucie winy i nienawiść utrzymują emocjonalną i energetyczną więź między osobą krzywdzoną a jej oprawcą. Desmond Tutu, laureat Pokojowej Nagrody Nobla za kierowanie Komisją Prawdy i Pojednania w Republice Południowej Afryki po latach ucisku, tortur i innych okropnych form przemocy, wyraził to w telewizji BBC w następujący sposób: „Trzymanie się urazy utrzymuje cię w stanie ofiary, dając sprawcy władzę nad twoim życiem. Przebaczenie pozwala ci uwolnić się od tego ciężaru i odnaleźć wolność"[45]. Zajmowanie się nagromadzonym gniewem i koncepcją przebaczenia jest często kluczowym aspektem podróży uzdrawiającej dla osób borykających się z PTSD. Podstawowy protokół tappingu może być skutecznie wykorzystywany w tym kontekście. Gdy tapping obniży ocenę w skali SUD, deklaracja akceptacji może przejść do deklaracji postanowienia, takich jak:

> „Nawet jeśli doświadczenia, które przeżyłem, są niewybaczalne, postanawiam znaleźć wewnętrzny spokój niezależnie od tego, co się stało w przeszłości".
>
> „Nawet jeśli mój gniew wobec niego nie ma końca, postanawiam pomyśleć o tym, jak mogę mu wybaczyć".

7. Zamrożenie występuje, gdy dana osoba staje w obliczu traumatycznej sytuacji, w której ucieczka lub opór nie są możliwe, wyzwalając trzeci aspekt reakcji walki-ucieczki-zamrożenia. Jak wspomniano wcześniej, zajęcie się uczuciem wstydu związanym z unieruchomieniem po obezwładnieniu przez gwałciciela może mieć zasadnicze znaczenie dla uzdrowienia. Układ nerwowy może jednak pozostać zablokowany długo po tym, jak traumatyczny incydent minął. Gdy nerw błędny, odpowiedzialny za regulację reakcji zamrożenia, jest stymulowany przez strach lub niepokojące wspomnienia, może spowolnić pracę serca, rozszerzyć naczynia krwionośne i ograniczyć przepływ tlenu do mózgu. Jeśli podczas sesji terapeutycznej dana osoba wejdzie w stan zamrożenia, jakiekolwiek aktywne zaangażowanie ze strony terapeuty może wydawać się wręcz inwazyjne. Uznanie i spokojne zaakceptowanie tej sytuacji może pomóc w stopniowym ustąpieniu reakcji zamrożenia. W niektórych przypadkach osoby mogą być tak zamrożone, że nie są w stanie wykonać tappingu.

Zachęcanie do wykonania prostych ruchów jest początkowym krokiem pomagającym im w odmrożeniu. Zazwyczaj takie osoby są w stanie przesunąć wzrok lub lekko poruszyć głową. Przesuwanie wzroku z boku na bok może pomóc w odłączeniu części nerwu błędnego, co inicjuje wyłączenie, i w aktywacji sekcji związanej z zaangażowaniem społecznym. Skutecznym kolejnym krokiem może być wykorzystanie deklaracji postanowienia, nawet bez tappingu. Wystarczy, że osoba powtórzy za tobą (lub po prostu pomyśli, jeśli nie może tego powiedzieć): „Nawet jeśli czuję się całkowicie odizolowany, postanawiam uznać, że mogę się komunikować, wypowiadając »tak« lub »nie« albo kiwając głową". Kiedy pacjent poczuje się gotowy do zajęcia się czułymi miejscami na klatce piersiowej, przytrzymaj jego czakrę serca i opukuj te miejsca, wypowiadając wzmacniającą deklarację postanowienia, taką jak:

> „Nawet jeśli czasami jestem całkowicie unieruchomiony, postanawiam wiedzieć, że jest to część mojej uzdrawiającej podróży.

8. Depresja. Depresja kliniczna i PTSD wykazują kilka pokrywających się objawów, w tym intensywny smutek, zaburzenia snu (nadmierny lub niewystarczający) oraz zmniejszone zainteresowanie wcześniej przyjemnymi czynnościami. Chociaż te dwa stany są różne, a każdy z nich ma własne podłoże neurologiczne, około 50% osób, u których zdiagnozowano PTSD, spełnia również kryteria depresji. W przypadku występowania zarówno depresji, jak i PTSD konieczne jest zajęcie się każdym z tych stanów. W następnym rozdziale bardziej szczegółowo omówimy depresję kliniczną, ale na początek deklaracja akceptacji może prowadzić do deklaracji postanowienia, takiego jak:

> „Nawet jeśli czuję się smutny i przygnębiony, postanawiam uznać, że podejmuję wysiłki, aby wyjść z tej trudnej sytuacji".

9. Rozwój pourazowy. Osoby, które doświadczyły poważnej traumy i stały się niezdolne do pracy, są w stanie odbudować swoje życie. Prawie połowa osób, które przeżyły traumę, wykazuje oznaki rozwoju pourazowego po wyleczeniu z PTSD[46]. Opisane wcześniej trzy sposoby, w jakie PTSD zmienia mózg – zwiększone postrzeganie niebezpieczeństwa, trudności w filtrowaniu informacji i zmniejszone poczucie własnej wartości – mogą zostać odwrócone. Budzi się siła osobista, życie staje się wartościowe, wyobraźnia robi się bardziej konstruktywna. Powraca zdolność do formułowania planów, a ustaje przymus odtwarzania symbolicznych reprezentacji traumy, która zmniejsza zdolność do odczuwania ekscytacji i cieszenia się doznaniami codziennego życia. Relacje, które zostały zniszczone, mogą zostać naprawione, produktywna praca może zostać wznowiona, nowe kreatywne zajęcia mogą zostać odkryte, a radość życia przywrócona! Doktor Peter Levine, założyciel Somatic Experiencing, szeroko praktykowanej metody leczenia traumy, zauważył, że „podczas gdy trauma może być piekłem na ziemi, trauma rozwiązana jest darem bogów"[47]. Oto przykład deklaracji postanowienia:

„Nawet jeśli [wymień traumę] wpłynęła na moje życie na wiele sposobów, postanawiam uznać sposób, w jaki uczyniła mnie mądrzejszym i silniejszym".

Współpraca z weteranami walk

Ze względu na to, że wiele osób, które walczyły w obronie swojego kraju i bliskich, wraca do domu z objawami PTSD, chcemy zakończyć ten rozdział, podkreślając wyjątkowe aspekty związane z leczeniem weteranów wojennych. Poprosiliśmy Ingrid Dinter – która leczyła Keitha we wcześniej opisanej relacji – aby podzieliła się swoimi spostrzeżeniami na temat różnic między pracą z weteranami a osobami doświadczającymi PTSD w innych okolicznościach. Zaczęła od omówienia, w jaki sposób weterani są szkoleni, aby chronić swój naród. Zobowiązują się do potencjalnego oddania życia w obronie współobywateli i za konstytucję swojego kraju. Prowadzi to do innego sposobu myślenia w porównaniu z kimś, kto doświadczył traumy w wyniku takich wydarzeń, jak napaść na tle seksualnym, wypadki lub inne nieprzewidziane sytuacje, które burzą ich poczucie bezpieczeństwa bez wcześniejszego ostrzeżenia.

W związku z tym wielu weteranów nie postrzega siebie jako ofiary w taki sam sposób jak większość osób cierpiących na PTSD. Często przyjmują postawę „po prostu wykonywałem swoją pracę". Bardziej powszechne są jednak poczucie winy, wstyd i wściekłość wynikające z różnych czynników, takich jak zaangażowanie w działania, które wydają się niesprawiedliwe, tragiczne skutki będące efektem niewłaściwego dowodzenia, utrata towarzysza, osobiste niemoralne działania, zdrada ze strony rządu lub lekceważące, a nawet pogardliwe przyjęcie po powrocie do domu. Każda z tych okoliczności może wywołać poczucie winy, wstydu lub gniewu. Z drugiej strony więź między członkami oddziału i duma z ich służby pozostają silne i trwałe przez całe życie. Dla wielu jest to błogosławieństwo po przeżyciu okropności wojny.

Ponieważ większość weteranów wolałaby porozmawiać o swoich doświadczeniach wojennych z innym weteranem niż z terapeutą, Ingrid rozumie, że nie jest częścią tej społeczności. Zamiast tego przyjmuje pozycję reprezentującą społeczność, której weteran ślubował bronić. Wyraża szczerą wdzięczność i szacunek dla ich służby, jednocześnie uosabiając społeczność, do której powracają. Uważa, że ta metoda kładzie podwaliny pod tworzenie „świętej więzi", pozwalając jej być wspierającym sojusznikiem, gdy pacjent mentalnie powraca do strefy wojennej w celach terapeutycznych. Podkreśla, że nie osądza, nie akceptuje ani nie usprawiedliwia żadnych przeszłych działań. Jej rolą jest wyłącznie pomoc weteranowi w złagodzeniu emocjonalnego ciężaru jego wspomnień i wyzwalaczy. Proces ten toruje drogę do głębszego uzdrowienia i odkrycia nowego znaczenia i celu w jego życiu.

Chociaż Ingrid uważała, że wyżej wymienione wytyczne mają zastosowanie do weteranów, poprosiła nas o zwrócenie uwagi na kilka innych kwestii. Poza zwykłym budowaniem zaufania (nasz pierwszy punkt) podkreśliła konieczność dogłębnego i autentycznego rozpoznania doświadczenia danej osoby i jej interpretacji. Szukała głębszego wglądu poprzez prośby typu: „Powiedz mi więcej. Nie było mnie tam. Pomóż mi zrozumieć". Ingrid w pełni szanuje fakt, że udzielone odpowiedzi są wyłącznie indywidualnym doświadczeniem, którego nie należy kwestionować, podważać ani oceniać. Okazuje akceptację i kontynuuje podawanie lub zachęcanie do tworzenia zwrotów, które akceptują każdy element powiązanych wydarzeń, myśli i uczuć, zachęcając osobę do zajęcia się nimi wszystkimi. Chociaż Ingrid pozostaje otwarta na pomysł, że indywidualne postrzeganie doświadczenia może ewoluować, powstrzymuje się od próby jego zmiany. Zamiast tego, stosując tapping w celu złagodzenia intensywności doświadczenia, ufa, że zrozumienie naturalnie zmieni się z czasem.

Terapeutka często zachęca osoby do dzielenia się narracją na dowolny temat, który się pojawia, upewniając się, że ma ona wyraźny początek, środek i koniec. Narracja ta może być wspomnieniem, retrospekcją, a nawet koszmarem sennym. W tej metodzie, znanej jako technika „opowiedz historię" w EFT, osoby są kierowane do rozpoczęcia opowiadania swojej historii w dowolny sposób, ale są instruowane, aby zatrzymały się i rozpoczęły tapping, gdy tylko zaczną odczuwać emocje. Podczas sekwencji opukiwania Ingrid zastępuje deklarację „kocham i akceptuję siebie" alternatywami, które są bardziej zgodne z zasadami wojskowymi, takimi jak „szanuję siebie". Podkreśla również, że w oparciu o jej doświadczenia – po zidentyfikowaniu osobno każdego wydarzenia, emocji i wspomnienia oraz opukiwaniu ich jedno po drugim – prawdopodobieństwo wystąpienia retrospekcji i retraumatyzacji może zostać znacznie zmniejszone. W konsekwencji narracja stopniowo traci swoją zdolność do ponownego wyzwalania traumy.

WPROWADZENIE DO ROZDZIAŁU 5

Ten rozdział poprowadził cię drogą, która zaczęła się od (1) identyfikacji i konfrontacji z osobistym zmartwieniem; następnie przeszła do (2) odkrywania dodatkowych aspektów fizjologicznych i psychologicznych, które wchodzą w grę, gdy zamartwianie się eskaluje w lęk; następnie doszła do (3) uczenia się technik radzenia sobie z atakiem paniki; a zakończyła się (4) integracją technik tappingu ze skutecznymi praktykami stosowanymi przez psychoterapeutów w leczeniu PTSD. Rozumiemy, że przedstawiony materiał może stanowić wyzwanie dla niektórych osób, a także zdajemy sobie sprawę, że kolejny rozdział zagłębia się w inny złożony aspekt ludzkiego doświadczenia: smutek i depresję. Podczas gdy bezpośrednie zajmowanie się tymi tematami może być korzystne, co ułatwiają protokoły tappingu akupunkturowego, zachęcamy do poświęcenia czasu, zatrzymania się w razie potrzeby i zaangażowania się w ćwiczenia energetyczne lub inne metody emocjonalnej samoopieki lub pomocy zewnętrznej podczas poruszania się po omawianej treści.

ROZDZIAŁ 5

UCZUCIE SMUTKU I DEPRESJI

> Terapia rozmową oferuje empatię, wsparcie i praktyczne porady dotyczące radzenia sobie z depresją. W przeciwieństwie do tego akupunktura może prowadzić do szybkich zmian w fizjologicznych przyczynach tego stanu[1].
>
> **dr Robert Schwarz,**
> dyrektor wykonawczy Stowarzyszenia Kompleksowej Psychologii Energetycznej

ANONIMOWY KANADYJSKI POETA, znany pod pseudonimem Atticus, przedstawia niesamowitą metaforę, mówiąc, że doświadczanie depresji przypomina ślepotę barwną, podczas gdy nieustannie słyszy się o pięknych kolorach świata[2]. Smutek i depresja należą do tego samego spektrum, ale depresja jest głębiej zakorzeniona w chemii ciała. Psychologia energetyczna okazała się skutecznym sposobem leczenia obu stanów. Zaczniemy od smutku.

ZASTOSOWANIE TAPPINGU DO RADZENIA SOBIE Z GŁĘBOKO ODCZUWANYM SMUTKIEM

Margaret, 48-letnia kelnerka, od trzech lat, czyli od czasu rozwodu, mieszkała sama. Jej dwie dorosłe córki wraz z trzema wnukami przeniosły się do różnych stanów z powodu pracy ich mężów. Margaret widywała się z każdą z rodzin przez kilka dni mniej więcej dwa razy w roku. Chociaż wizyty te sprawiały jej ogromną radość, córki i zięciowie często byli zbyt zajęci, by ją odwiedzać, a ona nie miała na tyle środków finansowych, by brać wolne w pracy i spędzać z nimi czas tak często, jak by chciała.

Dwa dni przed swoimi 45. urodzinami Margaret otrzymała szokującą wiadomość, że jej mąż zostawia ją dla innej kobiety. Informacja ta kompletnie ją zaskoczyła. Czas wokół jej urodzin przekształcił się w okres głębokiego smutku, uczucie, które wydawało się pogłębiać z każdym mijającym rokiem. Margaret utrzymywała niewielki krąg bliskich przyjaciół, z których część znała od wielu lat. Jedna z takich przyjaciółek przechodziła terapię z pracownikiem socjalnym, który szkolił się w EFT i potrzebował klientów, aby zdobyć doświadczenie. Gdy zbliżały się 48. urodziny Margaret, a jej uczucie smutku się nasiliło, przyjaciółka przekonała ją do umówienia się na sesję.

Po uważnym wysłuchaniu relacji Margaret o jej rozwodzie i towarzyszącym mu smutku terapeuta zachęcił ją do połączenia się z tym uczuciem i zwizualizowania go jako koloru. Postrzegała go jako gęstą, ciemną, zadymioną masę zlokalizowaną w klatce piersiowej i szyi. Margaret oceniła jego intensywność na 10. Jej gardło było ściśnięte, a oddech płytki. Terapeuta poprowadził ją przez podstawowy protokół tappingu: „Nawet jeśli mam tę ciężką, zadymioną masę w klatce piersiowej, akceptuję siebie i swoje emocje". Potem nastąpiło opukanie 12 punktów akupunkturowych, z użyciem zwrotów takich jak „ten smutek", „ten ucisk w gardle" i „ta zadymiona masa w mojej klatce piersiowej", a potem przyszedł czas na procedurę integracji i dalszy tapping.

Sesja ta obniżyła skalę SUD do 7, ale kiedy Margaret zwróciła się do wewnątrz, aby dokonać oceny, wypełniła ją wściekłość na byłego męża, co spowodowało wzrost SUD ponownie do 10. Rozwód zostawił ją z przekonaniem, że jest niewystarczająca i że go zawiodła. Czuła się winna, że zdecydował się odejść. Chociaż jej córki wykazywały znaczną złość na ojca za jego odejście, w głębi duszy Margaret czuła się odpowiedzialna za rozpad ich rodziny. Nagle i niespodziewanie trzyletnia wściekłość wypłynęła na powierzchnię i przytłoczyła ją. Sesja skoncentrowała się następnie na pomocy jej w radzeniu sobie z gniewem. Kobieta zareagowała pozytywnie na szereg deklaracji takich jak: „Nawet jeśli mogłabym zabić tego drania, akceptuję w pełni siebie i swoje uczucia!". Następnie przeszła do ćwiczenia wyimaginowanego dialogu (s. 146), w którym podczas tappingu wyraziła swój prawdziwy gniew wobec byłego męża. Pod koniec początkowej sesji jej smutek nie był już tak mroczny i ciężki, a ona oceniła go na 5.

Tego wieczoru Margaret przyśnił się ojciec, który odszedł od rodziny, gdy dziewczynka miała zaledwie cztery lata. W swoim śnie stanęła przed sądem i została uznana za winną tego, że jej ojciec zdecydował się ich opuścić. Myśl ta ciążyła kobiecie przez cały tydzień, dopóki nie była w stanie omówić jej podczas drugiej sesji. Pod koniec tej sesji tapping znacznie złagodził jej poczucie winy, które nosiła w sobie za rozpad swojej rodziny, pozwalając jej powiązać tę winę z tą, którą odczuwała za niepowodzenie własnego małżeństwa. Rezultatem było ogromne uwolnienie energii. Była niemal w euforii, że pozbyła się ogromnego ciężaru.

Pierwszy raz od rozwodu postanowiła świętować swoje urodziny i zaprosiła przyjaciółkę, która poleciła jej terapeutę, na uroczystą kolację.

UZNANIE SWOJEGO SMUTKU

Chociaż doświadczanie smutku jest nieuniknione, można podejść do niego w sposób konstruktywny, a nawet wzmacniający. Ponadto smutek może służyć jako brama do nierozwiązanych przeszłych doświadczeń, jak pokazano w przypadku Margaret. W psychice smutek wydaje się pełnić funkcję reorientującą. W okresach smutku następuje wzrost komunikacji między regionami mózgu związanymi z emocjami i pamięcią[3]. Kiedy ludzie są smutni, często czują się bardziej zmotywowani do podejmowania trudnych zadań, które mogą poprawić ich życie.

Niezależnie jednak od korzyści, jakie może zaoferować stan smutku, nikt nie chce w nim pozostać. Niemniej aby uzyskać kontrolę nad swoimi wewnętrznymi emocjami, ważne jest, by najpierw uznać swoje uczucia takimi, jakie są. Chociaż zaprzeczanie lub odwracanie uwagi od uczucia smutku może wyprzeć go ze świadomości, ta przelotna ulga pozwala tym emocjom nasilić się w podświadomości. Kiedy tak się stanie, tłumione uczucia będą nadal na ciebie wpływać – prawdopodobnie w bardziej szkodliwy sposób. Dodatkowo, tłumiąc smutek, tracisz potencjalne korzyści, jakie może on zapewnić, pomagając ci znaleźć drogę powrotną do bardziej zrównoważonego stanu.

Zamiast unikać uczucia smutku, możesz go zaakceptować, pozwalając mu istnieć, a nawet obejmując go poprzez praktyki nastawione na refleksję. Działania takie, jak prowadzenie dziennika, słuchanie muzyki bluesowej, oglądanie wzruszającego filmu, angażowanie się w ekspresję artystyczną, omawianie swoich uczuć z przyjacielem lub po prostu pozwalanie sobie na płacz, mogą być niezwykle korzystne. Zastanawiając się nad tym, co smutek może próbować ci przekazać, możesz wykorzystać te informacje. Możliwe tematy, które mogą się pojawić, obejmują wspomnienia skłaniające do szukania rozwiązania problemu emocjonalnego na nowym poziomie, niezbędne zmiany, które należy wprowadzić w życiu, dostosowania do ostatnich zmian, których doświadczyłeś, negatywne myśli, którym trzeba przeciwdziałać, lub emocje wymagające uwagi. Tapping może pomóc w każdym z tych aspektów. Aby rozpocząć, wypróbuj najpierw „Szybką pomoc".

Szybka pomoc: Smutek

Przypomnij sobie doświadczenie straty lub innego źródła smutku, które chcesz zbadać, aby zdobyć o nim wiedzę, jednocześnie uwalniając się od ciężaru emocjonalnego. Przypisz ocenę w skali SUD do poziomu dyskomfortu, jakiego doświadczasz w swoim umyśle i/lub ciele, gdy zastanawiasz się nad tym smutkiem. Rozpocznij od wypowiedzenia pierwszej z poniższych fraz na głos, stukając w punkt na czubku głowy. Następnie przejdź do następnej frazy, opukując kolejny punkt. Kontynuuj ten proces, wypowiadając każde stwierdzenie, przechodząc kolejno przez 12 punktów tappingu. Możesz pominąć wszelkie frazy, które nie rezonują z tobą.

„Nawet jeśli obecnie czuję się smutny z powodu [wymień to], w pełni uznaję swój smutek.
Nawet jeśli ta emocja mnie obciąża i wyczerpuje moją energię, pozwalam sobie go rozpoznać i doświadczyć.
Nawet jeśli nie jestem pewien, jak uwolnić ten smutek,
decyduję postrzegać siebie jako osobę uwolnioną od smutku.
Odczuwam ten smutek w moim [nazwij gdzie].
Kiedy stukam, aby złagodzić ten smutek, zaczynam się odprężać.
Mogę uwolnić ten smutek, jednocześnie pamiętając o lekcjach, które ze sobą niesie.
Mój smutek uczy mnie [podaj cokolwiek przyjdzie ci do głowy].
Radząc sobie z moim smutkiem, postanawiam być dla siebie miły i cierpliwy podczas tego procesu.
Nawet jeśli uwalniając ten smutek, mogę doświadczyć poczucia winy lub nielojalności, postanawiam go i tak uwolnić.
Rozumiem, że uwolnienie smutku jest dla mnie najzdrowszym wyborem.
Nawet jeśli kurczowo trzymałem się tego smutku,
postanawiam zaufać swojej intuicji i zrobić to, co jest dla mnie najlepsze.
Jestem gotowy uwolnić część tego smutku i otworzyć się na nowe źródła szczęścia.
Nawet jeśli przyszłość pozostaje dla mnie niepewna, postanawiam wierzyć, że istnieje droga prowadząca w kierunku większego spokoju.
Jestem pewien swojej zdolności do kształtowania bardziej optymistycznej przyszłości dla siebie.
Postanawiam pozwolić, by smutek zaczął zanikać.
Postanawiam przyjąć emocje spokoju, zrozumienia i radości".

Gdy powtórzysz ten proces dwa lub trzy razy, możesz zauważyć, że odczucie smutku zaczyna łagodnieć. Oceń go w skali SUD. Nawet jeśli twój smutek nadal wydaje się nadmierny, zastosuj podstawowy protokół tappingu, aby przygotować się do głębszego przezwyciężenia go.

ODKRYWANIE TEGO, CZEGO MOŻESZ NAUCZYĆ SIĘ ZE SWOJEGO SMUTKU

Jeśli doświadczasz smutku, zarówno łagodnego, jak i intensywnego, możesz użyć podstawowego protokołu tappingu dostosowanego do smutku, jak opisano w tym rozdziale. Metoda ta może pomóc ci odkryć cenne spostrzeżenia ukryte w tym smutku, które można wykorzystać do wspierania bardziej radosnego i satysfakcjonującego życia. Jeśli smutek i depresja nie odnoszą się do twojej obecnej sytuacji, możesz przejść do innego rozdziału. Do tego możesz wrócić, gdy tylko będziesz go potrzebować.

Rozpoczęcie podróży

Procedura jest zgodna z podstawowym protokołem tappingu, ale kładzie większy nacisk na deklarację postanowienia. Przedstawiamy Noaha, 38-letniego uczestnika programu, który nie miał wcześniej doświadczenia z psychologią energetyczną.

Początkowa ocena SUD Noaha, fraza przypominająca i deklaracja akceptacji

Mimo upłynięcia dwóch lat od rozwodu Noah nadal miał złamane serce z tego powodu. Ocenił swój poziom smutku na 10. Jego fraza przypominająca brzmiała: „przytłaczający smutek". Na tej podstawie sformułował deklarację akceptacji: „Nawet jeśli nadal mam złamane serce z powodu rozwodu, w pełni i całkowicie akceptuję ten przytłaczający smutek".

Twoja kolej

Opisz w dzienniku swój smutek i oceń go w skali SUD. Następnie sformułuj frazę przypominającą wraz z deklaracją akceptacji. Następnie wykonaj następujące czynności:

Pierwsza runda tappingu

Aby zająć się uczuciem smutku, zastosuj poniższą część podstawowego protokołu tappingu:

1. Wypowiedz trzykrotnie na głos swoją frazę akceptacji, delikatnie masując czułe miejsca na klatce piersiowej, a następnie umieszczając dłonie na czakrze serca, wypowiedz drugą cześć deklaracji akceptacji.
2. Przechodząc przez 12 punktów tappingu, wypowiadaj frazę przypominającą w każdym z nich.
3. Wykonaj procedurę integracji.
4. Ponownie przejdź przez akupunkty, wypowiadając przy każdym z nich frazę przypominającą.
5. Zatrzymaj się na chwilę i oceń w skali SUD poziom smutku odczuwanego zarówno w ciele, jak i umyśle.
6. Kontynuuj tę procedurę, zaczynając za każdym razem od deklaracji akceptacji, a następnie wykonuj rundy tappingu, aż ocena SUD osiągnie 4 lub mniej.

Gdy liczba subiektywnych jednostek niepokoju (SUD) jest większa niż 4 i nie zmniejsza się po dwóch rundach tappingu przy użyciu tej samej frazy przypominającej, nadszedł czas, aby dokonać zmiany. Skoncentruj się na konkretnym elemencie sytuacji, który wymaga rozwiązania. Postępuj zgodnie z instrukcjami opisanymi na s. 94. Następnie wróć do pierwotnego smutku. Jeśli ta metoda nadal nie obniży oceny SUD poniżej 4, zastosuj dodatkowe techniki badawcze wspomniane w rozdziale 3.

Pierwsza runda tappingu Noaha

Noah włożył trochę wysiłku, aby zmniejszyć ocenę w skali SUD swojego smutku do 4. Podstawowy protokół tappingu pomógł zmniejszyć ją z początkowych 10 do 8, ale dalsze cykle tappingu nie przyniosły większego postępu. W poszukiwaniu konkretnych przyczyn odkrył uczucie kłucia wokół serca. Po rundzie tappingu dotyczącego „kłucia w sercu" smutek Noaha spadł do 6. Następnie pojawiły się fale gniewu wobec jego byłej żony, ale mężczyzna nie czuł się gotowy do konfrontacji z tą emocją, więc zdecydował się wstrzymać program na kilka dni. Kiedy do niego wrócił, z łatwością uzyskał dostęp do gniewu. Stukał w różne wspomnienia, które wywołały jego gniew, stopniowo zmniejszając intensywność każdego z nich. W końcu powrócił do smutku i po kilku kolejnych cyklach stukania zmniejszył go do 3.

Twoja kolej

Kontynuuj wykonywanie kroków opisanych powyżej, aż ocena SUD osiągnie poziom 4 lub niższy. Pozostań wytrwały, zajmując się wszelkimi problemami i psychologicznymi odwróceniami, które mogą się pojawić. Dokumentuj ten proces w swoim dzienniku.

Nowa fraza przypominająca związana z lekcją, jaką można wyciągnąć z poczucia smutku

Oto pięć potencjalnych funkcji, jakie może pełnić smutek:

1. Inspiruje mnie do podjęcia działań, które poprawią jakość mojego życia.
2. Informuje mnie o problemie, który wymaga uwagi.
3. Ujawnia negatywne wzorce myślowe i zniekształcenia poznawcze (s. 130).
4. Ożywia nierozwiązany aspekt mojej przeszłości, który wymaga dalszego rozwiązania.
5. Wzywa mnie do zrobienia „resetu" w tych aspektach życia, które są dla mnie ważne, takich jak praca, relacje lub sposób zarządzania czasem.

Gdy intensywność smutku spadnie do 4 lub mniej, będziesz gotowy do sformułowania nowej frazy przypominającej i deklaracji postanowienia, które nie tylko pozwolą złagodzić smutek, ale także pomogą ci czerpać korzyści z każdej z tych funkcji, które wcześniej spełniał. Oto kilka przykładów powiązanych z powyższą listą:

1. Potrzeba motywacji: „Wciąż nie ćwiczę".
2. Potrzeba zwrócenia uwagi: „Agresywne zachowanie mojego syna".
3. Potrzeba skorygowania zniekształceń poznawczych: „Zawsze zawodzę".
4. Potrzeba rozwiązania: „Trauma z okresu, gdy miałem osiem lat".
5. Potrzeba resetu: „Jestem wyczerpany pod koniec każdego dnia".

Funkcje smutku Noaha i jego nowe frazy przypominające

Zastanawiając się nad potencjalnymi funkcjami głębokiego smutku, jaki odczuwał w związku z rozwodem, Noah zdał sobie sprawę, że zasadniczo wprowadził swoje życie w tryb zamrożenia. Jego fraza przypominająca podkreśliła jego pragnienie znaczącej zmiany: „Nadal, po tylu latach, czuję niesamowity smutek z powodu mojego rozwodu".

Twoja kolej

Zacznij od wybrania jednej lub więcej funkcji z powyższej listy, które twój smutek może spełniać, lub rozważ inną funkcję, która lepiej pasuje, ale nie jest uwzględniona na liście. Stwórz jedną lub więcej fraz przypominających związanych z tą funkcją, ponieważ będziesz ich używać w kolejnych cyklach tappingu.

Formułowanie deklaracji postanowienia

Po zredukowaniu poziomu smutku w skali SUD do 4 następnym krokiem jest połączenie funkcji smutku z deklaracją postanowienia, która skieruje cię w stronę pozytywnego działania. Wybierz funkcję, którą uważasz za najbardziej znaczącą. Poniżej znajduje się kilka przykładów, dostosowanych do poprzedniej listy:

1. **Potrzeba motywacji:** „Nawet jeśli nie rozpocząłem jeszcze rutynowych ćwiczeń, postanawiam, że włożenie wysiłku w ćwiczenia będzie opłacalne i że ustanowię stały nawyk ćwiczeń".
2. **Potrzeba zwrócenia uwagi:** „Nawet jeśli nie chcę myśleć o agresywnych działaniach mojego syna, postanawiam spotkać się z pedagogiem szkolnym w celu stworzenia planu".
3. **Potrzeba skorygowania zniekształceń poznawczych**: „Nawet jeśli myślę, że po raz kolejny mi się nie uda, postanawiam porozmawiać o moim zniechęceniu z [imię najlepszego przyjaciela]".
4. **Potrzeba rozwiązania:** „Nawet jeśli wielokrotnie opłakiwałem śmierć mojej matki, gdy miałem osiem lat, postanawiam uznać, że codziennie o niej myślę, i nad tym pracować, aby nie poświęcać temu aż takiej uwagi".
5. **Potrzeba zmiany:** „Nawet jeśli często zakładam, że uczucie wyczerpania pod koniec każdego dnia jest normalne, postanawiam potraktować to poważnie i wprowadzić zmiany, zanim osiągnę punkt fizycznego lub psychicznego załamania".

Deklaracja postanowienia Noaha

Noah opracował deklarację postanowienia opartą na jego frazie przypominającej: „Nawet jeśli po tylu latach czuję niesamowity smutek z powodu mojego rozwodu, postanawiam wykorzystać ten moment, aby zacząć odbudowywać swoje życie". W rezultacie jego skala SUD zmniejszyła się z 3 do 1. Następnie skupił się na podejmowaniu konkretnych działań w celu odbudowy swojego życia.

Twoja kolej

Stwórz swoją nową deklarację postanowienia. Na początku każdego cyklu tappingu wypowiedz ją na głos trzy razy, pocierając czułe miejsca na klatce piersiowej przy wypowiadaniu frazy przypominającej i trzymając ręce na czakrze serca przy deklaracji postanowienia. Następnie przejdź do opukania wszystkich punktów, stosując nową frazę przypominającą w każdym z nich. Jeśli utkniesz w martwym punkcie, zapoznaj się ze szczegółami lub wykonaj techniki badawcze opisane w rozdziale 3. Po zminimalizowaniu oceny w skali SUD poświęć trochę czasu na udokumentowanie w swoim dzienniku doświadczenia związanego z pracą nad smutkiem.

NATURA DEPRESJI

Nastrój smutku jest uczuciem, jakie doświadcza każdy, ale jeśli utrzymuje się on przez długi czas, może to oznaczać, że wszedłeś w stan depresji. Depresja jest stanem psychicznym, który jest głębiej zakorzeniony zarówno fizjologicznie, jak i energetycznie niż zwykły smutek. Aby stworzyć podstawy do wykorzystania tappingu jako metody radzenia sobie z depresją, pokrótce omówimy naturę tego zaburzenia, jego częstotliwość, objawy, przyczyny i standardowe metody leczenia.

Chociaż wyżej wymienione wytyczne dotyczące radzenia sobie ze smutkiem mogą być pomocne, często konieczne są dodatkowe środki, aby odzyskać bardziej pozytywną perspektywę w przypadku depresji. Podczas gdy smutek może odgrywać konstruktywną rolę – jak kierowanie uwagi umysłu na sprawy, które wymagają uwagi – depresja zmienia sytuację pod względem energetycznym, chemicznym i poznawczym. Może pozbawić cię energii, utrudniając tym samym skuteczne radzenie sobie z wszelkimi pojawiającymi się problemami. Co więcej, depresja może również negatywnie i obezwładniająco wpływać na problemy, które wymagają od ciebie kreatywności.

Osobom, które nigdy nie doświadczyły epizodu depresji, trudno jest w pełni zrozumieć ten stan. W wnikliwym artykule zamieszczonym w „Psychotherapy Networker" Martha Manning dzieli się swoimi osobistymi doświadczeniami z tym stanem, szczegółowo opisując swoje zmagania z ciężką, nawracającą depresją:

Przeszywa cię na wskroś. Zagraża zdrowiu, umysłowi i duszy. Sprawia, że stajesz się obcy dla ludzi, których zawsze nazywałeś bliskimi. Sprawia, że patrzysz na śmierć jak na miłosierne wyjście z bólu, którego nie da się opisać. Nie tylko zapominasz, kim byłeś, ale jesteś przerażony osobą, którą się stałeś. I nie ma żadnych gwarancji, że tym razem wyjdziesz z tego nienaruszony lub żywy... Ludzie nie byli w stanie zrozumieć mojego bólu, a ja miałam trudności z jego skutecznym wyrażeniem[4].

Powszechność występowania depresji

Na całym świecie około 280 milionów osób doświadcza pewnego rodzaju depresji[5]. Szacuje się, że w Stanach Zjednoczonych poważnego epizodu depresyjnego w 2020 roku doświadczyło 21 milionów dorosłych, co stanowi 8,4 procent populacji[6]. W przypadku kobiet odsetek ten wynosił 10,5%, w porównaniu z 6,2% mężczyzn. Najwyższą częstotliwość występowania zaobserwowano wśród osób w wieku od 12 do 17 lat, a także od 18 do 25 lat, przy czym w obu grupach wskaźnik ten wynosił 17 procent.

Należy również zauważyć, że nie zawsze można rozpoznać, czy ktoś zmaga się z depresją. W przypadku długo utrzymującej się depresji o niskim stopniu nasilenia uczucia mogą stać się tak zakorzenione, że możesz nawet nie zdawać sobie sprawy, że jej doświadczasz.

Objawy

Epizod poważnej depresji jest formalnie definiowany jako obecność pięciu lub więcej z następujących ośmiu objawów przez okres co najmniej dwóch tygodni, znacząco wpływających na codzienne funkcjonowanie:

- utrzymujący się obniżony nastrój, utrzymujący się przez większość dnia, prawie codziennie, któremu towarzyszą wyraźne oznaki smutku i beznadziejności (u dzieci i nastolatków może to również objawiać się drażliwym nastrojem lub epizodami złości),
- zaburzenia apetytu lub zauważalny niezamierzony przyrost lub utrata masy ciała (w przypadku dzieci może to objawiać się nieosiągnięciem oczekiwanego przyrostu masy ciała),
- zmniejszony entuzjazm lub utrata przyjemności z prawie wszystkich czynności,
- bezsenność, trudności z zasypianiem lub nadmierna ilość snu zakłócająca regularne czynności,
- zmęczenie lub brak energii,
- doświadczanie codziennego poczucia bezwartościowości lub przytłaczającego poczucia winy,

- trudności z koncentracją lub podejmowaniem decyzji,
- uporczywe myśli o śmierci, myśli samobójcze lub próby samobójcze[7].

W przypadku przewlekłej depresji, znanej oficjalnie jako „uporczywe zaburzenie depresyjne" pięć lub więcej z wymienionych powyżej objawów musi występować przez co najmniej dwa lata. Tę formę depresji można podzielić na dwa rodzaje: „uporczywą depresję o niskim nasileniu" i poważniejszą „przewlekłą poważną depresję". Na łagodniejszym końcu spektrum depresji, „niewielki" epizod depresyjny charakteryzuje się trzema lub czterema z powyższych objawów trwających przez co najmniej dwa tygodnie. Tymczasem „nawracająca krótka depresja" jest definiowana przez wystąpienie więcej niż sześciu epizodów w ciągu roku, przy czym każdy epizod obejmuje pięć lub więcej objawów trwających co najmniej pięć dni.

Przyczyny

Podobnie jak w przypadku wielu zaburzeń psychicznych depresja może wynikać z połączenia różnych czynników. Osoby, których członkowie rodziny zmagali się z depresją, mogą być bardziej narażone na rozwój choroby, co wskazuje na potencjalny wpływ genetyczny. Zmiany hormonalne mogą również odgrywać rolę w rozwoju depresji, co widać w przypadkach takich jak depresja poporodowa, menopauza, zespół napięcia przedmiesiączkowego lub wahania hormonalne w okresie dojrzewania. Dodatkowo trudne wydarzenia życiowe – takie jak utrata bliskiej osoby, choroba, trauma lub znaczące rozczarowanie – mogą również wywołać depresję. Negatywne myślenie i depresja mogą tworzyć „depresyjną pętlę", w której negatywne myśli podtrzymują depresję, a depresja sprzyja bardziej negatywnemu myśleniu.

Genetyka odgrywa kluczową rolę w wystąpieniu depresji. Około 10 procent osób w populacji ogólnej doświadczy poważnego epizodu depresyjnego w pewnym momencie swojego życia. Jeśli jednak rodzic lub rodzeństwo cierpi na poważną depresję, prawdopodobieństwo to wzrasta do 20–30%. Niemniej korelacja ta nie pozwala ostatecznie stwierdzić, że depresja jest dziedziczna. Sposób, w jaki dzieci są wychowywane, dyscyplinowane, nagradzane i karane, może mieć wpływ na występowanie depresji, a rodzic cierpiący na tę chorobę może nieumyślnie przekazywać wzorce myślowe, które sprzyjają depresyjnym uczuciom. Badania z udziałem bliźniąt, które pozwalają skutecznie izolować różne czynniki, wskazują jednak, że wpływy genetyczne odpowiadają za co najmniej jedną trzecią ryzyka rozwoju ciężkiego zaburzenia depresyjnego[8], ale konkretne zaangażowane geny pozostają niejasne. Geny związane z transmisją serotoniny wydają się jednak odgrywać znaczącą rolę, a liczne kombinacje genów zostały uznane za potencjalnie przyczyniające się do tego stanu[9].

Wcześniejsze doświadczenia. Termin „niekorzystne doświadczenia z dzieciństwa" odnosi się do różnych trudnych sytuacji, wydarzeń lub warunków. Obejmują one zaniedbanie, znęcanie się, problemy rodzinne, narażenie na nadużywanie substancji, wyzwania związane ze zdrowiem psychicznym, znaczne trudności ekonomiczne, zastraszanie i przemoc w rodzinach lub społecznościach[10]. Prawdopodobieństwo wystąpienia zaburzeń zdrowotnych, w tym psychicznych, takich jak depresja, wzrasta wraz z liczbą wystąpienia i dotkliwością takich doświadczeń[11].

Struktury mózgu. Istnieje korelacja między depresją a zmniejszoną aktywnością nerwu błędnego, hipokampu, kory przedczołowej i wzgórza. Nerw błędny bierze udział w regulacji emocjonalnej i wrażliwości na stres. Hipokamp jest związany z uczeniem się i pamięcią, łącząc się z innymi częściami mózgu, które zarządzają emocjami, zwłaszcza z ciałem migdałowatym. Kora przedczołowa odgrywa kluczową rolę w myśleniu i planowaniu na wysokim poziomie. Wzgórze służy jako centrum przetwarzania informacji sensorycznych. Zmniejszona aktywność w tych strukturach mózgu może pomóc w wyjaśnieniu różnych objawów depresji, w tym trudności w jasnym myśleniu, problemów z pamięcią, uczucia rozpaczy i braku motywacji. Dokładne mechanizmy, za sprawą których zmiany w aktywności mózgu przyczyniają się do depresji, pozostają jednak niejasne[12].

Przekaźniki chemiczne. Centralny układ nerwowy wykorzystuje neuroprzekaźniki jako substancje chemiczne do przekazywania sygnałów między komórkami nerwowymi zarówno w mózgu, jak i ciele. Trzy kluczowe neuroprzekaźniki związane z depresją to serotonina, dopamina i noradrenalina. Serotonina działa jako regulator nastroju, ściśle związany z uczuciem szczęścia i spokoju. Gdy jej poziom jest niski, ludzie mogą doświadczać obniżonego nastroju, zmniejszonej przyjemności i poczucia bezwartościowości. Dopamina, często określana jako substancja chemiczna „dobrego samopoczucia", łączy pewne czynności lub doświadczenia z przyjemnością. Niedobór dopaminy może skutkować apatią i brakiem motywacji. Noradrenalina odgrywa rolę w przetwarzaniu adrenaliny i ma kluczowe znaczenie dla mimowolnych reakcji na stresujące lub niebezpieczne sytuacje. Niski poziom noradrenaliny może przyczyniać się do zmęczenia, problemów z koncentracją, zmniejszonego zainteresowania przyjemnymi czynnościami oraz spadku motywacji i uwagi.

Stan zapalny mózgu. Wykazano, że stan zapalny w mózgu może mieć związek z wystąpieniem depresji, a także zmniejszać skuteczność leczenia przeciwdepresyjnego[13]. Dostosowanie nawyków żywieniowych lub włączenie środków przeciwzapalnych może być korzystne w leczeniu depresji.

Zniekształcenia poznawcze. Negatywne wzorce myślowe mogą wynikać z depresji lub przyczyniać się do jej utrwalenia. Na przykład podchodzenie do wyzwań życiowych ze z góry ustalonym przekonaniem, że poniesie się porażkę, może sprzyjać depresji. Podobnie silna samokrytyka i samoograniczające przekonania mogą prowadzić do depresji, co z kolei zmniejsza zdolność do efektywnego wykorzystywania zasobów do radzenia sobie z wszelkimi wyzwaniami, jakie może przynieść życie.

Zakłócenia energetyczne. Głównym założeniem psychologii energetycznej jest idea, że zakłócenia energii są powiązane zarówno z problemami psychicznymi, jak i fizycznymi. W związku z tym kwestie związane z sygnalizacją chemiczną mózgu można rozwiązać nie tylko metodami biologicznymi (takimi jak leki przeciwdepresyjne lub urządzenia do stymulacji nerwu błędnego), ale także poprzez zaangażowanie w systemy energetyczne organizmu. Ponadto ścieżki neuronowe, które wspierają zniekształcenia poznawcze i przestarzałe modele przewodnie, o czym mówiliśmy wcześniej w tej książce, są bardzo wrażliwe na interwencje psychologii energetycznej. Korygowanie zniekształceń poznawczych i przestarzałych modeli przewodnich za pomocą protokołów tappingu akupunkturowego może być potężnym narzędziem pomagającym przezwyciężyć depresję.

TAPPING W LECZENIU DEPRESJI

Badania nad protokołami tappingu w leczeniu depresji pokazują, że dają one pozytywne wyniki. Statystyczna ocena danych z pierwszych 12 badań klinicznych wykorzystujących EFT w leczeniu depresji wykazała znaczną ogólną poprawę u 398 uczestników[14].

Termin „psychologia energetyczna" został wprowadzony przez psychologa Freda Gallo w jego książce z 1998 roku o tym samym tytule (był on również pierwszym nauczycielem Davida tej metody w 2002 roku)[15]. Jedna z pacjentek doktora Gallo, Jennifer, była uczennicą szkoły średniej. Od dwóch lat pozostawała w związku ze starszym od niej o trzy lata Chrisem. Niestety u mężczyzny rozwinęła się ciężka choroba układu oddechowego, która gwałtownie się zaostrzyła i ostatecznie doprowadziła do jego śmierci. Jennifer pogrążyła się w głębokiej żałobie i wkrótce popadła w kliniczną depresję. Czuła się zagubiona bez Chrisa, dręczyły ją wspomnienia jego cierpienia. Po konsultacji z lekarzem przepisano jej leki przeciwdepresyjne, zaczęła również uczęszczać na terapię, gdzie zachęcano ją do rozmów o żalu i refleksji nad wydarzeniami związanymi z chorobą Chrisa, a także jej cennymi wspomnieniami o nim, zanim zachorował. Niestety podejście to okazała się nieskuteczne, a depresja Jennifer nadal się nasilała. Ponieważ zdiagnozowano u niej poważne zaburzenie depresyjne, które nie reagowało na leczenie, rozważano możliwość hospitalizacji psychiatrycznej. Następnie jej lekarz skierował ją do dr Gallo w celu uzyskania drugiej opinii i potencjalnego leczenia. Oto relacja dr Gallo:

> Po moim spotkaniu z Jennifer rozmawialiśmy o leczeniu, które mógłbym jej zapewnić. Zapytałem, czy chciałaby podjąć się terapii, która nie wywołałaby u niej niepokoju. Zapytała, czy to naprawdę możliwe, a kiedy potwierdziłem, uśmiechnęła się i entuzjastycznie zaakceptowała moją propozycję.
>
> Dzięki tappingowi Jennifer mogła uniknąć uwikłania się we wspomnienia i niepokojące emocje. Zachęciłem ją do krótkiego skupienia się na obrazach, które były związane z jej objawami depresyjnymi, takimi jak bezsenność, brak radości, płacz i słaby apetyt. W tym momencie oceniła swoje cierpienie dla każdego obrazu na 10 w skali SUD. Najbardziej niepokojącym dla niej obrazem był jednak Chris walczący o każdy oddech, gdy po prostu odpoczywał na kanapie. Po poddaniu się zabiegowi tappingu odkryła, że w ciągu zaledwie 10 minut, chociaż obraz nadal pozostawał dla niej dramatyczny, nie powodował już tak intensywnego wewnętrznego niepokoju jak wcześniej.
>
> Następnym krokiem było zajęcie się wszelkimi utrzymującymi się odczuciami depresji. Na tym etapie jej ocena depresji znacznie się zmniejszyła do poziomu 4. Poprowadziłem ją do tappingu, koncentrując się na doznaniach i emocjach związanych z jej depresją, które określiła jako „zlokalizowane w moim sercu". Gdy poczucie depresji ustępowało, kontynuowaliśmy stukanie i uważnie obserwowaliśmy jej odczucia. W ciągu zaledwie kilku minut Jennifer zgłosiła, że nie czuje się już przygnębiona. Wielokrotnie podczas sesji entuzjastycznie krzyczała: „To jest niepojęte! To dziwne, ale naprawdę działa".
>
> W następnym tygodniu Jennifer przyjechała i poinformowała, że nie doświadczyła uczucia depresji przez trzy dni po początkowym leczeniu. Podczas gdy wspomnienie Chrisa łapiącego oddech już jej nie niepokoiło, zaczęły pojawiać się inne wspomnienia, które wywoływały depresyjne emocje. Zasugerowałem jej, że powinna unikać rozpamiętywania myśli o Chrisie, ale zastosowanie się do tej rady okazało się sporym wyzwaniem. Dlatego podczas

drugiej sesji kilka dodatkowych wspomnień zostało „zneutralizowanych", a leczenie skupiło się na dalszym łagodzeniu jej depresyjnych uczuć.

Ogólnie rzecz biorąc, zaledwie kilka wizyt wystarczyło, by pomóc Jennifer. Jej nastrój znacznie się poprawił. O wiele łatwiej było jej się skoncentrować. Lepiej spała i jadła, a jej entuzjazm do życia i nastoletnich zajęć powrócił. Monitorowałem jej postępy przez kilka miesięcy, aby się upewnić, że dobrze sobie radzi, a ona nie zgłosiła żadnych dodatkowych przypadków depresji. Zaangażowała się w działalność społeczną z przyjaciółmi, a kilka miesięcy później ponownie zaczęła umawiać się na randki. Depresja już nie powróciła.

STOSOWANIE TECHNIK TAPPINGU W RADZENIU SOBIE Z DEPRESJĄ

W ciągu ponad stu lat różne metody psychoterapeutyczne dla osób doświadczających depresji wraz z niezliczonymi badaniami naukowymi ujawniły pewną dynamikę powszechnie występującą we wszystkich typach depresji. Zrozumienie tej dynamiki jest niezbędne, aby podejście energetyczne skutecznie korespondowało z najskuteczniejszymi dostępnymi praktykami leczenia depresji. Zamiast próbować analizować tę obszerną literaturę, podążyliśmy za wskazówkami 16 największych światowych ekspertów w pracy z depresją, przedstawionymi podczas sympozjum dotyczącego najlepszych praktyk w dziedzinie zdrowia psychicznego[16].

Wskazówki zawarte w dalszej części rozdziału są skierowane zarówno do terapeutów zajmujących się leczeniem depresji, jak i osób pragnących ją przezwyciężyć. Trzeba jednak podkreślić, że jeśli doświadczasz depresji, zdecydowanie zalecamy stosowanie tych technik wraz ze wsparciem wykwalifikowanego specjalisty zdrowia psychicznego. Osoby zmagające się z depresją często doświadczają poczucia beznadziejności i mogą nie w pełni wierzyć w możliwość wyzdrowienia. Połączenie kompetentnego terapeuty i samodzielnego stosowania tappingu oferuje silne i pełne nadziei podejście.

Podobnie jak w przypadku porad dotyczących PTSD opisanych w poprzednim rozdziale poniższe informacje nie mają na celu przeprowadzenia cię przez szczegółowy program terapii depresji. Zamiast tego przedstawiamy wskazówki skoncentrowane na siedmiu kluczowych obszarach niezbędnych do przezwyciężenia tego stanu. Dla każdego obszaru sugerujemy frazy przypominające, deklaracje akceptacji i postanowienia, które można rozszerzyć, aby rozpocząć skuteczne korzystanie z podstawowego protokołu tappingu. Omawiane obszary obejmują:

1. Wiara w to, że twoje działania mogą prowadzić do pozytywnych zmian.

2. Podstawowe metody zwiększania energii w celu zwalczania depresji.
3. Pesymistyczne myśli i przekonania.
4. Doświadczenia rozwojowe.
5. Pozytywna ekspozycja.
6. Interakcje społeczne.
7. Zapobieganie nawrotom.

1. Wiara w to, że twoje działania mogą prowadzić do pozytywnych zmian

Początkowe wyzwania związane z przezwyciężeniem depresji wynikają z uczucia letargu i zniechęcenia, które ją charakteryzują. Osoby doświadczające depresji nie tylko zmagają się z brakiem energii fizycznej potrzebnej do angażowania się w pozytywne działania, ale także często wątpią w skuteczność wszelkich podejmowanych przez siebie wysiłków. Na przykład chociaż liczne badania pokazują, że ćwiczenia fizyczne mogą pomóc złagodzić depresję, znalezienie motywacji do trzymania się regularnej rutyny ćwiczeń ze względu na korzyści zdrowotne może być niezwykle trudne nawet bez obciążenia depresją. Zadanie to staje się znacznie trudniejsze w przypadku depresji.

Osoby zmagające się z koncepcją „wyuczonej bezradności" wierzą, że nie mają kontroli nad tym, co się z nimi dzieje, co prowadzi ich do myślenia, odczuwania i zachowywania się tak, jakby były bezsilne[17]. Zjawisko to jest podstawowym aspektem depresji. Kiedy ludzie wyczerpują wszystkie możliwe opcje, a mimo to pozostają w stanie depresji, często zaczynają doświadczać poczucia beznadziejności.

Od czego zacząć. Faza przygotowawcza podstawowego protokołu tappingu, którego nauczyłeś się w rozdziale 2, obejmuje stworzenie deklaracji akceptacji. Ze względu na nieodłączny pesymizm, który często towarzyszy depresji, przyznanie się do tego stanu wiąże się z wyjątkowymi trudnościami. Kiedy depresyjny nastrój rzuca cień na wszystkie aspekty życia, od czego w ogóle zacząć? Koncentrowanie się na stresujących sytuacjach życiowych, doświadczeniach z dzieciństwa, które mogły przyczynić się do depresji, lub „negatywnym myśleniu", które wydaje się realistyczną perspektywą, może wydawać się odwróceniem uwagi, a nawet krokiem wstecz. Twoim głównym celem jest znalezienie ulgi w depresji, a każde inny temat może wydawać ci się niewłaściwy.

Chociaż w przypadku wielu kwestii lepiej jest być tak konkretnym, jak to tylko możliwe, w przypadku depresji początkowym celem może być skupienie się na niej samej. Możesz przypisać jej nazwę, na przykład frazę przypominającą, taką jak „moja depresja", „ciemność" lub „wszystko jest ponure", wraz z oceną w skali SUD, która wskazuje jej aktualną intensywność. Inne wspomniane wcześniej kwestie mogą pojawić się później, gdy będziesz identyfikować aspekty, którymi należy się zająć w celu dalszego zmniejszenia depresji.

Zaakceptowanie swojego pesymizmu. Ten krok jest szczególnie ważny, gdy nie wierzysz, że wysiłek włożony w przezwyciężenie depresji się opłaci. Świadoma akceptacja zamiast walki z tym przekonaniem sygnalizuje twojej psychice, że zwracasz uwagę na przeszkody na drodze przed tobą. Oczywiście najprawdopodobniej nie chcesz mieć depresji, możesz jednak nie wierzyć, że istnieje z niej wyjście. Jest to zatem miejsce, od którego zaczniesz, wypowiadając którekolwiek z poniższych fraz, w dowolnej kombinacji, lub cokolwiek innego, co z tobą rezonuje:

„Nawet jeśli nic nie pomogło, abym wyszedł z depresji… „Nawet jeśli wiem, że to nie zadziała… „Nawet jeśli tapping wygląda głupio… „Nawet jeśli nie chcę tego robić… „Nawet jeśli nie mam na to energii… „Nawet jeśli nie mam na to czasu… „Nawet jeśli zawsze będę przygnębiony…	…głęboko i całkowicie akceptuję, że to są moje uczucia”.

Powtórz pierwszą część stwierdzeń na głos, masując czułe miejsca w klatce piersiowej, i wypowiedz na głos drugą część, trzymając dłonie na czakrze serca. Powtórz każde z tych stwierdzeń trzy razy. Możesz zmienić drugą część w dowolny sposób.

2. Podstawowe metody zwiększania energii w celu zwalczania depresji

Skupienie się na energii fizycznej jest kolejnym ważnym krokiem. Doktor van der Kolk we wcześniej wspomnianym programie dotyczącym najlepszych praktyk zasugerował, że angażowanie się w działania obejmujące ruch ciała ma kluczowe znaczenie dla osób, które czują się zbyt zamknięte, aby skorzystać z terapii. Podstawowe ćwiczenia energetyczne mogą szybko ożywić ciało, poprawiając przepływ jego energii.

W przypadku depresji może być jednak trudno znaleźć motywację do wykonywania nawet najprostszych ćwiczeń, a wtedy pomocny może okazać się tapping. Po zaakceptowaniu stanu depresji za pomocą deklaracji akceptacji należy do niej dobrać odpowiednią deklarację postanowienia.

„…jestem otwarty na zbadanie, czy pewne proste metody mogą pomóc poprawić mój nastrój”.

Powtórz trzy razy pierwszą część frazy na głos, jednocześnie delikatnie masując czułe obszary klatki piersiowej, i powtórz drugą część, trzymając dłonie na czakrze serca. Twoja fraza opukiwania może brzmieć następująco: „Proste ćwiczenia, które pomogą mi w depresji" lub po prostu „Chcę być zaskoczony".

Jedną z trudności na tym etapie jest to, że osoby doświadczające depresji często nie zauważają drobnych korzyści. W rezultacie nawet jeśli techniki energetyczne są skuteczne, subtelne zmiany mogą pozostać niezauważone. Ale zrozumienie, że proste metody mogą prowadzić do pozytywnych zmian, nawet jeśli są one niewielkie, pomaga wzmocnić poczucie pewności, że podejmowanie dostępnych działań może wpłynąć na depresję.

Programy mające na celu radzenie sobie z depresją, takie jak metoda opisana w książce *Umysł ponad nastrojem,* mają na celu nauczenie ludzi, aby dostrzegali nawet najmniejsze oznaki poprawy i doceniali subtelne przejawy radości oferowane przez życie[18]. Określają one szeroki zakres doświadczeń, w których może wystąpić poprawa: lepsza jakość snu, nasilone interakcje społeczne, uczucie większego odprężenia, częstsze uśmiechanie się, większa wydajność pracy, lepsze rozwiązywanie konfliktów, zmniejszony gniew, otrzymywanie informacji zwrotnych, wrażenie lepszego radzenia sobie, zwiększona pewność siebie, asertywność, odnowiona nadzieja na przyszłość, zwiększona radość z codziennego życia, uczucie uznania i wdzięczności oraz lepsze relacje[19]. Niezależnie od rodzaju terapii zauważanie poprawy zawsze jest niezwykle korzystne. Jedną ze zmian, której nie da się przeoczyć, jest zwiększenie pojemności oddechowej po prostym ćwiczeniu tappingu. Możesz wrócić na s. 56, aby powtórzyć to ćwiczenie.

To, co możemy nazwać „energetyczną cechą depresji", obejmuje:

A. Powolny przepływ w czakrach i meridianach.
B. Energie, które się nie przenikają, aby wspierać integrację prawej i lewej półkuli mózgu.
C. Blokady energetyczne w miejscach, w których nagromadził się stres.
D. Obniżony poziom energii w kluczowych obszarach.
E. Zakłócenia energii prowadzące do niejasnego myślenia.

Poniższe techniki mogą wzmocnić każdy z tych obszarów, oznaczonych poniżej literami odpowiadającymi danemu obszarowi.

A. Powolny przepływ w czakrach i meridianach: technika czterech uderzeń. Wykorzystywałeś już te punkty. W przypadku tej konkretnej grupy nie będziesz łączyć ich ze słowami. Zamiast tego skup się na stukaniu w każdy punkt, biorąc jednocześnie dwa lub trzy głębokie oddechy (wdech nosem i wydech ustami). Uderzaj mocno w każdy punkt (ale nie na tyle mocno, by spowodować ból lub siniaki). W połączeniu punkty te są ukierunkowane na początkowy aspekt cechy energetycznej związanej z depresją, pomagając ożywić spowolniony przepływ w czakrach i meridianach.

- **Żołądek 1.** Delikatne stukanie w kości policzkowe znajdujące się pod oczami (początkowy zestaw punktów akupunkturowych na meridianie żołądka) pozwala energii płynąć w dół, w kierunku stóp, łącząc się z energiami ziemi i przyciąga te energie w górę ciała, zapewniając podtrzymanie, odżywienie i uziemienie.
- **Nerka 27.** Kiedy jesteś wyczerpany, energie w twoim ciele dosłownie odwracają kierunek swojego przepływu, aby skłonić cię do zatrzymania się i odpoczynku. Jeśli jednak ten wzorzec staje się nawykiem, może przekształcić się w siłę, która przyczynia się do uczucia depresji. Stukanie w punkty pod obojczykiem (27 para punktów akupunkturowych na meridianie nerek) odwraca przepływ energii i kieruje go we właściwym kierunku.
- **Czakra serca.** Stukanie w czakrę serca znajdującą się w centrum klatki piersiowej aktywuje jej energię, powodując, że wszystkie inne czakry rezonują z tą silną energią. Dodatkowo stukanie energetyzuje krew, stymulując całe ciało, gdy przepływa przez nie nowo ożywiona krew.
- **Śledziona 21.** Stukanie w 21. parę punktów akupunkturowych znajdujących się na meridianie śledziony (pod pachami) pomaga w przełamywaniu i przetwarzaniu negatywnych myśli związanych z depresją na poziomie energetycznym, co skutkuje zwiększonym poczuciem spokoju i bezpieczeństwa.

Technikę czterech uderzeń można wykonywać wielokrotnie w ciągu dnia. Zajmuje ona około minuty i można je z łatwością wykonywać obok innych czynności, takich jak oglądanie telewizji, branie prysznica lub spacer.

B. Energie, które się nie przenikają, aby wspierać integrację prawej i lewej półkuli mózgu: technika rozciągania ramion ruchem naprzemiennym. Ćwiczenie to obejmuje ruch krzyżowy przeplatający energię, które powinny przechodzić z jednej strony ciała na drugą, co w przypadku depresji się nie dzieje. Ruch ten znany jako „wzorzec homolateralny", nie tylko utrudnia płynny ruch fizyczny, ale także zakłóca komunikację między lewą i prawą półkulą mózgu, powodując trudności z jasnym myśleniem.

Donna zaobserwowała homolateralne wzorce w energiach każdej osoby, z którą pracowała i która cierpiała na depresję. Aby skorygować ten wzorzec, umieść jedną rękę na ramieniu, które jest przeciwne do tej ręki, zastosuj delikatny nacisk, zagłębiając palce w tył tego ramienia, a następnie przesuń je z pewną siłą po górnej części ramienia. Następnie delikatnie pociągnij otwartą dłonią w dół i w poprzek ciała po przekątnej w kierunku przeciwległego biodra. Powtórz tę czynność po drugiej stronie. Wykonaj tę technikę kilka razy. Jest to szybki sposób na przywrócenie harmonii przepływu energii po przeciwnych stronach ciała i mózgu.

Zmiana długotrwałych nawyków energetycznych opiera się w dużej mierze na powtarzaniu. Postępując zgodnie z wcześniejszą sugestią, możesz wykonywać technikę czterech uderzeń kilka razy dziennie, a następnie natychmiast przejść do rozciągania ramion ruchem naprzemiennym, którego wykonanie zajmuje mniej niż minutę.

C. Blokady energetyczne w miejscach, w których nagromadził się stres: technika połączenia. Ta prosta metoda pomaga ciału przetwarzać stres nagromadzony w różnych obszarach poprzez ustanowienie połączenia między meridianem biegnącym w górę przedniej części ciała (meridian centralny, zwany również naczyniem poczęcia) a tym, który wznosi się wzdłuż pleców (meridian zarządzający, znany również jako naczynie gubernatora). Wzmocniony obwód rozprowadza energię po całym ciele, co pomaga rozbić skupiska nagromadzonego stresu.

Aby wykonać tę technikę, połóż środkowy palec jednej ręki na „trzecim oku", znajdującym się między brwiami tuż nad grzbietem nosa, jednocześnie umieszczając środkowy palec drugiej ręki na pępku. Lekko naciśnij oba palce do wewnątrz, a następnie pociągnij je do góry (w kierunku czubka głowy), utrzymując tę pozycję przez co najmniej trzy głębokie oddechy.

D. Obniżony poziom energii w kluczowych obszarach: technika złagodzenia potrójnego ogrzewacza. Potrójny ogrzewacz funkcjonuje jako system energetyczny, który zarządza reakcją organizmu zarówno na zagrożenia wewnętrzne (układ odpornościowy), jak i zewnętrzne (reakcja walki lub ucieczki). Po wykryciu zagrożenia może pobierać energię ze wszystkich meridianów, z wyjątkiem meridianu serca. Ciągłe zagrożenie lub jego percepcja utrzymuje potrójny ogrzewacz w stanie podwyższonej czujności, prowadząc do wyczerpania energii pochodzącej z innych regionów ciała. Wiele problemów psychologicznych wynika z przedłużającego się wewnętrznego poczucia zagrożenia. W przypadku depresji uczucie to może być tak trwałe, że postrzegane zagrożenie nie jest nawet świadomie rejestrowane, ale wciąż może utrzymywać czujność potrójnego ogrzewacza. W rezultacie on nadal zbiera energie z meridianów. Jeśli energie te nie są wykorzystywane do walki lub ucieczki, gromadzą się, powodując ogólne uczucie ciężkości w ciele i zmniejszenie energii w kluczowych obszarach, co przyczynia się do depresji. Wyciszenie potrójnego ogrzewacza sprawia, że energia pobrana z innych meridianów powraca do tych obszarów.

Jedną z najskuteczniejszych, a jednocześnie najprostszych metod uspokojenia potrójnego ogrzewacza jest zastosowanie techniki złagodzenia potrójnego ogrzewacza. Zacznij od delikatnego oparcia środkowych palców na zamkniętych powiekach. Weź głęboki wdech, a podczas wydechu przesuń palce na zewnątrz, w kierunku skroni. Z kolejnym głębokim wdechem poprowadź palce wokół uszu, w dół szyi i pozwól im spocząć na ramionach. Przy kolejnym głębokim wdechu przeciągnij palce w dół do środka klatki piersiowej. Umieść otwarte dłonie na czakrze serca i pozostań w tej pozycji przez trzy głębokie wdechy, wdychając powietrze nosem i wydychając ustami.

E. Zakłócenia energii prowadzące do niejasnego myślenia: pozycja Wayne'a Cooka. Poniżej zostanie szerzej omówione to, w jaki sposób negatywne myśli i samoograniczające przekonania są kluczowymi wskaźnikami depresji. Podczas gdy niektóre z tych kwestii mogą wynikać ze zniekształceń poznawczych, które można rozwiązać poprzez logiczną analizę lub tapping, to aby poradzić sobie z wewnętrznymi sprzecznościami, ważne jest, aby pamiętać, że zakłócenia energii mogą również przyczyniać się do tych zniekształceń poznawczych i je podtrzymywać. Najskuteczniejszą techniką, jaką znamy, aby złagodzić ten rodzaj zakłóceń energii, jest „postawa Wayne'a Cooka". Podobnie jak wcześniej wspomniana technika rozciągania ramion ruchem naprzemiennym i połączenia metoda ta ma różne zastosowania i można ją zobaczyć w filmie Donny na kanale YouTube *Daily Energy Routine* (der.energytapping.com).

3. Pesymistyczne myśli i przekonania

Niezależnie od fizycznych i energetycznych czynników związanych z depresją to negatywne myśli i przekonania powodują obniżenie nastroju. Ciągłe rozpamiętywanie tego, co nas trapi, może wyczerpywać naszą energię. Jednocześnie depresja nasila te negatywne myśli i przekonania, tworząc silny i wręcz paraliżujący zaklęty krąg.

Skupianie się na ograniczeniach zamiast na możliwościach jest wynikiem negatywnego myślenia. Taki sposób myślenia zniekształca postrzeganie i doświadczenia, prowadząc do poczucia bezsilności. Utrwala to wzorce zachowań, które prowadzą do samodestrukcji. Negatywne myśli i przekonania energetycznie rezonują z depresją, która z kolei je wzmacnia.

Jedną z ważnych strategii przezwyciężania depresji jest kwestionowanie negatywnych myśli. Chociaż nie da się omówić wszystkich możliwych negatywnych myśli, możemy wyróżnić trzy powszechne kwestie, które przyczyniają się do negatywnego myślenia, i zasugerować kilka technik akupunkturowego tappingu, aby przeciwdziałać każdej z nich. Kwestie te to:

A. Obniżona samoocena.
B. Wyciąganie błędnych i samoograniczających wniosków.
C. Przekonanie o genetycznej predyspozycji do depresji.

Aby wykorzystać tapping do każdej z tych kwestii, zapoznaj się z narzędziami opisanymi w rozdziałach 2 i 3. Zaczniemy od zbadania wyzwań związanych z tymi tematami i stworzymy przykładowe frazy przypominające, deklaracje akceptacji i deklaracje postanowienia. W miarę postępów zauważysz wszelkie psychologiczne odwrócenia lub elementy zakłócające. Podstawowy protokół tappingu pozwala na kompleksowe podejście do indywidualnego radzenia sobie z negatywnymi myślami i przekonaniami. Chociaż proces ten może wymagać czasu i wysiłku, a być może kilku sesji, warto udać się w podróż zmierzającą do pokonania depresji.

A. Obniżona samoocena. Depresja znacząco wpływa na to, jak ludzie oceniają samych siebie. Ze względu na brak motywacji i trudności w zarządzaniu nawet najbardziej podstawowymi aspektami życia osoby doświadczające depresji często postrzegają siebie jako nieproduktywne, uważają, że ich egzystencja nie ma celu, lub czują, że nie mają znaczenia dla innych. Często wiąże się to z poczuciem wstydu – przekonaniem, że są po prostu nieodpowiednie – co dodatkowo komplikuje ich zdolność do podejmowania działań w celu przezwyciężenia depresji. Aby rozpocząć korzystanie z podstawowego protokołu tappingu w celu radzenia sobie z poczuciem bezwartościowości, proponujemy następującą procedurę:

Fraza przypominająca: „Nie zasługuję na to, aby być szczęśliwy!"
Deklaracja akceptacji: „Nawet jeśli nie zasługuję na to, aby być szczęśliwy, w pełni i całym sercem akceptuję to, kim jestem".
Deklaracja postanowienia: „Nawet jeśli nie zasługuję na to, aby być szczęśliwy…

- …postanawiam zdobyć się na odwagę i stawić czoła uczuciu rozpaczy".
- …postanawiam uznać, że doświadczyłem kilku pozytywnych chwil".
- …postanawiam uznać swoją wartość dla ludzi, którzy mnie kochają".

Zauważ, jak pierwsza część frazy deklaracji postanowienia zaczyna odpierać negatywne myślenie, a drugie części frazy stają się z czasem coraz bardziej wiarygodne.

B. Wyciąganie błędnych i samoograniczających wniosków. Jednym z naszych własnych modeli przewodnich jest to, że każda istota ludzka ma wrodzoną wartość, a zatem decydowanie o tym, że ktoś jest bezwartościowy, wymaga kolosalnych zniekształceń poznawczych. Dodatkowo obniżone poczucie własnej wartości nie jest jedynym aspektem zniekształconego myślenia często związanego z depresją. W terapii poznawczo-behawioralnej (CBT) „myśli automatyczne" kształtują sposób postrzegania sytuacji, często prowadząc do oczekiwań porażki.

„Nie będę w stanie osiągnąć sukcesu w obszarach, które są dla mnie najważniejsze".
„Nie czuję się wystarczająco inteligentny, aby stawić czoła tym wyzwaniom".
„Nie udało mi się to już wcześniej i nie uda mi się ponownie".
„Nigdy nie otrzymam miłości, której potrzebuję".
„Mam tendencję do popełniania błędów za każdym razem, gdy próbuję czegoś nowego".

Myśli, które automatycznie oceniają twoje wysiłki w krytyczny sposób, mogą cię szczególnie osłabiać, niszcząc twoją wewnętrzną siłę i utrzymując cię w zaklętym kręgu negatywnego myślenia i przygnębiających uczuć. Ponadto mogą one tworzyć fałszywe przekonanie, że inni oceniają cię tak surowo jak ty sam siebie.

CBT przeciwdziała samoograniczającym przekonaniom i myślom, zachęcając ludzi do zbierania dowodów, które im zaprzeczają. Wykorzystuje szereg metod, w tym introspekcję, prowadzenie dziennika, minieksperymenty i poszukiwanie spojrzenia przyjaciół na daną kwestię. Podczas gdy logiczne podejście do zmiany negatywnych myśli i przekonań może przynieść pozytywne rezultaty, tapping oferuje szybsze i prostsze rozwiązanie. Jedną rzeczą jest wiedza, że tendencja do surowego osądzania siebie nie jest dobrą strategią, oraz odpieranie tej skłonności doświadczeniami, obserwacjami i rozumem. Zupełnie inną rzeczą jest szybka i skuteczna zmiana wzorca energetycznego i chemii mózgu, które napędzają negatywne myślenie.

To jest właśnie to, co można osiągnąć poprzez tapping akupunkturowy.

Proces ten wymaga pewnego stopnia autorefleksji i samooceny. Jakie automatyczne myśli lub przekonania cię ograniczają? Zapisz je w swoim dzienniku. Wybierz jedną, na której skoncentrujesz się w pierwszej kolejności. Utwórz frazę przypominającą wraz z deklaracją akceptacji. W miarę zmniejszania się liczby subiektywnych jednostek stresu (SUD) zastąp deklarację akceptacji deklaracją postanowienia Na przykład:

Fraza przypominająca: „Jestem nieudacznikiem w miłosnych relacjach!".
Deklaracja akceptacji: „Nawet jeśli moje miłosne relacje nie były udane, w pełni i z całego serca akceptuję to, kim jestem".
Deklaracja postanowienia: „Nawet jeśli moje miłosne relacje nie były udane...

- ...postanawiam uznać, że miłosne relacje mogą być trudne dla każdego".
- ...postanawiam pamiętać o pozytywnym wpływie, jaki wywarły na mnie moje poprzednie związki".
- ...postanawiam się dowiedzieć, jak sprawić, by moje miłosne relacje były bardziej satysfakcjonujące".

Przezwyciężanie depresji za pomocą tappingu zazwyczaj podkreśla znaczenie zmiany negatywnych myśli i przekonań. Szczególnie ważne jest, aby zwracać uwagę na autodestrukcyjne reakcje na wydarzenia życiowe, takie jak tendencja do rezygnacji po doświadczeniu drobnego niepowodzenia.

C. Przekonanie o genetycznej predyspozycji do depresji. Uważanie depresji za chorobę mózgu jest powszechnym negatywnym przekonaniem, które często towarzyszy nawracającej lub długotrwałej depresji, a taka perspektywa jest całkiem zrozumiała. Chociaż ponad 40 wariantów genów może zwiększać prawdopodobieństwo wystąpienia depresji[20], na sposób ekspresji tych genów znaczący wpływ mają takie czynniki, jak styl życia, wzorce myślowe, stres i trauma. Co więcej, genetyka jest tylko jednym z aspektów ogólnego obrazu. Chociaż prawdą jest, że od 20 do 30 procent osób, których rodzic lub rodzeństwo cierpi na poważną depresję, jest narażonych na ryzyko zachorowania na tę chorobę, to wyciąganie wniosku, że jest się bezsilnym, na podstawie tej statystyki jest niezwykle mylne. W rzeczywistości od 70 do 80 procent osób mimo genetycznych uwarunkowań nie zapada na nią.

Niektóre osoby, których krewni cierpieli na depresję, mogą po doświadczeniu epizodu depresyjnego dojść jednak do wniosku, że „coś jest nie tak z moim mózgiem i nie uda mi się pokonać depresji". W rezultacie ludzie ci zaczynają definiować siebie poprzez depresję i dostosowują swoje zachowanie, aby dopasować się do tego postrzegania. Metody takie jak CBT, medytacja i tapping uczą, jak zrobić krok do tyłu i przestać identyfikować się z własnymi emocjami i myślami. Prowadzą one do rozpoznań takich jak: „Nie jestem moim gniewem"; „Nie jestem moim lękiem"; „Nie jestem moją depresją". Pozwala to odnosić się do trudnych uczuć w sposób bardziej dociekliwy i kreatywny, zamiast definiować się przez nie.

Niemniej rozpoznanie swoich słabych punktów jest równie istotne. Chociaż pozwolenie tym słabościom na zdefiniowanie ciebie może ograniczyć twoje postrzeganie tego, co możesz osiągnąć, świadomość ich umożliwia wdrożenie środków zarówno naprawczych, jak i zapobiegawczych. W przypadku niektórych osób leki łagodzące depresję są skuteczne i mogą one zaakceptować fakt, że będą musiały przyjmować te środki przez całe życie, podobnie jak osoba z cukrzycą typu 1 wymaga insuliny. Jednocześnie toczy się debata, czy naturalne metody mogą skutecznie wywołać niezbędne zmiany w mózgu osoby cierpiącej na poważną depresję bez stosowania leków (wraz ze związanymi z nimi stygmatyzacją i skutkami ubocznymi).

Przeważa opinia, że w przypadku ciężkiej lub długotrwałej depresji połączenie leków i terapii jest zwykle najlepszym podejściem. Z kolei badania wskazują, że w przypadku łagodnej lub umiarkowanej depresji psychoterapia może być równie skuteczna jak leki[21]. Dodatkowo korzyści płynące z psychoterapii często utrzymują się po zakończeniu leczenia. Niezależnie od tego, czy stosowane są leki, czy nie, konieczne jest zajęcie się kluczowymi kwestiami, takimi jak poczucie własnej wartości, negatywne wzorce myślowe, nierozwiązany żal, doświadczenia z przeszłości i trudności w związkach. Terapia, zwłaszcza metody obejmujące elementy somatyczne, takie jak tapping, w połączeniu z praktycznymi środkami, takimi jak wystarczająca ilość snu, prawidłowe odżywianie, regularne ćwiczenia i wsparcie ze strony bliskich, często może przynieść pozytywne rezultaty bez konieczności stosowania leków. Z drugiej strony, jeśli ludzie czują się bezsilni w walce z depresją, pozostaną tacy. Oto kilka zwrotów, od których można zacząć, aby sprawić, że doświadczanie epizodów depresyjnych nie zdefiniuje twojej tożsamości:

> Fraza przypominająca: „Chemia mojego mózgu przyczynia się do mojej depresji".
> Deklaracja akceptacji: „Nawet jeśli chemia mojego mózgu utrudnia mi przezwyciężenie depresji, w pełni i z całego serca akceptuję siebie".

Deklaracja postanowienia: „Nawet jeśli chemia mojego mózgu utrudnia mi przezwyciężenie depresji...

- ...postanawiam uznać, że depresja jest stanem, na który można wpływać".
- ...postanawiam znaleźć lepsze sposoby radzenia sobie z moją skłonnością do depresji".
- ...postanawiam dostrzegać pozytywne postępy, które poczyniłem".

4. Doświadczenia rozwojowe

Nieprzepracowane trudne doświadczenia z dzieciństwa mogą przyczyniać się do odczuwania depresji. Analizując te doświadczenia, należy wziąć pod uwagę stratę najbliższych, jak rodziców, ukochanych osób, zwierząt domowych, brak poczucia własnej wartości lub różne formy związane z utratą bezpieczeństwa i ochrony. Każdy z tych czynników może znacząco wpłynąć na twoje samopoczucie, ale możesz rozpocząć proces uzdrawiania, wykorzystując podstawowy protokół tappingu wraz z związaną z nim pracą badawczą, aby zająć się tym, co odkryjesz. Na przykład Margaret się przekonała, że jej depresja była związana nie tylko z rozwodem, jak początkowo sądziła, ale także z porzuceniem rodziny przez ojca, gdy miała cztery lata. Oto jak zaczęła radzić sobie z tym aspektem swojej depresji:

Fraza przypominająca: „Musiałam radzić sobie w życiu bez ojca".
Deklaracja akceptacji: „Nawet jeśli dorastałam bez ojca, w pełni akceptuję wpływ, jaki miało na mnie to doświadczenie".
Deklaracja postanowienia: „Nawet jeśli dorastałam bez ojca...

- ...postanawiam uznać, że mam prawo czuć cały ten gniew, który się pojawia".
- ...postanawiam uznać to, jak dobrze sobie poradziłam pomimo braku miłości, wsparcia i wskazówek, które chciałabym otrzymać od ojca".
- ...postanawiam wykorzystać żal po stracie męża jako okazję do skonfrontowania się z porzuceniem przez ojca w nowy i wzmacniający sposób".

Niedawne straty, w tym utrata domu, pracy, zdrowia lub ukochanej osoby, mogą wywołać depresję. W związku z tym właściwe podejście do żałoby jest kluczowym aspektem skutecznego radzenia sobie z depresją. Każdy doświadcza straty, a przetwarzanie tych emocji pomaga nam rozwijać się bez dźwigania nadmiernego bagażu emocjonalnego. Często dzieje się to naturalnie, czasami bez terapii lub nawet świadomego przechodzenia przez kolejne etapy żałoby. Co jednak z tymi nierozwiązanymi doświadczeniami, które nadal na ciebie wpływają? Jak można je skutecznie przetworzyć emocjonalnie? Podstawowy protokół tappingu i późniejsza praca badawcza mogą być potężnym antidotum na nierozwiązane doświadczenia straty, które mogą leżeć u podstaw depresji. Oto kilka przykładowych zwrotów na początek:

Fraza przypominająca: „Bardzo tęsknię za Ryanem".
Deklaracja akceptacji: „Nawet jeśli niezwykle trudno jest poradzić sobie z tym, jak bardzo tęsknię za Ryanem, kocham i w pełni akceptuję siebie".
Deklaracja postanowienia: „Nawet jeśli niezwykle trudno jest poradzić sobie z tym, jak bardzo tęsknię za Ryanem...

- ...postanawiam pielęgnować uczucie, jakim go darzyłam".
- ...postanawiam uznać, że Ryan chciałby, abym była szczęśliwa".
- ...postanawiam docenić lekcje wyciągnięte z tego związku i wykorzystać je jako podstawę dla mojej przyszłości".

5. Pozytywna ekspozycja

Twoja energia i nastrój zależą od twoich działań i otoczenia. Dla wielu osób istotną kwestią jest czas spędzany przed ekranami urządzeń elektronicznych. Od 2010 roku odnotowano niepokojący wzrost depresji i zachowań samobójczych wśród nastolatków, co wydaje się powiązane ze zwiększonym czasem spędzonym przed ekranem w tym okresie[22], chociaż siła tej korelacji pozostaje tematem dyskusji. Niezależnie od jej wyniku rozsądne jest twierdzenie, że utrzymanie zdrowej równowagi między korzystaniem z ekranu a angażowaniem się w działania takie, jak znaczące interakcje z rodziną i przyjaciółmi, spacery na świeżym powietrzu lub uczestniczenie w przyjemnych ćwiczeniach fizycznych, może złagodzić uczucie depresji.

Oprócz godzin spędzonych przed ekranami istotna jest również wyświetlana na nich treść. Bycie na bieżąco z lokalnymi, krajowymi i globalnymi wiadomościami znacznie różni się od konsumowania ciągłego strumienia niepokojących wydarzeń z całego świata, które mogą mocno obciążać umysł każdego dnia. W rzeczywistości ekspozycja na pewne informacje wpływa na nasz mózg, poziom energii i ogólny nastrój.

Jeśli obawiasz się depresji, ważne jest, aby selektywnie podchodzić do mediów cyfrowych. Treści, które podnoszą na duchu lub inspirują, wpływają na nas inaczej niż materiały, które wywołują niepokój, strach lub rozpacz. Historie ludzi, którzy przezwyciężyli trudne wyzwania, stanowią wzór do naśladowania. Jedna z ulubionych scen filmowych Donny pochodzi z dramatu historycznego *Amistad*. W scenie tej Cinque, walcząc o życie w pozornie stronniczej sali sądowej, odważnie odwołuje się do siły swoich afrykańskich przodków.

> Sięgnę w przeszłość aż do zarania dziejów i będę błagał o ich pomoc podczas wyroku. Przyciągnę ich do siebie. Nie mają innego wyjścia, jak tylko przyjść, bo w tym momencie jestem jedynym powodem ich istnienia[23].

Co cię motywuje? Jaki rodzaj siły posiadasz? Podejmij stanowczą decyzję, aby zaangażować się w działania, które promują pozytywne nastawienie, zamiast tych, które przyczyniają się do uczucia smutku. Pielęgnuj myśli i wizje pełne nadziei i pozytywnego nastawienia. Wprowadzaj do swojego życia nowe aktywności i zainteresowania, które mogą poprawić twój nastrój i motywację. Chociaż są to codzienne decyzje, przed którymi stajesz co godzina, możesz wykorzystać tapping, aby zwiększyć prawdopodobieństwo, że te wybory poprawią twoją perspektywę i sposób myślenia. Na początek:

Fraza przypominająca: „Wciąga mnie [czynność, która cię przygnębia]".
Deklaracja akceptacji: „Nawet jeśli wciąga mnie [czynność], w pełni akceptuję siebie".

Deklaracja postanowienia: „Nawet jeśli wciąga mnie [czynność]...

- ...postanawiam uznać, że czynności, w które się angażuję, wpływają na moje emocje".
- ...postanawiam unikać aktywności, które obniżają mój nastrój".
- ...coraz częściej wybieram aktywności, które są pozytywne i motywujące".

6. Interakcje społeczne

Członek rodziny, bliski przyjaciel lub współczujący terapeuta mogą służyć jako kluczowe wsparcie dla osoby zmagającej się z depresją. Ale angażowanie się w relacje z innymi może być dość trudne, gdy mamy do czynienia z tą chorobą. Martha Manning, która wcześniej podzieliła się szczegółowym opisem swojej walki z depresją, opowiada o swoich doświadczeniach podczas godzin odwiedzin na oddziale psychiatrycznym, gdzie była hospitalizowana z powodu poważnego epizodu depresji:

> Byłam pod ciągłym wpływem jednostronnych rozmów odbijających się echem po korytarzach w godzinach odwiedzin. Pomimo mojej głębokiej troski o członków rodziny ich wizyty były często trudne do zniesienia. Dzielenie tego samego środowiska z terapeutami, których uważałam za ciepłych i kompetentnych, również

okazało się trudne. Jedynym wyjątkiem był mój wujek zaznajomiony ze zmaganiami z depresją. Po kilku bezowocnych pytaniach zamilkł. W ciszy zaczął płakać. Instynktownie chwyciłam go za rękę. Milczeliśmy przez resztę wizyty. Po raz pierwszy od dłuższego czasu odbyłam z kimś prawdziwą rozmowę.

W depresji ważne jest, aby komunikować swoje potrzeby osobom bliskim. Możesz potrzebować przestrzeni, rozmowy lub pełnej szacunku ciszy. Być może potrzebujesz kogoś, kto zajmie się ważnym zadaniem, na które brakuje ci energii. Możesz również potrzebować towarzystwa podczas oglądania filmów, słuchania muzyki lub spaceru na łonie natury. Zwalniając innych z obowiązku domyślania się, czego potrzebujesz, zwiększasz szanse na to, że ich troska przejawi się w prawdziwie wspierających działaniach.

Pielęgnowanie kręgu wspierających przyjaciół może być kluczowym krokiem w tworzeniu stylu życia, który przeciwdziała depresji. Uczucie depresji jest często związane z przekonaniem, że nikt cię nie ceni albo że inni oceniają cię krytycznie lub nie lubią. Kiedy twoje działania wobec nich odzwierciedlają te myśli, może to wzmocnić te negatywne uczucia. Jeśli konsekwentnie zmagasz się z tworzeniem satysfakcjonujących relacji, rozważ skupienie się na poradach zawartych w rozdziale 8, w którym omówiono wykorzystanie technik tappingu w celu poprawy relacji u ich psychologicznych podstaw.

Podsumowując, wyrażanie tym, którzy się o ciebie troszczą, swoich pragnień dotyczących tego, jak powinni okazać ci swoją troskę, wzmocni ją i poprawi wasze relacje. Ważne jest, aby pamiętać, że twoja komunikacja wpływa na sposób, w jaki jesteś traktowany. Chociaż decyzje te są podejmowane w sposób ciągły przez cały dzień, możesz zaprogramować się, aby angażować się w swoje relacje bardziej pozytywnie, wykorzystując do tego podstawowy protokół tappingu. Możesz zacząć od fraz takich jak:

Fraza przypominająca: „Chcę, żeby ludzie zostawili mnie w spokoju, kiedy jestem przygnębiony".
Deklaracja akceptacji: „Nawet jeśli pragnę samotności, gdy czuję się przygnębiony, w pełni akceptuję to, kim jestem".
Deklaracja postanowienia: „Nawet jeśli pragnę samotności, gdy czuję się przygnębiony...

- ...postanawiam uznać, że angażowanie się w relacje z innymi może być trudne, gdy jestem przygnębiony".
- ...postanawiam uznać, że budowanie pozytywnych relacji z innymi przyniesie mi korzyści".

- „...postanawiam komunikować swoje potrzeby tym, którzy troszczą się o mnie, gdy czuję się przygnębiony".
- „...postanawiam pielęgnować relacje, które poprawiają moje samopoczucie".

7. Zapobieganie nawrotom

Około 50 procent osób, które doświadczyły epizodu poważnej depresji, doświadczy drugiego epizodu, a wśród tych, którzy doświadczyli drugiego epizodu, 80 procent doświadczy trzeciego[24]. Osoby z doświadczeniem depresji zazwyczaj przechodzą od pięciu do dziewięciu poważnych epizodów depresyjnych w ciągu swojego życia. Dodatkowo różne czynniki zwiększają prawdopodobieństwo nawrotu choroby, chociażby takie jak genetyka, wzorce myślowe i zachowania autodestrukcyjne oraz nadużywanie substancji psychoaktywnych. Czy można coś zrobić, aby zapobiec nawrotom?

Marian Sandmaier, autorka skupiająca się na zawiłościach ludzkiego umysłu, dzieli się swoimi doświadczeniami z kilku epizodów depresji. Oto co pisze: „Za każdym razem, gdy dochodziłam do siebie po walce, byłam pewna, że to moja ostatnia. Kiedy jednak okazywało się, że tak nie jest, ogarniał mnie strach"[25]. Z powodu tego strachu stworzyła strategię zapobiegania, którą nazywa „odporność na depresję". Sednem jej strategii jest budowanie przekonania, że chociaż depresja może powrócić, istnieją konkretne metody zwiększające szanse na jej uniknięcie. Według Sandmaier te dostosowane do niej praktyki pomogły jej „zawrócić z krawędzi" wiele razy od czasu jej ostatniego epizodu depresji trzy lata temu.

Część strategii Sandmaier w zakresie zapobiegania depresji polega na kontynuowaniu praktyk, które wcześniej pomogły jej wyzdrowieć. Istotne jest dla niej zwracanie uwagi na przeciwdziałanie negatywnym wzorcom myślowym i utrzymywanie silnych więzi społecznych. Dodatkowo jej rutyna w celu poprawy nastroju obejmuje unikanie nadmiaru pracy i angażowanie się w cotygodniowe spotkania w grupie wsparcia bez lidera, spacery po ogrodzie, śpiewanie piosenek w stylu Motown i uczestnictwo w programach, które uważa za uspokajające lub inspirujące. Pomocne mogą być również okazjonalne sesje z terapeutą, który wcześniej udzielał pomocy. Dodatkowe metody utrzymania dobrego samopoczucia mogą obejmować regularne ćwiczenia, medytację lub praktykowanie jogi. Skutecznym sposobem na utrzymanie się na pozytywnej ścieżce jest wygospodarowanie w swoim życiu czasu na sesje tappingu, aby zająć się którąkolwiek z kwestii omówionych w tym rozdziale, kiedy zajdzie taka potrzeba.

Najważniejsze kwestie to zrozumienie, że depresja może powrócić, świadomość znaków ostrzegawczych i podejmowanie proaktywnych działań, aby jej zapobiec, zamiast wierzyć, że jest się bezsilnym. Jednym z tych kroków może być powrót do terapii, zanim nadejdzie kolejny epizod depresji. Utrzymywanie przekonania, że nie jest się ofiarą, bywa niewystarczające. Uznanie potrzeby pomocy nie jest oznaką porażki; w rzeczywistości może to być najbardziej korzystny krok w określonych momentach.

Metoda znana jako „focusing", stworzona przez filozofa Eugene'a Gendlina w latach 60. XX wieku, jest strategią, którą Sandmaier stosuje do zwalczania negatywnego myślenia. Oto jak jej zdaniem ta technika subtelnie zmieniła jej wewnętrzny krajobraz.

> Metoda ta koncentruje się na identyfikacji fizycznego odczucia związanego z wyzwaniami, przed którymi stoję, w przeciwieństwie do mojej zwykłej praktyki analizowania myśli. Działa to mniej więcej tak: po zidentyfikowaniu i nazwaniu odczuwanego wrażenia – takiego jak „ucisk w gardle" lub „gorący ciężar w żołądku" – akceptuję je. To potwierdzenie może być tak proste, jak powiedzenie: „Witaj, rozpoznaję, że jesteś obecny". Następnie zatrzymuję się i czekam.
>
> Często już po chwili okazuje się, że moje ściśnięte gardło lub żołądek przekształca się w obraz małej, przestraszonej dziewczynki. Czy zgadniesz, kim ona jest? Chociaż czasami szuka wskazówek lub uspokojenia, częściej po prostu pragnie opiekuńczego uścisku ze strony dorosłej, empatycznej części mojej osobowości. Przed zaangażowaniem się w tę praktykę nie byłam świadoma tego aspektu siebie. Ujawnił się on jednak w odpowiedzi na tę małą dziewczynkę. Moje uczucia wobec niej odzwierciedlają te, które mam dla mojej córki lub wnuczki – intensywne pragnienie, aby ją chronić i zadbać o to, żeby czuła się kochana. Gdy kontynuuję kontakt z tą małą dziewczynką, zazwyczaj zauważam zmianę w moim ciele, czuję się lżejsza i bardziej otwarta. Ten proces szybko i głęboko łączy mnie z tym dzieckiem, które zasługuje wyłącznie na moje współczucie i zrozumienie, a nie na pogardę, która napędza moją depresję[26].

Znasz już pewien rodzaj koncentracji. Angażowanie się w odczuwanie swojego ciała przyczynia się do tworzenia oceny SUD. W przypadku Sandmaier proces ten obejmował również spontaniczną technikę mostu afektywnego (s. 141), w którym powracała do swojej przeszłości, aby połączyć się z małą dziewczynką, którą kiedyś była. Od tego momentu można podjąć kilka kroków. Sandmaier podkreśla dwa z nich, które już zaobserwowałeś: inicjowanie dialogu, w którym twoje współczujące dorosłe ja przekazuje mądrość zdobytą przez lata lub po prostu otacza dziecko miłością. Podczas tych wyobrażonych interakcji tapping pomaga zintegrować korzyści z ciałem. Ponadto protokoły tappingu dają możliwość zajęcia się innymi nierozwiązanymi sprawami z tego okresu w życiu, systematycznie przynosząc emocjonalne rozwiązanie.

NIECH ZAŚWIECI SŁOŃCE

W tym rozdziale pokazano zastosowanie tappingu w siedmiu podstawowych obszarach, które wspólnie przyczyniają się do przezwyciężenia depresji. Zaczęliśmy od omówienia konstruktywnych sposobów wykorzystania tappingu do radzenia sobie ze smutkiem. Następnie skupiliśmy się na depresji, która obejmuje czynniki energetyczne i biologiczne komplikujące smutek, często prowadząc do bardziej przytłaczającego doświadczenia. Przeanalizowaliśmy objawy i przyczyny związane z depresją i zbadaliśmy pięć aspektów depresji w systemie energetycznym organizmu wraz z technikami energetycznymi pozwalającymi na wprowadzenie korekt w każdym obszarze. Dodatkowo pokazaliśmy, jak wdrożyć podstawowy protokół tappingu, aby poradzić sobie z niektórymi z najważniejszych przeszkód napotykanych w radzeniu sobie z depresją, w tym brakiem energii do podejmowania pozytywnych działań, przekonaniem, że nic nie będzie skuteczne, negatywnymi wzorcami myślowymi, nierozwiązanymi doświadczeniami formacyjnymi i strategiami zapobiegania nawrotom. Chcielibyśmy zakończyć ten rozdział jeszcze jedną refleksją.

Chociaż może się wydawać, że w okresach depresji nasz duch słabnie, rzeczywistość jest nieco inna. João Pestana, psycholog z Portugalii, wyjaśnia to następująco: „Z moich doświadczeń z klientami i ze mną wynika, że nie chodzi o zwiększenie jasności słońca. Jest ono już wystarczająco jasne. Zamiast tego musimy usunąć chmury, aby słońce mogło świecić. W ten sposób odkrywamy, jak naprawdę jasne jest słońce w nas, i to jest dokładnie to, co robi tapping. Usuwa chmury jedną po drugiej!”.

ROZDZIAŁ 6

NAWYKI I UZALEŻNIENIA

Zmiana jest trudna. Często negatywne myśli, przekonania i zachowania utrzymują się tak, jakby żyły własnym życiem... Uwalniając przepływ energii w ciele, można wyeliminować długotrwałe problemy psychologiczne[1].

Mary Sise,
LCSW (licencjonowany psycholog kliniczny), prezes Stowarzyszenia Kompleksowej Psychologii Energetycznej w latach 2004–2006

DO TEJ PORY W CZĘŚCI II skupialiśmy się na wykorzystaniu tappingu akupunkturowego do przezwyciężenia nie tylko codziennych problemów i uczucia smutku, ale także bardziej zakorzenionych problemów psychologicznych, takich jak lęk, depresja i PTSD. W tym rozdziale przejdziemy od badania wewnętrznych stanów psychologicznych do ustalania zachowań, które mogą poprawić twoje życie, jednocześnie eliminując te zachowania, które zakłócają dobre samopoczucie i skuteczność w świecie. Zaczniemy od omówienia nawyków, które mogą być korzystne lub szkodliwe, a następnie przejdziemy do uzależnień, które są bardziej szkodliwe niż zwykłe nawyki i często są głębiej zakorzenione w układzie nerwowym.

NAWYKI

W starożytnej medycynie chińskiej typ Donny jest klasyfikowany jako „żywioł ognia". Jej żywiołowy entuzjazm przebija się w jej głosie, wywierając pozytywny wpływ zarówno na jej klientów, jak i uczniów. Ale ten charyzmatyczny temperament może w niektórych sytuacjach prowadzić do mniej korzystnych skutków. Na przykład, gdy David siedzi za kierownicą, Donna często wykrzykuje z radością: „Patrz! Tam jest restauracja, w której dowiedzieliśmy się o pierwszym kroku Tiernana" lub „Och! Właśnie przypomniałam sobie, do kogo muszę zadzwonić". Gdy tylko zaczyna mówić, David instynktownie wciska hamulec, interpretując jej namiętny ton jako sygnał zbliżającego się niebezpieczeństwa podczas jazdy.

Ta reakcja, choć groźna, stała się nawykiem.

David rozprasza się podczas jazdy, co budzi w nim poczucie zażenowania. Tymczasem Donna myśli: „Co jest z tym facetem?", jednocześnie mając nadzieję, że samochód jadący za nimi nie uderzy w ich tył. Przyznając, że nie może zmienić ognistej natury Donny – czego nawet nie chciałby robić – David postanowił wykorzystać naszą pracę nad tym rozdziałem jako okazję do zmiany swojego nawyku wciskania hamulca w pierwszych milisekundach po usłyszeniu podekscytowanego tonu Donny. Wdrożył strategie opisane poniżej w części „Eliminowanie niechcianego nawyku". W szczególności korzystny był dla niego tapping podczas wizualizacji siebie prowadzącego samochód i słyszenia początku jednego z temperamentnych okrzyków Donny. W miarę jak David robił postępy, ich wyjazdy samochodem stały się mniej podatne na te nagłe momenty stresu.

Niewolnik własnego nawyku. Wyrażenie: „Jesteśmy niewolnikami naszych nawyków" odnosi się zarówno do korzystnych, jak i szkodliwych nawyków. Te same ścieżki neuronowe, które prowadzą nas do instynktownego mycia zębów po dotarciu do umywalki rano, wiodą nas również do automatycznego włączania telewizora zaraz po powrocie do domu. Niezależnie od ich wpływu nawyki działają z niezwykłą skutecznością w porównaniu z myśleniem o tym, jak poradzić sobie z każdą pojawiającą się sytuacją. Angażują mózg w ciągu milisekund, działając tysiące razy szybciej niż świadome wybory. Prawie połowę działań podejmujemy na autopilocie, kierując się nawykowymi zachowaniami, podczas gdy nasze myśli są skupione na czym innym[2].

Nasi przodkowie w dużej mierze polegali na korzystnych nawykach, takich jak sprawdzanie, czy nie czuć zapachu drapieżnika, przed wyjściem na otwartą przestrzeń, przez co mózg wyewoluował w kierunku większych zdolności do tworzenia trwałych nawyków. We współczesnym społeczeństwie uczymy małe dzieci, aby patrzyły w obie strony przed przejściem przez ulicę, wpajając im nawyk, który przyniesie im korzyści przez całe życie. Taka konfiguracja ma jednak wadę: niechciane nawyki mogą okazać się równie trudne do wyeliminowania. Podczas próby zmiany głęboko zakorzenionego nawyku dobre intencje i siła woli często kolidują ze ścieżkami neuronowymi, które go wspierają.

Zamiast postanowień noworocznych. Większość ludzi przekonuje się, że podejście do zmiany nawyków oparte na postanowieniach noworocznych często okazuje się nieskuteczne. Wskazujesz konkretny aspekt swojego życia, który chcesz poprawić, i obiecujesz sobie dokonać znaczącej transformacji, ale okazuje się, że cała rutyna wylatuje ci z głowy przed 4 stycznia[3]. To, co tutaj przedstawimy, jest bardziej skomplikowane niż zwykłe postanowienie noworoczne, ale z drugiej strony bardziej skuteczne. Głęboko zakorzenione nawyki, które stały się częścią naszego systemu nerwowego, nie znikną tylko dlatego, że poczujemy nagłą motywację, by się ich pozbyć.

Nawyki mają znaczący wpływ na jakość naszego życia, dlatego też stały się przedmiotem szeroko zakrojonych badań. Ogromna masa książek samopomocowych oferuje wskazówki, jak kultywować pozytywne nawyki i eliminować negatywne. Godne uwagi tytuły w tej kategorii obejmują: *Siła nawyku* Charlesa Duhigga, *Mikronawyki* B.J. Fogga i *7 nawyków skutecznego działania* autorstwa Stephena Coveya[4].

James Clear jest prawdopodobnie najczęściej wspomnianym autorytetem w dziedzinie nawyków. Jego książka z 2018 roku *Atomowe nawyki* sprzedała się w ponad 10 milionach egzemplarzy i została przetłumaczona na ponad 50 języków[5]. Clear współpracował z wieloma firmami z listy Fortune 500, uniwersytetami i zawodowymi sportowcami. W tej części przedstawimy kluczowe aspekty jego modelu i pokażemy, w jaki sposób tapping może zwiększyć ich skuteczność. Podczas gdy ustanowienie korzystnego nawyku lub usunięcie szkodliwego może cię wyzwolić i wzmocnić, trzeba wyraźnie podkreślić, że wymaga to również wysiłku. Jeśli teraz nie jest to dla ciebie idealny czas, aby się tym zająć, możesz pominąć tę część i przeskoczyć do „Uzależnień" (s. 275), jeśli cię to interesuje, lub możesz przejść do innego rozdziału. Wytyczne dotyczące rozwijania pozytywnego lub eliminowania negatywnego nawyku będą nadal dostępne, gdy będziesz gotowy, aby je wdrożyć w życie.

Jak powstają nawyki

Nawyki nie są wrodzone; każdy nawyk, który posiadasz, został nabyty. Przejście od potrzeby do nawyku przebiega w przewidywalny sposób. Zaczyna się od potrzeby, która napędza działanie. Gdy działanie zaspokaja potrzebę i daje pozytywny wynik, staje się bardziej prawdopodobne, że zostanie powtórzone, gdy potrzeba pojawi się ponownie. I odwrotnie, jeśli działanie nie zaspokoi potrzeby lub przysporzy dodatkowych problemów, jest mniej prawdopodobne, że zostanie podjęte w przyszłości, gdy potrzeba będzie odczuwalna. Kształtowanie nawyków rozpoczyna się poprzez proces prób i błędów – rozpoznanie potrzeby, próba jej zaspokojenia, doświadczenie rezultatu, ocena wyniku i przypomnienie sobie tego doświadczenia. Jeśli problem wciąż się pojawia, a skuteczne działanie jest powtarzane, mózg zaczyna automatyzować ten proces. W ten sposób tworzy się nawyk.

Siła napędowa działania może wynikać z fizycznych odczuć w naszym ciele, takich jak głód, swędzenie lub ucisk w żołądku, lub wiązać się z kwestiami życiowymi, takimi jak poprawa wydajności pracy lub skuteczniejsze radzenie sobie z wybuchami złości dziecka. Liczne wyzwania życiowe zmuszają nas do tworzenia strategii, które prowadzą do satysfakcjonujących wyników, lub do znalezienia sposobów na zapobieganie rezultatom, które są niesatysfakcjonujące, bolesne lub kosztowne.

Nawyki, gdy są najbardziej skuteczne, usprawniają życie. Liczne codzienne wymagania są zarządzane bez konieczności aktywnej świadomości. Jak wskazuje Clear, świadomy umysł przypomina „wąskie gardło" mózgu[6]. Ponieważ umysł może skoncentrować się tylko na niewielkiej liczbie spraw jednocześnie, nieustannie ogranicza świadomą uwagę do najważniejszych kwestii. W rezultacie mózg przypisuje automatyczne zadania do regionów, które działają niezależnie od świadomego nadzoru.

Jest to proces neurologiczny, w wyniku którego powstają nawyki. Badania potwierdzają to odkrycie. Podczas fazy tworzenia nawyku aktywność w powiązanych z nim obszarach mózgu jest znacznie podwyższona, ale po utrwaleniu nawyku aktywność ta spada[7].

Elementy nawyku: wyzwalacz, pragnienie, reakcja, nagroda

Według Cleara po ustaleniu nawyku jest on uruchamiany przez wyzwalacz, który może być wewnętrznym odczuciem, takim jak na przykład bulgotanie w żołądku, które inicjuje pragnienie jedzenia, lub może to być czynnik zewnętrzny, taki jak zauważenie, że od ostatniego sprawdzenia poczty mailowej nadeszło 56 wiadomości innych niż spam.

Pragnienie jest aktywowane przez wyzwalacz. Interpretacja wyzwalacza może się jednak znacznie różnić w zależności od myśli, emocji i wcześniejszych doświadczeń danej osoby. Na przykład zobaczenie 56 nowych e-maili może wywołać pragnienie charakteryzujące się ciekawością i chęcią zajęcia się nimi, a każda odpowiedź daje niewielkie poczucie satysfakcji. I odwrotnie, te same e-maile mogą wywoływać uczucie przytłoczenia, prowadząc do pragnienia spokoju, wolności od wymagań i poczucia kontroli. Chociaż te pragnienia wynikają z tego samego bodźca, mogą powodować znacznie różne reakcje. To, czego naprawdę pragniesz, to nie działanie związane z nawykiem (takie jak odpowiadanie na e-maile), ale raczej transformacja stanu wewnętrznego, która następuje po reakcji na pragnienie (np. zaspokojona ciekawość podczas czytania każdego e-maila i poczucie spełnienia, gdy na nie odpowiadasz). Clear podaje kilka dodatkowych przykładów:

> Nie pragniesz palić papierosa; pragniesz uczucia ulgi, które zapewnia. Nie kierujesz się czynnością mycia zębów,

ale uczuciem świeżości w ustach. Włączenie telewizora nie jest twoim celem; to raczej pogoń za rozrywką. Każde pragnienie wiąże się z chęcią zmiany stanu wewnętrznego[8].

Trzeci krok w ustanowieniu i utrzymaniu nawyku obejmuje reakcję na pragnienie. Na przykład chęć zajęcia się zaległymi e-mailami może prowadzić do nadania temu zadaniu wyższego priorytetu. Alternatywnie, jak zauważa Clear, reakcja na uczucie przytłoczenia długą listą e-maili i pragnienie odzyskania kontroli może przejawiać się w nawykach, takich jak obgryzanie paznokci. W ten pozornie niepowiązany sposób zarządzasz swoim stanem wewnętrznym, łagodząc swój dyskomfort.

Zajęcie się listą e-maili lub nerwowe obgryzanie paznokci może przynieść nagrodę, choć jest ona odmiennej natury. Niezależnie od tego nagroda stanowi czwarty i ostatni etap w procesie tworzenia nawyku. Jest wynikiem reakcji mającej na celu zaspokojenie pragnienia wywołanego przez wyzwalacz. Nagroda generuje wewnętrzne uczucie, które zapewnia satysfakcję lub ulgę od pragnienia, choćby tymczasowo.

Gdy ukończenie odpisywania na e-maile przynosi poczucie ulgi i satysfakcji, nagroda ta wzmacnia tendencję do priorytetowego traktowania odpowiadania na e-maile. Podobnie jeśli obgryzanie paznokci łagodzi stres związany z długą listą e-maili, nawyk ten staje się kojarzony z widokiem wielu nieprzeczytanych wiadomości.

Niezbędne kroki do ukształtowania nawyku są nakreślone przez te cztery elementy, pojawiające się w następującej kolejności:

- wyzwalacz: bodziec,
- pragnienie: chęć zainicjowana przez wyzwalacz,
- reakcja: działanie napędzane przez pragnienie,
- nagroda: wynik, który pojawia się, gdy pragnienie zostanie zaspokojone.

Jeśli brakuje któregokolwiek z tych kroków lub ich siła jest niewystarczająca, nawyk nie powstanie.

Opracowując protokoły tappingu mające na celu wspieranie pozytywnych nawyków i eliminowanie negatywnych, oparliśmy się na tych czterech naturalnych etapach tworzenia nawyków. Zostaniesz poproszony o wybranie jednego „dobrego" nawyku, który chcesz rozwijać, i jednego „złego" nawyku, który chcesz wyeliminować. Poprowadzimy cię przez proces ustanawiania lub przełamywania tych nawyków, włączając tapping w celu wzmocnienia każdego z czterech nieodłącznych elementów rozwoju nawyków.

ROZWIJANIE LUB WZMACNIANIE POZYTYWNEGO NAWYKU

Zacznij od zidentyfikowania lub wyobrażenia sobie nawyku, który chcesz rozwinąć lub wzmocnić. Być może masz już na myśli konkretny cel. Jeśli nie jesteś pewien, pomyśl o zmianach, które chcesz zobaczyć w swoim życiu. Być może chcesz stać się bardziej sprawny fizycznie, osiągnąć większy sukces w pracy zawodowej, pogłębić intymność w swoim małżeństwie lub poprawić swoje umiejętności jako pianista, kucharz lub tenisista. Wybierz obszar, który ma dla ciebie znaczenie. Zastanawiając się nad tym obszarem, pomyśl, jakie zachowanie, jeśli będzie konsekwentnie praktykowane, może doprowadzić do pożądanej zmiany. Jest to nawyk, nad którego rozwojem możesz pracować. Przed dokonaniem wyboru pomocne może się okazać zapisanie różnych opcji.

Kiedy zamierzasz ustanowić znaczący nawyk, Clear zaleca zacząć od małych kroków! Nowy nawyk powinien stanowić prosty krok w kierunku pożądanej zmiany. Na przykład jeśli twoim celem jest poprawa kondycji, zacznij od chodzenia po schodach zamiast korzystania z windy w miejscu pracy. Jeśli twoim celem jest zwiększenie intymności, rozpocznij od codziennego wyrażania uznania dla partnera. Skoncentruj się na identyfikacji tych małych działań, ponieważ z czasem będą się one kumulować. Gdy te drobne nawyki będą już mocno ugruntowane, możesz stopniowo wprowadzać większe zmiany. Na tym etapie ważne jest, aby skoncentrować się na małych elementach, zamiast próbować budować całą strukturę naraz. Gdy mały nawyk stanie się regularną i niemal automatyczną częścią rutyny, łatwiej będzie go rozwinąć. Próba osiągnięcia wszystkiego za jednym zamachem często prowadzi do frustracji i niepowodzeń. Poświęć trochę czasu na określenie nawyku, który chcesz kultywować, a następnie wykonaj poniższe cztery kroki. Na dobry początek zacznij od „Szybkiej pomocy" opisanej poniżej.

Szybka pomoc: Rozwijanie pozytywnego nawyku

Pomyśl o zachowaniu, które chcesz przyjąć lub praktykować częściej. Oceń w skali SUD poziomu niepokoju, jakiego doświadczasz w swoim umyśle i/lub ciele z tego względu, że jeszcze nie wyrobiłeś tego nawyku. Rozpocznij od wypowiedzenia pierwszego stwierdzenia na głos podczas stukania w punkt na czubku głowy. Następnie wygłoś kolejne stwierdzenie, stukając w kolejny punkt. Kontynuuj ten proces, przechodząc przez każde stwierdzenie i opukując kolejno każdy z 12 punktów. Możesz pominąć wszelkie frazy, które nie rezonują z tobą.

„Chcę stworzyć lub wzmocnić nawyk [nazwa pożądanego nawyku].
Nawet jeśli mam pewien opór przed rozwinięciem tego,
akceptuję ten opór.
Nawet jeśli mam wątpliwości co do mojej zdolności do odniesienia sukcesu,
postanawiam skoncentrować się na swoich mocnych stronach zamiast na obawach.
Chętnie wprowadzę ten nowy nawyk, ale [wymień obawę].
Akceptuję tę obawę.
Rozumiem, że mogę mieć mieszane uczucia.
Być może moje poprzednie próby rozwinięcia tego nawyku nie zakończyły się sukcesem.
Możliwe, że spodziewam się porażki.
Wyrobienie tego nawyku jest dla mnie ważne,
ale tak naprawdę jeszcze nie udało mi się zacząć.
Dokonanie tej zmiany jest wyzwaniem.
Nie dzieje się to automatycznie.
Jestem jednak świadomy, że pragnę tego nowego nawyku.
Postanawiam przejąć inicjatywę i zacząć.
Postanawiam pozbyć się niepewności.
Poprzednie niepowodzenia nie determinują wyniku w tej sytuacji.
Warto zainwestować swój czas i wysiłek w ten nowy nawyk.
Potrafię wyobrazić sobie wszystkie korzyści, które z tego wynikną.
Postanawiam wejść na nowy poziom pewności siebie.
Postanawiam cieszyć się tym procesem.
Postanawiam cieszyć się z osiągnięć.
Doceniam swoją ciężką pracę.
Postanawiam uznać, że jest to warte mojego wysiłku.
Czuję się bardziej zainspirowany, co przynosi mi radość.
Czuję się zmotywowany, gdy zaczynam nabierać większej pewności siebie, że jestem w stanie to osiągnąć".

Gdy przejdziesz przez tę sekwencję kilka razy, prawdopodobnie zauważysz, że nowy nawyk wydaje się bardziej osiągalny. Oceń to, oceniając po raz kolejny w skali SUD uczucie niepokoju związanego z tym, że nawyk nie został jeszcze w pełni ukształtowany. Ponadto przygotowałeś się do dalszego utrwalania go poprzez integrację tappingu z metodą Jamesa Cleara, która jest szczegółowo opisana w następnej części rozdziału.

Dwa podejścia

Istnieją dwie metody, których możesz użyć, aby zaangażować się w program opisany w tej części. Jedną z opcji jest czytanie tekstu tak, jak jest napisany, i wdrażanie każdej z czterech podpowiedzi „Twoja kolej", gdy do nich dojdziesz. Alternatywnie możesz ominąć większość tekstu i przejść bezpośrednio do czterech nagłówków, które szczegółowo opisują doświadczenia naszej testerki Rianny, a następnie postępować zgodnie z następującymi po nich instrukcjami. Podczas gdy instrukcje praktyczne same w sobie pomogą zbudować nawyk, uważamy, że model zaproponowany przez Cleara, wraz z wspierającą go teorią, jest tak przydatny, że przedstawiliśmy jego dogłębne wyjaśnienie.

Krok 1: Spraw, aby wyzwalacze były widoczne

Wyzwalacze inicjują czteroczęściowy proces składający się z wyzwalacza, pragnienia, reakcji i nagrody. Przykładowo podejście do drzwi w miejscu pracy może być wyzwalaczem poprawienia włosów. Posiadamy niezliczoną liczbę małych, prostych nawyków. Wyrażenie irytacji przez partnera może być wyzwalaczem eskalacji wymiany zdań lub wycofania się, czyli dwóch powszechnych, ale nieskutecznych nawyków radzenia sobie z konfliktem.

Pierwszym krokiem do wyrobienia nawyku jest sprawienie, by wyzwalacz był widoczny. W przypadku niektórych nawyków najprostszym sposobem jest niewielka zmiana w otoczeniu. Clear podaje takie przykłady:

- Aby pamiętać o przyjmowaniu leków przed snem, umieść pojemnik na tabletki w miejscu, w którym przyciągnie wzrok.
- Aby regularnie ćwiczyć grę na gitarze, ustaw stojak na gitarę w miejscu, w którym regularnie będziesz ją mijać.
- Aby pić więcej wody, trzymaj napełnione butelki z wodą w różnych miejscach w domu[9].

W wielu przypadkach ustalenie wyzwalaczy środowiskowych w celu wywołania nawyku może być niewykonalne. Inną metodą wywołania nawyku jest uczynienie istniejącego nawyku wyzwalaczem nowego: „Po zjedzeniu ostatniego kęsa obiadu biorę witaminy"; „Po powrocie do domu wieczorem natychmiast podchodzę do krzesła przy oknie i medytuję przez pięć minut"; „Gdy rano założę buty, otwieram dziennik i zaczynam pisać"; „Natychmiast po odpisaniu na poranne e-maile wykonuję jednominutową sesję rozciągania".

Clear proponuje też trzecią strategię, która wykorzystuje dwa najczęstsze wyzwalacze w naszym codziennym życiu: czas i miejsce. Na przykład można powiedzieć: „Jest siódma rano, więc zaczynam przygotowywać się do pracy" lub „Właśnie dotarłem do mojego stanowiska pracy i szukam raportu z poprzedniej zmiany". Chociaż wiele naszych codziennych nawyków może nie łączyć się bezpośrednio z określonym czasem lub miejscem, nadal można wykorzystać wpływ tych wyzwalaczy, aby stworzyć silną intencję mentalną, przekształcając określony czas lub miejsce w wyzwalacz. Na przykład: „Za każdym razem, gdy zbliżam się do drzwi wejściowych mojego domu, zatrzymuję się na chwilę i biorę głęboki, uspokajający oddech" lub „Zanim zacznę posiłek, zastanawiam się nad czymś, za co jestem wdzięczny, i wyrażam to słowami". W ten sposób ustalasz intencję, że określony czas lub miejsce aktywuje nawyk, który chcesz ukształtować.

Każda z tych metod składa się z dwóch elementów. Pierwszy element skupia się na rozpoznaniu wyzwalacza (np. drzwi wejściowe, ósma wieczór w dni powszednie, posiłek) lub stworzeniu go (np. ustawienie alarmu, umieszczenie gitary w widocznym miejscu lub rozmieszczenie butelek z wodą w całym domu). Wszystkie te działania sprawiają, że wyzwalacz staje się bardziej „namacalny". Drugi element wiąże się z powiązaniem wyzwalacza z zachowaniem, które chcesz przyjąć. Możesz połączyć oba elementy w jedną afirmację lub intencję, na przykład: „Kiedy zobaczę moją gitarę, podniosę ją i poćwiczę przez dziesięć minut". Strategia ta może być również wzmocniona poprzez tapping.

Jak już zdążyłeś zauważyć, czytając tę książkę, wyrażanie intencji lub afirmacji podczas stymulowania określonych punktów akupunkturowych zwiększa prawdopodobieństwo osiągnięcia pożądanego rezultatu w porównaniu z wyrażaniem intencji lub afirmacji bez tej stymulacji. Po utworzeniu deklaracji intencji można wykorzystać tapping do wzmocnienia jej energii.

Poznaj Riannę

Rianna jest zapracowaną menedżerką po pięćdziesiątce. Podczas pandemii zaczęła pracować głównie z domu i starała się wyrobić w sobie nawyk regularnych ćwiczeń fizycznych. Jej celem było rozpoczęcie od pięciu minut każdego dnia i stopniowe wydłużanie tego czasu do dwudziestu minut. Wyzwalaczem, który wybrała, był czas: „Kiedy zobaczę na zegarze trzecią po południu, jestem gotowa do ćwiczeń i zaczynam". Ponadto miała plan awaryjny – jeśli nie było jej w domu z powodu spotkań biurowych, ćwiczyła, gdy tylko wróciła do domu. Oceniła prawdopodobieństwo realizacji tego planu, dając mu 2 w skali SUD. Po kilku cyklach tappingu, w których wizualizowała sobie, że lubi swoje treningi, udało jej się podnieść poziom pewności siebie do 5, ale wydawało się, że taki wynik już się utrzyma.

Rianna zdała sobie sprawę, że stanęła w obliczu psychologicznego odwrócenia związanego z jej poczuciem winy dotyczącym dbania o siebie. Ciągle czuła, że nie wywiązuje się ze swoich obowiązków w pracy i w domu. Aby temu zaradzić, stworzyła deklarację akceptacji: „Nawet jeśli czuję się winna, że poświęcam czas na ćwiczenia, głęboko i całkowicie akceptuję siebie". Ta świadomość skłoniła ją do stworzenia deklaracji postanowienia: „Nawet jeśli czuję się winna, że poświęcam czas na ćwiczenia, postanawiam uznać, że najlepszą rzeczą, jaką mogę zrobić dla wszystkich, którzy się o mnie troszczą, jest dbanie o samą siebie".

Następnie opukiwała serię stwierdzeń, zaczynając od: „Czuję się winna, że poświęcam czas na ćwiczenia", i przechodząc do: „Wszyscy, którzy są dla mnie ważni, chcą, żebym dbała o siebie". W ten sposób poziom wiarygodności zwiększył się do 7. Chociaż Rianna mogła zbadać źródła poczucia winy powstałe w dzieciństwie, nie rezonowało to z nią w tym momencie, więc przeszła do następnej sekcji.

Twoja kolej: zaczynamy

Wykonaj te osiem kroków i zapisz ważne aspekty w dzienniku. Czas potrzebny na ich wykonanie nie powinien przekraczać czasu potrzebnego na ich przeczytanie.

1. Określ nawyk, który chcesz wprowadzić. Pamiętaj, żeby zacząć od małych rzeczy. Za każdym razem, gdy podnosisz gitarę, nie robisz tego po to, by zagrać koncert Vivaldiego ani utwór *Fire and Rain* Jamesa Taylora. Zamiast tego pracujesz nad konkretnym fragmentem lub przechodzisz przez gamę. Nie krępuj się modyfikować szczegółów swojej rutyny ćwiczeń, takich jak wydłużanie czasu trwania sesji treningowych.
2. Określ lub ustal wyzwalacz, który chcesz uczynić namacalnym, może to być przedmiot umieszczony w widocznym miejscu, istniejący nawyk, który wywoła nowe zachowanie, lub określony czas lub miejsce, które posłuży jako wyzwalacz.
3. Stwórz i zapisz deklarację intencji podobną do „Kiedy [opisz pojawiający się wyzwalacz], to

[opisz w czasie teraźniejszym konkretne zachowanie, które nastąpi]". Na przykład, jeśli twoim celem jest zarezerwowanie czasu na czytanie podnoszących na duchu treści przed snem, twoja deklaracja intencji może zaczynać się od: „Kiedy zakładam piżamę, czytam fragment [inspirującej książki]". Możesz stopniowo zwiększać intensywność czytania, zaczynając od jednej strony do dwóch stron, a ostatecznie do całego rozdziału. Ważne jest jednak, aby najpierw ustanowić ten nawyk w prosty sposób, który prawdopodobnie będziesz w stanie wdrożyć.

4. Przypisz deklaracji intencji ocenę w skali SUB (ang. *Subjective Units of Believability* – subiektywnych jednostek wiarygodności), gdzie 0 oznacza „absolutnie nie ma mowy, że to się wydarzy", a 10 oznacza, że jest całkowicie wiarygodne, by dany wyzwalacz wywołał zamierzone zachowanie.
5. Sformułuj deklarację akceptacji, zwłaszcza gdy twój poziom przekonania jest niski. Na przykład, możesz powiedzieć: „Nawet jeśli wierzę tylko na poziomie 3, że będę [podaj swoją intencję], w pełni i całkowicie akceptuję siebie". Powtórz to stwierdzenie trzy razy, delikatnie masując czułe miejsca na klatce piersiowej podczas wypowiadania pierwszej frazy i kładąc dłonie na czakrze serca przy wypowiadaniu drugiej frazy.
6. Podczas opukiwania każdego z 12 punktów powtórz werbalnie swoją intencję. Możesz wybrać stukanie w jeden punkt podczas artykułowania pierwszej części deklaracji, a następnie przejść do następnego punktu, wypowiadając drugą część, lub możesz zdecydować się na wypowiedzenie całej deklaracji w każdym punkcie. Dodatkowo, w miarę możliwości, wizualizuj wyzwalacz podczas jego nazywania i wyobraź sobie siebie angażującego się w dane zachowanie podczas jego opisywania.
7. Przeprowadź kolejną ocenę w skali SUB. Jeśli wynik nie wzrasta, zwróć uwagę na wszelkie nierozwiązane aspekty lub odwrócenia psychologiczne i rozwiąż je. Przeprowadź kolejną rundę tappingu, a następnie kolejną ocenę SUB. Gdy zaczniesz czuć się przytłoczony tymi krokami, skorzystaj z procedury integracji.

8. Gdy poczucie wiarygodności zacznie wzrastać, przekształć swoją deklarację akceptacji w deklarację postanowienia, używając frazy „Nawet jeśli..., postanawiam...". Powtórz to stwierdzenie trzy razy, wywierając nacisk na czułe obszary klatki piersiowej podczas wypowiadania pierwszej frazy i umieszczając dłonie na czakrze serca podczas wygłaszania drugiej frazy. Kontynuuj kolejną rundę tappingu, wypowiadając deklarację intencji.

Kiedy posuniesz się tak daleko, jak to możliwe – co oznacza, że ocena SUB już nie rośnie – osiągniesz kluczowy punkt decyzyjny. Ocena SUB równa 8 lub wyższa sugeruje, że twoja intencja prawdopodobnie przełoży się na działania. Jasny i konkretny wyzwalacz zachęcający do natychmiastowego działania może być wystarczający do zainicjowania nowego nawyku. Obserwuj wyniki w ciągu najbliższych kilku dni bez nadmiernego wysiłku lub samooceny. Jeśli okaże się, że te kroki skutecznie utrwaliły twój nawyk, zalecamy przejście do czwartego kroku (s. 258), który przedstawia metody podtrzymywania nowego nawyku.

Krok 2: Zwiększ atrakcyjność pragnienia

Możesz nie mieć silnego pragnienia wykonywania czynności, które próbujesz uczynić regularną częścią swojego rozkładu dnia. Podczas gdy niektóre pożądane zachowania są natychmiast wzmacniane, takie jak wzięcie głębokiego, relaksującego oddechu przed otwarciem drzwi do domu, w przypadku wielu z nich jest inaczej. Początkowo możesz nie mieć ochoty medytować przez dziesięć minut lub ćwiczyć, dopóki nie wyrobisz w sobie nawyku. Jednakże gdy zdrowy nawyk zostanie już ukształtowany, prawdopodobnie odczujesz jego brak, jeśli go pominiesz. Aby osiągnąć ten etap, ważne jest zrozumienie, że rozwijanie pożądanego nawyku często wiąże się z podejmowaniem działań, które mogą być niewygodne.

Clear podsumowuje to ironicznie: „Nasze złe nawyki często zapewniają natychmiastową przyjemność, ale ich długoterminowe skutki są negatywne. I odwrotnie, dobre nawyki są zwykle nieprzyjemne w krótkim okresie, ale przynoszą pozytywne długoterminowe rezultaty"[10]. Dodatkowy deser może być przyjemny w danym momencie, ale jego długoterminowy wpływ na zdrowie, wagę i wygląd jest szkodliwy. Chociaż wykonanie dodatkowego okrążenia może wydawać się nieprzyjemne, ostatecznie prowadzi do poprawy wytrzymałości. Podobnie choć medytacja nie oferuje natychmiastowej gratyfikacji, sprzyja rozwojowi nowych ścieżek neuronowych, które z czasem zwiększają spokój i jasność umysłu.

Przeformułowanie. Najbardziej przekonującymi motywatorami są dla nas *natychmiastowe* nagrody. Zdrowe odżywianie może po prostu nie wydawać się tak atrakcyjne w wojnie brokuły kontra frytki, nawet jeśli długoterminowy rezultat jest bardziej pożądany. Niemniej ponieważ język ma znaczną moc, można zmienić swoje spojrzenie na każdą aktywność, która jest ostatecznie korzystna, nawet jeśli wydaje się ona mniej atrakcyjna ze względu na wysiłek, nakład czasu lub dyskomfort.

Clear podkreśla, że zmiana tylko jednego słowa w sposobie wyrażania pożądanych nawyków może zmienić emocjonalną reakcję na całe zadanie. Na przykład „*Muszę* ugotować obiad dla mojej rodziny" można przeformułować na „*Mogę* ugotować obiad dla mojej rodziny". Podobnie „*Muszę* iść spać wcześniej" można zamienić na: „*Mogę* iść spać wcześniej", a „*Muszę* opiekować się wnukami" zmienia się w „*Mogę* opiekować się wnukami". Chociaż oba stwierdzenia są prawdziwe, jedno wywołuje uczucie obowiązku i monotonii, podczas gdy drugie powoduje podekscytowanie i budzi potencjał. Ta technika przeformułowania ma fundamentalne znaczenie w terapii poznawczo-behawioralnej (CBT) (s. 114), a nawet proste zmiany w sformułowaniach mogą zmienić spojrzenie na każde zadanie. Oto kilka przykładów podanych przez Cleara:

- Mężczyzna, którego zapytano, czy trudno jest być przykutym do wózka inwalidzkiego, odpowiedział: „Nie jestem przykuty do wózka inwalidzkiego; jestem przez niego wyzwolony. Gdyby nie mój wózek inwalidzki, byłbym przykuty do łóżka i nigdy nie mógłbym wyjść z domu".
- Sportowiec lub artysta może zmienić swoją perspektywę na zdenerwowanie i postrzegać je jako: „Jestem podekscytowany i doświadczam zastrzyku adrenaliny, który pomaga mi się skupić".
- Powszechna tendencja umysłu do błądzenia, która często denerwuje tych, którzy medytują, może być postrzegana jako „okazja do ćwiczenia powrotu do oddechu".
- Zamiast po prostu mówić, że musisz iść rano pobiegać, możesz zmienić to na: „Nadszedł czas, aby zwiększyć moją siłę i wytrzymałość"[11].

Jeden z naszych przyjaciół mówi swojej żonie, gdy staje przed nowym wyzwaniem: „Kolejna cholerna okazja do rozwoju!". Podsumowując, prostą i skuteczną metodą zmiany sposobu myślenia i uczynienia nawyku bardziej atrakcyjnym jest przeformułowanie go poprzez podkreślenie jego zalet zamiast wad. Dodatkowo integracja tej zmienionej perspektywy z tappingiem akupunkturowym jeszcze bardziej zakorzenia ją w umyśle i układzie nerwowym.

Wzmocnienie społeczne. Drugim sposobem, który Clear podpowiada, aby pragnienie stało się bardziej atrakcyjne, jest zaangażowanie się wraz z innymi, którzy również cenią pożądane zachowanie. Wzmocnienie społeczne to potężny motywator. Przyciągają nas nawyki, które zapewniają aprobatę, szacunek i pochwały. Na przykład jeśli chcesz kultywować nawyk ćwiczenia gry na pianinie, aby zostać uznanym muzykiem, spędzanie czasu z innymi muzykami i dzielenie się postępami może zwiększyć twoją motywację do ćwiczeń. Dodatkowo bycie częścią grupy wsparcia lub społeczności internetowej, ceniącej zachowania, które chcesz rozwijać, zapewni dalsze wzmocnienie tych działań.

Strategiczne łączenie. Trzecim sposobem na zwiększenie atrakcyjności pragnienia wywołanego przez dany wyzwalacz jest konsekwentne podążanie za pożądanym działaniem za pomocą czegoś, czego już pragniesz. Łącząc wyzwalacz z wcześniej istniejącym pragnieniem, tworzysz między nimi skojarzenie przyjemności. Na przykład: „Gdy skończę [ćwiczenia, medytację, zmywanie naczyń], to [założę słuchawki i posłucham ulubionej muzyki, pobawię się z psem, zajmę się ogrodem, zjem przekąskę, zaloguję się na Facebooku]". Ta metoda łączy pożądane działanie z doświadczeniem, którego pragniesz.

Zrozumienie neurochemii stojącej za tym podejściem jest niezwykle ważne. Dopamina, neuroprzekaźnik mający największy wpływ na motywację, odgrywa kluczową rolę w tym procesie. Przełomowe badanie opublikowane w 1954 roku zilustrowało ten związek, gdy naukowcy zahamowali uwalnianie dopaminy u szczurów. Rezultat był oczywisty: szczury wykazywały całkowity brak motywacji, lekceważąc dostępne jedzenie i wodę, nie wykazując zainteresowania kryciem i ostatecznie w ciągu kilku dni zdechły[12]. Natomiast myszy, które otrzymały dopaminę za każdym razem, gdy wkładały nos do pudełka, rozwinęły tak silne pragnienie, że robiły to 800 razy na godzinę. Choć może się to wydawać zabawne, Clear zauważa, że ludzie nie różnią się tak bardzo od zwierząt. Na przykład gracze na automatach mogą zakręcić kołem do 600 razy w ciągu godziny[13]. Zauważono też, że „dorośli w Stanach Zjednoczonych spędzają średnio od dwóch do czterech godzin dziennie, stukając, pisząc i przesuwając palcem po swoich urządzeniach"[14]. Związek między naszymi gadżetami a pragnieniem dopaminy jest wyraźnie ustalony.

Wykorzystanie przewidywania. Nieoczekiwaną koncepcją zmiany zachowania jest to, że oczekiwanie na nagrodę powoduje znacznie większe wyzwalanie dopaminy niż faktyczne otrzymanie tej nagrody. Za każdym razem, gdy otwierasz wiadomość e-mail z kuszącym tematem, uwalniana jest niewielka ilość dopaminy. Szlaki neuronowe w mózgu, które koncentrują się na dążeniu do celu, są znacznie bardziej rozległe od tych zaangażowanych w czerpanie przyjemności z osiągnięcia tego celu. Ewolucja przedkłada dążenie do uzyskania tego, czego pragniemy, nad czerpanie przyjemności z posiadania tego. Zastanów się, jak przejawia się to w twoim życiu. Clear tłumaczy to, używając przykładu, że dzieci często bardziej ekscytują się oczekiwaniem na prezenty świąteczne niż zabawą nimi. Można zaobserwować osoby, których życie uczuciowe charakteryzuje się raczej dreszczykiem emocji związanym z pogonią za czymś niż przyjemnością płynącą z samego związku. Kluczowym wnioskiem z tej zasady jest to, że o c z e k i w a n i e n a s a t y s f a k c j o n u j ą c e d o ś w i a d c z e n i e wynikające z nawykowego zachowania, które rozwijasz, generuje znaczne ilości dopaminy i służy jako silny motywator. Na przykład świadomość, że wrócisz do pracy nad obrazem po uporządkowaniu dziennych rachunków biznesowych, sprzyja oczekiwaniu napędzanemu dopaminą.

Podsumowując, możesz przejść do drugiego kroku, zmieniając swój związek z nawykiem, który chcesz przyjąć, wykorzystując wsparcie społeczne, które zwiększa atrakcyjność pragnienia, łącząc pożądane zachowanie z czymś, co lubisz, lub włączając oczekiwanie do procesu. Każdą z tych strategii można wzmocnić poprzez tapping.

Jak Rianna zwiększyła atrakcyjność swojego pragnienia

Rianna zmieniła swoją deklarację intencji z „Poświęcam czas na ćwiczenia bez poczucia winy” na „Pragnę ćwiczyć i robienie tego dla siebie sprawia mi radość”. Innym sposobem na uatrakcyjnienie pragnienia było obiecanie sobie, że po każdym treningu będzie mogła cieszyć się pięcioma minutami w fotelu do masażu, co było dla niej przyjemnością, ale rzadko sobie na to pozwalała. Jeśli chodzi o wsparcie społeczne, wiedziała, że jej mąż zawsze cieszył się, widząc, jak priorytetowo traktuje swoje dobre samopoczucie, i zobowiązała się do szukania u niego wsparcia za każdym razem, gdy potrzebowała pomocy w kształtowaniu nowych nawyków związanych z ćwiczeniami.

Twoja kolej

W swoim dzienniku opisz nawyk, który chcesz kultywować, używając najbardziej pozytywnych słów. Następnie spróbuj wskazać satysfakcjonującą aktywność, w którą możesz konsekwentnie angażować się po ćwiczeniu tego pożądanego zachowania. Następnie zastanów się, czy istnieje sposób na uzyskanie wsparcia społecznego w budowaniu tego nawyku, i zbadaj możliwości włączenia do jego stworzenia przewidywania. Jeśli podejmiesz którekolwiek z tych działań, motywacja do przyjęcia nawyku prawdopodobnie wzrośnie. Po wprowadzeniu tych zmian przejrzyj osiem kroków opisanych w części „Twoja kolej" w kroku „Spraw, aby wyzwalacze były widoczne" (s. 250). Prawdopodobnie pomoże ci to podwyższyć ocenę SUB i zwiększyć pewność siebie w rozwijaniu nowego nawyku.

Po raz kolejny daj sobie kilka dni na obserwację wyników bez nadmiernego wysiłku lub samokrytyki. Jeśli nowy nawyk pojawił się po ukończeniu dwóch pierwszych kroków – fantastycznie, przejdź do kroku 4. Jeśli jednak nowy nawyk nie został jeszcze ustanowiony lub nie jest w pełni rozwinięty, nie przejmuj się tym. Przejdź do kroku 3, który odnosi się do typowego błędu popełnianego podczas próby ukształtowania nowego nawyku.

Krok 3: Zmniejsz trudność pożądanego zachowania

Trzeci krok dotyczy tego, co Clear nazywa „prawem najmniejszego wysiłku"[15]. Ułatwienie pożądanego zachowania zwiększa prawdopodobieństwo jego wystąpienia. Ważne jest, aby zrozumieć, że nawyki, które chcemy zmienić, zostały ukształtowane przez niezliczone powtórzenia. Clear odwołuje się do dobrze znanego stwierdzenia neuropsychologa Donalda Hebba. Pisał on, że „połączenia między neuronami wzmacniają się, gdy te neurony są aktywne w tym samym czasie", a za każdym razem, gdy wykonywane jest nawykowe zachowanie, aktywowana jest odpowiednia ścieżka neuronalna[16]. Powtarzanie jest niezbędne do ukształtowania nowego nawyku, a sposobem na skłonienie się do powtórzenia działania jest ułatwienie go.

„Zasada dwóch minut" to strategia zaproponowana przez Cleara w celu ułatwienia przyjęcia nowego nawyku poprzez uczynienie pożądanego zachowania bardziej dostępnym. Dla kogoś, kto dopiero zaczyna, poświęcenie dwudziestu minut na jogę może wydawać się przytłaczające. Ale poświęcenie zaledwie dwóch minut na obejrzenie demonstracji wideo danej pozycji i krótkie jej przećwiczenie może pomóc w zapoczątkowaniu nawyku. Kluczem jest to, że jest to wykonalne niezależnie od nastroju. Przed skupieniem się na wzmocnieniu nawyku musisz najpierw ustalić jego rutynę. Gdy podstawowe aspekty nawyku są już na miejscu, można stopniowo wprowadzać ulepszenia.

Po linii najmniejszego oporu. Jedną ze skutecznych metod ułatwiających przyjęcie nowego nawyku jest wprowadzanie drobnych zmian w swoim otoczeniu. Być może zauważyłeś, że proste modyfikacje, takie jak umieszczenie gitary w widocznym miejscu, zwiększają widoczność wyzwalacza. Aby bardziej płynnie dostosować wyzwalacz i pragnienie do pożądanego działania, jak najbardziej ułatw sobie pożądane zachowanie. Na przykład jeśli po śniadaniu przygotujesz matę do ćwiczeń i ustawisz film z jogą, po powrocie do domu z pracy łatwiej będzie ci zaangażować się w pożądaną aktywność. Rozważ wszelkie praktyczne środki, które możesz wdrożyć, aby gdy pojawi się wyzwalacz, reagowanie zgodnie z postanowieniem stało się tak proste, jak to tylko możliwe.

Inne praktyczne środki. Wdrożenie innych praktycznych środków może pomóc nowemu nawykowi stać się niemal automatycznym. Na przykład jeśli twoim celem jest robienie sobie przerw na regenerację, zamiast tkwienia przed ekranem komputera przez cały dzień pracy, możesz ustawić cogodzinne przypomnienie, które zachęci cię do spojrzenia przez okno lub rozciągnięcia się. Oto inne przykłady podane przez Cleara:

- Aby zmniejszyć liczbę kalorii spożywanych w restauracjach, poproś obsługę o zapakowanie połowy posiłku na wynos, zamiast podawania pełnej porcji.
- Aby wcześnie kłaść się spać, użyj timera, który wyłączy router o dziesiątej wieczorem, eliminując pokusę przeglądania internetu.
- Aby bardziej angażować się w kontakty z innymi ludźmi, spędzaj czas w środowiskach, które zachęcają do interakcji społecznych[17].

Potrzeba łatwej reakcji może wydawać się lenistwem, ale Clear wskazuje, że lenistwo może być inteligentną strategią, ponieważ mózg jest nastawiony na oszczędzanie cennej energii[18]. Ponadto twierdzi on, że najlepszym sposobem na zaszczepienie nowego nawyku jest praktyka, a nie planowanie. Poprzez wielokrotne angażowanie się w nawet najprostsze czynności zachowania te z czasem stają się automatyczne.

Jak Rianna ułatwiła rutynę ćwiczeń

Dla Rianny wyzwaniem nie było pięć minut ćwiczeń, więc nie musiała ograniczać tego wysiłku. Zamiast tego musiała skupić się na poczuciu winy. Przekształciła swoje deklaracje akceptacji i postanowienia i kontynuowała pracę nad poczuciem winy:

Zmieniona deklaracja akceptacji: „Nawet jeśli nadal trudno mi ćwiczyć bez poczucia winy, doceniam swoje wysiłki i rozumiem, że dokonanie takiej zmiany jest trudne".
Zmieniona deklaracja postanowienia: „Nawet jeśli nadal trudno mi ćwiczyć bez poczucia winy, postanawiam skupić się na tym, jak moje ciało lubi się poruszać i rozciągać".

Po zastosowaniu tych poprawek i dalszym zajęciu się poczuciem winy jej postrzeganie ćwiczeń bez poczucia winy osiągnęło poziom wiarygodności wynoszący 9.

Twoja kolej

Wykonałeś już tapping, aby uczynić wyzwalacz widocznym i zwiększyć atrakcyjność pragnienia. Jeśli pożądana zmiana nawyku nie nastąpiła po tych dwóch krokach, zastanów się nad zmniejszeniem zakresu początkowego celu lub zbadaniem alternatywnych metod uproszczenia procesu. Dodatkowo poświęć chwilę na ponowne przeanalizowanie swojej deklaracji akceptacji i postanowienia, a także zastanów się nad wprowadzeniem niezbędnych zmian. Wizualizuj docelowe zachowanie, które staje się łatwiejsze do wykonania, gdy angażujesz się w rutynowy tapping. Czy wydaje się bardziej wiarygodne? Ponownie zwróć uwagę na to, co się stanie w ciągu najbliższych kilku dni z tymi prostymi modyfikacjami, pozostając czujnym na wszelkie nierozwiązane kwestie lub psychologiczne odwrócenia. Zajmij się wszystkimi, które się pojawią.

Krok 4: Spraw, aby nagroda była satysfakcjonująca

Ostatni krok jest kluczowy nie tylko dla ukształtowania nowego nawyku, ale także do jego utrzymania. Zgodnie ze spostrzeżeniami Cleara znajdowanie codziennej satysfakcji w działaniach, które zapewniają długoterminowe korzyści, jest zakorzenione w idei, że robienie postępów jest najskuteczniejszą formą motywacji[19].

Monitorowanie postępów. Postępy w dążeniu do celu mogą być z natury satysfakcjonujące. Rejestrowanie codziennych wysiłków w celu zaangażowania się w pożądane zachowanie służy jako wzmocnienie, nawet jeśli zachowanie to nie zapewnia natychmiastowych nagród. Badania wyraźnie wskazują, że osoby, które monitorują swoje postępy związane z celami zdrowotnymi, znacznie częściej zauważają poprawę w porównaniu z tymi, którzy nie podejmują tego kroku[20]. Na przykład badanie z udziałem ponad 1600 uczestników wykazało, że ci, którzy prowadzili codzienny dziennik, zapisując w nim wszystko, co spożywali, stracili dwukrotnie więcej na wadze niż ci, którzy tego nie robili.

Ożywienie. Prowadzenie dziennika może być satysfakcjonującą metodą monitorowania postępów w rozwijaniu pożądanego nawyku, ale wykorzystanie wizualnych informacji zwrotnych, takich jak wykresy eksponowane na lodówce, może zapewnić jeszcze większe wzmocnienie. Najlepiej byłoby zapisywać wyniki zaraz po zakończeniu danego zachowania, choć przeglądanie listy wyzwalaczy każdego wieczoru może być bardziej praktyczne. Jedną z głównych zasad, którą należy wziąć pod uwagę, jest to, że ludzie mają tendencję do lepszego zapamiętywania końcowej części doświadczenia. Dlatego też jeśli ostatnią czynnością w codziennym budowaniu nawyku jest umieszczenie zielonego znaku na wykresie wiszącym na lodówce, co jest satysfakcjonujące, zwiększa się prawdopodobieństwo powtórzenia nawyku, gdy ponownie pojawi się wyzwalacz.

Znalezienie partnera w odpowiedzialności. Podczas gdy dzienniki nawyków i kolorowe wizualne zapisy postępów są wzmacniające, jednym z najskuteczniejszych sposobów motywowania nowego nawyku jest wyznaczenie „partnera w odpowiedzialności". Świadomość, że ktoś, komu na tobie zależy, monitoruje twoje postępy, może służyć jako silna motywacja. Aby wdrożyć tę strategię, powinieneś znaleźć jedną lub dwie osoby i stworzyć z nimi „umowę nawyku". Kontrakt ten może być ustny lub pisemny i określa pożądane zachowanie wraz z konsekwencjami, jeśli nie będziesz go przestrzegać.

Tworzenie pewnego rodzaju wymuszenia. Możesz wprowadzić przekonujące konsekwencje za swoje sukcesy lub porażki. Konsekwencje te mogą odnosić się do finansów, czasu, dyskomfortu lub poczucia upokorzenia. Przykładem podanym przez Cleara jest mężczyzna, który każdego ranka musiał wstać za pięć szósta. Jeśli nie obudził się w porę, do wybranej grupy znajomych trafiał automatycznie tweet z informacją, że nie udało mu się wstać na czas i że pięć dolarów zostanie przelane na konto PayPal pierwszych pięciu osób, które odpowiedzą. Kolejnym przykładem jest inny mężczyzna, który w przypadku zaniedbania wykonania ćwiczenia określonego w umowie był zobowiązany do ubierania się do pracy bardziej formalnie, niż to konieczne (na przykład bez dżinsów, T-shirtów, bluz z kapturem lub szortów), i noszenia czapki reprezentującej konkurencyjną drużynę sportową.

Według Cleara podstawową zasadą działającą w tym przypadku jest to, że gdy porażka jest bolesna, skutecznie uczy cię nowego nawyku. Kiedy nie ma żadnych znaczących konsekwencji, jesteś bardziej skłonny do zignorowania swojego zaangażowania w kształtowanie nowego nawyku[21]. Oprócz posiadania umowy z partnerem budującym poczucie odpowiedzialności ustalone wcześniej zasady mające na celu zwiększenie atrakcyjności pragnienia również zwiększą satysfakcję z nagrody: zaangażuj się z innymi, którzy doceniają pożądany nawyk.

Utrzymuj koncentrację i konsekwencję. Clear przedstawia dodatkową wskazówkę, taką jak unikanie pracy nad zbyt wieloma nawykami jednocześnie. Skoncentruj się na małym zestawie celów. Przede wszystkim kluczowa jest jednak konsekwencja. Niezależnie od tego, jak napięty może być twój harmonogram lub jak bardzo czujesz się zniechęcony swoimi postępami, Clear sugeruje: „Nie przerywaj". Unikaj dwukrotnego pominięcia. Jeśli opuścisz jeden dzień, postaraj się wrócić do rutyny tak szybko, jak to możliwe[22]. Wykorzystaj pierwszy opuszczony dzień jako wyzwalacz w celu zwiększenia zaangażowania następnego dnia. Zaniedbanie tego może spowodować szybką utratę poczynionych postępów.

Jak Rianna sprawiła, że ćwiczenia stały się bardziej satysfakcjonujące

Rianna zrozumiała, że ćwiczenia są satysfakcjonujące na dwa znaczące sposoby: poprawiają jej samopoczucie po treningu i pomagają jej zrzucić niechciane kilogramy, głównie poprzez ograniczenie apetytu. Aby śledzić swoje postępy, stworzyła siedmiodniowy wykres, który umieściła na lodówce, oznaczając każdy dzień uśmiechniętą lub smutną buźką, aby wskazać, czy ćwiczyła. Na partnera w odpowiedzialności wybrała swojego męża. Chociaż posiadanie partnerów budujących poczucie odpowiedzialności za własne motywy transformacji może czasami być nierozsądne, w tym przypadku okazało się to skuteczne.

Na początku każdego tygodnia negocjowała z nim nagrodę

za ćwiczenie, które wykonywała przez co najmniej pięć z siedmiu dni. Jedna z nagród obejmowała specjalną kolację w restauracji, którą oboje uwielbiali. Inną opcją było pójście na sztukę teatralną, którą jej mąż nie był szczególnie podekscytowany. Dodatkowo jako nagrodę rozważała zatrudnienie kogoś do posprzątania domu. Jedyną konsekwencją dla niej była utrata tych nagród. Po pierwszym tygodniu udało jej się zdobyć trzy uśmiechnięte buźki. Mimo to jej mąż zdecydował się zabrać ją do restauracji, ponieważ codziennie sumiennie wypełniała wykres. (Fakt, że była to jedna z jego ulubionych restauracji, oczywiście nie miał nic wspólnego z tą decyzją). W drugim tygodniu uzyskała sześć uśmiechniętych buziek, a w trzecim już pięć. Nawet po ustaleniu rutyny ćwiczeń, która wzrosła do 20 minut każdego dnia, zdecydowała się nadal korzystać z wykresów. Stało się tak częściowo dlatego, że dostrzegła ich pozytywny wpływ na jej nawyki związane z ćwiczeniami, a częściowo z tego powodu, że znalazła radość w otrzymywaniu nagród za swój wysiłek. Proces ich wybierania również był przyjemny.

Twoja kolej

Aby wdrożyć i utrzymać nowy nawyk za pomocą kroku 4, określ, w jaki sposób będziesz monitorować swoje postępy. Daj się ponieść wyobraźni, aby proces śledzenia był jak najbardziej angażujący i przyjemny, ale przynajmniej prowadź dziennik, aby udokumentować swoje działania. Zastanów się, czy chcesz zaangażować partnera budującego w tobie poczucie odpowiedzialności za twoje działania. Niezależnie od tego, czy masz partnera, czy nie, stworzenie umowy, która określa pożądane zachowanie wraz z konsekwencjami za jego niewykonanie, wykorzystuje zasadę wyznaczania celów. Mówi ona, że śledzenie mierzalnych celów znacznie zwiększa prawdopodobieństwo sukcesu. Skoncentruj się na kilku konkretnych celach i pamiętaj, aby nigdy nie odpuścić dwa razy. Od czasu do czasu powracaj do rutyny tappingu, której użyłeś do ustanowienia nawyku, aby wzmocnić swoje postępy.

POZBYCIE SIĘ NIEPOŻĄDANEGO NAWYKU

Ponieważ struktura chemiczna naszego mózgu sprzyja nawykowym zachowaniom, te same zasady mają zastosowanie niezależnie od tego, czy kształtujemy dobre, czy złe nawyki. W rezultacie wiele osób angażuje się zarówno w niepożądane, jak i pożądane nawyki. Niektóre z powszechnych szkodliwych nawyków obejmują spożywanie niezdrowej żywności, przejadanie się, zbyt szybkie jedzenie, spożywanie posiłków późno w nocy, niewystarczające spożycie wody, nadmierne spożycie alkoholu, pozostawanie w stanie czuwania, gdy sen jest konieczny, brak ćwiczeń, bezmyślne skakanie po kanałach, spędzanie nadmiernej ilości czasu w mediach społecznościowych, obgryzanie paznokci, zaniedbywanie sprzątania po sobie, noszenie zbyt dużej ilości rzeczy w torebce i utrzymywanie negatywnego nastawienia w interakcjach z innymi lub w rozmowach z samym sobą. Listę tę można z łatwością rozbudować.

W tej części książki wybierz nawyk, który chcesz zmienić, korzystając z modelu Cleara wraz z tappingiem akupunkturowym. Przezwyciężenie nawet niewielkiego niepożądanego nawyku może być wzmacniającym doświadczeniem. Należy pamiętać, że zajęcie się negatywnym nawykiem często prowadzi do powstania pozytywnego. Możesz to sformułować jako: „Nie śpię, kiedy powinienem spać" (negatywny nawyk) lub: „Wysypiam się" (pozytywny nawyk). Jeśli wolisz podkreślić wady nawyku, które mogą służyć jako silniejszy motywator, skup się na tej części (na przykład „niespanie"). I odwrotnie, jeśli chcesz podkreślić zalety, wróć do poprzedniej części (na przykład „wystarczająca ilość snu"). Aby rozpocząć ten proces, zacznij od przedstawionej poniżej „Szybkiej pomocy".

Szybka pomoc: Przełamanie złego nawyku

Pomyśl o zachowaniu, które chcesz wyeliminować. Oceń w skali SUD poziom przyciągania, jakie wywołuje w twoim umyśle i/lub ciele, to nawykowe zachowanie. Rozpocznij od wypowiedzenia pierwszego z poniższych stwierdzeń, stukając w punkt na czubku głowy. Przejdź do następnego stwierdzenia i opukaj kolejny akupunkt. Kontynuuj, przechodząc przez wszystkie 12 punktów i od jednego stwierdzenia do drugiego. Możesz pominąć wszelkie frazy, które nie rezonują z tobą.

„Jestem zmęczony [wymień nawyk].
Czuję się jednak rozdarty, jeśli chodzi o rezygnację z niego.
Pomimo mojej niepewności w pełni akceptuję ten dylemat.
Chociaż ten nawyk przyniósł mi korzyści w pewnych aspektach, mam dość tego, że jestem przez niego zdominowany.
Wyczuwam moc nawyku w mojej [nazwa części ciała].
Stukam, aby złagodzić to uczucie.
Zdaję sobie sprawę, że ten nawyk nie jest dla mnie korzystny.
Chcę się go pozbyć.
Pomimo rozdarcia związanego z porzuceniem tego nawyku zdaję sobie sprawę, że nie jest on już dla mnie korzystny.
Jestem świadomy, że moje życie poprawi się bez niego.
Postanowiłem być otwarty na pomysł uwolnienia się od niego.
Wybór ten może wiązać się z rezygnacją z pewnych aspektów, które zapewniają mi komfort.
Zdaję sobie sprawę, że ten nawyk był dla mnie przeszkodą.
Jestem gotów porzucić ten nawyk i pozwolić mu odejść.
I postanawiam zrobić to z łatwością.
Ten nawyk kontrolował mnie zbyt długo.
Już mi nie służy i jestem gotów odzyskać nad nim kontrolę.
Jestem gotów się od niego uwolnić.
Uwalniam napięcie i konflikt.
Czuję się gotowy, by się uwolnić.
Doceniam to, że czuję się bardziej gotowy, by odpuścić.
Pozwalam temu odejść z łatwością i lekkością".

Gdy powtórzysz tę sekwencję kilka razy, możesz zauważyć, że struktura nawyku zaczyna łagodnieć. Oceń to, nadając kolejną ocenę SUD pozostałej sile przyciągania nawyku. Dodatkowo przygotowujesz się do dalszego przezwyciężania go poprzez integrację tappingu z metodą Cleara.

Cztery kroki do przełamania nawyku

Proces eliminowania nawyku odzwierciedla proces ustanowienia nowego nawyku, ale zasady są odwrócone:

> **Krok 1.** Zamiast czynić wskazówkę bardziej namacalną, uczyń ją niewidoczną (na przykład umieść cukierki w trudno dostępnym miejscu).
> **Krok 2.** Skoncentruj się na tym, aby pragnienie było nieatrakcyjne (na przykład informuj się na bieżąco o zagrożeniach dla zdrowia związanych ze spożywaniem zbyt dużej ilości cukru).
> **Krok 3.** Zamiast ułatwiać niepożądane zachowanie, stwórz dla niego przeszkody (na przykład unikaj trzymania słodyczy w domu).
> **Krok 4.** Zamiast sprawiać, że nagroda jest bardziej satysfakcjonująca, zdecyduj się uczynić ją niesatysfakcjonującą (na przykład rozważ skorzystanie z pomocy partnera do budowania odpowiedzialności za swoje działania).

Opierając się na wcześniejszych informacjach na temat czterech kroków zmiany zachowania według Cleara, skupimy się tutaj na tym, jak korzystać z każdego kroku, ponownie włączając tapping akupunkturowy w celu przełamania niepożądanego nawyku.

Podobnie jak w poprzednim rozdziale możesz przeczytać ten i postępować zgodnie z napotkanymi procedurami. Alternatywnie możesz przejść do fragmentów dotyczących testerów, a następnie wykonać instrukcje „Twoja kolej", które następują po nich, odwołując się do bardziej szczegółowego omówienia w razie potrzeby.

Krok 1: Spraw, aby wyzwalacze były niewidoczne

Łatwiej jest unikać pokus, niż z nimi walczyć. Pokusa jest aktywowana przez wyzwalacze. Jeśli nie widzisz paczki chipsów za każdym razem, gdy otwierasz szafkę kuchenną, jest mniej prawdopodobne, że ją otworzysz. Podobnie jeśli telewizor zostanie usunięty z sypialni, będziesz mniej skłonny do oglądania do późna powtórek *Kronik Seinfelda*. Jedną z najskuteczniejszych metod wyeliminowania niepożądanego nawyku jest zmniejszenie ekspozycji na wyzwalacze, które prowadzą do pokusy.

Clear wskazuje, że kluczowym czynnikiem w przypadku osób, które wydają się wyjątkowo zdyscyplinowane, nie jest samokontrola, ale zdolność do organizowania życia w sposób, który minimalizuje potrzebę nadzwyczajnej siły woli i samodyscypliny[23]. W rezultacie rzadziej są wystawiane na pokusę, co sprawia, że samokontrola jest łatwiejsza, bo nie jest wymagana. Usuwając czynniki wyzwalające, zmniejsza się konieczność samokontroli. Aby podkreślić tę koncepcję, Clear dzieli się dwiema historiami, które choć są różne, pokazują tę samą zasadę.

Podczas wojny w Wietnamie szacowano, że 20 procent personelu wojskowego było uzależnionych od heroiny. Ze względu na silne uzależnienie fizyczne związane z tym nałogiem wielu uważało, że osoby te będą miały trudności z przezwyciężeniem nałogu po powrocie do domu. Co zaskakujące, tylko 5 procent z nich powróciło do zażywania heroiny w ciągu pierwszego roku po powrocie do domu. Odkrycie to podważyło dominujące przekonania na temat narkotyku. Clear patrzy na to zaskakujące odkrycie poprzez pryzmat zmian w bodźcach środowiskowych. Podczas pobytu w Wietnamie żołnierze mieli do czynienia z licznymi bodźcami, które skłaniały ich do zażywania heroiny; narkotyk był łatwo dostępny, byli w ciągłym stresie związanym z wojną, wśród ich kompanów byli żołnierze zażywający heroinę i znajdowali się daleko od domu. Ale po powrocie do Stanów Zjednoczonych znaleźli się w środowisku pozbawionym tych czynników.

Sytuacja rozwija się w odwrotny sposób w odniesieniu do wysokiego wskaźnika nawrotów wśród osób uzależnionych od heroiny po przejściu leczenia stacjonarnego. Wyraźnie wskazuje to na wpływ bodźców jako istotnego czynnika. Osoba uzależniona od heroiny poddaje się leczeniu w ośrodku, w którym jest odsunięta od ludzi, miejsc, stresu i innych czynników, które przyczyniły się do chęci jej zażywania. Po powrocie do domu wystawiona jest jednak na wszystkie bodźce, które początkowo podsycały jej uzależnienie. Nie jest więc zaskoczeniem, że 90% osób uzależnionych od heroiny powraca do nałogu po powrocie z odwyku.

Badania nad mózgiem wskazują, że niezależnie od tego, czy mamy do czynienia z uzależnieniami, czy też z rutynowymi zachowaniami, po ukształtowaniu się nawyku pragnienie zaangażowania się w niego zachowanie powraca, gdy tylko pojawią się powiązane z nim wyzwalacze. Na przykład gdy osobom uzależnionym pokazano obraz kokainy przez zaledwie 33 milisekundy – czas zbyt krótki, aby mózg mógł to świadomie zarejestrować – aktywowane były ośrodki nagrody, które generują pożądanie[24]. Wyeliminowanie bodźców okazuje się skuteczniejszym podejściem niż zwykłe opieranie się pokusie. Może wydawać się jasne, że odcięcie uzależnionemu dostępu do preferowanej substancji psychoaktywnej, związanych z nią akcesoriów i innych uzależnionych osób jest mądrym krokiem w walce z nałogiem, jakie jednak strategie można zastosować w przypadku mniej poważnych nawyków? Wśród zaleceń Clear wymienia:

- Jeśli łatwo ulegasz poczuciu, że nie jesteś wystarczająco dobry, przestań przeglądać konta w mediach społecznościowych, które sprawiają, że czujesz się zazdrosny lub zawistny.
- Jeśli wydajesz zbyt dużo pieniędzy na nowinki technologiczne, przestań czytać recenzje najnowszych gadżetów.
- Jeśli poświęcasz nadmierną ilość czasu na gry wideo, rozważ przechowywanie konsoli w szafie po każdym użyciu.

Tapping. Chociaż metody mające na celu wyeliminowanie wyzwalaczy, które prowadzą do niepożądanych nawyków, mogą okazać się przydatne, istnieje wiele wyzwalaczy, których nie można uniknąć. Na przykład uciążliwy współpracownik może wzbudzić niechęć do pracy, co skutkuje zmniejszoną produktywnością. Puste miejsce przy stole, które było zajmowane przez zmarłe dziecko lub partnera życiowego, może prowadzić do objadania się w celu ukojenia żalu. Ciągły rozwój „ulepszonych i innowacyjnych produktów" tworzy nieodparty urok zakupów, prowadząc do obciążeń finansowych i gromadzenia niepotrzebnych przedmiotów. Clickbait na stronach internetowych może prowadzić do długich i nużących treści. Chociaż całkowite usunięcie wyzwalacza z życia może być niemożliwe, da się znacznie zmniejszyć jego wpływ, wykorzystując techniki tappingu.

Oto jak tapping może zmienić twoją reakcję na dany wyzwalacz. Na przykład jeśli w twoim miejscu pracy są wystawione pyszne czekoladki umieszczone w obszarze, który często mijasz, możesz je wizualizować podczas tappingu i powtarzania fraz takich jak:

„Naprawdę chcę te czekoladki".
„Tak bardzo ich pragnę".
„Nie mogę się im oprzeć".
„Przyznaję się do tego pragnienia".
„Pokusa jest obecna codziennie".
„Trudno jest się powstrzymać".
„Ale wiem, że będę tego żałować".
„Poczuję, że zawiodłem samego siebie".
„Codzienne jedzenie czekolady nie jest korzystne dla mojego zdrowia i wagi".
„Postanawiam uwolnić tę zachciankę".
„Wybieram to, co jest dla mnie najlepsze".
„To pragnienie opuszcza moje myśli i ciało".
„Tapping pomaga zmniejszyć moje pragnienie".
„Widzę, że taca jest szansą na wzmocnienie mojego zaangażowania w moje dobre samopoczucie".
„Czuję się spokojny i zrelaksowany w obliczu tych czekoladek każdego dnia".

Zauważ, jak frazy przechodzą od uznania i zaakceptowania pragnienia do zrozumienia jego konsekwencji, co ostatecznie prowadzi do jego porzucenia. Możesz przełączać się między tymi tematami w odniesieniu do każdej zachcianki, jeśli wydaje ci się to właściwe. Nie chodzi o to, że musisz opukiwać te słowa za każdym razem, gdy przechodzisz obok tacy. Zamiast tego, jeśli poćwiczysz opukiwanie kilka razy w domu, wyobrażając sobie czekoladki, zaczniesz odczuwać, że możesz przezwyciężyć zachciankę, gdy napotkasz tacę. Proces ten pomaga rozwinąć nową reakcję na wyzwalacz.

Czasami praca z wyzwalaczami odkrywa inne aspekty nawyku. Podczas badania szybkiej reakcji hamowania, David, skupiając się na reakcji na naciśnięcie hamulca, stworzył scenariusz jazdy, w którym wyobraził sobie, że nagle słyszy podekscytowany głos Donny, i opukał go, aby nie wywoływać zagrożenia. W trakcie tego procesu pojawił się jednak aspekt związany z wydawaniem osądu na temat każdego, kto podnosi fałszywy alarm. Pojawiło się wspomnienie z czasów nastoletnich, kiedy David przypadkowo aktywował alarm przeciwpożarowy, co spowodowało interwencję straży pożarnej. Nigdy w pełni nie pogodził się z tym incydentem. Gdy tapping złagodził jego poczucie winy związane z tym wydarzeniem i David powrócił do scenariuszy jazdy, zauważył fascynującą mieszankę w postaci zmniejszonego niepokoju połączonego z podwyższoną świadomością. Ta zmiana przeniosła się na rzeczywiste sytuacje podczas wspólnej jazdy.

Niepożądany nawyk i wyzwalacze Ericki

Jeden z naszych kolegów martwił się o jej styl jazdy. Ericka uciekała się do przekraczania prędkości, gdy spóźniała się do pracy – nawyk, który zdecydowanie chciała wyeliminować. Do swojej pracy, którą wykonuje trzy razy w tygodniu, kobieta ma dwie godziny drogi. W dni, kiedy musi podróżować, często wyruszała z domu zbyt późno, aby dotrzeć na miejsce punktualnie. Powodowało to, że drogę spędzała w stanie napięcia i niepokoju.

Często przekraczając dozwoloną prędkość, nieustannie wypatrywała w lusterkach patrolu drogówki. Otrzymawszy już mandat za przekroczenie prędkości, była świadoma, że kolejny doprowadzi do wzrostu stawek ubezpieczeniowych, a dwa kolejne mogą skutkować zawieszeniem jej prawa jazdy.

Siła wyzwalacza Ericki – zbyt późne opuszczenie domu w celu

dotarcia do pracy na czas –została oceniona na 8. Jej deklaracja akceptacji brzmiała następująco: „Nawet jeśli jeżdżę zbyt szybko, kiedy spóźniam się do pracy, w pełni akceptuję siebie". Podczas pierwszej rundy tappingu, wykorzystując frazę przypominającą „Jadę za szybko, kiedy spóźniam się do pracy", intensywność związana ze spóźnianiem się do pracy spadła do 6. Proces ten wywołał kilka wspomnień z przeszłych nagan za spóźnienia. Po zajęciu się tymi wspomnieniami poprzez opukiwanie siła wyzwalacza spóźnienia się do pracy tylko nieznacznie zmniejszyła się do poziomu 5. Jej uwaga przeniosła się jednak na sprawienie, by wyruszyła odpowiednio wcześnie, aby pośpiech nie był konieczny. Nowym wyzwalaczem stało się rozpoznanie, że ma wystarczająco dużo czasu, aby wykonać jeszcze jedno zadanie przed rozpoczęciem jazdy. To właśnie dla tej chęci wykonania „jeszcze jednego zadania" użyła tappingu, aby zmienić wyzwalacz w „po prostu powiedz nie".

Twoja kolej

Zidentyfikuj nawyk, który chcesz wyeliminować, i rozpoznaj wyzwalacze, które go uruchamiają. Opracuj plan, aby w jak największym stopniu zminimalizować ekspozycję na te bodźce. Jeśli napotkasz nieuniknione wyzwalacze, zastosuj techniki tappingu, aby zmniejszyć ich wpływ. Wybierz najbardziej znaczący z nieuniknionych wyzwalaczy, które zidentyfikowałeś, i przypisz mu ocenę w skali SUD. Pamiętaj, że skupiasz się na poczuciu niepokoju – lub w tym przypadku bezsilności – a nie na wiarygodności, przy czym ocena 0 jest najbardziej pożądanym wynikiem. Masz ocenić wielkość wpływu, jaki nieunikniony wyzwalacz ma na ciebie, gdzie 0 oznacza brak wpływu, a 10 oznacza, że nie możesz mu się oprzeć.

Sformułuj deklarację akceptacji i powtórz ją trzy razy, najpierw masując wrażliwe obszary klatki piersiowej przy pierwszej frazie, a następnie kładąc dłonie na czakrze serca przy drugiej. Deklaracja może wyglądać następująco:

Deklaracja akceptacji: „Nawet jeśli [nazwij wyzwalacz] sprawia, że czuję potrzebę [nazwij zachowanie], kocham siebie i akceptuję w pełni swoje pragnienia".

Następnie przejdź do 12 punktów tappingu, głośno wypowiadając w każdym miejscu nazwę wyzwalacza. Kontynuuj przechodzenie przez podstawowy protokół tappingu, wykonując procedurę integracji, a następnie ponownie przejdź przez 12 punktów, powtarzając nazwę wyzwalacza. Pamiętaj, że tworzysz sygnały, które zmniejszają reakcję mózgu na wyzwalacz. Następnie po raz kolejny oceń w skali SUD wpływ tego wyzwalacza.

Jeśli ocena SUD się zmniejszyła, zamień deklarację akceptacji na deklarację postanowienia, jak zwykle wypowiadając ją trzy razy. Podczas wypowiadania pierwszej frazy pocieraj czułe miejsca na klatce piersiowej, a podczas drugiej umieść dłonie na czakrze serca. Deklaracja taka może być sformułowana następująco:

Deklaracja postanowienia: „Nawet jeśli [nazwij wyzwalacz] sprawia, że czuję potrzebę [nazwij zachowanie], postanawiam zmniejszyć jego wpływ na mnie".

Przejdź do 12 punktów tappingu, głośno wypowiadając w każdym miejscu nazwę wyzwalacza, jednocześnie dostosowując stwierdzenia, które zaprezentowano we wspomnianym wcześniej przykładzie pokusy czekoladowej.

Jeśli nadal masz znaczne poczucie bezsilności w związku z danym wyzwalaczem, skup się na opukaniu wszelkich negatywnych uczuć z nim związanych, a także wszelkich odwróceń psychologicznych, które możesz mieć w związku z uwolnieniem się od jego atrakcyjności. Kontynuuj angażowanie się w ten proces badawczy, dopóki ocena SUD nie przestanie się zmniejszać. Nawet niewielka redukcja oceny SUD oznacza, że dany wyzwalacz zmniejszył wpływ na ciebie.

Krok 2: Zmniejsz atrakcyjność pragnienia

Pragnienie zazwyczaj odzwierciedla głębszą potrzebę lub motywację. Według Cleara niektóre z tych podstawowych bodźców obejmują potrzebę jedzenia i wody, oszczędzania energii, poszukiwania miłości, reprodukcji, tworzenia więzi z innymi, uzyskiwania akceptacji społecznej i aprobaty, łagodzenia stresu, minimalizowania niepewności oraz osiągania statusu i prestiżu. Nowy nawyk zwykle nie tworzy nowej motywacji, ale raczej wiąże się z podstawowymi ludzkimi popędami[25]. Ten sam popęd można zaspokoić różnymi metodami; na przykład jedna osoba może redukować stres poprzez oglądanie telewizji, inna poprzez chodzenie na siłownię.

Pragnienie można rozumieć jako chęć zmiany stanu wewnętrznego wynikającą z poczucia, że czegoś brakuje[26]. Oczekujesz, że angażowanie się w określone zachowania wypełni tę pustkę, prowadząc do satysfakcjonującej zmiany stanu wewnętrznego. Chociaż nawyki są tworzone w oparciu o wcześniejsze sukcesy, poleganie wyłącznie na tych ustalonych rutynach może nie być najskuteczniejszą metodą radzenia sobie z tym, czego brakuje, lub przekształcania stanu wewnętrznego. Ponadto poleganie na nawykach może uniemożliwić ci odkrywanie bardziej korzystnych alternatyw.

Jednym ze sposobów na zmniejszenie atrakcyjności nawyku jest zastanowienie się nad jego ukrytymi konsekwencjami. Na przykład jeśli chcesz przestać oglądać telewizję lub skakać po kanałach, pamiętaj, że dłuższe okresy bezczynności mogą prowadzić do uczucia letargu i nudy. Ponadto kompulsywne oglądanie telewizji często nie przyczynia się do tego, co naprawdę ma dla ciebie znaczenie, lub do wykonania zadań, które na tobie ciążą. Jakie jeszcze mogą być konsekwencje? Inną metodą na odkrycie problemów związanych z nawykiem jest podkreślenie potencjalnych korzyści wynikających z zaprzestania danego zachowania. Co innego mógłbyś zrobić ze swoim czasem, gdybyś nie siedział przed ekranem? Te nowe perspektywy zmniejszają atrakcyjność spędzania długich godzin przed telewizorem. Nasze doświadczenie z pacjentami wskazuje, że używanie dobrze sformułowanych stwierdzeń, które rozpoznają konsekwencje, zamiast wywoływać poczucie winy, zwiększa skuteczność tych przeformułowań.

Kolejne pytanie, które należy rozważyć, brzmi: Jaką głębszą potrzebę zaspokaja dany nawyk? Jeśli relaks przed telewizorem łagodzi stres, jakie są bardziej satysfakcjonujące metody osiągnięcia tego samego efektu? Ćwiczenia fizyczne, medytacja, joga, uprawianie sportu lub spotkania towarzyskie z przyjaciółmi to skuteczne i znaczące alternatywy. Z drugiej strony być może ciągłe oglądanie telewizji służy po prostu jako sposób na zabicie czasu. Jakie inne sposoby spędzania czasu mogą być bardziej satysfakcjonujące? W tym momencie kładziemy nacisk na zmniejszenie atrakcyjności nawyku, ale świadomość, że już wyobraziłeś sobie inne podejście do zaspokojenia pierwotnej potrzeby, zaczyna zmniejszać jego wpływ. Jeśli chcesz, możesz powrócić do wcześniej opisanych kroków tworzenia nowego nawyku, aby później wzmocnić tę alternatywę.

Jak Ericka zmniejszyła atrakcyjność swojego niechcianego nawyku?

Dla Ericki przekraczanie prędkości było łatwym sposobem na nadrobienie czasu, gdy późno wychodziła z domu. Zdała sobie jednak sprawę, że ten wybór może prowadzić do znacznie poważniejszych konsekwencji niż tylko otrzymanie mandatu za przekroczenie prędkości. Przeszukała internet, aby dowiedzieć się więcej na temat ryzyka związanego z jazdą nawet nieznacznie przekraczającą dozwoloną prędkość. Przekonała się, że ograniczenia prędkości są określane na podstawie prawdopodobieństwa wystąpienia wypadków. Zmniejszenie średniej prędkości o zaledwie 10 procent może doprowadzić do spadku liczby obrażeń o 20% i spadku liczby ofiar śmiertelnych wypadków samochodowych o 40%. Wyobrażając sobie potencjalne konsekwencje nadmiernej prędkości, zdała sobie sprawę, że zwiększa ryzyko wyrządzenia krzywdy sobie lub innym, co może nawet doprowadzić do śmierci. Ta refleksja uświadomiła jej, że jej pojazd może być niebezpiecznym narzędziem, i postanowiła prowadzić go tak bezpiecznie, jak to tylko możliwe. To nowo odkryte zrozumienie zainspirowało ją do priorytetowego potraktowania zmniejszenia prędkości i zapewnienia sobie wystarczającej ilości czasu na dotarcie do celu.

Twoja kolej

Rozważ konsekwencje niechcianego nawyku, który chcesz zmienić, i zastanów się nad korzyściami z jego wyeliminowania. Stwórz listę. Wybierz jeden element, który wydaje ci się najbardziej znaczący; to będzie twój główny cel. Możesz później powrócić do innych elementów, które nadal wydają się istotne. W tym momencie przypisz ocenę SUD do atrakcyjności niechcianego nawyku.

Używając wybranego elementu jako punktu odniesienia, sformułuj nową deklarację akceptacji i wypowiedz ją trzy razy. Podczas wypowiadania pierwszej frazy, delikatnie masuj czułe miejsca na klatce piersiowej, a dla drugiej frazy umieść dłonie na czakrze serca. Deklaracja może brzmieć następująco:

Zmieniona deklaracja akceptacji: „Nawet jeśli byłem skłonny [opisz konsekwencje nawyku], kocham siebie i akceptuję wybory, których dokonałem".

Gdy atrakcyjność nawyku zaczyna maleć, przekształć deklarację akceptacji w deklarację postanowienia. Na przykład:

Deklaracja postanowienia: „Nawet jeśli byłem skłonny [opisz konsekwencje nawyku], postanawiam pamiętać o tych konsekwencjach za każdym razem, gdy czuję potrzebę zaangażowania się w ten nawyk".

Łączysz konsekwencje z zachowaniem, co zmniejsza atrakcyjność nawykowego działania. Powtarzaj cykl tappingu, aż atrakcyjność nawyku przestanie spadać. Jak zawsze, jeśli pojawią się jakieś aspekty lub psychologiczne odwrócenia, zajmij się nimi.

Krok 3: Zwiększ trudność niepożądanego zachowania

Według Cleara najskuteczniejszą metodą przełamania nawyku jest uczynienie go niepraktycznym[27]. Firmy zajmujące się mediami społecznościowymi działają w odwrotny sposób. Ich platformy są skonstruowane w taki sposób, że przerwanie oglądania wymaga więcej wysiłku niż jego kontynuowanie. Na przykład zamiast klikać, aby przejść do następnego odcinka w serwisie Netflix lub YouTube, wystarczy nic nie robić, a kolejny odcinek pojawi się automatycznie.

Dla Cleara media społecznościowe stały się znaczącą przeszkodą w osiąganiu jego typowego poziomu produktywności, co skłoniło go do stworzenia szczegółowego planu walki z nimi. Polecił asystentowi zmianę haseł do wszystkich swoich kont w mediach społecznościowych w każdy poniedziałek. W rezultacie pozostawał wylogowany z mediów społecznościowych na wszystkich urządzeniach przez cały tydzień. W każdy piątek jego asystent wysyłał mu nowe hasła, umożliwiając mu angażowanie się w dowolną aktywność w mediach społecznościowych w weekendy. Jak sam wspomina:

> Jedną z największych niespodzianek było to, jak szybko się przystosowałem. Pod koniec pierwszego tygodnia po odcięciu się od mediów społecznościowych zauważyłem, że potrzeba sprawdzania ich pojawiała się u mnie znacznie rzadziej niż wcześniej i nie musiałem tego robić codziennie. Była to tak prosta rutyna, że stała się moim domyślnym zachowaniem. Kiedy

wyeliminowałem ten bezproduktywny nawyk, odkryłem, że naprawdę mam ochotę skupić się na ważniejszych czynnościach. Gdy z mojego otoczenia zniknęły czynniki rozpraszające, wybieranie zdrowszych opcji stało się znacznie prostsze[28].

Chociaż taka zmiana może wymagać odrobiny planowania i wysiłku, w przypadku praktycznie każdego nawyku można utrudnić sobie angażowanie się w niechciane zachowania. Na przykład jeśli zarządzanie domowym budżetem jest problemem, można rozważyć nałożenie limitów na karty kredytowe. Takie podejście nie eliminuje wszelkiej elastyczności, ale wymaga pójścia do banku po gotówkę, gdy przekroczysz ograniczenie. Jeśli twoją słabością jest czytanie każdego artykułu w „People Magazine", możesz zrezygnować z prenumeraty. Podobnie upodobanie do śmieciowego jedzenia może zostać osłabione, gdy będziesz musiał iść do sklepu za każdym razem, gdy poczujesz ochotę na takie pożywienie. Chociaż zmiany te są bardziej strukturalne niż psychologiczne, mogą okazać się całkiem skuteczne.

Jak Ericka zwiększyła trudność niepożądanego zachowania

Po uświadomieniu sobie znacznego wzrostu prawdopodobieństwa obrażeń lub śmierci z powodu nadmiernej prędkości Ericka stała się bardziej zaangażowana w zmianę swoich nawyków jazdy. Postanowiła wdrożyć nowe praktyki podczas dojazdów do pracy, aby zmniejszyć ryzyko przekroczenia prędkości. Na początek zaprogramowała alerty w telefonie na godzinę, 30 minut i 10 minut przed preferowanym czasem wyjazdu. Dodatkowo ustanowiła rutynę, zgodnie z którą po wjechaniu na autostradę aktywowała tempomat w samochodzie z dokładnym ograniczeniem prędkości, eliminując potrzebę ręcznego jej monitorowania. Chociaż mogło się to wydawać przesadą, zorganizowała również otrzymywanie powiadomień e-mail o wypadkach drogowych mających miejsce na autostradzie, z której korzystała, zapewniając sobie częste przypomnienia o ryzyku związanym z nadmierną prędkością. Nadal koncentrowała się na wyjściu z domu tak, aby mieć czas na bezstresową jazdę.

Twoja kolej

Możesz stworzyć swój plan, korzystając z prostego protokołu energetycznego. W rzeczywistości to podstawowe podejście może być wykorzystane do generowania nowych pomysłów, gdy tylko ich potrzebujesz. Sformułuj stwierdzenie typu: „Mimo że jestem skłonny do [opisz nawykowe zachowanie], postanawiam odkryć pomysłowe metody, aby trudniej było się w to zaangażować". Pocieraj czułe miejsca na klatce piersiowej podczas wypowiadania pierwszej części i połóż dłonie na czakrze serca podczas wygłaszania drugiej części. Powtarzaj to, aż pojawi się pomysł, jak skomplikować dane zachowanie. Miej pod ręką dziennik, aby móc go zapisać. Kontynuuj ten proces, aż zidentyfikujesz co najmniej jedną metodę, aby uczynić nawyk trudniejszym. Wprowadź ją w życie. Jak opisuje Clear, pracujesz nad „zwiększeniem utrudnień", co zwiększa „liczbę kroków między tobą a złym nawykiem"[29].

Krok 4: Spraw, aby nagroda była niesatysfakcjonująca

W tym kroku kluczem do zerwania z nawykiem jest zrobienie czegoś odwrotnego do tego, co robisz, aby stworzyć nawyk. Zamiast łączyć nawyk z natychmiastową nagrodą, kładziemy nacisk na długoterminowe nagrody za unikanie niepożądanego zachowania, tak aby przyćmiły one natychmiastowe nagrody za jego wykonanie. Monitorowanie codziennych postępów w unikaniu nawykowego działania służy jako wzmocnienie. Po raz kolejny „najskuteczniejszą formą motywacji jest postęp"[30].

Jak Ericka sprawiła, aby nagroda była niesatysfakcjonująca

Szukając wizualnej metody monitorowania postępów w unikaniu przekraczania prędkości, Ericka stworzyła kalendarz, w którym zapisywała dni dojazdów do pracy i powiesiła go na drzwiach wejściowych. Obok niego umieściła marker, aby przed wejściem zaznaczać, czy przestrzegała ograniczenia prędkości podczas ostatniej podróży i czy dotarła do pracy na czas. Wkrótce daty w kalendarzu, które pokolorowała jako sukcesy, stały się wizualnym przypomnieniem o postępach.

Twoja kolej

W czwartym kroku przełamywania nawyku określ metodę, której będziesz używać do monitorowania swoich postępów. Niech twoja kreatywność sprawi, że będzie ona tak wciągająca i żywa, jak to tylko możliwe.

Możesz śledzić postępy w dzienniku lub korzystając z pomocy wizualnych, takich jak wykresy na lodówce lub kolorowa kulka wrzucana do słoika za każdym razem, gdy uda ci się utrzymać nawyk, który próbujesz ustanowić, i kulka innego koloru w przypadku porażki. Potężnym motywatorem może być również partner w odpowiedzialności. W przypadku przełamywania nawyku umowa powinna określać zachowanie, którego unikasz, a także konsekwencje jego nieprzestrzegania.

Ważne jest, aby zdawać sobie sprawę, że konsekwencje mogą obejmować straty finansowe, zmarnowany czas, niedogodności lub upokorzenie. Przykładem może być wspomniany wcześniej mężczyzna, który wysyła automatyczny tweet do wybranej grupy znajomych, z informacją, że nie udało mu się wstać na czas i że na konta PayPal pierwszych pięciu osób, które odpowiedzą, zostanie przelanych pięć dolarów, lub mężczyzna, który musiał pojawić się w pracy w czapce konkurencyjnej drużyny sportowej w przypadku niedotrzymania umowy. W grę wchodzą te same zasady. Gdy działanie prowadzi do niekorzystnego wyniku, jesteś mniej skłonny do ponownego zaangażowania się w nie. I odwrotnie, jeśli konsekwencje są stosunkowo łagodne, będą miały minimalny wpływ na zniechęcenie do danego zachowania. Skoncentruj się na ograniczonym zestawie celów. Od czasu do czasu ćwicz technikę tappingu z kroku 1 w celu wyeliminowania nawyku (s. 264), aby wspomóc swoje postępy. Niezależnie od tego, czy masz partnera do budowania odpowiedzialności, czy nie, umowa, która określa niepożądane zachowanie wraz z konsekwencjami za jego powtórzenie, może być potężnym narzędziem.

UZALEŻNIENIA

Tapping akupunkturowy jest jedną z podstawowych metod leczenia w Klinice Uzależnień Avery Lane w Novato w Kalifornii. Jej dyrektor kliniczny, psycholog Adriana Popescu, poinformowała w recenzowanym czasopiśmie, że ona i jej personel uznali psychologię energetyczną za „potężne, oparte na dowodach podejście, które wyznacza standardy skutecznego leczenia uzależnień”[31].

Cztery kroki do zmiany nawyku rzeczywiście mogą być wykorzystane do walki z uzależnieniem, uzależnienia są jednak trudniejsze do opanowania niż zwykłe nawyki. Słynny szwajcarski psychiatra Carl Jung stwierdził, że „każda forma uzależnienia jest zła, bez względu na to, czy narkotykiem jest alkohol, morfina czy idealizm”[32]. Uzależnienia, podobnie jak nawyki, są podtrzymywane przez wyzwalacze, nagrody i powtarzanie, ale w grę wchodzą dodatkowe czynniki.

Z subiektywnego punktu widzenia zachcianki są zwykle bardzo intensywne. W kontekście codziennych rutynowych czynności, choć zachcianki mogą być silne, zazwyczaj nie przejmują one kontroli nad życiem. Decyzja o zaangażowaniu się w nawykowe zachowanie w celu zaspokojenia zachcianki ostatecznie zależy od siły woli i świadomego podejmowania decyzji. Możliwe jest powstrzymanie się od zaspokojenia zachcianki bez popadania w fiksację na jej punkcie lub doświadczania objawów odstawienia, jeśli pozostanie ona niespełniona. Gdy jednak nawyki przekształcają się w uzależnienia, rola siły woli i wyboru maleje, co prowadzi do kontynuowania zachowania, nawet gdy negatywne konsekwencje zaczynają przewyższać korzyści[33].

Chociaż biochemia stojąca za uzależnieniem pozostaje częściowo niejasna, wiadomo, że gdy nawyk zaczyna zmierzać w kierunku uzależnienia, w mózgu zaczynają zachodzić pewne zmiany.

- Kiedy dana osoba myśli o substancji psychoaktywnej lub czynności, która uzależnia, w mózgu wzrasta poziom dopaminy, co powoduje silniejsze dążenie do poszukiwania tej przyjemnej substancji lub czynności.
- Ośrodki nagrody w mózgu są nadmiernie stymulowane przez wysoki poziom dopaminy, co prowadzi do tego, że mózg próbuje zmniejszyć zarówno produkcję dopaminy, jak i wrażliwość na nią.
- Zmniejszona wrażliwość prowadzi do konieczności przyjmowania większych ilości substancji psychoaktywnej lub zwiększonej intensywności działania w celu odczuwania przyjemności. Zjawisko to, określane jako tolerancja, powoduje, że to, co kiedyś zapewniało znaczną przyjemność, teraz daje mniejszą przyjemność.
- Zdolność do odczuwania przyjemności w różnych aspektach życia bez polegania na uzależniającej

substancji lub zachowaniu zmniejsza się, gdy uzależnienie rozprzestrzenia się na więcej doświadczeń. Spacer po parku przestaje sprawiać przyjemność bez papierosa, a kolacja może wydawać się niespokojna, jeśli nie sprawdziłeś swojego kanału na Facebooku.

- Zaprzestanie używania substancji psychoaktywnej lub angażowania się w aktywność skutkuje objawami odstawienia, które mogą się różnić w zależności od rodzaju uzależnienia. Objawy te mogą objawiać się lękiem, depresją, zmęczeniem, poceniem się, wymiotami, a w ciężkich przypadkach drgawkami lub halucynacjami.
- Długotrwałe nadużywanie substancji psychoaktywnych lub ciągły udział w nałogowym zachowaniu powoduje zmiany w korze nowej, która jest odpowiedzialna za rozwiązywanie problemów i procesy rozumowania. Takie zmiany prowadzą do zaburzeń osądu, osłabienia zdolności podejmowania decyzji i zmniejszenia samokontroli w zakresie uzależnienia[34].

Pozytywnym aspektem jest to, że wiele zmian w mózgu można odwrócić, jeśli uzależniające zachowanie zostanie zatrzymane[35]. Tak jak wybraliśmy Jamesa Cleara jako przykład skutecznych strategii stosowanych poza psychologią energetyczną do kształtowania nowych nawyków i eliminowania starych, tak zdecydowaliśmy się na metodę stworzoną przez psychologa Toma Horvatha jako przewodnik po leczeniu uzależnień. Chociaż posiadamy pewne doświadczenie i kwalifikacje w stosowaniu technik energetycznych w kwestiach uzależnień[36], naszym celem jest umiejscowienie tappingu akupunkturowego w ramach ustalonych najlepszych praktyk w szerszej dziedzinie leczenia uzależnień.

Doktor Horvath, który w przeszłości pełnił funkcję przewodniczącego specjalistycznego oddziału Amerykańskiego Towarzystwa Psychologicznego zajmującego się uzależnieniami, jest również twórcą systemu leczenia uzależnień znanego jako Practical Recovery. Spośród wielu wiarygodnych publikacji dotyczących wychodzenia z uzależnień wybraliśmy jego książkę *Sex, Drugs, Gambling & Chocolate: A Workbook for Overcoming Addictions* ze względu na jej autorytatywne podstawy, praktyczne wskazówki i kompleksowe podejście do różnych rodzajów uzależnień, wykraczających poza narkotyki i alkohol[37]. We wstępie do książki autor identyfikuje 111 potencjalnych uzależnień, które obejmują takie czynności jak zakupy, oglądanie sportu, kolekcjonowanie przedmiotów, gry, pielęgnacja, gra na loterii i objadanie się czekoladą. Prawdopodobnie rozpoznasz u siebie kilka pozycji z tej listy. Celem nie jest jednak etykietowanie codziennych nawyków jako patologicznych, ale raczej zrozumienie ich i podjęcie świadomej decyzji o wyeliminowaniu wszelkich ukrytych konsekwencji, które mogą podstępnie wkradać się w nasze życie.

Wiele mniej poważnych uzależnień zareaguje na przedstawione już kroki przełamywania nawyków. Ta część książki przenosi naszą uwagę na zastosowanie protokołów tappingu w przypadku poważniejszych uzależnień, w tym narkotyków, alkoholu, palenia, hazardu, zaburzeń odżywiania, nieodpowiedzialnych zachowań seksualnych, kradzieży sklepowych, pornografii i angażowania się w coraz bardziej ryzykowne czynności – to niektóre z najbardziej rozpowszechnionych uzależnień skłaniających ludzi do szukania pomocy u terapeuty. Podobnie jak w przypadku radzenia sobie z silnym lękiem, PTSD i depresją przechodzimy teraz od samopomocy do udzielania wskazówek terapeutom i osobom współpracującym z terapeutami w zakresie stosowania protokołów tappingu akupunkturowego w leczeniu uzależnień. Jeśli twoje samodzielne próby nie przynoszą pożądanych rezultatów, zalecamy skorzystanie ze wsparcia wykwalifikowanego specjalisty, który pomoże ci stawić czoła uzależnieniu. W kolejnych częściach, gdy używamy słowa „ty" odnosimy się do osoby poddawanej terapii w celu przezwyciężenia uzależnienia.

PROCES ZDROWIENIA

Program doktora Horvatha ma na celu przejście od sposobu myślenia: „Nie mogę bez tego żyć" do bardziej wzmacniającej perspektywy: „Bez tego żyję jeszcze lepiej"[38]. Chociaż w zależności od rodzaju uzależnienia konieczne może być wprowadzenie określonych zmian, dr Horvath uważa, że te same podstawowe zasady i metody leczenia można wykorzystać we wszystkich formach uzależnienia. Badania wskazują, że zmiany behawioralne dotyczące zdrowia i dobrego samopoczucia psychicznego, niezależnie od tego, czy są podejmowane samodzielnie, czy przy profesjonalnym wsparciu, zazwyczaj przechodzą przez siedem możliwych do zidentyfikowania etapów[39]:

1. Wstępna kontemplacja.
2. Kontemplacja.
3. Determinacja.
4. Działanie.
5. Utrzymanie.
6. Zakończenie.
7. Powrót do zdrowia w przypadku nawrotu.

Doktor Horvath wskazuje, że podczas gdy większość dostępnych materiałów pomagających ludziom przezwyciężyć uzależnienia koncentruje się na czwartym etapie, znanym jako „działanie", wiele uzależnionych osób nie osiągnęło jeszcze tego punktu. Istotnym czynnikiem przyczyniającym się do niepowodzenia terapii jest niedopasowanie między obecnym etapem, na którym jest pacjent, a zapewnianym leczeniem. Pozostała część tego rozdziału będzie oparta na tych siedmiu etapach, aby pokazać, w jaki sposób techniki zalecane przez doktora Horvatha dla każdego etapu mogą być wzmocnione poprzez tapping akupunkturowy.

Uzależnienia stanowią jedne z najbardziej opornych wyzwań, z jakimi spotykają się terapeuci, a tapping może potencjalnie zmienić strukturę neurologiczną człowieka w sposób, który może zarówno pogłębić, jak i przyspieszyć proces terapeutyczny.

1. Wstępna kontemplacja

Początkowy etap, znany jako wstępna kontemplacja, charakteryzuje się brakiem uznania uzależnienia za problem w połączeniu z brakiem chęci zainicjowania zmiany. Jeśli terapia jest kontynuowana, to zazwyczaj z powodów niezwiązanych z samym uzależnieniem lub może być wynikiem presji zewnętrznej, takiej jak groźba małżonka, że zakończy małżeństwo, lub konsekwencje prawne po incydencie jazdy pod wpływem alkoholu lub po kradzieży w sklepie. Oprócz głęboko zakorzenionego strachu przed poważnymi skutkami, jakie może przynieść odstawienie, osoby na etapie przedkontemplacyjnym mogą zmagać się z błędnym rozumowaniem. Często wyolbrzymiają korzyści płynące z utrzymywania nałogowego zachowania, jednocześnie bagatelizując szkody, jakie wyrządza ono ich zdrowiu, związkom i perspektywom na przyszłość. Porady lub próby perswazji są jedynie echem tego, co wszyscy inni najprawdopodobniej mówili danej osobie i prawdopodobnie zwiększają opór i nieufność, zamiast przynieść zamierzone efekty. Doktor Horvath nie oczekuje, że osoby na tym etapie będą czytać jego książkę, ale terapeuci często spotykają się z osobami uzależnionymi, którzy wykazują niewielkie zainteresowanie uznaniem lub przezwyciężeniem swojego uzależnienia.

Na tym etapie terapeuta może budować relacje i zachęcać do zaangażowania poprzez zadawanie otwartych pytań, aktywne słuchanie i odzwierciedlanie uczuć jednostki w sposób nieoceniający. Wprowadzenie tappingu na wczesnym etapie procesu leczenia może pomóc pacjentowi postrzegać go jako uzasadnioną opcję terapeutyczną. Na przykład terapeuta może wykorzystać tapping w kwestiach, które obecnie niepokoją daną osobę, takich jak wyzwalacze niechcianego gniewu lub zazdrości, albo frustracje związane z relacjami lub pracą. Opukiwanie stresorów zidentyfikowanych przez pacjenta i obserwacja ich redukcji mogą być przekonujące. Wykazanie skuteczności technik terapeutycznych sprzyja budowaniu zaufania, co może być korzystne, gdy dana osoba będzie gotowa krytycznie zbadać swoje uzależnienie.

2. Kontemplacja

Osoba na etapie kontemplacji rozważa możliwość ograniczenia lub całkowitego zaprzestania uzależniającego zachowania, ale przyjemność i korzyści płynące z substancji psychoaktywnej lub aktywności mogą nadal zachęcać do bagatelizowania problemów wywoływanych przez uzależnienie. Podczas gdy negatywne konsekwencje mogą stawać się coraz trudniejsze do zignorowania, wysiłek, czas i straty emocjonalne związane z przezwyciężeniem uzależnienia mogą wydawać się przytłaczające. Wiele osób pozostaje na tym etapie kontemplacji przez lata, a nawet może do niego powrócić po początkowych krokach w kierunku kolejnych etapów.

Na tym etapie dr Horvath koncentruje się na korzyściach i konsekwencjach uzależnienia, porównując je ze sobą. Kiedy pacjenci są zachęcani do zrozumienia znaczenia oceny korzyści i konsekwencji, ich motywacja do pokonania nałogu zwykle wzrasta. Ponadto ocenia się wcześniejsze sukcesy w pokonywaniu innych nałogów, aby wskazać zasoby potrzebne do nadchodzących wysiłków.

Po wybraniu konkretnego uzależnienia jako głównego celu pacjent poświęca czas na rozważenie zarówno zalet, jak i wad, często angażując się w prowadzenie dziennika. Zachęca się go również do dzielenia się tymi przemyśleniami z terapeutą lub zaufanym przyjacielem. Rozpoznanie korzyści wiąże się z przypomnieniem sobie uczuć związanych z nałogowym zachowaniem, nawet jeśli uczucia te zmieniły się w czasie. Doktor Horvath przedstawia listę możliwych korzyści związanych z uzależnieniem, obejmującą zarówno początkowe, jak i obecne doświadczenia:

- **wspieranie pozytywnych uczuć**, takich jak radość, pewność siebie, poczucie własnej wartości, podekscytowanie i poczucie witalności,
- **radzenie sobie z negatywnymi emocjami**, takimi jak strach, lęk, smutek, depresja, złość, wstyd, poczucie winy, nuda i izolacja,
- **korzyści społeczne**, w tym udział w wyjątkowych aktywnościach lub bycie częścią społeczności, a także buntowanie się przed ludźmi, którzy chcą nas kontrolować, albo ucieczka od współmałżonka, rodziców lub dzieci,
- **korzyści fizyczne**, takie jak zaspokojenie głodu, zmniejszenie bólu fizycznego, zwiększenie energii, zwiększenie przyjemności z seksu lub lepszy sen,
- **korzyści intelektualne**, takie jak jaśniejsze lub bardziej kreatywne myślenie.

Aby zrozumieć konsekwencje związane z uzależnieniem, dr Horvath zachęca pacjentów do zastanowienia się nad typowymi doświadczeniami z nałogiem i zwrócenie uwagi na aspekty, które wydają się niewygodne, bolesne, negatywne lub niebezpieczne. Co więcej, rozmowa o tych konsekwencjach z terapeutą lub zaufanym przyjacielem może zwiększyć ich rozpoznawalność i zrozumienie. Niektóre z konsekwencji, które należy wziąć pod uwagę, obejmują:

- **konsekwencje emocjonalne**, w tym strach, niepokój, smutek, depresję, złość, wstyd, poczucie winy, obrzydzenie, samotność, niestabilność emocjonalną, pesymizm, poczucie braku wartości, szaleństwo lub myśli samobójcze,
- **konsekwencje społeczne**, takie jak utrata przynależności, nasilone konflikty z innymi, obcowanie z osobami, których się nie szanuje lub nie ceni, ograniczenie czasu spędzanego z tymi, których się ceni, oraz zaburzenia w kluczowych relacjach,
- **konsekwencje fizyczne i zdrowotne**, w tym obniżone ogólne samopoczucie, problemy cielesne wynikające z uzależnienia, zmniejszoną energię i wytrzymałość, zaburzenia snu, zmniejszoną przyjemność seksualną lub objawy odstawienia,
- **konsekwencje intelektualne**, takie jak zaburzona jasność myślenia, urojenia, zmniejszona kreatywność, słaba pamięć lub halucynacje,
- **konsekwencje związane z pracą i produktywnością**, do których należą zmniejszona efektywność i wydajność, zwiększona absencja w pracy lub szkole, wypadki wynikające z uzależnienia, mniejsze możliwości i mniej czasu dostępnego na hobby lub zainteresowania,
- **konsekwencje finansowe**, takie jak pieniądze wydawane bezpośrednio na uzależnienie, pieniądze wydawane na radzenie sobie z konsekwencjami uzależnienia, pieniądze utracone z powodu mniejszych możliwości zarobkowych i oszczędności, które zostały wyczerpane,
- **czas zmarnowany** z powodu samego uzależnienia lub radzenia sobie z jego konsekwencjami,
- **konsekwencje prawne** poniesione w związku z aresztowaniami, grzywnami, prawnikami lub pobytem w więzieniu,
- **zmniejszona integralność osobista** objawiająca się na różne sposoby, w tym nieuczciwością wobec innych lub siebie, spadkiem szacunku do samego siebie, nieodpowiedzialnością, rozczarowaniem ważnych osób w życiu lub zachowaniem sprzecznym z podstawowymi wartościami.

Celem tej refleksji jest zmierzenie się z niepewnością, która definiuje etap kontemplacji. Doktor Horvath wyjaśnia:

> Sytuacja ta może być trudna, ponieważ okazuje się, że jesteś „dwojakiego zdania" w kwestii zmiany: cieszysz się przyjemnością płynącą z nałogu i korzyściami, jakie on zapewnia, a jednocześnie doświadczasz konsekwencji, które z niego wynikają. Zmiana zachowania, które przynosi wyłącznie ból, nie jest szczególnie trudna. Zmiana nałogu jest jednak bardziej złożona, ponieważ przynosi on zarówno satysfakcję, jak i cierpienie[40].

Ułatwienie komunikacji między „dwoma umysłami". Przedstawiając zalety i wady nałogu, przygotowujesz swoje „dwa umysły" do konstruktywnej współpracy, co jest dokładnie tym, czego wymaga etap kontemplacji. Chociaż przyjaciele, a nawet terapeuci mogą być skłonni odciągać daną osobę od uznania uzależnienia, zachęcanie do uznania i zaakceptowania każdego aspektu uzależnienia pomaga w dokonaniu racjonalnego, afirmującego życie wyboru, który ostatecznie będą wspierać. Techniki psychologii energetycznej są szczególnie skuteczne w tym celu. Podstawową koncepcją, którą omówiliśmy we wcześniejszych rozdziałach, jest pomoc jednostce w (1) zaakceptowaniu siebie oraz (2) pełnym przyjęciu obu stron wewnętrznej walki z głęboką akceptacją przed rozpoczęciem pracy nad rozwiązaniem konfliktu.

W strukturę podstawowego protokołu tappingu wbudowana jest deklaracja akceptacji. Wiąże się to z bezpośrednią konfrontacją z dylematem, rozpoznaniem trudności i zaakceptowaniem obecnej sytuacji życiowej. Obejmuje to również uznanie niepewności co do zakresu wysiłku, jaki chcesz zainwestować w przezwyciężenie uzależnienia. Angażowanie się w rutynowe czynności, które aktywują centra energetyczne, jednocześnie wypowiadając stwierdzenie takie jak: „Nawet jeśli zmagam się z tym uzależnieniem, uznaję i akceptuję korzyści, jakie mi ono przyniosło", pomaga uspokoić umysł. Nie będziesz musiał rezygnować z niczego, dopóki nie będziesz gotowy, by to wyeliminować.

Pacjent formułuje stwierdzenia, aby pobudzić obie strony dylematu: „Pragnę przezwyciężyć mój nałóg, **ale** jednocześnie chcę go utrzymać!". „Nawet jeśli lubię spędzać czas z moimi przyjaciółmi, którzy piją [korzyść], inwestuję pieniądze w pomoc w przezwyciężeniu mojego uzależnienia [konsekwencja]". Dzięki wyraźnemu przedstawieniu obu stron w ciele pojawia się poczucie napięcia. Naprzemienne stosowanie początkowej i kolejnej frazy podczas stukania w 12 punktów akupunkturowych pomaga złagodzić to napięcie.

Minimalizując napięcie między zaletami i wadami lub między sprzecznymi pragnieniami, można podejść do konfliktów z większą jasnością. Toruje to również drogę do bardziej konstruktywnego dialogu między „dwoma umysłami", jak wspomniano na s. 146. Włączenie tappingu podczas tej rozmowy pomaga wypełnić emocjonalną lukę między obiema stronami. Zamiast próbować rozwiązać problem za pomocą logiki lub czystej determinacji, wykorzystanie tappingu akupunkturowego zazwyczaj pozwala na szybkie wyrównanie obu stron, przybliżając je do komunikacji.

3. Determinacja

Po ustaleniu silnej intencji pokonania nałogu kolejny krok polega na wykorzystaniu tej determinacji i przekształceniu jej w praktyczne przygotowanie. Na tym etapie opracowujesz strategię radzenia sobie z przeszkodami, które przed tobą stoją. Wizualizujesz i wyrażasz zmiany, które chcesz wprowadzić, oraz przedstawiasz metody ich osiągnięcia. Rozważ funkcję terapii w tym procesie. Jakie dodatkowe zasoby mogą być potrzebne? Czy dołączenie do grupy wsparcia lub stosowanie leków w celu złagodzenia objawów odstawienia byłoby korzystne? Zidentyfikuj natychmiastowe działania, które przybliżą cię do celu, nawet jeśli są one niewielkie.

Może to oznaczać ograniczenie kontaktów ze znajomymi, którzy również zmagają się z nałogiem, lub praktykowanie większej samokontroli, nawet jeśli uzależnienie wciąż trwa. Na przykład palacz może wyeliminować przedmioty, które wyzwalają jego nałóg, takie jak popielniczki i zapalniczki, podczas gdy ktoś, kto pije, może opróżnić swoją szafkę z alkoholem. Ponadto kluczową częścią tej fazy przygotowawczej jest określenie, w jaki sposób przekazać swój cel przezwyciężenia nałogu rodzinie i przyjaciołom. Chociaż ten krok może być trudny, może wzmocnić twoje zaangażowanie w przezwyciężenie nałogu i przygotować grunt pod podjęcie działań.

Zaspokajanie potrzeb bez ponoszenia konsekwencji. Doktor Horvath twierdzi, że główny cel w tej fazie to odkrywanie alternatywnych metod zaspokajania potrzeb wcześniej zaspokajanych przez uzależnienie bez ponoszenia związanych z tym konsekwencji. Sugeruje on szereg możliwych działań w celu opracowania nowych strategii radzenia sobie, w tym terapię indywidualną, terapię grupową, grupy wsparcia rówieśniczego, coaching, rozmowy z innymi, obserwowanie skutecznych wzorców do naśladowania w przezwyciężaniu uzależnień, wyobrażanie sobie nowych podejść i angażowanie się w motywujące książki, filmy, sztuki teatralne, wykłady lub programy edukacyjne[41]. Podczas gdy niektóre z tych opcji można realizować samodzielnie, dr Horvath podkreśla znaczenie łączenia się z innymi ludźmi w celu przyjęcia nowych technik radzenia sobie z potrzebami, które kiedyś zaspokajało uzależnienie.

Nadrzędną zasadą doktora Horvatha przy tworzeniu planu na tym etapie jest to, że „codzienne decyzje powinny być zgodne z podstawowymi celami i wartościami"[42]. Wymaga to szczerej autorefleksji w celu zidentyfikowania, w jaki sposób uzależnienie jest sprzeczne z prawdziwymi aspiracjami i wartościami, co prowadzi do stworzenia nowej, bardziej dopasowanej wizji.

Twój plan może obejmować wprowadzenie zmian w życiu, które wspierają twoje wysiłki na rzecz przezwyciężenia uzależnienia, wybranie zasobów, które pomogą ci opracować nowe strategie radzenia sobie, lub zajęcie się wszelkimi uczuciami urazy związanymi z porzuceniem nałogu. Ponadto może on obejmować podjęcie decyzji, czy dążyć do umiarkowania, czy całkowitej abstynencji, przygotowanie się na sytuacje, które mogą prowadzić do poczucia utraty kontroli, i wyobrażenie sobie, jak zareagujesz na te wyzwania.

Stosowanie tappingu na etapie determinacji. Techniki tappingu mogą zwiększyć wewnętrzny wysiłek potrzebny do wzmocnienia determinacji na tym etapie. Na przykład mogą pojawić się wewnętrzne bariery, które osłabią twoją determinację, potencjalnie popychając cię z powrotem do etapu kontemplacji.

Kiedy pojawiają się niepowodzenia, reaguj na nie za pomocą tappingu wraz z deklaracją akceptacji. Ważne jest jednak, aby zdać sobie sprawę, że zmaganie się z wewnętrznymi blokadami jest często nieuniknione; skuteczniej jest podchodzić do tych wyzwań z cierpliwością, zamiast postrzegać je jako oznaki słabości lub porażki. Chęć zmiany głęboko zakorzenionego zachowania zazwyczaj koliduje z siłami, które je podtrzymują. Dodatkowo w przypadku uzależnienia niektóre z tych sił mogą wynikać ze zmian w mózgu spowodowanych działaniami uzależniającymi, takimi jak tolerancja i zwiększone zapotrzebowanie na dopaminę w celu osiągnięcia tego samego poziomu przyjemności. Może się okazać, że wielokrotnie powracasz do wewnętrznego dialogu związanego z etapem kontemplacji wzmocnionego przez tapping. Za każdym razem dialog ten może ewoluować, otwierając nowe perspektywy i spostrzeżenia na temat tego, jak osiągnąć sukces.

Podczas gdy tapping pomaga złagodzić dyskomfort związany z uznaniem konsekwencji uzależnienia, podejście to może nie wyglądać na najbardziej skuteczne. Może się wydawać, że lepiej byłoby wzmocnić niepokój wywołany przez frazy takie jak: „Kac następnego dnia jest okropny"; „Kłócę się z żoną, kiedy jestem pijany"; „Moje dzieci się mnie wstydzą" lub „Ryzykuję utratę pracy". Niemniej używanie tappingu w celu zmniejszenia niepokoju związanego z tymi stwierdzeniami nie zmniejsza zrozumienia ich konsekwencji. Zamiast tego zwiększa jasność umysłu, umożliwiając rozwiązywanie wewnętrznych konfliktów i tworzenie planu.

Na tym etapie możesz również zauważyć tendencję do powracania do podstawowych pojęć, oceniając siłę stwierdzenia takiego jak „Nie chcę rezygnować z [nałogu]" i angażując się w tapping. Ten proces przekazuje kojące sygnały do obszarów mózgu stymulowanych przez tę myśl, prowadząc do zmniejszenia intensywności neurologicznej z nią związanej. Gdy to nastąpi, możesz wprowadzić więcej afirmatywnych zwrotów, które wzmocnią twoje postanowienie, takich jak: „Postanawiam uwolnić się od [nałogu]".

Nic dziwnego, że zwykle nie jest to prosta droga do pozytywnej afirmacji, ponieważ często pojawiają się inne aspekty – takie jak uczucia, myśli, doznania, przekonania i wspomnienia. Przykładowo osoba rozważająca odstawienie silnie uzależniającej substancji, takiej jak metamfetamina, może doświadczać uczucia paniki, smutku, nostalgicznych wspomnień doświadczanych wzlotów, zmniejszonego poczucia łatwo dostępnej energii lub bolesnych wspomnień związanych z przeszłymi epizodami odstawienia. Czynniki te stają się następnie głównym celem tappingu, dopóki ich intensywność nie zostanie w jak największym stopniu zminimalizowana. Zmiany w tych ocenach prowadzą terapeutę do określenia kolejnych kroków. Oprócz tappingu akupunkturowego ta faza, która obejmuje wspieranie determinacji i wizualizację planu, nadal wymaga zadawania wrażliwych pytań, aktywnego słuchania i podstawowych elementów psychoterapii. Pomagając jednostkom w przełamywaniu ich wewnętrznego oporu przed pożądanymi zmianami, działania podejmowane na tym etapie zyskują większą skuteczność i spójność.

Stworzenie kompleksowej wizji tego, jak będzie wyglądało życie po całkowitym uwolnieniu się od nałogu, może służyć jako silna motywacja na etapie działania i później. Osiągnięcie trzeźwości często wymaga znaczącej transformacji zarówno tożsamości, jak i stylu życia. Skupiając się na konkretnych frazach, które wyrażają tę wizję, można ją głęboko zakorzenić w umyśle i ciele. Dodatkowo, rozpoznawanie obiekcji wobec tej pożądanej wizji i konfrontowanie się z nimi, wraz z badaniem wszelkich psychologicznych odwróceń, toruje drogę do skutecznego działania.

4. Działanie

Doktor Horvath określa ten etap jako „czas dużego wysiłku i zmiany zachowania"[43]. Kluczowa idea na tym etapie obraca się wokół pragnień. Badania naukowe wykorzystujące protokoły tappingu w leczeniu zaburzeń związanych z używaniem substancji psychoaktywnych wykazały znaczne zmniejszenie głodu narkotykowego[44].

Radzenie sobie z głodem. Sposób radzenia sobie z subiektywnym doświadczeniem głodu obejmuje wiele aspektów i możliwe jest opracowanie szeregu nowych strategii wraz ze zmianami w reakcjach emocjonalnych i procesach myślowych podczas fazy działania. Tapping można wykorzystać do:

- **zmiany reakcji na wewnętrzne i zewnętrzne wyzwalacze**, które prowokują uzależniające zachowania. Jest to punkt, w którym twoje działania albo dostosowują się do uzależnienia, albo zaczynają mu przeciwdziałać. Tapping może zmniejszyć intensywność głodu i jego związek z sygnałami, które go zainicjowały;
- **rozwijanie umiejętności samodzielnego radzenia sobie** z bólem, stresem i lękiem. Może to zwiększyć odporność, gdy pojawią się pragnienia związane z uzależniającym zachowaniem lub substancją, pozwalając na różne metody znajdowania ulgi i komfortu;
- **radzenie sobie z nierozwiązanymi wyzwaniami emocjonalnymi**, które zwiększają podatność na pragnienie szkodliwych substancji lub zachowań. Doświadczenia traumy i inne negatywne wydarzenia z dzieciństwa są powszechnymi czynnikami, do których można powrócić, złagodzić i często wyleczyć poprzez tapping, który koncentruje się na przeszłych urazach emocjonalnych.

Postępy w tych trzech obszarach mogą odgrywać znaczącą rolę w procesie zdrowienia. W tej części dokładniej zbadamy każdy obszar i zademonstrujemy zastosowania tappingu akupunkturowego w ich obrębie.

Przeprogramowanie reakcji na bodźce wyzwalające uzależniające zachowanie. Przełomowa seria badań nad apetytem na jedzenie i kontrolą wagi przeprowadzona na Uniwersytecie Bond w Australii wykazała, że uczestnicy, którzy wzięli udział w czterech dwugodzinnych sesjach tappingu grupowego, doświadczyli znacznego zmniejszenia apetytu. W szczególności skany fMRI reakcji tych osób na wizualizacje wysokokalorycznej śmieciowej żywności wykazały wyraźne zmniejszenie aktywności w obszarach mózgu związanych z nagrodami[45].

Bodźce, które generują pragnienia – ludzie, miejsca lub przedmioty związane z zachowaniami uzależniającymi – służą jako wyraźne zewnętrzne wyzwalacze w kontekście uzależnienia. Inne czynniki zewnętrzne, które mogą nie być bezpośrednio związane z uzależnieniem, ale nadal mogą ożywiać nałogowe zachowania, obejmują stres w pracy, wyzwania w związkach, poczucie izolacji społecznej, zmiany w zatrudnieniu lub sytuacji życiowej, a także święta i rocznice. Podczas gdy zewnętrzne wyzwalacze odnoszą się do konkretnych sytuacji, wewnętrzne wyzwalacze obejmują myśli i emocje, takie jak niepokój, stres, strach, złość, samotność, smutek, wspomnienia, poczucie winy, poczucie bezcelowości lub pustki.

Podczas gdy niektóre zewnętrzne wyzwalacze da się fizycznie usunąć, wielu z nich nie można. Niemniej możliwe jest oduczenie się uwarunkowanych reakcji związanych z tymi wyzwalaczami i zamiast tego powiązanie ich z bardziej adaptacyjnymi reakcjami. Protokoły tappingu akupunkturowego wykorzystują porównywalne strategie odczulania i rekondycjonowania, aby poradzić sobie zarówno z wewnętrznymi, jak i zewnętrznymi wyzwalaczami. Modyfikowanie reakcji na każdy rodzaj wyzwalacza jest ostatecznie osobistym przedsięwzięciem.

Wiele wyzwalaczy związanych z uzależnieniami wynika z wyuczonych skojarzeń. Na przykład warunkowanie, które łączy wizualizację szklanki koktajlu z przyjemnymi wspomnieniami i pragnieniem wypicia drinka, rozwija się w ośrodkach pamięci zlokalizowanych w ciele migdałowatym i hipokampie. Podstawowy protokół tappingu można wykorzystać do przesłania sygnałów dezaktywujących do tych obszarów, zmniejszając w ten sposób zarówno skojarzenie, jak i pragnienie. Przedstawimy tutaj krótki przegląd całego protokołu w odniesieniu do uzależnienia. Ilekroć w dalszej części tego rozdziału odnosimy się do podstawowego protokołu tappingu, mamy na myśli poniższą sekwencję:

- oceń w skali SUD, jak silnie wyzwalacz jest powiązany z pragnieniem albo poziomem niepokoju lub trudności, jakie stwarza sytuacja;
- sformułuj deklaracje akceptacji i postanowienia, po czym powtarzaj je podczas stymulowania punktów energetycznych;
- opukaj 12 punktów akupunkturowych wraz z frazami odnoszącymi się do problemu, początkowo po prostu go nazywając;
- wykonaj procedurę integracji i przeprowadź kolejną rundę tappingu;
- dokonaj kolejnej oceny w skali SUD. Jeśli ta ocena spada, frazy towarzyszące kolejnym rundom tappingu mogą stać się coraz bardziej strategiczne lub zapewniające – na przykład można przejść od „Chcę się napić, gdy widzę kieliszek z alkoholem” do „Kieliszek z alkoholem nie działa na mnie”

(gdy stało się to subiektywną prawdą);

- jeśli ocena SUD się nie zmieni, zidentyfikuj aspekty i odwrócenia psychologiczne, po czym skoncentruj się na nich przez kolejną rundę, korzystając z podstawowego protokołu tappingu;
- kontynuuj tapping, aż pierwotna ocena SUD spadnie do (prawie) 0;
- przeanalizuj swoje wyniki.

Rozdziały 2 i 3 zawierają kompleksowy przegląd tego procesu. Kiedy sygnały dezaktywujące są wysyłane przez tapping do regionów mózgu, które utrzymują przestarzały wzorzec, zapoczątkowują zmiany w nim. Na tym etapie leczenia uzależnienia zmniejsza się zarówno związek między wyzwalaczem a pragnieniem, jak i sama intensywność pragnienia. To naprawdę jest proste! Jednak nie zawsze jest to tak nieskomplikowane, co zostanie omówione później w części dotyczącej etapu utrzymania przezwyciężania uzależnienia.

Rozwijanie umiejętności lepszego radzenia sobie z bólem, stresem i lękiem. Doktor Horvath stwierdza: „Nie jesteś odpowiedzialny za obecność głodu, tylko za to, jak na niego reagujesz”[46]. Wykorzystanie podstawowego protokołu tappingu w przypadku głodu może pomóc przełamać podstawy uzależnienia. Dopiero jednak rozwijanie umiejętności radzenia sobie z bólem, stresem i lękiem może lepiej przygotować cię do zarządzania swoim życiem bez uzależnienia.

Wiele osób popada w uzależnienie z powodu bólu fizycznego. W ciągu ostatnich 20 lat ponad milion osób w Stanach Zjednoczonych zmarło z powodu przedawkowania narkotyków, przy czym 75% tych przypadków dotyczyło opioidów, które są często przepisywane w celu leczenia bólu[47]. Zrozumiałe jest, że jeśli cierpisz z powodu silnego bólu, a lekarz sugeruje lek, może się to wydawać atrakcyjnym wyborem; istnieją jednak alternatywne metody leczenia bólu. Skuteczna okazała się akupunktura[48], a techniki polegające na ręcznej stymulacji punktów akupunkturowych poprzez tapping lub przytrzymywanie sprawdziły się jako samodzielnie stosowane metody zmniejszania bólu[49].

Protokoły psychologii energetycznej przeznaczone do leczenia przewlekłego bólu zazwyczaj obejmują zarówno jego emocjonalne, jak i fizyczne aspekty. Ale techniki mające na celu zapewnienie szybkiej ulgi mogą być nauczane z naciskiem wyłącznie na ból. Na przykład technika znana jako krótka korekta energetyczna polega na trzymaniu określonych punktów akupunkturowych podczas koncentrowania się na odczuciu bólu. Metoda ta została zademonstrowana za pośrednictwem platformy Zoom 39 osobom, które zgłosiły średni poziom bólu (5,53 punktu w 10-punktowej skali), przy czym u ponad dwóch trzecich uczestników ból utrzymywał się przez ponad miesiąc. Po 90-sekundowej procedurze średni wynik spadł do 1,58, co daje imponującą redukcję bólu wynoszącą 71% i jest niezwykłe, jeśli wziąć pod uwagę krótki charakter interwencji[50]. Doradcy specjalizujący się w uzależnieniach od substancji psychoaktywnych, którzy włączają te narzędzia do swojej praktyki, wzmacniają osoby z przewlekłym bólem na wszystkich etapach powrotu do zdrowia, zwiększając ich pewność siebie podczas etapu działania. Dodatkowo protokoły psychologii energetycznej zostały skutecznie wykorzystane do samopomocy w radzeniu sobie z lękiem[51] i stresem,[52] czasami przy użyciu aplikacji mobilnych[53].

Radzenie sobie z nierozwiązanymi wyzwaniami emocjonalnymi, które zwiększają podatność na poważne uzależnienia. Aby skutecznie zmniejszyć siłę głodu, konieczne jest również zajęcie się czynnikami emocjonalnymi, które go napędzają. Gdy zaczniesz robić postępy w przezwyciężaniu uzależnienia, mogą pojawić się bardziej fundamentalne kwestie, na których będziesz musiał się skupić, zanim będziesz mógł kontynuować terapię. W dziedzinie tappingu proces ten jest często określany jako „obieranie warstw cebuli". Jeśli okaże się, że nasilenie głodu, mierzone w skali SUD, pozostaje takie samo i się nie zmniejsza, często wskazuje to, że należy stawić czoła głębszym problemom emocjonalnym, aby osiągnąć trwałe wyleczenie z uzależnienia.

Te nierozwiązane kwestie manifestują się jako aspekty (s. 96), które mogą obejmować emocje, myśli, odczucia, przekonania lub wspomnienia. Załóżmy, że robisz postępy w zmniejszaniu nasilenia uzależnienia, ale następnym razem, gdy zwracasz się do wewnątrz, aby dokonać ponownej oceny SUD, przed twoimi oczami nagle ukazuje się niebieska ściana. Niepewny jej znaczenia poświęcasz chwilę na refleksję i pojawia się wspomnienie. W wieku 14 lat zostałeś zamknięty w małym pokoju za karę za znęcanie się nad kolegami z klasy, a kiedy tam byłeś, wpatrywałeś się w niebieską ścianę. Obiecałeś rodzicom, nauczycielowi i sobie, że takie zachowanie już się nie powtórzy. Ale zaledwie tydzień później znalazłeś się z powrotem w tym samym miejscu, gapiąc się w niebieską ścianę i zmagając się z uczuciem wstydu i bycia niegodnym po kolejnym wybuchu złości, w wyniku czego ponownie zraniłeś jednego z twoich przyjaciół.

W dorosłym życiu, kiedy zastanawiasz się nad uczuciem wstydu i bycia niegodnym, zdajesz sobie sprawę, że to właśnie w tym pokoju z niebieską ścianą doszedłeś do wniosku, że kontrolowanie swoich impulsów jest poza twoimi możliwościami. To przekonanie wpłynęło na twoje wysiłki na rzecz przezwyciężenia uzależnienia. Uznając to przekonanie za irracjonalne i samodestrukcyjne – zwłaszcza, że przez całe życie zbierasz dowody na to, że potrafisz kontrolować gniewne impulsy – stosujesz metodę tappingu, aby zająć się tymi irracjonalnymi myślami (s. 136–140). Zmieniając to przekonanie, usuwasz kolejny element z mechanizmu napędzającego twoje uzależnienie.

Nie jest konieczne zajmowanie się każdą nierozwiązaną sprawą, która zwiększa podatność na uzależnienie. Ale takie kwestie, jak nierozwiązana trauma, nadużycia lub zaniedbania, mogą wymagać uwagi przed całkowitym przezwyciężeniem uzależnienia. W bezpiecznym środowisku, które zachęca do dyskusji na drażliwe tematy, możesz pozostać uważny na wszystko, co pojawia się w twojej świadomości, gdy walczysz o zmniejszenie swojego głodu.

Podczas oceny SUD szczególnie prawdopodobne jest pojawienie się wyzwalaczy, takich jak niebieska ściana. Kiedy tak się stanie, wykorzystaj podstawowy protokół tappingu. Aby rozpocząć ten proces, możesz zacząć od deklaracji postanowienia, takiej jak: „Nawet jeśli było to świetne rozwiązanie, gdy miałem osiem lat, postanawiam uznać, że nie żyję już w tej rodzinie" (pocierając czułe miejsca na klatce piersiowej podczas wypowiadania pierwszej części i kładąc dłoń na czakrze serca przy drugiej). Czasami badanie swojej przeszłości w odniesieniu do obecnego uzależnienia może służyć jako główny (choć tymczasowy) cel leczenia.

Zwiększenie poczucia własnej wartości i pewności siebie. Niska samoocena często ma związek z uzależnieniami. Uznanie szkód wyrządzonych przez nałóg może wydawać się atakiem na poczucie własnej wartości. Dodatkowo nadmiernie krytyczny wewnętrzny głos może być kolejnym obciążeniem dla poczucia własnej wartości podczas pracy nad wdrożeniem strategii powrotu do zdrowia. Poczucie winy i/lub wstydu często przyczynia się do problemów wynikających z uzależnienia.

Ograniczające przekonania, takie jak: „Nie jestem godny, chyba że [wypełnij puste miejsce]", mogą znacznie podważyć poczucie własnej wartości. W rzeczywistości samo uzależnienie może służyć jako sposób na ucieczkę od poczucia nieadekwatności. Różne substancje i absorbujące umysł działania mogą zapewnić tymczasową ulgę od niepewności, ale gdy te uzależniające zachowania zostaną ograniczone, niepewność często powraca i utrudnia postęp. Zajęcie się tymi kwestiami poprzez tapping aktywuje procesy neurologiczne, które pomagają zmniejszyć ich wpływ emocjonalny. Na przykład przy badaniu podstaw niskiej samooceny tapping może być połączony z frazami takimi jak: „Musiałem dostawać same piątki, aby czuć się wartościowym" lub „Tata z pewnością nauczył mnie być surowym dla siebie".

W miarę jak wiara w przezwyciężenie uzależnienia zaczyna się umacniać, nowo odkryta pewność siebie może być dalej wzmacniana. Postęp rodzi większy postęp. Rozpoznaj kroki, które poczyniłeś w kierunku wyzdrowienia; nawet małe osiągnięcia można wzmocnić poprzez uznanie, samoocenę i tapping. Stukanie przy pozytywnych afirmacjach, takich jak: „Mogę teraz zarządzać moim życiem bez uciekania się do [uzależniającego zachowania]", pomaga głęboko zintegrować sugestywną moc tych stwierdzeń z układem nerwowym.

5. Utrzymanie

Rozdział poświęcony utrzymaniu, zwanym „etapem zapobiegania nawrotom", dr Horvath zaczyna od żartobliwej uwagi: „Łatwo jest rzucić palenie. Robiłem to już dziesiątki razy"[54]. Na tym etapie istotne jest wzmocnienie nowych zachowań i strategii radzenia sobie, aby powrót do nałogu był mniej pożądany i mniej prawdopodobny. Niebezpieczeństwem jest tutaj przedwczesne przejście do etapu zakończenia, w którym zaczynamy uważać się za wolnych od uzależnienia.

Ważne jest, aby zdawać sobie sprawę ze skłonności do samozadowolenia, gdy nacisk na przezwyciężenie uzależnienia traci na intensywności. Można nawet pomyśleć, że małe niepowodzenie nie ma znaczenia, zamiast interpretować je jako znak do podwojenia wysiłków. Ponadto kiedy wszystko zaczyna iść dobrze, łatwo jest przeoczyć, jak nowe wyzwania i stresory w życiu skłaniają do powrotu do starych sposobów szukania ulgi lub ucieczki.

Pozytywnym aspektem jest to, że kwestie, które kiedyś wydawały się rozwiązane, można ponownie przeanalizować z większym zrozumieniem i wiedzą. Można w tym miejscu zacytować mądre słowa amerykańskiego przemysłowca Henry'ego Forda: „Porażka jest po prostu szansą, żeby spróbować jeszcze raz, tym razem bardziej inteligentnie". Podczas etapu utrzymania nowe techniki radzenia sobie z bólem, stresem lub pragnieniami mogą zostać ponownie przeanalizowane i udoskonalone.

Nawroty mogą być również wywoływane przez czynniki, które nie są bezpośrednio związane z samym uzależnieniem. Na przykład po kilku miesiącach trzeźwości konflikty, które pojawiają się w małżeństwie danej osoby, mogą prowadzić do ponownego głodu alkoholowego. Aby określić, na czym należy skoncentrować się podczas tappingu, może być konieczne przeprowadzenie pracy badawczej (patrz rozdział 3). Drażliwym scenariuszem może być to, że ze względu na doświadczenia z dzieciństwa partnerzy potrzebowali emocjonalnego dystansu stworzonego przez uzależnienie. Po usunięciu przeszkody dla intymności – w tym przypadku uzależnienia – mogą nieświadomie szukać innych sposobów na zbudowanie dystansu. W rezultacie ten nowy konflikt małżeński może stać się wyzwalaczem nawrotu.

Na przykład Emery, pacjent, który wrócił po pomoc, powstrzymywał się od picia przez kilka miesięcy, dopóki w jego małżeństwie z Talią nie pojawiły się napięcia. Aby skoncentrować się na nowo pojawiających się problemach w ich związku, używał takich zwrotów, jak: „Nie lubię, kiedy Talia na mnie krzyczy"; „Stres, który czuję, kiedy wracam do domu z pracy"; „Kłócimy się o wszystko" oraz „Ciche kolacje". Po odniesieniu się do każdego aspektu sytuacji, który Emery mógł wskazać, jego reakcja na zagrożenie się zmniejszyła. Był w stanie wizualizować wszystkie scenariusze bez doświadczania intensywnych reakcji lub myśli o ucieczce. Chociaż napięcie z Talią pozostało problemem, Emery nie był już przytłoczony swoim układem limbicznym, co wcześniej prowadziło do reakcji stresowych, które wywoływały pragnienie sięgnięcia po alkohol. Od tego momentu wykorzystał tapping, aby rozwinąć zdrowsze reakcje na konflikt małżeński i ostatecznie stawić czoła wyzwaniom związanym z intymnością.

Kiedy osoba, która przeszła leczenie z powodu lęku, doznaje nawrotu, terapia zazwyczaj jest wznawiana od miejsca, w którym została przerwana. Jeśli jednak osoba z problemami w postaci używania substancji psychoaktywnych, nałogu hazardowego lub innych destrukcyjnych uzależnień doświadcza poważnego nawrotu, może być konieczne odbudowanie znacznych części jej życia. Dlatego ważne jest, aby nie przyspieszać etapu utrzymania, nawet jeśli się wydaje, że po etapie działania istnieje wiele powodów do optymizmu. Paradoksalnie istotne jest również wzmocnienie zdolności do samodzielności w tym czasie.

Znaczącą zaletą psychologii energetycznej w fazie utrzymania jest zdolność do proaktywnego radzenia sobie z wyzwaniami poprzez wzmacnianie wewnętrznych mocnych stron i minimalizowanie słabości. Ostatnia część podstawowego protokołu tappingu zatytułowana jest „Ocena wyników" (s. 104). W kontekście uzależnienia proces ten może obejmować wizualizację scenariuszy, które mogą potencjalnie wywołać stare reakcje emocjonalne i behawioralne. Każdy dyskomfort związany z tymi wyobrażonymi sytuacjami jest rozwiązywany poprzez tapping, dopóki nie zostaną zbadane różne realistyczne scenariusze. Na przykład spadłeś z roweru i odczuwasz silny ból kolana, a masz w domu resztki Demerolu, których się nie pozbyłeś. Alternatywnie odkrywasz dowody niewierności swojej żony w momencie, gdy otrzymujesz telefon od starego przyjaciela z miasta, który chce się podzielić „dobrymi informacjami". Głębokie zaangażowanie w najtrudniejsze sytuacje, jakie możesz sobie wyobrazić, i tapping w celu zmniejszenia chęci nawrotu, przygotowują cię na wszelkie wyzwania, jakie mogą pojawić się na twojej drodze.

6. Zakończenie

Nadchodzi moment, w którym ludzie czują się przygotowani do rozwinięcia skrzydeł i pójścia naprzód. W znacznym stopniu udało ci się złagodzić negatywne reakcje na czynniki wyzwalające, poradzić sobie z traumatycznymi przeżyciami z dzieciństwa, przyjąć nowe metody radzenia sobie z bólem, stresem, lękiem i pragnieniami, poprawić samoocenę, wzmocnić pewność siebie i zmienić styl życia. Powstrzymywałeś się od angażowania się w nałogowe zachowania wystarczająco długo, aby wzmocnić przekonanie, że przystosowałeś się do abstynencji i możesz utrzymać ten kurs nawet w obliczu wyzwalaczy uzależnienia. Wiele osób osiąga etap, w którym prawdopodobieństwo nawrotu nie jest większe niż w przypadku osoby, która nigdy nie doświadczyła uzależnienia. Kluczowe znaczenie ma również to, jak widzisz swoją sytuację. Niektórzy uważają, że są w ciągłej podróży do wyzdrowienia, co utrzymuje ich czujność. Inni postrzegają siebie jako całkowicie uwolnionych od nałogu.

Na etapie zakończenia podejmujesz kroki, aby potknięcia nie stały się nawrotami. Doktor Horvath zauważa, że radzenie sobie z pragnieniami jest umiejętnością, która osłabnie bez regularnej praktyki. Powrót do nałogu nie jest jego zdaniem katastrofą. Zamiast tego stanowi szansę na wyeliminowanie niedociągnięć z poprzedniego doświadczenia[55].

Sukces wiąże się z nowym zestawem wyzwań. Dostosowanie się do życia bez nałogu może czasami wydawać się dziwne, a nawet pozbawione celu. Na końcowym etapie leczenia ważne jest, aby przygotować się na możliwość nawrotu. Temat ten często pojawia się w sesjach końcowych, podczas których nacisk kładziony jest na ocenę systemów wsparcia ustanowionych podczas terapii i podjęcie decyzji, które z nich są nadal potrzebne i jak będą one podtrzymywane. Ponieważ pacjenci praktykowali psychologię energetyczną w ramach swoich zadań, stukanie w akupunkty może być wykorzystane do wprowadzenia drobnych korekt, które pomogą zapobiec nawrotom.

Umiejętność ta została rozwinięta podczas procesu leczenia i może zostać włączona do planu po leczeniu.

7. Powrót do zdrowia w przypadku nawrotu

Doktor Horvath podkreśla, że chociaż całkowite wyeliminowanie uzależnienia jest celem procesu zmiany, często się zdarza, że osoby przechodzą przez kolejne etapy wiele razy, zanim je pokonają[56]. Dlatego też korzystne jest postrzeganie nawrotów jako okazji do nauki, zamiast pozwalać, aby wywoływały one poczucie wstydu, winy, beznadziejności lub porażki. Jeśli nawrót prowadzi daną osobę z powrotem do leczenia, zbadanie tego, co się stało, może ujawnić, do którego etapu się cofnęła. (Na szczęście nawroty zazwyczaj nie powodują powrotu do punktu wyjścia). Co ważniejsze, nawrót służy do zidentyfikowania tego, co jest konieczne, aby uniknąć przyszłych niepowodzeń. Tapping można wykorzystać w wyżej wymieniony sposób, aby rozwiązać wszelkie pozostałe kwestie, które wymagają uwagi.

ETAPY W PRAKTYCE

Ludzkie doświadczenie rzadko pokrywa się z jasno określonymi etapami bez względu na to, jak logiczne i dobrze ustrukturyzowane mogą się one wydawać w teorii. Historia przypadku, którym podzieliła się nasza koleżanka Robin Bilazarian, szanowana praktyczka i trenerka w dziedzinie psychologii energetycznej, stanowi przykład tego, jak etapy te mogą występować poza kolejnością, nakładać się na siebie, a nawet być całkowicie nieobecne. Niemniej podstawowe zasady są nadal aktualne.

Przypadek ten ilustruje złożoną podróż, która może być konieczna w radzeniu sobie z uzależnieniem.

HISTORIA PRZYPADKU PRZESŁANA PRZEZ ROBIN BILAZARIAN

W wieku 42 lat Michael rozpoczął u mnie [Robin] terapię, aby poradzić sobie z lękiem. Zmagał się również z uczuciem przytłoczenia po rozwodzie, doświadczał niepewności związanej z relacją z nową dziewczyną i pragnął silniejszej więzi ze swoimi dziećmi, które boleśnie faworyzowały matkę. Po 18 latach pracy jako policjant opisywał siebie jako roztrzęsionego i nadpobudliwego, często doświadczającego rozdygotania w całym ciele. Miał problemy z koncentracją i popełniał trywialne błędy w pracy: gubił długopisy, zapominał telefonu lub jechał w złym kierunku, które (choć zauważalne tylko dla niego) były poważnym źródłem niepokoju.

Podczas wstępnej sesji zapytałam go o przyjmowanie alkoholu i narkotyków, które bagatelizował. Wspomniał, że jako funkcjonariusz policji czasami chodził z kolegami po zakończeniu zmiany na drinka, aby omówić pracę lub podzielić się doświadczeniami. Twierdził, że jego picie ograniczało się do rzadkich okazji towarzyskich, ewentualnie kilku piw w ciągu tygodnia i że w ogóle nie brał narkotyków.

W trakcie zbierania wywiadu okazało się, że Michael doświadczał skrajnej nieśmiałości w dzieciństwie, która później przekształciła się w znaczny lęk społeczny i poczucie niższości w wieku nastoletnim. Znalazł pocieszenie w pracy, ponieważ wymagane zachowania były ustrukturyzowane, oparte na procedurach i jasne. Poza pracą często czuł się jednak społecznie niepewnie i niezręcznie, czasami doświadczając tego, co nazywał „miniatakami paniki". Ogólnie rzecz biorąc, poza pracą nie czuł się we własnej skórze komfortowo. Rozwód przypisał faktowi, że jego żona „chciała więcej od życia", niż on był w stanie zaoferować. Poprzednie sesje doradztwa małżeńskiego z innym terapeutą nie zakończyły się sukcesem, co doprowadziło małżonków do wniosku, że dzielące ich różnice są nie do pogodzenia.

Podczas naszej drugiej sesji zapoznałam go z tappingiem EFT, który natychmiast docenił ze względu na natychmiastową ulgę, jaką przyniósł mu w kwestii przytłaczającego fizycznie i emocjonalnie dyskomfortu zakorzenionego w lęku. Podczas początkowych sesji Michael skoncentrował się na wyzwaniach związanych z byłą żoną, niepokoju wiążącym się z niechęcią dzieci do spędzania z nim czasu oraz stratach, których doświadczył po rozwodzie. Wydawał się również zaniepokojony niemal każdym aspektem swojego życia, w tym czasem, finansami, przyjaźniami, pracą, rodziną i logistyką. Wykorzystując podstawową metodę psychologii energetycznej, znaną jako „opowiedz historię" (s. 207), Michael opowiadał o niepokojących i wywołujących lęk zmartwieniach, z którymi borykał się przez cały tydzień, podczas gdy my nieustannie wykonywaliśmy tapping. Później wracaliśmy do tej historii, aby wyodrębnić kluczowe elementy i terapeutycznie opukać emocje związane z tymi kwestiami. Poniżej przedstawiam kilka przykładów zwrotów, których użył, wraz z jego wynikami w skali SUD przed sekwencją tappingu i po niej:

> „Mam złamane serce z powodu tego, że moje dzieci nie chcą zostać u mnie na noc". SUD: 8 → 1.
> „Jestem sfrustrowany, że moje nowe mieszkanie nie ma basenu". SUD: 5 → 0.
> „Czuję zazdrość, że moja była żona chodzi na randki". SUD: 7 → 1.
> „Czuję się sfrustrowany, że wyszedłem na idiotę w oczach byłej żony, kiedy Paul, mój syn, nie chciał iść ze mną do cyrku". SUD: 8 → 0.

Kiedy emocjonalne zawirowania i fizyczny dyskomfort ustąpiły, często doświadczał nagłego uświadomienia – zmiany perspektywy, takiej jak:

> „Dzieci potrzebują czasu, aby przyzwyczaić się do mojego nowego mieszkania, a z wiekiem będzie lepiej".
> „Mogę zapisać się na siłownię z basenem".
> „To dobrze, że ona chodzi na randki, bo ja też".
> „Rozwiedliśmy się. Ona nie będzie mnie wspierać. Liczą się tylko moje dzieci".

Każda sesja zawierała co najmniej sekwencję tappingu. Za każdym razem, gdy napotkaliśmy „ścianę" lub kwestię, która wydawała się kluczem do głębszej analizy, mówiłam: „Zajmijmy się tym", wskazując, że powinniśmy użyć tappingu. Regularne włączanie tappingu do naszych sesji nauczyło też Michaela, jak stosować tapping na własną rękę, gdy czuł się zdenerwowany lub niespokojny.

Leczenie uogólnionego zaburzenia lękowego Michaela wydawało się postępować, dopóki po ośmiu cotygodniowych godzinnych sesjach nie otrzymał mandatu za jazdę pod wpływem alkoholu. Początkowo bagatelizował powagę sytuacji, twierdząc, że miał po prostu pecha i został złapany ten jeden raz. Wierzył, że ponieważ pełni funkcję policjanta, jakoś mu się upiecze, co zaobserwował w innych departamentach policji. Tak się jednak nie stało.

Został zawieszony w obowiązkach służbowych z nakazem poddania się odwykowi szpitalnemu lub utraty pracy. Rozważał odejście lub przejście na wcześniejszą emeryturę, ale oznaczałoby to utratę znacznych świadczeń, które przysługiwałyby mu po jeszcze kilku latach służby. Niemniej czuł, że nigdy nie pójdzie na odwyk, ponieważ byłoby to publiczne przyznanie, że nie utrzymał standardów oczekiwanych od funkcjonariusza policji. Oto kilka zwrotów, których użyliśmy, aby rozwiązać tę trudną sytuację:

„Wstydzę się, że współpracownicy mogą postrzegać mnie za nieudacznika". SUD: 8 → 1.

„Odczuwam głęboki wstyd, że moje dzieci uznają, że jestem nikim". SUD: 10 → 2.

„Obawiam się, że moja była żona wykorzysta to, by jeszcze bardziej ograniczyć moje prawa do odwiedzin dzieci". SUD: 10 → 2.

„Boję się, że mój awans w pracy jest przekreślony". SUD: 6 → 0.

„Jestem wściekły, że policjant wystawił mi mandat za jazdę pod wpływem alkoholu!" SUD: 10 → 2.

Michael musiał przygotować się na dłuższy pobyt w ośrodku odwykowym. Zdawał sobie sprawę, że zachowanie poufności jest mało prawdopodobne. „Gliny gadają" – zauważył. Przyznanie się do problemu z alkoholem nie tylko naraziłoby go na osąd innych, ale także wiązałoby się z uznaniem poważnego problemu, z którym nie był gotowy się zmierzyć. W tym momencie sprawdziłam, czy nie ma myśli samobójczych, czego obiecał nigdy nie zrobić, wspominając o trwałej krzywdzie, jaką wyrządziłoby to jego dzieciom.

Podczas tej samej sesji Michael zaczął ujawniać części swojej historii, które początkowo ukrywał. Od 18 roku życia intensywnie spożywał alkohol, bo było to jego sposobem radzenia sobie z lękiem – zwłaszcza społecznym – i głębokim kompleksem niższości. Podobnie jak w przypadku wielu młodych mężczyzn jego picie zaczęło się od lęku przed rozmową z kobietami, kiedy odkrył, że „drink lub dwa, siedem czy osiem rozluźniły mnie". W tamtych czasach bywał nawet zabawny, gdy był odurzony, co nie zdarzało mu się, gdy był trzeźwy. Szczególnie doceniał „odwagę", jaką alkohol dawał mu w interakcjach społecznych.

Przyznał, że niezliczoną ilość razy prowadził samochód pod wpływem alkoholu i miał szczęście, że nie spowodował wypadku ani nie został wcześniej zatrzymany. Spożywanie przez niego alkoholu stało się nocną rutyną. Po chwilach upominania swoich dzieci zaczynał pić, ponieważ to karcenie wywoływało wspomnienia surowej dyscypliny, której doświadczył od swojego ojca.

Tapping pomógł mu zaakceptować to, co uważał za publiczne przyznanie się do słabości wobec swoich dzieci, rodziny i współpracowników, gdy podjął trudną decyzję o pójściu na odwyk. Ośrodek odwykowy był znany z leczenia pracowników mundurowych i zapewniał im grupy wsparcia dla Anonimowych Alkoholików i Anonimowych Narkomanów, w których Michael nadal uczestniczył po wypisaniu ze szpitala, a także wracał na nasze cotygodniowe sesje. Został zawieszony w obowiązkach służbowych na okres sześciu miesięcy, a także utracił na ten sam czas prawo jazdy. W ciągu tych sześciu miesięcy udało mu się znaleźć dorywczą pracę w pobliskim sklepie spożywczym i aktywnie uczestniczyć w terapii.

Gdy Michael przyznał sam przed sobą, że jego picie powoduje poważne problemy, sesje tappingu zaczęły sięgać głębiej. Zaczynaliśmy od podstawowej rundy skoncentrowanej na bieżących problemach, a następnie cofnęliśmy się do przeszłych doświadczeń, aby zająć się starymi wyzwalaczami i nierozwiązanymi sprawami, po czym przeszliśmy do przyszłych lęków i obaw. Ważnym tematem, który się pojawił, był lęk społeczny, który początkowo skłonił go do picia. Opowiedział o swoich miniatakach paniki, których doświadczał w sytuacjach społecznych, wyrażając, że często nie był pewien, co powiedzieć. Poprowadziłam go, aby dostroił się do każdej obecnej, przeszłej i wyobrażonej przyszłej sytuacji społecznej, niezależnie od tego, czy była to grupa trzech osób, spotkanie dziesięciu osób, impreza, wejście do pokoju pełnego nieznajomych, czy wydarzenie w pracy. Za każdym razem zaczynaliśmy od tappingu wokół odczuć w ciele – zwykle obejmujących ucisk w klatce piersiowej, ucisk w gardle, niepokój w żołądku lub napięcie w ramionach. Kontynuowaliśmy stukanie, aż poziom intensywności osiągnął zero. Następnie koncentrowaliśmy się na emocjach związanych z daną kwestią, takich jak „strach przed wejściem do pokoju pełnego nieznajomych".

Skupiliśmy się również na różnych sytuacjach z przeszłości Michaela, w których czuł się prześladowany i zastraszany. Tapping pomógł złagodzić jego reakcje fizyczne i zmniejszyć intensywność niepokoju związanego z tymi wspomnieniami. Następnie wyobraziliśmy sobie nadchodzące scenariusze i zmniejszyliśmy jego niepokój, ćwicząc sposoby na rozluźnienie atmosfery podczas rozmów z innymi, pozwalając mu uspokoić nerwy i zwiększyć pewność siebie. Dodatkowo musiał także wymyślić powód, dla którego odmawia picia w sytuacjach towarzyskich. Zwróciliśmy uwagę na jego obawy dotyczące tego, jak inni mogą zareagować na jego odmowę wypicia drinka. Początkowo wybrał wymówkę, że jest na antybiotykach, których nie można łączyć z alkoholem, ale ostatecznie postanowił być szczery, co skłoniło nas do dotknięcia jego emocji związanych z tą decyzją.

Ostatecznie zajęliśmy się prawdą, że jego żal z powodu błędu związanego z alkoholem doprowadził go do zniechęcenia, że nie kwalifikuje się do przyszłych awansów. Dzięki tej refleksji odnalazł poczucie wdzięczności za to, że wciąż ma pracę, zachowuje szacunek ze strony współpracowników i być może zyskuje jeszcze większy szacunek dla samego siebie, że uporał się z problemem. Michael podjął decyzję o pozostaniu na stanowisku pracy jeszcze przez dwa lata, aby zapewnić sobie pełne świadczenia emerytalne. Jak na ironię, stał się mentorem i doradcą dla innych funkcjonariuszy zmagających się z problemem alkoholowym.

Po sześciu miesiącach cotygodniowej terapii oraz miesiącu spędzonym na odwyku przeszliśmy na sesje co dwa tygodnie, utrzymując ten harmonogram przez kolejne półtora roku. Wobec braku nawrotów oficjalnie ukończyliśmy program. Trzy lata później Michael wrócił na sześć sesji z powodu konfliktów między jego nową dziewczyną a dziećmi, które nawiązały z nim silną więź.

W tym czasie utrzymywał trzeźwość przez pięć lat, przeszedł na emeryturę z pełnymi świadczeniami i podjął inną pracę. Nadal angażował się w spotkania terapeutyczne i stosował technikę „opowiedz historię", gdy czuł się zdenerwowany lub niespokojny. Był dumny z faktu, że jego były wydział nadal zwracał się do niego po wskazówki dotyczące funkcjonariuszy mających problemy z nadużywaniem substancji odurzających.

PODSUMOWANIE

Na początku leczenia Michael był mocno zaangażowany w alkoholizm, jednocześnie mu zaprzeczając. Jego droga do trzeźwości i późniejsze uznanie za eksperta w dziedzinie uzależnień ilustruje zarówno napotykane przeszkody, jak i powody do nadziei. Uzależnienia są rzeczywiście oporne, nie zamierzamy sugerować niczego innego. Ale włączenie protokołów tappingowych do procesu przezwyciężania uzależnienia zapewnia wyraźną przewagę w radzeniu sobie z tymi wyzwaniami i przyspieszeniu powrotu do bardziej satysfakcjonującego życia.

ROZDZIAŁ 7

NAJWYŻSZA WYDAJNOŚĆ

EFT nie nauczy cię, jak grać fugę Bacha lub uderzać piłkę baseballową. Ale może pomóc ci utrzymać mentalną obecność i skupienie w takim stopniu, że szybka piłka wydaje się „zwolniona", co pozwala ci uderzyć ją z wyjątkową łatwością[1].

dr Patricia Carrington,
psycholożka i powszechnie szanowana pionierka EFT

GREG WARBURTON jest jednym z pionierskich trenerów sportowych, którzy systematycznie stosuje tapping akupunkturowy w celu poprawy wyników zarówno indywidualnych sportowców, jak i całych drużyn[2]. W tym rozdziale zajmiemy się szerokim zakresem działań, które chcesz ulepszyć, zaczynając od wyników sportowych ze względu na wyraźną widoczność postępów odzwierciedlonych w wynikach, rankingach i statystykach.

Warburton rozpoczął karierę jako doradca na obozie przeznaczonym dla nastolatków z problemami[3]. Uwielbiał pracować jako terapeuta z młodymi ludźmi, ale stwierdził, że „rozmowa to za mało". Po odkryciu, jak włączyć tapping do swojej praktyki doradczej, zaczął używać go jako „kreatywnego i skutecznego języka", który wykracza poza zasięg zwykłej rozmowy. W tym czasie nawiązał przyjaźń z Danem Spencerem, trenerem miotaczy w lokalnym college'u w Corvallis w stanie Oregon, ponieważ często spotykali się na siłowni. Warburton uznał, że te same zasady, które przynoszą korzyści jego młodym podopiecznym, można zastosować do pomocy sportowcom. Choć Spencer potrzebował dwóch lat, by przekonać się do tego pomysłu, w końcu zdobył się na odwagę i pozwolił Warburtonowi zaprezentować niezwykłą technikę miotaczom i łapaczom, którymi się opiekował.

Drużyna baseballowa Uniwersytetu Stanu Oregon (ang. *Oregon State University* – OSU), prowadzona przez Spencera, była już rozpoznawalna w całym kraju. W poprzednim roku dotarła do College World Series, turnieju z udziałem ośmiu najlepszych drużyn baseballowych w kraju, ale szybko odpadła. Po treningu przeprowadzonym przez Warburtona w 2006 roku drużyna OSU nie tylko powróciła do College World Series, ale także zwyciężyła. Gracze powtórzyli ten sukces w następnym roku. W 2007 roku świeżo upieczony miotacz Jorge Reyes został uchwycony przez kamery telewizji krajowej (ESPN), jak stuka w akupunkty, siedząc na ławce między zmianami, co wywołało zaciekawienie komentatorów sportowych. Reyes przyczynił się do dwóch zwycięstw i zdobył tytuł najbardziej wartościowego gracza serii. Trener Spencer, który został uhonorowany tytułem najlepszego trenera miotaczy, zauważył, że aby dotrzeć do „ziemi obiecanej – jaką w baseballu uniwersyteckim jest World Series w Omaha w Nebrasce – trenerzy muszą się dostosować i być gotowi do eksperymentowania z nowymi metodami i technikami". Sprowadzenie Warburtona było dla niego jednym z takich eksperymentów. Stwierdził: „Tapping akupunkturowy dodał kolejny element do mistrzowskiej układanki. To było dla nas świetne narzędzie".

W 2010 roku główny trener drużyny zapaśniczej OSU zaprosił pięciu początkujących zawodników do współpracy z Warburtonem. Ponieważ większość sportowców ma tendencję do przedkładania treningu fizycznego nad przygotowanie mentalne, tylko jeden z pięciu – Chad Hanke – skontaktował się z Warburtonem. W następnym roku Hanke wziął udział w Uniwersyteckich Mistrzostwach Narodowych, wygrywając sześć walk z rzędu i zdobywając tytuł mistrzowski. Pokonał sześciu wybitnych zapaśników, w tym mistrza kraju z poprzedniego roku. Z pięciu zapaśników OSU początkowo skierowanych do Warburtona, Hanke był jedynym, który odniósł znaczący sukces, wygrywając dwa Uniwersyteckie Mistrzostwa Narodowe, a później reprezentując drużynę Stanów Zjednoczonych na igrzyskach olimpijskich. Czy tapping odegrał kluczową rolę w jego sukcesie? Hanke jest przekonany, że był to istotny czynnik zapewniający mu przewagę, ponieważ wspomniał w wywiadzie telewizyjnym, że jego sesje z Warburtonem „pomogły mi wejść na wyższy poziom".

W 2012 roku, gdy Warburton zyskał uznanie poza Oregonem, główny trener drużyny baseballowej Uniwersytetu Arizony zaprosił go do pomocy miotaczom zmagającym się z problemami z kontrolą. Wkrótce Warburton zaprezentował tapping akupunkturowy całej drużynie. W tym samym roku odniosła ona zwycięstwo w Uniwersyteckich Mistrzostwach Świata, wygrywając wszystkie dziesięć meczów.

Nie tylko uczelnie zabiegają o doświadczenie Warburtona. Przykładem może być jego współpraca z wioślarką Catherine Widgery w 2018 roku. Po ich wspólnej pracy osiągnęła ona niezwykły sukces, wygrywając Mistrzostwa Stanów Zjednoczonych w wyścigach wioślarskich jedynek, zajmując drugie miejsce w mistrzostwach Euro-Nationals w kategorii 65+ (tracąc do zwyciężczyni mniej niż jedną sekundę), a ostatecznie zapewniając sobie zwycięstwo w Mistrzostwach Świata. Cztery lata później, tuż przed udziałem w Mistrzostwach Świata 2022, Widgery ponownie skontaktowała się z Warburtonem. Poinformowała go, że dopadły ją „ataki myślowe", i wspomniała, że próba „myślenia o jej drodze do dobrego miejsca" była nieskuteczna. Na kilka dni przed zawodami, podczas wznowionego treningu z Warburtonem, napisała do niego w e-mailu:

> Odczuwam zauważalną zmianę w przepływie energii przez ciało. Trudno byłoby mi uwierzyć, że taka zmiana jest możliwa. Nie mam żadnych obaw o biodro. Chociaż było kilka momentów, kiedy czułam się okropnie, po prostu wykorzystałam technikę tappingu i świadomie pozwoliłam mojemu ciału się zrelaksować i wyleczyć.

Widgery odniosła zwycięstwo, zdobywając trzy złote medale na Mistrzostwach Świata. Pełna wdzięczności stwierdziła: „Robiłam DUŻO tappingu... Jeszcze raz bardzo dziękuję za wspaniałą pracę ze mną!".

Oczywiście we wszystkich tych czterech historiach akupunktura była tylko jednym z elementów wysiłku, który obejmował niezwykły naturalny talent, zaangażowanie, morderczy trening i szkolenie. W każdym przypadku Warburton był wzywany, aby pomóc jednostce lub zespołowi o znacznym potencjale polepszyć dotychczasowe osiągnięcia. Wiadomo, że takie dokonania nie pojawiają się same, ale wprowadzenie tappingu było katalizatorem zwiększonej wydajności. Podczas gdy wrodzone umiejętności sportowców, silna determinacja, zaawansowany trening i doskonały coaching pozostały względnie stałe, wprowadzenie tappingu doprowadziło do znacznej poprawy ich wyników. Historie te pokrywają się z większością doświadczeń zebranych przez Warburtona w trakcie jego kariery. Przyczynił się do ogromnych sukcesów sportowców podczas 11 mistrzostw kraju, co jest ewenementem wśród trenerów mentalnej wydajności sportowej.

W tym rozdziale dowiesz się, w jaki sposób połączenie akupunktury z różnymi technikami psychologicznymi może znacznie zwiększyć twoją biegłość w dowolnej wybranej przez ciebie dziedzinie. Od czasu opublikowania techniki EFT Gary'ego Craiga w *Sports Performance* w 2010 roku[4], pojawiło się wiele relacji na temat tego, jak tapping prowadzi do wyjątkowych osiągnięć, jego zastosowanie wykracza jednak poza wyniki sportowe. Możesz wybrać dowolną aktywność – sport, śpiew, aktorstwo, taniec, rodzicielstwo, malarstwo, wystąpienia publiczne, pisanie, nauczanie lub zarządzanie zespołem – i odkryć, jak tapping może przekształcić twój układ nerwowy i podnieść wydajność. W całym tym rozdziale będziemy czerpać z metod Grega Warburtona, który jest uznawany za najbardziej utalentowanego praktyka wykorzystującego tapping akupunkturowy do osiągania wyjątkowych rezultatów.

WYKORZYSTANIE TAPPINGU AKUPUNKTUROWEGO DO ZWIĘKSZANIA PEWNOŚCI SIEBIE

Pewność siebie jest kluczową cechą, która zawsze wpływa na wydajność[5]. Realistyczna wiara w swoje umiejętności sprzyja lepszej koncentracji, rozsądniejszemu podejmowaniu decyzji i bardziej optymistycznej perspektywie. Różne czynniki mogą zwiększać lub zmniejszać pewność siebie, począwszy od wczesnych sukcesów lub porażek – i modeli przewodnich, które się z nich wyłoniły – po nowsze doświadczenia. Jedyne przeprowadzone do tej pory badanie, które konkretnie zbadało związek między protokołami tappingu a pewnością siebie, wykazało znaczną poprawę „poziomu pewności siebie" po pojedynczej sesji tappingu z każdą z dziesięciu zawodniczek college'u, przy czym poprawa ta utrzymała się podczas obserwacji dwa miesiące później[6]. Dokonamy przeglądu kilku przypadków, które pokazują, w jaki sposób protokoły tappingu zostały wykorzystane do zwiększenia pewności siebie.

Brayton był podziwiany przez swoich rówieśników za umiejętność wyrażania niesprawiedliwości świata poprzez rap. Miał talent do oceny sytuacji i bez wysiłku improwizował, używając słów, rytmów, tonów i bitów, które oddawały istotę tych niesprawiedliwości z ostrą ironią i sarkazmem. Jeden z jego przyjaciół zaczął nagrywać te spontaniczne i niepowtarzalne kreacje na swoim telefonie komórkowym za każdym razem, gdy Brayton przekazywał swoje przemyślenia poprzez rap. Przyjaciel ten miał powiązania z Josephem, który pracował dla wytwórni płytowej.

Joseph był zachwycony nieformalnymi nagraniami i umówił się na przesłuchanie. Niestety w dniu przesłuchania Brayton obudził się z bólem gardła i musiał je odwołać. Choć przesłuchanie zostało przełożone, Brayton odczuwał tremę i ostatecznie nie pojawił się w wytwórni. Joseph miał cały czas przeczucie, że jest bliski odkrycia nowego talentu, i postanowił odwiedzić rapera osobiście.

Dzięki kilku standardowym pytaniom Joseph szybko zdał sobie sprawę, że chłopak bardzo bał się podzielić swoją muzyką ze światem. Cenił swoje spontaniczne kreacje i czerpał przyjemność z ich zapamiętywania i udoskonalania, ale przez całe życie nie spełniał oczekiwań rodziców i nauczycieli, a muzyka stała się jedyną dziedziną, w której mógł się doskonalić bez narażania się na ich osądy, głównie dlatego, że jej nie rozumieli. Joseph wyraził chęć ponownego odwiedzenia Braytona tym razem z przyjacielem, który jego zdaniem mógł dodać mu pewności siebie podczas przesłuchania. Przyjaciel ten wcześniej pomagał niektórym klientom Josepha za pomocą unikalnej metody obejmującej rozmowę i tapping. Podczas tej wizyty Brayton został pokierowany, aby zająć się kilkoma bolesnymi wspomnieniami z dzieciństwa związanymi z rozczarowaniem dorosłych, wrażliwością na oczekiwania, radością, którą odczuwał, gdy przyjaciele byli zachwyceni jego improwizowanymi występami, i wreszcie wizją sukcesu na przesłuchaniu. Po godzinie Brayton poczuł się pewniej, aby zaprezentować swój talent szerszej publiczności, zmieniając tym samym swój model przewodni związany z brakiem pewności siebie.

Nawet modele przewodnie zbudowane na pozytywnych doświadczeniach mogą zostać podważone przez niedawne doświadczenia, takie jak kontuzja lub poważne niepowodzenie, otrzymanie negatywnej recenzji lub zmarnowanie wyjątkowej okazji. **Mario** był szefem kuchni w słynnej restauracji w Chicago, znanej z innowacyjnej kuchni i wyjątkowych specjałów. Był podekscytowany, że został wybrany do konkursu kulinarnego Chopped, w którym biorą udział jedni z najlepszych szefów kuchni na świecie. Gdy zbliżał się moment imprezy, Mario nie mógł się doczekać, aby zademonstrować swoje umiejętności milionom widzów. Niestety w dniu nagrania programu nie udało mu się zachwycić jury. Opisał swoje doświadczenie jako „upokarzające". Następnie wszyscy – od właściciela restauracji po personel kuchenny i klientów – zauważyli, że od tej pory wyjątkowym przepisom Maria brakowało kreatywności. Model przewodni, który kiedyś wspierał jego charakterystyczny styl, nie był już skuteczny.

Współpracując z Mariem, David skoncentrował się nie tylko na uczuciach niepokoju, żalu i upokorzenia, których kucharz doświadczył w miesiącach po występie w telewizji, ale także na wczesnych doświadczeniach, które przyczyniły się do jego wzrostu umiejętności i pewności siebie. Okazało się, że dostęp do tych wspomnień stał się wyzwaniem po publicznym upokorzeniu, a irracjonalne przekonanie – że był tylko przeciętnym kucharzem, który miał szczęście w kuchni – bardzo mocno się w nim zakorzeniło. Podczas sesji tappingu terapeuta i pacjent zbadali wszystkie sposoby, w jakie Mario definiował swoją własną przeciętność – uważał się za przeciętnego piosenkarza, sportowca i pisarza: „Nawet jeśli jestem przeciętnym piosenkarzem, sportowcem i pisarzem, głęboko i całkowicie akceptuję siebie". Kiedy dotarli do „przeciętnego kucharza", oboje wybuchli śmiechem, a Mario poczuł, jakby „złe zaklęcie" zostało z niego zdjęte.

Ghalen był utalentowanym koszykarzem w szkole średniej, ale podczas intensywnych gier często tracił pewność siebie i nie wykorzystywał swojego prawdziwego potencjału. Starając się odkryć przyczyny tego stanu rzeczy, trener dowiedział się od chłopaka, że zdaniem jego rodziny nigdy nie dorówna on talentem swojemu starszemu bratu. Co gorsza, wiele początkowych doświadczeń Ghalena z koszykówką miało miejsce, gdy grał z bratem i był najmłodszym, a często też najniższym graczem na boisku. To zakorzenione przekonanie, że nie był tak dobry jak inni, bezustannie się utrzymywało, a ostatnie sukcesy nie zmieniły tego postrzegania. Chociaż bez problemów mógł mówić pozytywnie o swojej pewności siebie, żadna motywująca rozmowa nie poprawiłaby jego wyników, dopóki nie zająłby się tymi wczesnymi doświadczeniami.

Niezależnie od trudności napotykanych przez chłopaka trener zdecydował się sprowadzić eksperta od tappingu, aby pomógł zespołowi, a Ghalen służył jako jeden ze sportowców do demonstracji. Poproszony o wybranie wspomnienia koszykówki, które zawierało negatywne emocje, Ghalen przypomniał sobie wyrównaną grę podczas turnieju w lokalnym Y, gdzie miał okazję zdobyć zwycięskie punkty. Zauważył, że jego starszy brat go obserwuje, przygotował się i oddał rzut, ale został zablokowany przez wyższego od niego obrońcę. Jego brat krzyknął tak, że wszyscy usłyszeli: „Dlaczego nie podałeś?". Po przepracowaniu ładunku emocjonalnego związanego z tym wspomnieniem Ghalen przyjął ofertę kontynuowania sesji z praktykiem tappingu, co spowodowało znaczny wzrost jego pewności siebie, ponieważ bolesne uczucia i negatywne przekonania związane z tym i innymi podobnymi doświadczeniami zostały złagodzone, umożliwiając mu dostęp do wspomnień związanych z nowszymi osiągnięciami.

Powszechnym problemem w różnych sportach i aktywnościach, w których ludzie przekraczają swoje fizyczne granice, jest niepokój związany z osiąganiem maksymalnej wydajności przy jednoczesnym unikaniu kontuzji: „Jeśli spróbuję podnieść ten ciężar, mogę stracić równowagę"; „Jeśli spróbuję dorównać tempu najszybszych piechurów, mogę nadwyrężyć mięsień". Podczas gdy dla każdego sportowca kluczowe znaczenie ma realistyczna ocena swoich możliwości fizycznych, skupianie się na potencjalnych niepowodzeniach może podważyć pewność siebie. Denise Wall, specjalistka od tappingu, wspomina sesję z **dziewięcioletnią Jane**, która zdobyła lokalną sławę jako gimnastyczka po sześciu latach treningu rozpoczętego w wieku trzech lat. Nagle Jane stała się niespokojna i odmówiła powrotu do ćwiczeń. Wall odkryła, że strach ten powstał, gdy Jane próbowała wykonać przewrót w tył do stania na rękach na równoważni. Jane wyraziła zaniepokojenie, że „jej ręce nie wiedziały, co robić" i nie umiała upaść tak, aby nie nabawić się kontuzji. Wall wspomina:

> Skupiliśmy się na jej obawach związanych z upadkiem i niepokojem, jak upaść, obawą o kontuzję, obawą, że inni będą obserwować jej upadek, oraz obawą przed rozczarowaniem zespołu. Po zajęciu się tymi obawami zachęciłam ją do wizualizacji siebie poruszającej się do tyłu na belce, wyobrażając sobie, że rozumie, jak bezpiecznie upaść, jak mogą być ułożone ręce, jak mogą zginać się kolana i jak może wylądować i ponownie wejść na równoważnię. Zaangażowała się w mentalną praktykę upadania z gracją i ponownego powrotu na belkę. Przećwiczyła ruch rąk i wyobraziła sobie, jak jej stopy lądują dokładnie w idealnym miejscu belki.
>
> Problem został rozwiązany. Zasugerowałam jej matce, by Jane przeanalizowała techniki bezpiecznego lądowania ze swoim trenerem i poćwiczyła na równoważni spoczywającej na ziemi. Kiedy Jane wróciła na salę, przeszła na wyższy poziom. Kilka miesięcy później spotkałam jej matkę, która wspomniała, że musieli interweniować tylko raz i od tego czasu Jane doskonale sobie radzi[7].

Przez sześć lat model przewodni Jane odgrywał kluczową rolę w jej sukcesie w gimnastyce, ale nowe ćwiczenie sprawiło, że jej pewność siebie się rozpadła, zatrzymując jej postęp. Pojedyncza sesja tappingu, przeprowadzona z głębokim zrozumieniem umiejętności i obaw gimnastyczki, przywróciła jej pewność siebie i ożywiła jej model przewodni.

Zaufanie zespołu. Skuteczne rozwijanie pewności siebie zależy od nabycia umiejętności niezbędnych do osiągnięcia sukcesu, co może mieć miejsce zarówno na poziomie indywidualnym, jak i zespołowym. Godnym uwagi przykładem jest kobieca drużyna softballowa z Uniwersytetu Południowego Oregonu z Ashland w stanie Oregon. Jej awans do krajowych mistrzostw ligi zbiegł się w czasie z wdrożeniem programu treningowego Warburtona. Chociaż drużyna w 2018 roku dotarła do Krajowego Międzyuczelnianego Turnieju Lekkoatletycznego (ang. *National Association of Intercollegiate Athletics* – NAIA), nie odniosła zwycięstwa. W 2019 roku trenerka Jessica Pistole skontaktowała się z Warburtonem, zapraszając go do współpracy z zespołem.

Trenerka zaangażowała cały swój personel i zespół w praktykę tappingu akupunkturowego, aby zawodniczki mogły konsekwentnie osiągać sukcesy, zachowując zrelaksowany stan fizyczny i spokojne nastawienie. Drużyna zapewniła sobie mistrzostwo kraju w 2019 roku, po zawieszeniu sezonu 2020 z powodu światowej pandemii COVID-19 powtórzyła ten sukces w 2021 roku i ponownie odniosła zwycięstwo w 2023 roku. Zawodniczki, które najintensywniej współpracowały z Warburtonem, zaliczyły pełne sukcesów sezony. Jedna z nich zdobyła tytuł najbardziej skutecznej zawodniczki NAIA, podczas gdy inna została uznana za zawodniczkę roku po ustanowieniu nowego rekordu średniej uderzeń. Dodatkowo trzecia zawodniczka została uhonorowana tytułem miotaczki roku. Riley Donovan, zawodniczka roku NAIA 2022, wysłała wiadomość do Warburtona, stwierdzając, że jego techniki „pomogły mi przetrwać tak wiele trudnych rund". Jessica Pistole, dwukrotna krajowa trenerka roku NAIA, powiedziała: „Te narzędzia były dla nas niesamowite!".

Brayton, Mario, Ghalen, Jane i kobieca drużyna softballowa z Oregonu odkryli, że tapping służy jako skuteczna metoda zwiększania lub odzyskiwania pewności siebie. Proces ten polega albo na skupieniu się bezpośrednio na pewności siebie, albo na rozwijaniu umiejętności, które ją wspierają, a kroki są stosunkowo proste i opierają się na technikach, które już znasz.

Psychologia energetyczna zapewnia skuteczne techniki rozwijania umiejętności, które chcesz nabyć. Do tego momentu w tej książce dowiedziałeś się, w jaki sposób tapping akupunkturowy może być zintegrowany z innymi podejściami psychologicznymi w celu rozwiązania problemów z dzieciństwa, lęku, paniki, stresu pourazowego, smutku, depresji, zachowań samosabotujących i uzależnień. Teraz skoncentrujemy się na poprawie twoich umiejętności w konkretnym aspekcie twojego życia, który chcesz, aby był dla ciebie satysfakcjonujący. Na początek wypróbuj poniższą „Szybką pomoc".

Szybka pomoc: Optymalna wydajność

Zastanów się nad konkretnym obszarem, w którym chciałbyś być najlepszy, czy to w nadchodzącym wydarzeniu, takim jak przemówienie lub zawody, czy też w ogólnej umiejętności, takiej jak gotowanie, pisanie, mówienie, coaching lub ustalanie granic. Oceń poziom niepokoju, jaki odczuwasz w swoim umyśle i/lub ciele w związku z potrzebą poprawy w tym obszarze, oceniając go w skali SUD. Stukając w punkt na czubku głowy, wypowiedz pierwsze z poniższych stwierdzeń. Przejdź przez każde stwierdzenie, opukując 12 punktów tappingu i przechodząc od jednego stwierdzenia do drugiego. Możesz pominąć wyrażenia, które do ciebie nie pasują.

„Chcę być lepszy w [wymień pożądaną umiejętność].
Jestem otwarty na uwolnienie tego, co mnie powstrzymuje, aby pójść naprzód.
Nawet jeśli wiem, że mogę być lepszy,
w pełni akceptuję moją obecną sytuację z tą umiejętnością.
Część mnie pragnie robić postępy.
Czuję jednak, że jestem ograniczany.
Może to być poczucie strachu lub niepewności.
Być może ma to związek z oczekiwaniami innych.
Wyczuwam napięcie i walkę w [nazwa części ciała].
Stukam, aby zmniejszyć to uczucie.
Nie chcę już utrudniać własnego postępu.
Postanawiam porzucić wszystko, co powstrzymuje mnie przed pójściem naprzód.
Postanawiam otworzyć się na moją najlepszą wydajność.
Potrafię wyobrazić sobie, co pomoże mi stać się lepszym.
Postanawiam podążać za tą wizją.
Jestem w stanie stać się w tym bardzo dobry.
Jestem przygotowany na postęp.
Jestem przygotowany na poszerzanie swoich umiejętności.
Jestem przygotowany na osiągnięcie sukcesu.
Jestem gotów uczyć się i doskonalić.
Uważam ten proces za przyjemny.
Czuję, jak bardzo spodoba mi się posiadanie tej umiejętności.
Doceniam możliwość pracy nad tym, by stać się najlepszym sobą.
Uwalniam się od stresu i sprzeciwu.
Wyczuwam podekscytowanie".

Powtarzając ten proces dwa lub trzy razy, prawdopodobnie zauważysz wzrost uczucia zachęty, a może nawet inspiracji. Dodatkowo przygotowałeś grunt pod dalszy rozwój umiejętności i wykorzystanie porad zawartych w tym rozdziale.

PIĘCIOETAPOWA METODA TAPPINGU AKUPUNKTUROWEGO, KTÓRA POMOŻE CI OSIĄGNĄĆ SUKCES W WAŻNYM OBSZARZE TWOJEGO ŻYCIA

Techniki takie jak żywe obrazy, praktyka mentalna, afirmacje i zajmowanie się samoograniczającymi przekonaniami okazały się skuteczne w zmienianiu modeli przewodnich, emocji i zachowań[8]. Aby pomóc przekształcić tapping w osobiste narzędzie mocy, które wyróżnia się wśród metod samopomocy, połącz tapping akupunkturowy z następującymi krokami:

1. Sformułowanie celu, na którym ci zależy.
2. Rozpoznawanie i rozwiązywanie wewnętrznych przeszkód.
3. Tworzenie fraz mocy.
4. Przekształcanie fraz mocy w żywe obrazy i praktykę mentalną.
5. Zwiększenie skuteczności prób mentalnych.

Kilka metod, które zastosujesz w tym rozdziale, zostało początkowo przedstawionych w rozdziałach 2 i 3, ale ta część rozwinie przedstawione tam koncepcje i będzie się skupiać na osiąganiu szczytowej wydajności.

Krok 1: Sformułowanie celu, na którym ci zależy

Kiedy prezydent John F. Kennedy zwrócił się do narodu w 1962 r. z deklaracją: „W tej dekadzie polecimy na Księżyc"[9], wyznaczył cel, który wkrótce stał się głównym elementem modelu przewodniego narodu. Deklaracja ta była zgodna z tematami obecnymi w mentalności narodowej w tamtym czasie – widzeniu w Stanach Zjednoczonych lidera, innowatora i źródła inspiracji – a także wchodziła w zupełnie nowy i niezbadany obszar. Kennedy stwierdził, że cel ten „posłuży do zorganizowania i zmierzenia najlepszych naszych energii i umiejętności". Dokładnie to robią skuteczne modele przewodnie. Poprzez swoje przemówienie Kennedy skoncentrował model przewodni narodu na wyraźnie określonym celu. W kolejnych częściach tego rozdziału będziesz pracował nad opracowaniem modelu przewodniego, którego celem będzie osiągnięcie nowego poziomu sukcesu w obszarze, który jest dla ciebie ważny.

Modele ustanowione w dzieciństwie stanowią ramy dla wszystkich późniejszych doświadczeń (o czym była mowa w rozdziale 1). Kształtują one charakter i głębię zaangażowania w każde przedsięwzięcie, w które się angażujesz. Modele te pomagają odpowiedzieć na takie pytania, jak: „Czy moje cele są wartościowe?"; „Czy wierzę, że mogę osiągnąć trudny cel?"; „Czy jestem gotów włożyć wysiłek wymagany do osiągnięcia celu, czy też wolę podążać ścieżką najmniejszego oporu?"; „Czy rywalizacja motywuje mnie, czy utrudnia moje postępy?".

We wrześniu 2022 roku, podczas nauczania w Ohio, Donna została dosłownie zabrana ze sceny i szybko przetransportowana do szpitala Cleveland Clinic, gdzie kardiolog Aaron Weiss odegrał kluczową rolę w ratowaniu jej życia[10]. Doktor Weiss od dzieciństwa aspirował do zostania kardiochirurgiem. W swojej oficjalnej biografii stwierdza: „Miałem sześć lat, kiedy po raz pierwszy powiedziałem, że chcę zostać kardiochirurgiem. Uważam się za szczęściarza, że mogę każdego dnia wstawać i angażować się w tę pracę".

Ten model przewodni z dzieciństwa doprowadził go do podjęcia ogromnych wyzwań wymaganych do uzyskania dyplomu prestiżowej szkoły medycznej i zapewnienia sobie pozycji najlepszego chirurga w jednym z najlepszych na świecie szpitali kardiologicznych. Pomimo naszej wdzięczności za całą jego ciężką pracę dr Weiss konsekwentnie odmawiał słuchania naszych pochwał. Zawsze przekierowywał naszą wdzięczność na swój zespół, który obejmował anestezjologów, innych lekarzy, pielęgniarki, asystentów lekarzy, fizjoterapeutów, sanitariuszy i innych. Możemy wreszcie wyrazić nasze podziękowania. Dziękujemy, Aaronie Weiss!

Osoby u szczytu kariery – niezależnie od tego, czy są lekarzami, nauczycielami, aktorami, czy sportowcami – często mają podobną wizję siebie z młodości, którą realizowali, aby osiągnąć niezwykły sukces. Ale nawet ci, którzy nie osiągają najwyższych wyróżnień w swoich dziedzinach, mogą czerpać korzyści z posiadania wewnętrznego modelu, który prowadzi ich w podejmowaniu niezbędnych kroków w kierunku ich wyjątkowego powołania. Dla wielu osób doświadczenia, które kształtują ich dążenie do zawodu lub rozrywki, zazwyczaj pojawiają się już po okresie dzieciństwa. Niezależnie od obecnego etapu życia nigdy nie jest za późno na odkrycie aktywności, w której aspirujesz do doskonałości lub przynajmniej realizacji pełnego potencjału. Być może nie dążysz do lotu na Księżyc, do czego Kennedy inspirował naród, ale nie oznacza to, że nie możesz poczynić wielkich postępów.

Badania wskazują, że im bardziej konkretny i ambitny jest cel – pod warunkiem, że pozostaje on w granicach możliwości danej osoby – tym wyższy jest poziom jego realizacji. Ponad 1000 badań wykazało, że „ustanowienie wysokich i konkretnych celów koreluje ze zwiększoną wydajnością zadań, wytrwałością i motywacją w przeciwieństwie do niejasnych lub prostszych celów"[11]. Samo posiadanie celu wyznacza trajektorię w kierunku poprawy umiejętności, okoliczności lub sposobu myślenia. Cele pomagają skoncentrować się i ukierunkować wysiłki na działania, które są zgodne z ich osiągnięciem. Wzmacniają motywację i zwiększają gotowość do wytrwałego dążenia do zrealizowania swojego zamiaru nawet w obliczu wyzwań. Cel różni się od przelotnego pragnienia lub impulsu tym, że wymaga on poświęcenia myśli, emocji i działań na jego osiągnięcie. Nawet przy takim zaangażowaniu wiele celów pozostaje jednak niezrealizowanych.

W tej części połączymy koncepcje z psychologii sportu i strategii biznesowych z metodą tappingu akupunkturowego Warburtona, aby sprawić, że wysiłki zmierzające do poprawy określonego aspektu życia przyniosą znaczące korzyści. Możesz zdecydować się na podniesienie swojej wydajności w aktywności, z którą już radzisz sobie całkiem dobrze, skupić się na umiejętności, w której twoje wcześniejsze wyniki były mniej niż zadowalające, lub rozpocząć zupełnie nowe przedsięwzięcie. Pamiętaj, że skuteczne cele powinny być zarówno a m b i t n e, jak k o n k r e t n e. Na początek cel, który sobie stawiasz, może być dość szeroki – zagłębimy się w szczegóły później – ale zachęcamy, aby był on rozsądnie ambitny.

Ambitny cel wskazuje, że osiągnięcie tego, czego pragniesz, będzie wymagało pewnego wysiłku. Świetnym tego przykładem jest decyzja Kennedy'ego, aby polecieć na Księżyc. Podobne stwierdzenia mogą brzmieć: „Decyduję się być lepszym rodzicem"; „Decyduję się stworzyć moją najlepszą piosenkę na nadchodzący występ"; „Decyduję się ukończyć triathlon" lub „Decyduję się nauczyć grać w Fortnite, aby poprawić moją komunikację z wnukiem". Kiedy Warburton rozpoczyna współpracę z utalentowanym sportowcem lub zespołem, jest już jasne, że istnieje ambitny cel: utrzymanie stałej wysokiej wydajności.

Kennedy zauważył: „Decydujemy się polecieć na Księżyc w tej dekadzie [i osiągnąć powiązane cele] nie dlatego, że to łatwe, ale dlatego, że to trudne". Uznał, że wyznaczanie ambitnych celów nie tylko zapewnia większą nagrodę, ale także służy jako silniejsze źródło motywacji w porównaniu z prostszymi celami. W tej chwili twoim zadaniem jest zastanowienie się nad swoim celem i wizualizacja przyszłości, w której został on osiągnięty. Wyobraź sobie młodego Aarona Weissa, który w wieku sześciu lat postanawia zostać kardiochirurgiem. A teraz pomyśl o sobie dzisiaj, rozważając swój kierunek i identyfikując konkretny sposób, w jaki twoja przyszłość będzie się różnić od obecnej sytuacji. W dalszej części rozdziału przedstawimy kroki, jakie należy podjąć, aby tam dotrzeć, ale na razie skoncentruj się na szerokim celu.

Cel Bena

Ben, nasz tester w tym rozdziale, jest 52-letnim psychologiem koncentrującym się na pomocy nastolatkom z problemami. Jest naszym kolegą, więc przejrzał wcześniejszy szkic tej książki, aby zrozumieć istotę tappingu. Niedawno otrzymał zaproszenie do wygłoszenia przemówienia na ważnej konferencji poświęconej niepokojącemu wzrostowi liczby samobójstw wśród młodzieży. To mógł być przełomowy moment w jego karierze, więc starał się wyróżnić podczas prezentacji. Ponieważ konferencja zaplanowana była za trzy miesiące, gdy dotarł do tego rozdziału, wyraził swój cel: „Postanawiam, że będzie to najlepsze przemówienie, jakie kiedykolwiek wygłosiłem".

Twoja kolej

Zidentyfikuj obszar swojego życia, w którym chcesz dokonać ulepszeń. Może to dotyczyć sztuki artystycznej (takiej jak śpiew, aktorstwo lub taniec), sportu (takiego jak koszykówka, tenis lub golf), innej aktywności polegającej na rywalizacji (w tym szachów, pokera lub gier), umiejętności interpersonalnych (takich jak małżeństwo, rodzicielstwo, przywództwo lub sprzedaż) lub samotnego zajęcia (takiego jak stolarstwo, ogrodnictwo, gotowanie, szycie lub projektowanie stron internetowych). Stwórz deklarację intencji nakreślającą ulepszenia, które chcesz osiągnąć. Możesz użyć formatu „postanawiam..." lub innego sformułowania, które przekazuje ambitny cel. Na przykład: „Postanawiam pobić mój rekord sprzedaży w przyszłym miesiącu" lub „Wyobrażam sobie, że znajdę się na liście najlepszych graczy w lokalnej lidze seniorów w pickleballu". Zapisz swój cel w dzienniku. Ustalenie celu oznacza zobowiązanie, co sprawia, że konieczne jest poświęcenie temu procesowi niezbędnego czasu i uwagi. Na razie to wystarczy. Następnym krokiem będzie tapping.

Krok 2: Rozpoznawanie i rozwiązywanie wewnętrznych przeszkód

Kiedy prezydent Kennedy ogłosił, że Stany Zjednoczone zamierzają wylądować na Księżycu, zmotywował miliony ludzi. Wywołał jednak również znaczny sprzeciw opinii publicznej, wyrażający się w takich stwierdzeniach, jak: „To niewykonalne"; „Cena jest zbyt wysoka"; „To zbyt ryzykowne"; „To nierealne"; „To marnowanie zasobów". Obawy wobec pożądanego celu, to, co nazywamy psychologicznym odwróceniem, są nie tylko domeną osobistej psychiki. Niezależnie od tego, czy jest to sprawa osobista, czy społeczna, aby cel mógł być w pełni realizowany, między nim a obawami musi zostać zawiązany sojusz. W przypadku misji na Księżyc omówiono wszystkie obawy. Chociaż żadna z nich nie powstrzymała determinacji osób odpowiedzialnych za wykonanie misji, nie zostały one przeoczone; zamiast tego odegrały rolę w kształtowaniu i ulepszaniu pierwotnej wizji w świetle praktycznych aspektów przyszłych zadań.

Psychologiczne odwrócenie i szczytowa wydajność. Na poziomie osobistym odwrócenia psychologiczne reprezentują wewnętrzne konflikty lub obawy, które utrudniają osiągnięcie celów. Często podkreślają powody, dla których te cele jeszcze się nie zamanifestowały. Odwrócenia te mogą być widoczne w umyśle lub czaić się w głębszych warstwach podświadomości. Niektóre odwrócenia psychologiczne, po zajęciu się nimi, mogą skutkować korzystnymi modyfikacjami samego celu. Wiele wewnętrznych sprzeciwów wobec dobrze zdefiniowanych celów służy jednak jako czynniki rozpraszające, które można rozwiązać na poziomie energetycznym za pomocą technik, których już się nauczyłeś. W każdym razie dążenie do nawet pięknego celu będzie mniej skuteczne, jeśli istnieje sprzeczność między twoim obrazem siebie lub podstawowymi przekonaniami a zamierzoną zmianą. Jeśli twój nadrzędny model przewodni zawiera komunikaty sugerujące, że porażka jest nieunikniona, lub że twoje wysiłki nie mają znaczenia, może się okazać, że twoje ambicje stale zderzają się z niewidzialną barierą. Jak omówiono w rozdziale 3, siedem najbardziej rozpowszechnionych typów odwrócenia psychologicznego obejmuje:

- **pożądanie:** walka między pragnieniem osiągnięcia celu a niechęcią do dążenia do niego,
- **prawdopodobieństwo:** odnosi się do przekonania, że osiągnięcie celu jest nieosiągalne,
- **bezpieczeństwo:** przekonanie, że dążenie do celu jest emocjonalnie lub fizycznie niebezpieczne,
- **godność**: przekonanie, że nie jest się godnym osiągnięcia swoich celów,
- **poświęcenie:** niechęć do rezygnacji z czegoś, co jest niezbędne do osiągnięcia celu,
- **odwaga i determinacja:** niechęć do podjęcia kroków niezbędnych do osiągnięcia swoich celów,
- **tożsamość:** obawa, że osiągnięcie celów może nie być zgodne z tym, kim jesteś.

Niektóre odwrócenia psychologiczne wynikają z niedawnych doświadczeń, jak widzieliśmy w przypadku Maria, szefa kuchni i Jane, młodej gimnastyczki. Warburton pozostaje czujny na niedawne niepowodzenia, które mogą przekształcić się w odwrócenia psychologiczne i podważyć poczucie kompetencji danej osoby. Dla przykładu podzielił się historią Peyton Souhrady, 14-letniej uczennicy pierwszej klasy liceum, która została zaproszona do gry w uniwersyteckiej drużynie softballowej. Podczas swojego pierwszego meczu była tak zdenerwowana, że rzucała piłki w ziemię lub poza zasięg łapacza, co doprowadziło do kilku, jak to nazywa Warburton, „ataków myślowych" w kolejnych dniach: „Nie mogę grać w drużynie uniwersyteckiej"; „Nie jestem wystarczająco dobra"; „Boję się znowu narobić sobie wstydu", które znalazły odzwierciedlenie w jej wynikach.

Warburton nauczył Souhrady, jak traktować te zmartwienia i obawy jako punkt wyjścia, wykorzystując takie myśli, jak: „Boję się ponownie spróbować rzucać" i „Nie wiem, czy uda mi się odzyskać kontrolę". Zmniejszając intensywność tego negatywnego mówienia o sobie, dziewczyna mogła przekonująco zainicjować pozytywne przekonania, takie jak: „Kontrola jest moim naturalnym darem". Dzięki tappingowi afirmacje te stały się w niej zakorzenione, co pozwoliło jej przez resztę sezonu kontynuować grę w drużynie uniwersyteckiej. W liście do Warburtona napisała: „Rozmowa z samą sobą naprawdę pomogła mi się zrelaksować i wykorzystać mój pełny potencjał. Mogłam z niej korzystać w dowolnym momencie, aby się uspokoić i skoncentrować. Tapping również był dla mnie korzystny… sprawił, że poczułam się spokojniejsza i bardziej pewna siebie". Wkrótce zdobyła uznanie jako zawodniczka pierwszej drużyny stanowej.

Odwrócenia psychologicznych odwróceń. Odwrócenie psychologiczne, które może wynikać z doświadczeń z dzieciństwa, przekonań o własnej porażce lub niedawnych wyzwań, można skutecznie rozwiązać za pomocą kroków opisanych poniżej. Często takie podejście pozwala jednostkom iść naprzód z ich pierwotnymi celami bez dodatkowych przeszkód. W niektórych sytuacjach może być jednak konieczna modyfikacja celu.

1. Zidentyfikuj odwrócenie psychologiczne (jeśli występuje kilka, zajmij się nimi osobno) i oceń w skali SUD, jak silne jest to uczucie.
2. Sformułuj deklarację akceptacji, które podkreśla psychologiczne odwrócenie, zgodnie z dobrze znaną strukturą: „Nawet jeśli uważam, że osiągnięcie tego celu [lub rozwiązanie tego problemu]

jest mało prawdopodobne, w pełni i z całego serca akceptuję siebie".

3. Wypowiedz deklarację akceptacji na głos trzy razy, pocierając czułe miejsca na klatce piersiowej przy pierwszej frazie i kładąc dłonie na czakrze serca podczas wypowiadania drugiej frazy.
4. Przejdź cykl tappingu: najpierw dokonując oceny w skali SUD, a następnie wypowiadając deklarację akceptacji. Kontynuuj tapping 12 punktów podczas wypowiadania psychologicznego odwrócenia jako frazy przypominającej. Następnie wykonaj procedurę integracji, a następnie ponownie przejdź przez 12 punktów i na koniec ponownie dokonaj oceny w skali SUD.
5. Jeśli ocena SUD pozostaje niezmieniona, przejdź przez ten proces ponownie. Zwróć uwagę na wszelkie nowe elementy, które się pojawiają, takie jak doznania, emocje, wspomnienia lub przekonania związane z odwróceniem psychologicznym, i skieruj na nie tapping.
6. Po zmniejszeniu oceny SUD zastąp deklarację akceptacji deklaracją postanowienia, skonstruowaną w następujący sposób: „Nawet jeśli nie wierzę, że osiągnięcie tego celu [lub rozwiązanie tego problemu] jest możliwe, postanawiam [opisz pozytywne działanie lub zmianę postawy lub przekonań]".
7. Przejdź przez kolejny cykl tappingu, modyfikując swoje psychologiczne odwrócenie, aby stworzyć bardziej wzmacniające przekonanie.
8. Kontynuuj, aż ocena SUD spadnie do 0 lub nie zmniejszy się po trzech rundach tappingu.

Potencjalne aspekty, które mogą się ujawnić. Jeśli podczas tappingu w punkcie 5 lub później pojawia się jakieś doznanie, sam tapping podczas jego identyfikacji lub skupieniu się na nim zwykle jest wystarczający. Jeśli jednak pojawią się wspomnienie, przekonanie lub silna emocja, może być konieczne cofnięcie się do tych doświadczeń, które przyczyniły się do ich intensywności lub ukształtowały przekonanie, i skupienie się na nich. Charakter wewnętrznej rozmowy pokazuje modele przewodnie, które rządzą zachowaniem podczas określonego zadania, a jeśli są one zbyt krytyczne, wszystko, co nastąpi później, będzie w ich cieniu, dopóki nie zostaną one rozwiązane.

Według Stevena Ungerleidera, wybitnego psychologa sportowego, który pracował jako konsultant Amerykańskiego Komitetu Olimpijskiego, osiągnięcie szczytowej wydajności może wymagać powrotu do kwestii z dzieciństwa, w tym obaw przed porażką, poczucia wstydu lub upokorzenia przed przyjaciółmi i rodziną oraz traumatycznych przeżyć z przeszłości[12]. Wszystkie te aspekty mogą odgrywać rolę w obecnych wyzwaniach. Kiedy mówienie o sobie konsekwentnie wywołuje emocje, takie jak strach, wstyd, obrzydzenie, złość lub pogarda, wskazuje to na konieczność ponownej oceny podstawowego modelu, który rządzi działaniem.

Od obezwładniania do wzmocnienia. Dla wielu osób, niezależnie od wykonywanego zadania, ich wewnętrzny dialog w obliczu nowych wyzwań często podkreśla zwątpienie w siebie, słabości i krytykę. Tendencja ta często wynika z nieskutecznych metod nauczania doświadczonych w dzieciństwie, zwykle dostarczanych przez dorosłych o dobrych intencjach: „Megan, zawsze poddajesz się pod presją!"; „Ricardo, dlaczego jesteś taki niezręczny?"; „Sally, robisz takie głupie rzeczy!". Wiele psychologicznych odwróceń można przypisać wewnętrznemu głosowi, który skupia uwagę na niedociągnięciach lub błędach. Odniesienie się do tych wspomnień poprzez tapping jest najszybszym i najskuteczniejszym podejściem, jakie mamy, aby zostawić je za sobą.

Chociaż proces odwracania psychologicznego odwrócenia może wydawać się skomplikowany, należy pamiętać, że przejście przez procedury deklaracji akceptacji lub deklaracji postanowienia zajmuje tylko minutę, po czym potrzeba tylko minuty na zajęcie się 12 akupunktami wraz z werbalizacjami. Oznacza to, że cały proces można przeprowadzić dość sprawnie. Ponieważ psychologiczne odwrócenia mogą znacznie utrudniać postęp, poświęcenie czasu na ich wyeliminowanie jest z pewnością warte zachodu podczas modyfikowania wzorca reakcji lub pracy nad osiągnięciem celu. Zastanów się nad wszelkimi psychologicznymi odwróceniami, które mogą podważyć twoje próby osiągnięcia celu. Będziesz stosować się do kroków opisanych wcześniej, co zostało pokrótce zilustrowane w przypadku Bena.

Psychologiczne odwrócenia Bena

Zastrzeżenia lub konflikty Bena dotyczące tego, czy jego następna mowa będzie jego najlepszą w historii, dotyczyły głównie tego, czy jest to możliwe. Obawy te obejmowały:

„Mogę zapomnieć o utrzymaniu kontaktu wzrokowego z publicznością".
„Dynamika jest tak złożona, że ludzie nie będą w stanie za nią nadążyć".
„Nie jestem w stanie zapamiętać 90-minutowego wystąpienia".

„Temat jest tak naładowany emocjonalnie, że może wywołać silną reakcję publiczności".
„Moje slajdy PowerPoint utrudnią mi zaangażowanie publiczności".

Dla każdego przypadku przygotował deklarację akceptacji według znanej struktury: „Nawet jeśli mogę zapomnieć o utrzymaniu kontaktu wzrokowego z publicznością, w pełni i całkowicie akceptuję siebie" (pocierał czułe miejsca w klatce piersiowej, wypowiadając pierwszą część, i kładł dłonie na czakrze serca podczas wygłaszania drugiej części). Takie podejście do psychologicznego odwrócenia nie tylko zmniejsza jego wpływ, ale często prowadzi do nowych spostrzeżeń dotyczących rozwiązania problemu leżącego u jego podstaw. Na przykład gdy Ben powiedział: „Nie jestem w stanie zapamiętać 90-minutowego wystąpienia", skłoniło go to do odkrycia sposobu wykorzystania ekranu prezentera, który towarzyszył jego prezentacji PowerPoint. Proces tappingu, wraz z pojawiającymi się spostrzeżeniami, pomógł zmniejszyć intensywność każdej obawy z wyjątkiem tej związanej z kontaktem wzrokowym. Po wielu rundach opukiwania skupionych na „trudnościach związanych z utrzymaniem kontaktu wzrokowego z publicznością", poziom subiektywnych jednostek niepokoju (SUD) po prostu się nie zmniejszył. Zamiast tego proces ten przywołał wspomnienia, jak był krytykowany za to, że z powodu skupienia na notatkach wyglądał jak robot.

Ben podszedł do tej sprawy w sposób kreatywny i zmienił deklarację akceptacji na deklarację postanowienia: „Nawet jeśli czasami zapominam o utrzymywaniu kontaktu wzrokowego z publicznością, postanawiam ćwiczyć nawiązywanie kontaktu wzrokowego z co najmniej pięcioma osobami podczas spotkań w nadchodzących tygodniach". Samo zastanowienie się nad tym podejściem zwiększyło jego pewność siebie, co doprowadziło go do zmodyfikowania swojego stwierdzenia na „Łatwo i naturalnie utrzymuję kontakt wzrokowy". W rezultacie jego obawy, że zapomni o nawiązaniu kontaktu wzrokowego, zmniejszyły się do poziomu 4. Eksperymentując ze strategią utrzymywania kontaktu wzrokowego podczas spotkań, odkrył, że może to zrobić, i stworzył nowy nawyk. Jego wcześniejsze obawy dotyczące kontaktu wzrokowego stały się nieistotne.

Później pojawiło się psychologiczne odwrócenie, które nie zostało uwzględnione na liście Bena. Odnosiło się ono do poczucia emocjonalnego zagrożenia związanego z doskonałością. Zamiast z niecierpliwością czekać na wygłoszenie przemówienia, które przyniosłoby mu szacunek i podziw ze strony współpracowników, Ben obawiał się, że może to prowadzić do zazdrości lub unikania go. Używając techniki mostu afektywnego (s. 141), aby zagłębić się w genezę tego problemu, przypomniał sobie incydent z liceum, kiedy wygrał w ogólnokrajowym konkursie matematycznym. Inny uczeń, najlepszy z matematyki, który zawsze zdawał się rywalizować z Benem, zaczął opowiadać, że Ben oszukiwał na teście. Wielu uwierzyło, choć było to wierutne kłamstwo. Zjawisko to, znane jako zazdrość o sukcesy, odnosi się do występującej w niektórych kulturach lub kręgach społecznych skłonności do umniejszania wartości tych, którzy osiągnęli znaczący sukces.

Od tego momentu ten strach towarzyszył Benowi, pojawiając się wyraźnie, gdy przygotowywał się do swojego wystąpienia. Refleksja nad swoim doświadczeniem po konkursie matematycznym była pierwszym krokiem w pokonaniu tej psychologicznej bariery.

Twoja kolej

Ponownie oceń swój pierwotny cel wraz z różnymi rodzajami psychologicznych odwróceń wspomnianych wcześniej, takich jak pożądanie i wiarygodność. Zastanów się nad każdym punktem, który może utrudniać ci postęp w osiąganiu celu. Alternatywnie rozważ pytania, które przeanalizowałeś w rozdziale 3, aby pomóc zidentyfikować odwrócenia psychologiczne:

- Rzeczą, która powstrzymuje mnie przed osiągnięciem tego celu, jest…
- Gdyby istniał czynnik emocjonalny uniemożliwiający mi osiągnięcie tego celu, byłby to…
- Aby osiągnąć ten cel, musiałbym…
- To, czego naprawdę pragnę poza samym tym celem, to…
- Refleksja nad tym celem przywodzi mi na myśl…

- Byłbym bardziej skłonny do osiągnięcia tego celu, gdybym najpierw…

Po zidentyfikowaniu wszelkich psychologicznych odwróceń, które mogą utrudniać postępy w dążeniu do celu, pamiętaj, aby udokumentować je w swoim dzienniku i zastosować osiem kroków opisanych na s. 313–314 dla każdego odwrócenia. Ważne jest, aby pamiętać, że połączenie słów, które wywołują trudne lub samoograniczające uczucia, z aktywacją punktów energetycznych, wysyła wiadomości do mózgu, które pomagają złagodzić te emocje. W miarę postępów może okazać się konieczne dostosowanie celu. Na przykład, jeśli twoim celem jest: „Chcę być światowej klasy surferem", ale rozpoznajesz psychologiczne odwrócenie, takie jak: „Ale moja równowaga jest okropna", to musi nastąpić zmiana. Po ukończeniu powyższego kroku powinieneś mieć cel, który możesz z całego serca przyjąć, przechodząc przez pozostałą część rozdziału.

Krok 3: Tworzenie fraz mocy

Według psycholożki sportowej Dorothy Harris „jedyną różnicą między najlepszymi i najgorszymi wynikami jest zmienność w naszym dialogu wewnętrznym"[13]. Koncepcję tę powielał legendarny łapacz Yankesów Yogi Berra, który twierdził, że „baseball to w 90 procentach psychika"[14]. Rozmowa z samym sobą to wewnętrzny głos, który towarzyszy ci przez cały dzień i który może wpływać na ciebie pozytywnie lub negatywnie. Niezależnie od jego wpływu przeplata on twoje świadome myśli i przekonania z głębiej zakorzenionymi przekonaniami i programami – które nazwaliśmy modelami przewodnimi. Zasadniczo za każdym razem, gdy o czymś myślisz, angażujesz się w rozmowę z samym sobą, która zajmuje znaczną część twojego życia. Chociaż nie zawsze jesteś świadomy tego wewnętrznego dialogu, jest on zazwyczaj obecny, często na poziomie podprogowym, nawet podczas zadań, które są w większości automatyczne, takich jak zakładanie butów.

Rozpoznanie i zajęcie się swoimi psychologicznymi odwróceniami oznacza, że zacząłeś zmieniać sposób mówienia do siebie, który w przeszłości mógł utrudniać ci osiągnięcie umiejętności lub pożądanych rezultatów. Po rozwiązaniu znaczących psychologicznych odwróceń związanych z twoim celem możesz stworzyć własną rozmowę, która naprawdę wesprze twoje intencje i pomoże ci osiągnąć twoje cele.

Istota frazy mocy. Warburton podkreśla znaczenie tworzenia „pozytywnych zwrotów zastępczych" w wewnętrznym dialogu jako remedium na „powrót do cyklu negatywnych, nieproduktywnych myśli". Zwraca uwagę, że utrzymywanie pozytywnej rozmowy z samym sobą – co niektórzy z jego sportowców nazywają „frazami mocy" – w rzeczywistości tworzy nowe ścieżki neuronowe w mózgu. Wyjaśnia, że „twoje słowa i myśli są przekształcane w energię, która bezpośrednio wpływa na twoje ciało. Dlatego ważne jest, aby używać słownictwa, które sprzyja mistrzowskiemu nastawieniu".

Warburton uważa to za „fundamentalną praktykę treningu mentalnego i emocjonalnego". Przypomnijmy sobie, jak Jane, młoda gimnastyczka, odniosła sukces dzięki wewnętrznemu dialogowi, który zawierał afirmacje takie jak: „Moje ręce wiedzą, jak mają się ułożyć"; „Poruszam się do tyłu z łatwością" i „Wiem, jak upaść". Ghalen, koszykarz ze szkoły średniej, przyjął frazy mocy, takie jak: „Świetnie radzę sobie z piłką"; „Obręcz jest ogromna" i „Mimo wszystko jestem dobry w tej grze". Kiedy Catherine Widgery, mistrzyni wioślarstwa, doświadczyła uczucia zniechęcenia, Warburton poprowadził ją do zanurzenia się w potężnej afirmacji „Nadal jestem najszybszą kobietą na świecie" przez kilka sekund. Chad Hanke, mistrz OSU w zapasach, skoncentrował się na jednej frazie mocy: „Nikt mnie nie utrzyma", co wzmocniło jego koncentrację umysłową. Zaczął używać tej frazy na początku swojego treningu z Warburtonem, powtarzał ją podczas walk i polegał na niej w następnym roku, kiedy po raz kolejny zajął pierwsze miejsce w kraju.

Ich własnymi słowami. Warburton uważnie obserwuje sportowców podczas opracowywania ich fraz mocy zachęcając ich do upewnienia się, że frazy te rezonują z ich osobistymi doświadczeniami. Po jednej z sesji Andrew Moore, świeżo upieczony miotacz w OSU, zauważył Warburtona w pobliżu boiska i wykrzyknął: „Greg, myślę, że to mam: »Cztery rzuty lub mniej«". Pałkarz, który wykona cztery nieudane próby uderzenia piłki, zostaje wyeliminowany. Po sesji tappingu, która skupiała się na negatywnym wewnętrznym dialogu w odniesieniu do spodziewanych problemów w trakcie pięciu rund i na osadzaniu frazy mocy „Cztery rzuty lub mniej", Moore rozegrał kompletny mecz z zaledwie 2 trafieniami w ciągu 9 rund. Wykonał 87 rzutów do 27 pałkarzy, średnio 3,22 rzutu na pałkarza. W swoim trzecim występie po stworzeniu frazy mocy ponownie rozegrał kompletny 9-rundowy mecz, tym razem osiągając średnio 3,1 rzutu na pałkarza. W kolejnym meczu znów rozegrał całe 9 rund, wykonując 107 rzutów na 31 pałkarzy, średnio 3,45 rzutów na pałkarza.

Moore napisał później do Warburtona o tym, jak frazy mocy i techniki tappingu pomogły mu w utrzymaniu „nastawienia na cztery rzuty lub mniej". W tym samym roku wyrównał rekord OSU w pojedynczym sezonie z 14 zwycięstwami i został pierwszym pierwszoroczniakiem w historii szkoły, który zdobył wyróżnienie pierwszej drużyny wśród amerykańskich uniwersytetów.

Mistrzowie rozwijają wewnętrzny dialog, który utrzymuje ich poczucie mistrzostwa w sposób, który wydaje się zarówno aktywny, jak i automatyczny. Często wiąże się to z uświadomieniem sobie swoich wysoce rozwiniętych umiejętności w chwili obecnej. Babe Ruth, najsłynniejszy baseballista, zwykł powtarzać sobie po nieudanym zamachu: „Każde uderzenie przybliża mnie do następnego home runu*". Frazy mocy mogą pomóc w utrzymaniu zaangażowania i koncentracji na wykonywanym zadaniu, wspierając pozytywne, samospełniające się oczekiwania bez względu na rodzaj aktywności.

Wewnętrzny dialog nie jest przeznaczony wyłącznie dla sportowców. Mario, który doszedł do wniosku, że jest kimś więcej niż tylko przeciętnym szefem kuchni, opracował kilka fraz mocy, takich jak: „Kreatywność, która uczyniła mnie wielkim szefem kuchni, wciąż jest we mnie", „Ludzie doceniają moje smaki" oraz „Jestem podekscytowany tym, co mogę stworzyć z nowymi ziołami". Podobnie raper Brayton zapewniał sam siebie, że oczekiwania innych nie stanowią już dla niego problemu. Wyraził to poprzez rap: „Nic nie stanie mi na drodze / Ten mój dar ma ostatnie słowo".

Używanie negatywnej mowy o sobie jako wyzwalacza dla frazy mocy. Mówienie o sobie może być rozwijane w celu wzmocnienia swoich mocnych stron i potencjału. Może przekształcić wewnętrzny dialog z poniżających uwag w zachęcające afirmacje i poprowadzić cię przez każdy krok złożonej umiejętności. W przypadku wielu czynności samokontrola, która przenosi cię do chwili obecnej lub koncentruje się na następnym działaniu, może naturalnie pomóc uniknąć samokrytyki. W rzeczywistości samo rozpoznanie samokrytyki może posłużyć jako podpowiedź dla frazy mocy. Doktor Ungerleider dzieli się przykładami znanych sportowców, z którymi współpracował. Legendarny tenisista Pete Sampras przeciwdziałał rozpraszającym myślom, mówiąc do siebie:

„Zmień swój sposób myślenia".
„Zapomnij o ostatniej piłce".
„Przygotuj się na następną piłkę".

Niektóre formy negatywnych myśli można łatwo przekształcić w pozytywne

* Uderzenie pałkarza, które pozwala biegaczowi zaliczyć wszystkie bazy i zdobyć punkt (przyp. tłum.).

afirmacje. Słysząc nieproduktywne słowa w swoim umyśle, takie jak krytykowanie siebie za błąd, możesz zastąpić je przećwiczoną frazą mocy, taką jak: „Nadchodzi moja następna szansa". W niektórych przypadkach ważne może być jednak zmodyfikowanie odpowiednich modeli przewodnich poprzez ponowne przeanalizowanie doświadczeń, które je ukształtowały.

Rozmowa z samym sobą odkrywa modele przewodnie. Podczas gdy modele przewodnie często funkcjonują poza świadomością, wydobycie ich na powierzchnię pozwala na ich zbadanie i zmianę, aby mogły lepiej wspierać twoje obecne potrzeby i aspiracje. Niektóre z nich mogą być już dla ciebie oczywiste, inne można rozpoznać za pomocą różnych podejść. Jednym z najprostszych i najbardziej instynktownych sposobów jest po prostu zwracanie uwagi na rozmowę z samym sobą.

Niektóre modele przewodnie mogą nie wymagać analizy, dopóki nie zakwestionujesz granic swoich możliwości. Podczas nabywania nowej umiejętności modele te mogą stać się dość widoczne w twoim umyśle. Na przykład zawsze mogłeś czuć się nieswojo, przekonując innych do postrzegania rzeczy z twojej perspektywy. Ten dyskomfort może wynikać z wpływów lub komunikatów otrzymanych od rodziny, przyjaciół lub nauczycieli we wczesnych latach życia. Teraz wyobraź sobie, że po osiągnięciu sukcesu na różnych stanowiskach w służbie cywilnej, otrzymujesz możliwość pełnienia funkcji szefa kampanii lokalnej kongresmenki.

Przyjmujesz tę propozycję, ponieważ wierzysz w jej misję, ale znajdujesz się w sytuacji, w której musisz przekonać innych o znaczeniu jej wizji. Aby złagodzić zdenerwowanie i dyskomfort związany z przedstawieniem silnej argumentacji, która ma na celu przekonanie innych do twojego punktu widzenia, bardzo pomocny może okazać się tapping akupunkturowy. Aby jednak naprawdę poczuć się swobodnie w nowej roli, być może będziesz musiał powrócić do czasów, w których na przykład zostałeś pouczony, aby nigdy nie przeciwstawiać się opiniom rodziców. Po zajęciu się emocjonalnymi pozostałościami tych doświadczeń i dostosowaniu aspektów swojego modelu przewodniego, które utrudniają ci konfrontację z opiniami innych, fraza mocy: „Rzucam nowe światło na sytuację" może służyć jako skuteczne narzędzie do zwalczania zwątpienia w siebie, gdy przekazujesz wiadomość kongresmenki szerszej publiczności.

Frazy mocy mogą być tworzone nie tylko w odniesieniu do głównego celu, ale także do wielu różnych mniejszych kroków potrzebnych do jego osiągnięcia. Ben skupił się na konkretnym wydarzeniu – przemówieniu, które miał wygłosić – ale miał też kilka celów pośrednich, aby przygotować się na tę okazję. Stworzył frazy mocy dla wielu z tych celów.

Początkowe frazy mocy Bena

Zaczynając od swoich psychologicznych odwróceń, Ben stworzył następujące frazy mocy:

„Kontakt wzrokowy jest moim nowym nawykiem" (w przeciwieństwie do: „Mogę zapomnieć o utrzymaniu kontaktu wzrokowego z publicznością").

„Mówię jasno i konkretnie" (w przeciwieństwie do: „Treść jest tak złożona, że ludzie nie będą w stanie za nią nadążyć").

„Będę miał zarys głównych punktów na ekranie prezentera" (w przeciwieństwie do: „Nie jestem w stanie zapamiętać 90-minutowego wystąpienia").

„Prowadzę publiczność delikatnie i z wyczuciem" (w przeciwieństwie do: „Temat jest tak naładowany emocjonalnie, że może wywołać silną reakcję publiczności").

„Tworzę prezentacje PowerPoint, które urzekną publiczność" (w przeciwieństwie do: „Moje slajdy PowerPoint utrudnią mi zaangażowanie publiczności").

„Wszyscy, którzy są dla mnie naprawdę ważni, chcą, abym odniósł sukces" (w przeciwieństwie do: „Moi współpracownicy będą zazdrośni i znajdą sposoby, aby mnie poniżyć, jeśli przemówienie odniesie wielki sukces").

Ben recytował każdą frazę mocy podczas tappingu, wprowadzając jedną frazę dziennie i krążąc między nimi, aby skupić się na nie więcej niż trzech naraz. Od czasu do czasu musiał poświęcić dodatkową uwagę powiązanemu psychologicznemu odwróceniu, ale w ciągu kilku tygodni wszystkie sześć fraz mocy stało się dla niego łatwo dostępne.

Podczas gdy Ben przygotowywał zarys swojej prezentacji i tworzył slajdy PowerPoint, aby podkreślić kluczowe idee, frazy przewodnie takie jak: „Mówię jasno i konkretnie" oraz „Tworzę prezentacje PowerPoint, które urzekną publiczność" wpłynęły na jego przygotowanie. Gdy jednak poczynił znaczne postępy zarówno w tworzeniu konspektu, jak i slajdów PowerPoint, niechętnie ćwiczył samo przemówienie. Chociaż mocno wierzył, że ćwiczenia są niezbędne do udanego wystąpienia, szybko się nudził i po kilku próbach tracił motywację. Mijały tygodnie bez żadnej próby. Aby temu zaradzić, stworzył frazę mocy: „Uczę się czegoś nowego za każdym razem, gdy ćwiczę". To podejście okazało się skuteczne, ponieważ zaczął udoskonalać prezentację z każdą sesją treningową. Bez względu na to, czy danego dnia miał próbę, każdego wieczoru poświęcał czas na ćwiczenie tej frazy. Wkrótce zaczął postrzegać próby jako twórcze przedsięwzięcie i ćwiczył raz w tygodniu, a w tygodniu poprzedzającym wystąpienie – kilka razy.

Twoja kolej

Zbadaj psychologiczne odwrócenia, które wcześniej zidentyfikowałeś, i wybierz te, które nadal wywołują silne uczucia. Dla każdego z nich utwórz frazę mocy, która sprzeciwia się przesłaniu odwrócenia psychologicznego. Zapisz je w swoim dzienniku. Następnie, stukając w 12 punktów akupunkturowych, powtarzaj frazę mocy. Dodanie tappingu do frazy mocy pomaga w osadzeniu jej w systemie ciała i umysłu. Chociaż możesz nie mieć możliwości stukania podczas prezentacji lub podczas intensywnego meczu piłki nożnej, ćwiczenie kilku fraz mocy z tappingiem czyni je bardziej dostępnymi w chwilach, gdy stukanie nie jest możliwe.

Skoncentruj się na pracy z maksymalnie trzema frazami mocy w jednym momencie. Gdy dana fraza mocy stanie się wygodna i ugruntowana, dzięki czemu można ją przywołać w razie potrzeby, można przejść do innych fraz z listy. Jeśli napotkasz jakikolwiek opór przed konkretną frazą mocy, pomyśl o jej zmodyfikowaniu lub zajęciu się oporem jako psychologicznym odwróceniem, postępując zgodnie z metodami opisanymi w kroku 2 (s. 311).

Krok 4: Przekształcenie frazy mocy w żywe obrazy i praktykę mentalną

Siła języka jest wzmacniana przez frazy mocy. Ich skuteczność znacznie wzrasta, gdy połączysz je z wyobrażeniami, próbami mentalnymi i tappingiem. Zazwyczaj gdy ktoś wyobraża sobie jakiś obraz, pojawia się on jako nieruchome ujęcie, co pomaga w jego dopracowaniu. Ale wybór obrazu jest jedynie początkowym krokiem w rozwijaniu prób mentalnych. Podczas gdy uczymy obrazowania, prób mentalnych i ich opukiwania jako trzech oddzielnych tematów, zauważysz, jak płynnie integrują się one w jednolitą praktykę – bezwysiłkowy proces – który wzmacnia wpływ twojej frazy mocy. Rozpoczęcie od wybrania obrazu, na którym można się oprzeć, jest kluczowym pierwszym krokiem.

Wyobrażenia. Żywe obrazy angażują zarówno umysł, jak i ciało w frazę mocy w sposób, którego zwykła werbalizacja lub myśl nie mogą osiągnąć. Chociaż sportowcy i artyści uznają obrazy za potężne narzędzie, często brakuje im wskazówek dotyczących ich skutecznego stosowania. Przedstawiamy prosty eksperyment wprowadzający obrazowanie do naszych grup, który można wypróbować natychmiast:

> Zrelaksuj się i postępuj zgodnie z instrukcjami. Wyciągnij jedną rękę przed siebie i wyobraź sobie, że chwytasz cytrynę pokrojoną na ćwiartki. Użyj swojej wyobraźni tak żywo, jak to możliwe, aby zwizualizować jasnożółtą skórkę cytryny i poczuć opuszkami palców jej powierzchnię. Zwróć uwagę na wgłębienia na skórce i soczyste wnętrze. Teraz podnieś cytrynę do nosa i powąchaj. Czy wyczuwasz jej aromat? Za chwilę weźmiesz kęs soczystego miąższu. Wyobraź sobie, że zatapiasz w nim zęby – a nie tylko skubiesz! Weź spory kęs. Wyobraź sobie, że go przeżuwasz... Teraz odłóż go na bok i umieść w pojemniku na bioodpady. Zwróć uwagę, czy odczuwasz ślinotok.

Na naszych zajęciach większość osób podnosi rękę, aby pokazać, że doświadczyli ślinotoku. Kiedy angażujesz swoją wyobraźnię, twoje ciało i neurochemia ulegają namacalnym zmianom. Twój mózg reaguje na wyobrażoną cytrynę tak, jakby była prawdziwa, wytwarzając ślinę, aby zneutralizować kwaśny smak pomimo braku prawdziwego owocu.

Konsekwentnie stosując frazę mocy wraz z żywymi obrazami, trenujesz swoje ciało i umysł do rozwijania percepcji, myśli i działań zgodnych z tą frazą mocy.

Wyobrażenia wykraczają poza zwykłe doświadczenie wizualne, obejmując doznania różnych zmysłów. Na przykład w eksperymencie z cytryną mogłeś wizualizować cytrynę, czuć jej wagę i fakturę, smakować jej kwaskowatość, wdychać jej cytrusowy zapach lub doświadczać uczucia przyciągania lub niechęci, albo też dowolnej mieszanki tych wrażeń. W rzeczywistości wiele osób ma trudności z wizualizacją obrazów mentalnych lub to, co mogą dostrzec, jest słabe, niejasne lub ulotne. Dlatego też, gdy wspominamy o „obrazie", odnosimy się do unikalnej kombinacji doznań zmysłowych i emocji, które umysł wykorzystuje do tworzenia wewnętrznych doświadczeń.

Skuteczne źródła wyobrażeń. Doktor Ungerleider podkreśla, że próby mentalne i wyobrażenia mogą być paradoksalne: „Podczas gdy praktyka prowadzi do doskonałości, może również skutkować niedoskonałością, jeśli ćwiczone wyobrażenia są nieprawidłowe"[15]. Powtarzanie błędów może być przydatne podczas generowania obrazów w celu ich skorygowania, ale ciągłe ich odtwarzanie blokuje je w układzie nerwowym. Jakie są najlepsze źródła obrazów w praktyce mentalnej? Kluczowe źródła obejmują obserwowanie najlepszych, przypominanie sobie swoich najlepszych występów, a nawet oglądanie filmów przedstawiających siebie w najlepszym wydaniu.

- **Obserwowanie najlepszych.** Wiele z tego, co wizualizujemy, zależy od naszych obserwacji innych. Według doktora Ungerleidera nasze wewnętrzne procesy są częściowo kształtowane przez „zalew nowych obrazów z zewnętrznych doświadczeń naszych umysłów"[16]. Mechanizmy neuronalne mózgu, które to ułatwiają, obejmują „neurony lustrzane", które są komórkami mózgowymi reagującymi, gdy wykonywane jest określone działanie i gdy jest ono tylko obserwowane. Doktor Ungerleider przytacza historię zasłyszaną od Earla Bella, czterokrotnego olimpijczyka w skoku o tyczce: „Podczas zimowych treningów chodziliśmy na krytą salę gimnastyczną, gdzie ćwiczyła również nasza drużyna koszykówki. W ramach rozgrzewki dla zabawy angażowaliśmy się w gry jeden na jednego. Mój trzyletni syn przychodził nas obserwować. Kilka miesięcy później jego babcia podarowała mu kosz – siatkę zawieszoną na wysokości 120 cm – i małą piłkę o średnicy około 15 cm, idealnie dopasowaną do jego rąk. Kiedy ustawiła kosz i podała mu piłkę, ustawił się przed obręczą, ułożył nadgarstki i bez wysiłku wykonał piękny mały rzut z wyskoku. Po raz pierwszy w życiu grał w piłkę. Wcześniej tylko nas obserwował, ale już ma na swoim koncie imponujący rzut z wyskoku"[17].
- **Przypominanie sobie swoich najlepszych występów.** Osiągnięcie sukcesu kładzie podwaliny pod dalsze dokonania. Pozytywne wspomnienia, które najbardziej rezonują z twoim ciałem, umysłem i tożsamością, będą wynikać z twoich osobistych najlepszych osiągnięć. Osobisty rekord to coś, czemu można zaufać. Osiągnąłeś go w przeszłości – więc posiadasz odpowiedni potencjał. Niemniej każdy chciałby być w stanie zawsze działać na tym poziomie wydajności lub go przewyższać, a przypominanie sobie przeszłych sukcesów lub wyobrażanie sobie

ich przekraczania jest potężnym źródłem owocnych wyobrażeń.

- **Oglądanie filmów przedstawiających siebie w najlepszym wydaniu.** W przeszłości to głównie sportowcy, aktorzy i piosenkarze mogli oglądać nagrania swoich poprzednich występów. Nawet w tamtych czasach trenerzy i menadżerowie często wykorzystywali te filmy do badania błędów lub niedociągnięć. W dzisiejszych czasach prawie każdy ma na wyciągnięcie ręki kamerę wideo lub telefon komórkowy. Jeśli aktywność, w którą jesteś zaangażowany, nadaje się do nagrywania wideo, ustawienie statywu do przechwytywania sesji treningowych jest prostym zadaniem. Chociaż nagrania te można wykorzystać do udoskonalenia obszarów, które wymagają poprawy, skupiamy się tutaj na zastosowaniu ich do utrwalenia w pamięci najlepszych wyników. Nagrania te mogą służyć jako cenne narzędzia do skutecznych prób mentalnych.

Ze względu na fakt, że sportowcy zazwyczaj mają łatwy dostęp do powtórek wideo, Warburton zachęca ich do oglądania swoich najlepszych występów i wykonywania w tym czasie tappingu. Podkreśla, że taka praktyka pomaga ustanowić lub wzmocnić ścieżki neuronowe, które kształtują pożądaną sekwencję działań. Jeden ze sportowców podsumował ten pomysł stwierdzeniem: „Och, rozumiem, chcesz, żebyśmy przesiąkli sukcesami!". Warburton współpracował z Tylerem Malonem, czołowym pałkarzem drużyny baseballowej Uniwersytetu Stanu Oregon z 2018 roku. Zasadniczy element treningu mentalnego obejmował ćwiczenie wyobrażeń po obejrzeniu jego najlepszych wyników uderzeń i wykorzystanie tych wyobrażeń. W rezultacie Malone uzyskał najlepsze odbicia w pięciu kolejnych meczach w sezonie i wykonał doskonałe trzy uderzenia, zdobywając wszystkie bazy podczas mistrzostw kraju.

Gdy masz już pojedynczy obraz, który wyraża twoją frazę mocy – niezależnie od tego, czy jest on inspirowany obserwacją mistrzów w danej dziedzinie, refleksją nad własnymi najlepszymi wynikami, czy też stworzony z wyobraźni – możesz zacząć rozwijać ten obraz w mentalną próbę.

Próby mentalne. Pewien dobrze znany eksperyment badający wpływ prób mentalnych na nabywanie umiejętności został przeprowadzony z udziałem studentów ochotników. Badanie koncentrowało się na wykonywaniu rzutów wolnych w koszykówce. Ochotnicy, z których żaden nie był koszykarzem, zostali podzieleni na trzy grupy. Jedna z nich przez 30 dni codziennie ćwiczyła rzuty wolne. Druga grupa również koncentrowała się w tym czasie na wykonywaniu rzutów wolnych, ale robiła to wyłącznie w wyobraźni, nigdy nie mając do czynienia z piłką do koszykówki. Trzecia grupa nie otrzymała żadnych instrukcji związanych z koszykówką. Po upływie 30 dni wszystkie trzy grupy powróciły do wykonywania rzutów wolnych. Ci, którzy w ogóle nie ćwiczyli, nie wykazali żadnych postępów. Z kolei grupa, która ćwiczyła z prawdziwą piłką do koszykówki, wykazała 24-procentową poprawę, podczas gdy grupa, która ćwiczyła mentalnie, osiągnęła 23-procentową poprawę, co jest statystycznie porównywalne z wynikami tych, którzy ćwiczyli na boisku[18].

W badaniu z udziałem 1200 elitarnych sportowców, z których wszyscy wzięli udział w próbach olimpijskich, pojawiła się kluczowa różnica między tymi, którzy zakwalifikowali się na olimpiadę, a tymi, którym się to nie udało – przyszli olimpijczycy poświęcili więcej wysiłku na „dostrojenie mentalne" podczas końcowych etapów przygotowań[19]. Doktor Ungerleider, jeden z badaczy, wyjaśnia, że próby mentalne mogą warunkować umysł do reagowania w określony sposób na określone sytuacje. Zauważa on, że „mózg wykorzystuje te same ścieżki do widzenia co do obrazowania, [ale] zamiast przetwarzać informacje wizualne ze źródeł zewnętrznych, sygnał wizualny jest przetwarzany wewnętrznie"[20].

Doktor Ungerleider wskazał cztery kluczowe obszary, w których próby mentalne okazują się korzystne: (1) poprawa techniki, (2) analiza i korygowanie błędów, (3) przygotowanie do wystąpienia i (4) poprawa ogólnych umiejętności[21]. Próby mentalne mogą być równie skuteczne jak rzeczywista praktyka po części dlatego, że pozwalają rozbić aktywność, dowiedzieć się, jak zareagować na każde wyzwanie, a następnie wyobrazić sobie wdrożenie nowego działania. Dodatkowo, jak zostanie wykazane, integracja tappingu z próbami mentalnymi zwiększa ich skuteczność.

Natychmiastowe próby mentalne. Próby mentalne są powszechnie wykorzystywane podczas przygotowań i treningu, ale można je również wykonywać tuż przed występem. Na przykład artysta może wziąć kilka głębokich oddechów przed wejściem na scenę i wyobrazić sobie pierwsze 10 sekund angażowania publiczności. Kierownik może wyobrazić sobie, jak przechodzi przez agendę tuż przed otwarciem potencjalnie kontrowersyjnego spotkania pracowników. Tenisista może wziąć głęboki oddech przed każdym serwem, wyobrażając sobie ruchy mające na celu przyspieszenie piłki. Nawet jeśli nie jesteś w stanie wprowadzić pełnej sceny do swojej aktywności, możesz w dowolnym momencie użyć jednej ze swoich fraz mocy.

Dodawanie tappingu do prób mentalnych. Warburton instruuje sportowców, którymi się opiekuje, aby zwracali uwagę na te momenty w próbach mentalnych, kiedy czują się spięci, niespokojni lub niepewni. W tych momentach przerywa próbę i zachęca ich do tappingu w celu uwolnienia wyzwalaczy powodujących napiętą reakcję.

Następnie sportowcy angażują się w próby mentalne w bardziej zrelaksowanym stanie fizycznym i z większym spokojem. Warburton zachęca ich do stopniowego zwiększania intensywności scenariuszy rywalizacji podczas treningu, pozwalając im ćwiczyć pod znaczną presją przed rzeczywistymi zawodami, odnosząc się do każdego momentu, który wywołuje napięcie. Rozpoczynają próby mentalne w stanie relaksu i kończą je w ten sam sposób. Te kroki przygotowawcze, którym towarzyszy tapping, prowadzą do spokojniejszego występu nawet w najbardziej stresujących sytuacjach, w których ma to kluczowe znaczenie.

Pierwsze opublikowane badania dotyczące tappingu w odniesieniu do wyników sportowych obejmowały krótką 10-minutową sesję tappingu z grupą zawodniczek piłki nożnej[22]. Grupa kontrolna uczestniczyła w standardowej sesji coachingowej piłki nożnej. Wyniki pokazały, że grupa tappingowa wykazała statystycznie istotną poprawę zdolności do strzelenia gola z odległości 15 metrów, przewyższając postępy grupy kontrolnej. Mimo że badanie to było podstawowe i wstępne, pokazuje ono, że nawet odrobina tappingu może mieć znaczący wpływ.

Chociaż może wydawać się jasne, że wykorzystanie tappingu podczas prób mentalnych jest korzystne dla poprawy wyników sportowych, można kwestionować jego znaczenie dla innych aktywności. Rozważmy na przykład robienie na drutach. Jeśli twoim celem jest opanowanie sztuki dziergania pięknych swetrów, możesz się zastanawiać, w jaki sposób próby mentalne odnoszą się do twojego rzemiosła. Możesz postrzegać robienie na drutach jako relaksujące zajęcie, a nie źródło stresu, i z pewnością nie jest to czynność wykonywana przed publicznością analizującą każdy twój splot. W związku z tym może się wydawać, że koncepcja łagodzenia stresu poprzez tapping nie odnosi się do dziergania (lub innych indywidualnych czynności). Z drugiej strony rozwijanie zręczności, kreatywności, planowania oraz podążania za wzorcami i odchodzenia od nich, a także kwestie estetyki i odbioru przez publiczność, mogą być pełne stresu i wyzwań.

Używanie prób i tappingu do wskazywania i pokonywania wyzwań. Każda umiejętność, czy to robienie na drutach, czy skakanie o tyczce, składa się z umiejętności składowych, z których każda ma własny zestaw wyzwań. Kiedy zmagasz się z pewnością siebie i cierpliwością, próbując wykonać na drutach splot, lub jeśli spinasz się w kluczowych momentach podczas skoku o tyczce, występu czy śpiewania piosenki, lub jeśli panikujesz, gdy twój hetman jest zagrożony w meczu szachowym, wskazałeś obszar, w którym próby mentalne mogą pomóc w opracowaniu bardziej efektywnych działań. Rozpoznając, gdzie napotykasz trudności w danej umiejętności, możesz skupić się na tym konkretnym aspekcie każdej aktywności, aby poprawić swoje wyniki.

Warburton instruuje sportowców w zakresie ukierunkowanego mówienia do siebie i strategii prób w obszarach, w których napotykają trudności. Skutecznie podzielił praktykę wizualizacji na łatwe do opanowania kroki. Na przykład współpracował z początkującym zawodowym baseballistą Wade'em Mecklerem, aby udoskonalić jego technikę uderzeń. Warburton zachęcił Mecklera do skoncentrowania się na doznaniach fizycznych podczas całego zamachu. Gdy Meckler skupił się na tym, zdał sobie sprawę: „Mam problem z obrotem biodra". Następnie wykonał rundę tappingu, koncentrując się na frazie: „Coś jest nie tak w moim skręcie biodra", aby wyeliminować tę przeszkodę i osiągnąć pełny i prawidłowy zamach.

Po skorygowaniu skrętu bioder i wizualizacji ruchu był w stanie poczuć i wykonać idealny zamach. Meckler rozpoczął sezon baseballowy w 2023 roku w niższych ligach i latem przeszedł przez każdy poziom małej ligi zawodowej w baseballu, ostatecznie trafiając do San Francisco Giants we wrześniu 2023 roku, co jest znaczącym osiągnięciem w profesjonalnych meczach.

Bez względu na to, nad jaką umiejętnością pracujesz, zaangażowanie się w mentalną próbę w zwolnionym tempie przy pełnej świadomości swoich fizycznych odczuć może pomóc ci zidentyfikować obszary wymagające poprawy. Chociaż szczegóły różnią się znacznie w zależności od konkretnej aktywności, podstawowa zasada pozostaje taka sama: praktyka mentalna wpływa na rzeczywiste wykonanie.

W poniższych wskazówkach zaangażujesz się w mentalną próbę wybranej sceny (scen), opukując 12 punktów akupunkturowych tyle razy, ile to konieczne. Metoda ta, podobna do techniki „opowiedz historię" (s. 207), wzmacnia wizualizację poprzez przekazywanie sygnałów do układu nerwowego wzdłuż ścieżek akupunkturowych, które tworzą połączenia neuronowe związane z wyobrażoną aktywnością.

Próba mentalna Bena

Jego próba koncentrowała się na utrzymaniu zaangażowania publiczności, używaniu zrozumiałego języka i wyrażaniu empatii. Przypomniał sobie, jak przemawiał do klasy licealnej swojego syna podczas Dnia Kariery, a była to jedna z jego ulubionych prezentacji. Żywe zainteresowanie uczniów zrozumieniem, w jaki sposób terapeuta pomaga nastolatkom zmagającym się z lękiem, zainspirowało Bena do żartowania i stworzyło wyjątkową więź z publicznością. Przekształcił to doświadczenie w mentalną wizualizację swojego nadchodzącego przemówienia i zastanowił się nad nim. Należy zauważyć, że podejście to znacznie różniło się od dłuższych sesji treningowych, podczas których dopracowywał i rozwijał swoje przemówienie w czasie rzeczywistym. Każda z tych mentalnych prób trwała tylko około minuty.

Twoja kolej

Zacznij od wybrania konkretnego obrazu, który symbolizuje twoją doskonałość w aktywności związanej z twoim celem. Ten obraz posłuży ci jako wizualna reprezentacja twojego celu lub jednej z twoich fraz mocy. Inspiracją może być obserwowanie kogoś, kogo podziwiasz, umiejętnie wykonującego daną czynność, przywołanie wspomnienia lub filmu z twoimi najlepszymi wynikami lub po prostu wyczarowanie sceny z twojej wyobraźni. Następnie przekształć ten obraz w mentalną próbę, skutecznie tworząc wewnętrzny film, w którym perfekcyjnie wykonujesz sekwencję. Ta mentalna próba może obejmować całą aktywność lub skupiać się na konkretnym aspekcie, który chcesz poprawić. Na koniec odtwórz film w swoim umyśle podczas tappingu, przechodząc przez 12 punktów tyle razy, ile potrzeba, aby ukończyć sekwencję ćwiczonych umiejętności.

Krok 5: Zwiększenie skuteczności prób mentalnych

Po stworzeniu i mentalnym przećwiczeniu doskonałego występu ostatnim krokiem jest wzmocnienie jego wpływu na umysł i układ nerwowy. Koncepcja jest prosta: im bardziej przekonująca wydaje ci się próba mentalna, tym większy jest jej efekt. Możesz zastosować techniki, których nauczyłeś się wcześniej, aby zwiększyć jej wiarygodność, a tym samym skuteczność.

W poprzednich rozdziałach nauczyłeś się wizualizować pożądaną reakcję na trudną sytuację. Oceniałeś, na ile wiarygodna była ta wyobrażona reakcja, i podjąłeś działania w celu zwiększenia tej wiarygodności. Ta sama metoda, która obejmuje ocenę w subiektywnych jednostkach wiarygodności (SUB), może być też stosowana podczas prób mentalnych.

W jaki sposób Ben zwiększał skuteczność swoich prób mentalnych

Podczas swojego pierwszego doświadczenia z próbami mentalnymi Ben uznał je za przyjemne, choć ocenił swoją pewność siebie w ich skutecznym przeprowadzeniu na zaledwie 4 (na 10). Jego późniejsza deklaracja akceptacji brzmiała: „Nawet jeśli oceniam swoją pewność siebie na 4, w pełni akceptuję siebie". Rozpoznał odwrócenie psychologiczne: czuł, że wyrażanie złożonych pomysłów na temat wpływu myśli samobójczych na mózg – w odróżnieniu od lęku – będzie wyzwaniem bez używania zbyt skomplikowanego języka. Mając zarys tematu wyświetlany na ekranie prezentera, mógł improwizować, zamiast polegać wyłącznie na zapamiętywaniu, co pomogłoby mu zachować kontakt z publicznością. Zauważył jednak, że takie swobodne podejście może doprowadzić go do pułapki w postaci przeintelektualizowania prezentacji.

Ben zaczął opukiwać frazę: „Obawiam się, że mogę uciekać się do zbyt skomplikowanego języka", którą początkowo ocenił w skali SUD na 8, ale po kilku sesjach tappingu i poprawionej deklaracji wyborów: „Nawet jeśli obawiam się używania skomplikowanego języka, decyduję się ćwiczyć i wypowiadać proste zwroty i słowa", ocena spadła do 2. W podobny sposób przepracował również kilka innych odwróceń psychologicznych, zwiększając wynik wiarygodności do 9 (chociaż naszym celem jest zmniejszenie SUD, chcemy zwiększyć SUB).

Twoja kolej

Zacznij od subiektywnej oceny wiarygodności (SUB) próby mentalnej lub jakiejkolwiek konkretnej sceny, która stanowiła lub może stanowić wyzwanie. Postępuj zgodnie z krokami opisanymi w historii Bena, aby zwiększyć jej wiarygodność. Można to zastosować do całej próby mentalnej, a także do poszczególnych jej elementów, na których chcesz się skupić.

PODSUMOWANIE

Zdobycie nowej umiejętności lub udoskonalenie już posiadanej oznacza rozwój osobisty. Niezależnie od tego, czy dana aktywność jest widoczna dla innych, czy też wykonywana jest w pojedynkę, wysiłki kształtujące rozwój są zazwyczaj bardzo satysfakcjonujące i często ekscytujące. Na przestrzeni dziejów ludzie poszukiwali metod optymalizacji wyników swoich wysiłków. W tym rozdziale przedstawiono niektóre z najbardziej skutecznych strategii osiągania szczytowej wydajności i pokazano, w jaki sposób można wykorzystać tapping do ich wzmocnienia.

ROZDZIAŁ 8

ZWIĄZKI

> Tapping równoważy energie partnerów, sprzyjając większej empatii, miłości i radości. Kiedy pary angażują się w uważny tapping w trudnych chwilach, pozwala im to zdystansować się od kłopotliwych myśli i uczuć, co prowadzi do bardziej kreatywnej i konstruktywnej komunikacji[1].
>
> **dr Fred Gallo,**
> psycholog, któremu przypisuje się stworzenie terminu „psychologia energetyczna"

W PRZEDMOWIE DO naszej bestsellerowej książki z listy „New York Timesa" pod tytułem *The Energies of Love*, traktującej o związkach, nasza wieloletnia przyjaciółka Jean Houston, historyczka kultury i pionierka w badaniu ludzkiego potencjału, napisała o nas:

> Kiedy spotyka się ich po raz pierwszy, wydają się nieprawdopodobną parą. Donna jest żywiołowa, spontaniczna i intuicyjna. David jest spokojny, refleksyjny i zawsze szuka głębszych znaczeń. Ona jest szampanem, on wodą niegazowaną. Ona ma tropikalną naturę; on zdecydowanie północną. Pomimo tych różnic, dzięki niezachwianemu oddaniu i głębokiemu uczuciu, stworzyli kochające się, kreatywne i wzorowe małżeństwo. On wyraża jej emocje słowami. Ona postrzega i zarządza energiami, które pozwalają mu uzyskać dostęp do nowych sfer zrozumienia. Razem zainwestowali wysiłek w swój związek, a my jesteśmy ich beneficjentami[2].

Często żartujemy, że jeśli nam się udało, to uda się każdej parze. Patrząc przez pryzmat naszych 46 lat razem w momencie pisania tej książki, wspominamy, że nasze wczesne lata były pełne walki i niezgody. Przyjaciele, którzy obserwowali nasze konflikty z bliska, byli sceptycznie nastawieni do tego, czy nasza relacja przetrwa choćby miesiąc. Chociaż mamy doświadczenie zawodowe w pomocy niezliczonym małżeństwom, sami mamy własną historię wzlotów i upadków małżeńskich. Donna często powtarza: „Dzięki Bogu, że nie zostawiłam go wtedy, kiedy powinnam!".

Zgodnie z wieloletnią tradycją edukatorów, którzy przekazują wiedzę, której sami poszukują, na początku naszej współpracy zainicjowaliśmy warsztaty trafnie zatytułowane „Rollercoaster relacji". Z pewnością byliśmy doświadczonymi ekspertami w tym temacie. Kluczowym spostrzeżeniem z warsztatów było to, że natura oszukuje nas, ludzi, aranżując nasze reakcje biochemiczne i energetyczne tak, że jesteśmy predysponowani do odczuwania silnego przyciągania do siebie nawzajem. W przypadku par heteroseksualnych chodzi o to, aby potencjalni rodzice tak głęboko związali się ze sobą, by wychowywać potomstwo. Ale zasoby emocjonalne wymagane podczas tej fazy „romantycznej miłości" są ogromne. Zasoby te szybko przesuwają się w kierunku obowiązków związanych z utrzymaniem rodziny. Zatem to atrakcyjne programowanie zauroczenia ma wyraźny termin ważności.

Gdy początkowe uczucia słabną, kolejna faza określana jest jako „rozczarowanie i rozrachunek". Co się stało z tym entuzjazmem i wyidealizowanym postrzeganiem siebie nawzajem? Jeśli jednak uda ci się przejść przez zranienie i rozczarowanie tego etapu, czeka cię nagroda w postaci kolejnego etapu „głęboki i płynny", który może trwać przez resztę życia. Oczywiście w grę wchodzi wiele innych elementów, ale progresja od romantycznej miłości przez rozczarowanie i rozrachunek do głębokiego i płynnego związku jest naturalną koleją rzeczy.

Podczas najtrudniejszych chwil utrzymywaliśmy przekonanie, że etap „głęboko i płynnie" ma być naszym wspólnym przeznaczeniem, co pomogło nam przetrwać trudności wczesnych lat. Nieco charakterystycznym spostrzeżeniem, które wnieśliśmy do naszych zajęć, jest idea, że każdy etap posiada własną *częstotliwość energetyczną*. Badając i angażując się w tę energetyczną podstawę swoich emocji, percepcji i aspiracji, pary mogą znaleźć swoją drogę.

Jednym z najczęstszych wniosków, jakie słyszeliśmy od par, które przeszły przez te warsztaty, jest to, że kiedy partnerzy przestali oceniać swój związek przez pryzmat wczesnego, bardzo namiętnego etapu – niezależnie od tego, czy był to etap, którego doświadczyli, czy taki, który sobie wyobrażali – uporczywe uczucie rozczarowania się zmniejszyło. Ta zmiana pozwoliła im zaangażować się w trudny proces pogodzenia różnic (lub separacji) i wejść w satysfakcjonujący rytm, którego inaczej mogliby nie osiągnąć. Byli zadowoleni, że zdecydowali się nie rozstawać, kiedy wierzyli, że „powinni byli".

Psychologowie odnoszą się do tej bardziej rozwiniętej formy miłości jako *miłości zgodnej*, która jest definiowana przez głębokie uczucie bliskości i sympatii do kogoś, a nie intensywne emocjonalne podniecenie, gdy ta osoba jest w pobliżu[3]. Związki takie charakteryzują się wysokim poziomem intymności i zaangażowania. Podczas gdy namiętność pozostaje obecna, to głęboka więź jest tym, co cenimy najbardziej.

TWOJE MODELE PRZEWODNIE I RELACJE

Podstawą twojej zdolności do tworzenia pielęgnującego partnerstwa są modele przewodnie. Zaczęły się one formować w okresie niemowlęcym i nadal ewoluują przez całe życie. Możesz wykorzystać protokoły tappingu w celu przekształcenia tych modeli, tak by napędzały cię w kierunku coraz bardziej satysfakcjonujących relacji.

Pielęgnowanie relacji, które są emocjonalnie satysfakcjonujące i wzajemnie się wspierają, jest niezbędne do osiągnięcia sukcesu w niemal każdym aspekcie życia. Nasi przodkowie polegali na sobie nawzajem, aby przetrwać, a znaczenie rodzin i społeczności nadal ma kluczowe znaczenie dla naszego zdrowia i ogólnego samopoczucia. Liczne badania wskazują, że liczba bliskich relacji znacząco wpływa na odporność w stresujących czasach, perspektywę w obliczu wyzwań, wydajność układu odpornościowego, zdrowie i długość życia, a także ogólne szczęście[4].

To, co oferujemy w tym rozdziale, może doprowadzić cię do fundamentalnych kwestii z dzieciństwa, które czekają na głębsze rozwiązanie, aby poprawić twoje obecne relacje. Rozwój osobisty jest często porównywany do wznoszącej się spirali, w której wielokrotnie powracasz do tych samych wyzwań, ale na wyższym poziomie dojrzałości psychologicznej, co pozwala ci radzić sobie z nimi w nowy i bardziej zdecydowany sposób[5]. Taki jest cel tego rozdziału. Niemniej proces ten może stanowić wyzwanie. Jedna z naszych testerek napisała:

> Ten rozdział bez wątpienia okazał się dla mnie największym wyzwaniem. Ujawnił on istotne aspekty, które uznałam za kluczowe dla uzdrowienia głównych obszarów mojego życia. Podczas zgłębiania treści często odczuwałam chęć ucieczki. Rozdział ten wymagał ode mnie otwartości, szczerości wobec siebie i wrażliwości wobec mojego partnera. Wiele razy zastanawiałam się, czy nie powiedzieć: „Po prostu pominę resztę rozdziału". Ale wytrwałam. Jestem ZACHWYCONA, że to zrobiłam! Doceniam ten materiał; pomógł mi on w poruszaniu się po burzliwych wodach mojego związku.

Przygotuj się na to, że ten rozdział może poprowadzić cię na burzliwe wody. Chociaż jest bardziej prawdopodobne, że będzie on pełen nadziei i inspirujący, zachowaj odpowiednie tempo, zawsze też możesz zrobić przerwę. Możesz używać swojego dziennika do zapisywania refleksji. Możesz też szukać pomocy u innych. Im bardziej zaangażujesz się w te procesy, tym bardziej prawdopodobne jest, że przyniosą one znaczące zmiany. Aby rozpocząć, zacznij od „Szybkiej pomocy".

Szybka pomoc: Relacje

Przypomnij sobie związek, w którym chciałbyś poprawić komunikację, uzdrowić konflikt lub pogłębić więź. Może to dotyczyć twojego partnera, szefa, dziecka, rodzica, przyjaciela, współpracownika, byłego małżonka, a nawet przyszłego partnera, którego sobie wyobrażasz. Oceń poziom niepokoju, jakiego doświadczasz w swoim umyśle i/lub ciele w związku z pragnieniem tych zmian, oceniając go w skali SUD. Rozpocznij od wypowiedzenia pierwszej frazy podczas stukania w punkt na czubku głowy. Przejdź do następnej frazy, opukując kolejny punkt. Kontynuuj ten proces, przechodząc przez każdą frazę i stukając w 12 punktów. Możesz pominąć wszelkie frazy, które z tobą nie rezonują.

„Nawet jeśli uważam, że mój związek z [imię] jest czasami trudny, wierzę w dobroć, która istnieje w każdym z nas.
Nawet jeśli trudno jest uwierzyć, że zmiany, których pragnę, nastąpią, postanawiam okazywać życzliwość zarówno sobie, jak i [imię].
Nasz związek może być bardzo trudny.
Czasami doświadczam ogromnej frustracji.
Mam nadzieję, że ten związek rozkwitnie.
Nie jestem jednak pewien, jak poprawić tę sytuację.
Czasami mam tendencję do reagowania silniej, niż to konieczne.
Są chwile, kiedy się w sobie zamykam.
Kiedy zastanawiam się nad problemami w związku, wyczuwam napięcie w [nazwa części ciała].
Mogę zastosować tapping, aby złagodzić ten stres.
Zaczynam czuć się swobodnie.
Dążę do okazywania większego współczucia.
Nie pozwalam, by strach lub złość wpływały na moje działania.
Czy boję się zranienia?
Czy obawiam się utraty kontroli?
Czasami może być trudno zachować spokój i uważnie słuchać.
Jak bym się czuł, gdybym uważniej słuchał?
Postanawiam przyjąć szerszą perspektywę, aby uzyskać głębsze zrozumienie.
Doceniam wysiłek, który inwestuję w tę relację.
Chciałbym również uznać punkt widzenia [imię].
Staram się okazywać szacunek.
Postanawiam odczuwać silną empatię dla wyzwań [imię].
Chętnie przejdę do następnego etapu.
Czuję się zmotywowany potencjałem, który mam przed sobą.
Jestem w stanie pokonać wszelkie przeszkody lub wyzwania, które się we mnie pojawią.
Mogę już odczuwać nową nadzieję i zrozumienie".

Po przejściu przez tę sekwencję dwa lub trzy razy prawdopodobnie okaże się, że czujesz się już bardziej wzmocniony w związku. Po raz kolejny oceń w skali SUD niepokój, jaki odczuwasz, gdy myślisz o swoim pragnieniu poprawy relacji. Jesteś gotowy do dalszych działań, stosując wskazówki zawarte w tym rozdziale.

WZMACNIANIE RELACJI: WEWNĘTRZNA PODRÓŻ

W tym rozdziale podzielimy się niektórymi naszymi spostrzeżeniami i tym, w jaki sposób tapping akupunkturowy może pomóc w radzeniu sobie z wyzwaniami, które często prowadziły nas do walki i rozpaczy. Chociaż główny nacisk kładziemy na zaangażowane związki partnerskie, rozdział ten jest przeznaczony dla wszystkich, niezależnie od tego, czy jesteś obecnie w długotrwałym związku. W przeciwieństwie do naszej książki *The Energies of Love*, która służy jako przewodnik dla par, ten rozdział koncentruje się głównie na wewnętrznej podróży podczas bycia w związku. Może dotyczyć to sposobu, w jaki odnosisz się do obecnego partnera, lub może przygotować cię na przyszłego partnera. Podczas gdy związki osób tej samej płci i transseksualnych obejmują różne dynamiki i kwestie, które są dalekie od tych występujących w związkach heteroseksualnych, wyzwania, które tutaj poruszamy, odnoszą się do wszystkich. Kwestie te podzieliliśmy na siedem nadrzędnych tematów:

1. Radzenie sobie z intensywnością emocjonalną bez zwiększania napięcia.
2. Zmiana reakcji na zachowania partnera, które wcześniej wywoływały uczucie złości, zranienia lub urazy.
3. Identyfikacja emocjonalnych zmagań zakorzenionych w doświadczeniach z wczesnego dzieciństwa, które powtarzają się w twoich związkach.
4. Uzdrowienie utrzymujących się ran emocjonalnych.
5. Zmiana wzorców, które wyłoniły się z początkowych ran.
6. Zajęcie się wszelkimi niedokończonymi sprawami w życiu emocjonalnym, w tym radzenie sobie z bagażem z poprzednich związków lub wcześniejszych etapów obecnego związku.
7. Stworzenie jasnej wizji związku, którego pragniesz, i przeprogramowanie umysłu, aby był zgodny z tą wizją.

Zapraszamy cię do wyruszenia w podróż, podczas której zagłębisz się w każdy z tych tematów. Chociaż nacisk kładziony jest na rozwój osobisty niezbędny do utrzymania satysfakcjonującego, długotrwałego związku intymnego, wiele z omawianych koncepcji ma znaczenie dla każdej znaczącej relacji w twoim życiu, niezależnie od tego, czy jest to przyjaźń, relacja rodzic–dziecko, czy kontakty zawodowe.

1. Radzenie sobie z intensywnością emocjonalną bez zwiększania napięcia

Niezależnie od tego, czy jesteś w bliskim związku, czy nie, w życiu często zdarzają się sytuację, które mogą wywoływać silne reakcje emocjonalne. Jesteśmy zaprogramowani na reakcję walki, ucieczki lub zamrożenia i może ona zostać aktywowana przez lekceważącego współpracownika, agresywnego kierowcę lub małżonka, który jest w złym nastroju. Emocje same w sobie nie są złe; odgrywają kluczową rolę w kierowaniu naszymi wyborami, niezależnie od tego, czy są one znaczące, czy drobne. Problemy pojawiają się, gdy emocje te stają się tak intensywne, że obezwładniają części mózgu odpowiedzialne za rozumowanie, utrudniając jasne myślenie lub skuteczne reagowanie[6]. Ponieważ przetrwanie człowieka opierało się na utrzymywaniu więzi w małych grupach, rozwinęliśmy zwiększoną wrażliwość na zaburzenia emocjonalne wśród najbliższych nam osób. W rezultacie mamy tendencję do wybuchowych reakcji na zachowania tych, na których najbardziej nam zależy.

Wysoka i niska droga. W swojej książce *Parenting from the Inside Out* neuropsychiatra Daniel Siegel i specjalistka od wczesnego dzieciństwa Mary Hartzell przedstawiają dwa podstawowe sposoby reagowania na emocjonalnie trudne sytuacje: „wysoką drogę" i „niską drogę"[7]. Wysoka droga obejmuje bardziej rozwinięte struktury mózgu, które wyewoluowały później, zlokalizowane w górnych obszarach kory mózgowej. I odwrotnie, niska droga jest zarządzana przez podkorowe struktury mózgu, w tym ciało migdałowate, które regulują instynktownymi zachowaniami, w szczególności reakcją walki lub ucieczki. Wysoka droga prowadzi do reakcji, które są przemyślane, świadome, rozważne i dopasowane do okoliczności. W obliczu znacznego stresu lub wyzwalaczy, które wywołują reakcje niskiej drogi, ludzie mogą być jednak przytłoczeni silnymi emocjami, takimi jak strach, smutek lub złość, co skutkuje „impulsywnymi, a nie przemyślanymi reakcjami"[8]. Zachowania typu niskiej drogi są typowe i wszyscy je znamy, ponieważ każdy ich w jakimś stopniu doświadczył. Nierozwiązane problemy z dzieciństwa mogą zwiększać naszą podatność na te intensywne wybuchy emocjonalne i niewłaściwe działania.

Stosowanie technik energetycznych w celu utrzymania się na wysokiej drodze. Czytając tę książkę, zdążyłeś już pewnie zaobserwować, w jaki sposób techniki energetyczne mogą przekazywać sygnały, które dezaktywują ośrodki zagrożenia w twoim mózgu. Czy możliwe jest jednak zastosowanie ich podczas gorączkowej dyskusji, gdy twoje naturalne reakcje skłaniają cię ku walce lub wycofaniu się? Działanie w oparciu o podstawowe instynkty, zwłaszcza gdy wyższe funkcje poznawcze są zastępowane przez mózg emocjonalny, często prowadzi do niekorzystnych rezultatów. Jak jednak zatrzymać rozpędzony pociąg i zarządzać swoją energią w trakcie narastającego konfliktu?

Technika Havening. Możesz powiedzieć: „Proszę, daj mi chwilę", wziąć głęboki oddech i oddzielić swoją uwagę od interakcji, abyś mógł w pełni uświadomić sobie, co się dzieje w twoim ciele. Następnie połóż dłonie na przeciwległych ramionach i przesuń je w dół do łokci. Powtórz tę czynność trzy lub cztery razy, utrzymując głęboki oddech i koncentrując się na sobie. Technika ta, znana jako „Havening"[9], ułatwia przejście energii z jednej strony ciała na drugą, łagodząc potrójny ogrzewacz, który jest systemem energetycznym związanym z reakcją walki lub ucieczki. Dodatkowo wytwarza fale delta, które mają uspokajający wpływ na obszary mózgu odpowiedzialne za przetwarzanie intensywnych emocjonalnie doświadczeń.

Poświęć chwilę na tapping. Ta prosta czynność może być wszystkim, czego potrzeba, aby powrócić na wysoką drogę. Jeśli to nie pomoże, rozważ wyrażenie czegoś w rodzaju: „Chcę być teraz w pełni obecny dla ciebie, ale czuję się rozproszony przez [podziel się uczuciami lub doznaniami, których doświadczasz, nie wracając do nieporozumienia]. Muszę poświęcić chwilę, aby aktywować niektóre punkty uwalniania energii". Następnie możesz wykorzystać dowolną z technik opisanych w załączniku, gdy sytuacja stanie się niewygodna. Zalecanym wyborem będzie „Tapping reakcji, której doświadczasz" (s. 423). Wystarczy przejść przez 12 punktów akupunkturowych raz lub dwa razy. Na tym etapie słowa nie są konieczne, ponieważ już doświadczasz podwyższonych emocji. Następnie zwróć się do wewnątrz i podziel się z drugą osobą wszelkimi zmianami w swoich uczuciach lub odczuciach. Takie podejście zaprasza drugą osobę do twojego doświadczenia, potencjalnie wspierając empatię i wyrównując twoje energie, pozwalając na kontynuowanie rozmowy z lepszym dostrojeniem.

Technika „opukuj, kiedy mówisz, opukuj, kiedy słuchasz". Jest to technika, którą mogą wykorzystać osoby w bliskich związkach. Podejście to zostało opisane przez Dawsona Churcha.

> Gdy tylko zauważysz wzrost intensywności emocjonalnej u ukochanej osoby, natychmiast zacznij stukać. Działanie to sygnalizuje ciału, że nie ma powodu, aby aktywować reakcję walki-ucieczki-zamrożenia, wskazując, że obecna sytuacja nie stanowi zagrożenia dla bezpieczeństwa fizycznego i że nie podążasz tą samą niezdrową ścieżką neurologiczną, którą zbudowałeś w przeszłości[10].

Zawarcie paktu. Jeśli dana osoba jest twoim partnerem, współpracownikiem lub przyjacielem, korzystne może być wcześniejsze wyjaśnienie jej, że masz łatwo dostępne strategie odzyskiwania spokoju. Dzięki temu jest to zrozumiałe, więc nie musisz tego wyjaśniać podczas korzystania z nich. Może to być uprzednio uzgodniony rytuał rozładowywania napięcia, które może pojawić się w każdym bliskim związku. W rzeczywistości w naszej książce i warsztatach zatytułowanych *The Energies of Love* zachęcamy pary do stworzenia solidnego „paktu", który nakazuje im natychmiast przerwać dyskusję, gdy tylko jedno z nich zacznie odczuwać podwyższony stan emocjonalny, i przejść do ćwiczeń energetycznych przed kontynuowaniem rozmowy.

Wszystkie wymienione techniki opierają się na założeniu, że prosta interwencja energetyczna może poprowadzić cię z dala od prymitywnych reakcji mózgu, które eskalują napięcie, w kierunku kontroli przedniej części mózgu, gdzie twoje zdolności rozumowania, cierpliwości i empatii są dla ciebie bardziej dostępne.

W tym rozdziale naszą testerką jest Sasha, 53-letnia utalentowana piosenkarka, która przeszła szkolenie w zakresie medycyny energetycznej, ale jest nowicjuszką w dziedzinie psychologii energetycznej.

Praca Sashy z intensywną reakcją

Zapiski z dziennika:

Kilka lat temu mój mąż rozpoczął współpracę z nowym partnerem biznesowym i zaczęli spędzać razem dużo czasu, głównie w naszym domu (mamy firmę, która nie potrzebuje zewnętrznego biura, więc większość pracy, kiedy nie jestem w trasie, odbywa się w domu). Tak się składa, że tym partnerem jest kobieta, a ja przez całe życie borykałam się z problemami z zaufaniem zarówno do innych kobiet, jak i mężczyzn, z którymi byłam związana.

Przez cały ten czas mój mąż i ja napotykaliśmy poważne wyzwania. Mając w domu dwójkę nastolatków, zmagaliśmy się z dużym obciążeniem finansowym, presją związaną z pracą i stresem wynikającym z codziennego życia. Moja praca wymagała częstych podróży w różnych strefach czasowych. Trudno było nam się połączyć i spokojnie porozmawiać, przez co nasza komunikacja legła w gruzach.

Podczas pewnego spotkania z partnerką biznesową męża często wspominała ona o swoim poczuciu samotności jako samotna kobieta i pragnieniu nawiązania związku i założenia rodziny. Ze względu na presję okoliczności i czas, jaki spędzałam poza domem, między moim mężem a tą kobietą rozwinęła się więź, która była głębsza, niż mi to odpowiadało. Kiedy jednak wyraziłam swoje obawy, mąż odrzucił je, traktując je tak, jakby były jedynie wymysłem mojej wyobraźni, i upierając się, że wszystko jest w porządku. Po jednej szczególnie długiej trasie postanowiłam zrobić sobie przerwę od wyjazdów, aby skoncentrować się na naprawie mojego życia domowego i związku. Ta decyzja zakłóciła to, do czego Sue, jak będę ją nazywać, przywykła.

Pewnego dnia Sue przybyła do nas i zaczęła narzekać, że teraz, gdy jestem w domu, utrudnia im to pracę do późna nad planowaniem projektów i rozwijaniem działalności. Na początku byłam bardzo spokojna i szczerze powiedziałam, że jest wiele rzeczy, nad którymi ja i mój mąż musimy popracować. Byłam w trakcie restrukturyzacji mojego życia zawodowego, aby przywrócić mu równowagę, i wierzyłam, że firma będzie dobrze zarządzana, jeśli oboje zmodyfikują swoje godziny pracy, aby nie ograniczać naszych wieczorów.

Słysząc tę sugestię, Sue straciła panowanie nad sobą i zaczęła mówić, że jest najlepszą przyjaciółką mojego męża i jak śmiem przeszkadzać im w osiągnięciu sukcesu. Sytuacja nagle wymknęła się spod kontroli. Ze względu na słowa, które wypowiedziała, i moje wcześniejsze problemy z zaufaniem, poczułam, że uruchamia się we mnie silna reakcja walki, i zaczęłam brać odwet. Doprowadziło to do gorącej i agresywnej konfrontacji przed naszym domem. Ostatecznie Sue uciekła do samochodu i odjechała. Winą za cały incydent obarczyłam mojego męża.

Przez wiele tygodni toczyliśmy kłótnie w tej sprawie, a niektóre argumenty i komentarze wciąż pozostają w mojej pamięci, mimo że Sue nie jest już częścią naszego życia, a sprawa ostatecznie została rozwiązana. Mam sny, w których myślę, że zareaguję inaczej, a sytuacja mimo to wciąż wymyka mi się spod kontroli i sprawia, że robi mi się niedobrze. Często zastanawiałam się nad tym, jak mogłam lepiej zarządzać swoimi emocjami i uniemożliwić Sue zdobycie przewagi nade mną.

Po pięciokrotnym wykonaniu procedury tappingu, przeplatanej pracą z energią i okresami odpoczynku, zauważyłam zmianę. Zyskałam głębsze zrozumienie dynamiki, która miała miejsce między naszą trójką. Pojawił się aspekt emocjonalnego uczenia się, którego nie napotkałam podczas rzeczywistej sytuacji. Teraz, gdy tapping pomógł poruszyć emocje i zablokowane energie, czuję się tak, jakbym mogła wsłuchać się w emocje, które odczuwałam podczas tego wydarzenia, a także mieć więcej zrozumienia dla Sue oraz jej bólu i złości. Dodatkowo tapping pozwolił mi zaangażować się w szczerą i otwartą rozmowę o tym incydencie z mężem, zamiast postrzegać go jako wroga z powodu mojej niezdolności do przetwarzania własnych emocji.

Twoja kolej

Opisz w swoim dzienniku sytuację, w której w twojej ocenie zareagowałeś w sposób, który przyniósł efekt przeciwny do zamierzonego. Może to dotyczyć twojego obecnego partnera, byłego partnera lub jakiegokolwiek znaczącego związku w twoim życiu. Jeśli nic konkretnego nie przychodzi ci do głowy, wyobraź sobie potencjalny scenariusz, który mógłby się wydarzyć. Skorzystaj z podstawowego protokołu tappingu opisanego w rozdziale 2, aby pomóc ci wizualizować sytuację bez nadmiernej reakcji. Możesz używać tej techniki w tak wielu sytuacjach, jak chcesz, ponieważ służy ona jako cenna praktyka poruszania się po intensywności emocjonalnej bez uwięzienia w negatywnych uczuciach na niskiej drodze.

2. Zmiana reakcji na zachowania partnera, które wcześniej wywoływały uczucie złości, zranienia lub urazy

Oprócz umiejętności radzenia sobie z nadmiernymi reakcjami emocjonalnymi z przeszłości, można również zastosować techniki energetyczne, aby zmniejszyć prawdopodobieństwo początkowej nadmiernej reakcji. Jedną z metod jest próba mentalna, która została omówiona w poprzednim rozdziale i która przypomina to, co ćwiczyłeś wcześniej. Jeśli zdajesz sobie sprawę, że łatwo denerwuje cię jakaś osoba lub temat, możesz wizualizować sytuację, w której może to nastąpić, i zmniejszyć siłę swojej reakcji emocjonalnej. W miarę zmniejszania intensywności możesz stworzyć scenariusz, w którym twoja reakcja jest dokładnie taka, jak byś chciał, i wykorzystać go, aby zapewnić sobie idealną reakcję.

Angażowanie się w różne hipotetyczne prowokacyjne scenariusze tworzy efekt szczepionki, umożliwiając podejście do rzeczywistych sytuacji z większym spokojem i stabilnością. Chociaż zalecamy ten sposób, zdajemy sobie sprawę, że nabyłeś już umiejętność korzystania z podstawowego protokołu tappingu w celu złagodzenia nadmiernych reakcji emocjonalnych, czytając wcześniejsze rozdziały tej książki. Zamiast więc powracać do tego procesu, zbadamy głębszą dynamikę, która zwiększy twoją odporność na wyzwalacze w bliskich relacjach.

Styl przywiązania to koncepcja, która zyskała popularność zarówno wśród profesjonalistów, jak i poradnikach samopomocowych[11], Opisuje sposób, w jaki angażujesz się w relacje z innymi, zwłaszcza w bliskich związkach. Z tej koncepcji wynikają fundamentalne pytania, takie jak: „Czy zasługuję na miłość?" oraz „Czy mogę polegać na innych, aby zaspokoić moje podstawowe potrzeby?". Kształtowanie się stylu przywiązania następuje we wczesnym okresie życia – zazwyczaj między niemowlęctwem a wiekiem dwóch lat – w wyniku interakcji z rodzicami lub głównymi opiekunami. Służy on jako jeden z najbardziej podstawowych modeli przewodnich i można go ogólnie sklasyfikować jako bezpieczny lub niepewny.

Bezpieczne przywiązanie ukształtowane w dzieciństwie kładzie podwaliny pod większy komfort intymności w dorosłych związkach. Ludzie, których cechuje bezpieczny styl przywiązania, zazwyczaj optymistycznie postrzegają swoich partnerów. Wykazują silne poczucie własnej wartości i oczekują bliskości, ciepła i komfortu w swoich związkach, czego często doświadczają. Osoby te skutecznie wyrażają swoje potrzeby i uczucia, jednocześnie trafnie interpretując i reagując na sygnały emocjonalne partnera. Mają zdolność do emocjonalnego uspokajania zarówno siebie, jak i innych oraz płynnie przechodzą między intymnością a niezależnością, wspierając emocjonalną i behawioralną współzależność niezbędną dla dobrze prosperującego związku.

Niepewne przywiązanie. Doświadczenia z dzieciństwa związane z niepewnym przywiązaniem tworzą podstawę dla przyszłych wyzwań w tworzeniu intymnych relacji. Kiedy dzieciom brakuje niezbędnego wzorca ze strony opiekunów, mają trudności z rozwijaniem bezpiecznych relacji i zarządzaniem własnymi reakcjami emocjonalnymi, co może skutkować ciągłymi problemami emocjonalnymi w miarę dorastania. W relacjach intymnych zachowania wynikające z niepewnego przywiązania mogą objawiać się na jeden z dwóch przeciwstawnych sposobów: albo poprzez lękową zależność, albo poprzez emocjonalne unikanie.

Możliwość rozwijania bezpiecznego stylu przywiązania jest zakorzeniona w genetyce, ponieważ jest częścią tego, co zaprojektowała natura. Dla wielu osób ich styl relacji jest stosunkowo bezpieczny. Ale bycie w długotrwałym związku intymnym często ujawnia niedociągnięcia. Chociaż przeczytanie tej książki może nie zmienić stylu przywiązania z wysoce niepewnego na całkowicie bezpieczny, możemy pomóc ci w zdobyciu umiejętności, które zwiększą twój komfort i bezpieczeństwo w sytuacjach intymnych.

Samouspokojenie. Kluczową umiejętnością, która sprzyja bezpiecznemu przywiązaniu, jest zdolność do zapewnienia sobie komfortu w chwilach emocjonalnej wrażliwości. Jest to szczególnie ważne, ponieważ niemowlęta nie posiadają zdolności do samoregulacji swoich emocji, więc kiedy odczuwają niepokój, muszą polegać na swoich opiekunach w poszukiwaniu pocieszenia. Na podstawie reakcji, które napotykają, opracowują strategie radzenia sobie z trudnymi emocjami lub doświadczeniami, niezależnie od tego, czy strategie te są korzystne, czy też nie.

W idealnym scenariuszu umiejętność samouspokojenia rozwija się poprzez wczesne doświadczenia z rodzicami lub opiekunami. Kiedy byłeś przygnębiony, twój opiekun zapewniał ci pocieszające słowa i zachęcał do zabawy ulubioną zabawką. Ta interakcja pomagała ci czuć się lepiej i uczyła cię, że przekierowanie uwagi na przyjemne czynności może w naturalny sposób pomóc złagodzić emocjonalne zawirowania. Jeśli jednak jako osoba dorosła polegasz wyłącznie na swoim partnerze w celu uzyskania emocjonalnej ulgi, może to stanowić poważne obciążenie dla twojego związku. Dorośli, którzy nie mają wystarczających zdolności do samouspokojenia, stają się nadmiernie zależni od swoich partnerów w zakresie wsparcia emocjonalnego i mogą odczuwać urazę, gdy wsparcie to jest niedostępne.

Na szczęście techniki poprawiające nastrój i wprowadzające spokój, opiekę i radość życia można opanować w każdym wieku. Metody te zazwyczaj angażują zmysły. Na przykład Donna znajduje przyjemność w relaksowaniu się podczas gorącej kąpieli. Oboje czerpiemy przyjemność ze spacerów w pięknym, naturalnym otoczeniu. Energetyczne techniki samouspokojenia, takie jak te przedstawione w całej książce, a w szczególności w załączniku, są zawsze w naszym zestawie narzędzi. Inne popularne formy samouspokojenia obejmują muzykę, taniec, sztukę, sport i medytację. Są one proste, łatwo dostępne i zazwyczaj darmowe lub prawie darmowe.

W przypadku osób, które nie dowiedziały się we wczesnych latach życia, że mogą poprawić swoje samopoczucie, spokój lub relaks, chwile niepokoju mogą wywołać wewnętrzne poczucie paniki. Może to skutkować zwracaniem się do innych lub szukaniem schronienia w substancjach takich jak narkotyki, śmieciowe jedzenie lub różne formy uzależnienia. Kiedy osoby te doświadczają niepokoju, nie przychodzi im do głowy, że mogą podjąć proste, zdrowe działania, aby poprawić swój nastrój i perspektywę.

Niezależnie od tego, jak łatwo przychodzi ci samouspokojenie, jest to umiejętność, którą można rozwijać. Jedna z metod polega na wybraniu niezawodnej techniki uspokajającej i aktywowaniu punktów energetycznych, aby utworzyć mentalne połączenie między uczuciem potrzeby a wybraną techniką, aby stała się rzeczą instynktowną. Możesz sformułować frazy jako deklarację postanowienia: „Kiedy doświadczam samotności, decyduję się usiąść na werandzie i posłuchać Enyi"; „W trudnych chwilach decyduję się na mój ulubiony trening pilates"; „Kiedy Bob jest niedostępny, postanawiam docenić niezachwianą miłość Fido". Jeśli pojawi się jakikolwiek opór wobec twojej strategii, możesz wykorzystać podstawowy protokół tappingu, aby poradzić sobie z tymi psychologicznymi odwróceniami.

Zasilenie swojego emocjonalnego konta bankowego. Oprócz ustanowienia domyślnej rutyny samouspokojenia masz możliwość zwiększenia swoich rezerw emocjonalnych za pomocą czterech prostych metod, które pomagają „zdeponować środki na koncie", abyś był lepiej przygotowany na potencjalnie niepokojące sytuacje. Metody te składają się z podstawowych działań fizycznych i społecznych, którymi możesz zarządzać: wystarczająca ilość snu, angażowanie się w wystarczającą ilość ćwiczeń, otrzymywanie odpowiedniego fizycznego dotyku (nawet bez partnera, możesz wymieniać uściski lub masaże z przyjacielem) i utrzymywanie wystarczających więzi emocjonalnych (co może wymagać pewnej kreatywności, ale jest dostępne z różnych źródeł). Co ciekawe, wraz z poprawą umiejętności samouspokojenia partnerowi łatwiej jest zaoferować ci pocieszające wsparcie.

Podczas gdy nadmierne reakcje na partnera można rozwiązać na wiele sposobów za pomocą tappingu, wzmocnienie zdolności do uspokojenia reakcji niskiej drogi jest jednym z najpotężniejszych narzędzi i na tym się teraz skupiamy. Oto jak podeszła do tego Sasha.

Podstawowa metoda relaksacyjna Sashy i sposób, w jaki rozwinęła większą odporność emocjonalną

Z dziennika Sashy:

W trudnych chwilach często znajduję ukojenie, wsiadając do samochodu, odtwarzając ulubione piosenki i głośno śpiewając, aby ponownie połączyć się z moim radosnym ja. Ponadto lubię przeglądać albumy ze zdjęciami z dzieciństwa, wspominając dawne przygody, które na nowo wzbudzają we mnie miłość do mojej życiowej podróży.

Aby zbudować rezerwy emocjonalne, skoncentrowałam się na zwiększeniu ilości snu. W deklaracji postanowienia stwierdziłam: „Nawet jeśli nie śpię wystarczająco dużo, postanawiam zmienić ten nawyk tu i teraz". Użycie frazy przypominającej „Niewystarczająca ilość snu" złagodziło presję, jaką odczuwałam w związku z potrzebą „pójścia spać o właściwej porze" i przekształciło ją w poczucie „pójście spać, aby odpocząć, jest czymś, co robię dla siebie".

Twoja kolej

Opisz technikę uspokajającą, którą uważasz za niezawodną lub którą możesz sobie wyobrazić jako niezawodną (zobacz wcześniejsze przykłady dotyczące Enyi, pilatesu, Fido i Sashy). Sformułuj deklarację postanowienia, która łączy tę metodę z sytuacjami, w których możesz czuć się bezbronny lub zagrożony. Wypowiedz ją na głos trzy razy, masując wrażliwe miejsca na klatce piersiowej przy pierwszej frazie, a następnie opierając dłonie na czakrze serca przy drugiej. Możesz powtarzać tę praktykę przez kilka kolejnych dni, aż poczujesz, że połączenie zostało ustanowione. Jeśli pojawi się jakikolwiek wewnętrzny opór, użyj podstawowego protokołu tappingu, aby go rozwiązać.

Na koniec oceń cztery metody zwiększania rezerw emocjonalnych: sen, ćwiczenia, dotyk fizyczny i połączenie emocjonalne. Zastanów się, czy chcesz zwiększyć swoje rezerwy w którymkolwiek z tych obszarów. Jeśli tak, sformułuj deklarację akceptacji (na przykład dla Sashy brzmiała: „Nawet jeśli nie śpię wystarczająco dużo, głęboko i całkowicie akceptuję siebie"), która przechodzi w deklarację postanowienia (na przykład: „Nawet jeśli nie śpię wystarczająco dużo, postanawiam zmienić ten nawyk tu i teraz"). Użycie frazy przypominającej (np. „Nie śpię wystarczająco dużo") pomoże zmniejszyć intensywność problemu, podczas gdy deklaracja postanowienia utoruje drogę do zmiany nawyku. Dodatkowo możesz odnieść się do technik opisanych w rozdziale 6 w celu rozwijania pozytywnych nawyków.

3. Identyfikacja emocjonalnych zmagań zakorzenionych w doświadczeniach z wczesnego dzieciństwa, które powtarzają się w twoich związkach

W wieku 36 lat Jeremy poślubił Melissę i z entuzjazmem pomagał w wychowywaniu jej dwóch synów w wieku siedmiu i dziewięciu lat[12]. Rozwinął z nimi silną więź w ciągu roku poprzedzającego ich ślub, zabierając ich w różne ciekawe miejsca, takie jak mecze baseballowe, ogrody zoologiczne, parki i inne lokalne atrakcje, jednocześnie angażując się w ich zainteresowania. Chłopcy docenili ojczyma i uwagę, jaką im poświęcał, a nowa rodzina rozwijała się w otoczeniu pełnym troski i nadziei. Chociaż były mąż Melissy Steve, biologiczny ojciec chłopców, nie wykazywał dużego zainteresowania spędzaniem z nimi czasu podczas ich małżeństwa, nadal się o nich troszczył. Z powodu zmiany pracy po rozwodzie przeprowadził się do innego miasta, oddalonego o kilka godzin drogi, ale pozostał konsekwentny w zabieraniu chłopców na popołudniowe wizyty co drugą niedzielę.

Przez cały okres chodzenia z Melissą Jeremy nie spotkał Steve'a. Po wprowadzeniu się do rodziny rutynowe wizyty Steve'a dwa razy w miesiącu stały się jednak regularną częścią jego życia. Chociaż zachowywał uprzejmą postawę wobec byłego męża swojej żony, miał tendencję do ograniczania interakcji z nim w czasie odbierania i zawożenia chłopców. Podczas pierwszych po ślubie świąt Bożego Narodzenia Steve zaplanował tygodniową wycieczkę z chłopcami do Disneylandu w Orlando. Chłopcy byli tym tak podekscytowani, że przez tydzień poprzedzający wyjazd i kilka tygodni po nim nie rozmawiali o niczym innym.

Podczas kolejnej niedzielnej wizyty Steve'a, Jeremy wręcz nie mógł na niego patrzeć. Zaczął wyrażać swoją dezaprobatę dla podejścia Steve'a do rodzicielstwa, wskazywać Melissie jego winę w rozwodzie i przedstawiać ogólnie negatywny obraz mężczyzny, który był ojcem jej dzieci. Początkowo Melissa dostrzegała pewną słuszność w komentarzach męża, ale w miarę upływu czasu ta krytyka stawała się coraz bardziej intensywna. Wzorzec ten stał się powtarzającym się motywem w ich weekendowych interakcjach przed przybyciem Steve'a. Jeremy wypytywał też chłopców o czas spędzony z ojcem, najwyraźniej szukając materiału do tyrad. W końcu nie mógł już dłużej ukrywać przed chłopcami swojej pogardy dla ich ojca.

Rosnąca zazdrość Jeremy'ego wobec Steve'a coraz bardziej wpływała na inne aspekty rodzinnej dynamiki. Gdy zbliżał się czas wizyty Steve'a, w domu panowało wyczuwalne napięcie. Chłopcy czuli się zdezorientowani zaistniałą sytuacją, a Melissa zaczęła ostrzej krytykować Jeremy'ego, wielokrotnie nazywając go „rozpieszczonym bachorem". Taki był stan rzeczy, gdy zdecydowali się na sesję doradczą dla par prowadzoną przez Davida. Jeremy na pewnym poziomie rozumiał, że jego reakcje nie były racjonalne, ale ta świadomość została przyćmiona przez intensywność jego emocji. Postrzegał Steve'a jako złowrogą postać podważającą wszystkie jego wysiłki z chłopcami i rodziną, niepozostawiającą mu żadnej alternatywy.

Po wysłuchaniu obu punktów widzenia na tę kwestię David przemówił do tej części Jeremy'ego, która wiedziała, że jego reakcje na Steve'a były ekstremalne. Wyjaśnił, że kiedy pojawiają się intensywne emocje, są one bardzo realne bez względu na to, czy są one racjonalne, czy nie. David zalecił stosowanie technik tappingu, aby złagodzić intensywność reakcji Jeremy'ego na Steve'a. Chociaż ani Jeremy, ani Melissa nie mieli wcześniejszego doświadczenia z psychologią energetyczną, para, która ich skierowała, pracowała wcześniej z Davidem i wyjaśniła tę metodę, więc byli gotowi spróbować wszystkiego, co mogłoby pomóc, bez względu na to, jak niezwykłe się to wydawało. Podczas gdy Jeremy nie był szczególnie otwarty na rozważanie, czy jego ocena Steve'a może być błędna, był zainteresowany tym, by czuć się mniej przytłoczony swoimi reakcjami.

David i Jeremy kontynuowali tapping, zasadniczo postępując zgodnie z tymi samymi procedurami, których używałeś na podstawie tej książki. Scena, którą wybrał Jeremy, miała miejsce w poprzednią niedzielę, kiedy obserwował samochód Steve'a wjeżdżający na podjazd. Ocenił to wydarzenie na 10 w skali od 0 do 10. Po wykonaniu czterech cykli tappingu ocena spadła do 7, ale pomimo dodatkowej rundy wydawało się, że pozostaje na tym samym poziomie. David zapytał: „Skąd wiesz, że to 7?". Mężczyzna wyjaśnił, że czuje ucisk w klatce piersiowej i gardle. David zachęcił go do zbadania odczuć w gardle. Jeremy opisał to, że to tak, jakby próbował stłumić łzy. Następnie David zapytał mężczyznę, czy pamięta jeden z najwcześniejszych przypadków, w których tego doświadczył. Jeremy bez wahania przywołał wspomnienie z czasów, gdy miał dziesięć lat, a jego rodzice przyprowadzili do domu adopcyjnego chłopca. Chociaż było to tylko tymczasowe rozwiązanie, dopóki nie można było zorganizować stałego miejsca pobytu, znacząco zmieniło to życie Jeremy'ego.

Będąc jedynakiem, Jeremy rozkoszował się niepodzielną uwagą i miłością swoich rodziców. Od tego momentu była to przeszłość. Adoptowany chłopiec przyniósł ze sobą wiele problemów. Oboje rodzice Jeremy'ego pracowali w pełnym wymiarze godzin, a ich ograniczone zasoby i czas przeniosły się z Jeremy'ego na nowo przybyłego chłopca. Mającemu zaledwie dziesięć lat Jeremy'emu brakowało słownictwa i zrozumienia, aby poradzić sobie z poczuciem straty. Czuł się emocjonalnie opuszczony przez rodziców. Nie mogąc zrozumieć, dlaczego powitali w swoim domu tę kłopotliwą osobę, rozwinął silną niechęć do przybranego chłopca. Zaczął wywoływać konflikty i siać niezgodę, kiedy tylko było to możliwe. Wydawało się, że ta strategia w końcu zadziałała. Po około roku agencja znalazła chłopcu stały dom, a Jeremy nigdy więcej go już nie zobaczył. Wszystkie te doświadczenia zostały głęboko zakorzenione w umyśle Jeremy'ego. Przez lata nie zastanawiał się nad nimi i żadna sytuacja w jego dorosłym życiu nie skłoniła go do konfrontacji z nierozwiązanymi emocjami z tego okresu dzieciństwa. Nigdy nie pomyślał, aby wspomnieć o tym Melissie, ale podobieństwa między przybranym bratem a sytuacją ze Steve'em stały się natychmiast oczywiste dla całej naszej trójki. Wrócimy do Jeremy'ego i Melissy w następnej części.

Wczesne doświadczenia kształtujące obecne wydarzenia. Umiejętności, na których skupialiśmy się do tej pory, a które obejmują uspokajanie nadmiernych reakcji i łagodzenie niepokoju emocjonalnego, mogą znacząco przyczynić się do samoregulacji emocjonalnej. Jeśli jednak nierozwiązana trauma lub niezaspokojone potrzeby emocjonalne z przeszłości przeszkadzają w obecnym lub przyszłym związku, konieczna jest dodatkowa praca. Zarządzanie intensywnymi emocjami, które pojawiają się podczas interakcji z bliską osobą, może wymagać skupienia się na nierozwiązanych kwestiach z przeszłości. Proces ten bywa dość długotrwałym przedsięwzięciem.

Wiele osób uważa omawianą wcześniej spiralną teorię rozwoju osobistego za zachęcającą. Zamiast powtarzać te same lekcje, powracamy do przeszłych wyzwań z wyższego punktu rozwoju osobistego. Kiedy skuteczniej radzisz sobie z daną kwestią podczas bieżącego obrotu spirali, przekształca się ona w źródło wglądu i wiedzy, a nie ograniczenie, gdy pojawia się podobna sytuacja.

Emocjonalne reakcje na partnera. Zidentyfikowano ponad 100 ludzkich emocji, a większość z nich to kombinacje kilku podstawowych emocji wspólnych dla ludzi wszystkich kultur, takich jak złość, strach, smutek, obrzydzenie, zaskoczenie, oczekiwanie, zaufanie i radość[13]. Sposób wyrażania tych emocji jest następnie kształtowany przez kulturę. Termin e m o c j a pochodzi od starofrancuskiego słowa *esmovoir*, oznaczającego „pobudzać". Chociaż psychologowie definiują tę podstawową koncepcję na różne sposoby, istnieje zgoda co do tego, że emocje wiążą się z pobudzeniem i znacząco wpływają na nasze procesy myślowe i doświadczenia.

Na najbardziej podstawowym etapie życia niemowlęcia zdarzenia zarówno wewnętrzne (takie jak głód, ból, ciepło lub zimno), jak i zewnętrzne (takie jak głośny hałas lub przytulny koc) prowadzą do prostych ocen: „To jest dobre" lub „To jest złe". Według psychiatry Daniela Siegela ta podstawowa ocena służy jako prototyp dla bardziej złożonych emocji, które pojawią się później i „przygotowują mózg i resztę ciała do działania"[14].

Reakcje rodziców na wyrażanie przez niemowlę pozytywnego lub negatywnego pobudzenia tworzą ścieżki neuronowe, które pomagają dziecku w regulowaniu jego układu nerwowego. Dzięki tym wczesnym interakcjom nabyłeś umiejętność zarządzania swoimi stanami wewnętrznymi. Jeśli reakcje rodziców były zgodne z twoimi wewnętrznymi doświadczeniami, było bardziej prawdopodobne, że zbudujesz silne podstawy do pewnego poruszania się po życiu, ufając ważności swoich uczuć i myśli.

Z drugiej strony jeśli główni opiekunowie nie potwierdzali twoich wewnętrznych doświadczeń podczas codziennych interakcji z tobą, podstawa zaufania do twoich myśli i uczuć jako wiarygodnych wskaźników mogła stać się niestabilna. Dzieci mają naturalną tendencję do przyjmowania reakcji emocjonalnych i zachowań, które odzwierciedlają zachowania ich opiekunów, co jest procesem ułatwionym przez neurony lustrzane. Jak omówiono w poprzednim rozdziale, te komórki mózgowe aktywują się podczas obserwacji zachowania, tworząc ścieżki neuronowe, które umożliwiają powtarzanie tego zachowania. W sytuacjach, w których brakuje dostrojenia, tak jak w przypadku agresywnych, emocjonalnie niespokojnych lub poważnie zaniedbujących rodziców, dzieci rozpoczynają życiową podróż z fundamentalnie błędnym poczuciem kierunku. Może to prowadzić do tego, że często tłumią, zniekształcają lub czują się przytłoczone swoimi emocjami i doświadczeniami.

Opiekunowie odgrywają kluczową rolę w potwierdzaniu lub zaniedbywaniu wewnętrznych uczuć dziecka, jednocześnie demonstrując odpowiednie reakcje na wyrażanie emocji przez innych. Na przykład dziewczynka może czuć się zmuszona do zaoferowania wsparcia swojej przestraszonej matce, mimo że to matka powinna zapewniać jej wsparcie, lub może próbować stać się niewidzialna w pobliżu rozgniewanego ojca. Te wzorce zachowań, nawet jeśli stają się przestarzałe, często przenoszą się na nasze dorosłe życie. Kiedy emocje rodzica są głównie napędzane strachem lub gniewem, powoduje to wzmacnianie własnych uczuć strachu lub gniewu dziecka.

Łączenie swoich reakcji emocjonalnych z wcześniejszymi doświadczeniami. Umiejętność radzenia sobie z reakcjami emocjonalnymi w obecnych relacjach ma swoje podstawy we wczesnych doświadczeniach interpersonalnych. Kiedy pojawiają się reakcje niskiej drogi, a zwłaszcza gdy się powtarzają, zwróć uwagę na to, co je wywołuje. Nawet jeśli sam nie jesteś w stanie zidentyfikować tych wyzwalaczy, twój partner prawdopodobnie je dostrzeże. Podobnie jak reakcje Jeremy'ego na Steve'a posłużyły jako katalizator jego dawno zapomnianego, ale znaczącego czasu spędzonego z adoptowanym chłopcem, zostaniesz poproszony o przypomnienie sobie przeszłych doświadczeń, które przyczyniają się do obecnych wyzwań.

To badanie ma na celu ułatwienie dostępu do pamięci w celu uzdrowienia poprzez protokoły tappingu, które ćwiczyłeś. W poniższym scenariuszu zastosujesz technikę mostu afektywnego (s. 141), aby wskazać wczesne wydarzenie, które nadal wpływa na twoje relacje. Sasha zaczęła od emocji wciąż w niej obecnych w związku z kobietą, która tak bardzo przywiązała się do jej męża.

Wspomnienia i refleksje Sashy zapisane w jej dzienniku:

Technika mostu afektywnego przywołała scenę, którą często obserwowałam w dzieciństwie. Moi rodzice byli zaangażowani w namiętną kłótnię. Moja matka wyrażała swój ból, zestawiając siebie niekorzystnie z innymi kobietami, które mój ojciec uważał za atrakcyjne. W odpowiedzi ojciec odrzucił jej słowa, określając je jako histerię. Moja matka zaczęła krzyczeć, tak jak robią to ludzie, którzy są poddawani gaslightingowi (nie znałam tego słowa, gdy dorastałam, ale mój ojciec robił to nieustannie, mówiąc mojej matce, że jej myśli, uczucia i opinie nie mają sensu). Ludzie, którzy doświadczają gaslightingu, potrzebują wysłuchania, uznania i zrozumienia. Wkrótce ich wymiana zdań przerodziła się w walkę na krzyki.

Obserwując to jako mała dziewczynka, doświadczałam głębokiego smutku, ale czułam się bezsilna, aby coś z tym zrobić. W rezultacie przyzwyczaiłam się do tej sytuacji. Matka ciągle krzyczała. Założyłam, że każdy dom jest tak głośny jak mój. Kiedy rozpoczęłam samodzielne życie, moi chłopcy często pytali: „Dlaczego krzyczysz?”. Odpowiadałam: „To nie jest krzyk; tak po prostu rozmawialiśmy w mojej rodzinie”, jakby to był powód do dumy.

Mając za sobą niezwykle traumatyczne dzieciństwo i będąc dziećmi z czasów II wojny światowej, moi rodzice byli często wyczerpani i łatwo wpadali w złość. Od samego początku ich związek był pełen konfliktów. Matka niespodziewanie zaszła w ciążę, ponieważ nie zamierzała mieć kolejnego dziecka. Wcześniej rozwiodła się ze swoim pierwszym mężem, z którym miała już dwoje dzieci. Ojciec, wolny duch, lubił uwodzić kobiety i brakowało mu poczucia stabilności.

Brakuje mi konkretnych dowodów na poparcie twierdzenia, że ojciec kiedykolwiek zdradzał matkę, ale ona z pewnością sprawiała takie wrażenie. Ich związek był naznaczony ciągłym przeciąganiem liny. W każdym razie mój ojciec był niezłym flirciarzem. Nie mógł pójść z moją matką na imprezę, która by się nie zakończyła kłótnią o to, z kim flirtował, jak zhańbił moją mamę i tak dalej. Wiele nocy było wypełnionych pijackimi wrzaskami, po których następowały dni wypełnione niezręczną ciszą.

Doskonaliłam umiejętność cichego chodzenia po domu w chwilach ciszy. Przypominało to poruszanie się po polu bitwy. To doświadczenie ukształtowało moje podejście do relacji osobistych. Wcześnie opracowałam takie narzędzia, jak zazdrość, podejrzliwość i nieufność, służące jako środki samoobrony. Dzięki terapii odkryłam, że zazdrość jest moim osobistym mechanizmem awaryjnym. Terapia nauczyła mnie, by starać się być jej ciekawym, analizować ją, przyjmować i integrować. Choć brzmi to prosto, rzeczywistość jest znacznie trudniejsza do realizacji. W moich intymnych związkach pojawiało się i znikało wiele kobiet, a ja musiałam walczyć z wewnętrznymi demonami na ich punkcie.

Często trudno mi odróżnić podejrzenia, szaleństwo od rzeczywistości. Czy te osoby naprawdę próbują ingerować w moje małżeństwo, czy jest to tylko wypaczone postrzeganie tego, jak rozumiem związki? Co więcej, moja matka obracała się w kręgu innych kobiet, zmagając się z poczuciem osądu i nieufności.

W rezultacie mam trudności z budowaniem trwałych przyjaźni z kobietami głównie z powodu tej zakorzenionej podejrzliwości, nawet w przypadku braku romantycznych relacji.

Twoja kolej

Rozpoznaj powtarzający się wzorzec w swoich związkach, który wydaje się utrudniać bliskość i spełnienie, jakich szukasz ze swoim partnerem lub bliskimi. Może to być coś tak prostego, jak milczenie, gdy twój partner chce obejrzeć konkretny film, podczas gdy ty wolałbyś wybrać inny. Może też być tak, że stajesz się rozdrażniony przy bardzo niewielkiej prowokacji. Albo po prostu nie znajdujesz czasu na związek. Może to też wiązać się ze skrajną zazdrością lub wybuchami przemocy. Przypomnij sobie konkretny incydent, w którym wystąpił ten wzorzec. Zauważ dominujące uczucie lub doznanie i skup się na nim. Użyj techniki mostu afektywnego, aby cofnąć się w czasie do wcześniejszego doświadczenia charakteryzującego się takim samym uczuciem lub doznaniem. Zastanów się nad nim i opisz swoje spostrzeżenia w dzienniku. Będziesz je przetwarzać w następnej części.

4. Uzdrowienie utrzymujących się ran emocjonalnych

Wracając do Jeremy'ego i Melissy, po odkryciu przyczyn irracjonalnej zazdrości Jeremy'ego wobec Steve'a przeanalizowaliśmy każdy aspekt jego wspomnień, pracując nad każdym z nich, aż osiągnęliśmy rozwiązanie. Obejmowało to uczucia Jeremy'ego związane z utratą uwagi rodziców, zmagania z powstrzymywaniem łez w chwilach samotności, oszołomienie tym, co mógł zrobić, aby uzasadnić takie wycofanie uczuć, zakłócenie dynamiki jego rodziny, niechęć do nowego chłopca, konflikty, które powstały między nimi, konsekwencje, jakie poniósł za te walki, oraz poczucie winy, które odczuwał po latach bycia dobrze wychowanym, a także jego dezorientacja związana z nagłym odejściem nowego chłopca.

Na szczęście cały proces został zakończony w ciągu początkowej dwugodzinnej sesji, którą David zazwyczaj organizuje dla par, ponieważ każda runda tappingu zajmuje tylko około minuty. Do tego czasu Jeremy był w stanie omówić wpływ adoptowanego chłopca na swoje życie w jasny i opanowany sposób. Zaczął się zastanawiać nad tym, jak wizyty chłopców u Steve'a wywoływały emocje związane z jego przeszłymi doświadczeniami z przybranym bratem. Jeremy rozważał możliwość, że jego przekonanie, jakoby Steve celowo próbował zniszczyć rodzinę, którą tworzy, może być związane z tą wcześniejszą sytuacją. Skupiając się na obserwowaniu samochodu Steve'a wjeżdżającego na podjazd, Jeremy przypisał mu ocenę SUD równą 3. Po kilku kolejnych rundach tappingu ocena ta spadła do 0.

Wybraliśmy ten przypadek ze względu na znaczny postęp dokonany w ciągu zaledwie jednej sesji, co upraszcza wyjaśnienie poszczególnych kroków. Zajęcie się głębokimi urazami emocjonalnymi często wymaga kilku sesji, ponieważ wiąże się z ponownym przeanalizowaniem różnych incydentów z przeszłości. Jeśli odkryjesz stare rany, które wymagają uwagi, ważne jest, aby ćwiczyć cierpliwość wobec siebie. Chociaż rozwiązanie utrzymujących się doświadczeń, które wpływają na obecne relacje, może wymagać czasu i wysiłku, potencjalne korzyści mogą być znaczące i trwałe.

Jak Sasha uzdrowiła swoje doświadczenia z wczesnego dzieciństwa

Sasha wyraźnie nosiła w sobie wiele bolesnych wspomnień związanych z obserwowaniem konfliktu między jej rodzicami. Chociaż dzieliła się niektórymi z tych wspomnień podczas różnych sesji terapeutycznych na przestrzeni lat, pozostały one emocjonalnie nierozwiązane i stanowiły podstawę przekonań, które utrudniały jej relacje: „Poziom intymności zależy od nasilenia kłótni i zamieszania w związku"; „Mężczyźni mnie skrzywdzą, kobiety im w tym pomagają"; „Zaufanie to coś, w co angażują się tylko głupcy".

Sasha zaczęła od przypomnienia sobie nocy, kiedy jej rodzice wrócili do domu z imprezy. Oszacowała, że miała wtedy około 12 lat i obudziły ją ich krzyki. Sytuacja ta w skali SUD została początkowo ocenione na 10. Wykorzystując podstawowy protokół tappingu, udało jej się zmniejszyć swój niepokój związany z tym wspomnieniem do 6. Rozpoznała psychologiczne odwrócenie, które włączyła do swojej deklaracji postanowienia: „Nawet jeśli relacje są zwykle wypełnione gniewem lub ciszą, postanawiam przyznać, że moi rodzice nie są jedynymi dostępnymi dla mnie przykładami". Przyniosło jej to pewną ulgę, obniżając ocenę SUD związaną z tym wspomnieniem do 4. Gdy kontynuowała refleksję, pojawiły się różne myśli, takie jak: „To moja wina, że nie mogę sprawić, by traktowali się nawzajem życzliwie"; „To właśnie czeka mnie w moim własnym małżeństwie" oraz „Uczucie ucisku w klatce piersiowej".

Przypisała ocenę SUD do każdego z tych aspektów i zmniejszyła poziom fizycznego dyskomfortu do 0. Gdy siła początkowego wspomnienia się zmniejszyła, zaczęła rozpoznawać ironię w wypaczonej formie bliskości, którą prezentowało małżeństwo jej rodziców. Tworząc nową deklarację akceptacji, przepełnioną humorem, powiedziała: „Nawet jeśli moi rodzice mieli inteligencję emocjonalną pary ślimaków, kocham i w pełni akceptuję siebie". Pracowała nad obniżeniem do 0 oceny SUD wspomnienia, jak została obudzona przez krzyki rodziców. Zrobiła to z kilkoma innymi wspomnieniami kłótni rodziców. Każde z nich było łatwiejsze do pełnego rozwiązania niż poprzednie, ponieważ miały wiele wspólnych aspektów. Po rozwiązaniu danego aspektu zwykle nie był on przenoszony do następnego wspomnienia.

Gdy Sasha zastanawiała się nad swoją tendencją do angażowania się w kłótnie, nieoczekiwanie zdała sobie sprawę, że odnosiło się to do fundamentalnego przekonania, jakoby „walka była miarą intymności". Oto co zapisała w swoim dzienniku:

> Okazało się, że ma to swoje źródło w moim rodowodzie. Wzorce przekazywane przez moją matczyną linię obejmowały ciszę, brak uznania, ból i represje. Zaczęłam rozumieć, że konflikty, które wywoływała moja matka, były powiązane z jej matką, babką i tak dalej. To była nie tylko uraza z powodu flirtów mojego ojca; czułam się spleciona z pokoleniami, których nawet nie byłam świadoma. Zaczęłam opukiwać wzorce, które zdawały się osadzone w moim kodzie genetycznym. Jakie wspomnienia były we mnie żywe, które niosły życie moich przodkiń, pełne winy, wstydu, tłumienia, strachu i tłumionego gniewu? Popłynęło wiele łez, które czasami wydawały się moje, a innym razem miały konsystencję „ponadczasowości".

Twoja kolej

Wróć do sytuacji, do której uzyskałeś dostęp za pomocą techniki mostu afektywnego, i zastosuj dowolną metodę z rozdziałów 2 i 3, aby zmniejszyć emocjonalną intensywność tego doświadczenia oraz zająć się wszelkimi psychologicznymi odwróceniami, które się pojawią. Proces ten może prowadzić długą i zawiłą drogą, ale nawet skupienie się na zmniejszeniu wpływu tylko jednego nierozwiązanego formacyjnego doświadczenia może przynieść korzystne zmiany w obecnych lub przyszłych relacjach.

5. Zmiana wzorców, które wyłoniły się z początkowych ran

Nawet jeśli przeszłe doświadczenia zostały uzdrowione lub rozwiązane, wzorce powstałe z tych ran mogą nadal się utrzymywać. Chociaż możesz doświadczyć wielu korzyści z osiągnięcia znaczących zmian transformacyjnych, ramy twojego życia mogą nadal wymagać czasu, aby dostosować się do tych zmian. Działania podjęte w celu zewnętrznego dostosowania będą odzwierciedlać wewnętrzne transformacje. Poniżej przedstawimy dwa przykłady: jeden dotyczy Jeremy'ego, a drugi Gwen, która również jest klientką Davida.

W przypadku Jeremy'ego szybki i skuteczny tapping pomógł wyleczyć pozostałości dezorientującej zmiany w jego życiu, która nastąpiła wraz z pojawieniem się w jego domu adoptowanego chłopca, ale zamieszanie, które spowodował w swoim małżeństwie, nadal wymagało uzdrowienia. Pod koniec pierwszej sesji skupiliśmy się na Melissie. Właśnie była świadkiem transformacji, jakiej dokonał Jeremy, ale wciąż zmagała się z niepokojem związanym z szybkim pogorszeniem się ich małżeństwa i poczuciem zdrady. Jeremy zmienił się z idealnego ojczyma w osobę gniewną, zazdrosną i irracjonalną. Mimo że praca Jeremy'ego rzuciła nowe światło na sytuację, jej ból i nieufność nie zniknęły. Zaczęliśmy od dotarcia do jej uczuć dezorientacji i zdrady. Pod koniec sesji okazało się, że kobieta jest w stanie zastanowić się nad niezwykłą ścieżką swojego młodego małżeństwa z poczuciem ulgi, a nie przerażenia.

Podczas kolejnego spotkania, dwa tygodnie później, Jeremy podzielił się swoimi doświadczeniami z chłopcami i Steve'em. Zapytał, czy chłopcy kiedykolwiek doświadczyli zazdrości wobec siebie nawzajem, i pomógł im zidentyfikować przypadki, w których miało to miejsce, zachęcając ich do omówienia swoich uczuć z obu perspektyw zazdrości. To posłużyło mu jako trampolina do wyrażenia tego, jak kiedyś czuł się zazdrosny o ich ojca, zapewniając ich, że ma to za sobą, i oferując wgląd w swój osobisty rozwój. Podczas następnej wizyty Steve'a Jeremy wyszedł na podjazd, by powitać go przed wejściem do domu. „Mam historię, którą chciałbym się z tobą podzielić, Steve", zaczął Jeremy, opowiadając kluczowe momenty z sesji doradczej, wraz z przeprosinami i wdzięcznością za pozytywny wpływ Steve'a na życie chłopców.

W drugim przykładzie Gwen była najmłodszym z pięciorga dzieci. Jej pojawienie się było nieoczekiwane. Gdy się urodziła, jej rodzice zmagali się już z wymaganiami pierwszej trójki dzieci, a następnie stanęli przed wyzwaniem w postaci opieki nad czwartym dzieckiem, u którego w wieku dwóch lat zdiagnozowano porażenie mózgowe. Gwen urodziła się rok później.

W wieku czterech lat jasno określiła swoją pozycję w rodzinie jako „mały pomocnik mamusi". Każdego wieczoru brała udział w przygotowywaniu tornistrów do szkoły. Kiedy jej starsze rodzeństwo czuło się przygnębione, zapewniała im pocieszenie. Wraz z wiekiem zaczęła zwracać uwagę na ich potrzeby i opracowywać kreatywne rozwiązania, aby im pomóc. Nauczyła się odkładać na bok własne potrzeby, aby uniknąć dodawania rodzicom przytłaczających obowiązków.

Gwen stała się wzorowym obywatelem, ostatecznie przyjmując rolę żony i matki. Aktywnie uczestnicząc w grupach społecznych, chętnie podejmowała się zadań, których inni unikali. Nigdy nie odmówiła żadnej prośbie. W swoim sąsiedztwie była osobą, która przynosiła jedzenie każdemu, kto był chory lub pogrążony w żałobie. W jej małżeństwie mąż miał starannie złożoną bieliznę i skrupulatnie przygotowane posiłki. Jej dzieci przyzwyczaiły się do pomysłowych sposobów, w jakie matka się o nie troszczyła. Kiedy w wieku 35 lat Gwen rozpoczęła terapię, czuła się przytłoczona życiem i głęboko wyczerpana. Gdy ona i David zagłębili się w jej wczesne doświadczenia i podstawowe wzorce, które z nich wynikały, zidentyfikowali temat: „Pomocna dłoń uderza ponownie!". Zaczęła badać różne elementy tego wzorca i doświadczenia, które miały na nią wpływ. Aby dostosować się do rodziny, nauczyła się tłumić własne potrzeby na rzecz zaspokajania potrzeb innych. Jej poczucie własnej wartości było ściśle związane z tą rolą, a kiedy uświadomiła sobie, że nie jest doceniana w żadnym innym charakterze, było to przytłaczające. Tapping pomógł jej złagodzić te wspomnienia, uwalniając ją od chęci ciągłego pomagania innym.

Gdy Gwen skonfrontowała się z emocjonalnym cierpieniem, które tłumiła przez całe życie, zaczęła pojawiać się fala nowych spostrzeżeń. Po obejrzeniu programu telewizyjnego z udziałem osób przesiedlonych w wyniku konfliktu, doświadczyła serii snów, w których była uwięziona w obozie dla uchodźców i musiała polegać na swoim sprycie, aby się uwolnić. Głównym tematem jej terapii stało się uwolnienie się od nieustannej potrzeby oferowania swojej pomocy za każdym razem, gdy ktoś wyraził potrzebę lub pragnienie. Choć sukcesywnie uwalniała się od tego głęboko zakorzenionego zachowania, jaj otoczenie nie pochwalało jej postępów. Osoby wokół niej przyzwyczaiły się do czerpania korzyści z tych samych wzorców, które teraz starała się wyeliminować. W końcowych fazach terapii zaangażowała się w trening asertywności, gdzie nauczyła się śmiało mówić „nie" i przyznawać, poprzez tapping, że jest po prostu niedostępna. To dość skutecznie zmieniło oczekiwania wszystkich, pomimo ich początkowego rozczarowania i wymaganych od nich zmian.

Wzorce, które Sasha postanowiła zmienić

W swoim dzienniku Sasha napisała:

> Tendencja do szybkiego wchodzenia w tryb walki wynika z wczesnych doświadczeń życiowych, które zbadałam. Skutkowało to konfliktami z przyjaciółmi z dzieciństwa, często prowadząc do nagłego zakończenia relacji, czasami bez wyraźnego uzasadnienia. Wiele z moich przyjaźni ucierpiało z powodu moich głębokich problemów z zaufaniem.
>
> Zastanawiając się nad przeszłością, nie mogę powiedzieć na pewno, czy mogłam zaufać tej osobie, pozwalałam jednak, aby moje wyzwalacze kierowały moimi decyzjami. Nawet jeśli próbowałam komuś zaufać, to przede wszystkim moje niewystarczające zrozumienie prawdziwej intymności i umiejętności relacji ostatecznie prowadziło do zerwania przyjaźni i związków.
>
> Wykorzystanie technik tappingu pozwoliło mi zmniejszyć niepokój związany z oczekiwaniem na zbliżający się konflikt. Podejście to skutecznie wstrzymuje moje instynktowne reakcje, umożliwiając mi zbadanie sytuacji pod każdym kątem i ocenę czynników leżących u jej podstaw. Dzięki temu procesowi zyskałam dwa spostrzeżenia, które wydają się pochodzić z kontrastujących perspektyw – jednej dotyczącej walki i drugiej dotyczącej ciszy:
>
> 1. W przeszłości mierzyłam intensywność i autentyczność moich relacji liczbą kłótni, które mogliśmy odbyć, a następnie rozwiązać. Wydawało mi się, że te konflikty były istotną częścią jakości i głębi naszej intymności. Omawiając to spostrzeżenie z moim mężem, zidentyfikowaliśmy wszystkie inne dostępne nam sposoby na intymność, które biją na głowę konieczność walki, abyśmy mogli się pogodzić.

2. Doświadczenie karania ciszą po kłótni uświadomiło mi, że zamiast w pełni zająć się rozwiązaniem problemu często tłumię swoje uczucia, powstrzymuję słowa i przygłuszam myśli, tak jakby wiązało się z nimi poczucie wstydu – prawdopodobnie wynikające z mojego własnego zażenowania, że często to ja jestem inicjatorem konfliktu. To zrozumienie skłoniło mnie do poproszenia mojego męża, aby delikatnie mi przypomniał, jeśli ponownie zacznę stosować karanie ciszą. Jest to wzorzec, który chcę zmienić.

Twoja kolej

Poświęć chwilę na zastanowienie się, czy jakieś trwające wzorce w twoim życiu odnoszą się do starych lekcji wynikających z wczesnych doświadczeń, które badałeś. Jeśli rozpoznajesz taki wzorzec, czy pragniesz go zmienić? Jeśli tak, jakie działania byłyby konieczne? Zastanów się nad przykładami Jeremy'ego, Gwen i Sashy i zacznij wdrażać zmiany, które rezonują z tobą. Wykorzystaj podstawowy protokół tappingu w razie potrzeby, aby pomóc ci w dokonaniu tych zmian.

6. Zajęcie się wszelkimi niedokończonymi sprawami w życiu emocjonalnym, w tym radzenie sobie z bagażem z poprzednich związków lub wcześniejszych etapów obecnego związku

Po 28 latach małżeństwa Charlotte i Silas zgłosili się na terapię par. Ponieważ ich najmłodsza córka niedawno wyjechała na studia, z niecierpliwością czekali na nowy etap w swoim życiu. W planach mieli edukacyjną wycieczkę do Grecji, a w kolejnym roku rozważali podróż do Tybetu. Wraz z pojawieniem się możliwości głębszej intymności w ich pustym gnieździe Charlotte poczuła jednak, że oddala się od związku. Nie potrafiła wyartykułować powodu, ale uznała, że była coraz bardziej krytyczna wobec Silasa, wybuchała złością, a ponadto straciła zainteresowanie seksem.

W ósmym roku małżeństwa Silas zaangażował się w krótkotrwały romans z koleżanką z pracy, podczas gdy Charlotte skupiła się na wychowywaniu ich dwóch córek. Po odkryciu niewierności Charlotte była przepełniona gniewem i zdruzgotana. Postanowiła wyprowadzić się do rodziców wraz z dziewczynkami. Silas, przytłoczony poczuciem winy i obawą, że trwale zniszczył swoją rodzinę, szybko zakończył romans i błagał o przebaczenie.

Charlotte nie wykazywała zainteresowania kontynuowaniem związku.

Gdy rozpoczęła proces rozwodowy, zaczęli współpracować z mediatorem w celu omówienia kwestii finansowych i ustaleń dotyczących odwiedzin dzieci. W tym czasie zaangażowali się w rozmowy naznaczone poziomem szczerości, który był dla nich rzadkością. Zrozumieli, jak bardzo oddalili się od siebie w ciągu ostatnich kilku lat. Mediator zauważył rosnącą niepewność Charlotte co do rozwodu i zalecił jej skonsultowanie się z terapeutą, aby zagłębić się w jej skomplikowane emocje związane z podjęciem tak ważnej decyzji. Terapia ta okazała się dla niej wzmacniająca. Po przepracowaniu bólu związanego z romansem ustaliła warunki, na jakich Silas miał wrócić do rodziny. Poczuła się uspokojona, gdy z wdzięcznością przystał na te warunki.

Podczas konsultacji dla par prowadzonej przez Davida prawie dwadzieścia lat później Charlotte zdała sobie sprawę, że jej powracający gniew i wycofanie wynikały z niewierności Silasa. Gdy zgodziła się przyjąć męża z powrotem do rodziny po zaakceptowaniu przez niego jej warunków, poczuła znów miłość do niego i myślała, że całkowicie przepracowała swoje uczucia zranienia, złości i zdrady podczas sesji terapeutycznych w tym czasie. Wpływ na to miała jednak również silna motywacja do utrzymania życia z ojcem swoich dzieci. Wraz z odejściem najmłodszego dziecka motywacja ta zanikła, skłaniając jej umysł do ponownej oceny sytuacji w sposób, który był w dużej mierze poza świadomością Charlotte.

Gdy stało się to jasne, podczas konsultacji powrócono do wszystkich aspektów tej sytuacji, badając aktualne reakcje Charlotte i obecny punkt widzenia Silasa. Koncepcja spirali była oczywista: wyzwania, które wydawały się rozwiązane na jednym etapie życia, mają tendencję do powracania, dzięki czemu można się nimi zająć na wyższym poziomie zrozumienia i dojrzałości. Sesja tappingu nad utrzymującym się zranieniem i gniewem związanym z romansem, o którym Charlotte myślała, że został już dawno zażegnany, rozwiązała je na głębszym poziomie.

Kolejnym aspektem niepokoju Charlotte było to, że rozwinęła poczucie niezależności i samowystarczalności, którego nie miała 20 lat wcześniej. Silas nie miał wątpliwości, że chce być z Charlotte do końca życia. Było to dla niej uspokajające, ale niewystarczające. Terapia obejmowała określenie sposobów, w jakie jej nowo odkryte poczucie niezależności mogło zostać wyrażone w małżeństwie poprzez zmianę wzorców, w których Silas był de facto decydentem.

Niedokończone sprawy Sashy

Spośród różnych wydarzeń, które przewijały się w jej pamięci, Sasha postanowiła skoncentrować się na jednym wydarzeniu z wczesnego okresu swojego małżeństwa:

> Początek mojego małżeństwa był naznaczony wieloma zawirowaniami z powodu agresywnych wybuchów byłej żony mojego męża skierowanych przeciwko mnie. Spotkania te były zarówno bolesne, jak i wyczerpujące. Ponieważ mój mąż ma z nią syna, nasze interakcje były konsekwentnie przyćmiewane przez jej poniżające uwagi i pasywno-agresywne komentarze.
>
> Były aspekty, o których myślałam, że nigdy nie zostaną rozwiązane, ponieważ mój mąż niechętnie wkraczał i angażował się w spory. Czułam, że nie mam od nikogo wsparcia.
>
> Z mojej perspektywy dołożyłam wszelkich starań, aby zapewnić ich synowi opiekuńcze i czułe środowisko, gdy przebywał w naszym domu. Przestrzegałam wszystkich „wytycznych" ustalonych przez jego byłą żonę, dotyczących tego, jak powinny przebiegać wizyty. Dodatkowo wysyłała do mojego męża osobliwe i nietypowe e-maile lub listy zawierające dość intymne uwagi, które uważałam za niestosowne. Wszystko konsekwentnie zamiatałam pod dywan, żywiąc przekonanie, że „brak mi pewności siebie", a tym samym pozwalałam jej mieć nade mną przewagę.
>
> Od najmłodszych lat musiałam radzić sobie sama z powodu niestabilnego związku moich rodziców. Dzięki terapii zdałam sobie sprawę, że nosiłam w sobie urazę do mojego ojca za to, że nie interweniował mimo emocjonalnego znęcania się i narcyzmu, których doświadczałam ze strony matki. Zamiast stawić czoła chaosowi, wycofywał się do sypialni, a następnego dnia mnie przepraszał.
>
> Krzywda została już wyrządzona. W dzieciństwie brakowało mi pozytywnej męskiej obecności, która mogłaby zaoferować ochronę lub wsparcie. Moja matka również tego nie zapewniała. W rezultacie rozwinęłam mechanizm obronny, który aktywuje się za każdym razem, gdy znajduję się w nowym środowisku i wyczuwam, że kobieta może próbować wykorzystać mojego męża lub zbliżyć się do niego zbyt blisko.

Natychmiast przypominam sobie przeszłe doświadczenia odzwierciedlające naturę mojego własnego domu z dzieciństwa.

Początkowo moja ocena SUD tej kwestii wynosiła 10. Po zastosowaniu techniki mostu afektywnego, aby powrócić do pierwszych przypadków tych emocji z dzieciństwa, i opukaniu ich, ocena spadła do 7. Następnie zajęło mi dużo czasu, aby zaangażować się w dalsze opukiwanie konkretnych rozmów, które sobie przypomniałam, w tym poniżających uwag czynionych przez byłą żonę mojego męża, a także związanych z tym uczuć. Po około ośmiu rundach tappingu moja ocena SUD osiągnęła 1. Chociaż nie jestem całkowicie oderwana od tych wspomnień, nie wywołują one już silnych emocji.

Twoja kolej

Zastanów się, czy wnosisz bagaż emocjonalny do swoich obecnych relacji, który pochodzi z poprzedniego związku lub wcześniejszego wydarzenia w ramach tego samego związku. Jeśli rozpoznajesz taką obawę, kroki są takie same. Wykorzystaj podstawowy protokół tappingu.

7. Stworzenie jasnej wizji związku, którego pragniesz, i przeprogramowanie umysłu, aby był zgodny z tą wizją

W poprzednim rozdziale omawiającym szczytową wydajność zbadaliśmy, w jaki sposób wykorzystanie fraz mocy i wizualizacji może tworzyć zmiany neurologiczne, które przekształcają automatyczne myśli i działania. Trzeba pamiętać, że tapping pomaga mocniej zintegrować te frazy z układem nerwowym. Po wyeliminowaniu powiązanych z nimi odwróceń psychologicznych metoda ta staje się wyjątkowo skutecznym sposobem zmiany przestarzałych modeli przewodnich.

Zastosowanie tej metody w relacjach może prowadzić do najbardziej kreatywnych i przekonujących wizji, zwłaszcza po osiągnięciu pewnego sukcesu w sześciu omówionych wcześniej tematach. Uwalniając swoje relacje od automatycznych reakcji i bagażu z przeszłości, pozwalasz swojemu umysłowi eksplorować sferę możliwości. Właśnie dlatego zdecydowaliśmy się omówić ustanowienie wizji jako ostatnie.

Linda i Lynne (Lynne również miała na imię Linda, ale zmieniła je, aby uniknąć nieporozumień w miarę rozwoju ich związku) zaangażowały się w szeroko zakrojoną pracę psychologiczną dotyczącą ich partnerstwa. Lynne miała tendencję do dostosowywania się – nawet dobrowolnie zrzekła się swojego imienia – i ta skłonność pozwoliła Lindzie przejąć kontrolę nad dynamiką relacji, której Lynne tak naprawdę nie pragnęła i która potajemnie jej się nie podobała. Takie zachowanie utrudniało ich bliskość. Wyobrażając sobie parę, do której aspirowały, zarówno Lynne, jak i Linda widziały płynną wymianę pomysłów i decyzji, niezależnie od tego, czy chodziło o wybór obiadu, czy możliwość przeniesienia się do bardziej sprzyjającego środowiska ze względu na skutki zmian klimatycznych, które sprawiły, że ich obecny dom stał się mniej atrakcyjny. Aby skutecznie wdrożyć to podejście, kluczowe były konkrety. Nie poprzestawały one jedynie na tworzeniu mglistego wyobrażenia o idealnej relacji, podjęły już trudną decyzję i wyobrażały sobie, że poradzą sobie z nią w sposób, na jaki liczyły.

W tamtym czasie krewni Lindy zginęli tragicznie w wypadku samochodowym i zarówno Lynne, jak i Linda stanęły przed trudnym wyborem, czy adoptować trzyletniego syna zmarłej rodziny. Wyobrażały sobie, że ich dyskusje przebiegają płynnie i pozytywnie, przechodząc przez kroki opisane w poprzednim rozdziale, aż obie uznały tę wizję za całkiem wiarygodną (oceniły wiarygodność w skali SUB odpowiednio na 8 i 10). Kiedy przeprowadziły rzeczywistą rozmowę, Lynne trzymała się swoich zasad, aż doszły do wzajemnie akceptowalnej decyzji, która w tym przypadku polegała na rezygnacji z adopcji. Jeśli jesteś w partnerstwie, wspólne tworzenie wizji może być bardzo budujące i dostarczać cennych spostrzeżeń. Jeśli nie jesteś w partnerstwie, skupienie wizji wokół przyjaciela, szefa, pracownika, członka rodziny, a nawet hipotetycznego przyszłego partnera może być niezwykle wpływowe.

Po osiągnięciu znacznego postępu w sześciu kwestiach wspomnianych wcześniej stworzyłeś potencjał, aby przenieść swój związek na nowy poziom. Twoja kreatywność może służyć jako ścieżka do osiągnięcia tego celu.

Pozytywne wizje Sashy

Sasha opracowała dwie różne wizje: jedną dla swojego małżeństwa, a drugą dla swoich przyjaźni. W wizji małżeństwa wyobraziła sobie męża, który jest zaangażowany w terapię par mającą na celu poprawę ich zrozumienia, współpracę nad przyszłym kierunkiem ich związku i ustalenie wspólnych celów życiowych. „Często wyczuwam, że podążamy w różnych kierunkach, a on wydaje się niezdecydowany, aby zaangażować osobę trzecią – terapeutę – aby pomógł nam pogłębić naszą więź. Początkowo, kiedy wyobrażałam sobie, że mój mąż zgodzi się na terapię, oceniłam wiarygodność tego na 2. Ale po trzech rundach tappingu i wyobrażaniu sobie, że staję się bardziej przekonująca w zachęcaniu go do skorzystania z porad małżeńskich z pełnym nadziei i pozytywnym nastawieniem, wiarygodność wzrosła do 8. Chociaż nadal nie jestem pewna, czy się zgodzi, to wiem, że będę skuteczniej wyrażać swoje nadzieje i pragnienia".

Koncentrując się na swoich przyjaźniach, Sasha stwierdziła: „Najtrudniej było mi nawiązywać przyjaźnie. Tęsknię za głębokimi rozmowami, które obejmują wymianę informacji, pomysłów, doświadczeń, a także zapewnianie opieki i wsparcia. Stworzyłam wizję spotykania ludzi o wspólnych zainteresowaniach, którzy są równie ciekawi mojego życia jak ja ich i nawiązywania z nimi przyjaźni. Gdy jednak zaczęłam kontaktować się z nowym sąsiadem w nadziei na nawiązanie takiej więzi, moja wiara w to była zerowa. Wysiłek ten tylko ożywił poczucie samotności i opuszczenia, czyniąc ten proces dość trudnym, a nawet bolesnym. Szczerze mówiąc, wiem, że będę musiała powrócić do tej sytuacji, ponieważ czuję, że jest to związane z nierozwiązanymi doświadczeniami z moją matką. Jest to wątek, nad którym będę musiała popracować".

Twoja kolej

Wybierz osobę, z którą masz bliską relację – czy to romantycznego partnera, członka rodziny, przyjaciela czy współpracownika – kogoś, z kim chcesz się jeszcze bardziej zbliżyć. Wyobraź sobie swoją idealną wizję tej relacji. Zastanów się nad przeszkodami, które uniemożliwiają ci pójście naprzód w kierunku większej intymności. Wybierz scenę, która symbolizuje tę kwestię, niezależnie od tego, czy faktycznie się wydarzyła, czy też może się wydarzyć. Może ona dotyczyć wyzwań omówionych w tym rozdziale, ale nie musi. Bądź konkretny. Gdzie jesteś w tej wizji? Co masz na sobie? Co się pojawiło? Wyobraź sobie, że jesteś w stanie przejść przez tę sytuację w sposób, który uważasz za idealny. Oceń wiarygodność tej wizji (w skali SUB, gdzie 10 oznacza całkowitą wiarygodność). Postępuj zgodnie z krokami opisanymi na s. 158–159, aby użyć metod tappingu w celu zwiększenia wiarygodności pożądanej sceny. Powtarzaj tę czynność tak często, jak to konieczne, zwracając uwagę na pojawiające się aspekty, aż ocena wzrośnie do co najmniej 8.

NIEKTÓRE SPOSOBY, W JAKIE METODY ENERGETYCZNE DZIAŁAŁY I NIE DZIAŁAŁY DLA NAS

Każda technika opisana w tej książce, a także te, które można znaleźć w *The Energies of Love*, zostały przez nas osobiście wykorzystane. Oprócz opracowywania tych metod dla naszych klientów często używaliśmy ich sami, aby poradzić sobie z kryzysem w naszym związku podczas trudnych wczesnych lat naszego partnerstwa. Chociaż teraz czujemy się szczęśliwi i doceniamy miłość i radość, którą dzielimy, nie możemy twierdzić, że zawsze było łatwo. Z pewnością nie było. Na przykład napotkaliśmy sytuację, która wiązała się z techniką EFT znaną jako „opukuj, kiedy mówisz, opukuj, kiedy słuchasz" (s. 339).

Przedstawiając tę metodę, Dawson Church wyjaśnia, że w przypadku wielu par dobrze im znane ścieżki w mózgu są tak głęboko zakorzenione, że partnerzy zostają wręcz wciągnięci w stare scenariusze, nawet jeśli są świadomi, że podążanie tą drogą doprowadzi do konfliktu[15]. Tapping wpływa bezpośrednio na chemię mózgu, co pomaga zmniejszyć reaktywność emocjonalną i zapewnia poczucie bezpieczeństwa układowi limbicznemu. Proces ten pozwala zatrzymać się, wziąć oddech i spojrzeć na swojego partnera z nowej perspektywy, umożliwiając aktywne słuchanie, a nie tylko reagowanie, jak to miało miejsce w przeszłości. Kiedy po raz pierwszy spróbowaliśmy tego podejścia, okazało się ono niezwykle skuteczne. Chcieliśmy zbadać tę technikę przed udokumentowaniem naszych doświadczeń.

Z powodu nieprzewidzianych okoliczności Donna musiała zmienić niektóre plany bez wcześniejszego omówienia ich z Davidem. Mając świadomość, że ta zmiana prawdopodobnie będzie dla niego niewygodna, czuła się spięta podczas rozmowy o tej sytuacji. Jednym z jej zakorzenionych wzorców zachowań jest unikanie powodowania jakichkolwiek „kłopotów". Za każdym razem, gdy stwarzała niedogodności, spodziewała się, że druga osoba poczuje się zraniona, zła lub zdenerwowana. Oczekiwanie to nie tylko miało aspekt samospełniającej się przepowiedni, ale także wynikało z rzadkości sprawiania przez nią kłopotów najbliższym jej osobom, co często powodowało, że czuli się zaskoczeni i zranieni, gdy nie spełniała ich oczekiwań. Kiedy zainicjowała dyskusję z Davidem, była już zaniepokojona myślą, że może być zirytowany, tak jakby nie było miejsca na jej własne decyzje, nawet jeśli mogą one być dla kogoś niewygodne. Ta dynamika, oczywiście, ma tendencję do wywoływania obronnej reakcji emocjonalnej ze strony jej partnera.

Słysząc ton w głosie Donny, David wykrzyknął: „Hej! To jest moment, na który czekaliśmy! Zaczynam tapping i mam nadzieję, że ty też to zrobisz". Chociaż David poczuł się nieco zaniepokojony nagłą zmianą planów, nie zareagował w sposób, jakiego oczekiwała Donna. Nie był zaskoczony jej słowami. Chociaż nie mógł wiedzieć, co mogłoby się wydarzyć, gdyby nie rozpoczął tappingu, później uznał, że stukanie podczas słuchania pozwoliło mu wchłonąć emocjonalną energię Donny bez brania jej do serca. Kiedy ona stukała i wyjaśniła sytuację, zauważyła również, że on był naprawdę zaangażowany i zrozumiał, co się stało, i (*voila!*) Oboje szybko doszli do porozumienia.

Jednak kiedy następnym razem znaleźli się w sytuacji wypełnionej silnymi emocjami i ponownie zastosowali technikę „opukuj, kiedy mówisz, opukuj, kiedy słuchasz", wynik był znacznie gorszy. Stukanie podczas opowiadania historii ma tendencję do pogłębiania zaangażowania w narrację, ujawniając uczucia, które wcześniej były nieświadome. Jeśli historia, którą opukujesz, zawiera temat obciążony nierozwiązanymi emocjami, możesz nieumyślnie zintensyfikować sytuację, zdzierając warstwa po warstwie emocje bez znalezienia rozwiązania, zanim pojawi się kolejne nierozwiązane wspomnienie. Jeśli zauważysz, że rozmowa wzmacnia negatywne uczucia lub wymyka się spod kontroli podczas opukiwania, ważne jest, aby dostosować swoje podejście – natychmiast! Możesz rozważyć wykorzystanie dowolnej techniki wymienionej w załączniku lub przekierowanie uwagi z dialogu na wyzwalane emocje.

Chociaż techniki energetyczne, których się uczyłeś, aby przechodzić od jednej oceny SUD do drugiej, zazwyczaj przynoszą pożądane rezultaty, ważne jest, aby stosować każdą technikę z należytą starannością ze względu na złożoność każdej relacji. Na zakończenie tego rozdziału podzielimy się osobistą historią z naszego małżeństwa, kiedy musieliśmy wykorzystać całą naszą wiedzę, aby zmienić dynamikę. Po trzech dekadach prowadzenia seminariów, takich jak „Rollercoaster relacji" i „Energie miłości", otrzymaliśmy zaproszenie do napisania książki *The Energies of Love*. Jak wspominaliśmy w tej książce[16], uznaliśmy tę okazję za ekscytującą, ale czuliśmy też pewne obawy. Przez lata poznaliśmy kilka par, które były autorami książek na temat pracy nad związkami, a których małżeństwa rozpadły się wkrótce po opublikowaniu ich poradników. Nie chcieliśmy prowokować bogów związków. Oprócz potencjalnych osobistych konsekwencji i dyskomfortu, które mogłyby się pojawić, obawialiśmy się arogancji, jaką byłoby przedstawianie się jako para, która w jakiś sposób „rozgryzła" słodkie i niezbyt słodkie tajemnice miłości.

Gdy tylko zaczęliśmy poważnie angażować się w dyskusje na temat książki z wydawcą, nasze relacje nieuchronnie zaczęły się pogarszać. W tym momencie nasza organizacja przeżywała znaczny wzrost. Oboje byliśmy pod ogromną presją. Nie było zaskoczeniem, że ze względu na ogromne różnice w naszych perspektywach mieliśmy trudności z uzgodnieniem wielu kluczowych decyzji, które wpłynęłyby na przyszłość naszej organizacji i naszych zawodowych przedsięwzięć.

Różnice w naszych sposobach pojmowania świata pod wpływem stresu stawały się tak wyolbrzymione, że narastały nieporozumienia. W takich okolicznościach Donna ma tendencję do bardzo otwartego wyrażania swoich emocji, podczas gdy David woli zamknąć się w sobie i szukać pocieszenia. W rezultacie Donna często czuje się zaniedbywana i niedoceniana, co potęguje jej niepokój. Czując presję, by się nie wycofywać, David próbuje się uziemić na każdym gorącym temacie, z którym mamy do czynienia, ale zaczyna reagować w sposób, który sprawia, że kwestionuje własne zachowanie.

Ponieważ napięcie między nami nie słabło, oboje okopaliśmy się w naszych mechanizmach reagowania na zagrożenie. Nie trzeba było długo czekać, by David stracił panowanie nad sobą, co doprowadziło go do krzyczenia na Donnę, przeklinania oraz dalszej eskalacji i tak już zaognionej sytuacji. Chociaż twój styl reagowania na stres jest sposobem przetwarzania informacji, który ma swoje mocne strony, znalezienie się w punkcie krytycznym może spowodować, że twoje umiejętności rozumowania cofną się do poziomu czterolatka doświadczającego napadu złości. Stanowi to chyba część projektu natury, że twój partner może doprowadzić cię do konfrontacji z nierozwiązanymi kwestiami z przeszłości. Po każdym takim epizodzie David postanawiał, że w przyszłości będzie starał się unikać takich sytuacji.

Używał wszystkich znanych mu technik. Przypominając sobie ostatnią konfrontację, mógł wykorzystywać tapping, aby zmniejszyć reakcję emocjonalną, co okazywało się skuteczne. Taka strategia pozwalała mu podejść do następnej sytuacji z poczuciem skupienia, jasności i pewności siebie. W ciągu zaledwie pięciu minut znowu zaczynał krzyczeć i trzaskać drzwiami. Cóż za złowieszcze znaki dla tworzenia naszego *opus magnum* na temat relacji! Pewnego dnia, po doświadczeniu tego po raz piętnasty w ciągu trzech miesięcy, David udał się do jacuzzi. Postanowił zaangażować się w praktykę uważności, aby zagłębić się w zrozumienie tej sytuacji. Oto jego relacja z tego, co się wydarzyło:

> Skupiłem się na byciu świadomym mojego doświadczenia tuż przed tymi eksplozjami i w ich trakcie. Z tą

intencją podążyłem za oddechem i obserwowałem, co się pojawiało. Na początku było dużo wewnętrznej paplaniny, samousprawiedliwień, samosądów, złości na Donnę, za jej słodkie oblicze, które zmieniło się w zaciekłą frustrację i złość, strach przed odkryciem, że jestem oszustem, obrazy nagłówka oznajmującego rozwód samozwańczych wirtuozów związków. Zauważyłem to wszystko i odpuściłem.

Powróciłem do skupienia się na oddechu. Potem pojawił się bardzo niewyraźny obraz, ale udało mi się go zlokalizować. To był przystanek autobusowy, z którego wysiadałem codziennie po szkole w pierwszej klasie. Razem ze mną wychodził inny chłopiec, na moje nieszczęście klasowy łobuz, którego z jakiegoś powodu nazywano Pudgy. Pamiętam, że jego ojciec był policjantem i że był najtwardszym dzieciakiem, najlepiej bijącym się w naszej klasie. Ja sam byłem wysoki, chudy, bardzo nieskoordynowany, boleśnie nieśmiały i społecznie nieporadny – idealny cel dla łobuzów o znacznie mniejszym wzroście niż Pudgy. Nie było więc dla niego wielkim wyzwaniem, by mnie pobić, a mi wystarczył kuksaniec w brzuch albo w szczękę, abym się rozpłakał. Kiedy Pudgy już był zadowolony, że wyrządził wystarczająco dużą krzywdę, by potwierdzić swoją dominację, odwracał się i szedł do domu.

Ale w dniu, który pojawił się w mojej wizji, w szkole wydarzyło się coś groźnego. Nauczycielka była zła na klasę za to, że ta była wyjątkowo niesforna. Zatrzymała nas w szkole, zamiast jak zwykle wypuścić na plac zabaw na przerwę. Musiała jednak poradzić sobie z tym, że potrzebowaliśmy przerwy na toaletę, więc kazała wszystkim chłopcom ustawić się w jednej linii, a wszystkim dziewczynkom w drugiej, i tak zaprowadziła nas do ubikacji. Najpierw jednak ostrzegła, że jeśli któryś z nas się odezwie, cała klasa będzie musiała spuścić głowy na 30 minut, co było bardzo niepożądaną karą dla dzieci o rosnących, niespokojnych ciałach. Natomiast jeśli zachowamy idealną ciszę podczas przerwy w łazience, przeczyta nam historię, której wszyscy nie mogliśmy się doczekać.

Gdy się wysikałem, podszedłem do umywalki, by umyć ręce, a w tym samym czasie zbliżył się do niej inny chłopak. Odsunąłem się i zaprosiłem go, by umył ręce pierwszy. W tym niefortunnym momencie nauczycielka zajrzała do łazienki dla chłopców, zobaczyła, że poruszam ustami, i uznała, że złamałem zasadę. Konsekwencją było to, że cała klasa spędziła niekończące się pół godziny z opuszczonymi głowami na naszych niewygodnych stolikach. Nauczycielka nie podała nazwiska sprawcy, ale powiedziała, że był to ktoś, kogo nigdy by nie podejrzewała. Oczywiście pod koniec dnia wszyscy wiedzieli, że to ja. Nie mogłem czuć się bardziej upokorzony ani bardziej wykluczony.

Stanowiło to również okazję dla Pudgy'ego, by spuścić mi tego dnia wyjątkowo ostre lanie. Była to scena, która wyłoniła się z początkowego niejasnego obrazu przystanku autobusowego. Byłem zaskoczony, że pojawiła się właśnie w tamtym momencie, częściowo dlatego, że dekady wcześniej przetworzyłem mój związek z Pudgym w terapii psychodynamicznej. Czułem, że zakończyłem ten temat, przepracowałem go i puściłem w niepamięć. Na początku nie widziałem związku między tym wspomnieniem a moimi rozmowami z Donną. Kiedy jednak ponownie koncentrowałem się na oddechu, otwierałem portal, który prezentował różne aspekty tego wspomnienia, a następnie powiązania z moim obecnym problemem.

Podczas gdy nikt nigdy nie postrzegałby Donny jako tyrana, w obliczu presji, jaka na nas ciążyła, złożonych wymagań organizacji i przekleństwa związanego z tym, że zgodziliśmy się przedstawić nasz związek jako model, staliśmy się tak zwaśnieni jak nigdy wcześniej w ciągu w tamtym momencie 33 lat spędzonych razem. Czułem, że oddaję swoje serce i duszę organizacji, a brak zgody Donny i negowanie moich najlepszych wysiłków wydawały mi się tak niesprawiedliwe jak uczynienie mnie klasowym złoczyńcą za grzeczne przepuszczenie chłopca, aby pierwszy skorzystał z umywalki.

Poczucie niesprawiedliwości i nieuczciwości było niewidzialnym łącznikiem między tym, czego doświadczałem z Donną, a tym, co jeszcze nie zostało uleczone w mojej psychice. Moje poczucie bycia prześladowanym stało się psychologicznym kontekstem naszej wymiany zdań. Kłóciłem się z Donną o delikatną kwestię, kiedy nagle i nietypowo zaczynałem na nią krzyczeć, jakby od tego zależało moje życie. Byłem zdesperowany, ponieważ nie tylko każde nierozwiązane spotkanie szkodziło naszemu związkowi, ale także wszystkie nierozwiązane kwestie szkodziły naszej organizacji w sposób, który utrudniał nam życie.

Gdy opukałem wspomnienia związane z byciem zastraszanym, wyzwalacze straciły swoją moc, a moje reakcje na niedawne starcia również mogły zostać zneutralizowane. Od tamtej pory nie angażowałem się w żadne z tych dyskusji. Dało to pozytywny efekt domina. Teraz Donna mogła wyrazić swoje frustracje i zostać wysłuchana, a nie zwalczana, co pozwoliło na prawdziwe rozwiązywanie problemów i wkrótce znów byliśmy po tej samej stronie.

Kroki podjęte przez Davida, gdy życie popchnęło go poza jego zwykłe strategie radzenia sobie, zaczęły się od zidentyfikowania doświadczenia z dzieciństwa, które było źródłem obecnych trudności. W tym miejscu zaczyna się wiele podejść transformacyjnych, począwszy od psychoanalizy Freuda. Trudności, jakie napotykamy w relacjach z partnerami, często mają swoje odpowiedniki w naszej przeszłości. Nowością jest głębsze docenienie roli ciała w sprawach umysłu. Potężny nowy porządek uzdrawiania psychologicznego pojawia się wraz z psychoterapiami somatycznymi, które pracują z ciałem i psychiką, a stukanie w punkty akupunkturowe jest jedną z najpotężniejszych i najbardziej bezpośrednich metod. Niech tapping wywoła uśmiech w twoich relacjach z innymi.

ROZDZIAŁ 9

KIEDY NADCHODZI KATASTROFA

> Psychologia energetyczna okazuje się jedną z najpotężniejszych interwencji psychologicznych dostępnych dla pracowników zajmujących się pomocą w przypadku katastrof, zarówno w celu pomocy ocalałym, jak i samym pracownikom[1].
>
> **dr Charles Figley,**
> przewodniczący Komitetu do spraw Kombatantów, który jako pierwszy nazwał zespół stresu pourazowego

POTRZEBA LECZENIA emocjonalnych następstw szybko rozprzestrzeniających się katastrof w dzisiejszym świecie jest niezbędna, a zgromadzone dowody wskazują, że tapping akupunkturowy może zapewnić natychmiastową i skuteczną ulgę oraz pomóc ludziom szybciej odbudować swoje życie po katastrofach[2]. Nawet dla tych z nas, którzy są tylko świadkami następstw katastrofy, czy to osobiście, czy za pośrednictwem mediów, widok tłumów cierpiących osób jest przytłaczający. Zmęczenie współczuciem jest powszechne. Możemy chcieć zrobić coś – cokolwiek – by pomóc, ale co? Jak pokaże ten rozdział, psychologia energetyczna umożliwia zorganizowanie silnej pozytywnej reakcji, aby poradzić sobie z najstraszniejszymi wydarzeniami, jakie mogą przytrafić się człowiekowi. Chcemy jednak rozpocząć od ostrzeżenia, że jeśli doświadczyłeś traumatycznego wydarzenia, które jest wciąż żywe w twojej psychice, niezależnie od tego, czy było to niedawno, czy dekady temu, ten rozdział może być dla ciebie niepokojący. Może też być wzmacniający. Bądź rozważny w sposobie, w jaki do niego podchodzisz.

W SPOŁECZNOŚCI Z POWTARZAJĄCYMI SIĘ KATASTROFAMI

Aby zilustrować skuteczność psychologii energetycznej w następstwie traumatycznych wydarzeń, rozważmy przykład pożarów. Każdego lata Kalifornia staje w obliczu licznych pożarów, z których wiele przekształca się w ogromne katastrofy, które niszczą całe społeczności i pochłaniają wiele istnień ludzkich. Kristin Miller, psycholożka kliniczna mieszkająca w północnej Kalifornii, stosuje psychologię energetyczną, aby pomóc osobom dotkniętym niszczycielskimi pożarami, które wielokrotnie dotykały jej społeczność. Doktor Miller odkryła praktyczność i skuteczność akupunktury, którą opisuje jako „wysoce przenośny zestaw niewerbalnych, samodzielnie wykonywanych umiejętności radzenia sobie ze stresem i traumą". Swoją działalność rozpoczęła od „pojawiania się w każdym możliwym miejscu, w którym gromadzili się ludzie, aby wysłuchiwać historii innych i dzielić się umiejętnościami". Oto jej przemyślenia:

> Oszałamiającym odkryciem po niezliczonych wysiłkach na rzecz niesienia pomocy w mojej społeczności było to, że nikt nie był w stanie uspokoić swoich instynktów przetrwania i poradzić sobie z traumą, której doświadczył. Było to widoczne wśród strażaków, ratowników, personelu szpitalnego, powiatowych lekarzy zdrowia psychicznego, wyszkolonych doradców, personelu szkolnego i osób w schroniskach Czerwonego Krzyża. Ale w miarę jak umiejętności te stają się coraz bardziej zakorzenione w naszej społeczności, droga do uzdrowienia staje się bardziej oczywista.
>
> Gdy zmęczeni strażacy, pracownicy hrabstwa i personel medyczny wyłonili się z naszych spalonych, jałowych wzgórz, byliśmy tam, aby pomóc im przetworzyć ich emocjonalne zawirowania po tym wydarzeniu. Wielu z nich spędziło od 70 do 80 dni w walce z pożarami. Niektórzy byli świadkami znacznych strat, musieli przejeżdżać obok zmarłych osób, aby ewakuować mieszkańców z miast ogarniętych płomieniami. Inni utworzyli ochronne kręgi ze swoich ciężarówek wokół walczących o przetrwanie, osłaniając ich przed zbliżającym się ogniem. Każdy z nich zmagał się z poczuciem bezradności, gdy pożary szalały w nieprzewidywalny sposób, zrównując z ziemią wszystko, co napotkały na swojej drodze, i doprowadzając do pochłonięcia całego miasteczka Paradise w mniej niż dwie godziny, a tym samym udaremniając wszelkie plany udanej akcji gaśniczej.
>
> Po wejściu do pomieszczenia wypełnionego mężczyznami w schronisku Czerwonego Krzyża zaledwie kilka godzin po ich ucieczce z pożaru z terenu przy trudno dostępnej, wąskiej górskiej dróżce Camp Creek Roadway w listopadzie 2018 roku, który pochłonął 86 ofiar śmiertelnych, zauważyłam, że byli oszołomieni. Jedna osoba była w stanie wzburzenia, krzycząc gniewnie do telefonu komórkowego. Inny mężczyzna kołysał się w przód i w tył, próbując znaleźć równowagę. Trzeci wydawał się całkowicie

oderwany od rzeczywistości, wpatrując się pustym wzrokiem w przestrzeń. Jeden mężczyzna wydawał się jednak bardziej otwarty na interakcję. Podzielił się wstrząsającymi relacjami z doświadczeń, które przeżyli mężczyźni znajdujący się w pomieszczeniu. Poprosiłam go, by wykonał ze mną kilka regulujących ćwiczeń oddechowych, i wkrótce jeden mężczyzna po drugim zaczęli się przyłączać. Następnie włączyliśmy kilka technik tappingu. W ciągu około 20 minut wszyscy się uspokoili, a ich układ nerwowy został uregulowany. Wkrótce byli w stanie wyjść na zewnątrz i pomagać innym. Pomimo własnej traumy stali się kojącą siłą dla innych w schronisku.

Niestety istnieje coraz więcej studiów przypadków i przykładów, ponieważ katastrofy na całym świecie stają się coraz częstsze. W latach 2010–2019 odnotowano niemal dwukrotny wzrost liczby poważnych klęsk żywiołowych, z 4212 do 7348, w porównaniu z poprzednimi dziesięcioma latami. Ekstremalne zjawiska pogodowe, w tym huragany, powodzie, tsunami, pożary i tornada, zajmują obecnie centralne miejsce w krajobrazie katastrof tego stulecia[3].

Wraz ze wzrostem liczby klęsk żywiołowych kraje uprzemysłowione w XX wieku doświadczyły znacznego wzrostu liczby katastrof spowodowanych przez człowieka[4]. Wydarzenia, takie jak masowe strzelaniny, akty terroryzmu, ludobójstwo, działania wojenne i brutalne konflikty dotykające ludność cywilną – w połączeniu ze zwiększoną częstotliwością wypadków przemysłowych – niestety tragicznie przyczyniają się do tej eskalacji. W rezultacie coraz więcej osób i społeczności potrzebuje terapii psychologicznych po przeżyciu katastrofy.

WPŁYW PSYCHOLOGICZNY

Katastrofy – niezależnie od tego, czy są spowodowane przez naturę, czy działania człowieka – prowadzą do poważnych zaburzeń i zakłóceń nie tylko w życiu jednostek, ale także w funkcjonowaniu społeczności. Około jednej na pięć osób, które przeżyły katastrofy, doświadcza traumy emocjonalnej trwającej przez dłuższy czas[5]. Ponadto nawet osoby, które nie zostały bezpośrednio dotknięte katastrofą, mogą czuć się przytłoczone rozdzierającymi serce sytuacjami przedstawianymi codziennie w telewizji i mediach społecznościowych.

Zespoły zarządzające reagowaniem na katastrofy słusznie koncentrują się na zaspokajaniu potrzeb fizycznych, podczas gdy kwestie zdrowia psychicznego wywołane takimi wydarzeniami są często pomijane[6]. Oprócz PTSD skutki psychologiczne po poważnych katastrofach mogą obejmować lęk, depresję, szok, rozpacz, żal, złość, zaprzeczanie, niezdrowe mechanizmy radzenia sobie, nadużywanie substancji psychoaktywnych, poczucie niepewności, problemy ze snem, wahania nastroju, podejrzliwość, paranoję, obsesyjne myśli, utratę znajomych ról społecznych i dolegliwości fizyczne związane ze stresem.

Jeśli przeżyłeś katastrofę i nadal doświadczasz niektórych z tych objawów podczas czytania tego rozdziału, chcielibyśmy przypomnieć, że ogólne strategie omówione w rozdziałach 2 i 3 mogą być wykorzystane w przypadku tych objawów. Jednocześnie rozdziały 4 i 5 koncentrują się w szczególności na powszechnych objawach psychologicznych, które pojawiają się po katastrofach, w tym lęku, depresji i PTSD. W tym rozdziale przyjrzymy się, w jaki sposób psychologia energetyczna jest stosowana na całym świecie w przypadku katastrof.

WYKORZYSTANIE PSYCHOLOGII ENERGETYCZNEJ DO POMOCY OSOBOM, KTÓRE PRZEŻYŁY KATASTROFĘ

Psychologia energetyczna okazała się znaczącym wsparciem w procesie powrotu do zdrowia po klęskach żywiołowych i katastrofach spowodowanych przez człowieka w ponad 30 krajach. Jej niezwykła skuteczność jest związana z jej zdolnością do szybkiego radzenia sobie z neurologicznymi skutkami traumy. Liczne międzynarodowe organizacje humanitarne przyjęły psychologię energetyczną jako kluczową metodę pomocy w swoich misjach po katastrofach, a także pracują nad strategiami rozszerzenia tego podejścia[7].

Kiedy około dwóch dekad temu zainteresowaliśmy się wykorzystaniem psychologii energetycznej w następstwach katastrof, jednym z pionierów w tej dziedzinie, który nas ukierunkował, był Carl Johnson, psycholog, który był specjalistą od PTSD w Departamencie Spraw Weteranów Stanów Zjednoczonych. Gdy jego kariera dobiegała końca, dr Johnson odkrył terapię pola myśli i stwierdził, że technika tappingu okazała się znacznie bardziej skuteczna niż metody, z których korzystał wcześniej, wyrażając żal, że nie miał do niej dostępu przez całą swoją karierę. Po przejściu na emeryturę często podróżował do miejsc dotkniętych najbardziej przerażającymi katastrofami i okrucieństwami na świecie, aby zapewnić ochotnicze wsparcie psychologiczne.

Jedna z najbardziej fascynujących historii, którą się podzielił, miała miejsce mniej więcej rok po tym, jak siły NATO położyły kres systematycznym aktom terroru, w tym morderstwom, gwałtom i podpaleniom w Kosowie pod koniec lat dziewięćdziesiątych. Doktor Johnson udał się do małej wioski w Kosowie, gdzie przemoc była szczególnie dotkliwa. Spotkał tam doktora Mustafe Shalę, jedynego lekarza w wiosce. Często w wielu małych wioskach lokalny lekarz służy jako główne profesjonalne wsparcie zarówno w kwestiach zdrowia psychicznego, jak i fizycznego. Klinika doktora Shali została zniszczona przez bombardowania, a on sam pracował w przyczepie obok ruin. Przeżył te same traumy co reszta mieszkańców wioski. Doktor Johnson przeprowadził z nim sesję tappingu, a doktor Shala był zdumiony ulgą, jaką poczuł później. Następnie zaproponował, że skieruje osoby ze swojej wioski do doktora Johnsona.

Umieścił znak informujący, że pewnego popołudnia dostępne będą bezpłatne zabiegi leczenia traumy związanej z wojną. Wielu członków społeczności zmagało się z takimi problemami, jak koszmary senne, bezsenność, natrętne wspomnienia i trudności z koncentracją. Doktor Johnson zauważył, że przed przyczepą utworzyła się długa kolejka osób szukających pomocy, przy czym wszyscy starali się zachować dystans od pewnego mężczyzny. Z nutą zmartwienia dr Shala poinformował doktora Johnsona, że grupa obawiała się tej osoby. Lekarz zdecydował się zabrać go na wstępne leczenie.

Doktor Johnson miał doświadczenie w pracy z zatwardziałymi weteranami wojennymi. Wspominał, że mężczyzna „miał okrutny wygląd i wydawał się niebezpieczny". Ale przyszedł po pomoc, więc z pomocą doktora Shali Johnson poprosił mężczyznę, aby przypomniał sobie swoje najtrudniejsze wspomnienie z wojny. Wszyscy we wsi byli prześladowani przez traumy o niewypowiedzianych rozmiarach: tortury, gwałty, oglądanie masakry bliskich. Kiedy mężczyzna przypomniał sobie traumę, jego twarz napięła się i zaczerwieniła, a oddech przyspieszył. Chociaż nigdy nie wyraził tego słowami, leczenie się rozpoczęło. Według Johnsona w ciągu 15 minut zachowanie mężczyzny całkowicie się zmieniło. Jego twarz się rozluźniła, a oddech unormował. Nie wyglądał już okrutnie. W rzeczywistości otwarcie wyrażał radość i ulgę. Zainicjował uściski zarówno z doktorem Johnsonem, jak i doktorem Shalą. Po czym, wciąż uśmiechając się, nagle wybiegł na zewnątrz, wskoczył do samochodu i odjechał, podczas gdy wszyscy patrzyli na to z zaskoczeniem.

Żona mężczyzny również była w grupie oczekującej na leczenie, a Johnson przyprowadził ją jako następną. Oprócz trudności, jakie przeżyła podczas wojny, padła również ofiarą gniewu męża. Traumy, które rozpoznała, szybko zareagowały na sesję tappingu. Gdy jej leczenie zbliżało się do końca, jej mąż podjechał z impetem samochodem. Wysiadł, niosąc torby wypełnione orzechami i brzoskwiniami z własnych drzew, oferując je jako formę zapłaty za leczenie. Przepełniony wdzięcznością, a nawet radością, wyznał, że coś głęboko szkodliwego w nim zostało uzdrowione. Ponownie uściskał lekarzy, po czym czule objął

Ilustracja 9.1. Dr Mustafe Shala, lekarz z Kosowa, przed swoją zbombardowaną kliniką, obok przyczepy, w której odbywały się zabiegi

swoją żonę. Następnie, co niezwykłe, zaproponował, że poprowadzi doktora Johnsona na wzgórza, aby znaleźć żołnierzy, którzy tam się ukrywali, niezdolni do powrotu do normalnego życia w swoich wioskach z powodu traumy. Osoby te obejmowały jego własną etniczną społeczność albańską, a także wrogich Serbów, którzy spowodowali znaczne cierpienia w jego małej wiosce.

Według doktora Johnsona: „Tego popołudnia na własne oczy zobaczyliśmy, że ten okrutny człowiek, przepełniony nienawiścią, stał się kochającym człowiekiem pokoju i miłosierdzia". Doktor Johnson zastanawiał się, jak często dochodzi do takich przemian, kiedy osoby, które przeżyły traumę, mogą uzyskać emocjonalne rozwiązanie doświadczeń, które ich prześladowały, stają się bardziej kochający i kreatywni. Chociaż osoby, które doświadczyły traumy, stoją przed poważnym wyzwaniem, jakim jest odtworzenie swojego życia, nawet po takiej przełomowej sesji, leczenie pomaga oderwać intensywną reakcję limbiczną od wspomnień i sygnałów związanych z traumatycznym wydarzeniem, umożliwiając im postęp w pozytywnym kierunku.

Kiedy zapytaliśmy doktora Johnsona o to, jak ocenia sukces leczenia traumatycznego doświadczenia, odpowiedział:

> Na sukces wskazuje brak cierpienia lub niepokoju podczas przypominania sobie wydarzenia. Jednocześnie nie

odbywa się to kosztem zmniejszonej wrażliwości lub zniekształcenia wartości lub zmniejszonej zdolności do kochania. Wspomnienie jest zachowane, ale brakuje mu żywej intensywności. Chociaż nadal istnieje zrozumienie traumy związanej z wydarzeniem, nie ma ona już władzy nad duchem jednostki. Wcześniej wspomnienie dyktowało działania danej osoby, ale teraz to ona kieruje wspomnieniem.

RAPORTY Z INNYCH CZĘŚCI ŚWIATA

Doktor Johnson, wysoce szanowany psycholog znający się na metodologii badań, skrupulatnie udokumentował swoje doświadczenia z 337 osobami dotkniętymi katastrofami w czterech krajach, które odwiedził po przejściu na emeryturę. Odkrył, że 334 z tych osób, które doświadczyły traumy, wykazywało oznaki skutecznego przezwyciężenia PTSD po leczeniu. Chociaż jest to imponujące stwierdzenie ze względu na zakres cierpienia, z jakim się spotkał, liczne raporty z różnych krajów opisujące tapping akupunkturowy po katastrofie potwierdzają się nawzajem w odniesieniu do szybkiej ulgi i trwałości zaobserwowanych korzyści. Rodzaje katastrofalnych wydarzeń obejmują trzęsienia ziemi, huragany, tornada, powodzie, pożary, masowe strzelaniny, ludobójstwo, konflikty etniczne i katastrofy przemysłowe. Przedstawimy krótki przegląd oparty na naszych obszernych wywiadach z praktykami, którzy świadczyli te usługi.

Strzelanina w szkole podstawowej Sandy Hook

Ta szeroko opisywana, rozdzierająca serce tragedia wydarzyła się 14 grudnia 2012 roku w Newtown w stanie Connecticut. Dwudziestoletni były uczeń szkoły podstawowej zastrzelił tam 28 osób, w tym 20 dzieci w wieku sześciu i siedmiu lat, sześciu dorosłych członków personelu, swoją matkę i siebie. Nick Ortner, który jest wieloletnim mieszkańcem Newtown, jest również założycielem jednej z najbardziej wpływowych organizacji promujących metodę akupunkturową w leczeniu i rozwoju osobistym[8]. Jego matka, psycholożka szkolna w pobliskiej szkole podstawowej, ściśle współpracowała z psychologiem szkolnym i dyrektorem, którzy zginęli w Sandy Hook.

Czując głębokie poczucie więzi na wielu poziomach, Ortner postanowił wykorzystać swoją wiedzę z zakresu psychologii energetycznej i EFT, wraz ze swoimi lokalnymi i globalnymi powiązaniami, aby wspierać uzdrowienie społeczności dotkniętej traumą. Już w dniu tragicznej strzelaniny skontaktował się ze swoją koleżanką, dr Lori Leyden, uznaną na całym świecie ekspertką w dziedzinie traumy. Po niektórych z najbardziej niszczycielskich globalnych tragedii związanych z ludobójstwem i masową przemocą wdrożyła ona tapping akupunkturowy i różne techniki łagodzenia skutków katastrof[9]. Ortner poprosił dr Leyden o radę dotyczącą zapewnienia natychmiastowej reakcji i ułatwienia długotrwałego leczenia. Ta rozmowa przerodziła się we współpracę. Zaledwie trzy dni później dr Leyden przybyła, aby rozpocząć organizację długoterminowej inicjatywy skoncentrowanej na terapii i samoopiece dla wielu osób w Newtown dotkniętych strzelaniną.

Po przybyciu na miejsce dr Leyden zaczęła prowadzić zarówno sesje indywidualne, jak i grupowe. Ponieważ skutki długoterminowej traumy były jej dobrze znane i z uwagi na swoje sukcesy w pracy z osobami, które przeżyły poważną przemoc, była w stanie natychmiast wykorzystać swoje doświadczenie do ustanowienia w Newtown podejścia społecznościowego, które obejmowało długoterminowe, zrównoważone praktyki w celu niesienia pomocy. Angażując się w tę inicjatywę, dr Leyden mieszkała w Newtown przez kolejne trzy lata. Jej celem było „ciche przybycie, słuchanie i obserwowanie, wspieranie lokalnych wysiłków i zapewnienie zespołowi dyskretnej metody oceny potrzeb, oferując jednocześnie pomoc terapeutyczną i samoopiekuńczą tym, którzy najbardziej jej potrzebowali". Sylvia Burwell, ówczesna Sekretarz Zdrowia i Opieki Społecznej Stanów Zjednoczonych, przedstawiła w wywiadzie kontekst tych trzech lat, mówiąc: „Podczas gdy klęski żywiołowe przyciągają nagłówki gazet i uwagę narodową w krótkim okresie, praca nad odbudową i uzdrowieniem z traumy jest długoterminowa".

Ortner wysłał prośbę do wolontariuszy ze swojej listy liczącej 500 tysięcy członków, szukając ochotników do pomocy. Spośród setek odpowiedzi Ortner i dr Leyden wybrali 35 ochotniczych praktyków tappingu, którzy mieli pomóc w opracowaniu długoterminowego modelu dla Newtown. Szkolenie rozpoczęło się 5 stycznia 2013 roku, zaledwie 22 dni po strzelaninie, koncentrując się na tym, jak zastosować tapping akupunkturowy po katastrofie. Wolontariusze poświęcili od 35 do 60 godzin na szkolenie oraz wiele godzin na superwizję, aby przygotować się na natychmiastowe i długoterminowe potrzeby osób bezpośrednio i pośrednio dotkniętych tragedią. Na początku pierwszego dnia szkolenia dr Leyden zapytała, ilu wolontariuszy jest gotowych wesprzeć rodzica, którego sześcioletnie dziecko zostało zamordowane. Wszyscy bez wyjątku chętnie podnieśli rękę. Kiedy jednak po dniu wypełnionym odgrywaniem ról, ponownie zadała to samo pytanie, nikt już nie podniósł ręki. Wszyscy zdali sobie sprawę, że nie mają jeszcze doświadczenia, aby poradzić sobie z takim poziomem traumy.

Szczególną uwagę poświęcono rodzicom i innym członkom rodzin zabitych, dzieciom, które przeżyły strzelaninę, nauczycielom i innym pracownikom szkoły oraz osobom udzielającym pierwszej pomocy, w tym policjantom, strażakom, ratownikom medycznym, lekarzom sądowym i przedsiębiorcom pogrzebowym. Zamiast próbować podsumować ogromną liczbę indywidualnych i grupowych sesji tappingowych lub powiązanych warsztatów i wydarzeń społecznościowych, zebraliśmy kilka uwag od osób, które otrzymały lub świadczyły te usługi[10].

- **Scarlett Lewis, matka sześcioletniego Jessego Lewisa, który zginął tragicznie podczas strzelaniny:** „Próbując wyleczyć się z tragedii utraty syna, doświadczenia, które złamało mi serce i sprawiło, że zaczęłam wątpić w sens dalszego życia, szukałam wielu różnych rodzajów pomocy. Początkowo szukałam tradycyjnej terapii rozmową, która sprawiła, że ponownie przeżyłam traumę i poczułam się gorzej. To dzięki Nickowi Ortnerowi odkryłam tapping i zawsze kończę te sesje z większą samoświadomością, poczuciem ulgi i odnowioną nadzieją. Tapping zapewnia mi komfort, gdy nic innego mi nie pomaga ".
- **Lekarz i ratownik medyczny z Zakładu Medycyny Sądowej:** „Dr Leyden zgłosiła się na ochotnika do pomocy zaledwie kilka dni po tragedii. Odwiedziła nasze biuro trzy razy, przeprowadzając wiele sesji podczas każdej wizyty i spędzając kilka godzin z ratownikami, lekarzami, śledczymi i innym personelem bezpośrednio zaangażowanym w strzelaninę w Newtown. Prowadzone przez nią sesje tappingu i techniki oddechowe, wraz z dyskusjami grupowymi, okazały się bardzo pomocne, zarówno dla mojego personelu, jak i dla mnie. Zauważyłem dużą poprawę mojego snu i ogólnego funkcjonowania".
- **Lynn Johnson, dyrektor Center for Serenity w Hartford w stanie Connecticut**, powiedziała: „Udział w tym projekcie był prawdziwym zaszczytem i głęboko poruszającym doświadczeniem. Inspiracja, jaką otrzymałam od dr Lori Leyden, Nicka Ortnera, Jondi Whitis i całego zespołu była niesamowita. Stworzyłam program dla małych dzieci o nazwie »Po prostu opukuj", który jest wersją techniki EFT dla dzieci w wieku przedszkolnym i szkolnym. Bardzo podobało mi się dzielenie się nim z grupą i chętnie przedstawię go szerszej społeczności!"

- **Bonnie Skane, wolontariuszka:** „To zaszczyt i błogosławieństwo być częścią zespołu wolontariuszy. Pomimo przytłaczającej tragedii codziennie jesteśmy świadkami wielu małych cudów. Pomaganie osobom, które mają do czynienia z poważnymi zaburzeniami emocjonalnymi, lękiem i stresem, w znalezieniu ulgi dzięki technice EFT przynosi mi wielką radość! Szczerze wierzę, że zmieniając siebie, możemy zmienić świat, a EFT służy jako niezwykłe narzędzie, które pozwala nam uwolnić się od negatywnych emocji i przyjąć te pozytywne".
- **Dr Eric Leskowitz, psychiatra z Wyższej Szkoły Medycznej na Harvardzie**, udzielił organizatorom następującej porady: „Opierając się na moim doświadczeniu klinicznym i analizie literatury badawczej, uważam, że EFT jest preferowanym podejściem do szybkiej interwencji w traumatycznych wydarzeniach, takich jak strzelanina w Newtown, które wywołują intensywne emocje zarówno u jednostek, jak i grup. Wykorzystanie tej metody może zapobiec wystąpieniu pełnoobjawowego PTSD w przyszłości, umożliwiając ludziom uzyskanie kontroli nad własnym układem nerwowym".

Po tragedii w szkole Sandy Hook pojawiła się poruszająca historia „pełnego kręgu", dotycząca 12-letniego chłopca, którego 6-letni brat zginął podczas strzelaniny. Podczas gdy jego matka szybko zaczęła sesje tappingu, on sam pozostał głęboko sceptyczny. Jego gniew po stracie brata był całkowicie zrozumiały i mimo upływu dwóch miesięcy od tragedii chłopiec nie wrócił do szkoły. Doktor Leyden wcześniej pomagał osieroconym osobom, które przeżyły ludobójstwo w Rwandzie, początkowo koncentrując się na ich leczeniu, a następnie prowadząc ich, aby stali się liderami „skoncentrowanymi na sercu". Inicjatywa ta ostatecznie przekształciła się w Project LIGHT: Rwanda. Absolwenci programu określani są mianem „ambasadorów", a celem inicjatywy jest łączenie młodych ludzi na całym świecie, którzy przeżyli traumę, aby mogli się nawzajem wspierać.

Dwóch takich ambasadorów z Rwandy – młodych ludzi, którzy przeżyli jedne z największych tragedii ludzkości – nawiązało rozmowę przez Skype z 12-letnim chłopcem z Newtown. Podczas długiej rozmowy nawiązała się między nimi głęboka więź, w której dzielili się swoimi doświadczeniami. Chłopiec z Newtown poczuł się tak zmotywowany, że postanowił wrócić następnego dnia do szkoły, aby wygłosić przemówienie do swoich kolegów z klasy o tym, dlaczego ważne jest, aby dbać o ludzi, którzy doświadczyli strasznych tragedii, bez względu na to, gdzie mieszkają. Zataczając pełny krąg, stworzył organizację non profit, która zebrała pieniądze dla niektórych ambasadorów Rwandy, aby mogli uczęszczać na uniwersytet.

Huragan Katrina

W ciągu zaledwie kilku minut huragan może spowodować niewyobrażalne zniszczenia. Kiedy 29 sierpnia 2005 roku huragan Katrina uderzył w Nowy Orlean i sąsiednie regiony, spowodował śmierć ponad 1800 osób i wyrządził szkody o wartości 125 miliardów dolarów. Cztery miesiące po huraganie trzy organizacje medyczne i społeczne w Nowym Orleanie zaprosiły grupę 12 praktyków terapii pola myśli z ośmiu różnych stanów, aby zaoferowali leczenie i szkolenie swoim pracownikom. Personel medyczny i socjalny był nie tylko pomocnikami, ale także ofiarami katastrofy, co doprowadziło do decyzji o włączeniu ich leczenia do procesu szkoleniowego. Łącznie 161 uczestników zostało poddanych leczeniu i szkoleniom w sześciu różnych ośrodkach.

Zebrano oceny od 87 uczestników, którzy zaangażowali się w tapping. Spośród nich 86 zgłosiło, że doświadczyło pozytywnych zmian lub całkowitego rozwiązania swoich problemów w tym czasie. Psycholożka Caroline Saka (pracująca również w sierocińcu w Rwandzie) zebrała dane od 22 osób, które leczyła. Uczestnicy ci zmagali się z różnymi wyzwaniami emocjonalnymi, w tym złością, lękiem, depresją, jedzeniem jako reakcją na lęk, frustracją, poczuciem winy, poczuciem winy ocalałego, poczuciem krzywdy, stratą, brakiem kontroli, pragnieniem lepszych wyników, poczuciem przytłoczenia, paniką, bólem fizycznym, urazą, smutkiem, wstydem, stresem, traumatyzacją i zmartwieniem. Każda kwestia została oceniona w skali SUD od 0 do 10. Przed leczeniem średni wynik dla 51 zidentyfikowanych obszarów problemowych wśród 22 klientów przekraczał 8. Po terapii, która zazwyczaj obejmowała krótką sesję indywidualną trwającą poniżej 15 minut po 30-minutowej orientacji grupowej, średnia ocena SUD wynosiła poniżej 1.

Wraz z zespołem terapii pola myśli praktycy EFT byli aktywnie zaangażowani w natychmiastową reakcję na huragan, a później wspierali tych, którzy zostali przesiedleni. Sophia Cayer, doświadczona ekspertka w dziedzinie tappingu, podzieliła się swoim doświadczeniem w pracy z kobietą, która doświadczyła traumy nie tylko z powodu huraganu, ale także z czasu spędzonego w schronisku po utracie domu. Miesiąc po Katrinie kobieta ta była tak przygnębiona, że nie była w stanie funkcjonować, spędzając wiele czasu na niekontrolowanym płaczu. Cayer wspomina:

Kiedy usiadłam przy niej, jedną ręką zasłaniała twarz, szlochała i nie była w stanie mówić. Delikatnie poprosiłam o pozwolenie na wzięcie jej drugiej ręki i sprawdzenie, czy mogę pomóc jej się zrelaksować. Zgodziła się, a ja zaczęłam delikatnie stukać w punkty energetyczne na jej dłoni. W ciągu kilku chwil jej łzy zaczęły ustępować. Nadal nie była w stanie wyrazić swojego doświadczenia, więc po prostu stukałam i rozmawiałam z nią. Użyłam techniki EFT, która oferuje ulgę bez konieczności werbalnego opisywania wydarzenia.

Poza traumą, której doświadczyła, prześladowały ją wspomnienia krzyków i odgłosy wystrzałów podczas nocy spędzonych w schronisku. Mimo że kobieta nadal nie była w stanie mówić, kontynuowałam z nią pracę, a jej łzy pojawiały się i znikały. Po kilku minutach podniosła głowę i wypowiedziała pierwsze słowa po wielu tygodniach zamknięcia w sobie. Wtedy się uśmiechnęła. Później tego wieczoru zobaczyłam ją na spotkaniu dla ocalałych. Jej przyjaciele byli zdumieni, widząc, że ponownie jest wesoła. Zawsze będę pamiętać jej uśmiech i uściski wdzięczności, którymi się dzieliła.

Cayer stwierdziła, że dzięki tappingowi „nawet pojedyncza sesja zapewnia wsparcie, bez pozostawiania danej osoby samej sobie. Nie chodzi tylko o zapewnienie ludziom tymczasowego spokoju, a następnie pozostawienie ich. Otrzymują cenne narzędzia, które mogą konsekwentnie stosować podczas przechodzenia przez kryzys później".

Obozy dla uchodźców

Stanie się uchodźcą wiąże się z koniecznością stawienia czoła serii kryzysów, a prawie wszystkie osoby, które zostały przymusowo wysiedlone, napotykają poważne problemy ze zdrowiem psychicznym[11]. Obecnie około 184 milionów ludzi[12] zostało zmuszonych do opuszczenia swoich domów z powodu takich czynników, jak klęski żywiołowe lub prześladowania. Wśród tych osób jedna trzecia doświadcza chronicznego lęku, depresji lub PTSD[13].

Kiedy Gunilla Hamne i Ulf Sandström, współzałożyciele Peaceful Heart Network (peacefulheart.se), zostali wezwani do obozu dla uchodźców Moria w Grecji – niegdyś największego obozu w Europie – poproszono ich o pomoc ośmioletniemu chłopcu, który został opisany jako „wymykający się spod kontroli". Sieć Peaceful Heart Network stworzyła metodę tappingu akupunkturowego znaną jako technika tappingu podczas traumy (ang. *Trauma Tapping Technique* – TTT), która wykorzystuje minimalną komunikację werbalną. To uproszczone podejście, wywodzące się z TFT i EFT, szczególnie dobrze nadaje się do leczenia bezpośredniego cierpienia związanego z traumą. Może być łatwo nauczane przez osoby, które przeżyły katastrofę, i paraprofesjonalistów lub prowadzone w dużych grupach.

W obozie Moria chłopiec wykazywał destrukcyjne zachowanie zarówno w rodzinie, jak i wobec otoczenia. Hamne i Sandström opisali dziecko jako „rzucające przedmiotami i kamieniami, niszczące namioty, oddające mocz wszędzie i rozdzierające ubrania". Ojciec był troskliwy i cierpliwy, dokładając wszelkich starań, aby poradzić sobie z synem. Tymczasem matka stała się obojętna i bierna. Cały ten scenariusz generował chaos w rodzinie, a ze względu na trudne warunki życia zbliżała się ona do punktu, w którym mogłaby zostać zmuszona do opuszczenia obozu bez żadnych alternatywnych opcji. Hamne i Sandström tak opowiadają o swoich doświadczeniach:

> Odwiedziliśmy jeden z namiotów, gdzie zajęliśmy się rysowaniem i akrobatyką, aby wzmocnić więzi z przebywającymi tam uchodźcami. Nagle chłopiec zaczął niszczyć wszystko w namiocie, w tym książki i zabawki, przynosząc duże kamienie i rzucając nimi na oślep. Złamał metalowe nogi stołu i zademonstrował, że może ich użyć jako broni. Zażądał więcej długopisów, które następnie połamał na kawałki. Kiedy chłopiec się uspokoił, pokazaliśmy nasze ćwiczenia i techniki ojcu i innym dzieciom z rodziny. Uczestniczył w tym również tłumacz. Widzieliśmy, że ojciec może trzymać chłopca i przytulać go, więc mieliśmy pewność, że było możliwe, aby wykonał tapping razem z chłopcem.
>
> Kiedy skończyliśmy, powiedzieliśmy ojcu, że powinien wykonywać tapping tak często, jak się da. Kilka dni później spotkaliśmy tłumacza, który z radością nas poinformował: „Chcę wam przekazać wspaniałe wieści. Ojciec powiedział mi, że używa tappingu z chłopcem i idzie mu bardzo dobrze! Ojciec jest bardzo szczęśliwy, a chłopiec bardzo spokojny i uroczy". Tłumacz przytulił nas.

Oprócz pracy z uchodźcami sieć Peaceful Heart Network współpracowała z lokalnymi pracownikami i organizacjami pomocowymi, aby zapewnić sesje i szkolenia TTT dla około 250 tysięcy osób, zajmując się szerokim zakresem wyzwań po katastrofie w wielu krajach. W Nepalu ponad 900 osób, które przeżyły tornada, wzięło udział w indywidualnych lub grupowych sesjach TTT. W najbardziej dotkniętych przemocą częściach miasta Beni w Demokratycznej Republice Konga wsparciem objęto około 3000 przesiedleńców wewnętrznych, głównie młodzież i kobiety. Po tym, jak cyklon Idai uderzył w Zimbabwe, sieć pomogła około 100 osobom, których domy zostały zniszczone. W Bidi Bidi w Ugandzie, największym obozie dla uchodźców na świecie, sieć utrzymuje stały kontakt z uchodźcami za pośrednictwem lokalnego pastora; trenerzy sieci dotarli do ponad 2000 osób od 2018 roku. W Kolumbii szkolą pracowników socjalnych w ramach grupy pomagającej ofiarom handlu ludźmi. Bycie świadkiem tak powszechnego sukcesu na całym świecie jest naprawdę inspirujące, zdajemy sobie jednak sprawę, że potrzeba znacznie więcej i że jest to możliwe do osiągnięcia.

Wypadki przemysłowe

Zespół Zarządzania Stresem po Zdarzeniach Krytycznych (ang. *Critical Incident Stress Management* – CISM) składa się z lokalnych profesjonalistów, którzy dobrowolnie dzielą się swoją wiedzą po katastrofalnych zdarzeniach. Jim McAninch korzystał z usług TFT jako członek zespołu CISM po wypadkach przemysłowych przez ponad trzy dekady. Oto jedna z jego relacji:

> Zostałem wezwany do małej firmy, w której pracownik poinstruował kolegę, aby nacisnął przycisk na panelu sterowania, w wyniku czego ten natychmiast został porażony prądem. Ocalały i sześć innych osób postronnych musiało poradzić sobie z przerażającą sceną i nieudanymi próbami ratowania życia mężczyzny. Wszyscy doznali traumy z powodu przerażającej śmierci. Silny zapach płonącego ciała był żywy w każdym ich wspomnieniu. W przypadku dwóch świadków ten makabryczny śmiertelny wypadek przywołał również traumatyczne przeżycia z przeszłości.
>
> Jeden z nich przypomniał sobie makabryczne wypadki samochodowe, których był świadkiem jako operator lawety z 20-letnim stażem pracy. Drugi świadek, mężczyzna, który polecił wcisnąć przycisk, wiele lat wcześniej znalazł swoją żonę martwą w zaspie śnieżnej. Nieskuteczna reanimacja współpracownika spotęgowała jego traumę i poczucie winy. Nie mógł pozbyć się zapachu i smaku wymiocin, które dostały się do jego ust podczas próby ratowania życia swojemu koledze.
>
> Zająłem się tym mężczyzną jako pierwszym, czemu przyglądała się grupa innych osób. Używając techniki TFT, pomagałem mu z jego gniewem i poczuciem winy, aż ocena SUD spadła do 0. Następnie poprosiłem przypatrujące się nam osoby, aby dobrały się w pary i naśladowały moje kroki, aby uzdrowić się nawzajem lub siebie samych, aż emocje związane z traumą spadły do 0. Tydzień później, kiedy wróciłem, aby przeprowadzić obserwację, każdy z ocalałych był w stanie przypomnieć sobie i porozmawiać

o tragedii bez doświadczania retraumatyzacji.

McAninch opisał wiele sytuacji, w których znaczna część emocjonalnego cierpienia wynikającego z tragicznych wypadków została szybko złagodzona dzięki zastosowaniu techniki TFT. Chociaż skuteczność i szybkość wykazana w powyższym przykładzie nie jest rzadkością, zdarzały się sytuacje, w których McAninch musiał przeprowadzić wiele sesji lub konsultować się w sprawie tych osób, które doświadczyły znaczących skutków traumy. Zauważył, że podobnie jak w opisanym przypadku dawne straty i traumy często powracały i stawały się kolejnym tematem sesji.

BADANIA

Chociaż relacje dotyczące skuteczności protokołów tappingowych po katastrofach są przekonujące i motywujące, brakuje im poparcia naukowego. Przyjmując sceptyczne podejście, można by się zastanawiać, czy osoby zaangażowane w reagowanie na katastrofy mają wrodzoną zdolność do oferowania skutecznej pomocy podczas kryzysów, co sugeruje, że konkretne metody, które stosują, mają znaczenie drugorzędne. Czy te same techniki przyniosłyby podobne rezultaty, gdyby były stosowane przez osoby, które nie mają tych unikalnych cech? Zanim skuteczność tappingu i zalecenia zostaną przyjęte przez znaczące organizacje zajmujące się pomocą w przypadku katastrof, konieczne jest przeprowadzenie obiektywnej oceny wyników.

Stanowi to poważne wyzwanie ze względu na nieprzewidywalne okoliczności, chaos i pilne potrzeby, które powstają w wyniku katastrofy, co utrudnia systematyczne oceny, gdy zespoły reagowania na traumę przybywają wkrótce po katastrofie. Większość istniejących badań dotyczących protokołów tappingu po katastrofie była zwykle przeprowadzana miesiące, lata, a nawet dziesięciolecia po wydarzeniu, co pozwala na bardziej praktyczne metodologie badawcze. Ponieważ jednak skutki traumy często utrzymują się przez dziesięciolecia, badania te są właściwe i konieczne, a wyniki leczenia przewlekłego PTSD za pomocą akupunktury w latach po katastrofie były imponujące, jak pokazano w rozdziale 4. Systematyczny przegląd sześciu badań klinicznych badających skuteczność tappingu w leczeniu PTSD pokazał, że daje on niezwykle pozytywne skutki[14].

Na przykład w badaniu osób cywilnych, które doświadczyły przemocy systemowej wiele lat wcześniej, 145 dorosłych osób, które przeżyły ludobójstwo w Rwandzie w 1994 roku, zostało losowo przydzielonych do leczenia TFT lub grupy kontrolnej. Osoby z grupy TFT wykazały znaczną poprawę na skalach objawów PTSD, a postęp ten utrzymał się podczas obserwacji przeprowadzonej dwa lata później[15].

Prawie dwie dekady po wojnach w Bośni w latach 1992–1995 w badaniu klinicznym wzięło udział 18 dorosłych, którzy zostali wybrani ze względu na ich utrzymujący się poważny stres emocjonalny związany z traumatycznymi wydarzeniami, które przeżyli, w tym poważne obrażenia, tortury, pobicia, gwałty, upokorzenia seksualne i bycie świadkami napadów lub morderstw[16]. Każdy uczestnik przeszedł cztery jednogodzinne sesje w ciągu dwóch tygodni, wykorzystując protokół tappingu. Objawy PTSD zostały zbadane za pomocą standaryzowanej listy kontrolnej dla cywilów przed leczeniem, po jego zakończeniu i podczas obserwacji cztery tygodnie później. Wyniki wykazały znaczną redukcję objawów, a korzyści pozostały widoczne podczas obserwacji.

Trzęsienie ziemi, które nawiedziło Haiti w 2010 roku, spowodowało ponad 200 tysięcy ofiar śmiertelnych i wyrządziło szkody o wartości 8 miliardów dolarów. Do oceny pod kątem PTSD 77 osób, które przeżyły trzęsienie ziemi, wykorzystano standaryzowany kwestionariusz objawów, który wykazał, że 48 osób mieściło się w zakresie klinicznym. Po dwóch dniach sesji EFT wszyscy uczestnicy odnotowali jednak wyniki poza zakresem klinicznym. Średnio licząc, objawy i ich nasilenie po teście zmniejszyły się o 72 procent[17].

Chociaż wyniki te są z pewnością godne uwagi, ważne jest, aby zdać sobie sprawę, że badania nad skutecznością protokołów tappingu w radzeniu sobie z traumą emocjonalną były prowadzone głównie przez zwolenników psychologii energetycznej. Inna seria badań została jednak podjęta przez naukowców, którzy nie byli szczególnie przychylni tej metodzie. Liczne badania wykorzystywały zaawansowane techniki statystyczne do oceny wyników różnych psychoterapii wdrożonych po katastrofach lub innych znaczących stresorach psychicznych[18]. Zbadano szeroki zakres podejść terapeutycznych. Zgodnie z oczekiwaniami wyniki ujawniły szeroki zakres ich skuteczności w zmniejszaniu objawów związanych z traumą i w poprawie funkcjonowania. Wśród sześciu badań porównawczych, które obejmowały protokoły psychologii energetycznej, terapie akupunkturowe okazały się jednymi z najbardziej skutecznych. Jak wspomniano w rozdziale 4, terapie te wykazały najlepsze wyniki w porównaniu z 36 innymi terapiami w jednym badaniu[19] i najsilniejsze wyniki w odniesieniu do 17 terapii w innym[20]. Dowody w coraz większym stopniu potwierdzają pogląd, że tapping akupunkturowy wyróżnia się jako jedna z najskuteczniejszych interwencji po katastrofach. Przyjrzyjmy się więc bardziej szczegółowo, jak działają te terapie.

CZTERY POZIOMY INTERWENCJI PSYCHOLOGII ENERGETYCZNEJ PO KATASTROFACH

Techniki tappingu akupunkturowego mogą być wykorzystywane w dowolnym momencie po poważnej katastrofie, od kilku minut do kilku lat później. Po zaspokojeniu potrzeb fizycznych, zapewnieniu bezpieczeństwa oraz zbudowaniu zaufania i przywróceniu harmonii czteropoziomowa struktura klasyfikuje interwencje psychologii energetycznej podejmowane po katastrofie na podstawie ich celów i czasu, jaki upłynął od zdarzenia.

Pierwszy poziom: Pierwsza pomoc psychologiczna

Po zapewnieniu bezpieczeństwa fizycznego po katastrofie kolejnym priorytetem jest zapewnienie natychmiastowej ulgi emocjonalnej i stabilizacji. Podobnie jak ratownik medyczny może poinstruować kogoś, kto ma atak lęku, aby wykonał technikę kontroli oddechu, która przeciwdziała hiperwentylacji, psychologia energetyczna wykorzystuje metody, które przerywają reakcję walki lub ucieczki. Podczas kryzysu pracownik pomocy może pokazać osobie, która przeżyła traumę, jak zaangażować się w oddychanie przeponowe, mówiąc: „To normalne, że czujesz się teraz przytłoczony. Weźmy razem kilka powolnych, głębokich oddechów". Po tym może nastąpić sugestia: „Teraz wzmocnijmy nasz oddech, dotykając punktów łagodzących stres. Po prostu opukuj te miejsca razem ze mną".

Tapping przekazuje sygnały, które dezaktywują ciało migdałowate, prowadząc do szybkiego zmniejszenia nasilonych reakcji emocjonalnych w stresujących okolicznościach. Ta prosta technika może służyć jako skuteczna metoda udzielania pierwszej pomocy psychologicznej zaraz po wystąpieniu katastrofy. Praktycy zazwyczaj zaczynają od najbardziej kojących interwencji mających na celu zapewnienie ulgi i stabilizacji, które mogą obejmować oddychanie przeponowe, delikatne kołysanie, uściski, zapewnienia, że dana osoba przeżyła i jest obecnie bezpieczna, oraz – w stosownych przypadkach – tapping.

Drugi poziom: Obniżanie pobudzenia układu limbicznego w odpowiedzi na bodźce związane z traumą

Tapping akupunkturowy oferuje więcej niż tylko natychmiastową ulgę; ma potencjał zmiany samoograniczających się wzorców reakcji na stres, które mogą pojawić się po traumatycznym doświadczeniu. Strach, wściekłość lub udręka mogły zostać neurologicznie powiązane z konkretnym wewnętrznym lub zewnętrznym wyzwalaczem. Na przykład osoba, która ledwo uniknęła powodzi podczas burzy, może odczuwać silny strach na dźwięk grzmotu i błyskawicy. Przywołując żywe obrazy tych elementów podczas tappingu, osoba taka może uwolnić się od automatycznej reakcji na zagrożenie. Łagodzenie nadmiernego pobudzenia w obszarach mózgu odpowiedzialnych za przetwarzanie emocjonalne, a także samobójcze emocje, myśli i zachowania może pomóc złagodzić retrospekcje i koszmary. Oddzielenie intensywnych reakcji stresowych od wspomnień, niepokojących urojeń lub bodźców zewnętrznych jest powszechnie uznawane za kluczowy element skutecznego leczenia PTSD[21].

Trzeci poziom: Rozwiązywanie trudnych kwestii psychologicznych

Po traumatycznym doświadczeniu może pojawić się szereg skomplikowanych kwestii, które wcześniej były ukryte. Wyzwania te mogą przejawiać się w różnych aspektach życia danej osoby, w tym w jej związkach, pracy lub ogólnym stanie zdrowia, często zakorzenionych w nieprzetworzonych doświadczeniach z dzieciństwa. Kwestie te można rozwiązać za pomocą tappingu, zwłaszcza po dokonaniu wystarczających postępów na dwóch początkowych poziomach. Psychologia energetyczna może poradzić sobie z różnymi elementami skomplikowanych wyzwań psychologicznych, integrując tapping z przemyślanymi wspomnieniami, emocjami lub przekonaniami. Metoda ta może pomóc rozwiązać traumatyczne wspomnienia związane z trudnościami w radzeniu sobie z niedawnymi traumami lub skonfrontować przekonania ukształtowane w dzieciństwie, które prowadzą do poczucia pesymizmu i beznadziejności. Często proces oddzielania tych różnych aspektów staje się głównym tematem dalszej terapii. Taka wszechstronna strategia może być niezbędna do osiągnięcia pełnego uzdrowienia w pomocy terapeutycznej po katastrofie.

Czwarty poziom: Promowanie optymalnego funkcjonowania

Nawet po ustabilizowaniu reakcji emocjonalnych i rozwiązaniu długotrwałych kwestii, które katastrofa mogła wydobyć na powierzchnię, pozostają pytania egzystencjalne. W rzeczywistości takie traumatyczne doświadczenie może uwypuklić podstawowe ludzkie pytania dotyczące sensu życia, niepewności co do przyszłości, istnienia zła i świadomości nieuchronności śmierci. Ale osoby, które były świadkami najtrudniejszych realiów życia, mogą nadal rozwijać się zarówno emocjonalnie, jak i duchowo. Uporanie się z tymi kwestiami pomaga jednostkom skupić się na przeżyciu pozostałej części życia z podwyższoną świadomością i silniejszym połączeniem z ich prawdziwym ja. Rzeczywiście, jak

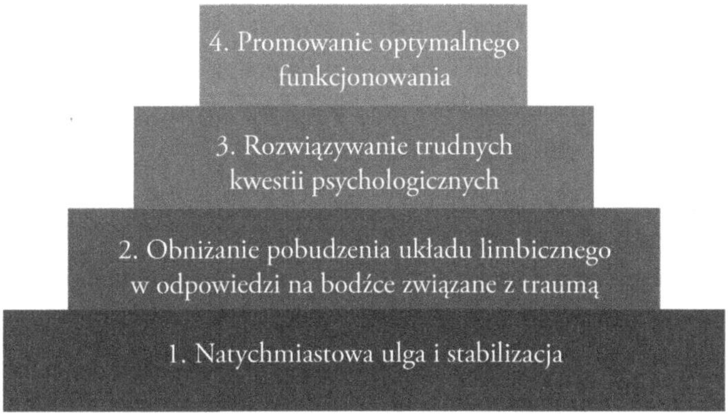

Ilustracja 9.2. Obszary skupienia się psychologii energetycznej w różnych momentach po katastrofie

często przypisuje się rosyjskiemu pisarzowi Lwu Tołstojowi: „W ludzkim duchu jest coś, co przetrwa i zwycięży; w sercu człowieka płonie maleńkie i cudowne światło, które nie zgaśnie bez względu na to, jak ciemny stanie się świat". Dla wielu osób tragiczne wydarzenie stanowi ważny punkt zwrotny w ich życiu.

Koncepcja rozwoju pourazowego odnosi się do „pozytywnych zmian psychologicznych, które powstają w wyniku zmagania się z niezwykle trudnymi sytuacjami życiowymi"[22]. Po traumatycznym wydarzeniu jednostki często odkrywają wcześniej ukryte mocne strony i odporność. Spostrzeżenia z wywiadów z praktykami psychologii energetycznej wskazują, że podejście skoncentrowane na energii może pomóc w ujawnieniu i pielęgnowaniu tego „maleńkiego i cudownego światła", które wzmacnia poczucie duchowej więzi, jednocześnie zapewniając spokój, pewność siebie i odwagę[23]. Chociaż są to kwestie nieprzemijające i często stanowią poważne wyzwania psychologiczne, jednostki mają potencjał, aby osiągnąć większą stabilność osobistą i lepsze funkcjonowanie po traumatycznych doświadczeniach. Uznanie tego faktu daje nadzieję w obliczu wstrząsających doświadczeń.

SKUTECZNE ROZWIĄZANIE

We wspomnianej wcześniej pracy Lori Leyden w Rwandzie organizacja odpowiedzialna za koordynację jej spotkań wyznaczyła jej sześć dni na pracę ze 100 sierot, które były również głowami swoich gospodarstw domowych. Osoby te były w wieku od 19 do 25 lat. Kiedy w 1994 roku doszło w tym kraju do ludobójstwa, miały one zaledwie od pięciu do jedenastu lat, ale każda z nich miała pod opieką od dwóch do sześciu innych sierot bez żadnych środków na żywność, mieszkanie, edukację lub codzienne utrzymanie. Przy prawie 100 tysiącach sierot będących wynikiem konfliktu i setkami tysięcy innych dzieci osieroconych z powodu śmierci ich rodziców z powodu HIV/AIDS rząd Rwandy nie był w stanie zapewnić im odpowiedniego wsparcia.

Zdając sobie sprawę, że spotkania ze 100 osobami w celu indywidualnego doradztwa w ciągu sześciu dni miałyby ograniczoną skuteczność, dr Leyden zdecydowała się spotykać z całą grupą każdego dnia. Nadal mogła prowadzić sesje indywidualne, ale mogła wzmocnić ich wpływ, prowadząc je przed dużą grupą. Korzystając z techniki znanej jako „pożyczanie korzyści", przed każdą sesją indywidualną uczestnicy koncentrowali się na swoich najważniejszych obawach i oceniali je w skali SUD, a następnie kierowali swoją uwagę na tapping w synchronizacji z osobą współpracującą z dr Leyden, używając tych samych sformułowań co ta osoba.

Pierwsza sesja dotyczyła młodego mężczyzny w wieku około 20 lat, który opiekował się trzema innymi sierotami od czasu ludobójstwa. Nawet po upływie 13 lat nadal zmagał się z natrętnymi wspomnieniami związanymi z tragicznymi wydarzeniami. W skali SUD od 0 do 10, ocenił swój niepokój „powyżej 10". Wspólnie z dr Leyden i całą grupą opukiwał jedno po drugim poniższe i tym podobne stwierdzenia:

„Nie czuję się bezpiecznie w swoich myślach".
„Moje wspomnienia nigdy nie znikną".
„Te wspomnienia będą mnie prześladować do końca moich dni".
„Boję się zasnąć z powodu tych strasznych wspomnień".

Po 25 minutach opukiwania wskazał, że jego niepokój spadł do poziomu 2 w skali SUD. Zauważył: „Czuję się teraz bezpiecznie w moim umyśle. Wiem, że w tej chwili jestem bezpieczny. Spokojnie dziś zasnę". W tym samym czasie dr Leyden zauważyła wyczuwalną zmianę w panującej w pomieszczeniu atmosferze. Powiedziała: „Pojawiło się poczucie spokoju, którego nie było przed sesją". Kiedy zapytała pozostałe osoby z grupy o ocenę ich pierwotnych obaw, każdy ze 100 uczestników potwierdził, że zdecydowanie spadła do 2 i niżej. Byli zachwyceni swoim nowo odkrytym poczuciem bezpieczeństwa.

Przez cały tydzień młody mężczyzna zauważył, że jego poczucie spokoju utrzymywało się każdej nocy, pozwalając mu spokojnie spać. W tym czasie inni, którzy uczestniczyli w indywidualnych sesjach przed grupą, zgłębiali dodatkowe tematy i wszyscy wspólnie je opukiwali:

„Bezsilność z powodu bycia sierotą".
„Bezsilność z powodu braku obiecującej przyszłości".
„Uzdrowienie ran związanych z gwałtem".
„Przerażenie, że natrętne wspomnienia zamordowanych na moich oczach rodziców będą powracać".
„Zmaganie się z częstym głodem".
„Niepokój związany z niemożnością zapewnienia podstawowych potrzeb młodszym dzieciom, którymi się opiekuję".

Podczas sesji uczestnicy dzielili się tym, jak nowo odkryte poczucie bezpieczeństwa poprawiło ich zdolność do radzenia sobie z codziennymi wyzwaniami. Poinformowali również swoje „rodziny" o technikach tappingu, które można stosować w domu, co pozwoliło im poczuć większą kontrolę nad sytuacją i pomóc innym doświadczającym stresu lub traumy. Dr Leyden skomentowała, że było to dla niej „kolejne przypomnienie tego, co widziałam setki razy: skuteczności tappingu w przywracaniu równowagi fizjologicznej zakłóconej przez traumę".

Technika „pożyczanie korzyści" wydaje się skuteczna nawet wśród osób, które mają ze sobą niewiele wspólnego, ale jej wpływ może być szczególnie głęboki, gdy wszyscy stanęli w obliczu tych samych traumatycznych wydarzeń lub wyzwań. Dodatkowo grupy posiadają unikalną moc „zarażania", ponieważ ludzie łączą się ze sobą emocjonalnie. Kiedy osoba na scenie doświadcza uzdrowienia, poczucie uzdrawiającej energii rozprzestrzenia się w całej grupie. Podobnie gdy osoba na scenie czerpie inspirację, atmosfera inspiracji otacza grupę. Kiedy mówca odczuwa nadzieję, jego energia rezonuje w całej grupie. Specjaliści zajmujący się zdrowiem psychicznym w obliczu katastrof przechodzą szkolenie w zakresie technik tappingu; ocaleni przekazują tę wiedzę innym ocalałym; politycy są informowani o istnieniu szybkich i skutecznych metod leczenia; a społeczności odkrywają, jak zapewnić te rozwiązania. Chociaż widok cierpienia ludzi dotkniętych niszczycielskimi wydarzeniami zawsze będzie rozdzierał serce, uważamy, że obserwowanie, jak ta transformacyjna zmiana ułatwia emocjonalne uzdrowienie po traumatycznych katastrofach, jest również ekscytujące i satysfakcjonujące.

PRZEMYŚLENIA

Wszystko to prowadzi nas do oczywistego pytania: Po co czekać na katastrofy? Wyobraź sobie świat, w którym powszechnie uznaje się, bazując na coraz większej liczbie dowodów, że połączenie stymulacji punktów akupunkturowych z najlepszymi praktykami, jakie ma do zaoferowania psychologia, stanowi milowy krok naprzód! Wyobraź sobie świat, w którym każdy terapeuta i paraprofesjonalista posiada te umiejętności, niezależnie od ich nastawienia, więc gdy dojdzie do katastrofy, zewnętrzne zespoły reagowania nie będą musiały wprowadzać tappingu akupunkturowego. Lokalni terapeuci i ich społeczności mogą być już przygotowani. Jest to wykonalne. Podstawy psychologii energetycznej nie są aż tak trudne do nauczenia dla terapeutów, niezależnie od ich orientacji teoretycznej. I byłaby to realna odpowiedź na przytłaczającą skalę potrzeb, ponieważ katastrofy dotykają coraz większą liczbę osób na całym świecie.

ROZDZIAŁ 10

PSYCHOLOGIA ENERGETYCZNA DLA ŚWIATA W NIEBEZPIECZEŃSTWIE

Psychologia energetyczna oferuje rewolucyjne narzędzia, dzięki którym możemy iść naprzód w uzdrawianiu siebie i pomaganiu ludzkości w radzeniu sobie z obecną gamą zbliżających się katastrof[1].

lek. med. Eric Leskowitz,
Wydział Psychiatrii, Wyższa Szkoła Medyczna na Harvardzie
(emerytowany lekarz)

UZDROWIENIE I ROZWÓJ OSOBISTY to nie jedyne zastosowania psychologii energetycznej. Łatwa dostępność tappingu akupunkturowego otwiera przed naszym społeczeństwem ciekawe perspektywy. Każdego dnia zbiorowa świadomość ludzkości wpływa na twoje życie. W najpoważniejszych przypadkach trudności, które mogą potencjalnie doprowadzić nasz gatunek do wyginięcia, wynikają z kryzysu świadomości. Jeśli nie uda nam się powiększyć naszej świadomości, aby rozpoznać, co jest konieczne, i skupić naszej zbiorowej determinacji, aby zmienić kierunek, szybko zbliżymy się do przerażającego końca bez odwrotu.

Na poziomie osobistym psychologia energetyczna polega na zmianie kierunku. Skutecznie zmienia modele przewodnie, które rządzą życiem danej osoby. Dodatkowo to podejście oparte na energii może ułatwić transformację na skalę zbiorową. Możesz zdecydować się na aktywne wpływanie na kierunek tej transformacji, ale doświadczenie, które zdobyłeś w tym programie, pozwala ci zaangażować się w sposób, który wcześniej mógł nie być dla ciebie dostępny. W tym rozdziale dowiesz się, w jaki sposób psychologia energetyczna może być szerzej wykorzystywana do zmiany społecznych przekonań i praktyk, które wpływają na wspólne działania ludzkości. Przed zbadaniem tych możliwości poświęćmy chwilę na krótkie podsumowanie.

CZEGO NAUCZYŁEŚ SIĘ DO TEJ PORY

Tapping wprowadził podejście zakorzenione w psychologii energetycznej i dostarczył wskazówek na temat jego zastosowania. Podstawowe aspekty tej metody nazwaliśmy „podstawowym protokołem tappingu".

Podstawowy protokół tappingu

Techniki omówione w części I wyposażyły cię w narzędzia do zmiany negatywnych wzorców myślowych i rozpoczęcia dwóch podstawowych procesów zarządzania wyzwaniami i osiągania sukcesu:

- wysyłania kojących sygnałów do obszarów mózgu, które mają tendencję do nadmiernej aktywności, gdy czujesz się zdenerwowany lub masz do czynienia z trudną sytuacją, oraz
- wysyłania energetyzujących sygnałów do regionów wykonawczych mózgu, abyś mógł skuteczniej radzić sobie z trudnymi sytuacjami.

Kiedy głębiej się zastanowisz, przekonasz się, że są to wspólne mianowniki dla wszystkich form skutecznej psychoterapii. Psychologia energetyczna wywołuje te działania szybko i w sposób odmienny od konwencjonalnej psychologii[2]. W skrócie działa ona następująco:

1. Stukanie w punkty akupunkturowe wytwarza natychmiastowe sygnały w postaci elektryczności, znanej jako piezoelektryczność.
2. Sygnały te docierają do mózgu poprzez sieć ścieżek energetycznych znajdujących się w tkance łącznej ciała.
3. Obszary mózgu zaangażowane w rozważanie problemu lub zagadnienia działają jak magnesy, przyciągając sygnały wytwarzane przez stukanie.
4. Dzieje się to niemal natychmiast i może być systematycznie wykorzystane do rozwiązania problemu i jego różnych aspektów, prowadząc do wyciszenia emocji, takich jak strach, złość lub zazdrość, jednocześnie stymulując obszary mózgu związane z rozwiązywaniem problemów i radzeniem sobie ze stresem.
5. Korzyści są zazwyczaj trwałe.

Możliwość łatwego wysyłania kojących lub stymulujących sygnałów do określonych obszarów mózgu jest znaczącym przełomem w przejmowaniu kontroli nad swoim stanem psychicznym.

Najlepsze praktyki

W części II przeanalizowaliśmy najskuteczniejsze praktyki oferowane przez psychologię w odniesieniu do powszechnych problemów, z którymi boryka się wiele osób, takich jak zmartwienia, smutek i zachowania samodestrukcyjne, a także w odniesieniu do poważniejszych przejawów tych problemów, w tym chronicznego lęku, depresji i uzależnień. Włączyliśmy również protokoły akupunktury do tych najlepszych praktyk. Łącząc uznane techniki, takie jak ekspozycja psychologiczna i restrukturyzacja poznawcza, ze stymulacją akupunktów, wzmacniasz najbardziej niezawodne metody psychologii w radzeniu sobie z różnymi wyzwaniami emocjonalnymi. Jednocześnie terapeuci korzystający z tej książki mogą płynnie zintegrować podejście tappingowe ze swoimi dotychczasowymi umiejętnościami.

Postęp

Jeśli dotarłeś tak daleko, korzystając z procedur zawartych w tej książce, gratulujemy i dziękujemy za zaufanie. Dzięki konsekwentnej praktyce nauczyłeś się i zinternalizowałeś jedną z najskuteczniejszych metod psychologii pomagającej jednostkom przejąć kontrolę nad ich wewnętrznymi doświadczeniami. Co więcej, wykorzystałeś tę metodę do rozwiązania różnych istotnych dla ciebie kwestii, a w oparciu o nasze szeroko zakrojone badania i pracę z wieloma osobami wierzymy, że prawdopodobnie odniosłeś znaczące korzyści.

Zachęcamy do dalszego korzystania z podstawowego protokołu tappingu. Następnym razem, gdy doświadczysz trudnych emocji, które wydają się związane z twoją przeszłością... opukuj. Kiedy rozpoznasz zachowanie lub nawyk, który nie jest dla ciebie korzystny... opukuj. Jeśli napotkasz wyzwanie w pracy, rodzinie lub życiu uczuciowym, które wydaje się przytłaczające... opukuj. Zaangażowanie się w sesje tappingu dotyczące tych spraw pomoże wydobyć na światło dzienne nierozwiązane kwestie, które będą stopniowo zmniejszać się w miarę konfrontacji z nimi. Korzyści narastają z czasem. Twoje modele przewodnie będą ewoluować. Zrywając łańcuchy, które cię powstrzymują, ogniwo po ogniwie, utorujesz sobie drogę do jaśniejszego jutra i staniesz się najlepszym sobą już dziś.

Gary Craig i Gabriëlle Rutten zachęcają ludzi, aby każdego wieczoru opukali „najgorsze momenty swojego dnia”[3]. Stresujące wydarzenia, nawet te, które dziś wydają się niewielkie, mają tendencję do narastania w czasie. Konsekwentne zajmowanie się nimi pozwala utrzymać optymalne funkcjonowanie. Co więcej, powtarzające się problemy często wskazują na głębsze wzorce, które utrudniają postęp, i które można zmienić, koncentrując się na nich i ich różnych elementach poprzez tapping akupunkturowy.

PODEJMOWANIE WYZWAŃ WSPÓŁCZESNEGO ŻYCIA

Zagłębiając się w szersze zastosowania podejścia energetycznego, zaczniemy od twojego indywidualnego połączenia ze światem, który pod każdym względem jest w niebezpieczeństwie. Głównym przesłaniem tej książki jest to, że techniki tappingu akupunkturowego mogą pozytywnie wpływać na wewnętrzne modele, które rządzą emocjami, decyzjami i ostatecznie życiem. Co jednak z wydarzeniami, które wykraczają poza osobistą narrację lub kontrolę? Podczas gdy tapping nie może zmienić świata zewnętrznego, może pomóc ci poruszać się po nim, aby twoja odporność była wzmocniona, a twój duch pozostał niezłomny.

Wiele osób na całym świecie doświadcza wygód i przyjemności, które były niewyobrażalne dla rodziny królewskiej kilka wieków temu, wielu jednak nie ma tyle szczęścia. Niemniej wszyscy ludzie żyją pod ciężarem lęków, które są trudne do opanowania. Wielu żyje na krawędzi ciągłej reakcji walki lub ucieczki. Podczas gdy mechanizm „walcz lub uciekaj" jest jednym z najbardziej niezwykłych osiągnięć natury, pomagając naszym przodkom w przetrwaniu, obecnie jest on wykorzystywany do radzenia sobie z wszelkimi formami stresu i wyzwaniami, do których nigdy nie został zaprojektowany. Zaliczamy do nich przykładowo kłótnie z małżonkiem lub dzieckiem, usterkę komputera lub utknięcie w korku. Istotnym źródłem stresu są media, które nieustannie donoszą o osobistych tragediach, globalnych zawirowaniach, masowych strzelaninach, brutalnych konfliktach i klęskach żywiołowych, które mogą mieć wpływ na psychikę jednostek.

Przeanalizujmy siedem tematów, które okazały się korzystne zarówno dla nas samych, jak i dla tych, których uczymy i którym pomagamy. Tematy te obejmują poddawanie się, niepoddawanie się, podziały, cierpienie, chaos, przytłoczenie i zwątpienie. Każdy temat ma przeciwstawną koncepcję (na przykład rozpacz albo wiara), a my zaproponujemy metody akceptacji i przyjęcia nieodłącznych wyzwań, jednocześnie wykorzystując tapping, aby twój model przewodni w każdej kwestii stał się bardziej stabilny i skuteczny. Możesz zająć się wszystkimi siedmioma tematami, które nasi testerzy uznali za pomocne, lub skupić się na tych, które rezonują z tobą najbardziej.

1. Poddanie się łączy się z akceptacją

W pewnym momencie musisz skonfrontować się z rzeczywistością. Wszechświat ma większą moc niż ty i musisz zdać sobie sprawę z tego, że nie wszystko da się kontrolować! Niesamowicie wyzwalające jest powstrzymanie się od prób zmiany tego, na co nie masz wpływu. Każde inne podejście może prowadzić do załamania ducha.

Dla każdego z tych siedmiu tematów sugerujemy deklarację postanowienia: „Nawet jeśli… postanawiam (wybieram)…" jako punkt wyjścia do zastanowienia się nad odpowiednimi kwestiami. Technika ta uznaje fundamentalny konflikt – a nawet paradoks – i przekształca go we wzmacniającą frazę przewodnią, która pozwala iść naprzód.

Deklaracja postanowienia w obliczu wyzwań związanych z poddawaniem się

„Nawet jeśli nie mogę kontrolować przeznaczenia swojego lub ludzkości…

postanawiam rozpoznać, podziwiać i w końcu zaakceptować fundamentalną niepewność wplecioną w istnienie".

Dostosuj lub całkowicie przeformułuj tę deklarację, pozostając przy temacie poddawania się. Przejdź do poniższej części „Tapping podczas przechodzenia przez kryzys" i wykonaj co najmniej dwa początkowe kroki (lub wszystkie), aby pogłębić tę kwestię, a następnie przejdź do następnego tematu.

Tapping podczas przechodzenia przez kryzys

1. Oceń w skali SUD swój niepokój odczuwany w umyśle i/lub ciele, gdy skupiasz się na początkowej frazie.
2. Wypowiedz trzykrotnie na głos frazę początkową „Przechodzę kryzys", masując czułe obszary klatki piersiowej podczas pierwszej części deklaracji postanowienia i kładąc dłonie na czakrze serca podczas drugiej części.
3. Wykonaj sekwencję tappingu w 12 punktach, powtarzając początkową frazę w każdym miejscu. Ta technika ma na celu zmniejszenie negatywnych aspektów, tworząc przestrzeń dla pozytywnych. Kontynuuj ten proces, aż poziom subiektywnych jednostek niepokoju (SUD) zmniejszy się tak bardzo, jak to możliwe – na przykład aż pozostanie niezmienny po dwóch dodatkowych rundach stukania.
4. Wykonaj kolejną sekwencję tappingu, tym razem przełączając się między pierwszą i drugą frazą deklaracji postanowienia.
5. Wykonaj procedurę integracji (s. 90).

6. Wykonaj końcową sekwencję tappingu, skupiając się wyłącznie na drugiej części, wyrażając wybór lub wyraźną afirmację akceptacji, taką jak: „Kocham siebie i akceptuję swoje uczucia".
7. Przeprowadź kolejną ocenę SUD dla początkowej frazy. Jeśli odkryjesz dodatkowe elementy dotyczące sytuacji, takie jak psychologiczne odwrócenia lub niewypowiedziane zaprzeczenia, zanotuj je i pomyśl o wykorzystaniu również dla nich podstawowego protokołu tappingu.

2. Niepoddawanie się łączy się z odwagą

Koncepcja poddawania się i niepoddawania się ściśle wiąże się z modlitwą o pogodę ducha, podstawowym elementem literatury duchowej i samopomocy: „Boże, użycz mi pogody ducha, abym godził się z tym, czego nie mogę zmienić. Odwagi, abym zmieniał to, co mogę zmienić. I mądrości, abym odróżniał jedno od drugiego". Ważne jest, aby pamiętać, że chociaż mogą istnieć powody do rozpaczy, nadal posiadasz zasoby, aby wywrzeć znaczący wpływ na swój świat i dokonać w nim prawdziwej zmiany, a także być siłą na rzecz dobra, niezależnie od tego, jak je zdefiniujesz. Nadmierne skupianie się na tym, czego nie można zmienić, może osłabić twojego ducha, podobnie jak próba zmiany tego, co niezmienne, może odwrócić twoją uwagę od możliwości, które przed tobą stoją.

Deklaracja postanowienia w obliczu wyzwań związanych z niepoddawaniem się

„Nawet jeśli kwestie, przed którymi stoi świat, mogą wydawać się beznadziejne...

postanawiam odkryć sposoby, w jakie mogę kształtować swoją przyszłość i wpływać na życie ludzi wokół mnie".

Dostosuj lub całkowicie przeformułuj tę deklarację, pozostając przy temacie niepoddawania się. Wróć do części „Tapping podczas przechodzenia przez kryzys" i wykonaj co najmniej dwa początkowe kroki (lub wszystkie), aby pogłębić tę kwestię, a następnie przejdź do następnego tematu.

3. Podziały łączą się z integracją

Społeczeństwo jest pełne konfliktów, nieporozumień i podziałów. Wrogość w tak zwanym „dyskursie obywatelskim" może być niepokojąca dla stanu psychicznego jednostki. Znany badacz mitologii Joseph Campbell zauważył, że chociaż wszystkie ramy mitologiczne kierują „rozszerzoną zdolność serca" w stronę grupy wewnętrznej, to celowo kierują „każdy impuls przemocy" w kierunku grupy zewnętrznej. Scharakteryzował to jako „przestarzały, ale dominujący mit", który należy zmienić, „aby ludzkość mogła przetrwać"[4]. Chociaż możemy odczuwać presję i widzieć powód do oczerniania tych, którzy się z nami nie zgadzają, każdy z nas może zrobić, co w jego mocy, aby przyjąć szerszą perspektywę, przekraczającą i przekształcającą „przestarzały mit", który według Campbella może prowadzić do naszego upadku w dzisiejszym świecie.

Nasza przyjaciółka Jean Houston, historyczka kultury, filozofka i aktywistka, wyjaśnia w swoich warsztatach „Artyzm społeczny", że termin polityka pochodzi od greckiego słowa *politeia*, sugerując aktywne zaangażowanie, w którym jednostki wspierają się nawzajem w celu poprawy swoich społeczności[5].

Deklaracja postanowienia w obliczu wyzwań związanych z podziałami

„Nawet jeśli rażące podziały między ludźmi są głęboko niepokojące…

postanawiam szukać sposobów wyrażania miłości poprzez działania, które opierają się na naszej podstawowej więzi ze sobą nawzajem i z samym życiem".

Dostosuj lub całkowicie przeformułuj tę deklarację, pozostając przy temacie podziałów. Wróć do części „Tapping podczas przechodzenia przez kryzys" i wykonaj co najmniej dwa początkowe kroki (lub wszystkie), aby pogłębić tę kwestię, a następnie przejdź do następnego tematu.

4. Cierpienie łączy się ze współczuciem

Zło i cierpienie to dwie podstawowe rzeczywistości, na których opierają się religie, aby przyciągnąć wyznawców; ale żadna religia, filozofia ani dziedzina nauki nie wyjaśnia niczego wystarczająco bez odwoływania się do wiary, że zarówno cierpienie, jak i zło mają wyższy cel. Tymczasem obserwowanie dotkliwego i niezawinionego cierpienia wstrząsa większość ludzi do głębi. W obecnych czasach, gdy komunikacja elektroniczna odgrywa znaczącą rolę w naszym codziennym życiu, jesteśmy narażeni na ogromne ilości cierpienia. Niektóre osoby, w tym lekarze, specjaliści medyczni i psychoterapeuci, poświęcają swoje życie, aby złagodzić to cierpienie. Inni zamykają swoje serca, a nawet potępiają ofiary, ponieważ przytłaczający ból lub poczucie konieczności niesienia pomocy są zbyt duże do zniesienia. Jak zachować spokój i nie stracić nadziei w obliczu głębokiego cierpienia?

Deklaracja postanowienia w obliczu wyzwań związanych z cierpieniem

„Nawet jeśli boli mnie świadomość cierpienia wielu ludzi...

postanawiam pozwolić tej świadomości wzmocnić moje serce, poszerzyć moje współczucie i poprowadzić mnie w odkrywaniu nawet drobnych sposobów na złagodzenie cierpienia, gdy tylko jest to możliwe".

Dostosuj lub całkowicie przeformułuj tę deklarację, pozostając przy temacie c i e r p i e n i a. Wróć do części „Tapping podczas przechodzenia przez kryzys" i wykonaj co najmniej dwa początkowe kroki (lub wszystkie), aby pogłębić tę kwestię, a następnie przejdź do następnego tematu.

5. Chaos łączy się z nadzieją

Struktury społeczne rozpadają się wokół nas. Ale kulturowy chaos i zagrożenia są zalążkami nowych form, które powstają w bezprecedensowym tempie i które nigdy wcześniej nie istniały. Siedzą one cicho w sferze archetypów, gotowe do wywołania kolejnego kroku w ewolucji człowieka, czekając na warunki, które pozwolą im się zamanifestować. Niezależnie od tego, jak cudowne mogą być, są poza twoją wyobraźnią. W swojej trylogii *Future Human* Jean Houston i Anneloes Smitsman badają, w jaki sposób bardziej świadome i rozwinięte ludzkie wzorce mogą być głęboko zakorzenione w naszej psychice, a nawet w naszym DNA[6]. Uważamy, że to zrozumienie oferuje wielką nadzieję dla przyszłej ludzkości pośród chaosu, który można wszędzie zaobserwować.

Deklaracja postanowienia w obliczu wyzwań związanych z chaosem

„Nawet jeśli chaos społeczny na całym świecie sprawia, że obawiam się o przyszłość ludzkości…

postanawiam rozpoznać, że pojawiają się nowe, pełne nadziei formy społeczne, i dołączyć do nich".

Dostosuj lub całkowicie przeformułuj tę deklarację, pozostając przy temacie c h a o s u. Wróć do części „Tapping podczas przechodzenia przez kryzys" i wykonaj co najmniej dwa początkowe kroki (lub wszystkie), aby pogłębić tę kwestię, a następnie przejdź do następnego tematu.

6. Przytłoczenie łączy się ze spokojem

Ilość informacji, które otrzymujemy i przetwarzamy każdego dnia, przekracza potrzeby jakiegokolwiek pokolenia przed nami. Co więcej, kwestie poruszane w wiadomościach i innych źródłach stanowią wyzwanie dla naszych modeli przewodnich. Nigdy wcześniej nie mieliśmy wglądu w tak szeroki zakres ludzkich dylematów ani nie byliśmy świadkami tak różnorodnych i często niezgodnych ze sobą sposobów radzenia sobie z nimi. Nieustannie doświadczamy więc reorientacji. Niekoniecznie jest to zła rzecz. Dzięki temu jesteśmy mądrzejsi i szybsi. Może to być jednak przytłaczające i stanowić kolejne źródło rozpaczy i słabości.

Deklaracja postanowienia w obliczu wyzwań związanych z przytłoczeniem

„Nawet jeśli jestem przytłoczony tym, co się dzisiaj dzieje…

postanawiam zaakceptować fakt, że ten moment w historii jest moim czasem na tym świecie".

Dostosuj lub całkowicie przeformułuj tę deklarację, pozostając przy temacie p r z y t ł o c z e n i a. Wróć do części „Tapping podczas przechodzenia przez kryzys" i wykonaj co najmniej dwa początkowe kroki (lub wszystkie), aby pogłębić tę kwestię, a następnie przejdź do następnego tematu.

7. Zwątpienie łączy się z wiarą

Kiedy powiedzieliśmy wcześniej, że: „Żadna religia, filozofia ani dziedzina nauki nie wyjaśnia niczego wystarczająco bez odwoływania się do wiary, że zarówno cierpienie, jak i zło mają wyższy cel", mogło to zabrzmieć, jakbyśmy odrzucali wiarę jako desperackie, irracjonalne poszukiwanie pocieszenia. Idea wyższego celu jest łatwa do przyjęcia, ale trudna do wyobrażenia. Analogia używana na seminariach teologicznych jest taka, że próbujemy zrozumieć Boga lub siły, które stworzyły wszechświat, jak ameba patrząca od dołu przez mikroskop i próbująca zrozumieć naukowca. Wystarczy spojrzeć w gwiazdy, by poczuć ogrom stworzenia. My, ludzie – wolniejsi i słabsi od wielu drapieżników, które chętnie by nas zjadły – pokonaliśmy jedno niemożliwe wyzwanie po drugim. Czy uda nam się przetrwać obecny kryzys na Ziemi? Czas pokaże. Wiemy jednak, że istnieją siły działające poza naszym zrozumieniem, które kierowały niesamowitą ewolucyjną podróżą *Homo sapiens*. Wiara w to, że ta wyższa inteligencja nie zmarnuje całego ewolucyjnego kapitału, który zainwestowała w stworzenie tej świadomej istoty, najpewniej wydobędzie z ciebie to, co najlepsze, w przeciwieństwie do pesymistycznej wizji, w której wszyscy jesteśmy skazani na porażkę i poddanie się.

Deklaracja postanowienia w obliczu wyzwań związanych ze zwątpieniem

„Nawet jeśli zawirowania na świecie nie mają dla mnie sensu…

postanawiam wierzyć, że siły, które stworzyły wszechświat, znajdą sposób, by przemówić przeze mnie".

Dostosuj lub całkowicie przeformułuj tę deklarację, pozostając przy temacie zwątpienia. Wróć do części „Tapping podczas przechodzenia przez kryzys" i wykonaj co najmniej dwa początkowe kroki (lub wszystkie), aby pogłębić tę kwestię.

Mamy nadzieję, że powyższe wskazówki okazały się pomocne w znalezieniu bardziej skoncentrowanego, wzmocnionego miejsca w sobie, aby zająć się kwestiami, które wykraczają daleko poza twoją odpowiedzialność. Musimy jednak dodać, że podobnie jak leczenie emocjonalnych ran po traumie nie zmienia tego, co się stało, ani tego, jak straszne to było, tak kultywowanie silniejszych wewnętrznych modeli radzenia sobie z okropnymi sytuacjami nie sprawi, że będą one mniej straszne. Pomoże jednak ci znaleźć rozwiązania problemów w bardziej skuteczny i spokojny sposób.

Po przejściu przez ten proces jedna z naszych testerek powiedziała, że była zaskoczona tym, jak bardzo skupienie się na ważniejszych kwestiach zmniejszyło jej osobisty niepokój, chociaż obawiała się, że będzie to miało odwrotny skutek. Inna osoba napisała:

> Ten rozdział wydaje mi się niezwykle ważny, ponieważ podkreśla, że wszyscy borykamy się z tymi trudnościami, niezależnie od naszych systemów przekonań. Uznanie własnej niepewności jest dużym krokiem naprzód w zrozumieniu tego, przez co przechodzą inni. Wszyscy jesteśmy zjednoczeni w konfrontacji z tymi dylematami, a zajęcie się nimi osobiście i zbiorowo byłoby dużym krokiem w kierunku rozwoju społeczeństwa.

Kiedy przechodzisz przez którykolwiek z tych procesów, budujesz bardziej odporny model przewodni, aby dostosować się do kwestii, które mają wpływ na twój świat. Twoje wysiłki zostaną nagrodzone, gdy będziesz bardziej pogodzony z rzeczami, których nie możesz zmienić, i bardziej skoncentrowany na tym, gdzie możesz być najbardziej skuteczny. Możesz powtórzyć niektóre stwierdzenia na łonie natury, aby rezonować z energią ziemi, roślin i drzew, będących dziełem sił, które umieściły cię na tej planecie.

OD WEWNĘTRZNEGO ROZRACHUNKU DO POMOCY W TWORZENIU LEPSZEGO ŚWIATA

Nasze mózgi ewoluowały, dostosowując się do świata naszych odległych przodków, ale świat, w którym się dziś znajdujemy, wymaga poważnej transformacji z mentalności walki lub ucieczki, przyjaciela lub wroga w kierunku ścieżek neuronowych, które są zaprogramowane na coraz bardziej współzależny świat. Poprzednie pokolenia miały skuteczne rytuały mające na celu doprowadzenie jednostek do harmonii z potrzebami, normami i przekonaniami społeczeństwa. Systematyczne narzędzia umożliwiające jednostkom dostosowanie się na swój własny, unikalny sposób do szybko zmieniającego się świata są jednak stosunkowo nowym zjawiskiem.

Na Zachodzie można je prześledzić wstecz do momentu pojawienia się psychoterapii pod koniec XIX wieku. Obecnie, dzięki podejściom takim jak psychologia energetyczna, można skutecznie inicjować precyzyjnie ukierunkowane zmiany neurologiczne. Czy podobne zasady można zastosować do poprawy dobrobytu dużych grup lub kultur?

Zdolność do celowego i precyzyjnego wysyłania korzystnych sygnałów elektrycznych do ukierunkowanych obszarów mózgu może pomóc przekształcić starożytne programowanie, które stało się destrukcyjne dla jednostek. Może jednak również pomóc kulturze zrozumieć, jak dokonać takich zmian i jak opracować metody nauczania oparte na tych zasadach. Siły kulturowe i polityczne mogłyby zostać zmobilizowane, aby taki postęp stał się nową normą. Koncepcja neuroplastyczności – zdolności układu nerwowego do zmiany w odpowiedzi na doświadczenie – sugeruje, że nie musimy czekać, aż selekcja naturalna doprowadzi do ewolucji poszczególnych mózgów. Nowe spostrzeżenia, a nawet zmiany neuronalne mogą być wprowadzane w społecznościach w sposób, który je wzmacnia. Jak pokazano w poprzednim rozdziale, zastosowanie psychologii energetycznej do wspierania całych społeczności w następstwie katastrofalnych wydarzeń już nabiera kształtu.

Aby wyobrazić sobie, w jaki sposób zrozumienie energii wpływającej na ludzką świadomość może być wykorzystane do wspierania pozytywnych zmian społecznych, przeanalizujemy dowody potwierdzające siedem różnych, ale powiązanych ze sobą założeń:

1. Energia może przenosić pamięć i wykazywać inteligencję.
2. Pola energetyczne wpływają na procesy fizyczne i biologiczne.
3. Energia może oddziaływać na odległość.
4. Pola energetyczne mają niewidzialny wpływ na relacje międzyludzkie.
5. Zbiorowy strach może być rozumiany jako pole energetyczne.
6. Pola energetyczne mogą być wykorzystywane dla wspólnego dobra.
7. Osobisty i kulturowy potencjał jest zakodowany w polach energetycznych.

1. ENERGIA MOŻE PRZENOSIĆ PAMIĘĆ I WYKAZYWAĆ INTELIGENCJĘ

Energia, uważana za zdolną do kodowania złożonych informacji i podejmowania mądrych decyzji, odegrała kluczową rolę w światopoglądzie wielu społeczeństw na przestrzeni dziejów[7]. Zidentyfikowano co najmniej 97 kultur, których systemy uzdrawiania i tradycje duchowe często sięgają tysięcy lat wstecz. Odnoszą się one do „ludzkiego pola energetycznego", które jest subtelne i nasycone zdolnością rozróżniania[8].

Słowa określające te energie to m.in. p r a n a w sanskrycie, q i w języku chińskim (również pisane jako c h i), k i w języku japońskim, w a k a n u Indian Lakota (Siuksów), o r e n d a u Irokezów, r u a h w języku hebrajskim, b a r a k a h w języku arabskim i p n e u m a w starożytnej Grecji.

Chociaż terminy te są czasami tłumaczone na Zachodzie jako „energia", opisują one struktury większe niż energia elektromagnetyczna, którą zwykle znają naukowcy. Na przykład koncepcja qi stanowi najważniejszy teoretyczny fundament starożytnej chińskiej medycyny, a także filozofii, kultury i nauki. Badacz zdrowia dr Wayne Jonas, zauważa, że podczas gdy tradycja uznaje „obserwowalne właściwości energii, takie jak zdolność do pracy i gromadzenia, przechowywania, uwalniania i wydalania w ciele", „chi ma również właściwości intelektualne i informacyjne"[9]. Harmonizacja tych energii wydaje się ścieżką do poziomu świadomości wykraczającego poza tradycyjne zachodnie ramy.

Jak współczesna nauka postrzega te twierdzenia? W swojej książce *The Science of Subtle Energies* rosyjski fizyk Yury Kronn bada to, co naukowcy nazywają „ciemną materią" – 96% „energii masy" we wszechświecie, która wykracza poza spektrum elektromagnetyczne i nie może być mierzona za pomocą nowoczesnych narzędzi fizycznych[10]. Twierdzi on, że energia ta podlega prawom, które zasadniczo różnią się od praw świata widzialnego i są bardziej spójne z wyjaśnieniami znalezionymi w starożytnych systemach uzdrawiania. Wierzy, że energia powstaje z tych warstw wszechświata i podąża za prawami nieznanymi w tradycyjnej fizyce. Połączenie starożytnego i współczesnego zrozumienia otwiera nowe możliwości wykorzystania mocy wszechobecnej energii, która nas otacza. Chociaż energie te mogą czasami wydawać się dziwne, możemy uzyskać wgląd w ich prawdziwe efekty. Przykłady, które przeanalizujemy, obejmują tajemnice związane z przeszczepami serca, wspomnienia przechowywane w czakrach, gojenie się ran, kiełkowanie roślin, rozwój embrionalny i genezę chorób. Wszystkie one demonstrują zdolność pól energetycznych do wywoływania szczegółowych i subtelnych zmian.

Niesamowite doświadczenia pacjentów po przeszczepie serca

Aby zilustrować, jak energia może działać w sposób, który podważa konwencjonalne myślenie, zbadamy doświadczenia zgłaszane przez pacjentów po przeszczepie serca. Claire Sylvia, sama biorczyni przeszczepu serca, opisuje w swojej książce *Changes of Heart*, jak wiele osób po przeszczepie serca nagle ma obsesję na punkcie myśli, wspomnień, marzeń, smaków, pragnień lub wartości, które – jak się później dowiadują – odpowiadają myślom, marzeniom, pragnieniom lub wartościom osoby, której serce bije teraz w ich własnej klatce piersiowej[11]. Poniższe informacje pochodzą od neuropsychologa doktora Paula Pearsalla, jednego z głównych badaczy takich raportów:

> Dawca serca zmarł w wyniku upadku podczas sięgania po zabawkę Power Rangers, siedząc na cementowym gzymsie tuż za wysoką hotelową

balustradą. Biorcą był pięcioletni chłopiec z nieskorygowanym ubytkiem przegrody międzyprzedsionkowej i ciężką kardiomiopatią.

Matka dawcy: Kiedy poznałam rodzinę biorcy i małego Daryl (biorcę) na spotkaniu dotyczącym przeszczepu, na którym spotkały się rodziny dawców i biorców, zalałam się łzami i gdyby mój mąż mnie nie złapał, to… upadłabym na podłogę. Daryl uśmiechał się do mnie w sposób, w jaki zawsze robi to Timmy (dawca). Jego uśmiech był bardzo krzywy i mrużył oczy, jakby się ze mną droczył. To był dokładnie ten sam krzywy uśmiech. Usiedliśmy i rozmawialiśmy z Darylem i dziwne było to, że czułam w swoim sercu, jak serce mojego syna woła do mojego. Podobnie jak nasz pies macha ogonem, gdy nas rozpoznaje, moje serce zaczęło bić z radości. Zapytałam, czy mogę przyłożyć głowę do klatki piersiowej Daryla i posłuchać bicia serca (co mogłam robić godzinami). Serce mojego syna i moje wydawały się zsynchronizowane, a Daryl uwielbiał to i uśmiechał się przez cały czas. Byliśmy całkowicie zaskoczeni tym, co powiedział nam Daryl (biorca).

Biorca serca: Nadałem imię chłopcu, który podarował mi swoje serce. Nazwałem go Timmy i mogłem powiedzieć, że był tylko małym dzieckiem młodszym ode mnie. Czułem, że został bardzo poważnie zraniony przez upadek z dużej wysokości. Czasami wciąż czuję uderzenie, które go zabiło. Bardzo lubił Power Rangers, tak jak ja kiedyś, ale prawdopodobnie był zbyt mały, by wiedzieć, czym one naprawdę są. Czasami w nocy budzi mnie podskakiwanie całego ciała i czuję serce Timmy'ego tak, jak się czuło, gdy upadł – odczuwałem jak bardzo ciężkie było to uderzenie. Zastanawiam się, co się stało z moim starym sercem. Było chore, ale próbowało się mną opiekować i czasami jest mi go żal i płaczę.

Ojciec biorcy: Do dziś nie wiedzieliśmy, ile lat miał dawca serca dla Daryla. Wiedzieliśmy, że upadł, ale to wszystko. Wygląda na to, że Daryl trafnie odgadł wiek Timmy'ego, co było szczęśliwe, ponieważ do przeszczepu potrzebne było małe dziecięce serce. Sposób, w jaki Darylowi udało się zidentyfikować imię dawcy, pozostaje tajemnicą; być może był to tylko zbieg okoliczności, bo Daryl oglądał Tima Narzędziowca Taylora w programie *Home Improvement.* Dodatkowo muszę przyznać, że krzywy uśmiech Daryla po przeszczepie zawsze nieco mnie niepokoił, a teraz rozumiem, że mógł go odziedziczyć po dawcy. Nie wiem jak, ale jestem pewien, że tak się stało, ponieważ nigdy wcześniej nie uśmiechał się w ten sposób.

> ***Matka biorcy:*** Powiesz im o prawdziwej „strefie mroku"? Daryl uwielbiał kolekcjonować figurki Power Rangers i bawić się nimi, ale po tym, jak przynieśliśmy mu kilka po przeszczepie, wrzucił je wszystkie do pudełka i oświadczył, że nigdy więcej nie chce ich widzieć. Od tamtej pory już na nie nie spojrzał[12].

Chociaż niewielka liczba biorców przeszczepów serca łączy jakiekolwiek niezwykłe doświadczenia ze swoimi dawcami, historia Daryla jest na tyle powszechna, że wielu kardiochirurgów informuje o takiej możliwości rodziny przed przeszczepem serca. Badania doktora Pearsalla obejmowały wiele takich przypadków. Inny psychiatra opowiedział historię swojej pacjentki, ośmioletniej dziewczynki, która otrzymała serce zamordowanej dziesięciolatki:

> Jej matka przyprowadziła ją do mnie po tym, gdy zaczęła krzyczeć w nocy o swoich snach o człowieku, który zamordował jej dawczynię. Kobieta powiedziała, że córka go rozpoznała. Po wielu sesjach nie mogłem już dłużej odrzucać prawdy o tym, czym dzieliła się ta mała dziewczynka. W końcu jej matka i ja zgodziliśmy się skontaktować z policją i na podstawie opisu dziecka udało im się zlokalizować mężczyznę. Został on łatwo skazany dzięki dowodom dostarczonym przez moją pacjentkę. Każdy szczegół – czas, broń, miejsce, ubranie, które miał na sobie, i słowa, które padły między nim a dziewczynką, którą zabił – były całkowicie dokładne i zgodne z relacją biorczyni przeszczepu serca[13].

Raporty takie jak te, których nie można wyjaśnić konwencjonalną nauką, burzą stare sposoby myślenia i posuwają ludzką wiedzę naprzód[14]. Żadne wyjaśnienie tych relacji (poza tym, że wiele dobrze udokumentowanych przypadków zostało sfabrykowanych) nie ma większego sensu niż następujące fakty:

- Powszechnie wiadomo, że serce posiada własne pole energetyczne. W rzeczywistości pole elektromagnetyczne serca jest około 60 razy silniejsze pod względem amplitudy w porównaniu z polem mózgu i może być nawet 5000 razy silniejsze[15].
- To pole energetyczne przekazuje skomplikowane informacje, które mogą być postrzegane w świadomości jednostki lub przejawiać się w jej zachowaniu. Ten aspekt obala istniejący paradygmat. Tradycyjna nauka nie może wyjaśnić niezwykłego uśmiechu Daryla, jego nieoczekiwanej niechęci do figurek Power Rangers lub dokładnej wiedzy ośmioletniej biorczyni serca dotyczącej zabójcy jej dawczyni.

Wspomnienia przechowywane w czakrach

Wielu uzdrowicieli energetycznych posiada praktyczne zrozumienie pól energetycznych, które przekazują skomplikowane informacje. Na przykład na wczesnych etapach swojej kariery Donna skoncentrowała się na czakrze serca 36-letniej kobiety cierpiącej na depresję. Wysoce dostrojona do energii związanych z narządami Donna przekazała kobiecie, że wyczuwa emocje siedmioletniej dziewczynki, która właśnie straciła kogoś cennego. Ta strata nie była związana z rodzicem, ale dotyczyła kogoś o wielkim znaczeniu. Donna doświadczyła głębokiego smutku klientki, czując się tak, jakby żal był przytłaczający i powodował zamknięcie serca kobiety. Kobieta ze łzami w oczach wyjawiła, że jej starszy brat Robert został nieumyślnie postrzelony przez chłopca z sąsiedztwa bawiącego się strzelbą ojca. Robert zmarł dwa dni później. Donna była w stanie dostrzec i poczuć tę informację w energii czakry serca kobiety. Po tym, jak zastosowała techniki skoncentrowane na energii, aby zająć się głęboko zakorzenionym żalem przechowywanym w czakrze serca kobiety – podobnie do metod omawianych w tej książce – kobieta zaczęła konfrontować się ze swoimi lękami, że nigdy nie będzie mogła kochać tak głęboko, jak kochała swojego brata. To uświadomienie sobie doprowadziło do znacznego zwiększenia jej zdolności do tworzenia bliskości w jej małżeństwie. Zastanów się, jak inne byłoby podejście do leczenia, gdyby pracownicy służby zdrowia byli podobnie wrażliwi na informacje przechowywane w określonych narządach.

Eksperyment kiełkowania nasion ilustrujący, w jaki sposób energia może przenosić informacje podczas leczenia tappingiem

Pomysłowy eksperyment badający efekty sesji tappingu akupunkturowego w leczeniu depresji opierał się na wcześniejszych, dobrze zaprojektowanych badaniach wykazujących, że gdy szczęśliwa osoba wykonuje „nałożenie rąk" na wodę używaną do podlewania rośliny, roślina ma tendencję do bardziej energicznego wzrostu niż wtedy, gdy woda jest traktowana przez przygnębioną osobę[16]. Szersza koncepcja tego fenomenu, określana jako efekt „posiadanie ręki do roślin", została potwierdzona w różnych eksperymentach[17].

W badaniu z zakresu psychologii energii nasiona okry zostały dyskretnie umieszczone z tyłu podkładki z kwestionariuszem, wręczonej 42-letniej kobiecie cierpiącej na silne zaburzenie depresyjne, podczas gdy ona wypełniała standaryzowaną listę kontrolną depresji[18]. Po 72 godzinach odsetek nasion, które wykiełkowały, i zakres wzrostu korzeni były znacznie niższe w porównaniu z grupą kontrolną nasion, które nie były w polu obecności kobiety. Następnie kobieta została poddana dwugodzinnej sesji terapeutycznej z wykorzystaniem protokołu psychologii energetycznej, aby skupić się na jej depresji. Ponownie wypełniła listę kontrolną, tym razem z innym zestawem nasion okry dołączonym do podkładki. Wzrost tych nasion uległ znacznej poprawie w porównaniu zarówno z nasionami, które były wcześniej wystawione na jej działanie, jak i nasionami kontrolnymi. Dodatkowo ocena jej depresji spadła z 20 punktów (wskazujących na umiarkowaną depresję) do 3 (wskazujących na nieznaczną depresję) po zaledwie jednej sesji.

Wygląda na to, że serce przechowuje informacje, które mogą być przekazywane od dawcy do biorcy, podobnie jak pole energetyczne kobiety przekazywało informacje do nasion okry. Informacje te zdawały się wywoływać inny efekt przed leczeniem niż po nim. Przypuszczalnie leczenie zmieniło pole energetyczne kobiety, zawarte w nim informacje i wynikające z tego efekty.

2. POLA ENERGETYCZNE WPŁYWAJĄ NA PROCESY FIZYCZNE I BIOLOGICZNE

Eksperyment z kiełkowaniem nasion rodzi ważne pytanie dotyczące zaskakujących efektów akupunktury. Czy to możliwe, że informacje zawarte w polu energetycznym kobiety, które zostały przeniesione na nasiona okry, wpłynęły również na jej ogólne samopoczucie? Stukanie w określone punkty akupunkturowe wysyła sygnały do obszarów mózgu związanych z kwestiami zdrowia psychicznego, wpływając w ten sposób na obwody neuronowe w sposób, który pomaga złagodzić wcześniej rozpoznane objawy. Wiele raportów wskazuje jednak, że sesje tappingu prowadzą do szerszej poprawy, wykraczającej poza samo zajęcie się docelowymi objawami[19]. Udokumentowane zmiany fizjologiczne obejmują poprawę zdrowia układu sercowo-naczyniowego, zwiększoną odporność, obniżony poziom kortyzolu, lepszą ekspresję genów związanych z rozwiązywaniem problemów i radzeniem sobie ze stresem oraz zoptymalizowane wzorce fal mózgowych[20]. W rezultacie osoby nie tylko przezwyciężają depresję lub lęk, ale także doświadczają jaśniejszego myślenia, lepszych relacji z innymi, powrotu do zdrowia po dolegliwościach fizycznych i większej zdolności do radzenia sobie z wyzwaniami życiowymi.

Aby zrozumieć, w jaki sposób zmiany w polu energetycznym danej osoby mogą przynieść korzyści wykraczające poza początkowe powody tappingu, musimy zbadać charakterystykę pól energetycznych. Wprowadzamy cię w tę naukową bramę, ponieważ reprezentuje ona niewidoczny, ale istotny aspekt pracy, którą odkrywałeś w całej książce. Zbadamy pola energetyczne w odniesieniu do gojenia się ran, rozwoju embrionu i chorób.

Na początek, czym dokładnie są pola? W dziedzinie fizyki pole odnosi się do określonego obszaru przestrzeni, w którym wywierana jest siła. Być może wiesz, jak pole magnesu może układać opiłki żelaza, jak pokazano na rysunku 10.1. W kontekście biologii pola wpływające na procesy fizyczne nazywane są „biopolem"[21]. Te biopola otaczają człowieka i przenikają do każdego z jego narządów. Odgrywają one kluczową rolę w medycynie. Aktywność elektryczną serca ocenia się za pomocą elektrokardiogramu (EKG), podczas gdy elektroencefalogram (EEG) służy do pomiaru aktywności elektrycznej mózgu. Biopole istnieje na każdym poziomie ciała, które działa jako spójna jednostka, od komórek poprzez narządy po cały organizm, a także może być generowane spontanicznie.

Gojenie się ran

Zrozumienie znaczenia pól energetycznych w tappingu jest kluczowe, ponieważ pola elektromagnetyczne organizmu wpływają na funkcjonowanie jego komórek, w tym neuronów. Powszechną ilustracją tego jest gojenie się ran. Kiedy pojawia się rana, tworzy się pole elektromagnetyczne, które organizuje aktywność komórkową niezbędną do gojenia i stymulując wzrost i naprawę[22]. Według badacza medycyny energetycznej doktora Jamesa Oschmana pole elektryczne wygenerowane w miejscu rany pozostaje aż do zakończenia procesu gojenia, przyciągając ruchliwe komórki skóry, fibroblasty i białe krwinki, aby ułatwić zamknięcie i gojenie się rany. W miarę jak tkanka ulega gojeniu, prąd zmienia się – „przekazuje informacje o postępie naprawy do otaczających tkanek"[23]. Wpływ określonych częstotliwości na wytwarzanie i naprawę komórek został odnotowany w ponad 175 pracach naukowych[24].

Rozwój zarodka

Koncepcja biologicznego „pola" pojawiła się w dziedzinie embriologii na początku XX wieku, służąc jako fundamentalne ramy dla zrozumienia procesu rozwoju[25]. Podobnie jak pole energetyczne organizuje funkcje komórkowe podczas gojenia się ran, badania wykazały, że pola energetyczne odgrywają rolę w kierowaniu wzrostem fizjologicznym zarówno u płodów, jak i rozwijających się organizmów. Koncepcja ta została wyraźnie zilustrowana w latach trzydziestych XX wieku przez doktora Harolda Burra, neuroanatoma związanego z Wydziałem Medycyny Uniwersytetu Yale[26].

Przeprowadzone przez doktora Burra pomiary pola elektrycznego otaczającego niezapłodnione jajo salamandry

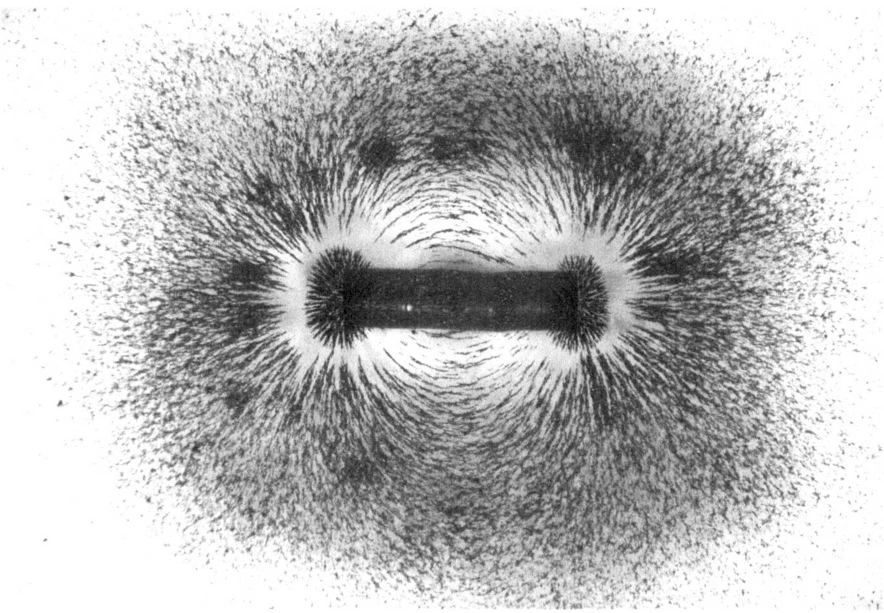

Ilustracja 10.1. Podobnie jak magnes może układać małe kawałki żelaza, biopole wpływa na procesy biologiczne

ujawniły kształt przypominający dojrzałą salamandrę. Okazało się, że pole energetyczne jaja zawierało plan dorosłej formy! Niezapłodnione jajo posiadało już oś elektryczną, która później zostanie połączona z mózgiem i rdzeniem kręgowym.

Geneza chorób

Doktor Burr dokonał znaczących odkryć dotyczących pól energetycznych otaczających różne formy życia, takie jak pleśnie, rośliny, żaby i ludzie. Zidentyfikował wzorce elektryczne, które odróżniały zdrowe warunki od stanów chorobowych. Na przykład zaobserwował, że myszy wykazujące wzorce elektromagnetyczne związane z rakiem, nawet przy braku jakichkolwiek fizycznych oznak raka, ostatecznie zachorowały na tę chorobę. Co więcej, dr Burr odkrył nie tylko powiązania między konkretnymi chorobami a właściwościami elektrycznymi odpowiednich narządów, ale także ustalił, że zmiany w polu energetycznym organizmu występują przed wystąpieniem choroby fizycznej, co potwierdził w badaniach przeprowadzonych w szpitalach z udziałem ludzi[27].

Po niedawnej analizie pracy doktora Burra popularyzatorka nauki Sally Adee zauważyła, że „wyprzedził on swoje czasy: wszystkie jego teorie dotyczące bioelektryczności zostały potwierdzone w ciągu pięciu dekad od ich ogłoszenia"[28]. Na przykład Dany Spencer Adams, biolog rozwojowy z Uniwersytetu Tufts, umieścił wrażliwe na napięcie barwniki do zarodka żaby, umożliwiając obserwację zmieniających się wzorców elektrycznych podczas rozwoju zarodka. Podczas jednej z faz eksperymentów Adamsa pozornie przypadkowe jasne wzory pojawiły się na pozbawionym cech embrionie, zaczynając przybierać kształt oczu i ust. Następnie usta i gałki oczne zarodka rozwinęły się dokładnie w miejscach wskazanych przez elektryczną poświatę[29]. Obserwacja ta pokrywa się z odkryciami doktora Burra dotyczącymi salamander. Pole energetyczne ujawniło plan rozwijającego się organizmu przed utworzeniem jego struktur anatomicznych. Ze względu na to, że kod genetyczny nie zawiera żadnych „instrukcji dotyczących anatomii"[30], najbardziej logicznym wnioskiem wyciągniętym z wyników Burra i Adamsa jest to, że zarodek rozwija się w odpowiedzi na sygnały z otaczającego go pola energetycznego.

Ponieważ naszym celem było ustanowienie medycyny energetycznej jako dążenia opartego na naukowym zrozumieniu, byliśmy podekscytowani odkryciem eksperymentów doktora Burra, przeprowadzonych na prestiżowym uniwersytecie medycznym prawie pięćdziesiąt lat przed rozpoczęciem naszej własnej kariery. Jego odkrycia są przez nas często przywoływane, ponieważ są one kluczowe dla zrozumienia, w jaki sposób techniki uzdrawiania energią, które zmieniają energie ciała, mogą *zapobiegać* chorobom. Dawson Church podsumował znaczenie badań doktora Burra słowami: „Rak pojawiał się *w polach energii*, zanim pojawił się *w komórkach materii*... Pola energii tworzą szablony, wokół których kondensuje się materia. Zmień pole, a zmienisz materię"[31].

3. ENERGIA MOŻE ODDZIAŁYWAĆ NA ODLEGŁOŚĆ

Zauważ, że we wszystkich wyżej wymienionych przypadkach – od przeszczepów serca po wspomnienia przechowywane w czakrach, od gojenia się ran po kiełkowanie roślin, rozwój zarodka i początek choroby – pole energetyczne wydaje się nadzorować złożone przemiany biologiczne lub psychologiczne. Oprócz udowodnienia, że energia może przekazywać szczegółowe informacje i wykazywać inteligentne działania, kluczowym aspektem wykorzystania tego zrozumienia energii do wspierania zbiorowych zmian jest jej zdolność do działania na odległość.

Jednym z najbardziej zadziwiających aspektów fizyki kwantowej jest splątanie kwantowe[32]. Zjawisko to opisuje, w jaki sposób dwie cząstki subatomowe, które weszły w interakcję, mogą nadal wpływać na siebie nawzajem, nawet jeśli są daleko od siebie. Albert Einstein nazwał to zjawisko „upiornym działaniem na odległość"[33]. Eksperymenty wykazały, że efekt ten utrzymuje się na coraz większych odległościach, od centymetrów do metrów, a nawet kilometrów, rozciągając się od Ziemi do satelitów w kosmosie[34].

Czy koncepcje sfery subatomowej mają znaczenie dla świata postrzeganego przez nasze zmysły? Wielu autorów science fiction, myślicieli New Age, przewodników duchowych i zwolenników alternatywnych metod leczenia uznało za kuszące zacieranie granic między kwantowymi zasadami mikroświata a naszymi codziennymi doświadczeniami. Komentatorzy ci spotkali się ze znaczną krytyką, często byli określani jako amatorzy, którym brakuje prawdziwego zrozumienia kwantowej natury[35]. Podczas gdy splątanie kwantowe między jednostkami było często relegowane do kontrowersyjnej dziedziny parapsychologii, rosnące dowody potwierdzają jego rzeczywistość, a naukowcy stopniowo zyskują głębsze zrozumienie tego zjawiska[36].

Doktor Vlatko Vedral, fizyk z Uniwersytetu Oksfordzkiego, stwierdził w prestiżowym czasopiśmie „Nature", że splątanie kwantowe „może wystąpić w systemach o dowolnym rozmiarze, które zawierają więcej niż tylko dwa fotony lub elektrony" i może przejawiać się w zdarzeniach, które możemy zobaczyć i doświadczyć[37]. Przedstawimy cztery przypadki: zdalne diagnozowanie, zmiana właściwości materii na odległość, niszczenie komórek rakowych odległych o tysiące kilometrów i zdalny tapping akupunkturowy.

Zdalne diagnozowanie

Badania wykorzystujące technologię EEG wykazały, że niektórzy ludzie mogą wpływać na fale mózgowe innych na odległość[38]. Ponadto odnotowano pozytywny wpływ modlitwy na uzdrowienie, nawet jeśli osoba otrzymująca modlitwy nie znajduje się w pobliżu[39]. Co więcej, osoby określane jako „intuicjoniści medyczni" były w stanie zidentyfikować problemy zdrowotne bez fizycznej obecności. Aby systematycznie badać takie raporty, neurochirurg Norman Shealy przekazał intuicjonistce medycznej Caroline Myss nazwiska i daty urodzenia pacjentów, których zdiagnozował. Myss nie miała kontaktu z pacjentami ani żadnych innych informacji na ich temat. Diagnozy jasnowidzącej Myss zgadzały się z diagnozami medycznymi Shealy'ego w 93 procentach przypadków. Jej stwierdzenia były konkretne, takie jak „nowotwór złośliwy lewego jądra, rozprzestrzeniający się na lewą nerkę", „opryszczka weneryczna" i „schizofrenia"[40].

Zmiana właściwości materii na odległość

Medyczny qigong, starożytna chińska praktyka skupiająca się na kontroli i kierowaniu energią w celu leczenia, wykazał zdolność wpływania na wzrost komórek i wydłużania życia zwierząt z nowotworami, nawet na odległość[41]. Jeden z najbardziej cenionych lekarzy w Chinach, dr Yan Xin, zyskał uznanie za swoje sukcesy w leczeniu „nieuleczalnych" chorób, wykorzystując qigong do przekazywania energii chi swoim pacjentom w celach leczniczych. W miarę jak jego sława rosła, fizycy starali się zbadać mechanizmy leżące u podstaw tego zjawiska. W jednym z badań poprosili go o skierowanie energii chi na pierwiastek radioaktywny, aby ustalić, czy da się zmienić tempo rozpadu promieniotwórczego.

Zgodnie z fizyką szybkość rozpadu pierwiastka radioaktywnego jest uważana za jedną ze stałych natury. Doktor Xin zademonstrował jednak zdolność do manipulowania tym tempem, zwiększając lub zmniejszając je nawet o 12 procent według własnego uznania, zarówno z bliskiej odległości, jak i z odległości tysięcy kilometrów. Ponad 60 artykułów naukowych udokumentowało niezwykłe zjawiska zaobserwowane w eksperymentach doktora Xin, które zostały przeprowadzone pod auspicjami Instytutu Fizyki Wysokich Energii Chińskiej Akademii Nauk i Uniwersytetu Tsinghua w Pekinie[42]. Ponadto eksperyment dotyczący rozpadu radioaktywnego został nieformalnie powtórzony przy użyciu praktyk medytacyjnych[43]. Podczas gdy osoby z zaawansowanymi umiejętnościami w zakresie mobilizacji energii mogą wpływać na materię bez jakiejkolwiek fizycznej interakcji, osoby pozbawione takich zdolności mogą stymulować punkty na skórze, które generują sygnały elektryczne zdolne do zmiany ścieżek neuronowych rządzących myślami i zachowaniami.

Eliminacja komórek rakowych na odległość

Inny mistrz qigong o imieniu Jixing Li z powodzeniem wykrył i zabił ludzkie komórki rakowe znajdujące się w laboratorium oddalonym o pięć tysięcy kilometrów. Będąc w Kalifornii, Li skupił swoją intencję na komórkach, które były inkubowane w pożywce wzrostowej na Uniwersytecie w stanie Pensylwania. Komórki nowotworowe, na których skupiła się uwaga Li, zginęły, podczas gdy pobliska grupa komórek, oddalona o zaledwie kilka centymetrów, pozostała nienaruszona i nadal szybko rosła[44].

Nauka newtonowska nie uwzględnia intuicji medycznej, która może dokładnie diagnozować pacjentów bez jakiejkolwiek fizycznej interakcji lub uzdrowicieli zdolnych do eliminowania komórek rakowych na odległość. Sugeruje to zaangażowanie jakiejś formy subtelnej energii, której konwencjonalne narzędzia naukowe nie są w stanie wykryć. Doktor Kronn, fizyk z Rosji, zauważył, że nawet najpotężniejsze pola elektryczne lub magnetyczne nie wpływają na szybkość rozpadu pierwiastków promieniotwórczych. Zaproponował, że „chi oddziałuje z cząsteczkami, które tworzą protony i neutrony, kwarki, lub jeszcze mniejsze cząsteczki, subkwarki, które tworzą kwarki. Oznacza to, że subtelna energia... istnieje i działa w świecie subatomowym"[45].

Tapping na odległość

Dowody gromadzone w dziedzinie psychologii energetycznej wskazują, że tapping akupunkturowy może mieć pozytywny efekt kliniczny, nawet gdy jest wykonywany zdalnie. Od czasu powstania psychologii energetycznej opowiadano historie o terapiach wykonywanych na osobach znajdujących się w różnych lokalizacjach. Kiedy David po raz pierwszy usłyszał o tych doniesieniach, określanych jako „tapping zastępczy", poczuł się sfrustrowany. Przekonanie kolegów psychologów, że stukanie w skórę może przekazywać sygnały dezaktywujące do układu limbicznego, już było wyzwaniem, a pomysł, że może to następować na odległość, wydawał się jeszcze trudniejszy do zaakceptowania. Jednak w miarę pojawiania się kolejnych doniesień postanowił zbadać tę kwestię dokładniej.

Po przeglądzie literatury i dotarciu do społeczności psychologii energetycznej za pośrednictwem poczty elektronicznej w celu uzyskania przykładów przypadków tappingu zastępczego David opublikował wyniki w recenzowanym czasopiśmie, wskazując, że odkryto 193 odrębne przypadki tappingu zastępczego[46]. Spośród nich dokładnie 100 przypadków spełniało następujące kryteria:

1. „Nadawca" zastosował protokół psychologii energetycznej na sobie z zamiarem pomocy „odbiorcy".
2. Nadawca mógł nie dotknąć fizycznie odbiorcy, ale istniała taka możliwość. Obie osoby mogły znajdować się w tym samym pomieszczeniu, co często zdarza się w przypadku niemowląt lub zwierząt, lub mogły być oddalone na znaczną odległość. Podczas gdy wpływ bliskości, w której „nadawca" i „odbiorca" są razem, można przypisać sygnałom wizualnym, neuronom lustrzanym lub różnym innym czynnikom, w ponad jednej trzeciej przypadków obie osoby znajdowały się w odmiennych lokalizacjach.
3. Protokół nie został zastosowany przez odbiorcę na samym sobie.
4. Zarówno nadawca, jak i odbiorca przypisywali pozytywny wynik tappingowi zastępczemu.

Każdy ze 100 przypadków wykazał korzyści postrzegane w oparciu o te kryteria. Chociaż do określenia związku przyczynowo-skutkowego między tappingiem zastępczym a obserwowaną poprawą wymagane są kontrolowane badania kliniczne, wyniki z pewnością dają do myślenia. Jeszcze bardziej fascynująca jest sugestia, że techniki psychologii energetycznej mogą wpływać na osobiste relacje między terapeutą a klientem w sposób, który pozostaje niezbadany. Czy w grę mogą wchodzić również szersze rezultaty?

4. POLA ENERGETYCZNE MAJĄ NIEWIDZIALNY WPŁYW NA RELACJE MIĘDZYLUDZKIE

Chcemy przybliżyć ci sposoby, w jakie opanowanie energii, które wykraczają poza to, co uznaje konwencjonalna nauka, może pomóc „ludzkości w radzeniu sobie z obecną gamą zbliżających się katastrof", jak stwierdził dr Leskowitz w cytacie otwierającym ten rozdział. Niezależnie od tego, czy czujesz się bezsilny w obliczu tych zbliżających się katastrof, czy też jesteś zdecydowany w swoich wysiłkach, aby im zapobiec, możesz zaangażować się w energie powiązane z tymi kwestiami społecznymi. Każda osoba na planecie ma wpływ na te wyniki.

Misją organizacji non profit HeartMath Institute z siedzibą w Kalifornii jest dostarczenie „opartych na sercu, sprawdzonych naukowo narzędzi do podnoszenia świadomości ludzkości z separacji i niezgody do współczującej opieki i współpracy" (heartmath.org). Jej badania, które opierają się na odczytach EKG i EEG, wykazały, że fale mózgowe jednej osoby mogą synchronizować się z biciem serca innej osoby znajdującej się w pobliżu[47]. Wpływamy na siebie nawzajem nie tylko poprzez nasze słowa, działania i pozycję społeczną, ale także w sposób, którego jeszcze w pełni nie rozumiemy.

Łatwo jest zrozumieć, że rytm serca jednej osoby może wpływać na fale mózgowe innej osoby znajdującej się w pobliżu, podobnie jak struny gitary rezonują ze sobą. Wiele osób twierdzi, że może wyczuć niepokój partnera jeszcze przed wejściem do pokoju. Podobnie wpływ pola energetycznego na etapy gojenia się ran można zaobserwować w codziennym życiu. Pole energetyczne otaczające ranę wysyła sygnały, podobnie jak pilot zdalnego sterowania przełącza kanały w telewizorze. Zrozumienie, że pola energetyczne mogą wpływać na zdarzenia wykraczające poza ich bezpośrednie sąsiedztwo, stwarza nowe możliwości wspierania zmian społecznych.

Prowokuje to do myślenia. Czy możliwe jest, aby energie działające na odległość wpływały na poglądy i działania grup lub całych społeczności? Nawet jeśli taki wpływ jest możliwy, te potężne narzędzia mogą być wykorzystywane zarówno do celów pozytywnych, jak i negatywnych. Nawet na poziomie osobistym korporacja może wykorzystać psychologię energetyczną, aby jej siły sprzedaży działały z większą uczciwością lub aby czuć się bardziej komfortowo w przypadku odstępstw od prawdy. Wojsko mogłoby wykorzystać ją do zwiększenia zdolności żołnierzy do pracy w zespole lub zmniejszenia ich wrażliwości na odbieranie życia innym osobom. Te orwellowskie scenariusze mogą rozwinąć się w sposób korzystny lub szkodliwy, ale rzeczywiście się rozwiną.

5. ZBIOROWY STRACH MOŻE BYĆ ROZUMIANY JAKO POLE ENERGETYCZNE

Wyrażenie „polityka ciała migdałowatego" zostało wprowadzone przez Ala Gore'a, byłego wiceprezydenta Stanów Zjednoczonych, aby scharakteryzować wybory polityczne napędzane strachem zamiast faktami. Wyjaśnił, w jaki sposób obywatele są celowo nakłaniani do popierania bardziej agresywnej polityki poprzez proces, który nazwał „zastępczą traumatyzacją"[48]. Swoją książkę *Atak na rozum* rozpoczyna od stwierdzenia: „Strach jest najpotężniejszym wrogiem rozumu... Strach często wyłącza rozum"[49].

Tapping akupunkturowy wysyła sygnały, które szybko dezaktywują irracjonalny strach, zmieniając energię mózgu. Ale energia związana ze strachem łączy się również z innymi w pierwotny sposób. Masowa histeria jest siłą, która może pochłonąć społeczność. Osoby, które są dostrojone do subtelnych energii, są świadome tego zjawiska. Czy możemy złagodzić zbiorowy strach, który przesłania zdrowy osąd i ostatecznie wpływa na politykę społeczną?

Co by było, gdyby przed podjęciem decyzji mających na celu przeciwdziałanie postrzeganym zagrożeniom politycy jako kolektyw zaangażowali się w tapping określonych akupunktów, wyobrażając sobie najbardziej prawdopodobne negatywne skutki. Nie zmniejszyłoby to ich zdolności do podejmowania racjonalnych decyzji dotyczących sytuacji. Eliminacja przesadnego strachu nie osłabia postrzegania rzeczywistego zagrożenia. Wybory dokonane po takim nieprawdopodobnym, ale możliwym do wyobrażenia podejściu byłyby bardziej logiczne, a nie mniej.

Potencjał tego rozwiązania nie ogranicza się do polityków, którzy są prawdopodobnie najmniej skłonni do jego wykorzystania. Różne zgromadzenia, które wpływają na zbiorowe decyzje – takie jak spotkania w ratuszu, rady szkolne, zarządy firm i zespoły zarządzające – mogłyby wdrożyć technikę „pożyczanie korzyści" (s. 390). Metoda ta może być rutynowo stosowana w celu wyeliminowania irracjonalnych obaw dotyczących danej sprawy i potwierdzenia prawdziwych obaw przed sfinalizowaniem decyzji.

6. POLA ENERGETYCZNE MOGĄ BYĆ WYKORZYSTYWANE DLA WSPÓLNEGO DOBRA

W latach dziewięćdziesiątych w laboratorium Williama Tillera na Wydziale Materiałoznawstwa i Inżynierii na Uniwersytecie Stanforda stworzono urządzenia zaprojektowane do wchodzenia w interakcje z ludzkimi intencjami[50]. Celem programu Princeton Engineering Anomalies Research (PEAR), który funkcjonował przez prawie trzydzieści lat pod egidą Wydziału Inżynierii i Nauk Stosowanych Uniwersytetu Princeton, było badanie interakcji między ludzkim umysłem a zjawiskami świata fizycznego[51]. Poprzez liczne eksperymenty naukowcy wykazali, że gdy grupa ludzi, taka jak widzowie na meczu piłki nożnej, koncentruje się na wspólnym wydarzeniu – szczególnie gdy aktywowane są silne emocje, takie jak w momencie dotyku – wpływa to na urządzenia mechaniczne, w tym generatory liczb losowych. Chociaż efekty te są minimalne, mają one znaczenie statystyczne. Urządzenia wytwarzają wzorce, które nie są przypadkowe. Jeszcze bardziej niezwykłe jest to, że urządzenia te zareagowały na zdarzenia mające miejsce setki kilometrów dalej.

Niniejszy rozdział miał na celu zilustrowanie, w jaki sposób energia przekazuje skomplikowane informacje, współdziała z inteligencją, wpływa zarówno na procesy fizyczne, jak i biologiczne oraz może wywierać wpływ na odległość, czego dowodem są te urządzenia. Jak możemy wykorzystać takie właściwości energii dla wspólnego dobra? Poniżej znajduje się kilka przykładów.

Globalna Inicjatywa Koherencji, założona przez Instytut HeartMath, zastosowała niektóre z tych zasad w celu poprawy warunków globalnych (heartmath.org/gci/). Pierwszy znaczący eksperyment tego rodzaju miał miejsce w 1973 roku, kiedy odkryto, że zbiorowa energia emitowana przez grupę medytujących doprowadziła do spadku wskaźników przestępczości. W Waszyngtonie przestępczość stale rosła w ciągu pierwszych pięciu miesięcy 1973 roku[52]. Aby temu zaradzić, inicjatywa zapobiegania przestępczości zaprosiła tysiące praktykujących medytację transcendentalną do miasta na dwumiesięczny eksperyment, trwający od 7 czerwca do 30 lipca.

Organizatorzy publicznie przewidywali, że przestępczość spadnie o 20 procent, co zostało wyśmiane przez szefa policji, który stwierdził, że jedynym czynnikiem zdolnym do tak znacznego zmniejszenia przestępczości w okresie letnim byłoby „pół metra śniegu". Tydzień po rozpoczęciu badania nastąpił znaczny spadek przestępczości z użyciem przemocy, na co wskazują statystyki FBI Jednolitych Doniesień o Przestępstwie, które nadal spadały, aż do osiągnięcia redukcji o 23,3 procent przed zakończeniem eksperymentu. Ale po powrocie medytujących do domu wskaźniki przestępczości zaczęły ponownie rosnąć. Choć wynik ten może być przypadkowy, podobne badania przyniosły analogiczne rezultaty[53]. Światopogląd, który obejmuje zrozumienie subtelnych energii i pól organizacyjnych, pomaga wypełnić luki, sprawiając, że te pozornie nieprawdopodobne anomalie wydają się bardziej wiarygodne.

Doktor Leskowitz przeprowadził zabawną analizę tego zjawiska, koncentrując się na dobrze znanej koncepcji „przewagi własnego boiska". Aby uzyskać wgląd, rozmawiał z zawodnikami drużyny baseballowej Boston Red Sox. Jeden z wyróżniających się pomocników zauważył, że drużyna często mówi o tym, jak entuzjazm fanów Red Sox wpływa na ich wyniki i ostateczne wyniki meczów[54]. Ta perspektywa rozszerza zrozumienie tego, co oznacza „pole" w kontekście przewagi własnego boiska.

Na szerszą skalę Lynne McTaggart, badaczka i działaczka społeczna, współpracowała z zespołami naukowców i wolontariuszy z ponad 100 krajów, aby stworzyć pierwsze „globalne laboratorium". Inicjatywa ta przeprowadza kontrolowane eksperymenty w celu zbadania wpływu masowej intencji[55]. Jej grupy online koncentrują się na kierowaniu konkretną myślą w celu osiągnięcia wyniku, który następnie ocenia zespół naukowy. Różne eksperymenty przyniosły znaczące wymierne zmiany, w tym przyspieszony wzrost sadzonek i zmniejszenie przemocy w gettach i regionach dotkniętych konfliktami oraz pomaganie osobom z PTSD w powrocie do zdrowia.

7. OSOBISTY I KULTUROWY POTENCJAŁ JEST ZAKODOWANY W POLACH ENERGETYCZNYCH

Jedną z kluczowych cech energii, które badaliśmy, szczególnie w odniesieniu do rozwoju osobistego i kulturowego, jest ich zdolność do aktywowania wrodzonych potencjałów. Termin „entelechia", przedstawiony przez Arystotelesa, opisuje wewnętrznie ukierunkowany proces prowadzący do spełnienia i możliwości. Na poziomie czysto biologicznym pole elektryczne otaczające jaja salamandry Harolda Burra zawierało własną entelechię dla dorosłego osobnika. Dla ludzi entelechia reprezentuje głęboką siłę organizującą, która napędza jednostkę w kierunku realizacji jej psychologicznego i biologicznego potencjału[56].

Zrozumienie znaczenia tej koncepcji dla rozwoju osobistego polega na zdolności najskuteczniejszych terapeutów do wydobycia największego potencjału klienta, a entelechia zapewnia wgląd w proces energetyczny, poprzez który potencjał jest realizowany. Przewodnim modelem, który my, autorzy, wyznajemy, jest to, że głębokie wzorce zdrowia, samorealizacji i szczęścia są naturalne. Wzorce te istnieją jako entelechie w każdej osobie i w sposób, który jest trudniejszy do zmapowania, istnieją też w kulturach i ludzkości jako całości. Na poziomie indywidualnym rolą uzdrowiciela, terapeuty lub edukatora jest rozpoznanie tych wzorców i pomoc osobie w ich aktywacji. Na poziomie kulturowym jest to zbiorowy wysiłek, aby zidentyfikować i pielęgnować najlepsze aspekty ludzkiej natury. Przywodzi to na myśl słynny cytat z Michała Anioła: „Zobaczyłem anioła w marmurze i rzeźbiłem tak długo, póki go nie wyzwoliłem”[57]. Pielęgnowanie własnej entelechii może być jednym z najbardziej wpływowych narzędzi dostarczanych przez psychologię energetyczną.

Im bardziej wykorzystujesz konstruktywną, opartą na energii perspektywę w radzeniu sobie z osobistymi wyzwaniami, tym szczęśliwszy i skuteczniejszy będziesz jako jednostka. Podobnie integrując te spostrzeżenia z zaangażowaniem w społeczność, staniesz się bardziej wzmocnionym i konstruktywnym obywatelem.

PODSUMOWANIE

Kończąc ten podręcznik, wracamy myślami do naszej pierwszej książki dotyczącej tappingu akupunkturowego, która została wydana w 2005 roku pod tytułem *The Promise of Energy Psychology* [Obietnice psychologii energetycznej]. Wydawca zasugerował nam tytuł *Moc psychologii energii*. Chociaż w tamtym czasie zaczęliśmy być świadkami skuteczności tej metody i często byliśmy pod jej dużym wrażeniem, nie wierzyliśmy, by dowody naukowe były wystarczająco solidne, aby usprawiedliwić taki tytuł w oczach społeczności profesjonalistów. Jednakże w chwili tworzenia tej książki, prawie dwie dekady i ponad 150 badań naukowych później, jest oczywiste, że podejście to jest skuteczne w szerokim zakresie schorzeń, z wynikami osiąganymi niezwykle szybko i korzyściami, które są trwałe.

Jesteśmy przekonani, że protokoły psychologii energetycznej mogą pomóc większości ludzi w różnych kwestiach, począwszy od zdenerwowania przed rozmową, lepszego wychowania dzieci, radzenia sobie z traumatycznym wydarzeniem i znalezienia większej równowagi w zawirowanym świecie. Podejście to pojawiło się w czasie ewolucji kulturowej, gdy ludzie doświadczają stresu psychicznego na niespotykane dotąd sposoby, tworząc pilne zapotrzebowanie na nowe formy wsparcia, które pozwolą nam funkcjonować zgodnie z naszym pełnym potencjałem.

To właśnie na tym etapie uważamy, że psychologia energetyczna staje się znaczącą siłą. Podsumowując, zachęcamy cię do przyjęcia tego wzmacniającego postępu i zintegrowania go jako kluczowego elementu swojego życia. Powodzenia.

JEŚLI PROGRAM NIE PRZYNOSI ZAMIERZONYCH REZULTATÓW

> Klienci często myślą, że stracili rozum lub „oszaleli", gdy dochodzi do zmian w świadomości... Naszą rolą jest pomoc w przedstawieniu tych zdarzeń jako korzystnych, transformujących doświadczeń, które są normalnym aspektem samopoznania[1].
>
> **dr Dorothea Hover-Kramer,**
> współzałożycielka Stowarzyszenia Kompleksowej Psychologii Energetycznej

JEDNĄ Z TRUDNOŚCI W PREZENTOWANIU potężnych metod zawartych w tej książce jest to, że każde narzędzie korzystne dla psychologicznej eksploracji może wywoływać intensywne emocje i niepokojące wspomnienia lub ujawniać ukryte problemy psychologiczne. Dołożyliśmy wszelkich starań, aby zaprezentować program w sposób umożliwiający dostosowanie go do indywidualnych potrzeb, tempa i wrażliwości. Jeśli zajrzałeś do tej części z powodu prawdziwej potrzeby, a nie zwykłej ciekawości, znajdziesz tutaj szereg narzędzi zaprojektowanych, aby pomóc ci odzyskać równowagę.

Doświadczanie niepokoju podczas konfrontacji z trudnymi kwestiami jest nieuniknione, ale przetwarzanie nierozwiązanych emocji i doświadczeń jest niezbędne dla rozwoju osobistego. Trzeba jednak pamiętać, że jeśli niepokój się nasila i utrzymuje pomimo stosowania strategii opisanych w tym załączniku, należy zwrócić się o pomoc do wspierającego przyjaciela lub specjalisty do spraw zdrowia psychicznego przed kontynuowaniem programu.

TAPPING REAKCJI, KTÓREJ DOŚWIADCZASZ

Dawson Church przeprowadził demonstrację z kobietą szukającą pomocy w związku z jej silną nieśmiałością i skłonnością do milczenia w określonych sytuacjach społecznych. Gdy stała przed dużą publicznością, jej ramiona opadały, jakby próbowała ukryć swoją obecność, a jej głos stawał się cichy. Dzięki technice tappingu jej ocena SUD spadła z początkowych 8 do 6, pozostała jednak na tym poziomie przez kolejne dwie rundy. W tym momencie pojawiło się przerażające wspomnienie z dzieciństwa: weszła do domu z matką podczas włamania. Dziewczynka uciekła i ukryła się za zasłonami, przekonana, że włamywacz jej szuka, ale udało jej się stłumić łzy i krzyki.

Gdy wspomnienie powróciło z uderzającą wyrazistością, kobieta doświadczyła szeregu reakcji fizjologicznych podobnych do tych podczas pierwotnego incydentu: intensywnego drżenia, bladej twarzy, przyspieszonego bicia serca i płytkiego oddechu. Doktor Church, obserwując te objawy, nie był w tym momencie świadomy całej historii. Zapewnił pocieszające słowa, jednocześnie stanowczo prowadząc ją do dalszego stukania. Zanim ukończyła sekwencję opukiwania po raz drugi, jej oddech się unormował, a drżenie ustało. Po kilku dodatkowych rundach tappingu – bez deklaracji akceptacji lub procedury integracji, a jedynie emocjonalnej pierwszej pomocy polegającej na stymulowaniu punktów akupunkturowych, podczas gdy ona stawiała czoła reakcji na stres – kobieta była w stanie opowiedzieć, co się stało. Umożliwiło jej to kontynuowanie pracy poprzez zajęcie się różnymi aspektami wspomnienia, neutralizując każdy z nich z osobna.

Kobieta całkowicie zapomniała o tym incydencie, ale za każdym razem, gdy czuła stres w sytuacjach społecznych, musiała walczyć ze sobą, aby znaleźć właściwe słowa. Poproszona o ocenę, jak bardzo pokonała swoją nieśmiałość po tappingu, podzieliła się swoim doświadczeniem z dużą grupą, używając pewnej siebie postawy i głosu.

W sytuacjach takich jak ta przywoływanie traumy z przeszłości może stworzyć wrażenie, że problem się pogarsza. Kiedy tak się dzieje, standardowym podejściem jest przekierowanie uwagi na fizyczne odczucia i emocje, których doświadczasz, kontynuując tapping. Jeśli jednak uczucie przytłoczenia staje się nie do zniesienia lub utrudnia myślenie o sytuacji, następnym krokiem jest wykorzystanie technik medycyny energetycznej, które są specjalnie ukierunkowane na łagodzenie paniki i przytłoczenia.

PROSTA METODA USPOKAJAJĄCA, KTÓRĄ MOŻESZ ZASTOSOWAĆ W DOWOLNYM CZASIE I MIEJSCU

Jeśli próbowałeś już techniki tappingu reakcji, której doświadczasz – co często wystarcza, aby przywrócić równowagę – następnym krokiem jest uspokojenie układu nerwowego. Na szczęście proste techniki energetyczne mogą przeciwdziałać biochemicznym skutkom lęku i paniki. Zaczniemy od bardzo prostej techniki, którą można wykorzystać w dowolnym miejscu i czasie.

Uspokajający uścisk / trzymanie serca

1. Zajmij wygodną pozycję siedzącą lub stojącą, krzyżując ramiona, z prawą dłonią leżącą na lewej stronie tułowia poniżej początku pachy.
2. Umieść lewą dłoń nad łokciem prawego ramienia (patrz ilustracja A.1).
3. Jeśli zapewnia to komfort, delikatnie kołysz się z boku na bok lub możesz pozostać nieruchomo.
4. Gdy zaczniesz odczuwać spokój, połóż dłonie na czakrze serca, znajdującej się pośrodku klatki piersiowej (patrz ilustracja A.2).
5. Wykonaj głęboki wdech nosem i powolny wydech ustami. Wydech trwa znacznie dłużej niż wdech. Aby kontrolować tempo, spróbuj wykonać wdech, licząc do sześciu, a następnie wydech, licząc do dwunastu. Zwróć uwagę na to, jak twoje ramiona zaczynają się rozluźniać.

Ilustracja A.1. Uspokajający uścisk. Jest to pierwszy krok techniki uspokajającej, która może być stosowana w dowolnym miejscu i czasie

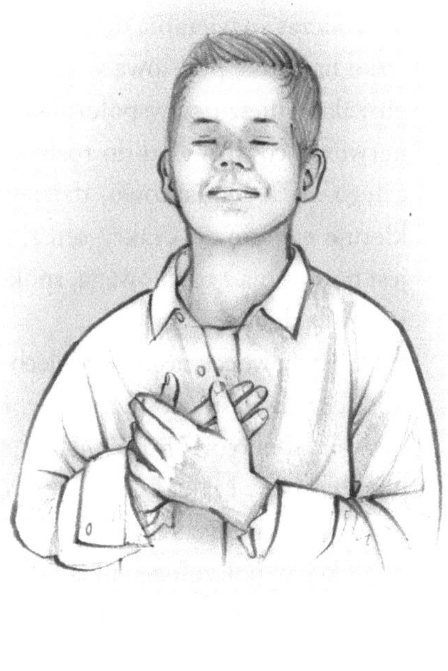

Ilustracja A.2. Trzymanie serca. Jest to drugi krok techniki uspokajającej, który również można wykonać samodzielnie

Kiedy czujesz się bardzo zdenerwowany, taka technika może się wydawać zbyt prosta, ale jest niezwykle skuteczna. Uspokajający uścisk pomaga uspokoić potrójny ogrzewacz, system energetyczny odpowiedzialny za wyzwalanie reakcji walki lub ucieczki. Dodatkowo łączy ona energie potrójnego ogrzewacza z energiami meridianu śledziony, który radzi sobie ze stresem i dyskomfortem w spokojniejszy i bardziej stabilny sposób. Jednocześnie krzyżowanie ramion wzmacnia interakcję między lewą i prawą półkulą mózgu, prowadząc do bardziej zrównoważonej reakcji na stres.

Podczas wywierania delikatnego nacisku na klatkę piersiową w kroku drugim aktywujesz przywspółczulny układ nerwowy, co prowadzi do rozluźnienia całego ciała. Dodatkowo, działanie to kieruje energię do czakry serca, która jest powiązana z równowagą, spokojem i pogodą ducha.

Głęboki wdech nosem i wydech ustami łączy dwa istotne meridiany, które sprzyjają spokojowi i uziemieniu: meridian centralny i zarządzający. Ten rodzaj świadomego oddychania pozwala przejść od reakcji współczulnego układu nerwowego typu „walcz lub uciekaj" do stanu odpoczynku i regeneracji typowej dla przywspółczulnego układu nerwowego. Dodatkowo aktywuje nerw błędny, pomagając złagodzić strach i niepokój, jednocześnie poprawiając nastrój. Zaskakujące jest to, jak potężne może być głębokie oddychanie ustami i nosem, aby wygenerować prawdziwy wewnętrzny spokój.

Technika uspokajającego uścisku jest skuteczną i prostą metodą, którą można wykorzystać za każdym razem, gdy zaczynasz czuć się przytłoczony lub niespokojny. Ćwicząc tę technikę kilka razy w chwilach spokoju, zapamiętasz ją i będziesz gotowy, gdy zajdzie taka potrzeba, aby jej użyć.

DODATKOWE TECHNIKI ENERGETYCZNE DO USPOKOJENIA UKŁADU NERWOWEGO

Inne skuteczne metody łagodzenia stresu i uspokajania układu nerwowego to stukanie w dłoń na klatce piersiowej, wydmuchiwanie stresu i zatrzymywanie stresu.

Stukanie w dłoń na klatce piersiowej

Rozpocznij od umieszczenia jednej dłoni na klatce piersiowej. Używając palców drugiej ręki, dotknij grzbietu znajdującego się poniżej litery V utworzonej przez mały palec i palec serdeczny (patrz ilustracja A.3). Punkty te są częścią podstawowego protokołu tappingu, ale stukanie w nie w dowolnym momencie może przynieść znaczące korzyści. Znajdują się one na meridianie potrójnego ogrzewacza, pomagają złagodzić reakcję walki-ucieczki-zamrożenia.

Ilustracja A.3. Stukanie w dłoń na klatce piersiowej. Jest to prosta metoda, która pomaga dezaktywować reakcję na zagrożenie

Wydmuchiwanie stresu

Jest to szybka i dynamiczna metoda, której można użyć, gdy trzymasz w sobie dużo frustracji, niepokoju lub złości. Aby uwolnić energetyczne pozostałości nagromadzonych emocji, wykonaj następujące kroki:

1. Zaciśnij dłonie w pięści i wyciągnij je przed siebie.
2. Opuść je w dół i obróć za siebie.
3. Podnieść je nad głowę i...
4. ...szybko opuść ramiona, rozluźniając pięści i wypuszczając stłumione emocje z dźwiękiem.

Zaciśnij usta, gdy wydmuchujesz uczucia. Opuszczając ramiona znad głowy, rozluźnij pięści (patrz ilustracja A.4). Powtórz tę czynność kilka razy. Na koniec wykonaj ten ruch jeszcze raz, ale teraz powoli i świadomie. Po usunięciu części energii, wykonaj następną technikę.

Ilustracja A.4. Wydmuchiwanie stresu. Jest to łatwa i skuteczna technika, kiedy narastają złość i frustracja

Zatrzymanie stresu

Kiedy ciało jest zestresowane, krew odpływa z mózgu i jest kierowana do rąk, nóg, klatki piersiowej i innych obszarów, aby wesprzeć reakcję walki lub ucieczki. Technika zatrzymania stresu po prostu wysyła tę krew z powrotem do mózgu. Zarówno ciało, jak i umysł mogą być dzięki temu bardzo zrelaksowane, a ta metoda nie wymaga wysiłku. Można ją wykonywać w pozycji stojącej, siedzącej lub leżącej. Połóż dłoń jednej ręki na czole, a dłoń drugiej ręki z tyłu głowy tuż nad linią włosów (patrz ilustracja A.5). Pozostań w tej pozycji przez kilka minut, wykonując wdech nosem i wydech ustami.

Ilustracja A.5. Zatrzymanie stresu. Jest to delikatna technika uspokajania energii układu nerwowego

Opisane wyżej techniki: uspokajający uścisk, stukanie w dłoń na klatce piersiowej, wydmuchiwanie stresu i zatrzymanie stresu, są bardzo skuteczne i szybkie w wykonaniu. Kolejna technika, zwana codzienną rutyną energetyczną, jest bardziej kompleksową pracą energetyczną, która przynosi wiele korzyści dla ciała, umysłu i ducha, szczególnie jeśli jest wykonywana codziennie, co zajmuje tylko kilka minut.

CODZIENNA RUTYNA ENERGETYCZNA

Nierównowaga energetyczna jest pierwszym miejscem, w którym należy szukać rozwiązania, jeśli ocena SUD nie spada. Codzienna rutyna energetyczna jest prostą, bezpośrednią korektą nierównowagi energetycznej! Chcemy podzielić się z tobą jej początkami, abyś wiedział, że to coś więcej niż tylko kilka technik, które ze sobą połączyliśmy.

Był rok 1997 i pisaliśmy pierwszą książkę Donny – *Podręcznik energetycznego uzdrawiania*. W miarę rozwoju manuskrypt stawał się coraz bardziej szczegółowy i wszechstronny. Prace nad książką trwały dwa lata, a skoki w jej ewolucji wydawały nam się gigantycznymi osiągnięciami.

Nagle zorientowaliśmy się, że przy tak wielu sposobach pracy z wieloma systemami energetycznymi ciała wszystkie informacje i techniki mogą łatwo przytłoczyć ludzi. Ponadto wszyscy wydawali się niezwykle zajęci. Postawiliśmy więc przed sobą wyzwanie. Czego moglibyśmy nauczyć ludzi, co zajęłoby tylko kilka minut dziennie, aby wzmocnić swój energetyczny ładunek i przepływ oraz utrzymać taki stan?

W ciągu ostatnich 20 lat Donna leczyła ponad 10 000 osób podczas indywidualnych półtoragodzinnych sesji. Prawie zawsze przekazywała pacjentom techniki, które można stosować w domu, aby to, co zostało osiągnięte podczas sesji, zostało wzmocnione. David poprosił ją o sporządzenie listy metod, które mogłaby zadać jako pracę domową. Spośród tych, które podała, została poproszona o wskazanie tych, które wydawały się jej najskuteczniejsze. Następnie David poprosił ją o zidentyfikowanie tych technik, które są najbardziej uniwersalne. Co działa na prawie każdego? Kolejnym krokiem było wybranie przez Donnę z tej krótszej listy metod, które jako zestaw utrzymają energię i które można wykonać w ciągu pięciu lub sześciu minut.

W ten sposób powstała codzienna rutyna energetyczna. Nasze filmy demonstrujące tę metodę mają ponad dwa miliony wyświetleń, a od naszych praktyków wiemy, że tysiące ludzi na całym świecie regularnie korzysta z tej metody. Pochlebne opinie, które nieustannie słyszą nasi praktycy, stanowią mnóstwo dowodów na to, że ta prosta rutyna naprawdę czyni cuda dla ciała, umysłu i ducha. Przydaje się również jako pierwsza pomoc, jeśli sesja tappingu utknie w martwym punkcie.

Możesz obejrzeć Donnę demonstrującą tę technikę na stronie der.energytapping.com. Znajdziesz tam dwie wersje: jedną z objaśnieniami (12 minut) i jedną bez objaśnień (5 minut), której ludzie używają po obejrzeniu dłuższego filmu. Oczywiście po kilkukrotnym zapoznaniu się z instrukcją nie będziesz potrzebował wideo, by wykonać tę technikę.

Codzienna rutyna energetyczna okazuje się cudownie skuteczną praktyką, która może utrzymać dobry przepływ we wszystkich systemach energetycznych. Liczni lekarze zalecają swoim pacjentom codzienne wykonywanie tej techniki, ponieważ wiedzą, że jest to jeden z najłatwiejszych sposobów na utrzymanie zdrowia i dobrego samopoczucia psychicznego. Przez lata otrzymywaliśmy setki e-maili opisujących sposób, w jaki codzienna rutyna energetyczna pomagała ludziom pozbyć się uporczywych dolegliwości, w przypadku których interwencje medyczne okazały się daremne. Oto tylko jeden z nich. Marie Long, która zaczęła stosować tę metodę w wieku 80 lat, napisała:

Ilustracja A.6. Marie Long (z tyłu) w wieku 87 lat, z synem za kierownicą, przypisuje codziennej rutynie energetycznej odwrócenie zdiagnozowanej medycznie osteoporozy, przemieszczonych kręgów i zapadniętego płuca

Czując się tak żwawa jak w najlepszych latach mojego życia, odwiedziłam niedawno mojego syna w Japonii i jechałam z nim na jego motocyklu! Bardzo mi się to podobało. Ja, która nigdy nie chciałam ani nie jeździłam nawet na rowerze z pedałami, teraz, w wieku 87 lat, przeżywam nową wspaniałą przygodę. Minęło już 26 miesięcy, odkąd zaczęłam stosować codzienną rutynę energetyczną Donny, i zdecydowanie będę to robić do końca życia. Pozbyłam się zdiagnozowanej osteoporozy, wyleczyłam przemieszczone kręgi, zapadnięte płuco i o wiele, wiele więcej! Te „niepozorne ćwiczenia", jak określa je moja wnuczka, zajmują około pięciu minut dziennie, a korzyści przekraczają moją najśmielszą wyobraźnię. Zamiast być wciągniętą w rolę biednej, niepotrzebnej nikomu ofiary, jestem teraz geriatrycznym przestępcą na motocyklu, a mój syn i wnuczka są ze mnie bardzo dumni. Codzienna rutyna energetyczna to zdecydowanie mój sekret zachowania młodości.

Przekonasz się, że ta rutyna jest bardzo prosta i niezwykle skuteczna. Składa się tylko z ośmiu prostych kroków, a jej wykonanie zajmuje od pięciu do siedmiu minut. Mamy nadzieję, że ją wypróbujesz. Jeśli poczujesz się tak dobrze jak większość ludzi, którzy doświadczyli jej dobroczynnych efektów, będziesz kontynuować te metodę codziennie. Przypominamy, że możesz zobaczyć, jak Donna wykonuję tę technikę, na stronie der.energytapping.com.

NARZĘDZIA REGENERACJI STOWARZYSZENIA KOMPLEKSOWEJ PSYCHOLOGII ENERGETYCZNEJ

Byliśmy dumni, że skonsultowano się z nami, gdy Stowarzyszenie Kompleksowej Psychologii Energii (ang. *Association for Comprehensive Energy Psychology* – ACEP) tworzyło zasoby internetowe, które prezentują ich narzędzia regeneracji (energypsych.org/page/Resilience-Tools). Zestaw ten zapewnia bogactwo dodatkowych zasobów na trudne czasy.

INNE PRAKTYCZNE KROKI, KTÓRE MOŻESZ PODJĄĆ W TRUDNEJ SYTUACJI

Oprócz sesji tappingu i przedstawionych właśnie technik szybkiej pierwszej pomocy energetycznej dodatkowe działania, które wspierają poczucie spokoju i dobrego samopoczucia, mogą budować większy osobisty spokój i odporność na trudne czasy. Oto kilka sugestii:

Narzędzie 1: Oddychaj głęboko

Najprostszą i najbardziej bezpośrednią czynnością, jaką możesz wykonać, gdy poczujesz się zdenerwowany, jest wzięcie głębokiego, uspokajającego oddechu. Nie ma lepszego środka uspokajającego niż oddech – jedyna autonomiczna funkcja ciała, którą można świadomie kontrolować. Kiedy jesteśmy w trybie zagrożenia, gotowi do walki lub ucieczki przy najmniejszej prowokacji, ciśnienie krwi wzrasta, puls przyspiesza, a oddech staje się szybszy i płytszy. Wdychaj powietrze przez nos powoli i upewnij się, że brzuch jest wypełniony powietrzem. Wydech powinien następować przez usta bardzo powoli. Gdy przejmujesz kontrolę nad oddechem, czyniąc go wolniejszym i głębszym, ciśnienie krwi i tętno spadają, a emocje są łagodzone. To z kolei sygnalizuje organizmowi, by nie nasilał reakcji na zagrożenia.

> Oddech jest jedynym procesem autonomicznym, nad którym można przejąć świadomą kontrolę.

Narzędzie 2: Wdychaj spokój, wydychaj stres

Weź cztery długie, powolne oddechy, wciągając powietrze nozdrzami i wydmuchując je ustami. Wraz z wdechem wyobrażaj sobie, że spokój, radość i mądrość wypełniają twoje ciało. Wraz z wydechem wyobrażaj sobie, że szara chmura stresu, zmartwień lub kłopotów opuszcza twoje ciało[2].

Narzędzie 3: Pielęgnuj spokój

Znajdź sposoby, aby zapewnić swojemu ciału, umysłowi i duchowi relaks i spokój. Jakie czynności pomagają ci poczuć odprężenie? Mogą to być najprostsze rzeczy na świecie: szybka drzemka lub kąpiel przy spokojnej muzyce, spacer na łonie natury, gorąca herbata, a nawet praca z energią, taka jak masaż. Niektórzy ludzie medytują, ćwiczą pozycje jogi, robią ćwiczenia rozciągające lub stosują progresywne techniki relaksacyjne. Każda z tych czynności przynosi spokój i wyciszenie, a regularna praktyka takich technik buduje rezerwuar równowagi psychicznej i nawyk większego opanowania. Aby uzyskać więcej niż tylko krótkoterminową psychologiczną pierwszą pomoc, możesz zaplanować wakacje lub weekend w pensjonacie; zostawić za sobą swoje codzienne zmartwienia i media społecznościowe. Czasami prosta zmiana kontekstu bardzo pomaga w wywołaniu głębokiego odprężenia i ulgi od zmartwień, które mogą być nieuzasadnione.

Narzędzie 4: Znajdź wsparcie u innej osoby

Skontaktuj się z przyjazną osobą, która może cię wysłuchać. Poproś ją lub jego, by porozmawiali z tobą i byli dla ciebie źródłem wsparcia, gdy będziesz analizować swoje myśli i uczucia. Co więcej, trenerzy życiowi, doradcy duchowi i psychoterapeuci są również bardzo ważni w trudnych chwilach.

Narzędzie 5: Baw się ze zwierzęciem

Przytul swojego kota, pobiegaj z psem, zaopiekuj się kotem przyjaciela, idź do zoo. Kontakt ze światem zwierząt zmniejsza niepokój i stres, łagodzi depresję, zapewnia towarzystwo, wzmacnia układ odpornościowy i inne[3].

Narzędzie 6: Spędzaj czas w pięknych miejscach

Piękne, spokojne otoczenie może zrobić wiele dobrego dla duszy. Spróbuj odwiedzić miejsce, które sprawia, że jesteś szczęśliwy. Może to być zanurzenie się w zacisznym miejscu otoczonym drzewami; spacer brzegiem rzeki, jeziora lub oceanu; podziwianie pola dzikich kwiatów; a także przygotowanie cichego zakątka w domu, w którym czujesz się bezpiecznie. Podejmij świadomy wysiłek, aby zapamiętać to, co widzisz i czujesz, podczas przebywania w tej przestrzeni, abyś mógł przywołać ją w myślach, gdy tylko będziesz potrzebować dodatkowej dawki spokoju.

Narzędzie 7: Użyj wyobraźni

Nawet jeśli w danej chwili nie możesz podróżować do inspirujących miejsc, możesz żywo wyobrazić sobie siebie w świętej przestrzeni nad górskim strumieniem, pod strzelistym dębem, na plaży, oglądając zachód słońca, a może przywołać wspomnienia z sekretnej kryjówki z dzieciństwa. Zwracanie uwagi na takie wyobrażenia podczas głębokiego oddychania spowoduje, że układ nerwowy zareaguje tak samo jak w rzeczywistym miejscu.

Narzędzie 8: Bądź aktywny

Stymulowanie ciała poprzez zabawną, podnoszącą na duchu aktywność fizyczną, taką jak pływanie, taniec lub skakanie na trampolinie, może pomóc rozładować uwięzioną energię. Zwykły spacer jest odświeżający zarówno dla umysłu, jak i ciała, a także jest łatwo dostępny. Od dawna znamy korzyści płynące z wykonywania regularnych ćwiczeń dla mózgu, dobrego samopoczucia emocjonalnego i ogólnego stanu zdrowia[4].

Narzędzie 9: Szukaj inspiracji

W naturalny sposób przyciągają nas kreatywne dzieła, które mają moc przenoszenia nas poza sferę zwyczajności. Pozwalają nam dostrzec wrodzone piękno, kreatywność i odwagę, które są istotnymi częściami ludzkiego ducha. Takie dostrojenie jest jednym z najskuteczniejszych sposobów na wzniesienie się ponad trudy i udręki codziennego życia. Znajdź książki, filmy, muzykę, poezję lub inne formy sztuki, a także święte ceremonie i rytuały, które cię inspirują, motywują i podnoszą na duchu.

Narzędzie 10: Jedz dla spokoju i zdrowia

Ludzie odmiennie reagują na jedzenie (stąd tak dużo jest książek dietetycznych i porad), dlatego priorytetem jest znalezienie rodzajów pożywienia, które będą wspierać twoje dobre samopoczucie, i opieranie się pokarmom, które zwiększają niepokój lub obniżają nastrój.

Narzędzie 11: Bądź dla siebie cierpliwy

Bycie świadomym i stanie się częścią własnej ewolucji wymaga uwolnienia się od znanych, ale przestarzałych myśli i działań, tak jak to zrobiłeś w tym programie. Otwarcie serca i umysłu na nowe perspektywy może być równie trudne, co pożądane. Stajesz w obliczu paradoksu, że jesteś podłączony zarówno do zmian, jak i do utrzymania rzeczy takimi, jakie są. Chcesz, aby twoje życie było lepsze, ale boisz się zmian. Siły postępowe i konserwatywne walczą ze sobą nie tylko w społeczeństwach, ale także w każdym z nas. Wszystko, co możesz zrobić, to zaakceptować ten paradoks. Wspieraj swoje wysiłki na rzecz osobistej ewolucji, akceptując siebie takiego, jaki jesteś. Możesz użyć tappingu, aby kultywować cierpliwość, akceptację, kreatywność, a nawet humor na temat paradoksu: „Nawet jeśli chcę zmian, ale ich się boję i ciągle kręcę się w kółko, mam mnóstwo doświadczenia, aby sobie poradzić!".

Narzędzie 12: Sięgnij do swojego wewnętrznego przewodnika

Archetypy to elementy umysłu, które mogą wiązać cię z potężnymi, pozytywnymi energiami, wykraczającymi daleko poza twój świadomy umysł. Potężnym sposobem na uzyskanie dostępu do pomocnego archetypu jest wejście do środka i wizualizowanie siebie rozmawiającego z wewnętrznym przewodnikiem lub wewnętrznym mędrcem, który może się tobą opiekować i ci doradzać. Twój wewnętrzny mentor może być kimś, kogo znasz, osobą z historii, a nawet całkowicie fikcyjną postacią. Większość ludzi wizualizuje w ten sposób postać duchową lub religijną, mentora, którego podziwiają, lub kogoś, kogo darzyli podziwem w dzieciństwie. Gdy już uda ci się zwizualizować tę archetypową postać w swoim umyśle, zadaj jej pytanie lub po prostu poproś ją o radę, a następnie uważnie słuchaj. Na koniec radzimy, abyś utrzymywał stałą relację ze swoją wewnętrzną mądrością, szukając pomocy i porady za każdym razem, gdy potrzebujesz trochę więcej zrozumienia.

PLIKI DO POBRANIA I INNE ŹRÓDŁA

JEŚLI CHCESZ znaleźć praktyka psychologii energetycznej, kurs lub program szkoleniowy, zachęcamy cię do zapoznania się z naszą listą zasobów na stronie resources.energytapping.com. Poniżej znajdują się różne linki do artykułów i filmów wspomnianych w książce:

energytapping.com – strona internetowa psychologii energetycznej Davida i Donny.

cancercase1.energytapping.com – fragmenty filmu wideo pokazujące wykorzystanie psychologii energetycznej w leczeniu pacjenta z rakiem.

models.energytapping.com – rozszerza dyskusję z rozdziału 1.

phobiacase1.energytapping.com – fragmenty filmu wideo pokazujące wykorzystanie psychologii energetycznej w leczeniu fobii.

resources.energytapping.com – listy organizacji praktykujących psychologię energetyczną, programów szkoleniowych i inne zasoby.

der.energytapping.com – dostęp do filmów przedstawiających Donnę wykonującą codzienną rutynę energetyczną z objaśnieniami i bez.

dreams.energytapping.com – poradnik tappingu do interpretowania snów.

tapping-words.energytapping.com – artykuł zatytułowany: *Words to Tap By* [Słowa do wykorzystania w tappingu].

800surveys.energytapping.com – artykuł na temat refleksji 800 praktyków i klientów.

vetcases.energytapping.com – fragmenty terapii psychologii energetycznej u czterech weteranów z zespołem stresu pourazowego.

adversechildhoodexperiences.energytapping.com – artykuł zatytułowany *How Energy Psychology Remediates Emotional Wounds Rooted in Childhood Trauma: Preliminary Clinical Recommendations* [Jak psychologia energetyczna leczy rany emocjonalne zakorzenione w traumie z dzieciństwa: wstępne zalecenia kliniczne].

how-it-works.energytapping.com – artykuł w czasopiśmie zatytułowany: *Six Empirically-Supported Premises about Energy Psychology* [Sześć empirycznie potwierdzonych założeń dotyczących psychologii energetycznej].

rwanda.energytapping.com – film wideo, w którym dr Caroline Sakai opisuje swoją pracę z osieroconym nastolatkiem z Rwandy cierpiącym na PTSD.

energypsych.org/page/resilience-tools – narzędzia regeneracji na stronie internetowej Stowarzyszenia Kompleksowej Psychologii Energetycznej.

energypaper.energytapping.com – artykuł zatytułowany: *The Energy of Energy Psychology* [Energia psychologii energetycznej].

disaster-relief.energytapping.com – artykuł zatytułowany: *Uses of Energy Psychology Following Catastrophic Events* [Wykorzystanie psychologii energii po katastrofach]

PRZYPISY

WSTĘP

1 R. Callahan, *Roger Callahan on His Discovery of Tapping Therapy | TFT*, „Thought Field Therapy", 7 listopada, 2013, youtube.com/watch?v= dcmi6k-WeKXs.

2 D. Feinstein, *Integrating the Manual Stimulation of Acupuncture Points into Psychotherapy: A Systematic Review with Clinical Recommendations*, „Journal of Psychotherapy Integration" 33, nr 1 (2023), s. 47–67, doi.org/10.1037 / int0000283.

3 E. Leskowitz, *Integrative Medicine for PTSD and TBI: Two Innovative Approaches*, „Medical Acupuncture" 28, nr 4 (sierpień 2016), s. 181–83, doi.org/10.1089/acu.2016.1168.

4 D. Church i in., *Clinical EFT as an Evidence-Based Practice for the Treatment of Psychological and Physiological Conditions: ASystematic Review*, „Frontiers in Psychology" 13 (listopad 2022): 951451, doi.org/10.3389/fpsyg.2022.951451.

5 34-minutowy fragment z pierwszych trzech sesji tappingu, w wyniku których rak wyraźnie się cofał (jak wykazała tomografia komputerowa) można obejrzeć na stronie cancercase1.energytapping.com.

6 D. Church, *Mind to Matter: The Astonishing Science of How Your Brain Creates Material Reality* (Carlsbad, CA: Hay House, 2019); wyd. polskie: *Myśli to materia. Szokujące odkrycia o tym, jak Twój mózg tworzy materialną rzeczywistość* (Białystok: Studio Astropsychologii, 2019).

7 P. Stapleton, *The Science Behind Tapping: A Proven Stress Management Technique for the Mind and Body* (Carlsbad, CA: Hay House, 2019), s. xix.

8 D. Feinstein, *Integrating the Manual Stimulation*, dz. cyt., s. 47–67.

9 D. Bach i in., *Clinical EFT (Emotional Freedom Techniques) Improves Multiple Physiological Markers of Health*, „Journal of Evidence-Based Integrative Medicine" 24 (2019): 2515690X18823691, doi.org/10.1177/2515690X18823691.

10 D. Church i in., *Empirically Supported Psychological Treatments: The Challenge of Evaluating Clinical Innovations*, „Journal of Nervous and Mental Disease" 202, nr 10 (październik 2014), s. 699–709, doi.org/10.1097/NMD.0000000000000188.

11 D. Church, P. Stapleton, D. Sabot, *App-Based Delivery of Clinical Emotional Freedom Techniques: Cross-Sectional Study of App User Self-Ratings*, „JMIR mHealth & uHealth" 8,

nr 10 (październik 2020): e18545, doi.org/10.2196/18545.

12 Aplikacja na smartfony jest dostępna pod nazwą *The Tapping Solution* lub na stronie thetappingsolution.com.

13 D. Feinstein, *Six Empirically-Supported Premises about Energy Psychology: Mounting Evidence for a Controversial Therapy*, „Advances in Mind-Body Medicine" 35, nr 2 (2021), s. 17–32, how-it-works.energypsychology.com.

14 E. Leskowitz, *Integrative Medicine*, dz. cyt., s. 181–83.

15 S. Adee, *We Are Electric: Inside the 200-Year Hunt for Our Body's Bioelectric Code, and What the Future Holds* (New York: Hachette, 2023), s. 8–9.

16 Tamże, s. 5.

17 Tamże, s. 130.

18 Tamże, s. 3.

19 Tamże, s. 3.

20 D. Feinstein, *Six Empirically-Supported Premises*, dz. cyt., s. 17–32.

21 D. Feinstein, *The Energy of Energy Psychology, OBM* „Integrative and Complementary Medicine" 7, nr 2 (2022): 15, doi.org/10.21926/obm.icm.2202015.

22 J. White, S. Krippner, *Future Science: Life Energies and the Physics of Paranormal Phenomena* (New York: Anchor, 1977).

23 J. Oschman, *Energy Medicine: The Scientific Basis*, drugie wydanie. (New York: Elsevier, 2015), s. 41.

24 D. Church, *Bliss Brain: The Neuroscience of Remodeling Your Brain for Resilience, Creativity, and Joy* (Carlsbad, CA: Hay House, 2022).

25 D. Feinstein, *Six Empirically-Supported Premises*, dz. cyt., s. 17–32.

1. MODELE PRZEWODNIE, KTÓRE POPYCHAJĄ CIĘ DO PRZODU LUB HAMUJĄ TWÓJ POSTĘP

1 Zaczerpnięte od D. Gruder, *A Framework for Addressing Six Questions Self-Developers Have*, DrGruder.com/6qsd, [dostęp 2 sierpnia 2023]; sparafrazowane przez doktora Grudera.

2 E. Winkler, *Shakespeare Was a Woman and Other Heresies: How Doubting the Bard Became the Biggest Taboo in Literature* (New York: Simon and Schuster, 2023).

3 N. Doidge, *The Brain That Changes Itself: Stories of Personal Triumph from the Frontiers of Brain Science* (New York: Penguin Life, 2007); wyd. polskie: *Mózg zmienia się sam* (Białystok: Vital, 2017).

4 Ch. Hitchens, *The Portable Atheist: Essential Readings for the Nonbeliever* (Boston: Da Capo Press, 2007), s. xvi.

5 G. Maté, Scattered Minds: The Origins and Healing of Attention Deficit Disorder (New York: Penguin Random House, 1999), s. 238; wyd. polskie: *Rozproszone umysły. Przyczyny i leczenie zespołu deficytu uwagi* (Warszawa: Czarna Owca, 2023).

6 N. Jones i in., *Mental Models: An Interdisciplinary Synthesis of Theory and Methods*, „Ecology and Society" 16, nr 1 (2011), art. 46, ecologyandsociety.org/vol16/iss1/art46/.

7 Tamże.

8 S. Lightbody, *The 361 Classical Acupuncture Points: Names, Functions, Descriptions, and Locations* (Hackensack, NJ: World Scientific, 2020).

9 J. Li i in., *Biophysical Characteristics of Meridians and Acupoints: A Systematic Review*, „Evidence-Based Complementary and Alternative

Medicine" (2012): 793841, doi.org/10.1155/2012/793841.

10 H.M. Langevin, J.A. Yandow, *Relationship of Acupuncture Points and Meridians to Connective Tissue Planes*, „Anatomical Record" 269, nr 6 (grudzień 2002), s. 257–265, doi.org/10.1002/ar.10185.

11 D. Church, *The EFT Manual*, czwarte wydanie. (Santa Rosa, CA: „Energy Psychology Press", 2018).

12 D. Feinstein, *The Energy of Energy Psychology*, „OBM Integrative and Complementary Medicine" 7, nr 2 (2022), s. 15, doi.org/10.21926/obm.icm.2202015.

13 Wprowadzona przez Gary'ego Craiga jako „technika ograniczonego oddychania". Wariacje tej procedury są wykorzystywane jako demonstracje w wielu wprowadzających zajęciach z akupunktury. Zobacz: *The EFT Constricted Breathing Technique*, strona internetowa Gary Craig Official EFT Training Centers, [dostęp 21 marca 2023], emofree.com/fr/eft-tutorial/tapping-basics/breathing.html.

14 Opracowana przez psychologa Johna Diepolda; opisana w: J.H. Diepold, V. Britt, Sh.S. Bender, *Evolving Thought Field Therapy: The Clinician's Handbook of Diagnoses, Treatment, and Theory* (Nowy Jork: W.W. Norton, 2004).

15 L.R. Dickens, *Using Gratitude to Promote Positive Change: A Series of Meta-Analyses Investigating the Effectiveness of Gratitude Interventions*, „Basic and Applied Social Psychology" 39, nr 4 (2017), s. 193–208, doi.org/10.1080/01973533.2017.1323638.

16 D. Feinstein, *Six Empirically-Supported Premises about Energy Psychology: Mounting Evidence for a Controversial Therapy*, „Advances in Mind-Body Medicine" 35, nr 2 (2021): 17–32, how-it-works.energypsychology.com.

17 A.C. Ahn i in., *Electrical Properties of Acupuncture Points and Meridians: A Systematic Review*, „Bioelectromagnetics" 29, nr 4 (maj 2008), s. 245–256, doi.org/10.1002/bem.20403.

18 Zh.-J. Zhang, X.-M. Wang, G.M. McAlonan, *Neural Acupuncture Unit: A New Concept for Interpreting Effects and Mechanisms of Acupuncture*, „Evidence-Based Complementary and Alternative Medicine" 2012 (2012): 429412, doi.org/10.1155/2012/429412.

19 S.N. Bagriantsev, E.O. Gracheva, P.G. Gallagher, *Piezo Proteins: Regulators of Mechanosensation and Other Cellular Processes*, „Journal of Biological Chemistry" 289, nr 46 (2014), s. 31673–31681, doi.org/10.1074/jbc.R114.612697.

20 H.M. Langevin, J.A. Yandow, *Relationship of Acupuncture Points and Meridians*, dz. cyt., s. 257–265.

21 J. Oschman, *Energy Medicine in Therapeutics and Human Performance* (New York: Elsevier, 2003).

22 F. Di Rienzo i in., *Neuropsychological Correlates of an Energy Psychology Intervention on Flight Phobia: A MEG Single-Case Study*, „PsyArXiv Preprints", stworzone 17 listopada 2019, doi.org/10.31234 /osf.io/s3hce.

23 Y. Xu i in., *A New Theory for Acupuncture: Promoting Robust Regulation*, „Journal of Acupuncture and Meridian Studies" 11, nr 1 (luty 2018), s. 39–43, doi.org/10.1016/j.jams.2017.11.004.

24 B. Kearns, *All About the Tapping Points w/ Beth Kearns*, 3 sierpnia 2016, w „Tapping Q&A", prowadzony przez Gene Monterastelli, podcast, MP3 audio, 42:14, tappingqanda.com/232.

2. PODSTAWOWY PROTOKÓŁ TAPPINGU

1 D. Church, marketingowa wiadomość e-mail dla „EFT Universe", 27 października 2020.

2 R.J. Callahan, *Tapping the Healer Within* (Chicago: Contemporary Books, 2001), s. 7–10.

3 P. Stapleton, *The Science Behind Tapping: A Proven Stress Management Technique for the Mind and Body* (Carlsbad, CA: Hay House, 2019), s. xxv.

4 S. Wells, D. Lake, *Enjoy Emotional Freedom: Simple Techniques for Living Life to the Full* (Woolombi, Australia: Exisle, 2010), 25.

5 D. Church, *The EFT Manual*, czwarte wydanie (Santa Rosa, CA: Energy Psychology Press, 2018), s. 367–370.

6 D. Feinstein, D. Eden, G. Craig, *The Promise of Energy Psychology: Revolutionary Tools for Dramatic Personal Change* (New York: Tarcher/Penguin, 2005).

7 D. Church, P. Stapleton, D. Sabot, *App-Based Delivery of Clinical Emotional Freedom Techniques: Cross-Sectional Study of App User Self-Ratings*, „JMIR mHealth & uHealth" 8, nr 10 (październik 2020): e18545, doi.org/10.2196/18545.

8 D. Feinstein, *How Energy Psychology Changes Deep Emotional Learnings*, „Neuropsychologist" 10 (2015), s. 38–49.

9 D. Church, *Clinical EFT as an Evidence-Based Practice for the Treatment of Psychological and Physiological Conditions*, „Psychology" 4, nr 8 (sierpień 2013), s. 645–654, doi.org/10.4236/psych.2013.48092.

10 C. Rogers, *On Becoming a Person: A Therapist's View of Psychotherapy* (New York: Houghton Mifflin, 1961), s. 17.

11 D. Eden, *Energy Medicine: Balancing Your Body's Energies for Optimal Health, Joy, and Vitality*,
wyd. poprawione (New York: Tarcher/Perigree, 2008), s. 109–146.

12 D. Church, *The EFT Manual*, dz. cyt., s. 106.

3. PRACA BADAWCZA

1 G. Craig, *Finding aspects within the EFT Tapping Process*, „The Gary Craig Official EFT Training Centers" (strona internetowa) [dostęp 27 kwietnia 2023], emofree.com/eft-tutorial/tapping-roots/aspects.html.

2 D. David, I. Cristea, S.G. Hofmann, *Why Cognitive Behavioral Therapy Is the Current Gold Standard of Psychotherapy*, „Frontiers in Psychiatry" 9 (styczeń 2018), s. 4, doi.org/10.3389/fpsyt.2018.00004.

3 D. Burns, *Feeling Great: The Revolutionary New Treatment for Depression and Anxiety* (Eau Claire, WI: PESI Publishing & Media, 2020), 452.

4 Stowarzyszenie Kompleksowej Psychologii Energetycznej prowadzi regularnie aktualizowaną bazę danych opublikowanych badań na całym świecie: energypsych.org.

5 Podsumowanie w: D. Feinstein, *Six Empirically-Supported Premises about Energy Psychology: Mounting Evidence for a Controversial Therapy*, „Advances in Mind-Body Medicine" 35, nr 2 (2021), s. 17–32, advances-journal.com/wp-content/uploads/2021/05/Feinstein.pdf.

6 D. Burns, *Feeling Good: The New Mood Therapy* (New York: HarperCollins, 1999), wyd. polskie: *Radość życia, czyli jak zwyciężyć depresję. Terapia zaburzeń nastroju* (Poznań: Zysk i S-ka, 2010).

7 D. Burns, *Feeling Great*, dz. cyt., s. xiv.

8 Tamże, s. xv.

9 C.R. Rogers, *On Becoming a Person: A Therapist's View of Psychotherapy* (New York: Houghton Mifflin, 1961), 17.
10 P. Carrington, *Introducing the EFT Choices Method*, patcarrington.com, 19 kwietnia 2019, patcarrington.com/introducing-the-choices-method/.
11 D. Burns, *When Helping Doesn't Help: Why Some Clients May Not Want to Change*, „Psychotherapy Networker", marzec/kwiecień 2017, 19, psychotherapynetworker.org/article/when-helping-doesnt-help.
12 Tamże.
13 D. Burns, *Feeling Great*, Dz. cyt., s. 97.
14 Tamże, s. 15–26.
15 Tamże, s. 26–34.
16 M.T. Sise, Sh.S. Bender, *The Energy of Belief* (York, PA: Capucia, 2022), s. 189–190.
17 A. Adams, K. Davidson, *EFT Level 2 Comprehensive Training Resource* (Fulton, CA: Energy Psychology Press, 2011), s. 92.
18 J.G. Watkins, The *Affect Bridge: A Hypnoanalytic Technique*, „International Journal of Clinical and Experimental Hypnosis" 19, nr 1 (1971), s. 21–27, doi.org/10.1080 /00207147108407148.
19 D. Burns, *Feeling Great*, dz. cyt., s. xv.
20 Tamże, s. 480.
21 M. Adkins, *Inner Dialogues with EFT*, [w:] P. Bruner, J. Bullough, *EFT and Beyond:Cutting Edge Techniques for Personal Transformation*, (Essex, England: Energy Publications, 2009), s. 78.
22 D. Church, *EFT Manual*, s. 241.
23 S. Ungerleider, *Mental Training for Peak Performance: Top Athletes Reveal the Mind Exercises They Use to Excel*, (Emmaus, PA: Rodale, 2005), s. 24.
24 R. Hoss, L. Hoss, *Dream to Freedom: A Handbook for Integrating Dreamwork and Energy Psychology* (Santa Rosa, CA: „Energy Psychology Press", 2013).

4. ZMARTWIENIA, NIEPOKÓJ I ZESPÓŁ STRESU POURAZOWEGO

1 N. Ortner, *The Tapping Solution: A Revolutionary System for StressFree Living* (Carlsbad, CA: Hay House, 2013), s. 7; wyd. polskie: *Metoda opukiwania* (Warszawa: P&G Editors, 2015).
2 K. Hughes i in., *The Effect of Multiple Adverse Childhood Experiences on Health: A Systematic Review and Meta-Analysis*, „Lancet Public Health" 2, nr 8 (2017): e356–66, doi.org/10.1016/S2468–2667(17) 30118–4.
3 C.E. Sakai, S.M. Connolly, P. Oas, *Treatment of PTSD in Rwandan Genocide Survivors Using Thought Field Therapy*, „International Journal of Emergency Mental Health " 12, nr 1 (2010), s. 41–50.
4 Ośmiominutowy klip wideo, w którym dr Sakai opisuje ten przypadek, jest dostępny na stronie rwanda.energytapping.com.
5 D. Feinstein, *Uses of Energy Psychology Following Catastrophic Events*, „Frontiers in Psychology" 13 (kwiecień 2022): 856209, doi.org/10.3389/fpsyg.2022.856209.
6 G. Hamne, U. Sandström, P. Stapleton, *Evaluation of a Brief Trauma Tapping Training and Single Session Application*, „International Journal of Healing and Caring" 23, nr 3 (wrzesień 2023), s. 22–28. doi.org/10.78717/ijhc.202323322.
7 W. James, *Habit* (Ann Arbor, MI: University of Michigan Library, 1890), s. 31.
8 R. Adolphs, *The Biology of Fear*, „Current Biology " 23, nr 2 (styczeń 2013): PR79–R93, doi.org/10.1016/j.cub.2012.11.055.
9 A. Heidt, *Brain Circuitry for Fear and Anxiety Is the Same on fMRI*, „The Scientist", 21 września 2020, jneurosci.org/content/40/41 /7949.

10 D.S. Goldstein, *Adrenal Responses to Stress*, „Cellular and Molecular Neurobiology" 30, nr 8 (2010), s. 1433–1440, doi.org/10.1007/s10571-010-9606-9.

11 Badania obrazowania mózgu, pokazujące, że tapping aktywuje jego określone obszary związane z objawami psychologicznymi i dezaktywuje inne, są podsumowane w rozdziale 9.

12 Frazy w sześciu polach „Szybka pomoc" w całej książce zostały sformułowane we współpracy z Carol Look, którą uważamy za mistrzynię we wprowadzaniu korzyści płynących z tappingu do dużych grup: carollook.com.

13 A. Vaish, T. Grossmann, A. Woodward, *Not All Emotions Are Created Equal: The Negativity Bias in Social-Emotional Development*, „Psychological Bulletin" 134, nr 3 (2008), s. 383–403, doi.org/10.1037/0033-2909.134.3.383.

14 R. Hanson, *Buddha's Brain* (Oakland,CA: New Harbinger, 2009), s. 41.

15 W. Pearse, *The Anxiety Epidemic*, „Inomics", 31 maja 2021, inomics.com/blog/the-anxiety-epidemic-1377345.

16 T.C. Russ i in., *Association Between Psychological Distress and Mortality: Individual Participant Pooled Analysis of 10 Prospective Cohort Studies*, „BMJ" 345 (2012): e4933, doi.org/10.1136/bmj.e4933.

17 M. Clond, *Emotional Freedom Techniques for Anxiety: A Systematic Review with MetaAnalysis*, „Journal of Nervous and Mental Disease" 204, nr 5 (maj 2016), s. 388–395, doi.org/10.1097/NMD.0000000000000483.

18 Zobaczysz, że czasami odnosimy się do „reakcji walki-ucieczki-zamrożenia", a innym razem po prostu do reakcji „walki lub ucieczki." Walka, ucieczka i zamrożenie to trzy reakcje na zagrożenie, które ewoluowały przez wieki. Walka i ucieczka są inicjowane przez ciało migdałowate. Zamrożenie jest inicjowane przez nerw błędny. Kiedy używamy określenia „walka lub ucieczka", odnosimy się do reakcji inicjowanych przez ciało migdałowate.

19 P. Stapleton i in., *Reexamining the Effect of Emotional Freedom Techniques on Stress Biochemistry: A Randomized Controlled Trial*, „Psychological Trauma: Theory, Research, Practice, and Policy" 12, nr 8 (2020), s. 869–877, doi.org/10.1037/tra0000563.

20 M.E. Maharaj, *Differential Gene Expression after Emotional Freedom Techniques (EFT) Treatment: A Novel Pilot Protocol for Salivary mRNA Assessment*, „Energy Psychology: Theory, Research, and Treatment" 8, nr 1 (2016), s. 17–32, doi.org/10.9769/EPJ.2016.8.1.MM.

21 D. Bach i in., *Clinical EFT (Emotional Freedom Techniques) Improves Multiple Physiological Markers of Health*, „Journal of Evidence-Based Integrative Medicine" 24 (2019): 2515690X18823691, doi.org/10.1177/2515690X18823691.

22 Zobacz katalog na stronie resources.energytapping.com.

23 Zobacz *How to Tell the Difference Between a Panic Attack and a Heart Attack*, „Cleveland Clinic", 2 kwietnia 2021, health.clevelandclinic.org/the-difference-between-panic-attacks -and-heart-attacks/.

24 Narodowy Instytut Klinicznego Zastosowania Medycyny Behawioralnej (*National Institute for the Clinical Application of Behavioral Medicine* – NICABM) oferuje serię kursów online prowadzonych przez najlepszych na świecie psychologów, psychiatrów i innych ekspertów od traumy, z doktorem Besselem van der Kolkiem jako

głównym prezenterem. Kursy te były głównym źródłem identyfikacji najlepszych praktyk, które dziedzina zdrowia psychicznego opracowała w zakresie leczenia PTSD i powiązanych schorzeń (nicabm.com).

25 B. van der Kolk, *The Body Keeps the Score: Brain, Mind, and Body in the Healing of Trauma* (New York: Penguin Random House, 2015); wyd. polskie: *Strach ucieleśniony. Mózg, umysł i ciało w terapii traumy* (Warszawa: Czarna Owca, 2018).

26 A. Kardiner, *The Traumatic Neuroses of War* (New York: Hoeber, 1941).

27 D. Frausto Peña i in., *Vagus Nerve Stimulation Enhances Extinction of Conditioned Fear and Modulates Plasticity in the Pathway from the Ventromedial Prefrontal Cortex to the Amygdala*, „Frontiers in Behavioral Neuroscience" 8 (2014), s. 327, doi.org/10.3389/fnbeh.2014.00327

28 S.W. Porges, *The Polyvagal Theory: Neurophysiological Foundations of Emotions, Attachment, Communication, and Self-Regulation* (New York: Norton, 2011); wyd. polskie: Teoria poliwagalna. Przewodnik (Kraków: Wydawnictwo Uniwersytetu Jagiellońskiego 2020).

29 R. Schwarz, *Energy Psychology, Polyvagal Theory, and the Treatment of Trauma*, [w:] S.W. Porges, D. Dana (ed.), *Clinical Applications of the Polyvagal Theory: The Emergence of Polyvagal-Informed Therapie*, (New York: Norton, 2018), s. 270–284.

30 American Psychological Association, *Clinical Practice Guideline for the Treatment of Posttraumatic Stress Disorder (PTSD) in Adults*, luty 2017, apa.org/ptsd-guideline/ptsd.pdf.

31 M.M. Steenkamp i in., *Psychotherapy for Military-Related PTSD: A Review of Randomized Clinical Trials*, „JAMA" 314, nr 5 (2015), s. 489–500, doi.org/10.1001/jama.2015.8370

32 L.M. Najavits, *The Problem of Dropout from 'Gold Standard' PTSD Therapies*, „F1000 Prime Reports" 7 (2015), s. 43, doi.org/10.12703/P7-43.

33 D. Church i in., *Psychological Trauma in Veterans Using EFT (Emotional Freedom Techniques): A Randomized Controlled Trial*, „Journal of Nervous and Mental Disease" 201, nr 2 (2013), s. 153–160, doi.org/10.1097/NMD.0b013e31827f6351.

34 L. Geronilla i in., *EFT (Emotional Freedom Techniques) Remediates PTSD and Psychological Symptoms in Veterans: A Randomized Controlled Replication Trial*, „Energy Psychology: Theory, Research, and Treatment" 8, nr 2 (2016), s. 29–41, doi.org/10.9769/EPJ.2016.8.2.LG.

35 P. Stapleton i in., *Emotional Freedom Techniques for Treating Post Traumatic Stress Disorder: An Updated Systematic Review and Meta-Analysis*, „Frontiers in Psychology" 14, (2023): 1195286, doi.org /10.3389/fpsyg.2023.1195286.

36 B. Sebastian, J. Nelms, *The Effectiveness of Emotional Freedom Techniques in the Treatment of Posttraumatic Stress Disorder: A Meta-Analysis*, „Explore: The Journal of Science and Healing" 13, nr 1 (2017), s. 16–25, doi.org/10.1016/j.explore.2016.10.001.

37 Th. Karatzias i in., *A Controlled Comparison of the Effectiveness and Efficiency of Two Psychological Therapies for Posttraumatic Stress Disorder: Eye Movement Desensitization and Reprocessing vs. Emotional Freedom Techniques*, „Journal of Nervous and Mental Disease" 199, nr 6 (czerwiec 2011), s. 372–378, doi.org/10.1097/NMD.0b013e31821cd262.

38 D. Church, A.J. Brooks, *CAM and Energy Psychology Techniques Remediate PTSD Symptoms in Veterans and Spouses*, „Explore: The Journal of Science and Healing" 10, nr 1 (styczeń-luty 2014), s. 24–33, doi.org/10.1016/j.explore.2013.10.006.
39 R.C. Brown i in., *Psychosocial Interventions for Children and Adolescents after Man-Made and Natural Disasters: A Meta-Analysis and Systematic Review*, „Psychological Medicine" 47, nr 11 (kwiecień 2017), s. 1893–1905, doi.org/10.1017 /s0033291717000496.
40 I. Mavranezouli i in., *Psychological and Psychosocial Treatments for Children and Young People with Post-Traumatic Stress Disorder: A Network Meta-Analysis*, „Journal of Child Psychology and Psychiatry" 61, nr 1 (styczeń 2020), s. 18–29, doi.org/10.1111/jcpp.13094.
41 Na filmie widać, że Gary Craig zaczyna sesję opukiwania na jednym z weteranów, który przechodził poważną depresję. Opukiwanie innej osoby może być równie skuteczne jak opukiwanie samego siebie, ale samodzielny tapping jest preferowany, ponieważ świadomość, że udało się przynieść sobie samemu ulgę, jest wzmacniająca, a także uczy, jak korzystać z tej metody w razie potrzeby.
42 D. Church i in., *Psychological Trauma in Veterans*, dz. cyt.
43 D. Church, *The EFT Manual*, czwarte wydanie. (Santa Rosa, CA: „Energy Psychology Press", 2018).
44 Założyciel EFT Gary Craig napisał *EFT for PTSD* w 2009 roku (Santa Rosa, CA: „Energy Psychology Press"), gdzie wypowiadają się również zaproszeni przez niego inni wybitni praktycy w tej dziedzinie. Z tej książki pochodzi kilka deklaracji akceptacji lub postanowienia w tej sekcji. Ta została zaprezentowana przez Ingrid Dinter.
45 Zacytowane w *Core Issues of Abuse: Forgiveness*, „Into the Light", [dostęp 30 kwietnia 2023], intothelight.org.uk/core-issues-abuse -forgiveness/
46 X. Wu i in., *The Prevalence of Moderate-to-High Posttraumatic Growth: A Systematic Review and Meta-Analysis*, „Journal of Affective Disorders" 243 (styczeń 2019), s. 408–415, doi.org/10.1016/j.jad.2018.09.023.
47 P.A. Levine, *Waking the Tiger: Healing Trauma* (Berkeley, CA: North Atlantic Books, 1997), s. 12.

5. UCZUCIE SMUTKU I DEPRESJI

1 Zaczerpnięte z: R. Schwarz, *Tools for Transforming Trauma* (New York: Routledge, 2002), sprafrazowane przez doktora Schwarza.
2 Atticus, *Love Her Wild: Poems* (New York: Atria, 2017), s. 195.
3 L.A. Kirkby i in., *An Amygdala-Hippocampus Subnetwork That Encodes Variation in Human Mood*, „Cell" 175, nr 6 (2018), s. 1688–1700.e14, doi.org/10.1016/j.cell.2018.10.005.
4 M. Manning, *A Journey Through Fire: Surviving When Your Self Is in Ashes*, „Psychotherapy Networker" lipiec/sierpień 2018, psychotherapynetworker.org/article/journey-through-fire.
5 World Health Organization (Światowa Organizacja Zdrowia), *Depressive Disorder (Depression)*, 31 marca 2023, who.int/news-room/fact-sheets/detail/depression.
6 US National Institute of Mental Health (Narodowy Instytut Zdrowia Psychicznego Stanów Zjednoczonych), *Major Depression,* ostatnie uaktualnienie 22 stycznia 2022, nimh.nih.gov/health/statistics/major-depression.

7 American Psychiatric Association (Amerykańskie Towarzystwo Psychiatryczne), *Diagnostic and Statistical Manual of Mental Disorders*, piąte wydanie (Washington, DC: „American Psychiatric Association Publishing", 2013); wyd. polskie: Kryteria diagnostyczne zaburzeń psychicznych DSM-5 (Warszawa: Edra Urban & Partner, 2015).

8 J.D. Boardman, K.B. Alexander, M.C. Stallings, *Stressful Life Events and Depression among Adolescent Twin Pairs*, „Biodemography and Social Biology" 57, nr 1 (2011), s. 53–66, doi.org/10.1080/19485565.2011.574565.

9 N.R. Wray i in., *Genome-Wide Association Analyses Identify 44 Risk Variants and Refine the Genetic Architecture of Major Depression*, „Nature Genetics" 50, nr 5 (Maj 2018), s. 668–681, doi.org/10.1038/s41588-018 -0090-3.

10 D. Feinstein, *Using Energy Psychology to Remediate Emotional Wounds Rooted in Childhood Trauma: Preliminary Clinical Guidelines*, „Frontiers in Psychology" 14 (18 października 2023), doi.org/10.3389/ fpsyg.2023.1277555.

11 M. Tsehay, M. Necho, W. Mekonnen, *The Role of Adverse Childhood Experience on Depression Symptom, Prevalence, and Severity among School Going Adolescents*, „Depression Research and Treatment" (2020): 5951792, doi.org/10.1155/2020/5951792.

12 F.-F. Zhang i in., *Brain Structure Alterations in Depression: Psychoradiological Evidence*, „CNS Neuroscience & Therapeutics" 24, nr 11 (listopad 2018), s. 994–1003, doi.org/10.1111/cns.12835.

13 A.H. Miller, Ch.L. Raison, *The Role of Inflammation in Depression: From Evolutionary Imperative to Modern Treatment Target*, „Nature Reviews Immunology" 16, nr 1 (styczeń 2016), s. 22–34, doi.org /10.1038/nri.2015.5.

14 J.A. Nelms, L. Castel, *A Systematic Review and Meta-Analysis of Randomized and Non-Randomized Trials of Clinical Emotional Freedom Techniques (EFT) for the Treatment of Depression, Explore*, „The Journal of Science and Healing" 12, nr 6 (listopad-grudzień 2016), s. 416–426, doi.org/10.1016/j.explore.2016.08.001.

15 F.P. Gallo, *Energy Psychology: Explorations at the Interface of Energy, Cognition, Behavior, and Health* (Boca Raton, FL: „CRC Press", 1998).

16 Wykład *How to Work with the Patterns That Sustain Depression* został zorganizowany przez dr Ruth Buczynski i zgromadził czołowych ekspertów w dziedzinie leczenia depresji. Wśród 16 wykładowców, znaleźli się (w kolejności alfabetycznej,): dr Joan Borysenko, dr Rick Hanson, dr Shelly Harrell, dr Marsha Linehan, lic.psych.kliniczny Lynn Lyons, dr Kelly McGonigal, PhD; dr Pat Ogden, mgr nauk ścisłych, licencjonowany terapeuta rodzinny Bill O'Hanlon, dr Christine Padesky, lic. psych. kliniczny Terry Real, dr Richard Schwartz, lek. med. Dan Siegel, dr psych. Ron Siegel, dr psych. terapeuta rodzinny Stan Tatkin, lek. med. Bessel van der Kolk, dr Michael Yapko. Wykład był sponsorowany przez Narodowy Instytut Klinicznego Zastosowania Medycyny Behawioralnej (*National Institute for the Clinical Application of Behavioral Medicine* – NICABM), 2018, nicabm.com.

17 Ch. Peterson, S.F. Maier, M.E.P. Seligman, *Learned Helplessness: A Theory for the Age of Personal Control* (New York: Oxford University Press, 1993).

18 D. Greenberger, Ch.A. Padesky, *Mind Over Mood: Change How You Feel by Changing the Way You Think*, 2nd ed. (New York: Guilford, 2015); wyd. polskie: *Umysł ponad nastrojem. Zmień nastrój poprzez zmianę sposobu myślenia* (Kraków: Wydawnictwo Uniwersytetu Jagiellońskiego, 2004).
19 Tamże, s. 37.
20 N.R. Wray i in., *Genome-Wide Association Analyses*, dz. cyt. s. 668–681.
21 M. Levy,*Can Depression Be Cured without Medication?* „GoodTherapy", 17 listopada, 2014, goodtherapy.org/blog/can-depression-be-cured-without-medication-1117144.
22 J.M. Twenge i in., *Increases in Depressive Symptoms, Suicide-Related Outcomes, and Suicide Rates Among U.S. Adolescents After 2010 and Links to Increased New Media Screen Time*, „Clinical Psychological Science" 6, nr 1 (2018), s. 3–17, doi.org/10.1177/2167702617723376.
23 *Amistad*, w reżyserii Stevena Spielberga (Universal City, CA: DreamWorks Pictures, 1997).
24 M. Sandmaier, *In the Shadow of Depression: How Can We Manage to Stay Well?* „Psychotherapy Networker", lipiec/sierpień 2018, psychotherapynetworker.org/article/shadow-depression.
25 Tamże.
26 Tamże.

6. NAWYKI I UZALEŻNIENIA

1 Zaczerpnięte z M.T. Sise, Sh.S. Bender, *The Energy of Belief: Simple Proven Techniques to Release Limiting Beliefs & Transform Your Life*, wyd. 2. (York, PA: Capucia, 2022); sparafrazowane przez M. Sise.
2 S. Stosny, *Blue-Collar Therapy: The Nitty-Gritty of Lasting Change*, „Psychotherapy Networker", listopad/grudzień 2013, psychotherapynetworker.org/article/blue-collar-therapy.
3 J. Van Bavel, D. Packer, *Sick of Failing at Your New Year's Resolutions? There Is a Better Way*, „Time" z 29 grudnia 2022, time.com/6243642/how-to-keep-new-years-resolutions-2.
4 Ch. Duhigg, *The Power of Habit: Why We Do What We Do in Life and Business* (New York: Random House, 2014); wyd. polskie: *Siła nawyku. Dlaczego robimy to, co robimy i jak można to zmienić w życiu i biznesie* (Warszawa: Wydawnictwo Naukowe PWN, 2013); B.J. Fogg, *Tiny Habits: The Small Changes That Change Everything* (Boston: Houghton Mifflin Harcourt, 2000); wyd. polskie: *Mikronawyki. Niewielkie zmiany, które wiele zmieniają* (Warszawa: Agora 2021); S.R. Covey, *The 7 Habits of Highly Effective People*, 30. wydanie jubileuszowe (New York: Simon & Schuster, 2020); wyd. polskie: *7 nawyków skutecznego działania* (Poznań: Rebis 2007).
5 J. Clear, *Atomic Habits: An Easy & Proven Way to Build Good Habits & Break Bad Ones* (New York: Avery, 2018); wyd. polskie: *Atomowe nawyki. Drobne zmiany, niezwykłe efekty* (Łódź: Galaktyka, 2019).
6 Tamże, s. 46.
7 Tamże, s. 45.
8 Tamże, s. 48 (tłum. własne).
9 Tamże, s. 86.
10 Tamże, s. 189 (tłum. własne).
11 Tamże, s. 131–132.
12 Tamże, s. 105.
13 Tamże, s. 106.
14 T. Haynes, *Dopamine, Smartphones, and You: A Battle for Your Time*, „Science in the News" (blog), Harvard University, 1 maja 2018, sitn.hms.harvard.edu/flash /2018/dopamine-smartphones-battle-time/.

15 J. Clear, *Atomic Habits*, dz. cyt., s. 149.
16 Tamże, s. 144.
17 Tamże, s. 170.
18 Tamże, s. 151.
19 Tamże, s. 198.
20 Tamże, s. 197.
21 Tamże, s. 216.
22 Tamże, s. 204.
23 Tamże, s. 92–93.
24 Tamże, s. 94.
25 Tamże, s. 127.
26 Tamże, s. 129.
27 Tamże, s. 172.
28 Tamże, s. 175.
29 Tamże, s. 213.
30 Tamże, s. 198.
31 A. Popescu, *Trauma-Based Energy Psychology Treatment Is Associated with Client Rehabilitation at an Addiction Clinic,* „Energy Psychology: Theory, Research, and Treatment" 13, nr 1 (2021), s. 12, doi.org /10.9769/EPJ.2021.13.1.AP.
32 C. Jung, *Memories, Dreams, Reflections* (New York: Vintage,1989), 329; wyd. polskie: *Wspomnienia, sny, myśli* (Kraków: Jungpress, 2019).
33 M. Wehrenberg, *Habits vs.Addictions: What's the Difference*? „Psychotherapy Networker", listopad/grudzień 2013, psychotherapynetworker.org/article/habits-vs-addictions.
34 F.M. Filbey, *The Neuroscience of Addiction* (Cambridge: Cambridge University Press, 2019).
35 A. Lembke, *Dopamine Nation: Finding Balance in the Age of Indulgence* (New York: Penguin Putnam, 2021).
36 D. Feinstein, *Energy Psychology in the Treatment of Substance Use Disorders*, [w:] R. Carroll (ed.), *Complementary and Integrative Approaches to Substance Use Disorders* (New York: Nova Science Publishers, 2021), s. 69–106.
37 A.Th. Horvath, *Sex, Drugs, Gambling & Chocolate: A Workbook for Overcoming Addictions*, wyd. 2. (Atascadero, CA: Impact Publishers, 2004).
38 Tamże, s. 210.
39 P. Krebs i inni, *Stages of Change and Psychotherapy Outcomes: A Review and Meta-Analysis*, „Journal of Clinical Psychology" 74, nr 11 (2018), s. 1964–1979, doi.org/10.1002/jclp.22683.
40 A.Th. Horvath, *Sex, Drugs...*, dz. cyt., s. 40.
41 Tamże, s. 83.
42 Tamże, s. 211.
43 Tamże, s. 23.
44 S. Mahmoud, O. AboBaker, S. Mahmoud, *Effect of Emotional Freedom Techniques on Psychological Symptoms and Cravings among Patients with Substance Related Disorders*, „International Journal of Novel Research in Healthcare and Nursing" 7, nr 2 (2020), s. 30–45.
45 P. Stapleton i inni, *An Initial Investigation of Neural Changes in Overweight Adults with Food Cravings after Emotional Freedom Techniques*, „OBM Integrative and Complementary Medicine" 4, nr 1 (2019), s. 010, doi.org/10.21926/obm.icm.1901010.
46 A.Th. Horvath, *Sex, Drugs...*, dz. cyt., s. 211.
47 Centers for Disease Control and Prevention, *Drug Overdose: Death Rate Maps and Graphs*, ostatni przegląd 2 czerwca 2022, cdc.gov/drugoverdose/deaths/index.html.
48 J. McDonald, S. Janz, *The Acupuncture Evidence Project:A Comparative Literature Review*, wyd. popr. (Brisbane: Australian Acupuncture and Chinese Medicine Association, 2017); asacu.org /wpcontent/uploads/2017/09/Acupuncture-Evidence-Project-The.pdf.

49 N. Ortner, *The Tapping Solution for Pain Relief: A Step-by-Step Guide to Reducing and Eliminating Chronic Pain* (Carlsbad, CA: Hay House, 2016); wyd. polskie: *Metoda opukiwania* (Warszawa: P&G Editors, 2015).

50 R. Bilazarian, M. Hux, *Rapid Group Treatment of Pain and Upsets with the Brief Energy Correction*, „International Journal of Healing and Caring" 20, nr 3 (2020), ijhc.org/wp-content/uploads/2022/07/Bilazarian-Hux20-3b.pdf.

51 M. Clond, *Emotional Freedom Techniques for Anxiety: A Systematic Review with Meta-Analysis*, „Journal of Nervous and Mental Disease" 204, nr 5 (maj 2016), s. 388–395, doi.org/10.1097/NMD.0000000000000483.

52 A.H. Gaesser, *Emotional Freedom Techniques: Stress and Anxiety Management for Students and Staff in School Settings*, [w:] Ch. Maykel, M.A. Bray (ed.), *Applying Psychology in the Schools: Interventions for Mental Health Professionals* (Washington, DC: American Psychological Association, 2020), s. 283–297, doi.org/10.1037 /0000157–020.

53 D. Church, P. Stapleton, D. Sabot, *App-Based Delivery of Clinical Emotional Freedom Techniques: Cross-Sectional Study of App User Self-Ratings*, „JMIR mHealth & uHealth" 8, nr 10 (październik 2020): e18545, doi. org/10.2196/18545.

54 A.Th. Horvath, *Sex, Drugs...*, dz. cyt., s. 197

55 Tamże, s. 201.

56 Tamże, s. 23.

7. NAJWYŻSZA WYDAJNOŚĆ

1 P. Carrington, *Try It on Everything: Discover the Power of EFT* (Bethel, CT: Try It Productions, 2008), s. 91.

2 G. Warburton, *Warburton's Winning System: Tapping and Other Transformational Mental Training Tools for Athletes* (Denver, CO: Outskirts Press, 2013).

3 Dyskusje i wymiana e-maili z G. Warburtonem, wraz z jego książką, są źródłem jego historii, technik i zasad opisanych w tym rozdziale.

4 G. Craig, *EFT for Sports Performance* (Fulton, CA: Energy Psychology Press, 2010).

5 T. Woodman i inni, *Self-Confidence and Performance: A Little Self-Doubt Helps*, „Psychology of Sport and Exercise" 11, nr 6 (listopad 2010), s. 467–470, doi. org/10.1016/j.psychsport.2010.05.009.

6 D. Church, D. Downs, *Sports Confidence and Critical Incident Intensity After a Brief Application of Emotional Freedom Techniques: A Pilot Study*, „ Sport Journal" 15, nr 1 (2012), thesportjournal. org/article/sports-confidence-and-critical-incident-intensity-after-a-brief-application-of-emotional-freedom-techniques-a-pilot-study/.

7 D. Wall, *Sports EFT for Children*, [w:] J.A. Howard, *EFT for Sports Performance*, wyd. 2. (Fulton, CA: Energy Psychology Press, 2014), s. 220.

8 J.M. Williams, V. Krane, *Applied Sport Psychology: Personal Growth to Peak Performance*, wyd. 8. (New York: McGraw-Hill, 2021).

9 Przemówienie wygłoszone na stadionie Uniwersytetu Rice w Houston w Teksasie, 12 września 1962 r. Neil Armstrong stanął na powierzchni Księżyca 21 lipca 1969 r.

10 Umiejętności diagnostyczne i chirurgiczne dr Weissa uratowały życie Donny, gdy przeprowadził on nagłą operację na jej otwartym sercu. Po operacji jeden z członków zespołu chirurgicznego zwierzył się rodzinie Donny: „Myśleliśmy, że ją stracimy." Najwyraźniej czując, że Donna wyczuwa te obawy,

dr Weiss spojrzał jej w oczy tuż przed operacją i powiedział: „Nie zabijam ludzi!”. Donna poczuła jego pewność siebie, całkowicie się zrelaksowała i teraz może o tym opowiedzieć!

11 J. Höpfner, N. Keith, Goal Missed, Self *Hit: Goal-Setting, Goal-Failure, and Their Affective, Motivational, and Behavioral Consequences*, „Frontiers in Psychology” 12 (2021): 704790, doi.org /10.3389/fpsyg.2021.704790.

12 S. Ungerleider, *Mental Training for Peak Performance: Top Athletes Reveal the Mind Exercises They Use to Excel* (Emmaus, PA: Rodale, 2005), s. 24.

13 Cytat za: S. Ungerleider, *Mental Training…*, dz. cyt., s. 21.

14 Y. Berra, *The Yogi Book* (New York: Workman, 2010), s. 89.

15 S. Ungerleider, *Mental Training…*, dz. cyt., s. 44.

16 Tamże, s. 42.

17 Cytat za: S. Ungerleider, *Mental Training…*, dz. cyt., s. 37.

18 Odmiany tego projektu badawczego były wykorzystywane wielokrotnie i przyniosły podobne rezultaty. Zob. np.: K.A. Martin, S.E. Moritz, C.R. Hall, *Imagery Use in Sport: A Literature Review and Applied Model*, „Sport Psychologist” 13, nr 3 (1999), s. 245–268.

19 S. Ungerleider, *Mental Training…*, dz. cyt., s. 4.

20 Tamże, s. 39–41.

21 Tamże, s. 63.

22 T. Llewellyn-Edwards, M. Llewellyn-Edwards, *The Effect of EFT (Emotional Freedom Techniques) on Soccer Performance*, „Fidelity: Journal for the National Council of Psychotherapy” 47 (wiosna 2012), s. 14–19.

8. ZWIĄZKI

1 Zaczerpnięte z: F.P. Gallo, *The Amazing Couples Course Manual* (Hermitage, PA: Gallo & Associates, 2013); sparafrazowane przez doktora Gallo.

2 J. Houston, przedmowa do: D. Eden, D. Feinstein, *The Energies of Love: Invisible Keys to a Fulfilling Partnership* (New York: Penguin Random House, 2016), s. xiii.

3 *APA Dictionary of Psychology*, wyrażenie źródłowe „companionate love” [dostęp 12 maja 2023], dictionary.apa.org/companionate-love.

4 R.B. Slatcher, E. Selcuk, *A Social Psychological Perspective on the Links Between Close Relationships and Health*, „Current Directions in Psychological Science” 26, nr 1 (2017), s. 16–21, doi.org/10.1177 /0963721416667444.

5 R. Kegan, *The Emerging Self: Problem and Process in Human Development* (Cambridge, MA: Harvard University Press, 1982).

6 D. Goleman, *Emotional Intelligence: Why It Can Matter More than IQ*, wyd. 25. jubileuszowe (London: Bloomsbury, 2020); wyd. polskie: *Inteligencja emocjonalna. Sukces w życiu zależy nie tylko od intelektu, lecz od umiejętności kierowania emocjami* (Poznań: Media Rodzina, 1997).

7 D.J. Siegel, M. Hartzell, *Parenting from the Inside Out: How a Deeper Self-Understanding Can Help You Raise Children Who Thrive* (New York: Tarcher/Penguin, 2004), s. 173.

8 Tamże, s. 155.

9 Aby dowiedzieć się więcej, wejdź na stronę: visithavening.org/.

10 D. Church, *EFT for Love Relationships* (Fulton, CA: Energy Psychology Press, 2015), s. 204–205.

11 D. Poole Heller, *The Power of Attachment: How to Create Deep and Lasting*

Intimate Relationships (Boulder, CO: Sounds True, 2019).
12 D. Eden, D. Feinstein, *The Energies of Love…*, dz. cyt., s. 221–224.
13 R. Plutchik, *Emotions and Life: Perspectives from Psychology, Biology, and Evolution* (Washington, DC: American Psychological Association, 2002).
14 D.J. Siegel, *The Developing Mind: How Relationships and the Brain Interact to Shape Who We Are*, wyd. 2. (New York: Guilford Press, 2012), s. 150.
15 D. Church, *EFT for Love Relationships*, dz. cyt., s. 247.
16 D. Eden, D. Feinstein, *The Energies of Love…*, dz. cyt., s. 179–182.

9. KIEDY NADCHODZI KATASTROFA

1 Z korespondencji między Davidem Feinsteinem a doktorem Charlesem Figleyem.
2 Rozdział ten zawiera fragmenty z artykułu D. Feinstein, *Uses of Energy Psychology Following Catastrophic Events*, „Frontiers in Psychology" 13 (2022), doi.org/10.3389/fpsyg.2022.856209.
3 Centre for Research on the Epidemiology of Disasters, *The Human Cost of Disasters: An Overview of the Last 20 Years 2000–2019* (New York: United Nations Office for Disaster Risk Reduction, 2020), s. 1.
4 L. Coleman, *Frequency of ManMade Disasters in the 20th Century*, „Journal of Contingencies and Crisis Management" 14, nr 1 (marzec 2006), s. 3–11, doi.org/10.1111/j.1468–5973.2006.00476.x.
5 M. Kouhirostamkolaei, *Integrating Mental Health Support in Emergency Planning and Disaster Risk Mitigation Strategies*, „Qeios", 8 maja 2023, doi.org/10.32388/02RTJC.
6 N. Makwana, *Disaster and Its Impact on Mental Health: A Narrative Review*, „Journal of Family Medicine and Primary Care" 8, nr 10 (2019), s. 3090–3095, doi.org/10.4103/jfmpc.jfmpc_893_19.
7 Wśród nich: Capacitar International, Peaceful Heart Network, Create Global Healing and Mind Heart Connect Foundation, a także, działania humanitarne grup psychologii energetycznej, takich jak Thought Field Therapy Foundation, EFT International i Association for Comprehensive Energy Psychology.
8 The Tapping Solution, thetappingsolution.com.
9 Create Global Healing, drlorileyden.com/create-global-healing.
10 N. Ortner, L. Leyden, and S.Lewis, *Newtown Trauma Relief Collaboration Project* (Newtown: Newtown Trauma Relief Collaboration Project, n.d.).
11 G. Turrini i inni, *Common Mental Disorders in Asylum Seekers and Refugees: Umbrella Review of Prevalence and Intervention Studies*, „International Journal of Mental Health Systems" 11 (2017), s. 51, doi.org /10.1186/s13033-017-0156-0.
12 The World Bank, *Migrants, Refugees, and Society* (Washington, DC: International Bank for Reconstruction and Development / The World Bank, 2023), worldbank.org/en/publication/wdr2023.
13 G. Turrini i inni, *Common Mental Disorders…*, dz. cyt.
14 P. Stapleton i inni, *Emotional Freedom Techniques for Treating Post Traumatic Stress Disorder: An Updated Systematic Review and Meta-Analysis*, „Frontiers in Psychology", 14 (2023): 1195286, doi.org/10.3389 /fpsyg.2023.1195286.
15 S. Connolly, C. Sakai, *Brief Trauma Intervention with Rwandan Genocide-Survivors Using Thought Field Therapy*,

„International Journal of Emergency Mental Health" 13, nr 3 (2011), s. 161–172.

16 E. Boath, T. Stewart, C. Rolling, *The Impact of EFT and Matrix Reimprinting on the Civilian Survivors of War in Bosnia: A Pilot Study*, „Current Research in Psychology"5, nr 1 (2014), s. 64–72, doi.org/10.3844/crpsp.2014.64.72.

17 J.-M. Gurret i inni, *Post-Earthquake Rehabilitation of Clinical PTSD in Haitian Seminarians*, „Energy Psychology: Theory, Research, and Treatment" 4, nr 2 (2012), s. 33–40, doi.org/10.9769/EPJ.2012.4.2.JPH.

18 D. Feinstein, *Uses of Energy Psychology Following Catastrophic Events*, „Frontiers in Psychology" 13 (kwiecień 2022): 856209, doi.org/10.3389/fpsyg.2022.856209.

19 R.C. Brown i inni, *Psychosocial Interventions for Children and Adolescents after Man-Made and Natural Disasters: A Meta-Analysis and Systematic Review*, „Psychological Medicine", 47, nr 11 (2017), s. 1893–1905, doi.org/10.1017/S0033291717000496.

20 I. Mavranezouli i inni, *Psychological and Psychosocial Treatments for Children and Young People with Post-Traumatic Stress Disorder: A Network Meta-Analysis*, „Journal of Child Psychology and Psychiatry" 61, nr 1 (styczeń 2020), s. 18–29, doi.org/10.1111/jcpp.13094.

21 B. van der Kolk, *The Body Keeps the Score: Brain, Mind, and Body in the Healing of Trauma* (New York: Penguin Random House, 2015); wyd. polskie: *Strach ucieleśniony. Mózg, umysł i ciało w terapii traumy* (Warszawa: Czarna Owca, 2018).

22 E. Jayawickreme, L.E. Blackie, *Post-Traumatic Growth as Positive Personality Change: Evidence, Controversies, and Future Directions*, „European Journal of Personality" 28, nr 4 (2014), s. 312–331, doi.org/10.1002/per.1963.

23 D. *Feinstein, Perceptions, Reflections, and Guidelines for Using Energy Psychology: A Distillation of 800+ Surveys and Interviews with Practitioners and Clients*, „Energy Psychology: Theory, Research, and Treatment" 13, nr 1 (2021), s. 13–46, doi.org/10.9769/EPJ.2021.13.1.DF.

10. PSYCHOLOGIA ENERGETYCZNA DLA ŚWIATA W NIEBEZPIECZEŃSTWIE

1 Zaczerpnięte z: E. Leskowitz, *The Many Faces of Life Energy:From Biofield Healing to Global Consciousness* (Rochester, VT: Inner Traditions, in press); sparafrazowane przez doktora Leskowitza.

2 D. Feinstein, *Six EmpiricallySupported Premises about Energy Psychology: Mounting Evidence for a Controversial Therapy*, „Advances in Mind-Body Medicine" 35, nr 2 (2021): 17–32, how-it-works.energytapping.com.

3 G. Rutten, G. Craig, *Official EFT from A to Z* (Des Moines, IA, 2023), s. xi.

4 J. Campbell, *The Inner Reaches of Outer Space: Metaphor as Myth and as Religion* (New York: Alfred Van Der Marck, 1986), s. 16.

5 J. Houston, *Harnessing the Energies of Politeia*, „Eden Method website", [dostęp 29 kwietnia 2023], edenmethod.com/political /harnessing-the-energies-of-politeia/.

6 A. Smitsman, J. Houston, „Future Humans Trilogy website" [dostęp 29 kwietnia 2023], futurehumans.world/.

7 C. Swanson, *Life Force, the Scientific Basis: Breakthrough Physics of Energy Medicine, Healing, Chi and Quantum Consciousness* (Tucson, AZ: Poseidia, 2009).

8 J. White, S. Krippner, *Future Science: Life Energies and the Physics of Paranormal Phenomena* (New York: Anchor, 1977).
9 W.B. Jonas, wprowadzenie do *Qigong: Basic Science Studies in Biology*, [w:] W.B. Jonas, C.C. Crawford (ed.), *Healing, Intention and Energy Medicine: Science, Research Methods and Clinical Implications* (Philadelphia: Churchill Livingstone, 2003), s. 103.
10 Y. Kronn, *The Science of Subtle Energy: The Healing Power of Dark Matter* (Rochester, VT: Park Street Press, 2022).
11 C. Sylvia, *A Change of Heart: A Memoir* (New York: Little, Brown, 1997).
12 P. Pearsall, *In Awe of the Heart*, „Alternative Therapies in Health and Medicine", 13, nr 4 (2007), s. 16–19.
13 P. Pearsall, *The Heart's Code: Tapping the Wisdom and Power of Our Heart Energy* (New York: Broadway Books, 1998), s. 7.
14 Th.S. Kuhn, *The Structure of Scientific Revolutions*, wyd. 4. (Chicago: University of Chicago Press, 2012); wyd. polskie: Struktura rewolucji naukowych (Warszawa: Aletheia, 2020).
15 R. McCraty, *The Energetic Heart: Bioelectromagnetic Interactions Within and Between People*, „Neuropsychotherapist" 6, nr 1 (2003), s. 22–43, doi.org/10.12744/tnpt (6)022–043.
16 B. Grad, *The 'Laying on of Hands': Implications for Psychotherapy, Gentling, and the Placebo Effect*, „Journal of the American Society for Psychical Research" 61, nr 4 (1967), s. 286–305.
17 P. Tompkins, Chr. Bird, *The Secret Life of Plants: A Fascinating Account of the Physical, Emotional, and Spiritual Relations between Plants and Man* (New York: Harper & Row, 1973); Y.-J. Shiah i inni, *Effects of Intentionally Treated Water and Seeds on the Growth of Arabidopsis thaliana*, „Explore" 17, nr 1 (styczeń/luty2021), s. 55–59, doi.org /10.1016/j.explore.2020.04.006.
18 D. Church, *Measuring the Effect of Emotional Freedom Techniques (EFT) Treatment for Depression using a Seed Bioassay: A Randomized Controlled Trial*, „Psychology" 14, nr 11 (listopad 2023), s. 1687–169, doi.org/10.4236/psych.2023.1411098
19 D. Church i inni, *Clinical EFT as an Evidence-Based Practice for the Treatment of Psychological and Physiological Conditions: A Systematic Review*, „Frontiers in Psychology" 13 (listopad 2022): 951451, doi.org/10.3389/fpsyg.2022.951451.
20 D. Feinstein, *Six Empirically-Supported Premises*.
21 B. Rubik i inni, *Biofield Science and Healing: History, Terminology, and Concepts*, „Global Advances in Health and Medicine" 4, suplement (2015), s. 8–14, doi.org/10.7453/gahmj.2015.038.suppl.
22 T. Saliev i inni, *Therapeutic Potential of Electromagnetic Fields for Tissue Engineering and Wound Healing*, „Cell Proliferation" 47, nr. 6 (grudzień 2014), s. 485–493, doi.org/10.1111/cpr.12142.
23 J.L. Oschman, *Energy Medicine: The Scientific Basis* (Edinburgh, UK: Churchill Livingstone/Harcourt, 2000), s. 94.
24 H.J.H. Geesink, D.K.F. Meijer, *Quantum Wave Information of Life Revealed: An Algorithm for EM Frequencies that Create Stability of Biological Order, with Implications for Brain Function and Consciousness*, „NeuroQuantology" 14, nr 1 (2016), s. 106–125, doi.org/10.14704/nq.2016.14.1.911.
25 J.M. Opitz, *The Developmental Field Concept in Clinical Genetics*, „Journal

of Pediatrics" 101, nr 5 (1982), s. 805–809, doi.org/10.1016/s0022-3476(82)80337-5.
26 H.S. Burr, *The Fields of Life* (New York: Ballantine, 1972).
27 H.S. Burr, F.S.C. Northrup, *The Electro-Dynamic Theory of Life*, „Quarterly Review of Biology" 10, nr 3 (1935), s. 322–333, jstor.org/stable/2808474.
28 S. Adee, *We Are Electric: Inside the 200-Year Hunt for Our Body's Bioelectric Code, and What the Future Holds* (New York: Hachette, 2023), s. 194.
29 K.K. Redd, P. Collins, *The Face of a Frog: Time-Lapse Video Reveals Never-Before Seen Bioelectric Pattern*, „Tufts Now", 18 lipca 2011, now.tufts.edu/2011/07/18/face-frog-time-lapse-video-reveals-never-seen-bioelectric-pattern.
30 S. Adee, *We Are Electric…*, dz. cyt., s. 197.
31 D. Church, *Mind to Matter: The Astonishing Science of How Your Brain Creates Material Reality* (Carlsbad, CA: Hay House, 2019), s. 44.
32 J. Brody, *Quantum Entanglement* (Cambridge, MA: MIT Press, 2020).
33 Z listu do Maxa Borna z 1947 r., jak udokumentowano w: B.M. Walker (ed.), *The Born-Einstein Letters: Correspondence between Albert Einstein and Max and Hedwig Born from 1916–1955, with Commentaries by Max Born* (New York: Macmillan, 1971), s. 158.
34 D. Salart i inni, *Testing the Speed of 'Spooky Action at a Distance*, „Nature" 454 (2008), s. 861–864, doi.org/10.1038/nature07121.
35 J. Bricmont, *Quantum Sense and Nonsense* (Cham, Switzerland: Springer International, 2017).
36 D. Radin, *Entangled Minds: Extrasensory Experiences in a Quantum Reality* (New York: Paraview, 2006).
37 V. Vedral, *Quantifying Entanglement in Macroscopic Systems*, „Nature" 453 (2008), s. 1004–1007, doi.org/10.1038/nature07124.
38 D.I. Radin, *Event-Related Electroencephalographic Correlations Between Isolated Human Subjects*, „Journal of Alternative and Complementary Medicine" 10, nr 2 (2004), s. 315–323, doi.org/10.1089/107555304323062301.
39 L. Dossey, *Healing Words: The Power of Prayer and the Practice of Medicine* (New York: HarperCollins, 1995).
40 C.N. Shealy, *Clairvoyant Diagnosis*, [w:] T.M. Srinivasan (ed.), *Energy Medicine Around the World* (Phoenix, AZ: Gabriel Press, 1988), s. 291–303.
41 X. Yan, P.Y. Lu, J.G. Kiang, *Qigong: basic science studies in biology*, [w:] W.B. Jonas, C.C. Crawford (ed.), *Healing Intention, and Energy Medicine: Science, Research Methods and Clinical Implications* (Philadelphia: Churchill Livingstone, 2003), s. 103–137.
42 Y. Kronn, *Science of Subtle Energy*, dz. cyt.
43 D. Church, *Mind to Matter…*, dz. cyt.
44 C. Swanson, *Life Force…*, dz. cyt., s. 32.
45 Y. Kronn, *Science of Subtle Energy*, dz. cyt., s. 40.
46 D. Feinstein, *Energy Psychology Treatments Over a Distance: The Curious Phenomenon of 'Surrogate Tapping*, „Energy Psychology: Theory, Research and Treatment" 5, nr 1 (2013), doi.org/10.9769/EPJ.2013.5.1.DF.
47 R. McCraty, *Science of the Heart: Exploring the Role of the Heart in Human Performance*, vol. 2 (Boulder Creek, CA: HeartMath Institute, 2015).
48 Al Gore, *Assault on Reason* (New York: Penguin Press, 2007), s. 33; wyd. polskie: *Atak na rozum* (Katowice: Sonia Draga, 2008).

49 Tamże, s. 22.

50 W.A. Tiller, W.F. Dibble, M.J. Kohane, *Exploring Robust Interactions between Human Intention and Inanimate/Animate Systems*, „Subtle Energies and Energy Medicine" 11, nr 3 (2000), s. 265–291.

51 R.G. Jahn i inni, *Correlations of Random Binary Sequences with Pre-Stated Operator Intention: A Review of a 12-Year Program*, „Explore" 3, nr 3 (maj 2007), s. 244–253, doi.org/10.1016/j.explore.2007.03.009.

52 J.S. Hagelin i inni, *Effects of Group Practice of the Transcendental Meditation Program on Preventing Violent Crime in Washington, D.C.: Results of the National Demonstration Project, June–July 1993*, „ Social Indicators Research" 47 (1999), s. 153–201, doi.org/10.1023/A:1006978911496.

53 M.C. Dillbeck, K.L. Cavanaugh, *Societal Violence and Collective Consciousness: Reduction of U.S. Homicide and Urban Violent Crime Rates*, „SAGE Open" 6, nr 2 (2016), doi.org/10.1177/2158244016637891.

54 E. Leskowitz, *The Joy of Sox: Weird Science and the Power of Intention* (Charleston, SC: CreateSpace, 2010), s. iv.

55 Aby dowiedzieć się więcej o eksperymencie intencji, odwiedź stronę lynnemctaggart.com/intention experiments/the-intention-experiment/lub zapoznaj się z książką L. McTaggart, *The Power of Eight* (New Jork: Atria, 2018).

56 J. Houston, *Consciousness Is the Quantum Field of the Cosmos*, [w:] E. Laszlo, J. Houston, L. Dossey *What Is Consciousness? Three Sages Look Behind the Veil* (New York: SelectBooks, 2016), s. 3–32.

57 C. Henderson, *A New Map of Wonders: A Journey in Search of Modern Marvels* (Chicago: University of Chicago Press, 2017), s. 239.

ZAŁĄCZNIK

1 D. Hover-Kramer, *Creating Healing Relationships: Professional Standards for Energy Therapy Practitioners* (Fulton, CA: Energy Psychology Press, 2011), s. 151.

2 Podziękowania za inspirację dla Ricka Hansona, autora książki *Hardwiring Happiness* (New York: Harmony Books, 2013).

3 M. Becker, *The Healing Power of Pets* (New York: Hyperion, 2002).

4 D. Lieberman, *Exercised: The Science of Physical Activity, Rest, and Health* (New York, Penguin, 2021).

INDEKS